# 中国信息化年鉴
# 2021

《中国信息化年鉴》编委会　编

電子工業出版社
Publishing House of Electronics Industry
北京·BEIJING

**图书在版编目（CIP）数据**

中国信息化年鉴. 2021 /《中国信息化年鉴》编委会编. —北京：电子工业出版社，2022.1
ISBN 978-7-121-42831-9

Ⅰ. ①中…  Ⅱ. ①中…  Ⅲ. ①信息工作－中国－2021－年鉴  Ⅳ. ①G203-54

中国版本图书馆 CIP 数据核字（2022）第 015764 号

主　　办：中国通信工业协会
协　　办：海尔集团
　　　　　北京宁远图志文化交流中心
责任编辑：李　敏
印　　刷：天津画中画印刷有限公司
装　　订：天津画中画印刷有限公司
出版发行：电子工业出版社
　　　　　北京市海淀区万寿路 173 信箱　　　邮编：100036
开　　本：880×1230　1/16　印张：26.75　字数：816 千字　彩插：6
版　　次：2022 年 1 月第 1 版
印　　次：2022 年 1 月第 1 次印刷
定　　价：580.00 元

凡所购买电子工业出版社图书有缺损问题，请向购买书店调换。若书店售缺，请与本社发行部联系，联系及邮购电话：（010）88254888，88258888。

质量投诉请发邮件至 zlts@phei.com.cn，盗版侵权举报请发邮件至 dbqq@phei.com.cn。

本书咨询联系方式：010-88254753 或 limin@phei.com.cn。

# 《中国信息化年鉴》编委会

| | |
|---|---|
| 中国钢铁工业协会　副会长 | 迟京东 |
| 北京市人民代表大会常务委员会　财政经济办公室主任 | 张伯旭 |
| 天津市工业和信息化局　党组书记、局长 | 尹继辉 |
| 河北省工业和信息化厅　原副巡视员 | 宋进珠 |
| 山西省工业和信息化厅　党组书记、厅长 | 朱　鹏 |
| 内蒙古自治区工业和信息化厅　巡视员 | 荆玉林 |
| 辽宁省工业和信息化厅　处长 | 胡　强 |
| 吉林省工业和信息化厅　副巡视员 | 孙大维 |
| 江苏省工业和信息化厅　党组成员、副厅长 | 胡学同 |
| 浙江省经济和信息化厅　党组成员、副厅长 | 吴君青 |
| 安徽省经济和信息化厅　党组成员、副厅长 | 王灯明 |
| 福建省数字福建建设领导小组办公室主任、省大数据管理局局长 | 陈荣辉 |
| 江西省工业和信息化厅　党组成员、副厅长 | 王亦斌 |
| 山东省工业和信息化厅　二级巡视员 | 张忠军 |
| 河南省工业和信息化厅　原副厅长 | 孟西林 |
| 广东省工业和信息化厅　二级巡视员 | 肖良颜 |
| 广西壮族自治区工业和信息化委员会　原巡视员、副主任 | 兰红星 |
| 海南省工业和信息化厅　党组成员、总工程师 | 董学耕 |
| 四川省经济和信息化委员会　原副主任 | 李建疆 |
| 云南省工业和信息化委员会　原副主任 | 张建明 |
| 陕西省工业和信息化厅　原副厅长 | 蔡苏昌 |
| 甘肃省工业和信息化厅　党组成员、副厅长 | 王海峰 |
| 宁夏回族自治区工业和信息化厅　党组成员、副厅长 | 张宏年 |
| 西安市工业和信息化局　党组成员、副局长 | 赵　平 |
| 济南市工业和信息化局　党组成员、副局长 | 杨福涛 |
| 济南市大数据局　党组成员、副局长 | 赵炳跃 |
| 广州市工业和信息化局　原总工程师 | 饶　坚 |
| 成都市经济和信息化局　主任助理 | 台宪青 |
| 青岛市工业和信息化局　处长 | 张金凯 |
| 大连市工业和信息化局　处长 | 冯宇军 |

武汉市信息中心　主任　王留军

黑龙江省双鸭山市　市委常委、宣传部部长　刘爱丽

全国人大代表、致公党上海市委会专职副主委　邵志清

湖北省经济和信息化委员会　原副主任　卜江戎

中共湖南省委网络安全和信息化委员会办公室　巡视员　李　球

中共重庆市委军民融合发展委员会办公室　副主任　马奇昌

贵州省大数据发展管理局　党组书记、局长　马宁宇

山东省通信管理局　党组书记、局长　张洪溢

新疆维吾尔自治区政协经济委员会　副主任　苏国平

新疆生产建设兵团第七师　党委常委、副师长　姜玉波

南京市科学技术协会　党组书记、主席　郑加强

宁波市大数据发展管理局　党组成员、副局长　杜永华

西藏自治区应急管理厅　党组书记、副厅长　徐　飞

中国信息通信研究院　总工程师　余晓辉

上海贝尔股份有限公司　总经理　王建亚

中国电子科技集团公司　原副总经理　王　政

大唐电信科技产业集团　副总裁　陈山枝

中国盐业总公司　董事会办公室主任　范　志

中国中钢集团公司　信息管理中心总经理　李　红

中国北车股份有限公司　信息管理部部长　王顺强

中国远洋海运集团有限公司　科技与信息化管理本部总经理　刘一凡

鞍钢集团信息产业公司　董事长　贾凤泳

中国核工业集团公司　科技与信息化部副总工程师　田佳树

中国第一汽车集团有限公司　体系管理及IT部总经理助理　李冲天

中国海洋石油集团有限公司　信息化部总经理　王同良

中国铝业集团有限公司　信息化管理部高级经理　梁雨锋

鞍钢集团有限公司　信息化管理部副部长　刘炳宇

# 《中国信息化年鉴》编辑部



联系电话：010-56293293

传　　真：010-83293239

电子信箱：zgxxh@zgxxh.org.cn

# 编辑说明

《中国信息化年鉴》是全面反映我国信息化建设实况的大型专业资料工具书。本年鉴由中国通信工业协会主办、《中国信息化年鉴》编委会编辑出版，旨在总结中央及地方信息化发展的整体情况，聚焦工业化与信息化融合的实际问题，深入研究、探讨信息化发展面临的突出问题，集中展示我国信息化建设的成就与经验，分享两化融合带来的深刻产业变革，集纪实性、实效性与案例参考性为一体，为国家相关部委、各级人民政府、各类企事业单位及相关领域的信息化发展决策者提供强有力的信息支持与实例参考。

《中国信息化年鉴》自 2014 年起，每年编印一卷，重点记载上一年与当年我国信息化建设发展的整体情况，以及工业化与信息化融合的实际情况。《中国信息化年鉴 2021》，主要收录 2020 年的相关资料，按内容分类编排，文章表述方式以条目为主。

《中国信息化年鉴 2021》共 9 篇（含《信息化大事记》）、1 个附录，内容如下。

**（一）综述篇**：概述我国信息化发展总体情况。

**（二）部委篇**：国家重点部委信息化建设与发展的最新进展情况及近期信息化工作重点和举措。

**（三）地区发展篇**：全国各省、自治区、直辖市、计划单列市、新疆生产建设兵团信息化发展情况。

**（四）产业发展篇**：全国工业化与信息化融合的进展情况，先进城市推进两化融合进程中的主要做法和成效，示范企业的先进经验。

**（五）专题研究篇**：信息化发展的焦点、热点、难点等方面的专家观点和研究报告。

**（六）政策法规篇**：主要收录我国通过或颁布的关于信息化建设的纲要、法规、条例及地方政府推进信息化建设的政策措施等。

**（七）先进典范篇**：重点介绍全国信息化建设优秀城市和先进典范单位，以及信息化专家的经验和成果。

**（八）信息化大事记**：记录国家、行业和地方的信息化相关事件，包括政策法规、重大技术变革、重要活动、会议等。

**（九）基础数据篇**：①历年信息化相关基础数据；②历年全国各省、自治区、直辖市、计划单列市、新疆生产建设兵团信息化相关基础数据；③国际组织及世界各国信息化方面的相关统计数据。

**（十）附录**：信息化领域相关参考资料。

由于我们的水平及编辑力量有限，本年鉴肯定存在不足及需要改进的地方，恳请读者批评指正，以便在今后的工作中不断提高和完善，进而提高来年年鉴的整体编辑水平。

本年鉴在编辑过程中，得到了国家、地方、各企业信息化相关部门领导及专家学者的大力支持，没有他们的帮助，《中国信息化年鉴 2021》的编辑工作就无法顺利开展，在此一并表示诚挚的感谢。

**《中国信息化年鉴》编辑部**

**2021 年 10 月**

# 目　　录

# 综述篇

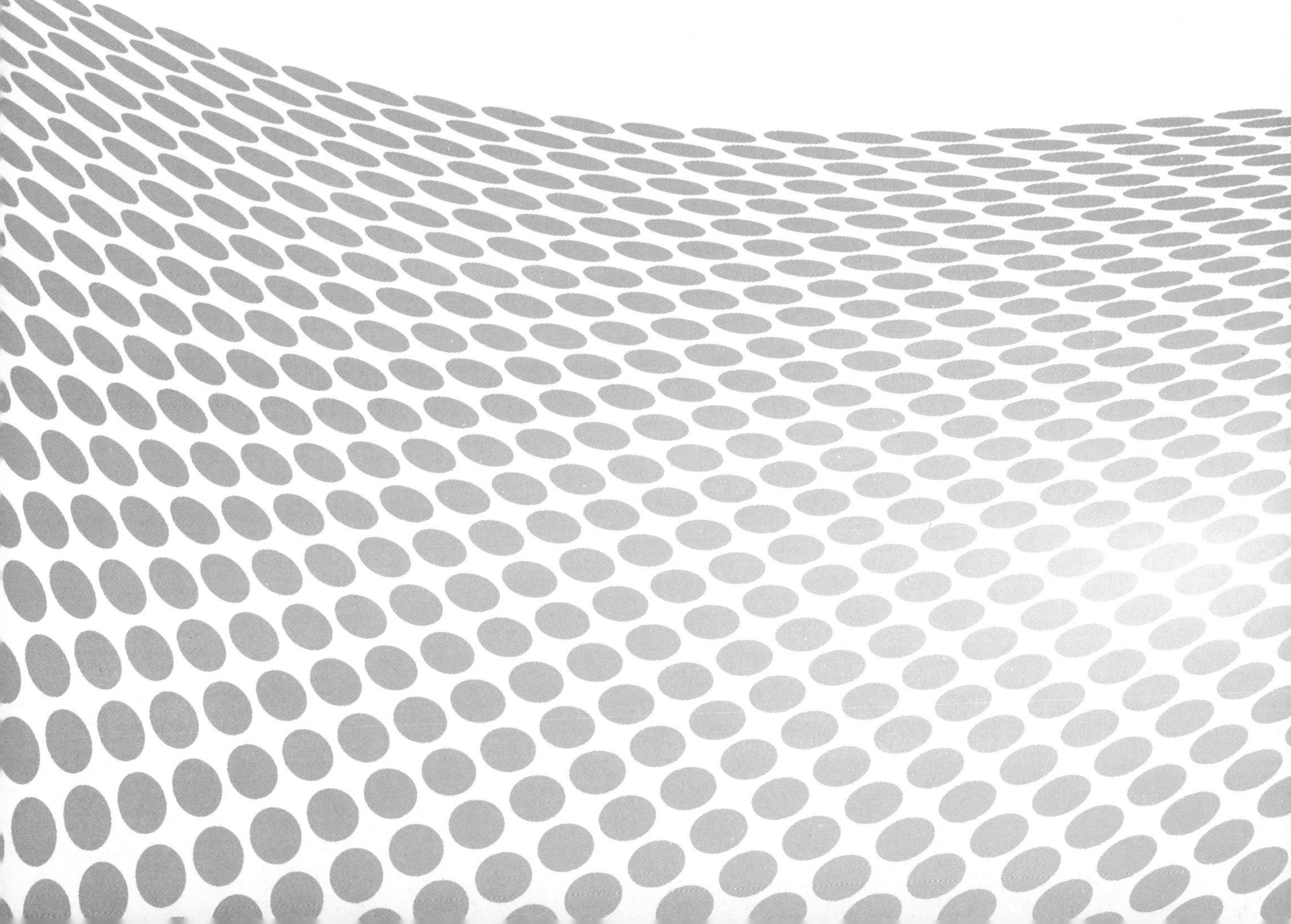

# 中国信息化发展概况

《中国信息化年鉴》编辑部

2019 年，我国信息化发展取得新的重要进展。泛在感知、高速互联、智能共享的新型基础设施为经济发展开辟新空间，数据逐步成为新的生产要素，新一代信息技术与实体经济加速深度融合，有力推动传统产业数字化转型，一体化网上政务服务让信息“多跑路”、群众“少跑腿”，网络扶贫不断增强贫困地区和贫困人口自我发展的内生动力。2020 年，我国信息化发展在核心技术创新突破、5G 规模商用、数据资源开发利用、产业数字化转型、城乡融合发展等方面迎来重要发展机遇，应坚持以习近平新时代中国特色社会主义思想为指导，继续深化改革、鼓励创新、平衡供需、聚育英才，为决胜全面建成小康社会、实现高质量发展添薪续力。

## 【基本发展情况】

### （一）核心技术自主创新进入重要窗口期

2019 年，我国信息领域部分核心技术不断取得创新突破。我国集成电路产业结构持续优化，2019 年上半年，芯片设计、制造、封测的销售比分别为 39.6∶26.9∶33.5，实现销售额 3048.2 亿元，同比增长 11.8%。人工智能被列入新型基础设施，成为拉动内需、鼓励投资的重要技术底座，截至 2020 年 2 月底，我国人工智能企业达 745 家，占世界人工智能企业总量的 21.67%，广泛分布在技术研发、机器人、医疗、零售等 18 个应用领域，2019 年我国人工智能市场规模达到 554 亿元左右。区块链技术“自治”性、可信性持续提升（见图 1），我国加快推进区块链产业布局，

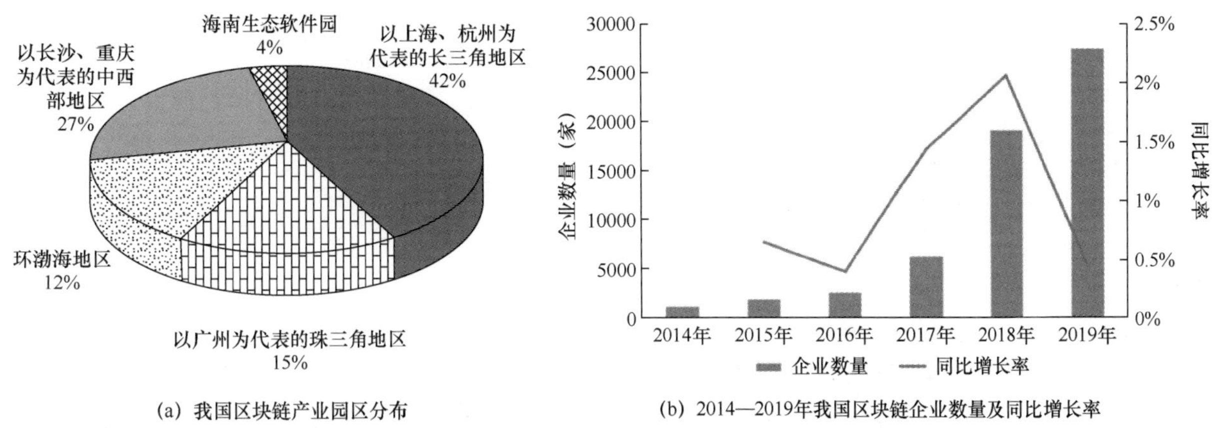


(a) 我国区块链产业园区分布　　(b) 2014—2019年我国区块链企业数量及同比增长率

图 1　我国区块链产业园及区块链企业情况

引导产业健康、快速发展，截至2019年上半年，全国超过30个省（自治区、直辖市）发布区块链相关政策指导文件，截至2019年10月，国内区块链企业已达27513家。

（二）围绕数据资源的开发利用日益频繁

2019年，数据作为基础性战略资源的地位日益凸显，党的十九届四中全会上首次提出数据可作为生产要素按贡献参与分配，意味着数据资产化迈出重要步伐。各地方积极探索数据资源开发利用新模式。重庆成立首个政府授权政务数据运营平台——数字重庆大数据应用发展有限公司，在推动数据资源“聚通用”及大数据发展生态建设优化上迈出实质性的步伐。各领域数据开发利用活动日益频繁。政务、互联网、金融、电信、交通、医疗、能源、水利等重点领域积极开展数据资源共享开放和开发利用，极大提高了生产效率和服务水平。

国际数据公司（IDC）预测，全球数据圈的规模将从2018年的33ZB增至2025年的175ZB。2018—2025年中国数据圈的规模将以30%的年平均增长速度领先全球，比全球增速高3%，预计到2025年中国数据圈的规模将增至48.6ZB，约占全球数据圈规模的27.8%，成为最大的数据圈（见图2～图3）。

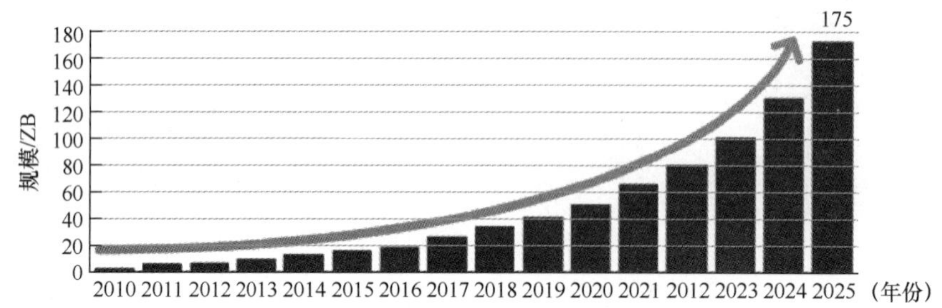


图2　全球数据圈的规模（2010—2025年）

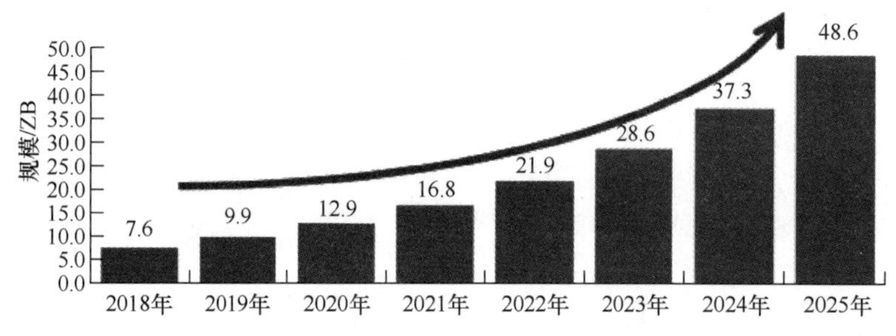


图3　我国数据圈的规模（2018—2025年）

（三）以5G为代表的新型基础设施建设进入快速发展期

2019年是中国5G商用元年，在政策支持、规模部署、应用融合的共同推动下，5G正成为万物互联的关键信息基础设施和经济社会数字化转型的重要支撑。我国对5G的政策支持力度不断加大，2019年6月6日，工业和信息化部正式发放5G牌照，截至9月底，我国各省市共出台5G政策文件40余个，积极推进5G网络建设、应用示范和产业发展。5G网络覆盖初见规模，截至2019年11月，我国已经开通5G基站11.3万座。全球首个行政区域5G网络在上海虹口区建设完成。5G加速向智慧城市、教育、交通、医疗、农业、金融、媒体等垂直领域融合应用，截至2019年10月，我国5G手机出货量达到328.1万部。

（四）信息技术应用重心加速从消费端向生产端延拓

2019年，我国消费市场的数字化程度全球领先，围绕消费者衣食住行等领域，开发培育出各种新产品、新模式，电子商务、O2O、移动支付等细分领域已经处于领先。随着新型基础设施的不断完善，互联网正加速从消费端走向生产端，传统行业纷纷主动拥抱互联网，围绕满足用户个性化需求和企业价值实现，不断提升研发、生产、管理、服务等环节的数字化、网络化、智能化水平，加快形成基于数据驱动的业务模式。例如，三一集团依托根云平台的服务能力，提供围绕产品全生命周期的上、中、下游服务，开拓新型业务模式，实现向服务型制造的转型。

（五）一体化在线政务服务加速推进

自 2019 年以来，上海、浙江、广东等地方政府以搭建一体化政务服务平台、加快政务服务标准化建设和推进政务服务信息共享互认为抓手，不断探索“一张网”“一窗式”“只跑一次”“一次不跑”等改革，推进政务服务由“线下跑、分头办”向“线上办、协同办”转变，为企业和群众网上办事提供了很好的体验，办事满意度显著提升。党的十九届四中全会提出了深入推进简政放权放管结合优化服务、建设数字政府、构建全国一体化政务服务平台等重点任务，为加快建设人民满意的服务型政府指明了方向、提供了根本遵循。

（六）数字孪生将成为新型智慧城市建设新抓手

2019 年，新型智慧城市建设重点从数据驱动、智慧应用、运营管理发力，以构筑城市发展新形态。据不完全统计，2019 年我国有 500 余家大型企业正在尝试建设数据中台，部分网信企业积极探索数据中台在城市的落地实践。城市信息模型（CIM）持续深化数字孪生城市应用场景，通过建立数字仿真模型，结合社区管理业务、交通信号仿真、公共安全防范等方面，形成可视化管理模式，助力实现城市运行科学调度、精细管理。例如，杭州城市大脑已经步入 3.0 建设阶段，由交通智能化系统延伸至城管、文旅、卫健等 11 个大系统、48 个场景同步智能化，成为城市管理者的新抓手。

（七）网络扶贫和数字乡村战略助力脱贫攻坚战如期打赢

2019 年，网络扶贫与数字乡村接续发展、统筹推进，中央网信办、国家发展改革委、国务院扶贫办、工业和信息化部联合印发《2019 年网络扶贫工作要点》，部署了 25 项重点任务。贫困地区网络覆盖持续优化提升，农村电商快速发展带动贫困地区农村脱贫增收，网络扶智增强群众内生动力，乡村信息服务日益完善。截至 2019 年 8 月，全国建成村级益农信息社 29 万个。网络扶贫持续释放数字红利，成为推进精准扶贫、精准脱贫的有力手段，让贫困群众在网络共建共享中有更多的获得感。

**【需要关注的几个问题】**

（一）权属不清制约数据资源开发利用

当前，数据权属不明晰的问题日益凸显，严重制约着经济高质量发展。各地普遍反映数据权属问题仍然不够明确，数据的所有权、处置权、交易权、使用权、收益权等规范缺失，数据管理工作亟待完善，数据利用价值亟待提升。例如，当前很多行业数据集中在互联网平台，大型互联网平台之间数据权属不清导致数据滥用现象频发。个别云平台在未获得企业授权的情况下，私自采集其云平台上企业的数据，并基于数据分析研发新型解决方案；还有部分互联网平台企业利用其技术规则、标准制度、产业优势形成了“数据垄断”，导致国家、政府、公民和相关企业的数据权属难以很好地实现。

（二）数字经济统计指标体系亟待建立

构建数字经济统计指标体系是衡量数字经济发展水平的重要基础。数字经济活动涉及多业态、多领域，且与数字技术创新、数字化转型、产业融合发展结合紧密，要求满足全过程、动态化、实时性和高效率等测算需求。目前，我国部分地区启动了数字经济评估的研究和测算工作，但在理念认知、范围划定、数据使用、方法选取等方面尚未形成共识，仍然缺乏权威的数字经济统计门类和数据口径，测算结果差异较大，不利于准确反映数字经济发展水平。

（三）技术进步和产业发展引发对信息化人才的强烈需求

随着新一代信息技术与经济社会发展深度融合，政府部门、产业界、企业普遍面临信息化人才短缺的问题，技术型、管理型、复合型人才缺口十分巨大。据 TDU 研究显示，到 2025 年我国数据人才缺口将达到 200 万人，无论是人才的数量还是人才的质量都有待提升。《中国集成电路产业人才白皮书（2017—2018）》统计显示，2020 年前后我国集成电路行业人才缺口达 30 余万人。物联网人才供给量与人才需求量远不成比例，人才缺乏状况非常严峻。软件人才，特别是工业软件人才缺口也十分突出。随着新一轮科技革命和产业变革不断孕育深化，突破人工智能、大数据、区块链等核心关键技术迫在眉睫，解决信息技术专业人才不足，特别是高端科技创新领军人才缺乏问题变得既重要又迫切。

**【对策建议】**

（一）加快推进新型基础设施建设

一是规模推进 5G 网络部署。统筹推进 5G 网络规模化建设，积极开展 5G 网络建设协调和质量评估，有效推动“通信塔”“社会塔”深入共建、开放共享，降低 5G 基站等新型基础设施规模化部署成本。二是强化应用基础设施升级。推动物联网深度覆盖，围绕数据采集、设备连接、边缘计算、智能分析等提升物联网平台基础能力。强化云计算数据中心绿色、集约部署。推动应用基础设施与 5G 网络优化匹配，支持异构异地数据源的协同分析。建立完善的平台安全、数据安全、隐私合规全方位的安全防护体系。三是开展试验设施超前部署。建设面向车联网、工业互联网等新技术、新装备的专用试验场地，加快技术成果熟化和产业化进程，探索构建智能、先进、引领的新一代信息基础设施体系，推动新型信息网络基础设施的试验验证和成果应用。

（二）尽快在法律层面明确数据权属关系

一是落实“要制定数据资源确权、开放、流通、交易相关制度，完善数据产权保护制度”的要求，加快推进《中华人民共和国数据安全法》立法工作，厘清数据采集、使用、流通、转移等环节的权利关系，平衡好数据开发利用与国家主权数据、商业数据和个人数据安全保护之间的关系。二是规范大数据应用秩序，建立健全数据资源交易和定价机制，规范交易行为等系列行为，健全市场发展机制。三是及时调整完善现行相关法律法规，明确数据市场监管主体、负面清单、参与主体权责及相关法律责任，保障数据交易合法性，为数据合理合规开发利用提供良好的法治环境。

（三）探索构建数字经济统计监测体系

一是加快探索建立数字经济标准、评估和统计体系。以《国民经济行业分类》（GB/T 4754—2017）为基础，围绕数字经济内涵和外延，探索构建数字经济行业分类的标准体系。建立健全有效反映数字经济发展全貌和动态变化的统计评估体系，加强对网络应用、信息服务、融合创新、新兴业态等方面指标的统计，强化各类社会网络平台业务数据采集和应用，以新技术促进统计数据交叉比对，提高统计数据的全面性、准确性和实效性。二是谋划建设数字经济发展运行监测平台。开展政企合作，充分利用大数据、云计算等新一代信息技术，建设数字经济发展运行监测分析平台，对数字经济发展规模、发展结构、质量效益等方面的关键指标进行监测，基于综合分析强化趋势研判和预测预警等，及时掌握数字经济发展态势。

（四）强化信息化复合型人才培养

一是顺应融合技术创新和应用发展趋势，整合相关学科资源，持续完善大数据、云计算、人工智能、物联网等信息技术领域学科设置，提升学科交叉融合培养水平。二是完善院校和企业人才供需对接机制，引导高等院校和科研院所、企业构建新型“产学研用”一体化合作格局，加快培养适应数字化转型需要的融合型人才队伍。在高等学校招生环节加强对优秀生源的专业选择引导，强化网信人才队伍储备。三是加强信息化复合型人才职业培训。引导企业建立健全员工培训机制，从培训经费投入、培训时长、师资保障等方面规范员工数字技能培训教育。针对关键领域和重点企业，积极研究出台财税金融等政策措施，大力支持企业开展员工培训。

# 经济领域信息化

## 【工业领域信息化】

2019 年，工业企业积极推进智能制造，深化大数据、云计算、物联网、区块链等新一代信息技术应用，提升网络信息安全保障能力，用数字化、智能化推进企业转型升级。

### （一）原材料工业

#### 1．煤炭行业

2019 年，煤炭行业继续推进煤矿智能化建设，加快 5G、人工智能、机器人、区块链等新技术在煤炭行业的融合应用。

2019 年，煤炭行业加大煤矿智能化推进力度，从国家到地方层面加强煤矿智能化建设的顶层设计。除国家发展改革委等 8 部委出台《关于加快煤矿智能化发展的指导意见》外，科技部国家重点研发计划启动实施了“智能机器人”重点专项。山西、河南、山东、贵州、内蒙古、安徽、河北等省份都出台了推进煤矿智能化发展的政策文件。煤炭企业积极推进智能矿山建设。国家能源集团出台《智能矿山建设实施方案》，2020 年建设智能化采煤工作面 17 个、智能掘进工作面 5 个、智能化选煤厂 14 个；中煤集团计划 2020 年和 2021 年分别建设 12 个智能化采煤工作面；陕煤集团计划建设 20 个智能化采煤工作面，新建 21 套快速掘进系统；山东能源集团自 2019 年以来，累计投入“智能矿山”建设资金 48.6 亿元，建成自动化、智能化采煤工作面 70 个，减少采掘一线用工 6967 人；兖矿集团已编制《智能矿山三年建设规划》，计划投资 40 亿元，高标准建成 20 个智能化采煤工作面和 15 个智能掘进工作面。

以 5G 为代表的新技术应用在煤炭行业加快发展。自 2019 年以来，煤炭行业通过与运营商和技术厂商战略合作、成立联合实验室、成立联盟合作组织、推进项目实质性落地、开展试点示范等各种方式推进 5G 与煤炭行业融合。据中国煤炭工业协会不完全统计，已有 20 余家大型煤炭集团、煤炭高等院校开展了 5G 相关合作、研究和项目推进工作。阳煤集团新元煤矿已完成井下不同应用场景的 5G 覆盖测试工作，山西焦煤集团霍州庞庞塔煤矿建成了全国首个煤矿井下采用 4G+5G 混合布置的通信专用网络。2019 年，国家煤矿安全监察局发布《煤矿机器人重点研发目录》，将煤矿智能化装备纳入安全改造资金补助范围。国家能源集团梳理了各板块近 400 个人工智能应用需求和典型的人工智能应用场景，已研发使用了主运巡检机器人、水仓清理机器人、巷道巡检机器人、变电所巡检机器人、供排水巡检机器人等机器人，目前正在研发的机器人还有

14 种。陕煤集团分别在榆北、黄陵、陕北、彬长等矿区推广应用皮带、变电所、主排水泵房巡检机器人及选矸机器人，2020 年投资 2.6 亿元，新建 5 个大类 74 个机器人。

一批具有标志意义的信息化项目落地。兖矿集团大数据工程成功上线。淮北矿业集团大数据中心成立，生产管理、人力资源、运营管控、财务共享四大专业应用平台初步建成。山西焦煤集团霍州庞庞塔煤矿与山西联通签订全国首个煤矿 5G 专网租赁合同。阳煤集团新元煤矿首家取得 5G 无线传输设备隔爆认证，并建成全国首个 5G 煤矿井下专网。中国移动与中国煤炭科工集团、华为等联合获得首个煤炭行业井下 5G NSA 组网关键设备的煤矿安全认证等。

2．石油石化行业

（1）中国石油化工集团有限公司。

中国石油化工集团有限公司密切跟进行业前沿技术发展趋势，加快数字化、智能化转型发展。2019 年，中国石油化工集团有限公司相继开展 ERP 系统建设、智能制造试点示范、统一电商平台推广应用等项目；同时，聚焦智能制造，推进智能油气田、智能工厂、智慧加油站、智能化研究院建设，提升生产运营数字化、网络化、智能化水平。2019 年，中国石油化工集团有限公司打造的面向信息物理系统（CPS）的制造执行系统产品和解决方案，被工业和信息化部评为“2019 年制造业与互联网融合发展试点示范项目”。

在智能工厂建设方面，中国石油化工集团有限公司开展石油和石化工业互联网平台（ProMACE）研发、智能工厂试点升级与推广实施，实现一体化优化、操作报警、设备健康管理等主体应用上线运行。其中，镇海炼化实现全厂在线分析仪 24 小时无盲区实时检查，重点装置异常报警次数下降 50%以上。在智能管线建设方面，中国石油化工集团有限公司推广应用智能化管线管理系统，已覆盖 51 家下属企业近 4 万千米油气管线，实现油气管线的数字化、可视化、智能化管理，可显著提升管道隐患治理、应急响应能力，保障油气管网安全、平稳、高效运行。在智能油气田建设方面，在西北油田采油三厂、中原油田普光气田等开展智能油气田示范区试点建设。采用“数据+平台+应用”架构，部署勘探开发数据库、ProMACE 平台和业务服务组件，上线运行油气藏动态管理、单井管理、管网管理等 7 类应用。在智慧加油站建设方面，制定发布《智慧加油站建设工作方案》《销售企业智慧加油站建设指导意见》，细化智慧加油站的标准和方案，根据不同类别加油站的需求，确定相匹配的方案，打造消费者满意的智慧加油站。

（2）中国石油天然气集团有限公司。

2019 年，中国石油天然气集团有限公司深化信息技术与生产经营融合，推进数字油田、智能炼厂、智能管道、智慧加油站建设。结合 ERP 系统应用集成，上线并完善推广科技管理系统，建成统一的科技管理信息平台。深化专业领域信息系统应用，全面推进油气生产、工程技术、炼化、装备制造等物联网系统建设，实现了数据自动采集、远程监控、生产经营决策支持一体化运营。通过工程技术远程作业支持中心等载体，打造专家共享中心，对生产技术难题群诊群策。拓展云技术平台，基本建成了业务应用、电子商务、科学计算“三朵云”，为科技研发、工程设计等提供了高效的云资源。

在数字油田建设方面，建成覆盖勘探开发、协同研究、经营管理等业务的梦想云平台；打造炼化生产管控能力和分析决策水平持续提升的智能炼化系统；打造数据全面统一、感知交互可视、系统融合互联、供应精确匹配、运行智能高效、预测预警可控的智能化管道。在智能销售方面，推动“服务+商品+互联网+金融”的跨界融合。在工程技术方面，打造数据实时共享、多专业合作、前后方协同的服务平台。在工程建设方面，推进工程项目管理全生命周期一体化管控。在国际贸易方面，先锋贸易管理系统覆盖交易全流程。

（3）中国海洋石油集团有限公司。

2019 年，中国海洋石油集团有限公司（以下简称“中国海油”）深入贯彻习近平总书记网络强国思想，加强数字化顶层设计，坚持“业务驱动、IT 引领”的工作方针和“统一规划、统一标准、统一建设、统一管理”的工作原则，搭建“集成、统一、共享”的信息技术平台，持续完善 IT 治理、网络安全两大保障体系，努力推进数字化转型。

中国海油持续优化海路通信系统，利用散射、大宽带微波、流星余迹等技术在渤海北部、南海东部、南海西部等油田和作业公司开展海上支干线通信链路升级、平台网络改造和员工上网，总体实现海陆干线总带宽提升 2～3 倍。中国海油云服务能力进一步增强，覆盖 5 个国内、3 个海外数据中心，建成包含计量计费和增值云服务等功能在内的海油云商城运营平台和云安全体系，推动财务共享系统和资金管理系统应用上云。2019 年，“中国海油云平台点线面纵深防护安全体系”入选国资委中央企业关键信息基础设施安全防护典型应用案例。

中国海油深化融合创新，推进经营管理一体化运营；落实党和国家要求，完成中央企业“三重一大”决策和运行监管系统建设，初步建立监管信息可追溯和风险苗头可分析能力；推动共享服务模式创新，完成财务共享和资金系统上线，实现会计业务核算标准化、流程规范化，建立自主知识产权共享服务平台，实现财资一体化协同运营；推进管理模式创新，完成审计大数据平台建设，实现由抽样审计向全量审计，以及由孤立审计向全业务链审计转型，提高了审计的时效性，获得“2019 年 IDC 中国数字化转型先锋奖”；推动销售商业模式创新，完成中国海油电商平台功能开发，上线“海油商城”，搭建坚实可靠的分层安全体系、完善的电商三级运营运维体系和制度体制，销售订单金额较 2018 年增长 4 倍。

加快“智能海上油田”建设，推动生产方式转型升级。开展海上井口平台无人化改造工作，完成“东方 IT”气田 A 平台和“番禺 10-2”油田 A 平台无人化改造，实现内外部、跨空间、跨专业的一体化协同，年节约操作费 30%以上；持续提升油田生产智能化水平，实现曹妃甸作业公司采油井电潜泵智能维护，实现提前 10～15 天故障预警。2019 年“智能海上油田”入选国资委“首批中央企业十大智能现场模型”。推动工业互联网等新型基础设施建设研究，工业互联网标识解析二级节点（石化行业）项目获批工业和信息化部 2019 年国家工业互联网创新发展示范工程项目；海油工程数字化仿真技术中心自主完成“东方 13-2”和“渤中 34-9”项目浮托仿真模拟，为项目安全开展、进度提前提供了有力保障。

中国海油开展新一代技术研究应用。天然气板块 LNG 多式联运及终端服务系统首次实现北斗导航定位技术在 LNG 领域的应用，实现大规模 LNG 多式联运过程中罐箱数据的全程实时监控；在天津 LNG 实施北斗人员定位综合管理系统试点项目，对现场生产作业人员和厂区车辆的位置、状态信息等进行实时采集、定位和监控。中国海油信息科技有限公司打造中国海油北斗星基增强系统（CNOSBAS），为动力定位船舶提供高精度导航定位服务；原油贸易板块联合商业银行开展区块链技术跨实体原油链上交易试验，取得初步成果，为商业化应用奠定基础。

中国海油持续完善海外区域共享支持中心，形成亚太（新加坡数据中心）、欧洲中东及非洲（迪拜数据中心）、美洲（墨西哥城数据中心）三大海外区域 IT 共享支持中心的建设布局，覆盖 30 余家海外机构，涉及上游勘探开发、技术服务、工程、贸易等多个板块，构建符合中国海油特色的海外信息技术服务支持体系。中国海油积极推动海外 SAP 系统项目建设，推动海外机构 IT 基础架构整合工作，搭建集中统一、覆盖全球的业务流程经营管理平台，支持国际业务整合和发展。

中国海油不断提升网络安全防御能力。落实国家关键信息基础设施安全保护要求，组织完成工业控制系统等保定级梳理、邮件系统安全提升、AD 系统安全加固任务；开展网络安全攻防演练，发现并整改 157 个信息系统安全漏洞，检验网络安全防护措施的有效性和网络安全队伍应急处置的能力，并圆满完成中华人民共和国成立 70 周年庆典等多项网络安全重保任务。2019 年，中国海油获得“2019 年度中央企业网络与信息安全信息通报工作先进单位”荣誉称号。

3．建材行业

2019—2020 年，建材行业在推进智能制造、工业互联网、两化融合管理体系贯标，促进建材产业绿色低碳，实现产业高质量发展和转型升级等方面持续推进；在行业智能工厂通用模型研究，促进建材企业智能工厂建设，提升建材企业信息化环境下核心竞争力等方面取得阶段性成果。

“两个二代”技术装备创新研发硕果累累，取得了卓著成效。为贯彻实施好“创新提升、超越引领”战略，提升我国建材行业在世界建材行业中的战略地位，增强我国建材行业的技术装备水平和竞争实力，有效引领中国建材行业实现以绿色制造、智能制造、高端制造，以及以节能减排、生态文明建设为重要支撑的转型升级，中国建材联合会于 2012 年在行业中开创性地提出并组织部署、开展了以世界领先水平为目标的第二代新型干法水泥和第二代中国浮法玻璃（以下简称“两个二代”）技术装备创新研发工作。2019 年 5 月，中国建材联合会隆重召开了“两个二代”技术与装备创新研发总结表彰大会，认真总结了 7 年来研发攻关取得的经验，检验、交流、展示研发成果、成就。2020 年 5 月，在第二代新型干法水泥示范线建设项目所在地浙江长兴隆重召开了“‘两个二代’技术装备创新研发领导小组扩大会与现场办公会”。目前，“两个二代”技术装备创新研发攻关工作已取得了令人振奋的丰硕成果，有 70%以上研发项目的总体技术水平达到了国际先进水平，有 50%以上研发项目的总体技术水平达到了国际领先水平，成为中国制造和中国创造并举的重要体现。

完成“面向建材行业的智能工厂通用模型研究与试验验证平台建设项目”。按照该项目可行性研究的建设内容，有序推进了相关工作的开展，完成了标准试验验证平台建设，对该项目的系列标准草案进行了有效验证，由北京市经济和信息化局组织专家团队对该项目进行了验收并顺利通过。建成了建材行业唯一的智能工厂标准试验验证平台，为建材行业企业智能制造应用和推广打下坚实基础，具备为建材行业提供智能制造标准公共服务的能力。

完成“建材行业工业互联网应用实践与实施路径研究”课题。建筑材料工业信息中心承担了工业和信息化部“建材行业工业互联网应用实践与实施路径研究”重大课题，经过调研、梳理、总结、分析，明确了建材行业及各细分领域工业互联网发展的情况，提出了建材行业工业互联网发展的目标、路径、主要任务、具体措施和政策建议，形成了《建材行业工业互联网应用实践与实施路径研究报告》，并通过了工业和信息化部原材料工业司组织的验收。

砖瓦行业智能工厂标准发布实施。为了更好地推进砖瓦行业智能制造，加快推动砖瓦行业的转型升级，培育行业竞争新优势。中国砖瓦工业协会联合建筑材料工业信息中心共同成立了中国砖瓦工业协会智能制造推进办公室，依据行业发展现状和转型升级需求，开展《砖瓦行业智能工厂通用要求》《砖瓦行业智能工厂评价》等智能制造标准的研究工作，经送审、报批、三次修改，通过专家组评审，目前已经发布实施。

继续推进建材行业两化融合管理体系贯标工作。根据工业和信息化部《信息化和工业化融合管理体系要求》（GB/T 23001—2017）的有关安排，继续有序推进建材企业贯标试点工作；建立和完善信息化和工业化融合管理体系贯标工作咨询服务体系，经过建材行业和企业的共同努力，两化融合管理体系贯标工作推进顺利，取得良好成效。截至目前，建材行业两化融合管理体系贯标企业达 1446 家，启动两化融合评定企业达 614 家，其中，华新水泥股份有限公司、南方水泥有限公司、徐州中联水泥有限公司、中材装备集团有限公司、徐州中联混凝土有限公司、中建材（宜兴）新能源有限公司、中材高新材料股份有限公司等 484 家企业已通过两化融合评定，启动两化融合评定企业总数占贯标企业总数的 42.46%。

入选工业和信息化部 2019 年制造业与互联网融合发展试点示范项目。蚌埠国显科技有限公司的“精细化全过程质量管控能力”列入两化融合管理体系贯标试点示范项目；天瑞集团信息科技有限公司的“建材行业工业互联网平台”及山东东华水泥有限公司的“水泥行业大数据服务平台”列入重点行业工业互联网平台试点示范项目。

入选工业和信息化部 2019 年工业互联网试点示范项目。宁夏建材集团股份有限公司的“基于工业互联网提升建材工业智能化管理的解决方案”列入 2019 年工业互联网试点示范项目。

### （二）消费品工业

2019—2020 年，纺织行业信息化发展主要体现在以下几个方面：①纺织行业两化融合“十四五”发展指导意见的研究与编制工作顺利开展；②“中国纺织云平台建设”“纺织行业大数据信息服务平台建设”等信息化基础建设项目竣工验收；③“纺织服装行业数字化转型解决方案应用推广公共服务平台”中标国家工业互联网创新发展工程项目；④纺织行业工业数据分类分级试点工作有序推进；⑤纺织行业持续开展工业互联网平台试点示范工作，遴选出 26 个工业互联网平台试点项目进行重点培育；⑥纺织行业电子商务发展强劲，发展模式不断创新；⑦工业互联网在应对突发疫情等方面优势初显；⑧信息化服务能力不断提升，专业解决方案日趋成熟；⑨协同发展生态仍需要不断打造与强化；⑩产业集群公共服务体系完善，服务平台互联网化转型加速；⑪公益大讲堂线上课程助力抗疫复市。

纺织行业两化融合“十四五”发展指导意见的研究与编制工作顺利开展。为深入研究纺织行业两化融合暨数字化转型发展现状，做好“十四五”期间纺织行业两化融合暨数字化转型的顶层设计，并规划可行的发展路径，中国纺织工业联合会（以下简称“中国纺联”）信息化部启动并开展纺织行业两化融合“十四五”发展指导意见的研究与编制工作。该项工作分为“纺织行业两化融合暨数字化转型发展相关问题研究”和“纺织行业两化融合‘十四五’发展指导意见”两部分内容。目前，《纺织行业两化融合暨数字化转型发展研究报告》已完成初稿，全面、细致地分析了纺织行业两化融合暨数字化转型现状基础及发展趋势，研究论证了“十四五”期间纺织行业两化融合发展方向和重点任务，在此基础上，提出了具有前瞻性和可实施性的纺织行业两化融合“十四五”发展指导意见。

“中国纺织云平台建设”“网络与安全基础环境建设”等信息化基础建设项目竣工验收。纺织行业信息化基础建设项目取得成果，由中国纺联承担的基建项目——“中国纺织云平台建设”和“网络与安全基础环境建设”项目于 2020 年上半年完成项目实施和验收准备工作，于 2020 年 6 月 5 日通过了国资委组织的项目竣工验收，中国纺联的信息化服务能力进一步得到提升。

“纺织服装行业数字化转型解决方案应用推广公共服务平台”中标国家工业互联网创新发展工程项目。由中国纺织信息中心牵头，由东华大学、东方金信等组成的产学研用联合体联合承建的“纺织服装行业数字化转型解决方案应用推广公共服务平台”成功中标国家工业互联网创新发展工程项目，项目建成后成为纺织行业首个能够为纺织全产业链提供服务的行业级的工业互联网平台。该平台聚焦数字化管理、个性化定制、网络化协同、服务型制造等数字化转型新模式，研制、汇聚一批能够解决行业痛点问题、可在平台灵活部署，并且具有较强的可复制和可持续推广能力的优秀数字化转型解决方案及其相应的产品和支撑服务，实现数字化转型解决方案和企业需求的高效、精准对接，推动纺织服装行业数字化转型公共服务能力提升。

纺织行业工业数据分类分级试点工作有序推进。纺织行业是工业和信息化部首批工业数据分类分级工作的试点行业之一，纺织行业的工业数据分类分级试点工作由中国纺联牵头推动。目前，相关工作正在按照工业和信息化部相关部署和要求有序推进。中国电子信息产业发展研究院作为纺织行业工业数据分类分级试点工作的技术支撑单位，配合中国纺联共同开展了工业数据分类分级试点企业的组织动员和实施培训工作，围绕研发域、生产域、运维域、管理域和外部域数据，指导企业开展工业数据分类分级，并对纺织行业的 9 家试点企业开展了“一对一”的培训辅导，引导企业以工业数据分类分级管理和防护为切入点，切实做好工业数据的规范化管理和安全防护。

纺织行业持续开展工业互联网平台试点培育工作。纺织行业积极落实《纺织行业工业互联网发展行动计划（2018—2020 年）》，聚焦工业互联网平台应用和建设领域，连续开展纺织行业工业互联网平台试点工作，截至目前，遴选出 26 个工业互联网平台试点项目进行重点培育，在服务模式创新、技术路线优化、制造资源高效配置、产业链各环节有效协同等方面探索、实践纺织行业建设工业互联网平台的路径。

纺织行业电子商务发展强劲，发展模式不断创新。多以“撮合交易”起步的纺织行业电子商务平台，近年来不断创新业务模式，发展势头强劲。从最初的“撮合交易”到“撮合交易与线上自营互动”，再到目前提供“期现结合、线上线下联动”服务，形成“服务汇聚数据，数据支撑服务”的良性循环；平台服务功能从信息、交易服务向物流、金融、供应链精准服务等一体化服务体系转变。纺织行业电子商务平台的服务范围贯穿设计研发、生产制造、销售及售后等各环节，涉及企业上游、内部、下游供应链协同全部场景，有利于带动甚至吸引供应链各类主体，开展生产设备及智能产品的泛在接入、运营管理的云化迁移，形成IT-OT 融合、贯通全产业链的数据资源体系，是推动工业互联网发展的重要抓手。

工业互联网在应对突发疫情等方面优势初显。突如其来的新冠肺炎疫情，暴露出我国卫生防疫关键物资供应链整体配套、衔接能力较弱，行业知识、机理模型积累不足，以及产能数据缺失等方面的一些问题。口罩、防护服等防疫物资，以及熔喷布、聚丙烯纤维等的生产属于纺织产业链的不同环节，而所需的原材料供应属于上游石化行业，跨行业、跨区域资源协同能力不足。新冠肺炎疫情期间，大型跨行业、跨区域平台开始探索通过工业互联网整合防疫物资产业链资源，并取得初步成效，在产业链资源整合和优化配置，以及行业知识复用和供需对接等方面优势初显。例如，航天云网推出了开箱即用的口罩生产管理一体机（内嵌安全可控的 INDICS 工业操作系统、口罩生产管理 MES、设备巡检系统等）成功支持企业一周内顺利转产；海尔集团将防护服、口罩机等产品建设、生产、标准等方面的行业知识在 COSMOPlat 平台上开放应用，帮助有条件的企业实现快速转产，并迅速整合包括纺织、塑料等跨行业资源，打通防疫物资供应链，找到供给短板，形成快速响应。随着行业机理模型、数据分析模型等行业知识的不断积累和开放共享，工业互联网在提升国家应对突发疫情、维护公共卫生安全能力方面的优势将更加凸显。

信息化服务能力不断提升，专业解决方案日趋成熟。纺织行业信息化服务能力不断提升，在基础研究、技术开发、工程建设等方面取得进展，以数字化、智能化及系统集成技术为核心的综合解决方案取得技术突破，信息化服务企业的服务能力明显增强，并在生产经营领域得到快速应用。其中，北京中纺达软件开发有限公司的棉纺织基于在线监控的管控集成应用解决方案、中科院沈阳自动化研究所的纺织印染环保设备优化控制与远程运维解决方案、宁波圣瑞思工业自动化有限公司的智能悬挂式服装高速分拣与存储系统解决方案等 16 项企业信息化综合解决方案获得中国纺联信息化成果奖——解决方案奖。

协同发展生态仍需要不断打造与强化。当前，产学研用协同发展的多层次工业互联网产业生态正在逐步构建，适用于数字驱动型工业新生态发展的政策法规体系亟待完善。随着工业互联网平台的快速建设和发展，平台上汇聚的企业数据、设计图样等工业数据的权责归属问题日益凸显，目前对工业数据的所有权、使用权、管理权、交易权等尚缺乏清晰的法律认同和界定，存在数据滥用、数据产权纠纷等方面的隐患，在一定程度上制约着我国数字工业新生态的构成和发展，亟须在政策法规制定、应用生态构建等多领域协同发展与强化。

产业集群公共服务体系完善，服务平台互联网化转型加速。集群化发展是我国纺织服装产业的突出特征，也是全行业高速、高效成长的重要因素。中国纺联多年来持续推动产业集群地区公共服务体系建设，面向集群地区中小企业提供设计研发、质量检测等全方位的公共服务，国家相关部门积极开展中小企业公共服务平台试点示范工作，对公共服务平台建设进行推动和引导。目前，纺织行业中小企业公共服务平台互联网化转型加速，日趋完善的线上公共服务体系不仅对纺织产业集群经济的发展起到重要的支撑作用，也为集群地区数字经济发展打下了良好的基础。

公益大讲堂线上课程助力抗疫复市。受新冠肺炎疫情影响，纺织服装专业市场和商户们面临的压力急剧增大，对纺织服装专业市场的传统定位、功能、作用、模式和业态提出了严峻挑战。为加快专业市场主体平台化、场景智慧化、模式融合化和业务数据化进程，中国纺联流通分会联合北京服装学院继续教育学院、纺织服装专业市场等，推出了公益大讲堂线上课程，邀请了电商直播、渠道营销、流行趋势、供应链管理等领域的专家学者、企业实操管理者通过免费课程，为专业市场和商户提供实用、前沿的专业知识和实操经验，受到了专业市场和商户们的欢迎和好评。

**【农业和农村信息化】**

（一）农业和农村信息化政策环境

党中央高度重视农业和农村发展工作，作出一系列重要战略部署。2019 年出台的 21 世纪以来第 16 个指导“三农”工作的中央一号文件，提出要实施数字乡村战略。要深入推进“互联网+农业”，扩大农业物联网示范应用。推进重要农产品全产业链大数据建设，加强国家数字农业农村系统建设。继续开展电子商务进农村综合示范，实施“互联网+”农产品出村进城工程。全面推进信息进村入户，依托“互联网+”推动公共服务向农村延伸。2019 年 5 月，中共中央、国务院印发《数字乡村发展战略纲要》，部署了发展农村数字经济、深化信息惠民服务、推动网络扶贫等重点任务。

为进一步发挥“互联网+”优势，推动农产品卖得出、卖得好，促进农业高质量发展，2019 年 12 月，农业农村部与国家发展改革委、财政部、商务部联合印发《关于实施“互联网+”农产品出村进城工程的指导意见》，争取用 2 年时间左右，基本完成 100 个试点县工程建设任务，探索形成一批符合各地实际、可复制、可推广的推进模式和标准规范。同月，农业农村部印发《农业农村部办公厅关于全面推进信息进村入户工程的通知》，提出了全面推进信息进村入户工程的目标、任务和保障措施。

（二）农业和农村信息基础设施建设

数字农业农村试点项目推动实施。自 2013 年起，农业农村部启动实施农业物联网区域试验工程，在吉林、江苏等 5 个省份开展大田种植、畜禽水产养殖、质量安全追溯等方面的农业物联网区域试验示范，并带动各省份启动实施了一系列农业物联网项目。自 2017 年，农业农村部实施数字农业试点项目，截至 2019 年年底，围绕数字农业农村创新中心、重要农产品全产业链大数据、数字农业试点县 3 类建设项目，中央累计投资 11.5 亿元，共建设 92 个项目。通过这些工程项目的示范带动，物联网等现代信息技术在种植业、养殖业等行业得到了广泛的推广应用，在“四情”监测、轮作休耕监管、动植物疫病远程诊断、农机精准作业、无人机飞防、精准饲喂等方面取得了明显成效。

2019 年 10—11 月，农业农村部组织数字农业农村试点县项目评审，建设数字畜牧养殖领域数字农业试点县 2 个，在重庆和广东开展生猪试点；建设数字大田种植领域数字农业试点县 4 个，选择开展黑龙江大豆试点、河南小麦试点、甘肃马铃薯试点、宁夏农垦青贮试点；建设数字水产养殖领域数字试点县 2 个，布局在江苏、湖南；建设数字设施园艺领域数字试点县 4 个，选择福建茶叶试点、甘肃苹果试点、山东和大连设施农业试点。通过建设数字农业试点县，实现大田作物、设施园艺、畜禽养殖、渔业养殖等重点领域单品种全程信息技术集成应用，建立数字农业技术支撑规范、集成应用模式和公共服务体系，数字农业生产取得重要进展。

国家农业数据平台初步建成。整合农产品质量安全追溯、农兽药基础数据、重点农产品市场信息、新型农业经营主体信息直报“四平台”，提高信息服务能力。创新完善农业监测预警体系，每日发布农产品批发价格 200 指数，每月发布 19 种重点农产品市场供需报告和 5 种重点农产品供需平衡表。遴选并推广了生猪产业大数据服务平台等 9 个农业农村领域优秀大数据案例，以及国信云服脱贫攻坚等 18 个典型试点示范项目。

农业设施装备建设不断加强。全国行政村通光纤和通 4G 比例均超过 98%，促进了远程教育、远程医疗、农村电商等领域发展，贫困村通宽带比例超过 94%，农村计算机和移动电话普及率分别为 29.2 台/百户和 246.1 部/百户，让更多偏远地区群众享受到基本公共服务。农业遥感、导航和通信卫星应用体系初步建立，适合农业观测的高分辨率遥感卫星“高分六号”成功发射。物联网监测设施加速推广，应用于农机深松整地作业面积累计超过 1.5 亿亩（10 万平方千米）。这些农村设施装备的建设及配套政策，加快了现代农业线上与线下的融合，完善了农村信息服务体系，整体带动和提升农业农村现代化发展，进一步解放和发展了数字化生产力。

（三）信息进村入户工程建设

2019 年 12 月，农业农村部印发《农业农村部办公厅关于全面推进信息进村入户工程的通知》，提出全面推进信息进村入户工程的目标、任务和保障措施。2019 年 4 月 16—17 日，农业农村部在河南省漯河市召开了全国信息进村入户工作座谈会，进一步统一思想、凝聚共识，研究部署下一阶段重点工作任务；组织尚未认定整省推进信息进村入户工程的 14 个省份制定工程推进实施方案，开展专家评审，作为后续给予资金支持的参考依据。2020 年上半年，《农业农村部　财政部关于做好 2020 年农业生产发展等项目实施工作的通知》明确提出，“西部地区可结合实际，统筹资金加大益农信息社力度”，并指导相关西部省份农业农村部门与当地财政部门及时沟通，争取资金支持。开展农业农村信息化发展延伸绩效考核，并将信息进村入户工程作为重要考核内容，督促各省加快推进。截至 2020 年上半年，全国共建设运营益农信息社 41.1 万个，累计培训村级信息员 98.8 万人次，为农民和新型经营主体提供公益服务 1.1 亿人次，开展便民服务近 3 亿人次，实现电子商务交易额 312.2 亿元。

（四）农业农村电子商务发展

2019 年，互联网进一步促进农业经营网络化发展，带动农村电子商务、直播带货等农业新业态不断涌现。

通过互联网在农村与城市之间搭建起商品的快速流通渠道，一方面将城市生产的工业品和生活用品送到农村，另一方面将农村生产的绿色农产品送到城市，简化了商品流通渠道，大幅降低了商品价格，能够有效拉动消费。商务部统计的数据显示，2019 年全国农村网络零售额达 1.7 万亿元，其中，农产品网络零售额高达 3975 亿元，同比增长 27%，带动 300 多万名贫困农民增收。

直播带货是农村电子商务发展的新模式，得益于通信技术的快速进步，以及 VR、AI 等技术的带动，仅需要一部智能手机就可以成为网络主播。2020 年 4 月 20 日，习近平总书记在陕西省柞水县小玲镇考察时，通过直播平台为柞水木耳点赞，成为“最强带货员”。相关数据显示，2019 年“双十一”淘宝直播成交额近 200 亿元，其中，有 40 名县长、2 万名农村主播通过直播方式使当地农产品走向市场。

（五）农民手机应用技能培训

2019 年，农业农村部将农民手机应用技能培训纳入“中国农民丰收节”重要活动，多次组织相关部属单位和企业，就举办培训周活动及贯穿全年的培训工作进行专门研究，印发《关于做好 2019 年农民手机应用技能培训有关工作的函》，编写发布《农民手机应用手册》《手机助农自媒体营销招招鲜》，广泛征集手机培训资源，举办课件大赛，开展最受农民欢迎的 App 推介。2019 年 8 月 23 日，农业农村部在北京举办 2019 年“庆丰收•消费季”和农民手机应用技能培训启动仪式，组织各地、各相关单位围绕“手机助力农产品出村进城”主题，通过线上线下相结合的形式开展培训。2019 年，农业农村部农民手机培训受众达 3000 万人次。

**【服务业信息化】**

（一）银行业

当今世界面临百年未有之大变局，新一轮科技革命加速推进，金融科技蓬勃兴起，成为服务实体经济、防控金融风险、深化金融供给侧结构性改革的重要力量。金融业信息化建设发展既要应对金融风险和日益严峻的网络安全形势，又面临着新技术发展和金融业态变革带来的新机遇。

自 2019 年以来，中国人民银行坚决落实党中央、国务院决策部署，统筹指导金融业网络安全和信息化，规划引领金融科技发展，持续推进金融标准化，努力开展“数字央行”建设，全方位提升科技履职成效。金融业紧密围绕金融服务实体经济、防控金融风险、深化金融改革等重大任务部署，积极发挥信息科技的支撑和引领作用，顺应新技术及金融科技创新发展趋势，科学统筹金融信息基础设施资源及信息系统建设运维工作，不断提高网络安全保障能力，为推动我国金融改革发展、防控金融风险、促进普惠金融发展等提供了重要的技术支撑。

1．金融科技

加强金融科技发展顶层设计。中国人民银行出台《金融科技（FinTech）发展规划（2019—2021年）》，引导金融业秉持“守正创新、安全可控、普惠民生、开放共赢”原则，加快发展金融科技，高质量推进数字化转型；指导金融机构在体制机制、人才队伍、技术储备、业务创新等方面前瞻布局、有序推进，高质量推进数字化转型；组织中国人民银行系统内外部单位开展金融科技课题研究。

初步形成金融科技监管框架。研究包容审慎、富有弹性的创新试错容错机制，为金融科技创新划定刚性底线、设置柔性边界、预留充足发展空间，探索既能守住安全底线又能鼓励合理创新的新型监管工具。2019 年 12 月，在北京启动金融科技创新监管试点，我国构建金融科技监管框架迈出关键一步。组织制定人工智能、大数据、区块链、云计算、分布式数据库、开放 API 等领域 20 余项技术应用监管规则，初步形成金融科技监管基本规则体系。与国家市场监管总局联合发布公告，将金融科技产品纳入国家统一推行的认证体系，持续强化金融科技质量管理，切实防范因技术产品缺陷引发的风险向金融领域传导。

提升金融科技应用水平。牵头国家发展改革委、科技部、工业和信息化部、人力资源和社会保障部、卫生健康委在10省份组织应用试点。搭建产学研用协同发展平台，推动金融与工商、社保、税务等领域系统总对总对接。组织条码支付、刷脸支付互联互通技术验证。引导金融机构充分发挥数据、技术等要素的重要作用，优化业务流程、完善产品供给、改善融资服务。智能化数字金融服务的可得性、满意度大幅提升，统计数据显示，2019 年银行业离柜率接近 90%。

深化金融科技研究交流。开展金融科技重点课题研究，系统分析金融科技对货币政策、金融稳定、金融市场等的影响与挑战，为金融科技发展与监管夯实理论基础。成立金融科技产业联盟，凝聚产学研用各方力量，共同推动产用对接、联合攻关、标准制定、研究交流、行业自律等工作。举办成方金融科技论坛、世界互联网大会金融科技分论坛，与多国货币当局和国际组织开展金融科技交流合作。

2．金融网络安全

提升金融网络安全应用水平。推动金融领域国产密码应用，提前 1 年实现国产密码金融 IC 卡新增发卡占比 60%的目标。基本完成金融业 IPv6 规模部署第一阶段目标。制定金融业关键信息基础设施认定规则，识别认定金融业关键信息基础设施。组织银行业网络安全攻防演习，强化网络威胁应对实战能力。圆满完成中华人民共和国成立 70 周年庆祝活动网络安全保障任务。开展金融机构客户端 App 备案试点。初步建成金融业网络安全态势感知与信息共享平台，覆盖 35 家全国性银行机构和人民银行关键信息基础设施运营单位。启动金融业科技信息综合管理平台建设，加快打造金融业网络安全和信息化管控抓手。支付清算协会发布行业自律公约，助力人脸识别线下支付安全应用。互联网金融行业协会落实金融 App 备案试点工作，提升金融 App 安全管理水平。网联平台运行能力稳步增强，顺利通过“双十一”等支付高峰时点。

健全金融业网络安全规则体系。编制金融业网络安全等级保护标准和密码应用标准，加强网络安全等级保护和密码安全应用工作指导。编制金融业数据全生命周期安全保护标准，规范数据安全管理。编制金融业数据分级指南，健全金融业数据分级分类机制。

3．金融标准化

提升全球法人识别编码（LEI）应用实效。中国人民银行会同“两会一局”制定 LEI 应用实施路线图，为我国 LEI 应用推广明确“任务书”。截至 2019 年年底，中国境内 LEI 持码机构达 1.3 万余家，信用评级、债券发行人登记备案、银行间债券市场登记备案、应收账款质押登记、对外金融资产负债及交易统计、证券账户业务指南等多项制度涉及 LEI 应用规则，LEI 应用实施水平显著提升。

金融标准与金融治理融合发展。开展金融领

域企业标准“领跑者”活动，全国 1233 家金融机构和金融机具企业参与，主动公开企业标准 2293 项，形成“领跑者”107 家。持续开展“金融标准为民利企”主题活动，发挥金融标准在扶贫攻坚和乡村振兴、支持金融业对外开放、缓解融资难融资贵问题中的作用，加强金融领域企业标准和团体标准建设，提高金融标准实施效能。完成重庆市、浙江省金融标准创新建设试点中期评估，试点工作成效显著。探索并推广“金融标准+扶贫”工作模式，在中国人民银行定点扶贫地区铜川市宜君县和印台区实施金融标准，助力普惠金融和乡村振兴。

提升标准体系质量和国际化水平。发布银行间市场基础数据元、移动金融客户端应用软件安全管理规范等 10 项金融行业标准，通过检测认证、安全评估、宣贯培训等措施加强标准实施。加快推进人民币现金机具鉴别能力技术规范、银行卡受理终端安全规范等财产安全领域强制性国家标准建设。我国专家召集或参与多项国际金融标准研制，在国际组织与国际热点领域标准化工作中作出重要贡献。

4．深化“数字央行”建设

信息化建设成果包括：建设国家政务服务平台中国人民银行旗舰店、“互联网+监管”系统，提升中国人民银行政务服务及监管能力。加快金融大数据分析及服务平台建设，围绕数据治理需求统筹应用开发，实现算力和数据共享。总结省级分支机构大数据应用试点经验，部署省级数据应用平台建设。扩大“金融业机构信息共享系统”App 试点。对分支机构外联线路开展清理整合，发挥行业技术引领作用。贯彻深化“放管服”改革要求，各省级数据中心持续完善“云”化基础设施，保障全国取消企业银行账户许可提前完成。中国人民银行业务系统建设取得积极进展，二代反洗钱监测分析系统数据收集平台上线，二代征信系统于 2020 年 5 月初全面接替一代征信系统。

加强制度优化。指导规范中国人民银行省级数据中心建设，开展应用系统质量评价工作。持续优化中国人民银行信息化项目管理制度，有效推进解决预算编制与立项程序倒置问题。完成 2019 年银行科技发展奖评审，评审出 161 个获奖项目。组织优秀科技成果行业观摩，召开银行业测试成果交流会。推动中国金融学会金融科技专业委员会打造跨金融和科技的综合研究交流平台，形成行业合力。

（二）证券期货行业

2019—2020 年，证券期货行业全面深入贯彻落实党中央关于“加强金融基础设施建设，保障金融市场安全高效运行和整体稳定”的有关要求，以及国务院《关于进一步促进资本市场健康发展的若干意见》，牢牢守住安全运行底线，积极防范运行风险，稳步推进资本市场信息化建设，探索大数据、云计算等新兴技术在证券期货行业应用，依托现代信息技术为智能化科技监管赋能，有力支撑了我国多层次资本市场快速发展和稳定运行。

1．证券期货行业信息化建设情况

推进市场核心机构技术系统优化。近年来，证券交易所等市场核心机构积极完善信息系统功能，支持沪港通、深港通、新三板、创业板、融资融券和股指期货等业务的平稳推出，交易处理能力达到历史峰值交易量的 3～4 倍，在容量、可用性等部分技术指标方面已进入世界前列，具有较强应对突发交易量的能力。2019 年，市场核心机构持续推进信息化建设。上交所完成科创板相关系统建设上线，以及核心交易系统等的升级优化；深交所完成新一代监察系统一期和二期建设，持续完善统一风险监测平台；上期所启动交易系统 3.0 研发项目，开发了二代行情发布平台；郑商所推动六期交易系统建设，上线交割电子仓单系统；大商所稳步推进期权六期建设，积极推进七期交易核心系统建设；中金所新一代交易和第二代监察系统全面投产；中国结算完成科创板相关系统改造及“沪伦通”项目，并持续优化沪港通系统；投保基金公司进一步完善交易结算资金监控系统，推动“12386”热线业务系统智能化建设工作；中证金融上线科创板转融券系统，持续优化转融通平台；期货市场监控中心完成场外衍生品报告库三期系统、新一代保证金监控系统；全国股转加快建设新一代监察系统，切实做好新三板深化改革技术准备工作。

强化行业公共基础设施建设。证券期货业信

息研究中心开展现代科技在证券期货行业应用的技术研究、风险评估、研发测试，搭建行业云服务平台、大数据公共设施、开发测试平台，为证券期货经营机构提供集约化的金融科技应用基础技术平台和公共信息技术服务，推动行业未来共同向应用人工智能、大数据等新兴技术进行更深入探索。上交所进一步依托证券信息技术研究发展中心（上海）成立了监管科技实验室、低延时技术实验室，联合行业各机构开展了 40 余项课题研究；深交所继续推进金融科技中心的课题研究，继续完善及推进金融科技中心实验平台环境、成果分享等工作。大商所行业测试中心持续优化软件测试标准，建成七期系统可靠性测试平台。另外，上交所加速金桥数据中心运营投产；深交所加快推进金融云安全基础平台建设；中证信息升级基金电子化信息披露平台，实现公募基金公开披露信息的集中披露和“一站式”查询，持续推进证联网骨干网升级并优化用户服务体系，面向行业提供互联网地址管理、安全扫描等信息安全服务。

完成科创板技术系统建设上线。持续推进科创板各类相关系统建设上线，共完成 29 个系统的新建和升级改造，解决包括核心交易系统扩容、市场端软件升级在内的 112 项技术难点问题和业务需求，协助 308 家市场机构完成市场端软件升级工作。妥善安排上市审核、发行期间和开市交易前后的特别保障。在业务需求管理、市场测试安排、技术验收和上线运行保障等方面，形成可复制、可推广的实践经验。充分落实以信息披露为核心的理念，完成各相关信息披露系统的开发建设。推出科创板、注册制两个全新的信息披露网站，建设科创板公告披露系统，实现信息披露的自动化，提升信息披露的及时性。推进智能数据提取，开展公告数据提取系统建设，助力公开、透明的市场建设，保障科创板业务顺利推出。

推进“一带一路”技术合作。积极推进“一带一路”跨境资本市场服务，进一步深入与“一带一路”沿线国家和地区交易所的合作。2019 年，着重与达卡证券交易所、巴基斯坦交易所开展技术交流，多次赴巴基斯坦交易所就技术系统升级事宜进行交流，出席巴基斯坦交易所 ITSC 会议，与巴基斯坦交易所签署交易和监察系统升级项目合同。对达卡证券交易所技术现状进行深入调研，完成与达卡证券交易所技术合作框架协议的拟定及签署。交易系统、监察系统、信息披露系统国际化基础版本基本就绪，为“一带一路”技术合作奠定了良好基础。

强化行业标准服务能力。2019 年，对全行业 59 项在建标准进行全流程管理，组织发布行业标准 2 项，进入发布程序标准 6 项。2019 年共分配国际证券识别编码（ISIN）20173 个、证券投资基金编码 1496 个、证券投资基金参与方编码 25 个，完成中国资本市场标准网升级改造。牵头开展金融工具短名（FISN）国家标准制定工作。出版发行《证券期货业数据模型建设的理论与实践》，优化数据模型管理平台，持续推进数据模型的行业应用。

2．金融科技与监管科技的行业应用

金融科技的行业应用。进一步发挥证券信息技术研究发展中心（上海）及监管科技实验室职能，推动行业技术研究与交流，2019 年共出版《交易技术前沿》杂志 4 期，收录稿件近 60 篇，开展涉及人工智能、区块链、信息安全、低延时技术等领域课题研究 40 余项。上交所上线存储云、测试云、行情云、智能云等云上应用，推出新筹基金、券商灾备等云化解决方案；深交所开发云扩容测试、服务保障及创业板云盘项目，打造面向外资企业的私有云、资源外包等国际化服务样板项目。加强 PaaS、SaaS 能力建设，与腾讯云开展战略合作，持续强化云平台建设。中国证券登记结算有限责任公司在云计算领域推广使用测试云，试点容器云，启动私有云建设研究。

监管科技的行业应用。2019 年，市场机构持续探索利用大数据、人工智能、云计算、区块链等技术丰富金融监管手段，不断提升市场监管智能化水平。在监管部门层面，构建了涵盖 399 个指标的上市公司风险预警框架，建立了私募风险监测系统，初步完成了私募、上市、拟上市画像系统建设，利用大数据、人工智能等技术，2019 年提供分析报告 128 份。在市场核心机构层面，上交所开展了公司画像系统、财务舞弊风险智能识别系统、舆情分析系统等多个智能监管分析系统的开发工作；深交所企业画像系统取得新进展，持续完善统一风险监测平台；上期所开展关联账户识别服务和市场异常交易行为分析服务；郑商所建设并上线大数据平台，完成多维度画像、关联账户分析、内幕交易分析、“老鼠仓”识别、舆情分析 5 项智能化项目建设；大商所不断加强人工智能在交易行为、舆情分析中的应用研究；中国证券登记结算有限责任公司探索在登记结算业务中应用区块链技术。期货市场监控中心基于大数据技术建立了交易行为分析系统，采用数据聚合、机器学习、图分析、分布式计算、内存计算等新技术，迭代完成了关联账户分析、疑似内幕交易分析、“老鼠仓”分析 3 个功能板块的建设；同时，以虚拟化容器和微服务为基础，以分布式内存数据库为计算引擎，实现了新一代保证金监控系统 IT 架构的全面升级换代，彻底解决了保证金核对长期面临的耗时长、数据库负载大等问题，系统核对效率提高 60 倍。中证数据完成场外配资账户筛查等相关数据分析模型向大数据平台迁移及验证工作，大数据平台内幕交易异常账户筛查、趋同交易模型筛查、账户终端信息关联分析等功能建设完成。全国股转公司基于大数据和人工智能，从信息合规检查、财务粉饰探测、企业持续经营风险评估等多个维度构建了丰富的指标体系，建立了“规则+AI”分析模型。在市场经营机构层面，证券期货经营机构共 180 个项目在客户画像、精准营销、智能客服、智能投顾等金融科技领域，以及内部风控、异常行为识别等监管科技领域进行了实际应用。

### （三）交通行业

为满足国家铁路局深化履职需要，保证信息化建设工作科学、有序开展，国家铁路局研究制定了信息化顶层架构规划。顶层架构规划根据信息技术的特点和发展趋势，平衡国家铁路局业务履职的迫切需求和长远目标，提出了一个平台（统一计算存储资源和数据集成共享的支撑平台）、两级使用（国家铁路局机关、地区铁路监督管理局两级）、三个门户（对外政府网站门户、对内行政办公门户、电子政务内网门户），为社会公众、企业提供统一的应用服务，奠定了国家铁路局履职业务信息化的基础。

目前，基于对外政府网站门户，国家铁路局信息化建设实现了信息发布、行政许可审批、依申请公开、投诉举报等政务服务，为局内各业务部门监管履职提供信息化支撑，实现了与各部委数据的交换与共享，同时按照国家相关要求建设电子政务内网门户。

1. 信息化建设

安全生产监管信息化工程（一期）国家铁路局建设项目顺利推进。一是不断健全管理制度。组织制定了信息化项目建设廉政纪律规定及实施、监理、变更、验收等管理办法，进一步夯实项目管理基础。二是全力推进业务系统的推广应用。2019 年 2 月，项目在进入试运行阶段后，通过建立各应用系统试运行交流群、组织现场培训、召开信息化建设推进会等方式，积极推进业务系统的使用。累计组织交流研讨会 170 余次、现场培训 126 次，培训 2200 余人次，完成系统升级 552 次，新增及更新用户 314 个，开放授权 1017 个。2019 年 11 月 15 日，安监一期应用系统正式上线运行。三是推动实现数据共享。与应急管理部、住房和城乡建设部、交通运输部、水利部、国家市场监督管理总局、国家能源局、国家邮政局 7 家共建单位签订数据共享交换协议，完成数据交换接口的开发，为国家铁路局政务服务平台和“互联网+监管”系统提供了监管数据。

2. 国家铁路局政务服务平台

2019 年 4 月，国家铁路局印发《国家铁路局关于政务服务平台建设方案的批复》，明确了国家铁路局政务服务平台建设总体目标、主要建设方案、投资总概算、建设工期及有关要求。2019 年 6 月，国家铁路局政务服务平台项目正式启动建设。国家铁路局政务服务平台由政务服务事项系统、政务服务（工作）门户、移动端、数据资源共享系统、统一身份认证系统、电子证照系统、咨询投诉系统、网上评估系统、用户体验监测系统、电子监察系统等 11 个系统组成。2019 年 7 月，国家铁路局政务服务平台在 46 家国务院部委中率先完成与国家平台 8 类 43 个系统的对接任务。2019 年 9 月，国家铁路局政务服务平台主体建设基本完成，通过安全等保三级测评后上线试运行，面向社会公众和国家铁路局工作人员开放，初步实现了自建系统与国家平台的深度融合，实现了与其他部委（地区）政务服务平台的标准统一、互联互通、数据共享、业务协同，实现了事项集中发布、服务集中提供，从而为打造国家铁路局政务服务“一张网”、实现“一网通办”奠定了基础。

3．网络安全建设

坚决贯彻党中央决策部署，严格落实网络安全工作责任制。一是按照中央网络安全和信息化委员会关于关保工作的要求，组织制定铁路关键信息基础设施认定规则，并印发至相关铁路企业，有力推进了铁路关键信息基础设施的识别认定工作。二是依据网络安全责任制和中央网信办相关要求，组织开展国家铁路局网络安全检查，全面排查网络安全隐患，提出整改建议，进一步确保国家铁路局整体网络安全。

深入贯彻落实《中华人民共和国网络安全法》，积极推进网络安全等级保护工作。按照《中华人民共和国网络安全法》和网络安全等级保护制度 2.0 有关要求，组织对政府网站、安监一期应用系统、铁路机车车辆驾驶资格系统、政务服务平台、公文处理系统、电子邮件系统、财务核算系统 7 个信息系统开展等保定级、备案、测评、整改工作，应用系统网络安全防护能力得到显著提升。

构筑网络安全防护体系，强化重要时期网络安全保障工作。一是通过新部署两个网页防篡改系统、完善防火墙安全策略、关闭服务器和终端安全隐患端口等技术措施，持续开展网络安全监控和分析，不断强化网络安全防护体系。二是在国庆和全国“两会”期间，组织开展安全专项检查，执行 7×24 小时值班值守和每日“零报告”制度，编制《网络安全运行监控日报》，确保重要敏感时期网络安全。

重点抓好网络安全应急处置，切实强化网络安全通报机制。一是组织开展网页防篡改、邮件防攻击等网络安全应急演练，持续收集和处置各类网络安全威胁和漏洞预警，及时分析问题并进行应急处置，切实提高网络安全应急处置能力。二是充分发挥国家铁路局网络安全通报机制作用，及时向局属各单位、机关各部门通报有关网络安全预警和风险提示，组织落实相关防范措施，提升国家铁路局整体网络安全防护能力。

积极开展铁路行业网络安全宣传，加强对网络安全工作的指导。一是在 2019 年国家网络安全宣传周期间，采用播放视频、发放宣传海报及宣传折页、进行科普问答等多种方式，在国家铁路局和相关铁路企业开展网络安全宣传教育，使广大干部职工网络安全防护意识得到有效提高。二是制定、发布地区铁路监督管理局网络安全补强实施方案，指导地区铁路监督管理局开展网络安全补强，优化完善网络运行环境。

4．政府网站建设

政府网站监测和普查。按照国务院关于政府网站和政务新媒体建设管理运营的有关要求，加强政府网站的日常监测和重要时期的重点监测。2019 年国庆期间，对政府网站首页巡查 3360 次，对重要栏目巡查 1008 次，对发现的问题及时进行更正，确保网站运行稳定。按季度开展政府网站自查，配合做好国务院办公厅组织的抽查，2019 年 4 个季度、2020 年前两个季度的政府网站自查、抽查均合格。

政府网站绩效评估。2019 年 12 月，第十八届中国政府网站绩效评估结果公布，国家铁路局政府网站列国务院其他部门网站第 11 位，较 2018 年排名提升 1 位，继续保持稳中有升态势，是参与评估以来取得的最好成绩。

信息发布。2019 年，国家铁路局政府网站累计发布信息 4453 条，办公信息系统发布信息 2228 条、设计制作图片 32 幅。2020 年上半年，国家铁路局政府网站累计发布信息 1873 条，办公信息系统发布信息 3276 条。

网站调整优化。一是完成政府网站公开目录改造。将目录文件按照主题和机构分类，增加索引号、文件名称、内容概述、生成日期等内容，改造后的信息公开目录已于 2019 年 9 月 9 日正式上线运行。二是组织完成政府网站移动 App 开发。移动 App 设置了“首页”“机构”“监管”“服务”4 个版块。三是优化栏目设置。落实高铁沿线环境综合整治有关部署要求，在政府网站首页开设高铁沿线环境整治专题，并设置“首页”“法规文件”“工作动态”“公示督办”“宣传资料”5 个栏目。四是查遗补漏。完成除技术标准外的解读文件与政策文件的关联、政府网站国徽规范使用的检查和替换，以及政府网站ICP重新备案等工作，注销33个不合规域名。

（四）物流行业

2019年是中华人民共和国成立70周年，也是物流业稳中有进、变中求新的一年。以科技创新引领高质量发展是2019年“两会”的重要议题，也是推动我国物流业走强的重要手段。随着新一轮科技革命深入发展，先进信息技术与物流业深度融合，“数字物流”将深刻改变物流行业发展格局。物联网、人工智能、云计算、大数据和区块链等新技术在物流业逐步应用落地，构建了产业智能化、供应链智慧化的新经济形态。

1．2019年物流信息化发展回顾

（1）国家对物流信息化工作高度重视。

2019年9月19日，中共中央、国务院印发《交通强国建设纲要》指出，推进装备技术升级。推广新能源、清洁能源、智能化、数字化、轻量化、环保型交通装备及成套技术装备。广泛应用智能高铁、智能道路、智能航运、自动化码头、数字管网、智能仓储和分拣系统等新型装备设施，开发新一代智能交通管理系统。提升国产飞机和发动机技术水平，加强民用航空器发动机研发制造和适航审定体系建设。推广应用交通装备的智能检测监测和运维技术。加速淘汰落后技术和高耗能低效交通装备。

加速新业态、新模式发展，发展“互联网+”高效物流，创新智慧物流运营模式。培育充满活力的通用航空及市域（郊）铁路市场，完善政府购买服务政策，稳步扩大短途运输、公益服务、航空消费等市场规模。建立通达全球的寄递服务体系，推动邮政普遍服务升级换代。加快快递业扩容增效和数字化转型，壮大供应链服务、冷链快递、即时直递等新业态、新模式，推进智能收投终端和末端公共服务平台建设。积极发展无人机（车）物流递送、城市地下物流配送等。

强化前沿关键科技研发。瞄准新一代信息技术、人工智能、智能制造、新材料、新能源等世界科技前沿，加强对可能引发交通产业变革的前瞻性、颠覆性技术研究。加强区域综合交通网络协调运营与服务技术、城市综合交通协同管控技术、基于船岸协同的内河航运安全管控与应急搜救技术等研发。

大力发展智能交通，推动大数据、互联网、人工智能、区块链、超级计算等新技术与交通行业深度融合。推进数据资源赋能交通发展，加速交通基础设施网、运输服务网、能源网与信息网络融合发展，构建泛在先进的交通信息基础设施。构建综合交通大数据中心体系，深化交通公共服务和电子政务发展。推进北斗卫星导航系统应用。

在交通强国建设九大重点任务中，对智慧物流的发展提出了指导，一是推进出行服务快速化、便捷化，打造绿色高效的现代物流系统，加速新业态、新模式发展；二是强化前沿关键技术研发，大力发展智能交通，推动新技术与交通行业深度融合，完善科技创新机制。

2019年4月21日，国务院办公厅转发交通运输部等部门发布的《关于加快道路货运行业转型升级促进高质量发展意见的通知》（国办发〔2019〕16号），指出鼓励规范“互联网+”新业态发展，大力发展无车承运人等道路货运新业态，支持道路货运企业加强信息系统建设，提高线上线下一体化服务能力。加快制定出台《网络平台道路货物运输经营管理办法》，建立货运信用信息共享交换联动机制，规范“互联网+”车货匹配平台经营活动，依法查处平台企业排除和限制竞争、损害货车司机合法权益等垄断行为。由此可见，平台经济是物流信息化的重要组成部分，平台的互联网属性能有效推动物流业向数字化迈进。

2019年9月29日，国家发展改革委联合交通运输部启动物流降本增效综合改革试点工作，重点围绕以下7个方面展开，分别是优化物流营商环境、鼓励物流新技术应用和“新业态”“新模式”发展、培育物流运作网络体系、加强转运衔接发展多式联运、推动解决物流企业“用地难”“融资难”问题、提高物流标准化水平、健全物流业统计和运行监测体系。其中，鼓励物流新技术应用和“新业态”“新模式”发展为我国物流与供应链信息化、智能化、数字化发展奠定了政策基础和基本导向。我国物流与供应链行业正处于由“作业产生价值”向“数据产生价值”的转型阶段，物联网、大数据、人工智能等新技术的应用将有效引导行业的价值转移，切实实现降本增效。

2019年2月26日，国家发展改革委等部门发布《关于推动物流高质量发展促进形成强大国内市场的意见》（发改经贸〔2019〕352号）指出，依托骨干物流信息平台试点单位，探索市场化机制下物流信息资源整合利用的新模式，推动建立国家骨干物流信息网络，畅通物流信息链，加强社会物流活动全程监测预警、实时跟踪查询。依托行业协会实施全国百家骨干物流园区"互联互通"工程，促进信息匹配、交易撮合、资源协同。

同时，提升制造业供应链智慧化水平，鼓励物流和供应链企业在依法合规的前提下开发面向加工制造企业的物流大数据、云计算产品，提高数据服务能力，协助制造企业及时感知市场变化，增强制造企业对市场需求的捕捉能力、响应能力和敏捷调整能力。鼓励发展以个性化定制、柔性化生产、资源高度共享为特征的虚拟生产、云制造等现代供应链模式，提升全物流链条的价值创造水平。

在作业层面实施物流智能化改造行动，大力发展数字物流，加强数字物流基础设施建设，推进货、车（船、飞机）、场等物流要素数字化。加强信息化管理系统和云计算、人工智能等信息技术应用，提高物流软件智慧化水平。支持物流园区和大型仓储设施等应用物联网技术，鼓励货运车辆加装智能设备，加快数字化终端设备的普及应用，实现物流信息采集标准化、处理电子化、交互自动化。发展机械化、智能化立体仓库，加快普及"信息系统+货架、托盘、叉车"的仓库基本技术配置，推动平层仓储设施向立体化网格结构升级。鼓励和引导有条件的乡村建设智慧物流配送中心，鼓励各地为布局建设和推广应用智能快（邮）件箱提供场地等方面的便利。

从物流信息服务平台的互联互通、利用新技术进行决策支持、物流设备智能化改造3个方面提出物流高质量发展的路径，推进物联网、大数据、人工智能等新技术落地应用，强调物流"数字化"的战略意义，将数字物流作为现阶段物流与供应链信息化发展的目标。

2019年7月25日，交通运输部印发的《数字交通发展规划纲要》（交规划发〔2019〕89号）指出，统筹推进"五位一体"总体布局，协调推进"四个全面"战略布局，按照"巩固、增强、提升、畅通"八字方针，抓住新一轮科技革命和产业变革的机遇，坚持推动高质量发展，坚持以人民为中心，坚持以创新为第一动力，促进先进信息技术与交通运输深度融合，以"数据链"为主线，构建数字化的采集体系、网络化的传输体系和智能化的应用体系，加快交通运输信息化向数字化、网络化、智能化发展，为交通强国建设提供支撑。具体包括以下两点。

一是推动载运工具、作业装备智能化。鼓励具备多维感知、高精度定位、智能网联功能的终端设备应用，提升载运工具远程监测、故障诊断、风险预警、优化控制等能力。推动自动驾驶与车路协同技术研发，开展专用测试场地建设。鼓励物流园区、港口、铁路和机场货运站广泛应用物联网、自动驾驶等技术，推广自动化立体仓库、引导运输车（AGV）、智能输送分拣和装卸设备的规模应用。推动自动驾驶船舶、自动化码头和堆场发展，加强港航物流与上下游企业信息共享和业务协同。

二是推动物流全程数字化。大力发展"互联网+"高效物流新模式、新业态，加快实现物流活动全过程的数字化，推进铁路、公路、水路等货运单证电子化和共享互认，提供全程可监测、可追溯的"一站式"物流服务。鼓励各类企业加快物流信息平台差异化发展，推进城市物流配送全链条信息共享，完善农村物流末端信息网络。依托各类信息平台，加强各部门物流相关管理信息互认，构建综合交通运输物流数据资源开放共享机制。

2019年8月12日，交通运输部、国家邮政局、中国邮政集团公司联合发布的《关于深化交通运输与邮政快递融合　推进农村物流高质量发展的意见》提出，大力发展"互联网+"农村物流新业态。支持农村物流企业建设互联网物流信息平台，并实现与农村电子商务平台的对接，发展网络货运、车货匹配等新型运营服务模式，实现人、车、货、站、线等要素的精准匹配，提高农村物流组织效率。

2019年9月6日，交通运输部和国家税务总局联合印发的《网络平台道路货物运输经营管理暂行办法》指出，为贯彻落实国务院关于促进平台经济规范健康发展的决策部署，规范网络平台道路货物运输经营，维护道路货物运输市场秩序，促进物流业降本增效，交通运输部、国家税务总局在系统总结无车承运人试点工作的基础上，制定了《网络平台道路货物运输经营管理暂行办法》。这为物流行业转型升级、高质量发展指明了方向。

2019 年 2 月 12 日，商务部等 12 部门印发的《关于推进商品交易市场发展平台经济的指导意见》指出，推动生产资料市场与企业开展供需对接，优化采购、生产、销售、物流等资源配置，培育形成一批开放、高效、绿色的供应链平台。加快技术应用和管理创新，发展“市场+平台+服务”模式，增强定制化生产、一体化服务功能，构建线上线下融合、上下游协作的生产资料流通体系，促进生产资料更好地服务产业发展。

2019 年 11 月 11 日，商务部联合中国工商银行印发的《关于组织供应链领域重点合作项目推荐工作的通知》中指出，创新发展流通供应链。推动流通企业与中国工商银行、供应商、生产商系统对接，构建流通、金融与生产深度融合的供应链协同平台，实现资金流、信息流、物流“三流合一”，实时共享可视；推动流通企业与中国工商银行融 e 购电商平台深度合作，打造线上线下融合的供应链交易平台，提供研发、设计、采购、生产、物流和分销等一体化供应链服务，发展集信息推送、消费互动、物流配送等功能于一体的社区商业，满足社区居民升级的消费需求，提高居民生活智能化和便利化水平。

（2）物流企业信息化向透明化、智能化和协同化方向发展。

第一，采用 SaaS 部署运输管理系统，助力企业流程透明化，提高运输效率。

长春一汽富晟物流有限公司研发的富晟运输管理系统采用 oTMS 模式设计开发，是运输管理领域的最新成果。oTMS 开创性地采用了“SaaS 平台+移动 App”的模式连接运输，将货运环节中的货主、第三方物流公司、运输公司、司机和收货方集成在一个平台上，打造了一个基于核心流程的、透明的、开放的生态系统。oTMS 社区型运输协同平台解决了传统运输管理系统无法跨越运输链条的弊端，成为运输管理的发展方向。系统摒弃以往的纸质单据，改用手持设备，平台与司机使用 App 交接，运单信息从仓库 oMS 系统传递至 TMS 系统，有效降低人工成本。新增运单位置 GPS 定位功能，从订单开始，以运单贯彻始终，以派车单整合数据，至回单结束，形成完整的业务管理闭环，各节点操作信息可追溯，做到精准储运，使公司服务质量得到迅速提升，大幅提高品牌形象。

延锋安道拓座椅有限公司通过对 3 家 PBU5 试点工厂需求的深度调研和全面分析，结合当前 SaaS 技术在运输系统中的应用，TMS 项目组设计了一套全面覆盖延锋安道拓座椅有限公司从发运需求、发货订单、运输计划、运输执行，到承运商的对账结算、运费成本分摊的物流运输的端到端业务实现方案。同时，通过 TMS 系统与 SAP、WMS、MES、IEM、WFL 等现有系统的集成，实现物流信息在客户、供应商、承运商之间的高效传递与共享，同时实现公司内部采购、物料/物流、财务等多个部门的协同，进一步提高物流运作效率，实现整个供应链的优化，实现全流程透明监控。工作人员在收到异常信息后及时切换紧急方案，有效降低了延期交付的风险；同时，进行数据挖掘，在系统中找到每个节点的数据，及时找到根本原因并加以解决，使解决问题的效率大大提升。在应用 TMS 系统后，运单在执行过程中会自动匹配合同明细并产生应付凭证，无须单独维护，这些应付凭证作为财务运费预提和结算的依据，使预提和结算的周期大大缩短。

第二，RFID 等物联网技术赋能仓储管理，逐步降低仓库内作业的人工参与程度。

近年来，汽车行业呈现新技术跨界融合、服务体验网络化、需求定制化的特点，主机厂对整车物流的协同性、专业性、柔性提出更高要求。为满足客户需要，重庆长安民生物流股份有限公司对原有整车仓储系统 VDC 加以改进，研发了整车智慧仓储管理系统 i-VWMS。该系统覆盖了整车仓储从商品车下线收车、发运出库、发运出场等场景，增加了资源智能调度、场站智能化管理、盘存管理、自有车辆管理、过程质量管理等功能，实现库房作业无纸自动化、调度管理智能化、操作过程管理精益集成化和仓储场地运营可视化。针对原有系统的功能缺陷，结合 RFID 等物联网技术，研发了仓库作业智能调度、智能连接、智能化库位和交通车分配系统，总体操作效率提升 15%，有效满足客户需求。

成都富晟新悦物流有限公司的主营业务是存储中国一汽的备件物资，由于汽车备件种类及库存量日益增加，原有系统操作繁杂且人工干预过多，已无法支撑业务需求。因此，该公司开创性地研发了管理系统 M-WMS，该系统的智能补货模块通过智能计算方法，能够实现网络管理、出入存系统互通互联，并通过出入库频次、作业效率统计分析、超储管理优化、运行规则设计、作业资源配比设计、作业流量等精准算法，实现入库、存货、出库、智能补货、发货等全程智能化系统操作。配合网络信息化及射频识别技术（RFID），增加条码配置页面，减少人工操作录入错误。通过管理系统 M-WMS 的上线，该公司能开展一货多位、多货一位、多品种小批量等复杂仓储业务，能为客户提供数据统计分析、数据交互、大数据分析等相关增值服务；未来还将应用 RFID、大数据、云计算等技术升级仓储管理系统 WMS，并与 TMS 系统、SAP 系统相结合，实现拣货路径优化、自动化分拣、运营数据分析等功能，助力企业进一步实现战略提升。

第三，物流园区、公路港逐步建立统一管理系统，园区内各功能模块实现互联互通，管理效率有效提升。

为解决物流园区日常管理、信息收集、业务转型等方面遇到的问题和存在的瓶颈，浙江数链科技有限公司以传化苏州公路港为依托，通过将物联网技术应用到物流园区的管理创新中，实现物流园区的人、车、货、场、企等各种资源的数字化，通过感知、识别、互联实现物流园区数字资源的运算分析，使业务场景智能化。物流园区通过物联网终端传感器采集园区内仓库、货物、车辆、人流分布与运行状态，实现智能安防、无感停车、智能电表、租赁管理、资产管理、在线财税、电子发票等业务，每年节约人力成本约 50 万元。资源的数字化和在线化使物流园区内资源实现统一管理、统一调度、优化配置，同时为线上信息管理系统提供高价值的实体业务数据，目前已在全国范围内逐步推广。未来，物流园区还将依托 SaaS 技术建立统一的开发接口平台，制定开放标准，对内与园区合作企业，对外与其他园区及政府部门对接，实现信息互联互通、优势互补、合作共赢。

盖世集团物流研发园区一体化综合管理应用平台，对原有 OA、财务管理、合同管理、物业管理、资产管理等应用系统进行一体化统一管理，统一入口和基础数据，方便进行信息梳理和大数据分析，为管理层决策提供信息依据。另外，进一步完善所需的园区公共物流平台、物流云园区综合管理系统、客户关系管理（CRM）系统、人力资源（HR）管理系统、运输管理系统（TMS）、仓储管理系统（WMS）、车辆管理系统、物流云仓系统、天天优菜等业务系统建设，充实盖世集团内部综合管理平台、园区物流作业管理平台及信息平台运营配套管理系统。该平台的建设既实现了与原有系统的无缝对接，也提高了系统的可扩展性，未来可在当前建设基础上重点基于大数据平台进行大数据挖掘和应用分析，支撑园区业务、管理分析及可视化展现，支撑客户画像、企业画像及精准营销。同时，完善物流增值服务功能，包括在线物流 SaaS 服务、物流金融增值服务等功能。

（3）物流平台的快速发展推动行业数字化变革。

第一，无车承运平台的发展进入整合期，未来，网络货运的发展将迎来科技发展新热潮。

近年来，随着物流平台的快速发展，无车承运平台成为发展的主力军，业务范围覆盖整车干线、同城配送、技术支撑、汽车后服务等。我国物流平台对于行业的价值已不再停留在信息交换的在线化，而是向业务流程中的合同签订、运输执行、交易结算甚至后服务环节渗透，进而起到消除多余中间层、优化社会资源配置的作用。

除此之外，大数据和人工智能的应用已成为无车承运平台的标配，在资源匹配、路径选择和智能定价等方面发挥了极大的优势。路歌、满帮、中储智运、福佑卡车等大型无车承运平台纷纷研发适合自身业务的人工智能产品，在智能技术的应用方面已走在行业前列。部分领先的平台型企业也开始布局自有生态体系，为用户提供维修、保养、救援、油品、ETC、金融保险等增值服务，丰富企业利润来源，构建良性生态循环体系。伴随着无车承运平台的业务拓展和网络货运新政的落地，新技术的加持将为网络货运平台的发展带来新的机遇。

第二，水运、铁路、多式联运等业态也在向平台化、智能化转型升级。

曹妃甸港物联科技有限公司采用“互联网+港口+供应链”模式，利用移动互联网、云计算、大数据、物联网等先进技术和理念，将互联网产业与传统港口物流业进行有效渗透与融合，自主研发了曹妃甸港智能网络货运平台——曹港物联平台，致力于搭建港口和工厂之间信息互联互通的桥梁，为客户提供集港口服务、公路运输、铁路运输、海运于一体的全程物流供应链整体解决方案，使物流运输业务全程透明化、规范化、标准化，形成“线上资源合理配置，线下物流高效运行”的新业态、新模式。从货源获取、运力共享、运输组织、在途监控、对账结算、税务管理等方面全方位、多角度提高物流服务的交易效率、运营效率、资金效率，为物流供应链上的各个角色赋能，从而提升对客户的服务质量，推动物流产业降本增效。值得提出的是，曹港物联平台在传统无车承运平台的基础上，与港口物流相连接，为我国多式联运信息化与一体化发展开辟了新道路。

中国外运股份有限公司研发了蓝星水滴—物流 IoT 平台，该平台能够提供统一的物联网规划和战略，互联和感知所有中国外运甚至社会化的物流设备设施元素，既服务于业务操作，又将采集的数据进行处理与分析，挖掘运营特点、规律、风险点等信息，从而更科学、合理地进行管理决策与资源配置。该平台接入层是自主研发的智能终端硬件，适用于“车、船、货、集装箱、托盘”轨迹定位，传感采集（如光感报警、温度和湿度监测、振动监测、压力监测等）；在服务支撑层实现千万台级硬件终端并发接入的能力，将全球集装箱、车、船、托盘、货物等物流要素互联后感知的“定位、传感、显示”数据汇集在平台上；实现集装箱箱管箱控、大数据分析与挖掘，以及物流全程可视化；业务运营层以实时的物流设施设备大数据服务为基础，附加智能算法、区块链溯源及区块链安全性提升，为船公司、租箱公司、港口码头公司及各类客户提供定制化增值服务。

集装箱定位监控平台是北京华力方元科技有限公司为“一带一路”中欧班列运输集装箱而提出的综合性解决方案。该平台中的定位终端相较市面上其他产品，重点要突破的包括：一是适应“一带一路”沿线地区和国家通信制式的限制；二是适应亚欧大陆从城市到平原、从沙漠到草原、从山区到高原等多样的环境；三是在任何恶劣情况下，不管是在寒冷地区、高温地区，还是在干旱地区、潮湿地区，设备都能稳定工作；四是设备既要功耗低，还得结实耐用，在不更换电源的情况下要至少保证 5 年以上的正常运行时间。基于此，最终选定了“4G 全网通+多频点 GNSS”解决方案。

集装箱定位监控平台能够实时追踪公铁联运、水铁联运及离开国境的集装箱的位置，满足了国际联运、多式联运和现代物流对货物实时追踪的要求，解决了目前铁路集装箱位置信息滞后、不能连续追踪的问题，有效提升了跨境多式联运集装箱管理的信息化水平。

第三，仓储平台向智能化、可视化、精细化方向发展。

中远海运物流有限公司搭建一体化的综合型仓储物流服务平台，整合资源，合理、有效地控制物流成本，加强仓储的精细化管理，为客户提供存储、拆零、分拣、配货、包装、贴标、流通加工、检验检疫一体化服务，缩短周转时间，为客户提供安全、优质、高效的物流服务。该平台是关系中远海运物流有限公司能否在仓储业务领域迅速拔尖、占领行业制高点的关键。通过智能化系统设计，平台将积累的业务经验转化为系统能力，降低对人员的依赖性，避免因人员离职等增加引入新人的培养成本；通过智能化上架、拣货等策略，缩短货物出入库的运输距离，提高拣货效率，进而降低库内运输能耗和运输成本。另外，通过智能化上架策略，优化货物存储结构，提升仓库空间利用率，降低空仓率。

厦门荆艺软件开发的古龙食品自动化立体仓库平台，通过古龙食品金蝶 ERP 系统将订单数据导入物流系统，进行全流程的业务数据控制管理、业务运作监控管理、业务结果分析改进等业务层面的信息管理。通过对业务过程中数据的传递，对业务进行控制，实现古龙食品业务流、信息流等多层面互动，为古龙食品自动化立体仓储需要具备的信息管理能力提供了全面支持。物流全过程的 RFID 托盘应用，让整个物流系统的数据传输具有实时性、连续性、唯一性，保障并支持公司信息系统有效、高水平运行，为古龙食品逐步在供应链智能化过程中展现出具有现代物流特性的物流管理能力奠定了基础，同时为公司在未来市场竞争中需要具备的先进的物流管理理念与管理能力、先进的供应链管理基础等提供核心支持。

（4）产业物流信息化向平台化、智能化、协同化方向发展，打造智慧物流供应链生态圈。

第一，制造型企业物流信息化通过构建工业互联网打造实时、协同、高效的智慧化供应链服务体系。

上海爱姆意机电设备连锁有限公司针对供应链各环节采取不同的库存控制策略，从而产生供应链上的“牛鞭效应”，进而增加工业产品流通链条上的整体库存量；针对无法及时响应市场需求的问题，构建在工业互联网环境下的供应链协同服务平台，提供包括“一站式”工业品采购、全渠道分销管控、供应链金融服务、个性化定制服务等方面的互联网服务，支持制造业企业实现“互联网+集中采购”和“互联网+渠道分销”，帮助制造业链上下游企业之间实现互联网的连接，提高产业协同效率，降低供应链成本，提升企业应对市场变化的速度，推动传统工业制造业的“互联网+”转型，构筑制造业企业的供应链竞争优势。平台为产品制造商提供了快速进入市场的渠道，提供高效、便捷、低成本、低风险、高可控的商务模式，使制造商具备对库存产品资源的集中管理、合理配备，以及对物权的绝对控制和调度的能力和手段，通过平台认证的集成服务商提供的供应商库存服务能够帮助客户实现真正的 JIT 库存管理，提高供货速度，减小缺货发生概率，降低企业的库存，实现了社会库存产品资源的共享。

准时达国际供应链管理有限公司打造了智能化的工业制造供应链，综合利用大数据分析、云平台建设、物联网信息系统集成应用为一体的综合信息网络，自主研发信息系统平台，为客户提供可视化、可共享、可集成、可监控的全网综合信息分析与处理，全面支持内部和外部客户的供应链管理和运营服务，实现端到端的全智能化系统平台协同运作。依托平台化定位、全球化布局、一体化实力和科技化驱动，围绕核心企业，链接产业链上游供应商、下游客户，以及不同合作伙伴，打造客户制造业的供应链生态圈，借助供应链大数据进行预测、预警、预判，实时协同打造高效的智慧化供应链服务体系。

第二，商贸型企业物流信息化通过构建供应链上下游一体化服务平台，打造全程实时可视、智能、高效的智慧化供应链服务体系。

锐特信息技术有限公司为蚁安居打造的供应链一体化服务系统，打破原来供应链上下游信息孤立的局面，实现各系统间的数据透明化及信息一体化。订单的自动分类归集及自动派发，可以提高操作效率，构建统一的、先进的、高效的家居供应链一体化物流服务平台，不仅能够为 B 端客户提供从产品出厂开始的“干线、仓储、配送、安装、维修”等全流程一体化解决方案，也能够为 C 端消费者提供专业技师上门测量、送装一体、全程维护的“一站式”家装家居服务，进一步提升家居用户的消费体验，并结合客户的特性和痛点，提供量身定制的差异化服务解决方案。该系统作为蚁安居家居服务生态平台的综合调度引擎，将移动互联技术与传统物流 IT 技术相结合，通过 App+OMS+WMS+TMS+DMS+BMS 供应链一体化服务平台，快速实现与京东、天猫、苏宁、唯品会等主流电商平台订单无缝对接，以及线上订单的自动推送及供应链一体化服务平台的统一调度，实现订单的自动分类归集及自动派发，实现各环节全程可控和全节点可视化，针对不同区域、不同服务网点、不同要求、不同产品实现快速接收与分配、高效管控及自动计费，能有效应对“6·18”“双十一”等购物狂欢节带来的订单爆炸性增长。

派昂医药的战略定位是医药供应链解决方案提供商和药品运营服务商，即成为陕西省唯一一家能够为上下游企业搭建平台，以及持续提供增值服务、差异服务、专业服务和全面服务的药品流通企业。派昂医药积极顺应政策导向，以创新为驱动，引领行业新模式发展。基于供应链服务延伸、供应链服务的解决方案、互联网、健康服务开展多种商业模式和服务模式，并在诸多领域保持了较大的领先优势。在医药电商领域，把现代医药物流信息化系统、自动化技术和管理服务延伸到医院药库、药房流程中的各环节，使医院药库实现药品出入库等各项操作流程化和信息化，在确保药品流转全程中安全性和可靠性的同时，提高医院在药品采购、配送、院内流通、科室使用等方面的整体效率，使医院的药品管理实现信息流、物流、资金流的整合，从而提高医院现代化管理水平，并为派昂医药提供了新的经营业态和商业模式。

第三，物流型企业供应链信息化通过构建供应链一体化服务平台有效整合上下游资源，打造良性闭环生态圈。

云南宝象物流集团有限公司依托自身多元化的物流业务，建设了宝象智慧供应链云平台。平台采用或建立物流行业数据标准和服务标准，立足为生产、贸易和流通供应链上下游企业提供代理采购、代理销售、全供应链融资、仓储质押、运费保理等供应链金融服务，线上线下有机结合，实现交易、仓储、运输、增值配套、结算支付、融资等全流程一体化服务。平台通过整合各方资源和一批服务供应商，实现物流核心业务及配套增值服务一体化集成，形成一个融合全业务、全流程、全信息的大集成互联网云平台，提升整个供应链用户价值，打造完整、高效的“交易+物流+金融”供应链共享经济生态圈。平台自上线以来，产生直接经济效益855.06万元。除此之外，云南宝象物流集团有限公司在资金充足的情况下，作为平台的资金方为用户提供宝通融资服务。目前，云南宝象物流集团有限公司作为资金方为用户提供融资服务108次，共融资5162.90万元。

西安货达打造的货达智慧物流供应链平台，一方面，依托互联网大数据平台，为货主提供“一站式”承运服务，逐步实现运输全流程在线化、数据化管理，实现货源、合同、运单、定位、支付、税票等服务模块的统一与贯通，有效解决税源流失问题；另一方面，提升人、车、货的集约化、组织化，从而达到物流行业降本增效的目的，扩大输出榆林煤炭的品牌影响力，对榆林经济的转型升级具有重大的推动作用和战略意义。基于西安货达的大数据平台，货大大为货主提供“一站式”承运服务，包括发布货源、指派车辆、在途监管、运费结算、台账统计等一系列功能，司机可以通过平台进行筛选货源、预订货源、确认装车、确认卸车、上传单据、收取运费等操作。因此，该项目技术架构设计必须围绕“数据收集、数据管理、数据分析、知识形成、智慧行动”的全过程，开发使用这些数据，释放出更多数据的隐藏价值。西安货达主要通过技术手段对接厂矿企业及货运车辆，为上下游提供物流“一站式”承运服务，通过整合零散的个体司机，将原来碎片化和割裂的煤炭供应链打通，在煤矿、贸易商、中转站、司机、下游用户等供应链环节实现信息流、资金流、票据流的统一，提升供应链上资金和货物的周转效率。

（5）新技术应用推动行业技术创新。

第一，无人技术应用大幅降低企业人力成本，切实助力企业降本增效。

德邦总部园区推出无人送货车“德邦小D”，通过“德邦小D”无人派送解决快递业务人手紧张、夜间无人手等问题，提升末端效率，从而助力“最后一千米”。“德邦小D”采用区域式无人驾驶功能，全方位实时监控，多功能防撞避障，可实现全天24小时园区循环。

“德邦小D”可沿固定路线运行，也可根据用户提前选定的提货点、提货时间按时送货，按照取货、发送验证短信、送货、验证信息、开箱提货的流程代替人工完成派件。若用户临时无法按时取件，可随时修改取货需求，系统可根据用户需求及时更改行驶路线和派件策略，有效地实现“最后一千米”效率提升且使收派过程自动化。此外，系统管理员可通过调度平台从数据、画面多维度远程监控/预警无人车运行情况，帮助管理人员远程对无人车进行管理，更加有效、合理地利用车身传感资源把控业务的每个环节，提升收派业务的运营水平和安全水平。

通过24小时无人收派、用户取寄件零等待模式，提升收派效率和用户满意度，节省了用户/快递员大量时间和快递运输派送成本，日均派件效率提升43.39%。

北京科捷物流有限公司为了改善仓库运营状态、提高仓库存储率、降低人力成本、解决电商大促期间爆仓问题，提出了适用于B2B和B2C共用场景的定制化、智能化、自动化方案，以及高密度储货、仓储机器人方案。其中，B2B业务使用单层货架，B2C业务使用五层货架，两种业务分区存放，AGV两区复用。由机器人代替大量人工进行拣选、搬运、上架等机械化操作，准确率大大提高，同时结合AI技术及相关智能算法对上架及拣货路径进行优化，缩短作业时间。工作人员仅需要集中在工作台区完成入库、出库、盘点、补货功能，易于管理；同时，采用高密度储货方案，仓容利用率高。目前，采用机器人的仓库区面积为1200平方米，投入6台AGV机器人，能同时完成B2B终端和B2C手机业务的出入库作业流程，每年节省人力成本28万元，存储效率提高12%。

第二，区块链技术在电子签名、流程跟踪等方面逐步落地。

京东物流依托区块链和电子签名技术打造了链上签产品。该产品基于区块链和电子签名技术，解决传统纸质单据签收不及时、易丢失、易篡改、管理成本高的问题，实现了单据流与信息流合一。

链上签所使用的区块链平台是在京东自主知识产权的区块链底层技术平台“JD Chain”的基础上构建的智链能力开放平台，强化区块链在客户实名、协约签署、管理、维护和合同保障等方面的应用。目前，链上签的应用场景主要为快运对账和电子签单返还，签单时通过“身份证+手机号+姓名”完成信用主体的认证，物流配送环节以电子运单为载体，通过信用主体的数字签名完成每个运输节点的信用签收。该产品已经被福佑等多家承运企业使用，实现了双方所有交易数据上链，大型干支线的整车业务在业务、系统、技术层面全打通，形成了整体的方案解决模式。通过链上真实的交易数据实现共管一笔账；通过链上签的电子签名能力，完成信用主体的建立和运单的电子化签收，替代纸质委托单和手写签名作为结算凭证。京东物流携手承运商企业通过对现有业务流程规范化，缩短供应商对账期，从目前的90天对账期缩短至60天对账期，从而从承运商处获得更多的优惠条件，可大幅降低运营和管理成本。

中国外运华北有限公司针对平行进口车行业存在的交易环节多、信息不对称和不透明、消费投诉量剧增等发展瓶颈，打造了平行进口车区块链服务平台。该平台主要通过技术手段对平行进口车在海外仓、海运、国内清关、国内仓储等平行进口车进口流通各环节进行流程把控、信息跟踪、操作留痕等，配合物联网设备、区块链技术、移动办公等多种方式增加物流企业在整个平行进口车业务链条中的风险控制能力，为客户提供实时可查询的准确物流信息，促进平行进口车市场的可持续发展。

平行进口车区块链服务平台主要由海外仓管理系统、海运系统、国内清关系统、国内仓储管理系统及其相关功能模块构成，通过物联网设备、区块链技术、移动应用App、各相关系统数据接口的配合，为客户提供高效、安全、可靠的服务。其经营情况、业务进度、轨迹追踪、上链数据均可通过可视化的方式进行监测，平台积累的海量可信数据为数据挖掘奠定基础，为相关决策提供帮助。

第三，主动安全系统有效降低交通事故发生概率，为自动驾驶的发展奠定基础。

天津所托瑞安汽车科技有限公司针对目前交通事故高发、司机疲劳驾驶情况严重等交通安全问题，联合中国科学院等科研院所共同研发智能防碰撞系统和智能驾驶安全云控平台。区别于市面上绝大多数的预警产品，智能防碰撞系统可以在碰撞发生前自动减速和刹车，从根源上避免事故的发生，减少人员伤亡和经济损失。智能驾驶安全云控平台可实时采集车辆行驶数据及行驶环境的定量数据，并将该数据实时发送至智能驾驶安全云控平台，从而实现对车辆及行驶环境数字化、可视化、智能化的管理；同时对实时数据进行及时汇总、分析和挖掘，为运营企业提供有效的风险控制工具，提高运营企业的安全管理水平，降低运营成本。此外，系统还包含车辆预警数据追溯、预警信息统计分析功能，在记录车辆运行轨迹的同时，为车辆运行安全风险提供数据化支持，企业用户可有针对性地制定安全管理方案，针对高危驾驶员加强安全教育和培训等，降低或消除安全运行风险，提高企业安全管理水平，降低企业安全支出。该系统能有效降低事故发生概率，减少企业运营成本和保险支出。

武汉东本储运有限公司搭建的主动安全平台融合驾驶过程中人、车、货的全过程数据，通过平台智能分析，形成可视化报表和安全分析报告，实现车辆精益管理。通过前向和内向摄像头实时对驾驶员行为异常（疲劳驾驶、分神等事件）及车辆运行状态异常（前碰撞、车道偏离、超速）进行实时报警。通过车后安装的智能电子锁对锁的运行异常（非法打开、低电压等）进行实时报警。DMS系统通过分析驾驶员的面部表情及行为，发出安全预警。胎温胎压控制系统通过在轮胎上加装传感器对车辆轮胎压力、温度进行实时监测，每 30 秒上传一次监测数据到显示屏，让驾驶员时刻了解轮胎压力、温度及其突变状况。当胎温胎压达到报警值时，对应轮胎状态红色显示，并有报警蜂鸣声，以有效预防爆胎、减少轮胎安全事故隐患。ADAS 系统通过车辆的状态、与前车的距离、路边的限速标识等信息判断车道偏离、超速、前碰撞，当有异常情况发生时，设备发出报警声，并通过 4G 网络将报警图片及小视频传送至云平台。云平台通过监控中心大屏幕、微信公众号、短信、邮件等形式同步推送异常信息。

同样是针对交通事故高发等问题，深圳市易流科技股份有限公司为深圳市深特工业气体有限公司量身打造了一套解决方案——基于 ADAS 技术的危险品车辆驾驶安全智能管控平台。该平台利用北斗卫星导航系统、无线网络传输、地理信息系统、移动互联、云计算、人工智能等现代技术，通过司机人脸识别和道路状况监测等手段，实时收集司机驾驶过程中超速、疲劳驾驶、压线行驶、车距过近、急转弯、急加速/减速，以及驾驶过程中打电话、抽烟、打哈欠、不系安全带等行为数据，建立起司机驾驶不良行为大数据分析模型，实现对每个不良行为的精准预判和智能提醒，以提前提醒和告知司机安全风险，并降低安全风险发生的概率。该理念是用技术手段改造传统危险品物流行业驾驶安全的有效尝试，具有广阔的拓展空间。

第四，利用人工智能技术对海量数据进行挖掘分析，为业务流程优化、保险风控提供决策支持。

中交兴路基于全国货运平台，以及以其为基础构建的车联网大数据平台，依托业内高级分析技术建立商用车风险管理 AI 云平台，构建从承保端到理赔端的全流程风控闭环，为国内外的保险公司提供全方位的风险管理服务，包括车辆风险评测、运营安全管理、事故预判及理赔调查支持等多种服务，有效帮助保险公司提高经营效益，进一步改善全社会商用车安全生产管理水平。该平台采用的风控模型将车联网大数据整理、加工成运营数据、道路数据、驾驶数据、业务数据四大类，具体包括运营率、日均行驶里程、高速公路行驶里程占比、夜间行驶里程占比、超速行驶时长占比、日均疲劳驾驶里程、常跑路线运营次数占比等数十项驾驶行为数据因子，结合中国保信提供的商业车险承保、理赔数据，采用行业领先的 GAM 算法建立了保险风险预测模型，通过分析车辆过去的日常行驶特征，准确预测其未来的保险风险成本。一般来说，传统保险定价模型的预测结果，风险最高组与风险最低组的差异（提升度）不会超过 3 倍，而加入了车联网数据因子后，模型的提升度达到了 4.3 倍，效果远超传统保险定价模型。该模型有效地提高了保险公司对重载货车商业车险的核保能力，得到了保险行业主流大公司的一致认可。

菜鸟网络科技有限公司为实现“全国 24 小时、全球 72 小时必达”的目标，推进“一横两纵”战略，建设整个物流行业的数字化基础设施，搭建面向未来的、基于新零售的智慧物流供应链解决方案，打造一张全球化的物流网络。其中，菜鸟物流云的智能视频云监控（以下简称菜鸟天眼）是该战略的重要成果之一。通过对海量视频数据进行特定机器视觉算法学习，将这部分此前并未有效利用的视频数据加以利用，对整个物流环节的人、车、货、场进行分析，对操作不规范等异常情况实时告警，协助合作伙伴进行决策分析、突发事件的应急指挥，进而提升全链路的全域优化管理及安全生产。菜鸟天眼不仅提供了基础的 SaaS 控制台，还提供了标准 API 接口，用户可以根据自身的业务特点，自行开发前台系统，通过 API 方式调用后台核心算法进行分析。通过与合作伙伴的合作，为用户提供定制化的数据展现方案，经过数据指标梳理、加工、展现，并通过可视化展示大屏对全流程进行监控。

2．2020年物流信息化发展展望

物流的应急服务能力得到加强。新冠肺炎疫情暴发以来，从全国医疗、生活等物资的应急物流调度安排来看，物流行业在应对新冠肺炎疫情过程中存在以下问题：响应速度较慢，物流从业者之间缺少协同，物流企业各自为战；物流需求和供应没有权威性的发布平台、缺乏统一的全国性协同组织等。以上问题给新冠肺炎疫情的应急物流服务造成一定的影响，政府与行业协会将牵头制定物流平台的应急服务相关标准，并开发全国统一的应急物流平台，引导物流企业在信息化建设上实现与国家应急物流平台的无缝对接，提高全国的物流应急服务能力。

物流企业平台化转型将会迎来一个高潮。平台经济是物流行业发展的新动能。受新冠肺炎疫情影响，物流企业的经营压力进一步加大，受轻资产、压缩物流中间环节及整合社会资源等因素驱动，物流企业平台化加速转型更有利于物流企业降本增效。尤其是《网络平台道路货物运输经营管理暂行办法》于2020年正式实施，严格监管、规范运作及降本增效是网络货运新政的主基调，为物流行业供给侧结构性改革及高质量发展指明了方向，许多物流企业，尤其是实力雄厚的A级物流企业有转型为网络货运企业的意愿。

产业物流信息化将推动供应链上下游协同一体化，确保供应链安全、高效。从应对新冠肺炎疫情的状况可以看出，产业链越长的企业越容易发生供应链断裂情况。首先，物流企业要重视“包容、开放、共享”的供应链思想，加强供应链研究，推广供应链应用；其次，物流与供应链企业要创新供应链能力，把握创新与升级的方向，深入探究供应链应用；最后，要建立以物流与供应链企业为中心的智慧供应链生态圈，整合优质资源，增强资源的黏性，并形成利益共同体，以提高企业供应链的稳定性、协同性、顺畅性，从而整体提高我国供应链的抗风险能力。

无人机、无人车、配送机器人等新的智能技术在物流行业的应用将更加广泛。2019年9月，中共中央、国务院印发《交通强国建设纲要》，明确提出要“积极发展无人机物流递送”。新冠肺炎疫情暴发后，京东物流等企业也迅速反应，将自主研发的无人机、无人车等创新产品用于疫情防控。通过这些创新产品实现无人配送，使得物品在流通环节仅以机器或人机协作完成，在避免人与人直接接触的基础上，最大限度地阻止病毒的传播，在防疫过程中发挥了奇效。相信在新冠肺炎疫情后，无人机、无人车、无人仓、AI技术及其他智能技术装备在物流行业的应用会越来越广泛，将驱动物流行业的技术变革。

物流企业提升数字化能力越来越重要。大数据、云计算、物联网、区块链、AI技术等数字化技术日新月异，如何将数字化技术与物流企业、供应链企业的业务深度融合，进而提升企业数字化能力，是物流企业、供应链企业在未来的业务发展中应当着重思考的问题。物流企业、供应链企业应在信息流、商流、物流、资金流“四流合一”的基础上实现信息的数字化，进而通过不可篡改的存储与深度挖掘形成有价值的数字资产。在企业进行融资贷款时，能够反映企业实际业务情况的数字资产将成为金融机构授信的重要依据。因此，数字化是提升企业信用能力，进而解决长期以来物流行业资金不足的有效途径。在此过程中，区块链、云计算、人工智能等技术在存储及使用方面将大有用武之地。

## 【社会领域信息化】

### （一）教育信息化

开展数字资源服务普及行动。国家教育资源公共服务平台已开通教师空间1351万个、学生空间652万个、家长空间593万个、学校空间41万个。国家数字教育资源公共服务体系已接入上线平台169个，其中省级平台29个；体系空间登录总数为1042万人次，应用访问总数为3.1亿人次。开展网络学习空间覆盖行动，面向职业院校和中小学校长、骨干教师开展“网络学习空间人人通”专项培训，2019年培训6000人次。启动网络学习空间应用普及活动，组织师生开通实名制网络学习空间，学生空间和教师空间的数量分别达到9643万个和754万个，发布了《2018年度教育部网络学习空间应用普及活动优秀案例集》

（小学版、中学版、职教版、区域版）。

开展网络扶智工程攻坚行动。2019 年，开展面向“三区三州”的教育信息化“送培到家”活动，在四川凉山、西藏拉萨和甘肃临夏举办了 3 期中小学校长教育信息化培训，共培训 329 人。全国中小学教师信息技术应用能力提升工程创新培训平台项目对口“三区三州”开展校长、教师信息化教育教学培训，培训 2000 余人。组织企业开展捐赠活动，向新疆阿克苏、西藏拉萨、云南楚雄、甘肃甘南等地捐赠了教育信息化设备、数字资源及安全服务等，总价值达 1.5 亿元。2020 年，教育部协调网信企业，面向 52 个未摘帽贫困县提供网信资源工具包。

开展教育治理能力优化行动。教育移动互联网应用程序备案管理系统公布了 1657 家企业的 3611 个教育 App 备案。积极开展国家教育考试综合管理平台建设试点工作，推动 14 个试点省市有序开展平台建设工作。加快推进“互联网+监管”系统建设，梳理监管事项目录清单，汇总并报送 23 项监管事项，报送监管行为和监管对象数据 35 万条。

开展百区千校万课引领行动。2019 年度“一师一优课、一课一名师”活动，参与教师超过 228 万人，晒课 314 万堂，遴选部级优课 10005 堂。在校生和社会学习者参加慕课学习人数达 3.1 亿人次。举办了 2019 年全国职业院校技能大赛教学能力比赛。

开展数字校园规范建设行动。教育部联合工业和信息化部深入推进学校联网攻坚行动，支持学校宽带接入和提速降费。截至 2020 年 6 月底，全国 98.4%的中小学（除教学点外）实现网络接入，92.6%的中小学已拥有多媒体教室，数量达到 400 多万间，其中 73.5%的中小学实现多媒体教学设备全覆盖。

开展智慧教育创新发展行动。组织编制《“智慧教育示范区”创建项目绩效评估办法》和《“智慧教育示范区”创建项目绩效评估工作方案》。指导宁夏“互联网+教育”示范区和湖南教育信息化 2.0 试点省建设，支持宁夏举办了“互联网+教育”示范区建设工作现场推进会、企业座谈会等活动。

开展信息素养全面提升行动。2019 年，举办了 9 期教育厅局长教育信息化专题培训班，培训 1125 人次。启动全国中小学教师信息技术应用能力提升工程 2.0，通过“国培计划”中西部项目支持各地开展教师信息化教育教学培训。完成义务教育阶段学生信息素养评价指标体系和评估模型设计，开展对 2 万名中小学生的信息素养测评。

### （二）全民健康信息化

加强全民健康信息国家平台建设，大部分信息系统投入试运行。积极推动省统筹区域全民健康信息平台建设，提高平台联通质量。在实现国家、省、市、县 4 级平台初步联通全覆盖的基础上，积极推进各级各类医院接入相应平台。7000 余家二级以上公立医院接入区域全民健康信息平台，161 个地级市依托区域全民健康信息平台实现医疗机构就诊“一卡通”。

大力推进互联网与医疗健康融合。一是加强经验总结，梳理总结《关于促进“互联网+医疗健康”发展的意见》出台近一年来取得的成效、存在的问题和下一步打算，形成有关报告。二是推进试点示范，国家卫生健康委与宁夏回族自治区共同印发《关于印发宁夏回族自治区“互联网+医疗健康”示范区建设规划（2019—2022 年）的通知》，会同宁夏向国务院报送示范区建设工作情况的报告。积极稳妥扩大试点示范范围，与天津等 10 个省份签署了共建“互联网+医疗健康”示范省（市）战略合作协议，印发共建示范省（市）参照标准和实施细则，指导推进示范区建设。强化典型引领，先后在山东、宁夏召开发布会，总结推广典型经验做法。三是加强网络基础支撑，会同工业和信息化部研究制定远程医疗网络改造和提速降费政策文件。强化安全监管，研究起草《“互联网+医疗健康”信息安全监管与服务办法》。四是各地积极细化落实，31 个省份积极出台“互联网+医疗健康”相关配套文件，涵盖互联网医疗、远程医疗、医保支付、安全监管等方面。全国已有 500 多家互联网医院（含政策发布前已有的和政策发布后试运行的互联网医院）。5000 多家二级以上医院普遍提供分时段预约诊疗、检验检查结果查看、移动支付等线上服务，看病就医“三长一短”问题得到较大缓解。

大力推进政务信息系统整合共享。制定印发《数据共享服务接口管理暂行办法》，梳理完成国家卫生健康委数据资源目录，实现委内两批共享清单 21 类数据的共享。出生医学证明信息、死亡医学证明信息、全员人口统筹信息、生育服务证信息与国家政务信息共享交换平台对接共享，在国家政务信息共享交换平台上的数据调用量达 2800 万次。启动“互联网+政务服务”平台和“互联网+监管”系统建设。上线国家卫生健康委政务服务旗舰店，落实关于解决形式主义突出问题为基层减负的要求，印发《全民健康信息化为基层减负工作措施》，针对基层反映突出的“系统报表繁”“多头重复报”“数据共享难”等问题，从压缩报表、强化整合、推进共享 3 个方面提出 10 项具体措施。

（三）民政信息化

持续推进“互联网+”在民政领域创新应用。初步建成民政政务服务一体化平台，与国家政务服务平台服务资源、应用支撑全面对接，制定印发“结婚证”“离婚证”“社会组织法人证”等电子证照标准，实现社会组织、行政区划、残疾人两项补贴等政务服务事项在线查、网上办。全面开展“社会组织法人库”项目建设，夯实登记管理机关信息化综合服务基础，初步建成全国社会组织信用信息共享平台，推动《“互联网+社会组织（社会工作、志愿服务）”行动方案（2018—2020 年）》落地，探索与大型互联网企业在社会组织治理方面的合作。充分利用“互联网+”和大数据等技术，推进社会救助家庭经济状况核对机制建设，助力社会救助精准认定，指导地方省份开展“互联网+社会救助”移动互联网应用，利用多种手段为社会公众提供政务信息，公开社会救助相关信息，接受社会监督。聚焦群众关切的婚姻登记难点、堵点，制定《“互联网+婚姻服务”行动方案》，大力推动婚姻登记业务一体化、智能化，持续提高婚姻服务信息化水平。加强殡葬信息化建设，加快殡葬管理服务模式创新，大力发展智慧殡葬，完成全国殡葬管理服务信息系统开发并在 5 个省市试点应用。加强“互联网+社区”顶层设计，在城乡社区治理、村级综合服务等工作中，对社区信息化（智慧社区）作出相关任务安排，编制《“互联网+社区”技术标准》和《城乡社区信息化建设标准》，规范“互联网+社区”的基本定义、建设内容、技术架构和实现路径。依托第二次全国地名普查成果，建成“中国·国家地名信息库”，实现 1200 万条标准地名信息等向社会公开共享。加强养老信息化建设，建立完善养老机构管理信息系统、全国农村留守老年人信息管理系统等，结合养老院服务质量建设专项行动，开展移动端应用，提供面向社会的养老机构查询服务，推进养老服务相关信息互联互通，完善养老机构备案管理，加强与相关部门工作协同和信息共享。进一步优化整合全国儿童福利相关的 5 个信息系统，不断适应新机构履职需要。对照《慈善组织信息公开办法》要求，完善“慈善中国”信息平台功能和流程，为慈善组织履行信息公开义务提供平台支撑。持续优化完善全国志愿服务信息系统，为公众、志愿团体参与志愿服务活动提供便捷的渠道和有力的支撑。

（四）地震监测信息化

进一步推进地震信息化标准规制体系建设。印发《地震信息化建设管理办法》，明确地震信息化建设管理中的职责分工，强化信息化建设项目前期、实施、验收及效益评价等全过程管理；编制完成《国家地震烈度速报与预警工程国家和省级中心建设指南》，为规范有序推进地震信息化建设提供依据。着力推进标准体系建设，编制涵盖 6 个分体系、22 个二级标准类目、12 个三级标准类目共 259 项《地震信息化标准体系表（报批稿）》，首批 23 项关键急需标准攻关研究取得重要进展，已完成 6 个报批稿、12 个初稿、1 个征求意见稿，同时研究提出了 2020 年拟制修订的 16 项关键急需标准规范并编制了研制计划。

新媒体平台的覆盖度、时效性、权威性进一步增强。通过地震新媒体、公共服务对接平台和速报机器人微信企业号，为政府、公众和社会提供便捷、权威的信息服务，在 2019 年 20 余次地震应急工作中累计发布 2900 余条权威消息，“地震速报”微博累计阅读量超过 27 亿人次；“12322”地震速报短信服务平台，涵盖了地震系统、国务院抗震救灾指挥部成员单位、中央媒体等，服务对象超过 1.2 万人，累计服务超过 3000 万人次，成为重要的服务渠道和服务平台。

数据汇聚共享服务取得新进展。中国地震台网中心国家地震科学数据中心获国家批复，成为首批 20 个国家科学数据中心之一，目前已经完成国家地震科学数据中心设计，编制完成《国家地震科学数据中心实施方案（2020—2025 年）》。中国地震灾害防御中心依托新成立的活动断层数据中心，建立了活动断层探查数据管理平台，新增 3 个城市活动断层数据库和 33 个专题数据库，相关成果服务于川藏铁路、江东新区等重大工程和规划；中国地震局第二监测中心着力推进模拟地震资料抢救，累计完成数字观测资料恢复入库 44.9TB，模拟图纸观测资料扫描件入库 145 万张、典型历史地震图集资料入库 110 张，拓展了可用地震资料的时间尺度和空间尺度，并逐步在数据共享方面发挥服务效益。

预警信息服务能力进一步提升。联合广播电视部门探索利用应急广播发布地震预警信息，打通地震预警信息发布“最后一千米”；完成高铁信息发布技术对接和地震速报信息接入，国家预警工程社会共建共享局面初步形成；福建省地震局开展地震预警信息发布“一张网”建设，为公众提供预警信息服务，京津冀和川滇交界地区具备秒级地震预警和分钟级烈度速报信息产出能力；四川省地震局烈度速报与预警系统在四川资中 5.2 级地震发生后 8 秒对成都地区发出报警信息，4 分 50 秒后输出仪器烈度图，首次实现了分钟级烈度图输出，有力支撑了地震应急响应处置工作，为公众提供及时、权威的数据信息服务。

### （五）测绘行业信息化

国家基础地理信息数据资源完成常态化的年度更新，完成 2019 版国家 1∶5 万、1∶25 万、1∶100 万地形要素数据（DLG）生产，数据现势性分别达到 2018 年、2017 年、2017 年。完成 2019 年国家基础航空摄影 26.14 万平方千米各类影像获取任务，包括辽宁海岸线、山东海岸线、浙江海岸线、福建海岸线、广东海岸线、河北天津海岸线、江苏上海海岸线、广西海岸线、海南海岸线 9 个海岸带区域共 36161.3 平方千米的 0.2 米分辨率原始影像，重庆两江新区、福建福州新区、辽宁大连金普新区、雄安新区等 17 个国家级新区共 24283.1 平方千米的 0.2 米分辨率原始或二期更新影像，以及部分省区共 200969.8 平方千米的高精度影像数据（包括机载激光点云+DEM 数据等）。

卫星遥感测绘影像数据资源进一步丰富。2019 年，陆地资源卫星共拍摄 14897 轨，接收数据总量 2866 TB，有效数据 60.5 万景。其中，亚米级有效卫星影像 22.2 万景，全球覆盖 5261.65 万平方千米，国内陆地覆盖 818.24 万平方千米；2 米级有效卫星影像 35.9 万景，全球覆盖 15790.20 万平方千米，国内陆地覆盖 951.26 万平方千米；16 米级有效卫星影像 2.4 万景，全球覆盖 10701.98 万平方千米，国内陆地覆盖 951.29 万平方千米；资源三号双星共拍摄 3647 轨，获取立体影像数据 3553 轨，数据总量达 691TB；高分五号卫星共获取高光谱及全谱段影像数据 77380 景，数据量达 24TB。

“天地图”数据资源建设不断加强。在 2018 年、2019 年持续加强数据更新的基础上，“天地图”2020 年数据主要更新了 2 米分辨率遥感影像 1000 万平方千米、优于 1 米分辨率遥感影像 537 万平方千米；更新了道路、水系、居民地和地名地址等地理信息，其中，铁路总里程增加 21%，水系要素增加 12%，居民地要素增加 14%；更新了 1∶25 万公众版基础地理信息数据，提供交通、水系、居民地、地名地址等数据层的分幅下载服务；更新了测绘地理信息资源目录 81.9 万条，总数达 517 万条。

### （六）其他社会领域

各级公安机关围绕“一网通办”目标，认真谋划，强力推动，促进公安政务服务提质增效，初步形成上下协同、条块联动的公安机关在线政务服务体系。一是公安部“互联网+政务服务”平台正式上线。2019 年 8 月 1 日，公安部召开新闻发布会，通报公安部“互联网+政务服务”平台上线，平台汇聚 3 个部门警种和 26 个省级公安机关政务服务事项 900 余项，累计注册用户 60 余万人，办理业务 300 余万笔，为接入平台提供网上身份认证服务 1.8 亿次。二是各省级公安机关政务服务平台建设对接工作明显提速。2019 年，辽宁、上海、山东、广东、云南、贵州、宁夏、新疆等 26 个省（自治区、直辖市）公安厅局建成省级政务服务平台，并与公安部“互联网+政务服务”平台实现对接，扩大了全国公安机关政务服务一体化的广度。三是部门警种加强条线统筹和业务指导，全程网办取得新提升。督察审计局开通网上信访大厅和“12389”举报平台，进一步拓展了群众举报和信访渠道；治安管理局积极指导各地公安机关优化办理流程、减少办理环节、缩短办理时限、改进服务质量；网络安全保卫局的计算机安全专用产品销售许可备案系统实现销售许可备案全流程网上办理，互联网安全管理服务平台有效解决了互联网服务单位人机分离、异地托管带来的备案难题；交通管理局依托互联网交通安全综合服务平台、“交管 12123”App 等“互联网+”服务窗口，积极推行业务“网上办、掌上办”，实现了 130 余项交管业务“零距离”服务；禁毒局加快统筹全国统一的易制毒化学品管理系统建设，着力解决现有信息系统分散、企业许可证登记备案不方便等突出问题；国家移民管理局充分彰显新机构、新作为，先后推出了出入境证件全国通办、出入境证件身份认证服务等应用，社会反响热烈，受到广泛欢迎。

检察院系统持续深化智慧检务建设与应用。一是坚持“以办案为中心”，推进统一业务应用系统 2.0 版等的研发及应用。2020 年 1 月，统一业务应用系统 2.0 版在部分省市检察机关试点应用。结合疫情防控实际，以网络视频方式积极进行业务需求完善和系统功能改进，稳步推进系统试点和培训测试工作。流程办案、智能辅助、知识服务、数据应用四大功能不断完善，目前各试点单位已通过系统受理案件 60151 件，办结案件 16483 件，案卡回填、智能编目、阅卷辅助等各类辅助办案工具使用 58749 件次，处理文书 315750 份。组织开展了案件质量评价指标、追踪式关联指标、检察官业绩考评指标、业务态势分析报告、纪检监察和检务督查等数据应用新增功能研发测试，正在推进以检答网为核心的知识服务子系统研发及应用。二是坚持“以人民为中心”，不断深化“互联网+检察服务”。按照最高人民检察院党组“加强检察网站统筹建设、构建更加便民高效网上服务平台”的要求，对“12309”中国检察网这个检察机关统一对外综合服务网络平台进行优化、拓展其功能，提升为民服务水平。2020 年 6 月，研发、上线“检访通”，增加群众信访实时查询反馈功能，信访人可随时查询检察机关对本人信访事项的回复情况、已受理信访案件的后续办理进展，并可评价办理结果，努力实现“群众来信件件有回复”。推进民事行政案件专家咨询网研发，充分借助律师、法律专家的力量，为检察官办案提供线上咨询服务，进一步提升民事行政案件办理质量。目前，系统主体功能已研发完成，并录入 3100 余名咨询专家信息，系统进行优化后已经上线。立足让老百姓“看见、听懂”，积极推进中国检察听证网和听证室建设，2020 年 3 月印发《中国检察听证网建设方案》和《检察机关听证室建设技术指引》，4 月底完成网站基本功能研发，6 月 9 日组织首批 4 个试点单位进行了公开听证直播，效果良好。同时，指导各地检察机关开展了 12 次检察听证互联网直播，累计时长达 902 分钟，网站点击量达 19606 人次，直播观看次数达 13794 人次，提交评论 306 次，审核发布评论 252 次。

法院系统建成并上线了诉讼服务指导中心信息平台，聚焦多元解纷、登记立案、分调裁审、审判辅助、涉诉信访 5 项内容，汇聚全国法院诉讼服务相关数据，集中展现全国法院诉讼服务态势，实行诉讼服务整体质效评估，形成了以诉讼服务指导中心信息平台为基础的工作机制，为统筹指导全国法院提高诉讼服务水平提供了重要支撑和抓手。在此基础上进一步建设完善人民法院调解平台、送达平台和信访系统，加快推进在线保全、评估鉴定系统建设，督促各级法院强化“分裁审”功能，建设涵盖全业务、全流程的“一站式”多元化纠纷解决系统，支持形成现代化诉讼服务体系。截至 2020 年 6 月底，人民法院调解平台已录入调解组织 3.3 万家、调解员 13.5 万人，调解成功率达 61.5%。全国法院统一送达平台已接入三大通信运营商、中国邮政、公安专网等数据，化解送达过程中找人难、送达难等难题。升级“12368”诉讼服务热线平台，实现集约管理、数据共享、流程监管、实时监督，29 个省份已实现数据对接，数据总量超过 500 万条。

## 【文化领域信息化】

### （一）网络文化建设和管理

2019 年，我国网络信息生态治理体系日益健全，网信系统执法力度加大，取得明显成效，网络空间日渐清朗。

国家及相关部门围绕网络空间治理、网络内容建设和管理、营造良好网络生态出台了多项政策举措，网络信息内容治理体系进一步健全，网络信息内容治理能力进一步加强。2019 年 12 月，国家互联网信息办公室发布《网络信息内容生态治理管理规定》，我国网络空间治理的顶层设计得到进一步优化，也为互联网信息服务单位健全内部管理机制、践行网络空间守土职责指明了更加清晰的路径，提出了更加明确的要求。各家互联网信息服务单位自律意识显著增强，纷纷开展自查自纠工作。此外，《关于防止未成年人沉迷网络游戏的通知》《关于加强“双 11”期间网络视听电子商务直播节目和广告节目管理的通知》《网络音视频信息服务管理办法》等规范文件和举措，加快推动我国网络信息迈入规范化轨道，营造积极、正向的网络生态空间。

2019 年，全国网络信息系统持续加大行政执法力度，依法查处各类违法违规案件，取得明显成效。据统计，全国网信系统依法约谈网站 2767 家，警告网站 2174 家，暂停更新网站 384 家，会同电信主管部门取消违法网站许可或备案、关闭违法网站 11767 家，移送司法机关相关案件线索 1572 件。有关网站平台依据用户服务协议关闭各类违法违规账号群组 73.7 万个。各级网络信息部门结合开展“清朗”“网剑”“剑网”“网上扫黄打非”等专项行动严格执法，会同有关部门依法查处网上各类违法信息和违法行为，严厉处置一批违法违规网站平台。依法关闭“中国廉政文化建设网”“京晨晚报网”“新闻网”“贵州新闻联播”“中社新闻”等违规从事互联网新闻信息服务、社会影响恶劣的网站；关闭仿冒“上海人民广播电台广告经营中心”“河北省住房和城乡建设厅”“长安大学地质工程与测绘学院”“王道计算机考研网”“大学生课程网”等一批侵权网站；关闭“财经热搜”“比特币挖矿”“共鑫繁荣”“大力水手”“补人气”等一批诈骗网站；关闭“梦想冰雪”“小故事”“随便分”“北斋君”“亚博体育”等一批游戏赌博网站；关闭“糖果轻娱”“心之恋”“在水一方”“未来的美好”“传客网”等一批传播淫秽色情信息网站。相关网站平台依据用户服务协议关闭“唐宛酱”“暗夜乞丐”“货币当局”“路易贾”“首席剥皮”“耕雪读梅花”“甘肃升学在线”等一批违法违规账号，切实履行企业主体责任，维护网络信息传播秩序。

### （二）公共数字文化工程

2019 年，公共数字文化工程搭建统一平台，大力推进工程互联互通；优化资源配置，完善工程资源建设与供给体系；拓展社会化合作，助力工程资源服务与技术应用。

稳步搭建统一的公共数字文化基础平台，依托国家数字文化网建设智能服务管理系统，面向基层进行数字资源智能分发服务。以国家数字图书馆平台为基础，升级完成用户管理系统和唯一标识符系统，形成用户池和资源池。加快推进国家数字文化馆建设，加大提供多终端的数字文化馆服务，扩大与各地公共文化云、数字文化馆互联互通，已实现与 36 家地方云对接，注册机构达 989 家。

加大群众文化与“两微一端”资源建设和供给，整合开发乡村春晚、广场舞、小戏小品、农村非遗、农民画等资源内容，全年采购、定制中华优秀文化、全民艺术普及、新媒体服务、文化扶贫、文旅融合等主题音视频资源 5133 小时，开发微讲座、改造精品讲座 200 场。推出多个专题服务目录，根据服务需要挑选并调取使用。整合调整基层资源配送服务，依托第三方、资源服务宝等向县级馆和乡镇站点配送资源总量 5TB，发放期刊 200 种。

公共数字文化资源内容不断丰富。截至 2019 年年底，全国通过公共数字文化工程累计建设数字文化资源约 1274TB，其中，视频约 95613 小时，音频约 94835 小时，中文图书约 472 万种，中文期刊约 1.541 万种，报纸约 630 种，图片约 52 万张，工具书约 100 种，网络资源约 1847 万条，元数据约 170 万条。加强数字资源服务推广力度，以“公共数字文化工程”为主体，在“喜马拉雅”平台开通“文旅之声”专栏，陆续发布自有版权高品质音频资源专辑 11 张，共 2838 条声音；通过“学习强国”开设“数字文化”强国号，发布包含图文动态、第十八届群星奖获奖及入围作品、动漫戏曲节目、大师微讲堂、“文化中国”微视频等工程特色内容 136 条。

### （三）文物博物馆信息化

文物博物馆行业建有全国文物地理信息平台、文物博物馆数据可视化系统和国家文物局一体化在线政务服务平台。2019 年，国家文物局基于国家文物局综合行政管理平台，开展与国家政务服务平台的对接工作，使本部门行政审批数据汇聚至全国一体化在线政务服务平台；建设监管数据仓、行政执法监管系统，实现本部门、本行业监管数据汇聚至国家“互联网+监管”系统。

文博单位信息化建设水平逐步提高。根据国家文物局 2019 年文博单位信息化现状调研数据，全国文物博物馆行业信息化水平得到进一步增强，设立专职信息化机构的文博单位达 269 家，部分文博单位已基本形成具备较高专业素质的行业信息化人才队伍，为文博信息化发展奠定了良好的基础。文博单位业务管理和文物保护管理信息化水平逐年提高。2019 年，文博单位业务管理信息化重点在藏品管理、协同办公、陈列展览、业务档案等方面，占比均在 20%以上。文物保护管理信息化重点在消防监控、文物巡查检查、库房环境监测、展厅环境监测等方面，其中，消防监控占比为 49.10%，文物巡查检查占比为 39.03%，库房环境监测占比为 22.12%，展厅环境监测占比为 20.38%。

国家文物局在其网站上开放 346 万件珍贵文物信息，并依托“互联网+中华文明行动计划”的实施，建立“约会博物馆微博矩阵”“三峡文化资源大数据平台”等一批示范项目，引导各地文博单位加大资源开放力度。“博物中国”——数字博物馆集群上线，展示近 2000 家博物馆的文物，拓展智慧博物馆建设新模式，助力文博单位信息化发展。陕西省开放“互联网+革命文物教育平台”，向社会公开革命博物馆、纪念馆教育资源。北京、河北、吉林、浙江、山东、江西、湖北、天津等省（直辖市），以及成都、苏州等城市建立了数字化公共服务云平台，公众可以用手机直接欣赏展览和藏品。各地博物馆利用动漫、游戏、VR、AR 等新形式、新技术，不断更新丰富网络文化资源，提供全息影像欣赏、虚拟触摸、沉浸式体验服务，吸引了一大批博物馆“粉丝”。山西、浙江、福建、湖北、重庆等近 10 个省（直辖市），依托第三次全国文物普查和第一次全国可移动文物普查成果，建立地方文物数据资源库；故宫博物院、中国国家博物馆、敦煌研究院、云冈石窟、龙门石窟等文博单位，积极采用数字化手段记录文物信息，提升文物研究保护水平，创新文物展示利用手段，向公众公开重点文物基础信息，取得了较好的社会反响。

各地博物馆开始探索 5G 智慧博物馆建设。2019 年 3 月，故宫启动“5G 智慧故宫”项目；2019 年 5 月 18 日，湖北省博物馆“5G 智慧博物馆 App”上线，并开放综合馆大厅 5G 体验区供观众现场体验；2019 年 11 月 17 日，山东省博物馆联合湖北省博物馆，共同举办“5G 重构想象跨时空协奏”活动。天津博物馆实现 5G 网络全覆盖，推出 5G 智能互动体验展厅。中国（海南）南海博物馆 5G 创新应用项目，涵盖 5G+VR 全景直播、5G+AI 游记助手、5G+AR 文物修复助手和 5G+感知安防等多项 5G 创新应用，极大地丰富了博物馆的信息化应用。

### （四）广播影视服务业

2019 年，全国智慧广电建设向纵深发展。各级广电部门将智慧广电战略纳入地方的经济社会发展规划，截至 2019 年年底，全国有 12 个省份已发布或正在编制省级智慧广电建设方案，打造智慧广电媒体、发展智慧广电网络、建设智慧广电生态、加强智慧广电监管，助力经济社会创新发展。推进智慧广电生态体系建设，建设广电物联网和应急广播系统，为政务、商务、教育、医疗、旅游、金融、城市管理、物联网、车联网等垂直领域提供新的支撑，打造家庭智能信息终端，引导新供给、新消费、新业态，更好地服务经济社会发展。

积极推进广电 5G 发展。研究广电 5G 目标任务和技术路线，制定《广电 5G 目标任务清单》《广电 5G 网络建设规划》《广电 5G 试验网方案》《广电 5G 技术标准体系》等技术文件，细化广电 5G 主要业务、技术架构、建设思路、建设规模、实施计划、重点任务，提出广电 5G 发展框架思路。开展广电特色 5G 广播技术体系研究和技术试验，为广电 5G 组网建网奠定技术基础。推动广播电视传输覆盖网络升级改造，促进有线网络转型升级和有线无线一体化发展。印发《广播电视媒体网站 IPv6 升级改造实施指南》《有线电视网 IPv6 升级改造实施指南》，编制《干线光缆传输网和广电宽带数据网总体方案》和《中国广电 IPv6 地址管理办法》，建设 IPv6 地址管理系统，为全行业申请、分配、查询、备案与管理 IPv6 地址做好准备，也为全行业规模部署 IPv6 奠定基础。

推进 5G 条件下高技术格式、新应用场景的高新视频发展。国家广播电视总局组织开展关键技术研究攻关，支持面向 5G 的高新视频技术与业务研究、4K/8K+VR/AR 等高格式视频技术研究与应用，以及互动式视频、沉浸式视频、VR 视频、云游戏等高新视频端到端关键技术及解决方案研究，为 5G 高新视频发展提供技术支撑。推进科创文创深度融合，积极引导、部署和推动 5G 高新视频在北京冬奥会、湖南马栏山及青岛西海岸等的落地和应用示范，规划建设“中国广电 • 青岛 5G 高新视频实验园区”，协调工业和信息化部共同推动高新视频设备研制和产业链发展，助力高新视频从概念变为现实、从技术转化为产品、从实验室走向实践场，丰富 5G 业务应用，赋能广电 5G 发展。

推进超高清视频产业发展，加快广播电视内容供给从高清向超高清方向迈进。国家广播电视总局联合工业和信息化部、中央广播电视总台发布《超高清视频产业发展行动计划（2019—2022 年)》，北京、上海、广东、湖南、江苏、浙江、青岛等 10 余个省份先后发布各具特色的地方超高清视频产业发展行动计划。国家广播电视总局与工业和信息化部、广东省共同主办 2019 世界超高清视频（4K/8K）产业发展大会，举办“超高清频道制播技术”与“内容与版权服务”2 个论坛，加强对全国各广播电视机构开办 4K 超高清电视业务的指导。

### （五）数字内容产业

2019 年，国家相关部门多措并举推进文化高质量发展，为数字内容产业健康有序发展创造了良好的基础和条件：以数字出版为代表的新兴文化业态发展潜力持续向好，新技术应用场景加速落地，数字内容供给不断优化，产业规模持续增长。

2019 年，国内数字出版产业整体收入规模为 9881.43 亿元，比 2018 年增长 11.16%。其中，互联网期刊收入达 23.08 亿元，电子书收入达 58 亿元，数字报纸（不含手机报）收入达 8 亿元，博客类应用收入达 117.7 亿元，在线音乐收入达 124 亿元，网络动漫收入达 171 亿元，移动出版（移动阅读、移动音乐、移动游戏等）收入达 2314.82 亿元，网络游戏收入达 713.83 亿元，在线教育收入达 2010 亿元，互联网广告收入达 4341 亿元。

新兴板块继续保持良好发展势头。2019 年，移动出版、在线教育、网络动漫的收入规模占数字出版收入规模的比例为 45.50%，高于 2018 年的 42.23%。移动出版在数字出版领域的“主力军”地位稳固；在线教育收入规模与 2018 年相比增长幅度超过 50%，已成为数字出版产业中发展最为强劲的部分，市场格局梯队层次渐趋形成，品牌产品不断涌现，用户接受度逐步提升；网络动漫经过多年的发展积累，已具备一定的产业基础和付费用户规模，虽然发展偶有起伏，但整体仍保持良好的发展态势。传统书报刊数字化收入占比增幅仍呈下降态势。网络文学发展持续向好，作品质量显著提升，主流化、精品化态势进一步凸显。截至 2020 年 3 月，中国网络文学用户已经超过 4.5 亿人。据《2019 中国网络文学发展报告》显示，2019 年网络文学行业市场规模达 201.7 亿元，网络文学作品累计规模达 2500 余万部，网络文学作者数量达 1936 万人。现实题材创作持续升温，主题内容日益丰富，主题深度与站位高度均有所突破。网络电影的产业结构正在发生变化，并呈现减量增收、提质增效、产能优化、补短扩面的新特点，网络电影正在从数量规模型向质量效能型转变。2019 年网络电影上线 789 部，同比下降 49%。

# 信息基础设施发展概况

## 【电信能力建设】

电信网络基础设施能力不断夯实。固定资产投资额小幅增长，移动通信投资加快。2019年，3家基础电信企业和中国铁塔股份有限公司在5G相关投资快速增长的推动下，完成固定资产投资比2018年增长4.7%。其中，移动通信投资稳居电信投资首位，占全部投资的比重达47.3%。光网改造工作效果显著，5G网络建设有序推进。推进网络IT化、软件化、云化部署，夯实智慧运营基础，构建云网互联平台，夯实为各行业提供服务的网络能力；4G覆盖盲点不断被消除，移动通信核心网能力持续提升，夯实5G网络建设基础。2019年，新建光缆线路长度达434万千米，全国光缆线路总长度达4750万千米。互联网宽带接入端口“光进铜退”趋势更加明显，截至2019年12月底，互联网宽带接入端口数量达9.16亿个，比2018年年末净增4826万个。其中，光纤接入（FTTH/O）端口比2018年年末净增6479万个，达8.36亿个，占互联网接入端口的比重由2018年年末的88.9%提升至91.3%。DSL端口比2018年年末减少261万个，总数降至820万个，占互联网接入端口的比重由2018年年末的1.2%下降至0.9%。2019年，全国净增移动电话基站174万个，总数达841万个，其中4G基站总数达544万个。

5G网络建设顺利推进，在多个城市已实现5G网络的重点市区室外的连续覆盖，并协助各地方政府在展览会、重要场所、重点商圈、机场等区域实现室内覆盖。

## 【互联网基础设施状况】

2019年，我国互联网基础资源状况持续优化。截至2019年12月，我国IPv4地址数量为38751万个，较2018年年底增长0.4%，IPv6地址数量为50877块/32，较2018年年底增长15.7%。我国域名总数为5094万个。其中，“.CN”域名总数为2243万个，较2018年年底增长5.6%，占我国域名总数的44.0%；“.COM”域名数量为1492万个，占我国域名总数的29.3%；“.中国”域名数量为170万个，占我国域名总数的3.3%；新通用顶级域名（New gTLD）数量为1013万个，占我国域名总数的19.9%。国际出口带宽为8827751Mbps，较2018年年底增长19.8%。我国网站数量为497万个，较2018年年底减少5.1%；网页数量为2978亿个，较2018年年底增长5.8%。

2019年移动互联网接入流量消费达1220亿GB，较2018年增长71.6%。截至2019年12月，我国市场上监测到的移动应用程序（App）在架数量为367万款，较2018年减少85万款，同比下降18.8%。我国本土第三方应用商店App数量超过217万款，占比为59.1%；苹果商店（中国区）App数量超过150万款，占比为40.9%。

## 【广播电视设施建设】

2019年，广播电视公共服务基础设施建设加快推进和优化升级，公共服务能力和水平不断提高。截至 2019 年年底，全国广播综合人口覆盖率为 99.13%，电视综合人口覆盖率为 99.39%，比 2018 年分别提高了 0.19 个百分点和 0.14 个百分点。

各级有线电视网络传输机构不断加强基础设施建设，推动有线电视网络从数字化向智能化转型发展，网络承载能力不断提升。2019 年全国有线广播电视实际用户为 2.07 亿户，与 2018 年相比略有下降。其中，有线数字电视实际用户为 1.94 亿户，占有线广播电视实际用户数的比例为 93.72%，比 2018 年（92.20%）提高了 1.52 个百分点，有线电视数字化率进一步提升。

# 电子商务发展概况

## 【总体情况】

国家统计局数据显示，2019 年，全国电子商务交易额达 34.81 万亿元，同比增长 6.7%。其中，商品、服务类电子商务交易额为 33.76 万亿元，同比增长 6.6%；合约类电子商务交易额为 1.05 万亿元，同比增长 10.1%。2019 年，全国网络零售额为 106324 亿元，比 2018 年增长 16.5%。其中，实物商品网络零售额为 85239 亿元，同比增长 19.5%，占社会消费品零售总额的比重为 20.7%；在实物商品网络零售额中，吃类、穿类和用类商品网络零售额分别同比增长 30.9%、15.4%和 19.8%。

2019 年，电子商务服务业继续保持稳步增长，市场规模再上新台阶，营收规模达 44741 亿元，同比增长 27.2%。其中，电子商务交易平台服务营收规模达 8412 亿元，增速为 27%；支撑服务领域的电子支付、物流、信息技术服务等市场营收规模达 17956.9 亿元，增速为 38.1%；衍生服务领域业务规模达 18372 亿元，增速为 18.3%。

农村电子商务步入新一轮创新增长空间。商务大数据监测显示，2019 年，中国农村网络零售额达 1.7 万亿元，同比增长 19.1%，高于中国网络零售额同比增速 2.6 个百分点。其中，农村实物商品网络零售额为 1.3 万亿元，占全国农村网络零售额的78%，同比增长 21.2%。2019 年，我国外贸高质量发展、稳中提质趋势明显，其中，贸易新动能显著增强，我国跨境电子商务等外贸新业态继续保持蓬勃发展态势。海关总署数据显示，2019 年，通过海关跨境电子商务管理平台进出口商品总额达 1862.1 亿元，同比增长 38.3%。其中，出口商品总额为 918.1 亿元，同比增长 16.8%；进口商品总额为 944 亿元，同比增长 68.2%。

电子商务与实体经济融合发展加速，带动更多人从事电子商务相关工作。据电子商务交易技术国家工程实验室、中央财经大学中国互联网经济研究院测算，2019 年，中国电子商务从业人员达 5125.65 万人，同比增长 8.29%。

## 【质量与效益分析】

2019 年，中国电子商务发展质量与效益“双提升”，主要表现在以下 6 个方面。

第一，电子商务逐渐成为经济增长关键动力。网络零售对消费市场的贡献持续提升，助力经济增长；创新升级消费，投入高质量发展；“中国风”引领潮流，发掘国货消费潜力。商务部数据显示，112 家国家电子商务示范基地实现电子商务交易额近 4.42 万亿元，入驻电子商务企业超过 5.37 万家，吸纳从业人员超过 113 万人，创建商标品牌超过 2.54 万个。

第二，新业态、新模式推动消费高端化、品质化和多样化。B2C 模式发展迅猛，市场份额持续领先。2019 年，B2C 网络零售额占网络零售总额比重达 75.9%，同比增长 22.6%，高于网络零售整体增速 5.9 个百分点，高于 C2C 网络零售额增速 14 个百分点。商品消费高端化、品质化趋势进一步显现。商务大数据显示，1 万元以上高档家电消费增长最快，同比增长 51.7%；个护健康类家电消费同比增长 27.7%。基于小程序的网络零售模式和基于网络视频的直播“带货”模式，成为网络零售的亮点。电子商务服务消费稳健增长，在线餐饮、旅游、文娱、家政、医疗、教育等多个细分领域百花齐放，广东等南方省份“夜经济”较为繁荣。

第三，技术突破成为电子商务企业连接用户、保持增长的重要依托。企业通过优化中台系统，实现网购平台与线下门店在库存、用户、营销方面的同步；通过研发赋能工具，实现加盟店、供应商、导购员等资源的数字化管理；通过大数据分析，实现生产数据、消费数据与用户数据的智能匹配。

第四，电子商务企业积极盘活“下沉市场”。电子商务业界将三线及以下城市、县镇与农村地区统称为“下沉市场”。社交网络打通“下沉市场”消费连接渠道。社交网络与电子商务相融合，通过社区拼团、社交分享、娱乐式消费等方式激活“下沉市场”消费潜力。“下沉市场”呈现“品质”“实惠”双关注的态势，低质、低价商品正在逐渐被中端品牌商品取代，优质品牌与电子商务平台积极合作，引导“下沉市场”网购品质升级。2019 年，在淘宝、拼多多的新增用户中，来自“下沉市场”的用户占比分别为 70%和 64%。2019 年，天猫“99 划算节”两天成交额达 585 亿元，其中“下沉市场”订单占比超过 60%。

第五，电子商务延伸带动产业数字化。网络零售向智能制造领域延伸，进一步提高产业链上下游协同效率，深度挖掘新消费模式与制造业潜力。个性化定制企业将用户个性化需求处理后形成标准化订单，分发给智能制造工厂，C2M 平台与工厂直接合作，以 C2F 模式反向定制爆款产品，满足用户需求。B2B 电子商务平台与产业链中的各方建立数字化连接，在供给侧推进智能制造和柔性供应链，在需求侧推进采购数字化，提升产供销全线协同效率。2019 年，商务部确定了 60 家企业为首批线上线下融合发展数字商务企业。

第六，电子商务国际合作进入产业带动阶段。“丝路电商”扩大合作成果，积极开展“请进来”与“走出去”。截至 2020 年 1 月，中国已经与五大洲的 22 个国家建立了双边电子商务合作机制。第二届中国国际进口博览会期间，第二届虹桥国际经济论坛专设了电子商务分论坛暨全球电子商务高峰论坛。直播电商、短视频电商等模式走向全球市场，成为国际产业合作亮点。例如，快手通过海音等服务商出海东南亚；抖音通过海外版应用及并购短视频平台实现新市场突破。跨境电子商务平台速卖通设立“博主”功能，将“网红”运营经验带进国际电子商务市场。

# 网络与信息安全发展概况

2019 年，我国网络安全整体形势仍较为严峻，但网络安全综合治理工作平稳有序，网络安全政策环境持续优化，产业结构稳步增长。

## 【网络与信息安全面临的问题】

2019 年，在我国相关部门持续开展的网络安全威胁治理下，分布式拒绝服务攻击（以下简称 DDoS 攻击）、高级持续性威胁攻击（以下简称 APT 攻击）、漏洞威胁、数据安全隐患、移动互联网恶意程序、网络黑灰色产业链（以下简称黑灰产）、工业控制系统安全威胁总体下降，但呈现出许多新的特点，带来新的风险与挑战。

（1）党政机关、关键信息基础设施等重要单位防护能力显著增强，但 DDoS 攻击呈现高发、频发态势，攻击组织性和目的性更加凸显。

2019 年，每月可被利用的我国境内活跃控制端 IP 地址数量同比减少 15.0%、活跃反射服务器同比减少 34.0%。在治理行动的持续高压下，DDoS 攻击资源大量向境外迁移。2019 年，我国党政机关、关键信息基础设施运营单位的信息系统频繁遭受 DDoS 攻击，大部分单位通过部署防护设备或购买云防护服务等措施加强自身防护能力。DDoS 攻击依然呈现高发、频发态势，仍有大量物联网设备被入侵控制后用于发动 DDoS 攻击。2019 年，我国发生攻击流量峰值超过 10Gbps 的大流量攻击日均约 220 次，同比增加 40.0%。由于我国加大治理力度，2019 年 Mirai、Gafgyt 等恶意程序控制端 IP 地址日均活跃数量呈下降态势，单个 IP 地址活跃时间在 3 天以下的占比超过 60.0%，因此物联网设备参与 DDoS 攻击活跃度在 2019 年后期也呈下降走势。尽管如此，在监测发现的僵尸网络控制中，物联网僵尸网络控制端数量占比仍超过 54.0%，其参与发起的 DDoS 攻击的次数占比也超过 50.0%，未来将有更多的物联网设备接入网络，如果其安全性不能提高，必然会给网络安全的防御和治理带来更多困难。

（2）APT 攻击监测与应急处置力度加大，钓鱼邮件防范意识继续提升，但 APT 攻击逐步向各重要行业领域渗透，在重大活动和敏感时期更加猖獗。

投递高诱惑性钓鱼邮件是大部分 APT 组织的常用技术手段，我国重要行业部门对钓鱼邮件的防范意识不断提高。2019 年，国家计算机网络应急技术处理协调中心 CNCERT/CC 监测到重要党政机关部门遭受钓鱼邮件攻击数量达 56 多万次，其中携带漏洞利用恶意代码的 Office 文档成为主要载荷。随着近年来 APT 攻击手段的不断披露和网络安全知识的宣传普及，我国重要行业部门对钓鱼邮件的防范意识不断提高，90.0% 以上的钓鱼邮件可以被用户识别发现。

攻击领域逐渐由党政机关、科研院所向各重要行业领域渗透。2019 年，我国持续受到来自“方程式组织”“APT28”“蔓灵花”“海莲花”“黑店”“白金”等 30 余个 APT 组织的网络窃密攻击，国家网络空间安全受到严重威胁。境外 APT 组织不仅攻击我国党政机关、国防军工和科研院所，还进一步向“一带一路”、基础行业、物联网和供应链等领域扩展延伸，电信、外交、能源、商务、金融、军工、海洋等领域成为境外 APT 组织的重点攻击对象。

APT 攻击在我国重大活动和敏感时期更为猖獗频繁。“蔓灵花”APT 组织就重点围绕我国 2019 年全国“两会”、新中国成立 70 周年等重大活动，大幅扩充攻击窃密武器库，利用数十个邮箱发送钓鱼邮件并攻击了近百个目标，向多台重要主机植入了攻击窃密武器，对我国党政机关、能源机构等重要信息系统实施大规模定向攻击。

（3）重大安全漏洞应对能力不断强化，但事件型漏洞和高危零日漏洞数量增加，信息系统面临的漏洞威胁形势更加严峻。

我国漏洞信息共享与通报处置工作持续加强，漏洞应急工作开展卓有成效。2019 年，国家信息安全漏洞共享平台（CNVD）联合相关力量，共同完成对约 3.2 万起漏洞事件的验证、通报和处置工作，同比上涨 56.0%；主要完成对微软操作系统远程桌面协议（以下简称 RDP）远程代码执行漏洞、WebLogic WLS 组件反序列化零日漏洞、ElasticSearch 数据库未授权访问漏洞等 38 起重大风险的应急响应，数量较 2018 年增加 21%。CNVD 联合各支撑单位积极应对上述漏洞威胁，开展应急工作，并第一时间向涉事单位通报漏洞，协调相关方对漏洞及时进行修复和处置。同时，及时公开发布 26 份影响范围较广的重大安全漏洞通报，使社会公众及时了解漏洞危害，有效地化解信息安全漏洞带来的网络安全威胁。

漏洞数量和影响范围仍然大幅增加，漏洞防控工作任重而道远。

一是披露的通用软硬件漏洞数量持续增长，且影响大、范围广。2019 年，CNVD 新收录通用软硬件漏洞数量创下历史新高，达 16193 个，同比增长 14.0%。此外，移动互联网行业安全漏洞数量持续增长，2019 年 CNVD 共收录移动互联网行业漏洞 1324 个，较 2018 年同期的 1165 个增加了 13.6%。二是 2019 年我国事件型漏洞数量大幅上升。CNVD 接收的事件型漏洞数量约 14.1 万条，首次突破 10 万条，较 2018 年同比大幅增长 227%。三是高危零日漏洞占比增大。近 5 年来，零日漏洞（CNVD 收录该漏洞时还未公布补丁）收录数量持续走高，年均增长率达 47.5%。2019 年收录的零日漏洞数量继续增长，占收录漏洞总数量的 35.2%，同比增长 6.0%。这些漏洞在披露时尚未发布补丁或相应的应急措施，严重威胁我国网络空间安全。

（4）数据风险监测与预警防护能力提升，但数据安全防护意识依然薄弱，大规模数据泄露事件频发，数据安全保护力度继续加强，及时处置应对大量数据安全事件。

2019 年，CNCERT/CC 累计发现我国重要数据泄露风险与事件 3000 余起，重点对其中的 400 余起重要数据或大量公民个人信息数据泄露事件进行了应急处置。MongoDB、ElasticSearch、SQL Server、MySQL、Redis 等主流数据库的弱口令漏洞、未授权访问漏洞导致数据泄露，成为 2019 年数据泄露风险与事件的突出特点。

App 违法违规收集使用个人信息治理持续推进，工作取得积极成效。中央网信办会同工业和信息化部、公安部、国家市场监督管理总局 4 部门联合开展 App 违法违规收集使用个人信息专项治理，成立专项治理工作组，制定发布《App 违法违规收集使用个人信息行为认定方法》《App 违法违规收集使用个人信息自评估指南》《互联网个人信息安全保护指南》；建立公众举报受理渠道，截至 2019 年 12 月底，共受理网民有效举报信息 1.2 万余条，核验问题 App 2300 余款；组织 4 部门推荐的 14 家专家技术评估机构对 1000 余款常用重点 App 进行了深度评估，发现大量强制授权、过度索权、超范围收集个人信息问题，对于问题严重且不及时整改的 App 依法予以公开曝光或下架处理。

涉及公民个人信息的数据库数据安全事件频发，违法交易藏入暗网。2019 年，针对数据库的密码暴力破解攻击数日均超过百亿次，数据泄露、非法售卖等事件层出不穷，数据安全与个人隐私面临严重挑战。国内多家企业上亿份用户简历、智能家居公司过亿条涉及用户相关信息等大规模数据泄露事件在网上相继曝光。此外，部分不法分子已将数据非法交易转移至暗网，暗网已成为数据非法交易的重要渠道，涉及银行、证券、网贷等金融行业数据非法售卖事件最多，占比达 34.3%。

（5）恶意程序增量首次下降，但“灰色”应用程序大量出现，针对重要行业安全威胁更加明显。

2019 年，新增移动互联网恶意程序 279 万余个，同比减少 1.4%。根据 14 年来的监测统计，移动互联网恶意程序新增数量已进入缓速增长期，并在 2019 年首次呈下降趋势。2019 年出现的移动互联网恶意程序主要集中在 Android 平台。据统计，具有流氓行为类、资费消耗类等低危恶意行为的 App 数量占 69.3%，具有远程控制类、恶意扣费类等高危恶意行为的 App 数量占 10.6%。为从源头治理移动互联网恶意程序，有效切断传播源，CNCERT/CC 着重处理协调国内已备案的 App 传播渠道，开展恶意 App 下架工作，2019 年共处理协调 152 个应用商店、86 个广告平台、63 个个人网站、19 个云平台共 320 个传播渠道，下架 App 共 3057 款，相较于 2014—2018 年，下架数量连续 6 年呈下降趋势，移动互联网总体安全状况不断好转。

近年来，我国加大了对应用商店、应用程序的安全管理力度。应用商店对上架 App 的开发者进行实名审核，对 App 进行安全检测和内容版权审核等，使黑灰产从业人员通过应用商店传播恶意 App 的难度明显增加，但能够逃避监管并实现不良目的、“擦边球”式的“灰色”应用程序有所增长。例如，具有钓鱼目的、欺诈行为的仿冒 App 成为黑灰产从业者重点采用的工具，持续对金融、交通、电信等重要行业的用户形成了较大威胁。2019 年，CNCERT/CC 通过自主监测和投诉举报的方式捕获大量新出现的仿冒 App。这些仿冒 App 具有容易复制、版本更新频繁、蹭热点快速传播等特点，主要集中在仿冒公检法、银行、社交软件、支付软件、抢票软件等热门应用上，在仿冒方式上以仿冒名称、图标、页面等内容为主，具有很强的欺骗性。目前，由于开发者在应用商店申请 App 上架前，需要提交软件著作权等证明材料，因此仿冒 App 很难在应用商店上架，其流通渠道主要集中在网盘、云盘、广告平台等线上传播渠道。

（6）黑灰产资源得到有效清理，但恶意注册、网络赌博、勒索病毒、挖矿病毒等依然活跃，高强度技术对抗更加激烈。

网络黑灰产打击取得阶段性成果。在相关部门指导下，2019 年 CNCERT/CC 依托中国互联网网络安全威胁治理联盟（CCTGA），加强信息共享，指挥有关部门开展网络黑灰产治理工作，互联网黑灰产资源得到有效清理。每月活跃“黑卡”总数从约 500 万个逐步下降到约 200 万个，降幅超过 60.0%。2019 年年底，用于浏览器主页劫持的恶意程序月新增数量由 65 款降至 16 款，降幅超过 75%；被植入赌博暗链的网站数量从 10000 余个大幅下降到不超过 1000 个，互联网黑灰产违法犯罪活动被有力打击。公安机关在“净网 2019”行动中，关掉各类黑灰产公司 210 余家，捣毁、关停买卖手机短信验证码或帮助网络账号恶意注册的网络接码平台 40 余个，抓获犯罪嫌疑人 14000 余名，“黑卡”“黑号”等黑色产业链遭到重创，犯罪分子受到极大震慑。

网络黑灰产活动专业化、自动化程度不断提升，技术对抗更加激烈。2019 年，CNCERT/CC 监测发现各类黑灰产平台超过 500 个，提供手机号资源的接码平台等各类专业黑灰产平台不断产生。同时，黑灰产自动化工具不断出现，黑灰产从业门槛逐步降低。各类专业的网络黑灰产平台通过 API、易语言模块等方式，提供了标准化接口，网络黑灰产工具通过调用这些接口集成各类资源，用于网络黑灰产活动。2019 年，监测到各类网络黑灰产攻击日均 70 余万次，电商网站、视频直播、棋牌游戏等行业成为网络黑灰产的主要攻击对象，攻防博弈持续演进。

勒索病毒、挖矿木马在黑灰产刺激下持续活跃。在互联网黑灰产治理推进过程中，2019 年，CNCERT/CC 捕获勒索病毒 73.1 余万个，较 2018 年增长超过 4 倍，勒索病毒活跃程度持续居高不下，勒索病毒攻击活动表现出越来越强的针对性。GandCrab、Sodinokibi、Globeimposter、CrySiS、Stop 等勒索病毒成为 2019 年最活跃的勒索病毒家族，其中 CrySiS 勒索病毒全年出现了上百个变种。随着 2019 年下半年加密货币价格持续走高，挖矿木马更加活跃，WannaMiner、Xmrig、Co inMiner 等成为 2019 年最流行的挖矿木马家族。

（7）工业控制系统网络安全在国家层面顶层设计进一步完善，但工业控制系统产品安全问题依然突出，新技术应用带来的新安全隐患更加严峻。

网络安全等级保护制度 2.0 版相关的国家标准发布，正式将工业控制系统纳入网络安全等级保护的范围，并出台了相应的测评要求。工业和信息化部联合教育部、应急管理部、国有资产监督管理委员会等 10 部委共同印发了《加强工业互联网安全工作的指导意见》，从工业互联网设备、控制、网络、平台、数据等关键要素出发，提出了 17 项工作任务和 4 项保障措施，有力增强了对于工业互联网安全的政策指导。

根据国内外主流漏洞平台的最新统计，2019 年收录的工业控制系统产品漏洞数量依然居高不下且多为高中危漏洞，说明工业控制系统产品的网络安全状况依然严峻。随着国家监管部门和关键信息基础设施运营单位对网络安全重视程度的不断提高，以及相关配套法规和安全检测工作的开展，工业领域的网络安全意识有所增强，工业控制系统产品由于软件代码缺陷所导致的安全漏洞在被大量曝光的同时也在逐步得到修复，呈现向好趋势。

随着工业互联网产业的不断发展，工业企业上云、工业产业链上下游协同显著增强，越来越多的工业行业的设备、系统暴露在互联网上。例如，2019 年监测发现的暴露在互联网上的可编程逻辑控制器（PLC）高达 2583 台，同比增加 8.7%。标识解析、5G、工业物联网等技术的应用为智能工业赋能，但也将带来信息爆炸、数据泄露等安全隐患，以及海量智能设备的接入和认证管理等安全问题。

**【网络与信息安全政策环境和产业发展】**

（一）政策环境持续优化

相关部门稳步推进网络安全相关立法计划。《网络安全等级保护条例》已正式发布，并于 2019 年 12 月 1 日开始实施，信息安全技术与网络安全等级保护正式迈入 2.0 时代。2019 年 10 月，第十三届全国人民代表大会常务委员会第十四次会议表决通过《中华人民共和国密码法》，并于 2020 年 1 月 1 日起实施。《电信法》《数据安全法》列入第十三届全国人民代表大会常务委员会立法规划，相关研制论证工作有序开展。由中央网信办、工业和信息化部、公安部负责起草的《关键信息基础设施安全保护条例》列入国务院 2019 年立法计划，已正式出台。网络安全领域重要制度建设进程快速推进。《网络安全审查办法》《数据安全管理办法》《网络关键设备安全检测实施办法》《个人信息出境安全评估办法》《网络安全漏洞管理规定》等重要制度相继完成向社会公开征求意见，进入修改完善阶段。2019 年 7 月，国家网信办、国家发展改革委、工业和信息化部、财政部联合发布《云计算服务安全评估办法》，对党政机关、关键信息基础设施运营者采购使用的云计算服务提出更高的安全要求。2019 年 8 月，国家互联网信息办公室发布《儿童个人信息网络保护规定》，并于 2019 年 10 月 1 日起实施，对中华人民共和国境内通过网络收集、存储、使用、转移、披露不满十四周岁儿童个人信息进行规范。

（二）产业规模稳步扩大

网络安全产业规模不断扩大。随着移动互联网、物联网、云计算、大数据、人工智能等新技术的发展，网络安全问题日益突出，使得安全需求成指数增长，加之近几年国家加大对网络安全行业的政策扶持力度，致使资本市场对网络安全行业热情高涨、投资力度加大，网络安全产业规模不断扩大。2019 年，我国网络安全技术、产品与服务总收入约为 523.09 亿元，同比增长 25.37%。2017—2019 年，网络安全市场规模年均复合增长率达到历史最高，为 29.98%。到 2023 年年底，中国网络安全市场规模将有望突破千亿元。

网络安全企业发展走向良性循环。据不完全统计，目前国内网络安全上市企业共 62 家，其中，在深交所和上交所上市企业 23 家（含安全业务收入少于 50%的上市企业 8 家），在新三板上市企业 39 家。自 2019 年上交所科创板成立以来，4 家网络安全企业完成 IPO，募集资金净额近 30 亿元，给网络安全企业的发展增添了强劲信心，并为网络安全领域资本退出提供了良好的通道。

# 信息化发展环境

2019 年，中国信息化发展环境持续改善，各项支持政策陆续出台，信息化法律法规和标准体系进一步完善，信息化人才队伍建设不断加强，国际交流与合作不断收获新成果。

## 【政策环境】

党的十八大以来，以习近平同志为核心的党中央坚持从发展中国特色社会主义、实现中华民族伟大复兴中国梦的战略高度，系统部署和全面推进网络安全和信息化工作。2019 年 9 月，习近平总书记对国家网络安全宣传周作出的重要指示中强调：国家网络安全工作要坚持网络安全为人民、网络安全靠人民，保障个人信息安全，维护公民在网络空间的合法权益。要坚持网络安全教育、技术、产业融合发展，形成人才培养、技术创新、产业发展的良性生态。要坚持促进发展和依法管理相统一，既大力培育人工智能、物联网、下一代通信网络等新技术、新应用，又积极利用法律法规和标准规范引导新技术应用。要坚持安全可控和开放创新并重，立足于开放环境维护网络安全，加强国际交流合作，提升广大人民群众在网络空间的获得感、幸福感、安全感。

区块链技术的政策与监管体系已初步构建。近几年，我国政府将区块链技术作为战略性前沿技术进行提前布局，鼓励政策密集出台，习近平总书记在 2019 年中央政治局第十八次集体学习中特别强调，“要把区块链作为核心技术自主创新的重要突破口，明确主攻方向，加大投入力度，着力攻克一批关键核心技术，加快推动区块链技术和产业创新发展。”地方政府从鼓励应用创新、加强产业引导、引进专业人才等方面着手，出台优惠政策，推动辖区内各部门对区块链技术的研究和落地，截至 2019 年年底，我国已有 29 个省（自治区、直辖市）发布了区块链发展指导意见或相关政策。

在 5G 建设方面，国家发展改革委等 10 部门于 2019 年 1 月联合印发《进一步优化供给推动消费平稳增长　促进形成强大国内市场的实施方案（2019 年）》，提出扩大升级信息消费，加快推出 5G 商用牌照；随后工业和信息化部于 2019 年 6 月正式发放 5G 商用牌照，标志着我国 5G 正式开始商用。地方政府高度重视 5G 布局建设，与运营商签订合作协议，加速建设试验网，运营商之间也开始合作，开展 5G 网络集约建设。

在大数据领域，党的十九届四中全会提出，要“健全劳动、资本、土地、知识、技术、管理、数据等生产要素由市场评价贡献、按贡献决定报酬的机制”，首次将数据与劳动等并列作为参与分配的生产要素，同时提出要“推进数字政府建设，加强数据有序共享，依法保护个人信息”，数据生命各周期的监管与保护越来越受到重视。地方政府颁布各项法规，强化大数据领域的安全保障。2019 年 10 月 1 日，我国大数据安全保护层面第一部地方性法规《贵州省大数据安全保障条例》正式施行，这标志着贵州省明确了大数据产业相关安全监管主体及其职责，大数据安全有了保障。各地政府相继成立地方性大数据管理机构，陆续出台大数据产业规划，不断优化区域产业发展环境，致力于发挥大数据对经济社会转型发展的引领作用。截至2019年12月，全国已有20个省（自治区、直辖市）成立了大数据相关业务的省级管理机构，未成立省级管理机构的省（自治区、直辖市）中有6个已发布大数据相关产业发展规划。

国家高度重视农业农村信息化建设。2019年的中央一号文件《中共中央 国务院关于坚持农业农村优先发展做好“三农”工作的若干意见》中提出，要继续实施数字乡村战略，要深入推进“互联网+农业”，扩大农业物联网示范应用。推进重要农产品全产业链大数据建设，加强国家数字农业农村系统建设。继续开展电子商务进农村综合示范，实施“互联网+”农产品出村进城工程。全面推进信息进村入户，依托“互联网+”推动公共服务向农村延伸。2019年5月16日，中共中央办公厅、国务院办公厅印发了《数字乡村发展战略纲要》，强调数字乡村既是乡村振兴的战略方向，也是数字中国的重要内容，并提出了“到本世纪中叶，全面建成数字乡村，助力乡村全面振兴，全面实现农业强、农村美、农民富”的战略目标和重点任务，为数字乡村建设指明了方向。

电子商务政策法规环境不断优化。2019年，商务部印发《关于加强电子商务统计监测分析工作的指导意见》，深入推进部省电子商务大数据共建共享，全国电子商务统计监测工作进入新阶段。跨境电商政策体系不断完善。2019年7月，国务院常务会议部署完善跨境电商等新业态促进政策，适应产业革命新趋势，推动外贸模式创新，提出落实“无票免税”政策、出台更加便利企业的所得税核定征收办法、完善跨境电商统计体系、鼓励搭建服务跨境电商发展的平台等政策措施。2019年10月，国务院常务会议提出要逐步实现综合保税区全面适用跨境电商零售进口政策、培育外贸新业态等政策措施。商务部建立了以“六体系两平台”为核心的政策框架，将跨境电商综合试验区的12个方面36项成熟经验做法面向全国复制推广。2019年12月，国务院同意石家庄等24个市设立跨境电商综合试验区。截至2019年年底，试验区总数扩容至59个。

在快递物流方面，国家邮政局联合6部门出台《关于推进邮政业服务乡村振兴的意见》，在夯实农村快递物流体系、促进专业化规模化发展、延长农产品产业链、发挥邮政网络优势等方面提出了多项具体措施；交通运输部、国家邮政局等18部门联合印发《关于认真落实习近平总书记重要指示推动邮政业高质量发展的实施意见》，提出到2022年要基本实现邮政“村村直通邮”、快递“乡乡有网点”，通过邮政、快递渠道基本实现建制村电商配送服务全覆盖。

在产销对接方面，2019年5月，商务部会同财政部联合下发《关于推动农商互联完善农产品供应链的通知》，支持采取订单农业、产销一体、股权投资合作经营模式的农产品流通企业或新型农业经营主体结合自身实际情况，重点围绕本地特色优势农产品供应链体系的短板和薄弱环节，不断完善基础设施，创新应用新模式、新技术，推动农商互联互动，提升农产品供应链质量和效率。

在脱贫攻坚方面，2019年1月，商务部、教育部、交通运输部等10部门联合印发《多渠道拓宽贫困地区农产品营销渠道实施方案》，指出要多渠道拓宽农产品营销渠道，动员引导社会各方力量加强农产品产销对接，帮助具备条件的贫困地区进行农产品销售，推动建立长期稳定的产销关系，促进贫困地区产业发展，助力脱贫攻坚和乡村振兴。2019年5月，国家网信办、国家发展改革委、国务院扶贫办及工业和信息化部联合印发了《2019年网络扶贫工作要点》，指出要瞄准建档立卡贫困户，推进网络扶贫工程升级版，扎实推进农村电商工程，深化电商扶贫频道建设，打好建制村直接通邮攻坚战，大力推进“快递下乡”工程。

2019年8月1日，《国务院办公厅关于促进平台经济规范健康发展的指导意见》发布，聚焦平台经济发展面临的突出问题，遵循规律、顺势而为，加大政策引导、支持和保障力度，创新监管理念和方式，落实和完善包容审慎监管要求，推动建立健全适应平台经济发展特点的新型监管机制，着力营造公平竞争的市场环境。

《网络信息内容生态治理规定》《网络音视频信息服务管理规定》相继出台，网络综合治理政策更加完善，网络安全领域重要制度建设进程快速推进。自2019年5月起，《网络安全审查办法》《数据安全管理办法》《网络关键设备安全检测实施办法》《个人信息出境安全评估办法》《网络安全漏洞管理规定》等重要制度相继完成向社会公开征求意见，进入修改完善阶段。2019 年 7 月，国家网信办、国家发展改革委、工业和信息化部、财政部联合发布《云计算服务安全评估办法》，对党政机关、关键信息基础设施运营者采购使用的云计算服务提出更高的安全要求。

**【法律法规】**

2019 年 1 月 1 日，《中华人民共和国电子商务法》正式实施，与电子商务相关的法律法规逐步完善。2019 年 4 月 23 日，第十三届全国人民代表大会常务委员会第十次会议通过修改《中华人民共和国电子签名法》的决定，修正允许土地、房屋等不动产权益转让使用电子签名，以扩大电子合同在实践中的适用范围，为相关交易提供便利。该次会议还决定对《中华人民共和国反不正当竞争法》进行修改，增加互联网不正当竞争条款，以适应互联网发展，规范电子商务交易、促进网络经济有序发展。

2019 年 10 月，第十三届全国人民代表大会常务委员会第十四次会议表决通过《中华人民共和国密码法》，并于 2020 年 1 月 1 日起实施。《网络安全等级保护条例》发布，并于 2019 年 12 月 1 日开始实施，我国信息安全技术与网络安全等级保护正式迈入 2.0 时代。网络安全相关立法计划稳步推进。《电信法》《数据安全法》列入第十三届全国人民代表大会常务委员会立法规划，相关研制论证工作有序开展。由中央网信办、工业和信息化部、公安部负责起草的《关键信息基础设施安全保护条例》列入国务院 2019 年立法计划，现已正式出台。

2019 年 1 月，国家互联网信息办公室发布《区块链信息服务管理规定》，并上线运行区块链信息服务备案管理系统，为区块链信息服务的推出、使用和管理等提供有效的法律依据，进一步推动了我国区块链相关领域管理规定的细化落实。

2019 年 8 月 1 日，贵州省第十三届人民代表大会常务委员会第十一次会议表决通过了《贵州省大数据安全保障条例》，并于 2019 年 10 月 1 日正式施行。该条例以构建综合保障、综合治理的全方位大数据安全保障体系为目标，以数据全生命周期为主线，以主体责任和监管责任为重点，对大数据安全保障的重点问题和主要方面作出规定，坚持包容审慎原则，设置了相应的法律责任等。《贵州省大数据安全保障条例》是我国大数据安全保护省级层面的首部地方性法规，是贵州省大数据产业发展制度保障顶层设计的又一项新成果。

**【标准规范】**

（一）信息技术

2019 年，我国共发布了信息技术方面的标准 72 项，内容涉及云计算、虚拟现实、增强现实、智能家用电子、移动设备生物特征识别等多个方面。

在物联网技术方面，2019 年我国发布了《建筑及居住区数字化技术应用家具物联网协同管理协议》《物联网感知对象信息融合模型》《面向景区游客旅游服务管理的物联网系统技术要求》等 13 项标准。

（二）电子商务

2019 年，我国电子商务标准化、国际化趋势日益明显，电子商务标准规划体系不断完善。我国发布了《电子商务平台服务保障技术要求》《农业生产资料供应服务农资电子商务交易服务规范》《农村电子服务站（点）服务与管理规范》等 9 项标准，涉及产品信息描述、产品质量检测、数据资产、服务规范等方面。2019 年 6 月 19 日，由浙江省杭州市市场监督管理局与余杭区政府共建的国际标准化组织电子商务交易保障技术委员会（ISO/TC321）秘书处正式成立，这是国际标准化组织主要负责电子商务交易保障，以及与电子商务相关的过程领域标准化工作的技术委员会，是浙江省承建的首个国际标准化技术委员会秘书处。

（三）信息安全

2019 年，全国信息安全标准化技术委员会发布的信息安全方面的国家标准有《信息安全技术网络存储安全技术要求》《信息安全技术移动终端安全管理平台技术要求》等 32 项，涵盖内容较为丰富，涉及电子政务、移动终端、工业控制系统、云计算、大数据等方面。

### （四）智慧城市

2019 年，我国发布了《智慧城市建筑及居住区综合服务平台通用技术要求》《信息安全技术智慧城市安全体系框架》《智慧城市数据融合第 5 部分：市政基础设施数据元素》共 3 项智慧城市方面的标准。

### （五）广播电视科技

国家广播电视总局加快推进县级融媒体、IPTV、互联网电视、数字版权管理、收视综合大数据等标准的研制进程，2019 年发布 10 项行业标准、1 项暂行技术文件，联合中宣部发布 4 项行业技术文件。同时，制定完成 IPTV 5 项技术标准文本、互联网电视 7 项技术标准文本。在 2019 年、2020 年 ITU-T SG9（宽带与有线电视研究组）会议上，我国主导制定的《智能电视操作系统架构》《单向可负载条件接收系统需求》等 11 项标准建议书获得通过，成为 ITU 国际标准。

### （六）其他行业标准

2019 年 1 月 28 日，湖北省标准化学会、武汉市软件行业协会和武汉斗鱼网络科技有限公司联合发布了《网络直播平台管理规范》和《网络直播主播管理规范》，明确了直播平台的主播监控、账号监管、平台巡查等多个方面内容，并对主播着装要求、准入标准、直播内容等进行了规范。这是我国直播行业出台并实施的首批团体标准。

各行业标准体系不断完善。国家林业草原局正式发布《林业空间数据库建设框架》《林业应用系统质量控制与测试》《林业有害生物分类与代码》《林业有害生物监测预报数据交换规范》4 项行业标准。交通运输部发布了《交通运输信息化标准体系（2019 年）》。水利部开展了 20 余项标准的制定和修订工作，《水利数据交换规约》正式颁布。国家海洋局完成海洋信息化标准体系框架、海洋应用软件集成接口标准、海洋信息通信网地面专网建设技术规范、海洋数据分类分级标准等 12 项行业标准征求意见稿。自然资源部出台《自然资源标准化管理办法》，对自然资源（包括测绘地理信息）标准化工作的全流程进行规范，强化了标准质量和标准实施监督责任；在自然资源标准化组织构架下，组建了新的地理信息标准化技术委员会，组织完成了 CH/T 9029—2019 基础性地理国情监测内容与指标等测绘地理信息领域 12 项推荐性行业标准的修订发布工作。中国砖瓦工业协会联合建筑材料工业信息中心共同成立了中国砖瓦工业协会智能制造推进办公室，发布实施了《砖瓦行业智能工厂通用要求》《砖瓦行业智能工厂评价》等智能制造标准。财政部筹建了全国财政信息化标准化技术委员会工作组，明确了财政网信标准化工作机制，丰富完善财政信息化标准规范体系，印发《财政业务基础数据规范 3.0》，基本实现基础数据规范中存量标准的统一。银行业发布《银行间市场基础数据元》《移动金融客户端应用软件安全管理规范》等 10 项金融行业标准，通过检测认证、安全评估、宣贯培训等措施加强标准实施。证券业对全行业 59 项在建标准进行全流程管理，组织发布行业标准 2 项，进入发布程序行业标准 6 项。国家地震局编制涵盖 6 个分体系、22 个二级标准类目、12 个三级标准类目共 259 项《地震信息化标准体系》报批稿，首批 23 项关键急需标准攻关研究取得重要进展。为推进基层医疗机构信息化建设，国家卫生健康委和国家中医药管理局联合发布《全国基层医疗卫生机构信息化建设标准与规范（试行）》；为推进医院数据上报规范化、标准化，加强医院上报数据分析应用，国家卫生健康委办公厅印发了《全国医院数据上报管理方案》和《医院上报数据统计分析指标集》。民政部编制《“互联网+社区”技术标准》和《城乡社区信息化建设标准》，规范“互联网+社区”的基本定义、建设内容、技术架构和实现路径。公安信息化标准化工作稳步推进，2019 年制定、发布信息化标准 60 项，涵盖信息化建设、信息安全、警用通信等专业技术领域，其中，数据标准 59 项，进一步保障了数据层面的有标可依，为公安各业务领域信息联通共享夯实基础；研究制定了大数据标准体系，初步完成《公安数据元编写要求》修订工作，为推动多警种数据的深度融合、构建大数据深度应用打下了坚实基础。国家市场监督管理总局组织人员对原工商、质检、食药等信息化标准开展整合修订工作，初步完成了市场监管信息化标准体系框架规划，形成了《标准化工作指南》等 13 项标准规范讨论稿。国家税务总局制定发布《电子税务局规范（2019 版）》，涵盖 278 项业务功能，大幅提升全国范围内网上办税功能的一致性和规范性；制定发布《企业自建和第三方电子发票服务平台建设标准规范》《电子发票版式文件格式规范》《税控服务器技术规范》《税控服务器安全代理接口规范》。2019 年，海关总署开展国际公约、国际标准制定和修订工作，向世界海关组织秘书处提交《经修订的京都公约》技术修正案 3 项，涉及跨境数据交换、“单一窗口”，以及区块链、人工智能等新技术在口岸监管中的应用；牵头制定联合国贸易便利化与电子业务中心电子政务区块链技术标准，参与制定联合国亚洲及太平洋经济社会委员会、联合国欧洲经济委员会跨境数据交换联合标准。

【人才培训】

网络安全人才队伍继续壮大，相关高等教育规模不断扩张。现共有 31 个省（自治区、直辖市）的 162 所院校设立网络安全及相关专业，其中，近 3 年新增该方向专业的院校有 98 所，北京市、湖北省、四川省、广东省在该专业的设立数量中名列前茅。2016—2019 年，我国共有 70 所高校新增网络空间安全专业，其中，2016 年新增的有 8 所，2017 年新增的有 18 所，2018 年新增的有 25 所，2019 年新增的有 19 所，总体呈不断上涨趋势。行业新增人才逐年上升，2019 年，在网络安全人才中 1～3 年从业经验的人员占比最大，为 25.78%；其次是 3～5 年从业经验的人员，占比为 20.24%；10 年以下的占比为 11.01%，比 2018 年的 2.5%有了显著提高。另外，工龄 5 年以下的从业人员占总人员的一半以上，说明网络安全行业的新人正在逐渐增多。

电子商务与实体经济融合发展加速，带动了更多人从事电子商务行业。据电子商务交易技术国家工程实验室、中央财经大学中国互联网经济研究院测算，2019 年，中国电子商务从业人员达 5125.65 万人，同比增长 8.29%。其中，电子商务直接吸纳就业和创业人数为 3115.08 万人，电子商务带动信息技术、相关服务及支撑行业从业人数为 2010.57 万人。

各行业继续开展信息化素养和专业水平培训。2019 年，全国公安科信部门紧紧围绕新中国成立 70 周年庆祝活动安保维稳工作和大力实施公安大数据战略的决策部署，紧密结合实际，坚持实战引领，突出问题导向，全力开展本部门实战大练兵工作，共举办大数据智能应用、警务云应用、通信保障、科技管理、视频监控系统建设与应用、无线通信、网络安全管理、公安标准化管理等内容的培训班近 300 期，培训省、市、县业务骨干 21000 人次。组织开展科信专业科目比武演练 300 余次；组织省级大数据建模、网络安全攻防等各类竞赛 20 余场，有效提升了公安科技信息化队伍的专业素养和履职能力。国家税务总局组织选拔了第六批 158 名税务领军人才学员开展为期 90 天的首次集中培训，培训中开设了金税三期信息系统建设、电子税务局建设与展望等信息化课程；组织部分税收信息化管理专业学员开展了“税收大数据治理实践与应用”“电子发票研究与探索”等专项研究；举办全国税务系统“岗位大练兵、业务大比武”活动，广泛开展各具特色的练兵活动，激发税务信息化战线干部立足岗位成才的积极性，提升队伍整体素质。电力行业抓紧建设高水平网络安全人才队伍，2019 年，由中电联科技开发服务中心牵头、各电力企业参与的中电联团体标准《发电企业网络安全人员培训与考核》启动编制，各企业积极开展标准的贯标实施工作，以网络安全从业人员实战能力提升为重点，突出电力监控系统建设、运维、保障等关键环节人才培养培训，建设适合自身企业发展的网络安全人才队伍。

【国际交流与合作】

数字“一带一路”建设收获新成果。数字经济伙伴关系网络不断拓展，中国—东盟信息港、中国—阿拉伯国家网上丝绸之路的建设全面推进。截至 2019 年年底，中国已经同 137 个国家、30 个国际组织签署 197 份共建“一带一路”合作文件，与 22 个国家签署双边电子商务合作文件并建立合作机制。网络互通深入推进，与“一带一路”沿线相关国家建成跨境陆缆和国际海缆。

“丝路电商”合作呈现新局面，机制建设夯实合作基础。2019 年，中国与意大利、哥伦比亚、萨摩亚、瓦努阿图、乌兹别克斯坦 5 国新建双边电子商务合作机制。截至 2019 年年底，中国已与 22 个国家建立了双边电子商务合作机制，遍布五大洲，“丝路电商”成为贸易合作的新渠道。在“丝路电商”合作框架下，2019 年，我国召开了 7 次电子商务工作组会议，组织了 14 场政企对话会，举办了 10 余场电子商务研修班，为伙伴国培训政府官员和企业人员超过 600 人。通过搭建政企对话平台、开展联合研究、加强能力建设等多种方式，推动与伙伴国多层次交流，为企业间合作营造良好环境。2019 年，中国与 22 个合作机制国家跨境电商进出口总额达 245.7 亿元，同比增长 87.9%，高于跨境电商交易总额增速 49.6 个百分点。其中，出口总额为 143.6 亿元，同比增长 207.1%；进口总额为 102.1 亿元，同比增长 21.5%。第二届中国国际进口博览会专设电子商务分论坛暨全球电子商务高峰论坛，吸引了来自 63 个国家和地区的 800 余位国际专家、政要、企业家共话发展，成为全球电子商务业界共享经验、凝聚共识的盛事。

规则构建取得积极进展。商务部积极推进 10 余个自贸协定电子商务谈判，完成了区域全面经济伙伴关系 15 个成员国、中国—新西兰自贸升级等电子商务议题谈判。积极发挥建设性作用，推动世界贸易组织、二十国集团、金砖国家、上合组织等多边贸易机制和区域贸易安排框架下的电子商务磋商及合作，使企业良好对接共享发展成果。

在网络安全方面的国际合作更加深化。2019 年，金砖国家未来网络研究院中国分院在深圳揭牌，重点开展新型网络体系架构、新一代移动通信、工业互联网、人工智能、车联网、网络与信息安全等领域国际合作。360 与以色列签署了战略合作协议，成立中以网络安全科技创新中心，组建 360 以色列网络安全产业发展基金，并建设中以网络安全技术协同创新产业园。中国网安与卡巴斯基签署战略合作备忘录，深化工控安全、威胁情报、安全培训等方面的合作，并轮值举办中俄网络空间安全“T3”国际论坛。奇安信与以色列 Cyberbit 公司达成战略合作，双方将通过整合各自的技术优势和产业资源，为国内政企客户和高等院校深度定制网络空间安全人才培养和网络攻防靶场解决方案。华为收购了以色列数据库安全公司 HexaTier 及基于软件的系统设计和芯片公司 TogaNetworks，相关能力纳入华为下一代网络和企业安全产品组合。

# 部委篇

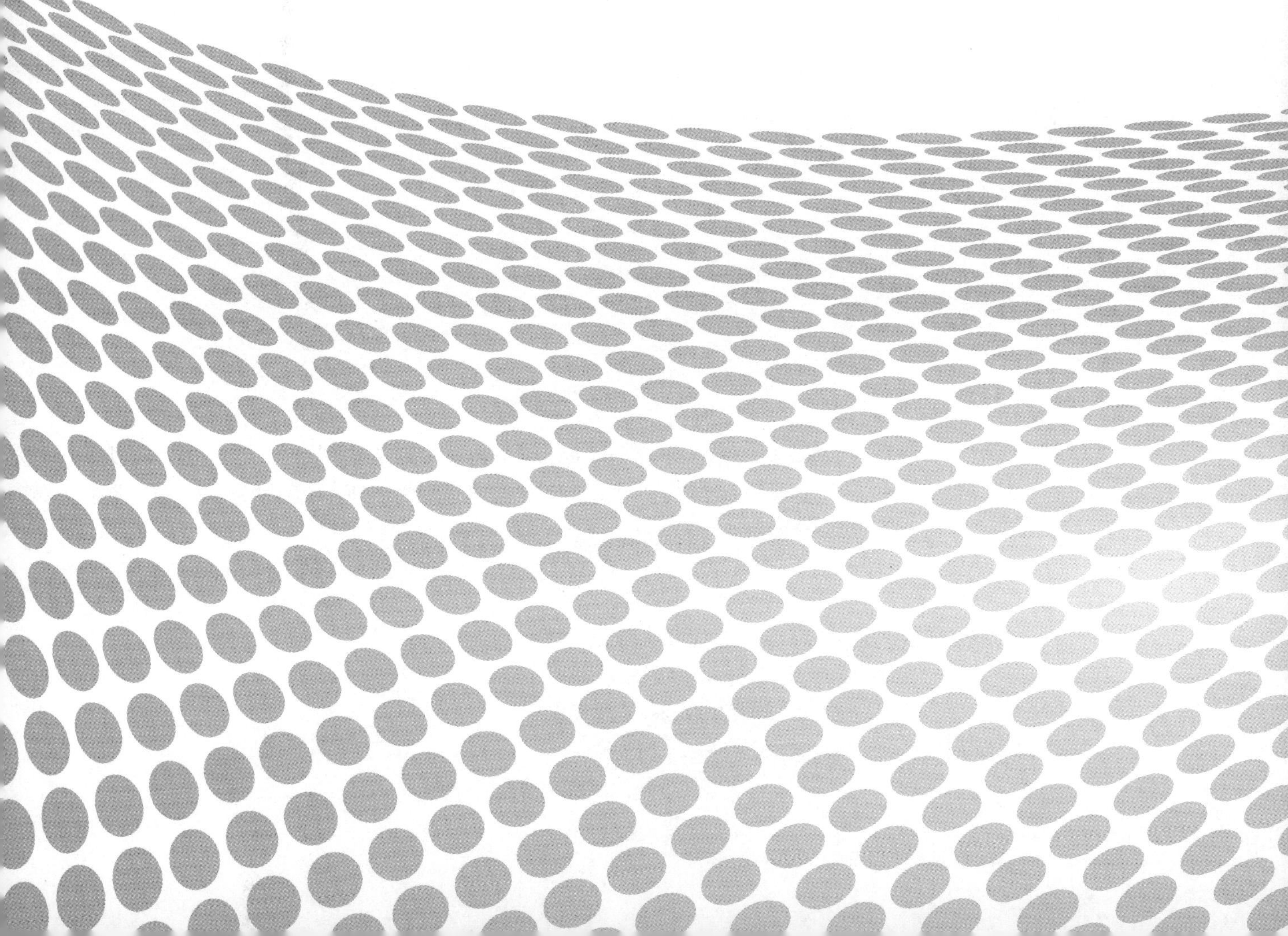

# 教育信息化发展概况

2020 年是极其特殊关键的一年，是“十三五”收官之年，是脱贫攻坚决胜之年，是全面建成小康社会目标实现之年。2020 年年初，新冠肺炎疫情席卷全球，“停课不停学”支撑了全球最大规模的在线教育实践，教育信息化的支撑作用空前凸显，同时进一步推进了信息技术与教育教学的深度融合。教育系统深入贯彻落实党中央、国务院战略部署，深入实施《教育信息化“十三五”规划》和《教育信息化 2.0 行动计划》，加快推进教育信息化发展，圆满完成“十三五”任务目标。

## 【重要部署】

### （一）教育部网络安全和信息化领导小组加强统筹部署

深入学习贯彻党和国家对网信工作的战略部署，审议印发《2020 年教育信息化和网络安全工作要点》，召开 2020 年全国教育信息化工作会，深入实施教育信息化 2.0 行动计划。启动编制教育信息化中长期发展规划和“十四五”规划，编制推进“互联网+教育”发展的指导意见。加强中国教育和科研计算机网管理，组织召开新一届管委会的第一次会议，组织修订教科网管理办法，确定教科网专家委换届方案。

### （二）发布《2020 年教育信息化和网络安全工作要点》

2020 年 3 月 2 日，教育部印发《2020 年教育信息化和网络安全工作要点》，明确了 2020 年教育信息化和网络安全工作的思路和核心目标，以教育信息化 2.0 行动计划“八大行动”为主线，提出了 11 个方面、32 条重点工作任务，对 2020 年教育信息化和网络安全工作进行了全面部署。

### （三）疫情防控期间大规模线上教学

面对突如其来的新冠肺炎疫情，教育部党组统筹部署，基础教育、职业教育、高等教育、教师、网信等领域印发了一系列指导性文件，通过强化网络平台保障、开放共享优质资源、关心关注特殊群体、合作分享中国经验，以信息化有效支撑了近 3 亿名师生的在线教学。国家中小学网络云平台累计访问达 19.5 亿人次；人教版中小学教材电子版使用超过 23.5 亿人次，下载超过 1.69 亿次；免费开放职业教育资源库 420 个，建设优化在线课程 22 万余门，形成教学班 62 万余个，参与学生 3156 万余人次；全国所有普通本科高校全部实施了在线教学，108 万名教师开设 1719 万门次在线课程，参与学生达 35 亿人次；会同联合国教科文组织发布《弹性教学手册——中国“停课不停学”的经验》。

### （四）加强教育信息化专家组和基地建设

2020 年 5 月 27 日，教育部发布第二届教育信息化专家组名单，共 35 名成员，由赵沁平任组长，董奇、周洪宇、杨宗凯任副组长，黄荣怀任秘书长，任期至 2022 年年底。增设 2 个教育部教育信息化战略研究基地，分别依托北京师范大学和西北师范大学建设。加强对教育部教育信息化技术标准委员会的指导，该标准委员会在研1项国家标准，主导的2项国际标准通过立项，成立了1个国际标准工作组。

**【重点工作进展】**

（一）数字资源服务普及行动

截至2020年年底，国家数字教育资源公共服务体系已接入各级平台212个，包括国家级平台1个、省级平台32个、市级平台75个、区县级平台104个，省级平台全部接入国家体系。面向全社会广泛开展优质资源汇聚，参与应用服务商达468家，国家平台累计汇聚上架82家单位的201个应用。

在基础教育方面，研制大力加强中小学线上教育教学资源建设与应用的意见。2020年春季学期，在国家中小学网络云平台建设上线了课程资源4649节、专题教育资源1350项，中国教育电视台“空中课堂”共直播小学和初高中毕业年级课程1135节；2020年秋季学期，编制了《2020年秋季学期国家中小学学习平台课程资源建设工作方案》，录制课程3803节。

在职业教育和继续教育方面，指导江西省建设国家虚拟仿真实训基地，推动全国建设一批高水平虚拟仿真实训基地。推进“1+*X*”试点工作，遴选发布“网络安全服务”等网络安全领域*X*证书。2020年12月10—12日，举办全国职业院校技能大赛教学能力比赛，共21.9万名教师参与。

在高等教育方面，指导建设并推出首批在线教学国际平台爱课程（中国大学MOOC）和学堂在线国际版，免费向世界各国学习者提供英文课程资源和必要的教学服务。开展“慕课西部行”“在线开放课程新长征计划”等活动，推动优质慕课惠及西部地区省份高校学生，共参加培训1.6万校次，受训教师达128.8万人次，面向西部地区高校提供11.5万门慕课及SPOC服务，参与学生达1.2亿人次。在北京举办世界慕课大会，成立覆盖亚洲、欧洲、非洲、美洲、大洋洲的20所高校和机构作为创始成员的世界慕课联盟，发布《慕课发展北京宣言》，构建世界在线教育合作机构，推动中国和世界高等教育革命。

（二）网络学习空间覆盖行动

发布《2018年度教育部网络学习空间应用普及活动优秀案例集》（小学版、中学版、职教版、区域版）。2019年度网络学习空间应用普及活动遴选出34个优秀区域和180所优秀学校。继续开展2020年度网络学习空间应用普及活动，组织开通实名制网络学习空间，学校空间的开通数量达12.8万个，学生空间和教师空间的开通数量分别达到10212万个和867万个，同比提高6%和15%。在中国电信和中国移动的支持下，组织开展中小学校长和骨干教师“网络学习空间人人通”专项培训，举办28期培训班，培训中小学校长2000名、骨干教师4000名。

（三）网络扶智工程攻坚行动

教育部大力推动52个未摘帽贫困县学校联网攻坚工作，对学校联网和多媒体教室配备情况进行了摸底，制作专门的工作台账，主动与三大通信运营商对接，确保在2020年年底前完成学校联网工作。印发《教育部关于加强“三个课堂”应用的指导意见》，以信息化手段扩大优质教育资源覆盖面。以教育信息化支撑教育脱贫攻坚圆满收官，实现建档立卡辍学学生动态清零。教育部面向52个未摘帽贫困县提供网信资源工具包，组织开展52个未摘帽贫困县教师国家通用语言文字能力提升在线示范培训，中央电教馆推进“教研共同体协同提升试点项目”，共48个县的5482名教师参与。

（四）教育治理能力优化行动

推进政务信息系统整合共享，将普通话水平测试成绩纳入共享范围，审批国家一体化在线政务服务平台和国家数据共享交换平台的数据接口34个，共享数据1.19亿次。加强教育App的事中事后监管，共有1896家企业的4498个教育App完成提供者备案，应用商店主流教育App（TOP 100）全部完成备案，超过40万个教育行政部门和学校完成了使用者备案。与公安部建立教育App监测通报机制，共通报1076款教育

App 的 11486 个安全隐患和 42 款教育 App 的 108 项违法违规采集个人信息问题。

（五）百区千校万课引领行动

遴选确定 90 个“基于教学改革，融合信息技术的新型教与学模式”实验区，并召开启动大会。继续实施“一师一优课，一课一名师”活动，晒课平台支持 6 个省份开展省级“优课”遴选活动，共晒课 112 万堂。新冠肺炎疫情期间，远程传输给湖北省 6808 堂国家级“优课”，共计 35697 条资源；编制了《优课资源创新应用案例》，供广大教师学习交流。认定高职 99 门课程为 2020 年国家精品在线开放课程。遴选认定首批国家级一流本科课程，其中，线上一流课程 1875 门，线上线下混合式一流课程 868 门，虚拟仿真实验教学一流课程 728 门。开展 2020 年度教育信息化教学应用实践共同体项目，从名师课堂、虚拟仿真教学、5G 条件下教学 3 类应用模式中立项支持 20 个不同应用方向的实践共同体。

（六）数字校园规范建设行动

会同工业和信息化部加快推进学校联网攻坚行动，建立未联网学校工作台账，按季度通报各地工作进展，在江西南昌召开全国学校联网攻坚行动推进会。截至 2020 年年底，全国中小学（含教学点）互联网接入率达 100%，未联网学校实现动态清零，出口带宽 100MB 以上的学校比例达 99.92%，98.35%的中小学拥有多媒体教室，数量达到 429 万间，其中 83.16%的学校实现多媒体教学设备全覆盖；学校统一配备的教师终端和学生终端数量分别为 1106 万台和 1816 万台。编制《高等学校数字校园建设规范》，修订印发《职业院校数字校园规范》。职业院校数字校园试验校项目完成第三批验收，确定了 116 所典型学校。截至 2020 年年底，CERNET2 高校接入用户达 1800 多所，IPv6 覆盖率达 100%，用户规模超过 1000 万人。

（七）智慧教育创新发展行动

2020 年 9 月 17—18 日，在北京市东城区召开“智慧教育示范区”创建工作第二次推进会，组织专家组开展第一批创建区域年度绩效评估，并完成 2020 年度“智慧教育示范区”创建项目推荐遴选工作。推进在人工智能条件下教育社会试验工作，在北京二中召开工作会，配合中央网信办组织开展优秀案例遴选和实地调研工作。支持宁夏“互联网+教育”示范区建设，指导 9 所高校在宁夏 10 所中小学开展“互联网+”条件下新型课堂教育模式研究。

（八）信息素养全面提升行动

在云南迪庆、四川阿坝、甘肃临夏、江西上饶、河北青龙和湖北武汉组织了 6 期教育厅局长教育信息化专题培训，共培训 720 人。持续推进全国中小学教师信息技术应用能力提升工程 2.0，举办管理者网络研修班，指导各地开展培训工作。支持湖南、四川、甘肃、新疆生产建设兵团等地区的职业院校，通过现场培训与在线培训相结合的方式，提升教师信息化教学能力，带动西部地区职业教育“三教改革”。持续推进人工助推教师队伍建设行动试点工作，在宁夏石嘴山召开人工智能助推教师队伍建设现场推进会。研制了中小学教师信息素养评价指标和中小学生信息素养评价指标体系，并正式立项为国家标准。

**【2020 年教育信息化大事记】**

2020 年 2 月 6 日，教育部应对新型冠状病毒感染肺炎疫情工作领导小组办公室印发《关于疫情防控期间以信息化支持教育教学工作的通知》；2020 年 3 月 6 日，教育部印发《关于加强疫情防控期间网络安全保障工作的通知》，以信息化有效支撑了近 3 亿名师生的在线教学。

2020 年 3 月 5 日，教育部印发《关于加强“三个课堂”应用的指导意见》，部署加强“专递课堂”“名师课堂”和“名校网络课堂”应用，积极推进“互联网+教育”发展，促进信息技术与教育教学融合应用，探索在信息化背景下的育人方式和教研模式等。

2020 年 3 月 27 日，教育部科技司组织召开 2020 年网络扶智工程攻坚行动视频会，对帮扶贫困地区教育信息化工作进行动员部署，全年共组织 40 余家网信企业，累计为贫困地区捐赠教育信息化硬件设施、优质数字教育资源等超过 2 亿元。

2020 年 5 月 9 日，印发《教育部关于教育信息化专家组换届的通知》。

2020 年 7 月 3 日，组织召开新一届中国教育和科研计算机网管理委员会第一次会议。

2020 年 7 月 10 日，教育部发布《职业院校数字校园规范》，积极发展“互联网+职业教育”，规范引导新形势下职业院校信息化工作。

2020 年 7 月 15 日，召开 2020 年度全国教育信息化工作会，总结新冠肺炎疫情防控以来实施“停课不停学”的经验，部署 2020 年度重点工作，确保教育信息化“十三五”规划圆满收官。

2020 年 7 月 27 日，印发《教育部科技司关于举办 2020 年中小学校长教育信息化专题培训的通知》，部署 8—10 月先后在河北青龙、广西融水和贵州紫云各举办一期“送培到家”活动。

2020 年 9 月 17—18 日，在北京市东城区召开“智慧教育示范区”创建工作第二次推进会。

2020 年 11 月 12 日，在江西南昌召开全国学校联网攻坚行动推进会。

2020 年 11 月 29 日至 12 月 3 日，中国教育和科研计算机网 CERNET 第二十七届学术年会在深圳举办。

2020 年 12 月 9—11 日，世界慕课大会在北京召开，会议以“学习革命与高等教育变革”为主题，是首次以慕课为主题举办的全球性会议。

2020 年 12 月 17—18 日，与联合国教科文组织成功联合举办 2020 年国际人工智能与教育会议，推动落实《北京共识》，全球 48 个国家的数百名代表在线参会。

# 公安信息化发展概况

**【概述】**

2019 年至 2020 年上半年，公安部深入学习贯彻习近平总书记在全国公安工作会议上的重要讲话等系列指示批示精神，全面落实全国公安工作会议精神和全国公安科技信息化暨大数据智能化建设工作会议各项任务，积极适应新形势、新变化，努力克服新冠肺炎疫情带来的诸多不利影响，大力推进公安大数据战略实施，不断深化大数据智能化应用，为提升公安机关维护国家政治安全和社会稳定的能力水平、切实担负起党和人民赋予的新时代使命任务提供强有力支撑。

**【基础环境建设】**

（一）业务应用系统建设

2019 年至 2020 年上半年，公安部开展了公安部共享平台（国税专项）、云搜索系统、云鉴系统扩容和升级改造项目及云图项目建设，进一步提升了部级信息资源服务平台的服务能力。完成了公安部北京主中心机房 790 个机柜的租用建设，具备了 10000 余台信息化设备上架能力。加快推进位于贵州省贵阳市的大数据备份中心机房建设，为云平台建设、大数据应用提供了设备部署空间。

（二）行业门户网站

2019 年至 2020 年上半年，公安部按照国务院办公厅部署要求，结合公安工作实际，夯实基础、创新思路，扎实推进公安部网站建设。

围绕中心，强化信息发布。持续加大信息发布力度，及时发布重要决策部署、重点工作和专项行动进展、政策法规和便民利民措施等权威信息，不断提高网站内容的权威性和丰富性。针对与百姓切身利益密切相关的治安、交管等业务领域，在相关政策文件出台前在网上公开征求意见，汇聚民智、修订完善；政策文件出台后，同步推出转载有关业务局负责人答记者问或专家学者的解读评论，并采用图表、视频等形式增强解读效果。

畅通渠道，深化互动交流。围绕公安中心工作和队伍建设，策划推出“深入学习贯彻习近平总书记在全国公安工作会议上的重要讲话精神”“致敬公安英雄”等网络专题专栏，让公众更加深入了解公安工作。会同重点网站和网络新媒体推出“全国公安厅局长系列网络访谈”，既展示成效，又接受监督。进一步健全完善网民留言办理工作机制，提高答复质效，为群众解决实际困难。定期梳理热点问题，集中公开答复，为网民提供便捷服务。

升级功能，优化服务实效。优化调整网站首页栏目和功能，升级改造网站智能搜索功能。丰富完善部级行政许可事项办事指南，拓展“互联网+政务服务”平台服务事项，提升网上服务实效。积极向移动端拓展，设计推出网站手机版，实现自动识别用户访问终端类型、自动适配不同屏幕尺寸，提升用户访问体验，打造“指尖上的网上政府”。不断完善网站安全防护措施，加大日常安全巡检力度，及时排除安全隐患，持续提升网站安全防护水平。

（三）网络与信息安全

公安部进一步强化公安网安全管理。2019年，组织开展了安全检查工作，全面落实了公安网络安全工作责任制，增强了全警网络安全意识，有力推动了公安网络安全等级保护工作，深入排查了安全隐患，有效提升了重要数据和信息系统的安全。

（四）标准化工作

2019 年，公安信息化、标准化工作稳步推进，取得显著突破。

进一步完善了数据标准体系。2019 年制定发布信息化标准 60 项，涵盖信息化建设、信息安全、警用通信等专业技术领域，其中，制定数据标准 59 项，进一步保障了数据层面有标可依，为公安各业务领域信息联通共享夯实基础。

推进大数据标准体系的构建和多警种数据标准融合。为保证大数据战略的顺利实施，构建科学、合理的公安大数据标准体系，按照公安部大数据智能化建设的总体安排，研究制定了大数据标准体系。组织专门力量完成了涉及网络、安全、数据处理等 60 余项标准的格式审查工作。同时，初步完成《公安数据元编写要求》修订，为推动多警种数据的深度融合、构建大数据深度应用打下了坚实基础。

开展信息化基础标准研究。组织开展公安部技术研究项目《公安核心元数据理论体系及应用模式研究》和理论软科学项目《社会公共安全行业信息标准体系融合研究》，完成了核心元数据总体框架、元数据属性等关键技术研究和核心元数据服务软件的总体设计。探索了公安、检察、法院三大信息标准体系融合的技术路线，并进行了验证分析。

2020 年上半年，公安部发布信息化标准 25 项，完成公安大数据专项31项标准和公安视频联网专项 11 项标准的立项工作。

（五）人才培养

2019 年，全国公安科信部门紧紧围绕新中国成立 70 周年庆祝活动安保维稳工作和大力实施公安大数据战略的决策部署，紧密结合实际，坚持实战引领，突出问题导向，全力开展本部门实战大练兵工作，共举办大数据智能应用、警务云应用、通信保障、科技管理、视频监控系统建设与应用、无线通信、网络安全管理、公安标准化管理等内容的培训班近 300 期，培训省、市、县级业务骨干 21000 余人次。组织开展科信专业科目比武演练 300 余次。组织省级大数据建模、网络安全攻防等各类竞赛 20 余场，有效提升了公安科技信息化队伍的专业素养和履职能力。

**【大数据发展与应用】**

2019 年，公安部先后在广东、北京召开大数据建设应用现场会，推广大数据智能化建设应用经验，广泛吸纳先进技术和意见建议，明确了以“六统一”和“四化”为核心的大数据智能化建设规划。指导 32 个省级公安机关全面完成了大数据建设规划设计，对各地方案逐一审核把关，确保公安大数据智能化建设技术路线一致、建设标准合规。按照统一标准规范的要求，研究制定了新一代公安信息网、云计算平台、大数据处理、大数据安全 4 个方面、38 项技术标准规范并印发实施，为各地开展大数据智能化建设提供了技术遵循。

2020 年上半年，公安部研究制定了部级大数据平台上云工作方案，起草编制了第二批《公安大数据规范性技术文件》。同时，紧跟疫情趋势和防控要求变化，指导各地公安机关不断优化研判模型，充分利用大数据挖掘和分析技术，提前预判预警高危人员，为遏制疫情传播发挥了重要作用。

## 【信息资源开发、利用与共享】

### （一）信息资源服务实战情况

2019 年，公安部依托部级信息资源服务平台向全国各级公安机关提供信息查询查证、数据推送、订阅比对等数据服务；为公安机关做好新中国成立 70 周年、大连达沃斯、武汉军运会、上海进博会等安保活动，以及开展“清网行动”、打击“套路贷”等专项工作和侦查破案、重点人员管控等常态工作提供信息资源服务支持。

2020 年上半年，公安部依托部级信息资源服务平台，为全国“两会”、全国各级公安机关开展抗击新冠肺炎疫情等工作，以及开展打击“非法集资”“套路贷”等专项行动提供信息资源服务支持。

### （二）信息资源对外服务情况

2019 年至 2020 年 6 月，公安部依托部门间共享与服务平台，向中国人民银行、铁路总公司等单位提供信息核查服务，日均提供服务 2500 万次；新增为商务部开展家政人员背景核查、公安部与中国人民银行联合开展跨省交通违法缴费等提供服务支持。继续为安全部、军委政法委、国安委指挥中心、最高人民法院授权用户提供信息查询服务。开通了至民政部、自然资源部、国家税务总局、国家市场监督管理总局、工业和信息化部的专用链路。

## 【互联网+政务服务】

### （一）聚焦一网通办，全国一体化公安政务服务体系初步形成

各级公安机关围绕“一网通办”目标，认真谋划，强力推动，促进公安政务服务提质增效，初步形成上下协同、条块联动的公安机关在线政务服务体系。

一是公安部“互联网+政务服务”平台正式上线。2019 年 8 月 1 日，公安部召开新闻发布会，通报公安部“互联网+政务服务”平台上线，平台汇聚 3 个部门警种和 26 个省级公安机关政务服务事项 900 余项，累计注册用户 60 余万人，办理业务 300 余万笔，为接入平台提供网上身份认证服务 1.8 亿次。

二是各省级公安机关政务服务平台建设对接工作明显提速，2019 年，辽宁、上海、山东、广东、云南、贵州、宁夏、新疆等 26 个省（自治区、直辖市）公安厅局建成省级政务服务平台，并与公安部“互联网+政务服务”平台实现了对接，扩大了全国公安机关政务服务一体化的广度。

三是部门警种加强条线统筹和业务指导，全程网办获得新提升。督察审计局开通网上信访大厅和“12389”举报平台，进一步拓展了群众举报和信访渠道；治安管理局积极指导各地公安机关优化办理流程、减少办理环节、缩短办理时限、改进服务质量；网络安全保卫局的计算机安全专用产品销售许可备案系统实现销售许可备案全流程网上办理，互联网安全管理服务平台有效解决了互联网服务单位人机分离、异地托管带来的备案难问题；交通管理局依托互联网交通安全综合服务平台、“交管 12123” App 等互联网服务窗口，积极推行业务“网上办、掌上办”，实现了 130 余项交管业务“零距离”服务；禁毒局

加快统筹全国统一的易制毒化学品管理系统建设，着力解决现有信息系统分散、企业许可证登记备案不方便等突出问题；国家移民管理局充分彰显新机构、新作为，先后推出了出入境证件全国通办、出入境证件身份认证服务等应用，社会反响热烈，受到广泛欢迎。

（二）坚持需求导向，便民惠警应用取得新成效

各地公安机关坚持“以用户为中心、以需求为导向”的服务理念，主动顺应互联网时代发展趋势，积极运用互联网思维创新应用模式，涌现出一大批群众叫好、便民惠警的公安样板工程和品牌应用。浙江上线“浙里办”公安专区，群众凭借有效身份证件，即可实现144 项公安民生事项“一证通办”，其中，73 项“零次跑”、45 项“零材料”、29 项 “可秒办”、22 项“零录入”；安徽推出支持皖、沪、浙、苏四地牌照的“一键挪车”服务，日均挪车 3000 次，并实现大数据智能预警，大幅减少了 110 指挥中心挪车警情；广东打造“小程序+公安身份核验”的服务模式，无须安装 App 和重复注册账号，仅在小程序中刷脸即可“零门槛”办理全省政务民生服务；湖北提供“乘车报备”服务，出门乘车群众可在线向公安机关报备乘车信息，托付安全，震慑犯罪；陕西推出“证件到期提醒”，主动向身份证、驾驶证临到期的群众发送免费短信提醒；云南设立 136 个自助便民服务超市，覆盖 129 个县（市、区），配备多警种自助办理设备，实现了公安窗口服务从“8 小时”到“全天候”的跨越。以上举措的推行，既提高了企业和群众的办事体验，又减少了民警人工审核的工作量，促进了效率提升、办事减负，取得了既便民又惠警的良好成效。

**【重点项目工程】**

（一）“雪亮工程”

2019 年至 2020 年 6 月，公安部科技信息化局认真履行公共安全视频监控建设联网应用部际协调工作组办公室职能，积极推进“雪亮工程”示范及重点支持项目建设。目前，2016 年度示范城市、2017 年度重点支持城市已经基本完成建设任务，覆盖率、联网率、高清率、完好率等各项指标均超过全国平均水平，并因地制宜开展应用，产生了规模示范效应。2018 年度、2019 年度的重点支持城市（区）正在按照批复的方案开展建设，2020 年度重点支持城市（区）的建设方案也已经通过中央政法委、国家发展改革委、公安部相关部门的批准，“雪亮工程”的影响辐射范围不断扩大。

（二）国家人口基础信息库

通过国家数据共享交换平台，国家人口基础信息库持续扩大共享服务覆盖领域，实现了人口信息跨层级、跨地域、跨系统、跨部门、跨业务的共享应用，有效支撑了中央政务部门、地方各层级政务业务工作，取得了显著成效。截至 2020 年 6 月 30 日，国家人口基础信息库通过国家数据共享交换平台已为 31 个省（自治区、直辖市）、32 个部委共 228 个业务系统提供共享服务，为国务院扶贫办、国家统计局等多家单位提供多批次、大批量数据核查和统计服务，有效支撑了自然人纳税实名认证、扶贫、法律职业资格审核认定等数十类业务工作，为研究制定宏观人口政策、实施专项改革措施、优化行政审批流程等提供了基础人口信息服务。同时，公安部持续丰富国家人口基础信息库的服务功能，大力推进国家人口基础信息库人像比对升级改造项目建设，于 2020 年 1 月 1 日起开通试运行，面向中央部委、各省（自治区、直辖市）各层级政务单位提供人像比对服务。

（三）警用数字集群（PDT）通信系统

近年来，公安部组织制定了具有自主知识产权的警用数字集群（PDT）通信系统系列标准，依据标准开展了全国公安无线通信专网数字化改造，并按照“全国一张网”的总目标，积极推进能够跨区呼叫、自动漫游的 PDT 无线通信专网建设。截至 2020 年 6 月底，全国共建设完成 PDT 通信系统 362 套、基站 14022 个、终端 792456 个、载频 42829 个；已有 22 个省份共

290 个系统实现了与公安部的互联互通；通信可直达 22 个省级、255 个地市级、2302 个县级公安机关。警用数字集群（PDT）通信系统已成为当前全国公安机关指挥调度的主要技术手段之一，在日常勤务、重大活动安保和突发事件处置等工作中发挥了不可替代的重要作用。

（四）移动警务建设

为深入推进公安大数据战略，各地积极推进移动警务规划设计、平台建设、终端配发、服务开放和应用部署等工作。截至 2020 年 6 月，全国已建设新一代移动警务平台并投入使用的省份有 15 个，在测试或试运行阶段的省份有 8 个，正组织建设的省份有 9 个。全国共有 31 个省份完成移动警务 PKI 系统建设，30 个省份完成移动警务空中发证系统建设，全国累计配发移动警务终端 133 万个，发放国密算法移动警务数字证书 88 万余张。全国 28 个省份已完成服务总线、应用市场等移动警务应用支撑体系建设，全国在线运行的移动警务应用共 4016 个。全国新一代公安移动警务体系已初步建成，为构建“开发高效、应用集约、运行安全、管理规范”的移动警务应用良好生态提供了良好支撑。

（五）公共安全信息化工程

公共安全信息化工程是“十三五”国家电子政务规划中的重点项目，主要为了解决公共安全领域的信息共享、业务协同，提高维护公共安全和应急管理的能力水平。2019 年至 2020 年 6 月，公安部积极推进公共安全信息化工程立项申报工作，履行牵头部门职责，完成工业和信息化部、生态环境部、交通运输部、国家卫健委可研报告的评审，协助上述单位完成国家层面的立项工作；完成了公共安全信息化工程社会公共安全大数据工程建设项目（公安部建设部分）可研及初步设计编制服务项目的招标工作，编制了《公安安全信息化工程框架方案》《公共安全信息化工程社会公共安全大数据工程（公安部建设部分）可研报告》，已报送国家发展改革委申请立项。

**【重大活动事件】**

（一）编制印发“十四五”公安信息化建设规划

2020 年 7 月，为贯彻落实国家信息化发展与全面深化公安改革的重大决策，公安部围绕推进国家治理体系和治理能力现代化的部署要求，充分发挥信息化对公安工作的引领作用，以问题为导向，以数据为核心，以智能为重点，以安全为保障，以建设智慧公安为目标，研究编制了《公安信息化建设“十四五”规划》，并印发全国。该规划是“十四五”时期公安信息化建设发展的基本遵循和重要指导，是提高公安工作智能化水平的重要举措，是助推公安工作现代化的关键支撑，必将对公安工作质量变革、效率变革、动力变革产生深远影响，全面推动公安改革和公安核心战斗力提升。

（二）组织召开全国公安科技信息化暨大数据智能化建设工作会议

2019 年 12 月 27 日，全国公安科技信息化暨大数据智能化建设工作会议在北京召开，会议全面部署了公安科技信息化和大数据智能化建设应用工作，有力提振了做好新时代公安科技兴警工作的信心和决心。会议指出，要坚持统一运行网络、统一基础设施、统一数据资源、统一服务平台、统一安全策略、统一标准规范，加快推进公安大数据智能化建设和应用，着力构建公安大数据智能应用新生态。要加快数据融合，把数据资源汇聚共享作为大数据智能化建设的基础工程来抓，进一步打通数据融合渠道，打破数据“孤岛”，积极推进联通共享的大数据平台建设，加快形成覆盖全警、统筹利用的数据信息资源服务体系。要做好服务支撑，紧贴基层一线实战需求，完善数据开放服务机制，加强基础性、通用性服务供应，建设完善应用系统，有效提升实战应用水平。要创新移动警务应用，深入推进“互联网+公安政务服务”一网通办，为深化公安“放管服”改革、优化营商环境提供更好的服务保障。要加强数据安全保护和分级分类、依法依规管理，完善工作监督机制，强化公民个人信息保护，严防数据滥用和泄露。

# 民政信息化发展概况

2019年以来，民政部深入学习习近平新时代中国特色社会主义思想和有关民生民政工作重要论述，认真贯彻落实党的十九大精神和党中央、国务院关于建设网络强国、数字中国、智慧社会的战略部署，积极探索民政信息化发展的新思路、新理念，以信息化为抓手，以网络安全为保障，推动民政网信工作不断创新发展。

## 【深入贯彻落实网络安全和信息化决策部署】

### （一）认真贯彻落实党中央、国务院关于网信工作重大决策部署

民政部深入学习习近平总书记关于网络强国战略重要思想，贯彻落实党中央、国务院关于网络强国、数字中国、智慧社会战略部署，编制有关实施方案。认真部署并开展完成数字乡村发展战略、信息系统整合共享、关键信息基础设施安全保护、新中国成立70周年网络安全保障、国家网络安全宣传周活动等重点工作任务。

### （二）深入开展“互联网+民政服务”

贯彻落实党中央、国务院关于“互联网+”决策部署要求，持续推进“互联网+”在民政领域创新应用。初步建成民政政务服务一体化平台，与国家政务服务平台服务资源、应用支撑全面对接，制定印发“结婚证”“离婚证”“社会组织法人证”等电子证照标准，实现社会组织、行政区划、残疾人两项补贴等政务服务事项“在线查”“网上办”。全面开展“社会组织法人库”项目建设，夯实登记管理机关信息化综合服务基础，初步建成全国社会组织信用信息共享平台，推动《“互联网+社会组织（社会工作、志愿服务）”行动方案（2018—2020年）》落地，探索与大型互联网企业在社会组织治理方面的合作。

充分利用“互联网+”和大数据等技术，推进社会救助家庭经济状况核对机制建设，助力社会救助精准认定，指导各省份开展“互联网+社会救助”移动互联网应用，利用多种手段向社会公众提供政策解读等服务，公开社会救助相关信息，接受社会监督。

聚焦群众关切的婚姻登记难点、堵点，发布《“互联网+婚姻服务”行动方案》，大力推动婚姻登记业务一体化、智能化，持续提高婚姻服务信息化水平。

加强殡葬信息化建设，加快殡葬管理服务模式创新，大力发展智慧殡葬，完成全国殡葬管理服务信息系统开发，并在5个省市试点应用。

加强“互联网+社区”顶层设计，在城乡社区治理、村级综合服务等工作中，对社区信息化（智慧社区）作出相关任务安排，编制《“互联网+社区”技术标准》和《城乡社区信息化建设标准》，规范“互联网+社区”的基本定义、建设内容、技术架构和实现路径。

依托第二次全国地名普查成果，建成“中国·国家地名信息库”，实现1200万条标准地名信息向社会公开共享。

加强养老信息化建设，建立完善养老机构管理信息系统、全国农村留守老年人信息管理

系统等，结合养老院服务质量建设专项行动，开展移动端应用，提供面向社会的养老机构查询服务，推进养老服务相关信息互联互通，完善养老机构备案管理，加强与相关部门工作协同和信息共享。

进一步优化整合全国儿童福利相关的 5 个信息系统，不断适应新机构履职需要。对照《慈善组织信息公开办法》要求，完善“慈善中国”信息平台功能和流程，为慈善组织履行信息公开义务提供平台支撑。持续优化完善全国志愿服务信息系统，为公众、志愿团体参与志愿服务活动提供便捷的渠道和有力的支撑。

**【聚焦主责主业推进工作】**

（一）着力培育民政大数据治理新能力，持续开展跨部门数据共享交换

加强民政业务数据集中汇聚，分层分类汇聚社会组织、婚姻登记等 9 类 5.5 亿条政务数据，初步形成民政政务大数据资源库。按照不同应用主题，逐步形成脱贫攻坚、婚姻登记、儿童福利等专题数据库。定期对低保数据、特困数据、建档立卡数据、大（重）病数据和火化证明数据进行多维度统计分析。依托国家数据共享交换平台，为各级政府政务服务事项办理提供 136 万余次数据查询和核验服务，打通与最高人民法院、公安部、国家卫生健康委、自然资源部、扶贫办、残联、国家税务总局等 9 部门数据共享通道，为脱贫攻坚、个税改革、孤儿助学、不动产登记等跨部门业务协同提供数据支撑。

（二）加强系统运维与网络安全保障能力建设

按照民政政务云平台整体框架，进行资源扩充，搭建数据库集群和数据备份系统，构建民政数据共享交换区，对网络支撑环境进行更新，为民政信息化业务快速发展提供保障。贯彻落实《中华人民共和国网络安全法》和网络安全等级保护制度，印发《民政部落实〈网络安全工作责任制落实工作指标〉的工作措施》，完善民政部网络与信息安全通报机制，定期召开通报机制联络员会议。组织民政部邮件系统监测钓鱼邮件，开展国家网络安全周系列宣传活动，举办民政部网络安全培训。组织开展民政部重要数据和公民个人信息泄露安全隐患排查专项整治工作。统筹谋划全年网络安全保障工作，在重大活动期间，提前编制工作方案，印发工作通知，强化防护措施，加强监测预警、值班值守和信息通报，圆满完成新中国成立 70 周年、全国“两会”等重大活动网络安全保障任务。

（三）指导地方开展信息化建设

督促、指导各地民政部门贯彻落实民政信息化工作会议精神并开展各项工作。赴福建、湖南、浙江、吉林、西藏等省份了解地方民政部门信息化建设情况和经验，听取地方意见和建议，指导湖南、西藏编制民政信息化建设方案和规划。在西安举办全国民政信息化业务培训班，介绍民政一体化在线政务服务平台、金民工程系统建设与应用情况。举办全国低保信息系统应用推广培训班，推动社会救助业务信息化发展。

**【重大信息化工程建设和信息化应用取得积极进展】**

（一）加快实施重大信息化工程项目

加快金民工程一期项目建设进度，严格执行项目管理规章制度，累计完成 19 项建设任务招标，完成 8 个应用系统软件包的需求分析、深化设计和开发建设，并进行第三方测试。与有关司局、直属单位对接工作 200 余次，印发《金民工程一期项目试点工作方案》，按照试点先行、总结经验、全面推广的工作步骤，启动金民工程试点工作。协调指导社会组织法人库项目在技术标准、数据资源、基础设施等方面与金民工程进行有效衔接。开展《“十三五”公共安全信息化工程框架方案》（民政部分）的立项论证工作。

（二）以信息化助力打赢脱贫攻坚战

根据脱贫攻坚工作需要，完成全国农村“三留守”人员信息管理系统研发、部署和培训，基本实现全国覆盖和“三留守”人员信息一口采集、动态管理和共享交换。实现残疾人两项补贴信息系统、低保信息系统、留守儿童

信息系统互联互通、信息共享和身份核验，实现跨业务融合应用。

先后 5 次为西藏、新疆、四川凉山州、甘肃临夏州、江西遂川县和莲花县等贫困地区 350 多名民政干部讲授信息化在脱贫攻坚中的应用课程。

# 财政信息化发展概况

2020 年，财政部坚持以习近平新时代中国特色社会主义思想和党的十九大及党的十九届二中、三中、四中、五中全会精神为指导，深入学习贯彻习近平总书记关于网络强国的重要思想，紧紧围绕财税体制改革要求，创新思路，破解难题，狠抓落实，全面推进财政网络安全和信息化建设，推动和促进财政治理体系和治理能力现代化建设。

**【扎实推动党中央、国务院和部党组决策部署落实】**

组织完成直达资金监控系统建设。贯彻落实党中央、国务院关于新增财政资金直达基层、直达民生监控工作要求，按照部党组部署要求，全力以赴、攻坚克难，仅用 20 天时间搭建直达资金监控系统，将实行直达机制管理的资金（包括直达资金和参照直达资金）全部纳入监控范围，建立资金台账，实现资金从源头到末端的全链条跟踪监控。截至 2020 年年底，系统已在中央本级、省（自治区、直辖市、单列市）及新疆生产建设兵团 37 个地区及所辖市县正式运行，资金台账每日更新跟踪。

支持打好三大攻坚战。持续优化财政扶贫资金动态监控平台，有效提高数据传输效率和及时性，加强对各级各类财政扶贫资金的动态监控。升级地方债务监测平台，实现地方债务常态化动态监控，推动跨部门数据共享和联合监管，对防范化解风险发挥了积极作用。

加快推进预算管理一体化系统建设。印发《预算管理一体化规范》和《预算管理一体化系统技术标准》，统一各级预算管理流程、管理规则、管理要素和数据标准，为指导地方整体协同推进一体化建设夯实了基础。加快推进预算管理一体化系统建设实施，截至 2020 年年底，第一批 16 个实施地区基本实现预算管理一体化系统在省本级和部分市县上线运行，并与全国预算管理数据汇总系统连通，按日上传预算管理数据；第二批 21 个实施地区大部分已经开展系统建设，在省本级和试点市县实现项目库、预算编制等模块上线，初步实现了预算管理主要业务环节的衔接贯通，以及上线地区财政部门的业务协同和数据汇聚。

成立全国财政信息化标准化工作组。为深化预算制度改革，充分发挥标准的“指挥棒”作用，筹建了全国财政信息化标准化工作组，组建了第一届工作组委员会。2020 年 12 月 2 日，国标委批准成立全国财政信息化标准化工作组；2020 年 12 月 29 日，工作组组织召开了全国财政信息化标准化工作组成立大会暨第一次委员全体会议。

**【推进财政网络安全和信息化科学化、规范化发展】**

强化财政网信工作组织领导。一是根据机构

和人员变动情况，及时更新财政部网信领导小组、财政部网信办成员，确保“财政部网信领导小组决策部署、财政部网信办管理协调、各单位全面参与”的议事机制有效运行。二是召开 1 次网络安全工作会议、2 次网信领导小组会议、1 次网信办会议，议题涉及网络安全学习教育、听取工作报告、审议年度计划、部署网信重大工作事项等，有效推动财政网信重大问题解决。

进一步健全完善财政部网信制度体系。一是适应财政部网信工作新形势、新要求，修订形成财政部网络安全和信息化项目计划审批管理、合同管理、组织实施、验收管理、档案管理、财务管理、监督检查管理 7 个新办法，进一步理顺了工作关系，优化了管理流程，增强了业务司局在项目需求分析、立项审批、验收管理等环节的参与度，强化了外部约束。二是加强网络安全和运维监督管理，制定《财政部信息系统升级数据备份管理办法》《财政部网络安全和信息化项目外包服务管理办法》等，保障业务数据在系统升级期间的完整性。

加强财政网信项目执行管理。一是贯彻“过紧日子”思想，根据批复预算组织完成 2020 年部本级网信项目计划调整。二是严格落实国家政务信息系统整合共享要求，以及“厉行节约、从严从紧”的预算编制原则，组织完成 2021 年部本级网信项目计划编报工作。三是规范项目执行全生命周期管理，硬化项目预算约束，强化项目预算执行，不断提高项目资金执行均衡性和有效性。涉及重大项目的，及时组织召开专家评审会，对项目建设的必要性和可行性进行论证。

**【全方位提升财政业务管理保障水平】**

支撑财政管理改革。优化中央预算管理一体化系统，开发项目库清理模块，完善政府采购预算编制、定员定额测算、养老保险和医疗保险缴费需求测算等功能，保障预算管理改革顺利推进。推动财政电子票据系统建设，实现抗疫捐资与票据“即捐即开”，所有捐款开票环节有迹可查，确保账账相符、账物对应。建成国有资金管理情况编制分析平台，为向全国人民代表大会报告国有资产管理情况提供技术保障。特别是适应疫情情况，做好移动学习平台、全国财政干部教育培训网络平台的运行保障，全年支撑 45 期线上、47 期线下培训的顺利举办，线上、线下培训分别达 37196 人次、10193 人次。

支撑“放管服”改革。一是优化财政部政务服务平台服务门户和政务服务旗舰店，实现政务服务事项清单“一站式”展示。继续完善财政部政务服务平台统一身份认证，实现与国家平台对接，实现“一次认证、全网通办”。二是建设完成财政部政务服务“好差评”系统，实现 5 项审批事项在线办理后进行“好差评”评价。三是改造行政审批管理系统，保障部本级彩票发行管理等行政审批事项申报，改造资产评估机构备案系统。四是建设财政部电子证照系统，完成主体功能开发，实现与财政会计行业管理系统等对接。五是完成“互联网+监管”系统开发，为监管业务数据汇聚提供技术支持。

强化数据资源共享。一是大力推动财政部内信息资源共享共用。建设财经数据查询App、财政数据动态监测平台和财政信息数据平台，多维度集成财政收支、宏观经济、金融、大宗商品等时间序列数据，以折线图、柱状图、动态图、地图访问等方式，直观展示财政经济指标变化趋势，全面提升财政干部对数据的掌握、利用、分析方面的能力。二是持续做好跨部门数据资源共享。积极配合中央纪委、国家监委开展财会监督要求，相继开展财会监督数据梳理、数据标准和技术规范制定、打通非涉密数据和涉密数据传输通道等工作，严格落实了党内监督有关要求。通过预算联网监督系统向全国人民代表大会提供预算收支情况等各项实时数据，有效增强全国人民代表大会预算审查监督的针对性和有效性。

改善信息化基础设施保障。一是完善网络环境。适应预算管理一体化建设需要，扩充有关省市业务专网带宽；更新升级外网数据存储系统，满足外网各业务系统数据存储需求；做好系统基础运行环境保障，为应用上线部署和升级提供稳定可靠的支撑。二是加强网络安全基础防护。升级业务专网和涉密网灾备系统、西安异地容灾中心和各省市灾备系统，提升灾难恢复能力。财政部电子政务内网通过密码测评及安全性审查，实现与中央网络平台网络系统、域名系统、信任系统等的对接。完成 27 个新系统定级备案、59 个已备案系统测评、5 个已备案系统信息变更、10 个下线系统备案撤销，全面整改测评提出的问题，逐一消除隐患。三是做好机房与客户端技术服务。初步完成丰台新机房建设，加强机房巡检和预防性维修，提升风险预警能力。优化客户端技术支持和服务流程，及时处理故障、解决问题。四是保障视频会议系统运行。受全球新冠肺炎疫情影响，2020 年国内及外事视频会议数量激增，共支持 123 次全国财政视频会议、183 次国际视频会议、72 次本地会议、7 次国务院办公厅视频会议、3 次中办视频会议，其中，支持部长级视频会议 93 次。

强化网站信息服务。一是按照国务院办公厅有关工作要求，按期将财政部门户网站自 2013 年以来公开发布的现行有效的政策文件推送至国务院政策文件库，并同步推送网站新发布的相关信息。二是完成财政部内信息网站改版，进一步简化网站首页频道设置，更加突出财政特色。拓宽财政部内信息网信息采集渠道，丰富网站信息内容。三是紧跟政府采购动态，扩大网站信息渠道，不断提高信息发布时效性和权威性；健全网站运维体系，提升服务效率和质量。2019 年发布标讯 132 万条，受理服务请求 8.4 万人次，一线解决率达 98%。

**【全面推进网络安全工作责任制落实】**

统筹开展财政网络安全检查。按照有关要求，2020 年 8—11 月对财政部机关、各地监管局及部属各单位组织开展了网络安全检查，全面排查各单位存在的网络安全漏洞和风险隐患，深入分析和评估重要信息系统和重点网站安全风险，对自查中发现的问题及时采取整改措施。印发网络安全检查通知，同步组织地方财政部门完成网络安全检查。

全面做好网络安全风险管理与应急处置。一是按照国家有关要求，制定《财政部网络安全事件总体应急预案》，明确应急职责分工，建立联动协调机制，规范应急响应流程，提升应对网络安全事件能力。二是针对日益严峻的网络安全形势，有针对性地开展应用系统漏洞扫描，加强应用系统上线检测，强化客户端、网站的运行监控与防护，全力做好疫情期间数据安全保护及全国“两会”、中国国际进口博览会等重大活动期间网络安全保障，提高对外部威胁和攻击的发现和处置能力。三是对于系统预警、日常监测及监管部门发现的风险隐患或风险事件，迅速进行应急响应，积极督导做好风险排查和整改，防止重大网络安全事件发生，确保“重点时段、重点系统、重点内容”的网络安全。

常态化开展网络安全宣传教育培训。开展全民国家安全教育日活动和网络安全宣传周活动，采取线上、线下培训相结合的方式，同步学习习近平总书记关于总体国家安全观重要论述，解读《中华人民共和国国家安全法》《中华人民共和国网络安全法》等政策法规，普及网络安全知识，进一步强化财政干部职工网络安全意识，提高风险防范能力。组织网络安全等级保护 2.0 培训，使财政部机关各司局、各地监管局、各省级财政部门有关人员全面了解网络安全等级保护 2.0 主要工作及标准应用。

# 人力资源和社会保障信息化发展概况

2020 年人力资源和社会保障信息化工作以习近平新时代中国特色社会主义思想为指导，围绕人力资源和社会保障中心工作，启动实施便民服务创新提升行动，全力推进人社服务“一网通办”，推广应用社会保障卡“一卡通”，积极开展人社大数据应用，保障重点改革任务落实到位，不断推进人社信息化建设，提升治理效能，在深化“放管服”改革，以及更好地保障和改善民生中发挥了重要作用。

## 【启动人社信息化便民服务创新提升行动】

2020 年 11 月，《人力资源社会保障信息化便民服务创新提升行动方案》（人社部发〔2020〕83 号）印发，明确两年的任务清单，聚焦企业和群众的办事堵点、难点和痛点，以“全数据共享、全服务上网、全业务用卡”为目标，通过信息化创新提升行动的落地实施，全面提升人社信息化便民服务水平。

## 【建设全国性平台，广泛推动“一网通办”】

为方便群众网上办事“畅行无阻、全网漫游”，开通了全国人社政务服务平台、国家社保公共服务平台、全国社保卡服务平台等全国性平台，推动线上服务向全国平台汇聚，并通过平台间的对接，形成跨平台联动、全国“一网通办”的服务格局。目前，全国人社政务服务平台、国家社保公共服务平台共开通失业登记、失业待遇申领、劳动争议调解、社保转移、养老待遇测算等 47 项全国性服务、306 项地方属地化特色服务，累计访问量达 21.4 亿人次，注册用户达 782.2 万人。全国社保卡服务平台向群众提供 40 项全国性服务、700 余项属地服务，全年累计服务次数超 80 亿次。

2020 年 9 月，国务院办公厅印发《关于加快推进政务服务“跨省通办”的指导意见》（以下简称《指导意见》），就政务服务“跨省通办”作出部署。人力资源和社会保障部将其作为促进人才要素流动、提升民生服务水平、解决群众异地办事痛点问题的“关键一招”，全力予以落实。《指导意见》共明确了 140 项高频政务服务“跨省通办”事项，由人力资源和社会保障部牵头落实的共 33 项，其中 2020 年年底应实现“跨省通办”的 16 项均已实现。开通“就业在线”国家级招聘求职服务平台，汇聚各地、各类人力资源服务机构，实现招聘求职信息实时、全面汇聚、共享和发布，支持跨区域、跨层级开展招聘求职服务。同时，借助人社大数据和人社信用体系优势，对用人单位和求职者进行信用核验，营造真实可信的招聘求职环境。平台上线 6 个月累计发布 373 万条岗位信息，访问量超过 3126 万人次。

## 【推进“不见面”服务】

疫情防控期间，为保障复工复产企业用工，开通农民工返岗复工“点对点”用工对接平台、农民工出行服务小程序，全面摸排汇总有意愿外出的农民工信息和相关企业用工需求，提供精准对接服务。依托中国公共招聘网，开通“全国一体化政务服务平台&人力资源和社会保障部应对疫情做好返岗就业服务专题”，提供各地复工日历、线上就业服务、就业政策查询等服务，并与国家政务服务平台实现对接，方便企业和群众使用。依托全国人社政务服务平台国家、国家社保公共服务平台、全国社保卡服务平台，相继开通网上办事大厅、小程序等服务渠道，进一步完善“掌上 12333”移动应用，使群众可以通过网页端、移动端在线办理人社业务，基本形成多元化的线上服务体系。开展数据共享比对分析，实现跨地区“找人”，为开展防疫政策制定、稳岗返还、失业补助金、减免企业社保缴费等政策测算提供数据支撑。

指导各地人社电话咨询服务机构（以下简称“12333”）主动作为，创新服务方式，通过电话为企业和群众答疑解惑、宣传人社政策。在疫情最为严重的武汉，“12333”克服困难，安排人员轮流上岗，坚持“7×8”不间断人工电话服务。疫情期间，近 300 个地市人工电话服务不间断，全年全国“12333”接听总量超过 1 亿人次，综合接通率保持在 80%以上。

**【大力推广居民服务“一卡通”】**

2020 年 8 月 20 日，习近平总书记在合肥主持召开扎实推进长三角一体化发展座谈会时指出，“要探索以社会保障卡为载体建立居民服务‘一卡通’，在交通出行、旅游观光、文化体验等方面率先实现‘同城待遇’。”

截至 2020 年年底，全国持卡人数达 13.35 亿人，超额完成“十三五”任务。电子社保卡累计签发超过 3.67 亿张，开通 425 个服务渠道，向群众提供就业创业、社会保险、人事人才、劳动关系、社保卡服务、专题服务等全国“一网通办”服务 40 项、属地服务 700 余项。社保卡在办事凭证用卡、待遇补贴进卡、就医结算持卡等方面持续扩大应用深度和广度，并向跨部门政务服务和智慧城市应用领域不断拓展。

24 个省份的部分地市通过社保卡发放惠民惠农财政补贴资金，28 个省份的部分地市（228 个）支持电子社保卡移动支付就医购药，16 个省份的部分地市实现社保卡乘坐城市公共交通，15 个省份的部分地市实现凭卡进图书馆、博物馆、公园、景区等，部分地区实现凭卡享受养老服务、残疾人服务、智慧城市服务等。山西、福建、四川、广西等 12 个省份的 52 个地市依托电子社保卡，开展职业技能电子培训券试点，推动职业技能提升行动深入实施。按照人社服务“快办行动”要求，实现社保卡服务事项的提速和打包一次办，目前已有 31 个省份支持立等可取即时发卡，且区县覆盖率均超过 70%，其中，27 个省份即时发卡实现区县全覆盖。社保卡已经成为群众享受政府公共服务的身份凭证和支付结算工具，成为政府治理的有效载体和智慧城市的服务品牌。

为落实国务院办公厅发布的老年人智能技术服务有关任务，人力资源和社会保障部印发《关于进一步优化人社公共服务　切实解决老年人运用智能技术困难实施方案的通知》（人社部发〔2020〕94 号），推进各级人社部门为老年人等群体提供智能技术、传统大厅两类服务渠道，实现主动、贴心服务。

**【深度挖掘人社数据价值】**

数据共享是实现“减证便民”、助力“放管服”改革向纵深推进的重要举措。人力资源和社会保障部现已初步建立跨部门、跨层级、跨业务的数据共享工作机制，与国务院有关部门、地方人社部门之间，以及部属单位之间开展数据共享、核查比对工作；完成与国家数据交换共享平台、国家政务服务平台及国家人口库的对接，为各地人社部门开通了数据共享通道服务，支持各地结合数据应用场景开展共享应用，与教育、公安、民政、卫健、扶贫办等 21 个部门实现数据共享，为告知承诺制、扶贫、一网通办、优化营商环境等重点工作提供支持，同时支持部门之间数据共享及应用，实现“双赢”共享；2020 年通过跨层级、跨部门的数据共享和核查比对，为失业补助金政策制定及实施、退捕渔民信息核实及参保情况、疫情社保减免、稳岗返还、违规提前退休、违规一次性补缴、死亡人员冒领、假人冒领、判刑收押人员、养老全国统筹等提供数据支持。通过实施数据共享管理办法、制定跨层级共享流程、出台数据安全管理规范等制度文件，指导人社系统规范开展数据共享工作。

**【狠抓信息化应用】**

适应企业职工基本养老保险全国统筹需要，推进全国统一的企业职工养老保险经办服务和监管系统建设，完成了方案设计，并开展了原型验证。适应多层次、多支柱养老保险体系建设需要，推进个人养老金信息管理服务平台建设，开展与商业银行、金融行业监管平台等相关机构对接。适应机构改革需要，推进各地建设社保费信息共享平台，有力支持各省份完成社会保险费征缴职责向税务部门划转。借助信息化手段，建立失业登记数据实时归集机制。开发上线退捕渔民安置保障实名制动态帮扶信息系统，助力长江流域禁渔禁捕工作。金保工程二期建设不断推进，就业、社保、劳动关系、人才人事 4 个核心业务系统进行试点运行，为下一步全面推广奠定了基础。建设人社扶贫信息平台，全力支撑人社系统扶贫工作。

**【加强网络安全工作】**

指导各地积极开展电子政务外网建设，加快推进电子政务内网项目主体建设。人社部业务专网系统完成建设，提升基础支撑能力。电子政务内网通过各项安全检测，完成与中共中央办公厅、国务院办公厅网络互联互通，以及应用系统、安全系统对接等。印发《关于印发人力资源社会保障电子印章技术规范的通知》（人社厅发〔2020〕14 号）和《人力资源社会保障行业信息化领域密码应用实施方案》（人社厅发〔2020〕59 号）。参加公安部组织的网络安全活动，检验全行业网络安全事件应对能力，提高全行业安全防护和应急响应处理能力。

# 生态环境信息化发展概况

生态环境部高度重视网络安全和信息化工作，坚持以习近平新时代中国特色社会主义思想为指导，深入学习贯彻习近平总书记生态文明思想和关于网络强国的重要思想，认真贯彻落实党的十九大及党的十九届二中、三中、四中、五中全会精神，全面落实党中央、国务院决策部署，扎实践行“三年三步走”行动路线，“四统一、五集中”落地见效，“五个一”成果不断深化，信息化服务保障水平显著提高，为打好打赢污染防治攻坚战和疫情防控阻击战提供有力支撑。

**【工作总体进展】**

2020 年，生态环境部信息中心（以下简称信息中心）坚决贯彻党中央、国务院决策部署和生态环境部党组部署要求，紧紧围绕生态环境部网信工作要点，攻坚克难、开拓创新，取得了生态环境综合管理信息化平台初步构建、生态环境部机关无纸化办公全面应用、专网移动视频会议常态运行、转隶单位信息化基础保障全部到位 4 项标志性成果。

【全力支撑疫情防控阻击】

突如其来的新冠肺炎疫情对生态环境信息化既是挑战，也是机遇。通过无纸化办公、移动视频会议、网站政务服务、疫情防控数据分析等手段，有效保证生态环境部系统正常运行和管理，最大限度地降低疫情对生态环境部工作的影响，进一步提高了工作效率、降低了行政成本、改进了管理方式。

无纸化办公和移动办公全面应用。紧急升级改造专网公文管理、远程公文传输、移动办公等系统，生态环境部机关无纸化办公和移动办公系统于 2020 年 2 月 1 日春节后第一天全面上线运行，保障了疫情期间生态环境部政务工作“不停摆”。

移动视频会议系统常态运行。自 2021 年 1 月 31 日移动视频会议系统上线并首次保障生态环境部疫情防控领导小组会议以来，不断完善系统功能，创新应用模式（移动视频与常规视频结合、专网与互联网结合、在线新闻发布等），将使用范围由部机关、部属单位逐步扩大至全国和国际，有力支持生态环境部系统“不见面”工作会商和在线学习培训。

信息公开政务服务不间断。充分发挥生态环境部政府网站信息公开第一平台作用和政务服务平台网上审批优势，加强值班值守，打造 365 天 24 小时“不下班”的“网上生态环境部”。生态环境部本级 29 项审批事项全部“一网通办”，最大限度地让数据“多跑腿”，让群众“少出门”。

“一张图”助力疫情防控。依托生态环境信息“一张图”，开展数据整理分析，每日制作全国和湖北省医疗废物处置专题图，服务生态环境医疗废物处置调度。接入国家卫生健康委新冠肺炎确诊病例和疑似病例等 4 个数据接口，制作北京市疫情风险等级地图，服务生态环境部疫情防控工作。

【推进“四统一五集中”落地见效】

在统一规划方面，编制《生态环境信息化体系建设规划纲要》，积极参与“十四五”生态环境保护规划、国家信息化规划研究编制工作。

在统一标准方面，发布《生态环境部物理环境与安全设施管理暂行规定》等 12 项规章制度。全面梳理信息化标准规范和管理制度，发布目录清单。

在统一建设和统一运维方面，稳步组织相关业务单位开展信息化项目建设，创新推进信息化运维统一实施管理。

在资金集中方面，将生态环境部系统所有信息化建设和运维资金下发至信息中心统一执行，全面实现“一本账管理”。

在数据集中方面，生态环境信息资源中心全面汇聚生态环境部内非涉密系统数据，并融入工商、气象、电力等相关部委数据，生态环境部系统数据无条件共享率大幅提升。

在人员集中方面，全面实施信息化双重管理，组织双重管理单位和人员协同推进生态环境综合管理信息化平台建设、网络安全、统一运维等重点工作，有效汇聚信息化人才力量。

在管理集中方面，进一步减少生态环境部备案在册信息系统，并全部集成到生态环境综合管理信息化平台。

在技术集中方面，制定统一的应用架构、数据架构、技术架构、基础设施架构、安全管理体系，指导信息系统的开发建设与运维。

【深化“五个一”成果运用】

强化“一朵云”（生态环境云）。提升云服务和管理能力，扩容云计算资源，规范优化云服务流程，建立云资产台账，加强云上系统数据备份和安全防护。

拓展“一张网”（生态环境保护业务专网）。通过 VPN（虚拟专用网）将生态环境业务专网安全延伸至手机终端。推进省、地市、区县专网与国家电子政务外网整合，建立专网考核和月调度机制，保障“全覆盖、全连通”常态化。

丰富“一个库”（固定污染源统一数据库）。建立全国固定污染源统一数据库更新机制和技术标准，完成污染源数据整合入库，实时接入排污许可数据，积极推动工商、电力、税务、发展改革等相关部委数据接入，为环境执法、排污许可清理整顿等工作提供支撑。

完善“一张图”（生态环境信息一张图）。完成新版生态环境信息一张图上线运行。新增“京津冀及周边地区、汾渭平原生产不可中断企业”“双替代”、医疗废物处置等专题图。

优化“一扇门”（专网综合平台及政府网站）。首次实现生态环境部网站、微博、微信第一时间同步发声，提升“一网两微”合力。生态环境部政府网站 2020 年绩效评估在国务院组成部门中排名第 10 名，取得明显进步。

**【全力做好信息化支撑保障】**

优化一体化在线政务服务平台。按照国务院办公厅要求，完成“好差评”系统开发，完成国家核技术利用辐射安全管理系统、全国排污许可证管理信息平台、全国建设项目环评管理信息平台 3 个垂直管理系统与国家平台对接。

加强“互联网+监管”系统建设应用。按照国务院办公厅要求，完成生态环境“互联网+监管”系统单点登录、统一门户风格、对接垃圾焚烧非现场监管数据 3 项工作任务。2020 年，系统累计归集监管数据较 2019 年增加 47.9%，累计向国务院办公厅推送监管数据较 2019 年增加 83.9%。

推进生态环境综合管理信息化平台建设。生态环境综合管理信息化平台明确了 2020—2021 年及“十四五”期间生态环境信息化工作的目标，推动生态环境信息化工作进入新发展阶段。目前已完成《综合平台总体建设方案》《建设任务分工方案》《综合平台管理办法》编制；完成全部系统集成，开发了无人机、无人船、单兵设备实时信息接入和视频会商等功能。针对大屏端完成大气环境、排污许可、环境执法等 35 个专题信息分析展示，初步实现在“一个平台”上支撑业务管理运行，在“一张图”上统揽生态环境全局。

启动黄河流域生态补偿综合管理平台建设。建设黄河流域生态补偿综合管理平台是落实财政部、生态环境部、水利部、国家林草局 4 部门《支持引导黄河全流域建立横向生态补偿机制试点实施方案》的一项规定任务。完成《黄河流域生态补偿综合管理平台技术拓展方案》编制，完成平台框架搭建，开发中央财政年度引导资金的测算、分配和分析展示功能，形成了“资金分配、补偿跟踪、绩效评估”的生态补偿管理闭环和数据采集能力。

支撑生态环境保护重点工作。完成生态环境综合调度系统建设并上线运行，实现各省蓝天、碧水、净土、生态等重点任务进展完成情况可视化展示和分析。初步完成联合国《生物多样性公约》第十五次缔约方大会（COP15）网站智慧会务、智能客服、呼叫中心等功能模块开发。完成全国水生态环境综合管理平台建设并上线运行，支撑全国水生态环境形势分析工作。继续完善全国土壤环境信息平台，支撑农村环境综合整治成效评估。

强化信息化基础保障。完成部机关新办公区机房和网络系统、多媒体会议系统、智能档案库系统、电子政务内网等信息化建设项目。完成 7 家流域局专网建设、统一自动化办公系统建设，并上线试运行。全部新转隶和新成立单位门户网站纳入生态环境部网站群，并稳定运行。

保障网络安全。修订《生态环境部网络安全事件总体应急预案》《生态环境部网络安全信息通报管理规定》，规范网络安全事件应急管理流程，健全网络安全通报机制。推进网络安全等级保护，持续做好网络安全日常保障，不断提升安全风险预警和主动防护水平，关键信息基础设施和重要信息系统运行安全稳定。

强化地方信息化工作引领指导。引领号召全国各级生态环境信息中心为疫情防控阻击作出贡献。采用线上形式举办数字中国建设峰会数字生态分论坛，首次发布生态环境信息化优秀案例，引领行业发展。积极指导河北、江苏、福建、江西、重庆、深圳、成都等多地信息化项目实施，取得明显成效。

# 交通运输信息化发展概况

交通运输部认真贯彻落实习近平总书记关于网络强国重要论述和党中央、国务院工作部署，紧密围绕加快建设交通强国总体目标，坚持信息化发展与网络安全并重，继续夯实综合交通运输大数据发展基础，不断推动新技术融合应用，稳步推进各项网信工作任务落实。

## 【重点工作情况】

国家综合交通运输信息平台建设取得新成效。国家综合交通运输信息平台上线运行，“五大核心功能”基本建成。“综合交通一张图”实现 15 个重点专题图上线服务，大大提升了决策可视度。整合数据资源，基本实现应急指挥“一张图”，应急调度信息化能力显著提升。交通运输部电子政务外网行政办公业务平台应用系统基本开发完成。交通运输部信息资源交换共享平台稳定运行，充分发挥行业信息资源共享开放主通道、主枢纽作用。网络安全评估及监测预警信息平台有效支撑网络安全工作。

促进综合交通运输大数据发展和应用。修订《交通运输政务信息资源共享管理办法》，进一步提高管理制度的适用性、规范性。印发《交通运输政务信息资源目录（2020 版）》，共发布政务信息资源 7000 余项。交通运输部信息资源交换共享平台已接入信息资源 500 余项，为水运、海事、道路客票、应急调度、综合执法等专业领域数据共享和跨区域数据共享提供了有力支撑。依托综合交通出行大数据云平台、交通运输部政府网站“交通智数”栏目，面向社会公众提供数据服务。组织开展首批交通运输大数据融合应用试点效果自评估工作，充分发挥试点工作的示范带动作用。基于区块链的集装箱电子放货平台试点应用成效明显。

着力提升交通运输行业网络安全防护能力和水平。交通运输部机关加大干部教育网络安全培训支持力度，将网络安全培训纳入干部教育培训规划，支持举办了面向全国交通运输行业厅局级领导干部研修班。依托交通运输部管理干部学院建成以实战为导向的“行业网络安全攻防训练基地”，促进行业各单位加强网络安全人才队伍建设。

积极谋划“十四五”交通运输信息化工作。印发《关于推动交通运输领域新型基础设施建设的指导意见》，推动先进信息技术赋能交通运输基础设施数字转型、智能升级。编制《交通运输信息化“十四五”发展规划》并形成阶段性成果，在分析发展形势的基础上，研究提出总体思路、主要任务和保障措施。

## 【公路领域信息化】

积极推进智慧公路建设。协调推进京礼高速智慧公路试点工程，为北京 2022 年冬奥会和冬残奥会提供交通服务基础设施保障。全国 ETC 用户超过 2.25 亿户，高速公路客车 ETC 使用率达到 70%，人工收费车道基本实现移动支付全覆盖。

提升信息系统服务效率。优化升级交通运输部公路评标专家库管理系统，面向行业提供 24

小时服务，保障疫情期间交通运输部公路评标专家库抽取顺利，确保及时、有效组建符合各项要求的评标委员会。跨省大件运输并联许可办结时间压缩约 77%，好评率达 99.86%。有序推动全国公路工程造价管理信息系统、全国治超联网管理信息系统建设。国省干线公路交通情况调查数据采集与服务系统建成自动化交调站 1 万余个，公路交通情况调查信息服务能力不断提升。

提升交通出行服务水平。进一步提升联网售票覆盖率、可售率，加快部省联网售票进程，二级及以上客运站联网覆盖率为 99.05%，联网可售率为 87.03%，21 个省份实现部省联网售票，在 11 个省份开展电子客票试点应用。全国累计发行互联互通卡约 9000 万张，实现 303 个地级以上城市互联互通，其中 80 个地级以上城市实现移动支付。持续推动城市公共交通信息化建设，构建城市公共交通企业运营智能调度平台、乘客出行信息服务平台和城市公共交通行业监管平台，提升公交运营服务和管理信息化水平。互联网道路运输便民政务服务系统持续良好稳定运行，业务累计办理量达 34 万件，日办理量超过 2000 件。全国汽车维修电子健康档案系统已覆盖 31 个省份、11.6 万家维修企业，为 1.2 亿辆汽车建立了电子健康档案。

## 【水路领域信息化】

加快推进水运信息系统建设和应用。智慧港口建设进一步推进，江苏省交通运输厅的海江河全覆盖的港口安全监管信息平台等示范工程建设均已完成项目验收工作。指导推进广州港南沙四期、苏州港太仓四期、天津港北疆港区自动化码头建设，水路运输建设综合管理信息系统（二期）已完成交工验收并上线试运行，水路运输行政许可、备案管理、统计分析等功能进一步完善。开发上线了船舶污染物联合监管与服务信息系统，基本覆盖长江经济带所有港口和 60%以上的船舶，推进了船舶污染物接收转运处置联单管理电子化，初步实现船舶污染物来源可溯、去向可查。

稳步推进海事信息化一体化建设。加快海事一体化信息平台建设，初步搭建海事“一网通办”“一网通管”平台，“一网通办”平台提供 26 项便民服务、53 项业务办理，17 项业务实现全程网上办。完成垂直管理业务信息系统与辽宁、湖北地方政务服务系统对接，开发海事“好差评”功能上线。构建统一的电子证照系统，在试点单位完成内河船员证照发放。加快推行“无接触”政务服务，及时调整完善船员管理相关应用系统功能，满足航运企业、船员等在疫情防控期间的海事业务办理需求。

持续推动水路领域数据共享工作。在水路领域初步形成以国内水路运输经营许可证、船舶营运证、港口经营许可证和危险货物作业附证为重点的数据资源库。初步建成海事一体化信息资源中心，搭建数据共享交换平台，持续推广 AIS 信息服务平台，向社会开放我国沿海及内河船舶实时动态权威数据，强化海事数据共享交换和综合应用。整合重点船舶动态信息、交通基础设施信息、重点水域视频监控信息、应急力量和资源信息，以及气象、水文、潮汐、极端天气预警等信息，为预防预警、应急救援、辅助决策提供数据支撑。

# 农业农村信息化发展概况

2020 年，农业农村部坚持以习近平新时代中国特色社会主义思想为指导，认真贯彻落实党中央、国务院决策部署，统筹疫情防控和农业农村网信工作，以网络强国战略为引领，加强顶层设计和统筹规划，积极创新政务治理和公共服务，不断提升电子政务服务能力，以信息化推进国家治理体系与治理能力现代化，扎实推进农业农村网络安全和信息化创新发展，为保运转、防疫情、保供给、攻脱贫提供了有力的信息化支撑。

## 【总体情况】

经过一年的建设与发展，农业农村部电子政务管理更加规范高效，政务服务能力和水平进一步提升。统筹协调机制更加完善；数据资源体系建设稳步推进，数据共享更加充分；政务服务强化业务融通和模式创新，线上线下深入融合，实现多渠道、广覆盖、无差别服务；数据资源开发利用向纵深推进，辅助决策支撑能力明显提升，数据价值逐渐显现；网络基础设施建设坚持一体化、集约化、智能化方向，支撑保障能力不断加强；农业信息化标准化工作步入快车道；网络安全保障能力和信息化自主发展能力进一步增强，电子政务总体迈向新台阶。

## 【具体工作】

统筹推进机制建设方面。不断强化农业农村部网络安全和信息化领导小组领导职责，坚持“一把手”负责制，全面落实《农业农村部网络安全和信息化领导小组工作规则》《农业农村部党委（党组）网络安全工作责任制实施细则》和《农业农村部网络安全管理办法》。

政务数据资源体系建设方面。一是政务数据资源日益丰富，多渠道提供高质量数据服务。持续完善已有 30 余个数据采集渠道，新增结构化数据 10 亿条，并保持 30%的年增长速度。新版数据频道在农业农村部政府网站正式上线运行；涉及宏观经济、农业农村发展、农产品市场、农产品进出口、资源环境、国际农业六大领域的全国农业农村重要经济指标专题数据库正式上线运行，并对外提供服务。二是完成机构改革后政务信息资源目录和数据的调整，农业农村部政务信息资源共享服务系统正式上线运行，并同步建设数据资源监控管理平台。对内，可对汇聚的 120 个业务应用系统数据进行监控管理及可视化展示，为政务数据的有序开放和开发利用打下坚实基础；对外，在全国政务信息共享网站发布政务信息资源目录 363 条。通过该系统，教育部高校学历数据在部属单位实现了共享应用；相关部委和地方通过全国政务信息共享网站申请调用农业农村部提供的 8 个应用服务接口 1.6 万次，共享数据 2991 万条；部本级向安徽省农业农村厅等 5 个省级农业农村部门提供了 11 条目录资源的接口调用服务，累计共享数据 86.59 万条，实现了政务数据资源的跨部门共享、跨层级互通。

业务协同体系建设方面。一是推动业务系统从以部门为中心向业务协同转变。农业农村部政务服务平台整合了6个单位的17个独立业务信息系统，并与国家政务服务平台对接；全国植物检疫信息化管理系统等垂直管理系统与国家政务服务平台完成对接；“三农”舆情监测管理平台向农业农村部系统和省级农业农村部门延伸，初步形成业务系统建设模式从以部门为中心向业务协同转变的格局。二是持续优化完善业务系统。建立协同运行保障机制，以业务需求为中心，进一步优化完善政务内网办公系统、绩效管理系统、信访系统、农产品和生产资料市场监管系统等的业务功能，提升业务系统可用性、可靠性。

政务服务体系建设方面。一是全面完成政务服务平台建设。农业农村部53项政务服务事项全部进驻平台并实现线上办理，其中，4项政务服务事项实现全流程无纸化；上线运行“益农e服”移动端App、“好差评”“投诉建议”系统，提供平台计算机端、移动端、窗口端等多端同源无差异服务，实现“一号申请、统一受理、一网通办、集中反馈”，网上可办率达100%，单点登录率达100%，办件满意度达100%。二是升级改造政务服务大厅。完成政务服务大厅叫号系统、投屏显示系统、预约办理功能、窗口评价器、立柱大屏等软硬件设施的升级改造；全力推动政务服务事项全部进驻实体大厅，实行集中服务、集中受理；政务服务大厅与政务服务平台融为一体，形成线上线下功能互补、相辅相成的政务服务新模式。三是全力推进“互联网+监管”系统建设。重点围绕监管对象、执法人员、监管行为完成系统主体功能建设，构建了“互联网+监管”系统统一身份认证平台，完成58个大项、115个子项监管事项和实施清单的收集、整理、入库等工作，初步实现监管工作规范、精准、全面覆盖。四是“网上农业农村部”建设深入推进。与国务院办公厅内网实现对接联通，发布内部政务信息6600余条；完成农业农村部政府网站“公开”“互动”等功能模块升级和英文版网站改版上线，建设运维20个专题，网上直播新闻发布会27期，建设政策性文件库并与国务院办公厅外网服务平台实现对接，进一步完善农业农村部系统网站监测考核机制。

决策支撑体系建设方面。一是快速推出全国农业农村应对新冠肺炎疫情数据服务平台，助力农村地区疫情防控和春季农业生产。平台充分利用移动互联网、大数据、物联网、遥感、数据挖掘、网络爬取等现代信息技术，汇聚政策、疫情、市场、农资、气象、农技等数据，为抗疫情、保春耕、畅流通提供了及时有效的信息服务和决策支撑。二是强化重点农产品市场信息平台保障工作，通过20多个渠道多频度整合汇聚粮、棉、油、糖、畜禽产品、水产品、蔬菜、水果8类15个重点农产品全产业链数据。同时，对批发市场价格进行持续监测、分析，编写并发布了农产品批发价格200指数、价格日报、价格周报、市场分析和市场动态等，为政府指导开展供给侧结构性改革、产业结构调整和生产指导、应急促销服务提供了有力的决策支持。三是持续优化中国农产品供需分析系统，逐步实现用数据管理服务、引导产销对接，数据价值逐渐显现。截至2020年12月，系统数据量超过24万条，每月生成和发布19类农产品市场供需报告和5类产品供需平衡报告。依托系统数据和基础报告，围绕粮食供应保障等热点问题持续深入开展农产品市场监测分析，全年形成综合分析材料百余篇，为稳定农产品市场运行提供了重要决策参考。四是“三农”舆情监测管理平台功能不断完善，监测覆盖范围不断扩大，舆情信息服务支撑能力不断增强，有效发挥了“三农”工作“千里眼”“顺风耳”的作用。2020年新增监测站点1109个，监测站点总数超过8万个，全年爬取并清洗后形成有效舆情数据1088万条，基本保障各类涉农舆情信息全覆盖，全年编报各类舆情简报及分析报告600余期，同比增长50%，累计向农村农业部内有关司局发送预警信息1000余条，为有效应对、处置相关舆情赢得了主动。

基础设施体系建设方面。一是持续推进政务网络系统一体化建设。以国家电子政务外网、国家电子政务内网、互联网接入等网络体系架构为基础，统一规划、设计、建设和管理农业农村部政务网络体系。以国家农业数据中心为核心，建立统一分配管理的IP地址体系和域名体系，持续提升互联网接入能力，推进IPv6网络规划。二是不断加强基础设施集约化建设与管理。完成国家农业数据中心云化升级改造，实现了与中国农科院科技分中心及农业农村部系统单位机房的互联互通，初步建立起以国家农业数据中心为基础的农业农村政务“云”平台，统一的、可扩展的计算资源池和存储资源池实现了按需动态分配与管理，数据存储能力已提高到5PB，特别是通过国产化改造，进一步提升了对信创业务的承载能力。三是建立起农业农村部IT智能化运维管理服务平台，利用智能化管理工具，实现了资源统一管理、性能随时监测、故障及时报警分析，确保网络可靠性达到99.99%。四是强化视频会议基础设施建设。完成视频会议链路专网改造工作；新建1个与国务院视频会议系统互联互通的部级视频会场；完成34个直属单位视频会议室的建设，实现了视频会议农业农村部直属单位全覆盖。

标准规范体系落实方面。一是《农业信息化标准体系（暂行）》经农业信息化标准委员会集体审议、完善，已作为农业信息化标准化工作基础和规划指南发挥重要作用。二是积极推进年度标准立项审查及制发工作。2020年立项获批数量及2021年立项征集数量均创新高。重点推进《农业信息资源分类与编码》《农业农村行业数据交换技术要求》《农业农村地理信息数据管理规范》等支撑电子政务发展的行业标准制发工作。

安全保障体系落实方面。一是健全完善网络安全统筹协调工作机制。全面贯彻落实《中华人民共和国网络安全法》、网络安全等级保护制度，切实压实网络安全工作责任制，定期组织网络安全自查、网络安全绩效考核、信息系统等保定级、网络安全宣传培训等工作。二是有效提升网络安全应急处置能力。组织开展2次网络攻防实战演习，全面排查网络和信息系统风险隐患，提升面向实战的整体网络安全防护水平。三是持续构建网络安全技术保障体系。强化日常监测，加强威胁情报共享，及时处置安全风险，确保重要信息系统和数据全生命周期安全。切实做好全国“两会”、服贸会等国家重大活动和重要时期网络安全保障工作，实现全年不发生重大网络安全事件的目标。

政策法规体系完善方面。先后研究制定了《信息资源共享管理办法》《共享评估考核办法》《网站管理办法》《正版软件管理办法》《网络安全管理办法》《重大信息平台运维专项经费管理办法》《网络安全和信息化工作要点》等一系列牵头抓总的制度。

**【探索与创新】**

新一代信息技术创新空前活跃，正加速与农业农村深度融合发展，特别是在2020年这一特殊年份，新一代信息技术在农业农村部电子政务建设发展中的创新应用成效显著。

一是积极应对新冠肺炎疫情带来的视频会议激增需求，高质量、高频次提供政务视频会议服务保障。2020年农业农村部系统召开145次视频会议，其中，全国性会议4次、国际会议8次，参会人数55万余人次，视频会议数量超2019年的9倍，并超过前10年的总和。

二是利用地理信息技术构建国家农业农村时空数据服务平台。结合政务信息资源整合成果，在时空数据治理和可视化方面，形成了聚数、看数和用数3类工具，已完成农业农村部内77个系统近4000万条数据治理，梳理时空数据资源并进行分类，发布各类地图服务近1000个；统一了基础底图和坐标系，完成全国矢量、影像、地形约12TB的数据服务更新和全国乡村边界8GB切片数据服务的部署和更新，已为农业农村部系统单位提供服务。

三是创新运用手机信令大数据开展农民工就业情况监测分析。利用手机信令大数据，基于人口时空流动及劳动力迁徙模型，结合全国乡村边界数据，创新性地识别全国在本乡（镇）以外从业的外出农民工，并持续开展农民工就业情况监测分析；依托国家农业农村时空数据服务平台搭建农民工就业监测子系统，多维度展示农民工外出情况、就业趋势等信息，形成了10余篇分析报告供各级领导参阅。

四是深入推进“110”网络扶贫创新活动助力决战决胜脱贫攻坚。通过以“抖商”为主的新型电商，实现内容分发量超过32亿次，贫困地区农产品直接销售额达5.83亿元，带动110个创新活动参与县的农产品电商销售比例与全国平均水平同步提升到10%以上。

# 文化和旅游业信息化发展概况

2019 年，文化和旅游部积极推动大数据、云计算、人工智能等信息技术在文化和旅游领域的应用，不断提升旅游业信息化发展水平。

## 【信息化发展专项研究】

开展“文化艺术和旅游研究项目信息化发展专项”研究，支持“互联网+”、大数据、云计算、人工智能等相关信息技术在文化和旅游领域的创新应用发展，支持对文化和旅游资源的数字化、网络化、智能化开发和应用，支持新技术、新产品、新模式、新服务在文化和旅游领域的全面赋能，支持利用信息技术助力疫情防控和复工复产，引导社会关注及推动文化和旅游行业信息化建设。2019 年共 15 个项目入选“文化艺术和旅游研究项目信息化发展专项”并委托实施。

## 【征集发布信息化发展典型案例】

推进落实《国家信息化发展战略纲要》《“十三五”国家信息化规划》有关任务，推动云计算、互联网、人工智能、5G、大数据、高清传输、新媒体交互等信息新技术在行业的创新应用，开展文化和旅游信息化发展典型案例征集活动，向社会征集文化和旅游资源数字化、服务智慧化、管理智能化发展等方面的优秀案例，并对案例进行宣传和推广。“以信用为基础的旅游行业新型监管平台”等 58 个案例成功入选。

## 【在线政务服务平台建设】

2019 年 6 月，“出境旅游组团社签证专办员管理系统”正式上线，该系统与文化和旅游部一体化政务服务平台、国家政务服务平台实现业务办理、数据分析、工作汇报等方面的业务协同和工作对接，实现了旅行社用户在线办理的实名认证、专办员证照的电子化、新增密码短信找回、使领馆意见反馈和全程强制留痕等功能。2019 年办理事项 1207 项，发放 657 张专办员证书。

建设完成旅游产业监测平台数据填报系统，共实现全国 1586 个全域旅游创建单位、26 个国家级和 456 家省级旅游度假区、10 个休闲示范城市的运行数据填报和汇聚工作。

## 【行业监管信息化】

推动建设应用“全国旅游监管服务平台”，打造社会化、扁平化、全域化、智能化、常态化的信息化监管体系。2019 年 3 月，《文化和旅游部办公厅关于做好全国旅游监管服务平台推广应用工作的通知》印发；2019 年 7 月，举办全国文化和旅游市场信息化监管工作培训班；2019 年 8 月，全国旅游监管服务平台 2019 年新版本上线，新版本增加了安全管理、信用管理、推广应用和运行监测 4 个功能模块。2019 年，持续举办全国旅游监管服务平台推广应用工作片区培训班，对全国所有地市级旅游行业管理人员和重点旅行社企业进行全覆盖培训，提高各地的信息化监管水平，进一步推动平台建设与应用。截至 2019 年 12 月，全国旅游监管服务平台共有用户账号 174220 个，留存 1163 万条操作记录。其中，国家、省、市、县 4 级文化和旅游行政部门 3098 个单位，配置 8726 名旅游行业监管人员的平台操作权限，全年行管用户人均登录平台 144.5 次。同时，平台上有 416 个行业组织、39183 家旅行社、9072 家旅行分社和 42867 个服务网点，配置了 163117 名工作人员的平台操作权限，全年平均每家旅行社登录平台 128.6 次。

### 【应急指挥智慧化】

2019 年 6 月，文化和旅游部综合监测与应急指挥平台上线运行。按照“业务引领、总分有序、突出融合”的规划理念，平台设置了 16 个应用模块，整合文化事业、文化产业和旅游业数据，建立了覆盖国家、省、市 3 级的开放式、可扩展、可延伸的业务协同机制、共享交换体系、数据分析系统、运行监测平台和应急指挥中枢。平台共接入全国 5A 级景区 252 家，接入景区视频监控 1545 路，占 5A 级景区总数的 90%。视频画面监控点位涵盖景区出入口、重要游览点、交通接驳点、狭窄通道和购物餐饮点等区域，在重要节假日、重点时间节点和重大突发事件发生时可有效发挥流量预警、应急指挥和实时调度的功能。

文化和旅游部综合监测与应急指挥平台获得中国计算机用户协会“政府治理信息化、公共服务信息化典型成果案例”全国二等奖，平台软件获国家版权局颁布的计算机软件著作权登记证书。

### 【旅游厕所管理信息化】

实施《全国旅游厕所建设管理新三年行动计划（2018—2020）》，完善全国旅游厕所管理系统。在系统相关数据基础上组织开发了“一厕一码”功能，为每个厕所都生成一个唯一的二维码，张贴在厕所显著位置，群众通过扫码就可以对如厕体验进行评价或反馈，所有评价和反馈都在系统内实时体现，方便各级管理人员查看并及时处理，进一步丰富了群众意见收集和反馈渠道，提升了旅游厕所服务水平。目前，全国旅游厕所管理系统已收录全国约 14 万个旅游厕所的详细信息，包括每个厕所的项目编号、项目名称、业主单位、建设等级、筹资方式、投入资金、开工时间、完工时间、厕所面积、厕位情况等。与百度公司合作，积极推动旅游厕所在百度地图手机 App 上进行位置标注，并提供相应的信息查询及导航服务，解决广大群众和游客找厕难的问题。截至 2020 年 7 月底，已有约 12 万个旅游厕所完成电子地图标注工作，标注率达 86%。

### 【旅游信息海外传播工作】

2019 年全年，中国文化网英文版及其海外社交账号（Facebook、推特、优酷、影格）共向海外发布旅游主题相关信息 2700 余条，全球访问量约为 1.3 亿人次。

建设对外传播旅游图片视频资源库，2019 年共征集图片 8816 幅、视频 663 个，并通过 60 个驻外文化和旅游机构开设的 130 个外文网站、海外社交账号、公众号等渠道向海外进行旅游信息传播，向国际社会充分介绍中国旅游资源和信息。

# 全民健康信息化发展概况

2020 年，国家卫生健康委领导高度重视“放管服”改革，持续深化落实政务服务在线办理“一网通办”，积极推进数据共享、政务服务平台和监管系统建设，加快提速政务服务“跨省通办”等，国家卫生健康委电子政务服务系统整合、优化、共享工作持续好转，效果显著。

## 【统筹推进加强电子政务信息系统建设】

2020 年，国家卫生健康委先后印发了《关于加强全民健康信息标准化体系建设的意见》《全国公共卫生信息化建设标准与规范（试行)》，提高标准意识，明确重点任务，进一步推进政务信息系统建设共享总体规划和全民健康信息标准建设。全民健康保障信息化工程一期项目正在建设，部分系统已投入使用。全国 7000 多家二级以上公立医院接入区域全民健康信息平台，258 个地级市依托区域全民健康信息平台实现医疗机构就诊“一卡通”。

## 【有序推进政务信息共享应用】

### （一）发布数据服务接口推动跨部门业务协同

政务数据资源体系建设。按照国务院关于数据共享责任清单的相关要求，已实现出生医学证明等 10 项数据对接，规范国家卫生健康委内数据资源管理和服务接口申请、授权和使用的行为和流程。截至 2020 年 12 月底，累计审批国家税务总局、广东省政务服务局等 397 个部门（单位）提交的接口申请，数据共享交换服务接口累计被调用 4492 万次。

业务协同体系建设。先后申请了相关部门 13 个数据服务接口。印发了《国家卫生健康委数据共享清单》，实现了 26 个数据服务接口和 5 个库表文件共享，调用外部委接口 4082 万次，有效支撑了互联网医疗审批等政务服务对身份、学历核验等方面的需求。

### （二）不断推进政务服务“跨省通办”，让信息代替群众跑

根据国务院办公厅政府职能转变办公室《关于填报“跨省通办”事项有关材料的函》的要求，汇总国家卫生健康委“跨省通办”事项。涉及国家卫生健康委 2020 年年底前实现“跨省通办”的事项 5 项，其中，牵头办理事项 2 项，配合办理事项 3 项。已完成消毒产品卫生安全评价报告备案事项“跨省通办”工作，消毒产品备案系统与国家政务服务平台对接融合，实现信息共享，实现企业在“跨省通办”专区办事、单点登录。

### （三）深化数据共享应用，支撑全国疫情精准防控

根据应对新冠肺炎疫情联防联控工作需要，在国务院联防联控机制疫情防控组成立大数据分析工作专题组，建立了数据共享机制，并依托国家全民健康信息平台和全国一体化政务服务平台，发布 6 个数据服务接口，有效支撑了各地健康码应用。

【加快政务服务平台和监管系统建设】

（一）完善“互联网+监管”实施方案

编制《国家卫生健康委“互联网+监管”系统建设及与国家“互联网+监管”系统对接实施方案》《国家卫生健康委“互联网+监管”试点示范工作实施方案》。截至 2020 年 12 月底，国家卫生健康委已上传企业基本信息等 7 类监管数据 494 万余条，覆盖国家系统建设试点所需的所有数据类型。

（二）完成“互联网+监管”平台建设

完成“互联网+政务服务”平台、“互联网+监管”平台建设。按照全国一体化政务服务平台统一标准规范，国家卫生健康委政务服务平台已经完成了基础设施搭建，通过国务院办公厅统一数据交换平台开展政务数据交换，构建了统一身份认证系统、电子印章系统、电子证照系统等业务支撑体系，实现了国家卫生健康委政务服务门户与国家政务服务门户的统一规范、内容深度融合。平台整合卫生健康行业相关查询业务 15 项，为 13 项相关业务系统事项申报（包含 1 项“跨省通办”业务）提供统一入口，实现“一网通办”，显著提升了卫生健康政务服务标准化、网络化水平。

（三）完成“互联网+监管”系统建设

作为国务院办公厅确定国家“互联网+监管”系统 5 个试点部门之一，国家卫生健康委“互联网+监管”系统已汇聚各类监管数据 726 万余条，构建了相关领域系列风险预警模型，向各省卫生健康监督机构持续推送风险预警线索，助力各省推进“双随机一公开”监管，为强化事中事后监管发挥了积极作用。

# 海关信息化发展概况

2019 年以来，海关信息化工作遵循重引领、快支撑、严规范、强服务、提质效的工作理念，进一步加强资源统筹，大力推进“智能审图”应用推广，持续推动政务信息系统整合共享，积极开展“互联网+监管”“互联网+海关”平台建设，扎实做好信息化基础环境建设和系统安全运行，各项工作取得积极进展。

【基础环境建设】

（一）应用业务系统建设

按照国务院关于政务信息系统整合共享的要求，海关总署持续推动信息化系统整合工作。充分利用金关工程二期建设的海关统一门户、大数据平台、应用支撑平台等应用基础平台，大力推进信息系统清理、整合、共享，原来分散、独立的信息化应用系统被整合为互联互通、信息共享、业务协同的 6 个“大系统”，即海关作业系统、海关管理系统、海关服务系统、海关大数据中心、共享交换系统、安全运维系统，每个“大系统”内都含有若干个子系统。2018 年机构改革后，海关总署以 6 个“大系统”为基础，将检验检疫部门的相关信息化系统有机整合，形成统一的信息化系统整合清单，并已完成相关信息化系统的迁移、改造等工作。以大数据为核心，基于“大平台+微服务”，融合关检业务系统技术架构，完成 H2018 新一代海关通关管理系统 2.0 版建设，正在推进 3.0 版建设。

（二）行业门户网站

为顺应新一代信息技术发展趋势，落实党中央、国务院关于加强政府网站信息内容建设、网站检查、全面推进政务公开和互联网政务服务建设等方面的要求。2019 年完成海关总署门户网站升级改版，对海关总署门户网站前端进行改版，将原网站（含原质检总局网站）相关历史数据迁移至新门户网站，实现平滑过渡，并在此基础上新建 22 个司局子网站；对新网站群的智能搜索功能进行优化改造，对政府信息公开目录体系进行优化建设，对移动终端实现适配，使网站群实现发布内容统计和更新频率预警功能。通过本次网站升级改版工作，将中国海关门户网站打造成更加全面的政务公开平台、更加权威的政策发布解读和舆论引导平台、更加及时回应关切和便民服务平台，不断提升用户体验、增强用户获得感。

（三）网络与信息安全

完善海关网络与信息安全制度体系。结合机构改革、网络融合后海关信息系统基础设施建设新情况，修订完善海关信息化网络建设相关方案，为各直属海关单位开展相关工作提供了依据。制定、修订《海关数据安全分级管理办法》《海关网络安全管理规定》等管理规范。

落实《中华人民共和国网络安全法》，做好海关等级保护合规性工作。结合机构改革关检融合及政务信息资源整合情况，按照国家等级保护 2.0 要求，对海关信息系统开展新一轮全面定级、备案、测评、整改工作。

建立常态化网络渗透攻防和问题整改机制。通过网络攻防演习活动，检验全国海关网络安全工作水平，积累攻防实战经验，提升网络安全队伍实战能力，推动建立海关常态化网络渗透攻防和问题整改机制，全国海关定期开展网络渗透性测试，发现问题立即通报、立即整改，不断消除风险隐患。

建设安全大数据分析和数据安全管理平台。将安全数据纳入海关大数据治理框架，初步完成安全数据入库，搭建安全数据治理平台，建设异常网络流量分析模型、僵尸网络行为特征检测模型和高级持续性攻击识别模型。梳理海关数据安全技术防护现状，结合业界先进的理念和管理模型，建立海关数据安全技术防护体系，同时建设数据安全管理平台，实现对核心节点数据安全的全面监控。

开展新技术研究，提高科技装备管理能力。开展 5G 等新技术研究，调研业界可以服务于海关业务的新技术和先进管理经验，探索信息化前沿技术在海关业务现场的应用，提高科技创新引领能力。

（四）标准化建设

开展国际公约、国际标准制修订工作。向世界海关组织秘书处提交《经修订的京都公约》技术修正案 3 项，涉及跨境数据交换、“单一窗口”，以及区块链、人工智能等新技术在口岸监管中的应用。牵头制定联合国贸易便利化与电子业务中心电子政务区块链技术标准，参与制定联合国亚太经济社会委员会和联合国欧洲经济委员会跨境数据交换联合标准。

参与“一带一路”及“单一窗口”标准国际合作与创新。参与世界海关组织数据模型标准修订，结合 H2018 新一代海关通关管理系统和国际贸易“单一窗口”数据交换需要，完成概念模式、逻辑模型的数据映射，并在中哈“关铁通”、中哈预先信息交换、中俄申报数据交换、中韩自贸区、中越边民互市、中新（新加坡）海关“单一窗口”申报数据合作、中国—欧亚经济联盟信息交换等海关间跨境联网项目中应用。加强国际合作与互联互通，在“一带一路”贸易畅通、口岸新技术应用、“单一窗口”、智慧口岸等方面，突出国际合作成效，进一步提升中国相关标准的国际影响力，在跨境贸易、“单一窗口”、国际航空物流、海运服务等领域开展相关标准研究，并推动中新（新加坡）海关“单一窗口”海运集装箱物流跟踪区块链技术标准试点取得成功。

**【大数据发展与应用】**

推进大数据采集、治理工作，采集数据表

超过 1 万张、数据记录超过 1000 亿条，制定发布大数据资源目录和数据字典。加强大数据平台建设，构建大数据中台架构。研发大数据应用工具云擎，满足全国大数据分析建模需求。组织开展大数据应用攻关，累计研发 10 余个大数据应用模型，开发大数据应用模型与风险作业系统对接功能，实现大数据应用模型与作业系统的闭环应用。

**【互联网+政务服务】**

（一）推进“互联网+海关”一体化服务平台建设

为落实国务院办公厅关于深化“互联网+政务服务”、建设全国一体化政务服务平台相关要求，进一步规范海关政务服务事项办理流程，提升企业和群众办事便利程度和使用体验，海关总署组织开展了“互联网+海关”技术实施规划，升级改造“互联网+海关”一体化服务平台、通用申请单业务办理系统及行政审批网上办理平台项目架构。2019 年，实现服务事项、门户及移动端、数据资源汇聚、运维保障体系、统一身份认证、电子证照、统一电子印章 7 项内容与国家政务服务平台对接，“互联网+海关”门户点击量达 1557 万次。2020 年，按期完成“好差评”模块对接，并增加“出入境健康申报”“滞报金票据打印”“免于到场协助查验”等 5 项公共服务，在疫情期间便利企业办理相关业务。2020 年 1—6 月，“互联网+海关”一体化服务平台更新发布 20 次，完成 17 项行政审批功能优化，门户网站访问总量约 1394 万次。

（二）开展移动端“掌上海关”建设

为进一步提升企业和群众办事便利程度及使用体验，海关总署组织开展了“掌上海关”App 建设，并根据企业调研报告全面改进用户体验，增加了两步申报、报关单状态查询、单证状态订阅推送等亮点应用。启动“掌上海关”微信小程序建设，提供涉及“查、办、看”14 项服务，并已于 2019 年 12 月上线运行。2020 年新增及优化“掌上海关”App 服务事项 13 项，其中支持用户离线录入、在线申报的“出入境健康申报”功能在防疫期间发挥了积极作用；启动“掌上海关”微信小程序新增及优化服务事项 20 项。截至 2020 年 6 月底，“掌上海关”App 提供小应用 106 个，“掌上海关”微信小程序提供小应用 18 个。

**【重点项目工程】**

（一）推进“智能审图”应用

海关总署在世界海关中率先推动人工智能技术与海关一线监管深度融合，研发应用进出口集装箱及行李物品扫描图像“智能审图”系统，发挥机器辅助人甚至代替人的作用，解决海关面临的“管得住”与“通得快”的主要矛盾，在打击“洋垃圾”及濒危物种走私、维护国门安全、优化营商环境、提升海关智慧监管能力等方面发挥了重大作用。依托海关大数据云平台和大型集装箱/车辆检查设备、计算机断层扫描式 X 光机等机检设备图像数据，通过开展图像标注、模型研发、算法训练和图单比对系统研发，采用神经网络、三维分类网络、语义分割网络等技术研发了 30 多种算法模型，迭代优化算法 200 多次，持续提升“智能审图”系统快速、精准识别能力。“智能审图”系统已在全国海关推广应用，覆盖了海运、陆运、快件、跨境电商、邮件及旅检等各监管领域。

（二）推进海关“互联网+监管”系统建设

海关总署认真落实国务院有关部署，大力推进海关“互联网+监管”系统建设，于 2019 年 6 月 12 日在各地区、各部门中率先实现了与国家“互联网+监管”系统的数据对接。按照《海关监管事项目录清单》，累计向国家“互联网+监管”系统共享数据 7000 万余条，其中包括行政检查行为、其他行为、企业基本信息、监管场所 4 类数据。

# 税务信息化发展概况

【概述】

2019—2020 年，国家税务总局深入贯彻落实习近平新时代中国特色社会主义思想、党的十九大精神及党的十九届二中、三中、四中全会精神，牢记初心和使命，紧紧围绕税务系统主题、主业和主线，整体谋划和推进税务系统信息化工作，夯实基础环境建设，加强信息资源开发、利用和共享，统筹推进发票电子化改革（金税四期），探索推进“智慧税务”建设，稳步有序开展“一带一路”税收信息化国际交流，完成了社保费系统升级、电子税务局优化改进、电子发票公共服务平台建设、数据治理和深化应用等重点工作任务，有力支撑了减税降费、个税改革、“放管服”改革等重大改革落地，为服务组织税费收入工作、推进优化税务执法方式、健全税务监管体系打下坚实基础。

【基础环境建设】

（一）应用业务系统建设

升级完善税收征管系统，确保各项改革任务落地。国家税务总局升级完善税收征管系统，确保各项改革任务落地。有序完成金税三期征管系统、增值税发票、出口退税、财税库银等税收征管系统的升级完善工作，确保实施减税降费、税制改革、“放管服”改革、优化营商环境、车购税立法、征管规范 2.0、社保费和非税收入划转、国际贸易“单一窗口”等重大任务落地实施，发挥了强有力的技术支撑和保障作用。

持续优化改进电子税务局，全面提升涉税服务能力。国家税务总局制定发布《电子税务局规范（2019 版）》，涵盖 278 项业务功能，大幅提升全国范围网上办税功能一致性和规范性；建立 20 项电子税务局稳定运行量化评价标准，加强对各地运行情况的监控，提升办税便利程度和稳定性。截至 2020 年 5 月底，全国电子税务局用户增加到 5800 多万户，网上申报率达到 95%以上，超过美国、英国等发达国家水平。

全力做好自然人电子税务局系统建设，坚持税务“云化战略”。国家税务总局围绕“建设全国集中统一的个税电子税务局，统一互联网入口”和“改造个税系统应用，满足容灾体系建设要求”两个目标，引入云计算、分布式、大数据等新思维和新技术，确保系统如期上线。2020 年 1 月 1 日，全国统一的自然人电子税务局正式上线运行，并于 2020 年 6 月圆满完成个税年度汇算，为《中华人民共和国个人所得税法》的全面落地实施提供坚强保障。

（二）行业门户网站

自 2019 年以来，税务系统全面落实《政府网站发展指引》要求，以纳税人、缴费人和社会公众需求为导向，优化服务功能，创新宣传解读，不断提升税务网站集约化、规范化、制度化水平。在 2019 年中国政府网站绩效评估中，国家税务总局门户网站获评国务院其他部门类网站第一名。

优化服务功能。依托税务网站推动税费服务功能的前端整合、统一展现，以纳税人、缴费人为中心，连接电子税务局、自然人税收管理系统、“12366”纳税服务平台等业务系统，探索实现“一网通查”“一网通办”，打造足不出户的税收服务“一张网”，并将高频税费办理和查询服务延伸到移动端，探索开设如影随形的税收服务“微门户”。

创新宣传解读。加强专题网页策划，重点推出“减税降费在行动”“战疫情促发展税务人在行动”“税收助力脱贫攻坚”等专题网页 20 个，方便纳税人、缴费人“一站式”了解中央部署、掌握税费政策、知晓办税流程。强化融媒体宣传，自 2019 年以来，制作发布图解、动漫、短视频等多种形式的融媒体解读产品 2900 余个。打造分类政策库，依托丰富的税费政策，建设易查易用的疫情防控税费政策及问答库、支持脱贫攻坚税收优惠政策库。

### （三）网络与信息化安全

2019 年，国家税务总局落实网络安全工作责任制，遵循“大安全”工作理念，坚持“战建互促”“攻防并举”，坚持“安全即服务”“以实战为导向”，着力构建一体化的网络安全保障体系。

全面开展税务系统网络安全检查工作。检测排查并整改网络安全重大漏洞隐患、风险和突出问题，严密防范网络攻击窃密和重大网络安全事件事故。落实等级保护制度、网络安全监控、应急保障等工作。依托网络安全防护体系，对税务系统网络安全态势、病毒暴发率、高危漏洞数、违规外联次数等进行监测、整改。

建设网络安全态势感知平台。集中现有的分散监控和管理手段，建设网络安全态势感知平台，通过广泛采集税务系统内部数据及积极获取外部威胁情报数据，形成税务系统网络安全大数据集合，进而通过数据建模分析对网络安全风险进行分析和研判，并进行有效处置，以全面提升税务系统的风险分析和应对能力。

### （四）信息化采购

2019—2020 年，国家税务总局落实《深化政府采购制度改革方案》，持续提升政府采购质量和效率。积极探索实践，不断完善税务采购网功能，优化网上采购产品库。组织完成税务采购网 9 类信息化产品入围采购，共有 98 家厂商、2435 款产品入围，基本囊括目前市场上 90%以上的主流品牌。2020 年上半年组织完成税务采购网信息化产品更新工作，共更新 7 类、139 款产品，涉及供应商 25 家，进一步满足了税务系统基层对市场最新主流产品的采购需求。

### （五）法规与标准化建设

1．电子发票统一标准规范体系建设

制定发布《企业自建和第三方电子发票服务平台建设标准规范》《电子发票版式文件格式规范》《税控服务器技术规范》《税控服务器安全代理接口规范》。

2．税务系统数据管理制度建设

制定发布《国家税务总局机关税收数据供应工作规程（试行）》《国家税务总局机关税收数据对外提供工作规程（试行）》《国家税务总局机关外部涉税数据获取工作规程（试行）》和《国家税务总局云平台账号管理工作规程（试行）》，进一步加强税收大数据应用管理，充分保障数据安全。

### （六）人才培养

2019—2020 年，国家税务总局深入推进素质提升“115”工程，高质量建设学习兴税平台，大力提升税务干部信息化素养和专业能力，努力构建以税务领军人才、专业骨干和岗位能手为主体的信息化专业人才队伍。

1．高质量建设学习兴税平台，更好服务干部成长

学习兴税平台由国家税务总局主建，学习内容由国家税务总局主推，培训课程由国家税务总局主设，推进学习日常化、工作学习化、测试平时化、成果累积化、应用挂钩化。学习兴税平台应用先进互联网技术，升级原中国税务网络大学，开发了计算机版、手机 iOS 版和安卓版，设有党建专区、公共专区和系列司局频道，实现培训资源的集约化、高效化。学习兴税平台于 2020 年 4 月上线，目前已有 67.76 万名税务干部使用。

2．加强信息化税务领军人才培养，建立信息化人才梯队

2019 年，国家税务总局组织选拔了第六批

158 名税务领军人才学员，开展为期 90 天的首次集中培训，培训开设了金税三期信息系统建设、电子税务局建设与展望等信息化课程；组织部分税收信息化管理专业学员开展了“税收大数据治理实践与应用·电子发票研究与探索”等专项研究。

3．组织开展信息化人才练兵比武活动，提升队伍整体素质

2019 年，举办全国税务系统“岗位大练兵、业务大比武”活动，广泛开展各具特色的练兵活动，激发税务信息化条线干部立足岗位成才的积极性。将信息技术类信息安全岗列为国家税务总局比武展示专业岗位，以赛促练、以点带面，为税收信息化精兵队伍搭建了更广阔的舞台。

【信息资源开发、利用和共享】

国家税务总局实现税务系统内部大部分系统数据向云平台的集成，利用大数据技术进行历史数据合并、标准化处理和业务逻辑加工，在此基础上进行应用开发和可视化展示，并与相关部委共享交换。统筹国家税务总局数据应用建设，与各省份共享治数成果，节约信息化建设和维护成本，打造“数服务”应用，向各省份提供数据接口服务、数据文件服务、数据应用服务等，构建共建共享的云上数据资源生态体系。

【互联网+政务服务】

按照国务院统一部署，配合实现全国一体化政务服务平台，全面落实政务服务事项管理库、门户及移动端、数据资源共享系统等 9 项重点对接工作任务，上线国家税务总局旗舰店和 7 项国家税务总局服务应用。在国家政务服务平台发布税务部门政务服务事项基本目录，做到同一事项名称、编码、依据、类型等基本要素在国家、省、市、县 4 级统一。实现自助办税终端渠道的标准、规范、统一管理，便于纳税人通过自助渠道办理税费业务。保障纳税人自主选择涉税服务的权利，在国家政务服务平台、国家税务总局“12366”纳税服务平台、自然人电子税务局、各省份电子税务局等渠道，广泛公告纳入监管的涉税专业服务机构名单及信用信息。对接国家政务服务平台，开展疫情防控和复工复产专题、小微企业和个体工商户专栏建设，制作发布“疫情防控税费优惠”小程序，持续向国家政务服务平台推送相关服务信息。

【深化“放管服”改革】

2019 年，国家税务总局认真贯彻落实党中央、国务院深化“放管服”改革、优化营商环境系列部署，结合实施《全国税务系统深化“放管服”改革五年工作方案（2018—2022 年）》，顶层谋划组织，统筹推进落实，滚动升级完善，全面推进税收领域“放管服”改革提质升级。截至 2019 年年底，全国税务系统按时完成 90 项 2019 年任务，提前完成 4 项 2020 年任务，超额完成年度主要改革指标；国家税务总局将 41 项经验做法上升为制度性安排，提升了税收制度治理能力，助力打造市场化、法治化、国际化营商环境。世界银行发布的《2020 年营商环境报告》显示，我国 2019 年纳税时间进一步缩短为 138 小时，明显优于 OECD 高收入国家平均的 159 小时，排名首次进入全球前 50 位。第三方调查结果显示，2019 年全国税务系统纳税人满意度综合得分为 84.42 分，较 2018 年提升 1.44 分。

【重点工程】

启动发票电子化改革（金税四期）。2019 年 6 月，国家税务总局着手研究金税四期。2019 年 8 月，国家税务总局提出金税四期着力研究解决的 10 个方面问题，随后组织开展系列重点课题论证，累计撰写 25 万余字的研究报告。2020 年 4 月以来，国家税务总局召开“9+3”次局长办公会，分别研究金税四期和发票电子化改革工作，将金税四期定位为推进税收治理体系和治理能力现代化的一个系统性改革，通过理念转型、业务创新、岗职优化、技术升级，打造“智慧税务”，推动实现“以数治税”“以数治队”，并初步确定了蓝图愿景、建设内容和推进思路。2020 年 5 月，国家税务总局向国家发展改革委申报将金税四期列入“十四五”规划重点工程项目，同时为落实国务院增值税专用发票电子化改革任务，

向国务院申请发票电子化专项。2020 年 6 月，国家税务总局考虑到金税四期与发票电子化在理念目标、业务改革、岗责优化、平台支撑等方面高度一致，且历期金税工程都以发票作为主体内容，决定以发票电子化为基本内容一体化推进，并将名称统一为发票电子化改革（金税四期）。

计划通过继承一部分、优化一部分、新建一部分的方式，推动建设新一代税务信息系统，实现税务工作智能决策、智通电票、智捷办税、智控征管、智效党务政务、智数赋能、智敏保障。

**【重点项目】**

（一）建成全国统一的电子发票公共服务平台，开启政府提供免费发票生成服务新时代

国家税务总局实现首次提供免费电子发票开具服务渠道，首次制定统一的电子发票标准体系，首次采用国密通用算法代替传统税控专用算法，首次采用电子签名代替发票专用章，首次采用国内自主可控“OFD”格式，首次实现对企业自建和第三方平台的“实体”监管。2019 年 11 月 20 日，全国统一的电子发票公共服务平台正式上线运行，为纳税人提供电子普票免费开具、打印、查询、交付 4 项基础服务。

（二）有序推广社保费金三标准版系统，提升跨部门信息共享质效，拓展多种缴费渠道

国家税务总局有序开展社保费金三标准版系统推广工作，使用标准版系统的省份由 2019 年 1 月 1 日的 13 个扩大到 2019 年 12 月 31 日的 23 个。为提高各地跨部门社保业务和数据交互质效，国家税务总局与人力资源和社会保障部联合编制了《社会保险费信息共享平台建设方案》，基于国家政务信息资源共享交换的标准规范，明确了信息共享的主体、层级、流程、内容、标准及技术规范。为提升缴费体验，各地税务部门积极拓展自助终端、缴费人单位客户端、电子税务局、手机 App 等多种便捷缴费渠道，以满足不同缴费群体的缴费诉求。

（三）启动出口退税系统整合，推进出口征税、退税管理深度融合

2019 年 9 月以来，国家税务总局成立出口退税系统整合专项工作组，正式启动出口退税系统整合工作，先后更新完善 12 次业务需求，推动出口退税系统整合并入金税三期系统。截至 2020 年 6 月底，已基本完成新系统主体功能开发，设计了业务办理、统计分析、风险管理三大功能模块，拓展了电子税务局在线申报、出口退税离线申报和国际贸易“单一窗口”在线申报 3 种免费申报渠道。2020 年 8 月底，在广东、大连两个试点地区完成了单轨切换工作，系统试点上线，目前运行平稳。

**【重大活动事件】**

（一）探索推进“智慧税务”建设

探索推进“智慧税务”建设，积极参与构建智慧社会。2019 年 10 月 22 日，国家税务总局副局长任荣发参加第六届世界互联网大会中外部长高峰论坛，并发表“积极推进新时代‘智慧税务’建设”讲话，介绍了国家税务总局重点从打造“智慧”服务平台、建设“智慧”税收平台、实施“智慧”数据平台 3 个方面入手，积极推进新时代“智慧税务”建设的有关工作。“智慧税务”的实践和探索，有力促进了税收改革发展，服务了国家经济和社会发展大局，也为政府部门推进智慧社会建设提供了“税务样本”。

（二）稳步有序开展税收信息化国际交流

国家税务总局积极支持“一带一路”倡议实施，及时响应企业“走出去”涉税需求，稳步有序开展税收信息化国际交流。积极筹备第二届“一带一路”税收征管合作论坛，归纳整理各国税收信息化六大类典型问题，涉及论坛活动方案和我国对外展示交流内容。筹备、参与“一带一路”税收征管合作机制信息化系列专题线上会议。

# 市场监管信息化发展概况

2020 年是极不平凡的一年。面对严峻复杂的国际形势、艰巨繁重的国内改革发展稳定任务，特别是新冠肺炎疫情的严重冲击，国家市场监管总局立足职能定位，严格贯彻党中央、国务院决策部署，认真谋划全国统一信息化体系顶层规划，深入开展“互联网+政务服务”和“互联网+监管”工作，大力推进智慧监管建设，继续做好日常信息化支撑保障，在推进“六稳”工作、落实“六保”任务、做好疫情防控下市场监管工作中发挥重要的作用。

## 【大力推进智慧监管工作】

按照国家市场监管总局党组的工作部署，坚持开拓创新，大力推进智慧监管工作，推动市场监管业务系统从“物理整合”到“化学融合”转变。制定《2020 年推进智慧监管工作方案》，并经局务会审议通过。成立智慧监管工作推进小组，建立智慧监管工作推进机制，制定时间表、路线图、任务书，抽调骨干人员组建智慧监管总体组并成立项目组，分别负责项目建设协调及具体项目推进执行工作。深入开展智慧监管调研，由 16 个业务司局组成专班，赴上海、广东、江苏、吉林、北京等地，以及国资委、国家税务总局开展专题调研，学习了解地方政府和部门的智慧监管、“一网通办”先进经验，认真梳理智慧监管的需求。

围绕“重要信息系统建设、智慧监管中心建设、基础平台建设”3 个方面加快智慧监管信息平台建设，逐一编制工作台账、编写工作简报、加强工作督办，确保智慧监管信息平台建设任务按时、保质落实。

## 【有序推进全国统一信息化体系建设】

制定相关制度和标准规范，开展市场监管信息化顶层设计，实施信息化工程带动战略，推进全国统一的信息化平台和体系建设。出台《国家市场监管总局关于加强信息化工作的指导意见》《市场监管信息化标准化管理办法》《市场监管信息化标准体系》等制度文件，进一步规范市场监管信息化系统整合和标准建设。

推进市场监管统一应用支撑平台建设，编写《市场监管应用系统统一开发及部署技术规范》，编制“证照分离”等业务改革的技术方案，指导地方市场监管部门做好与其他政府部门的技术对接与数据共享，支撑助力深化“放管服”改革。

推进市场监管信息化工程立项工作，联合国家卫生健康委、农业农村部、海关总署、国家知识产权局 4 部门，完成工程框架方案编制报送国家发展改革委申请立项，并通过国家发展改革委批复。牵头国家法人库工程、国家企业信用信息公示系统信息化工程建设实施和管理，起草工程初步验收方案，编写工程年度评估报告，加快推进工程初步验收工作。配合有关部门有序推进安全生产监管、生态环境保护、全民健康保障信息化工程的建设实施。

## 【扎实推进重要应用系统建设】

结合国家市场监管总局年度重点任务分工，扎实推进重要信息系统建设，助力市场监管效能提升。开展全国“12315”平台智能化应用，优化业务受理平台和五级业务处理功能，开发ODR企业线上服务消费者功能和“12315”效能评估评价，2020年为消费者挽回经济损失数十亿元。统筹开发建设统一企业开办系统，完成统一社会信用代码赋码、黑名单联网核查等功能部署，与新疆、上海、湖南等地区开展联调测试，并正式上线投入使用。

协调推进国家市场监管总局“互联网+监管”与“互联网+政务服务”系统建设，完成与国家“互联网+监管”系统数据的对接，开展国家市场监管总局“互联网+监管”系统建设实施，向社会公众和企业提供28个政务服务事项，完成国家市场监管总局“好差评”系统开发上线工作。

完成企业信用风险分类管理系统建设，对企业信用风险进行自动分类，并与“双随机、一公开”监管平台进行有效衔接。

有序推进食品安全监管系统建设，推动“校园食安”和“保健食品生产许可监管系统”全国试点应用。

继续推进产品质量安全监管系统建设，优化升级产品质量监督抽查平台，开展产品质量监督抽查系统省级抽查业务推广及目录一体化工作，完成工业产品生产许可证系统的升级优化，以及与省级平台的对接工作。完善计量业务信息化建设，完成法定计量检定任务授权、计量标准器具核准、社会公用计量标准公示等功能开发应用。推动完善小微企业名录系统建设，开发“银商服务”等功能，为小微企业申请信贷服务提供便利。

**【加快推进市场监管大数据中心建设】**

发挥市场监管大数据作用，加强可视化展示、态势感知、决策支持、风险预警等功能建设，进一步推进市场监管大数据中心升级完善。

完善大数据集成操作平台，开发部署数据共享门户，统一管理智慧监管数据共享协同，提升监管效能。加大数据采集汇聚力度，实施数据加工处理，2020年新增采集66个业务系统的12.97亿条数据。

开展信息资源目录梳理，形成部门信息资源目录1131个，编制数据共享协同方案，充分发挥大数据中心枢纽作用，有力保障市场监管内部数据共享协同，支撑中央网信办、国家税务总局、中国人民银行等相关部门数据共享服务。

建设智慧监管中心展示系统，完成首页、22个司局专题页、4个综合专题的功能设计、开发。开展数据统计和分析工作，开发设计国家市场监管总局新版统计报表系统，开展年度数据统计和核查相关工作，进行相关数据分析，为经济形势分析等业务司局工作开展提供有效支撑。

**【不断提升信息化的运维和保障能力】**

推动国家市场监管总局网站、应用系统和基础设施等健康有序发展，提升技术支撑保障能力。加强网站建设和运维保障，在国务院办公厅发布的2020年政府网站与政务新媒体检查情况通报中，国家市场监管总局网站列国务院部门第1名。

完成食品安全监管的食品抽检、食品生产许可电子化管理、食品生产日常监督检查数据管理等8个相关系统的迁移工作，为提升食品信息化整合保障奠定基础。

建设信息化基础设施统一监控平台，实现多地机房基础设施统一监控管理，形成统一运维机制，有效地提升运维工作的准确性和响应度。完成国家市场监管总局多办公区网络整合，构建从国家市场监管总局到省级局间的统一网络体系，高效保障全国视频会议使用，2020年服务各类会议825次，较2019年增长96.9%。

全力做好网络安全云防护和网络安全管理工作，精心组织网络安全攻防演习，国家市场监管总局防守技战法总结入选公安部优秀防守方报告。积极推进贵阳分中心建设、无锡机房搬迁和广州灾备中心升级改造工作，有序推进灾备中心资源整合，初步构建国家市场监管总局容灾建设“三地三中心”格局。

**【有力服务疫情防控和复工复产】**

在疫情防控期间，积极发挥市场主体大数

据作用，为强化监管、精准防控、复工复产等提供有力的信息服务。为国务院相关部门提供野生动物区域分布、抗击疫情急需物资的生产和流通企业名单，为野生动物违规交易专项执法行动、疫情防控物资保障供应和恢复产能提供基础信息保障。

汇聚整合登记注册、价格监管、舆情监控等各领域疫情信息，持续开展 40 多个重点城市防疫用品、重要消费品价格监测数据的汇总和分析，图文并茂地进行展示，为国家市场监管总局疫情防控统一指挥、工作部署提供辅助决策支持与数据支撑。推进电子营业执照系统应用，完成电子营业执照网上亮照系统建设，支撑了几百个系统接入，充分保障政务服务在线办事、信息共享畅通无阻，支持浙江省开展“直达市县基层、直接惠企利民”面向小微企业和个体户的纾困补助工作，一周内完成浙江省 78.7 万名“两直”补助对象的身份认证工作，保障了浙江省“两直”补助任务顺利推进。

围绕“六稳、六保”工作，完善小微企业名录库，建立专门的小微企业监测机制，抽取调查样本数据，助力国务院办公厅多维度掌握小微企业分区分级精准复工复产情况，为国家市场监管总局制定应对疫情影响加大对个体工商户扶持力度的指导意见等政策提供数据依据。

2021 年是“十四五”开局之年。在新的一年中，国家市场监管总局将围绕中心、服务大局、狠抓落实，继续开展好以下几个方面工作。

一是编制好“十四五”市场监管信息化规划。围绕构建现代化的市场监管体系，深入融合新技术和市场监管业务，在系统总结“十三五”时期市场监管信息化发展情况的基础上，提出“十四五”时期市场监管信息化的发展思路、总体目标、主要任务及保障措施。

二是继续做好疫情防控常态化下市场监管信息化工作。按照建设高标准市场体系的要求，积极发挥市场监管大数据作用，强化数据分析应用，开展市场主体宏观监测服务经济发展，加强风险研判、预警预测，进一步增强监管的精准性和靶向性。

三是深入推进智慧监管建设。重点围绕营商环境优化、食品安全监管、信用监管、特种设备监管、网络交易监管、价格监管、反垄断和反不正当竞争等业务建设一批“在实战中管用、让基层干部爱用、让群众感到受用”的智慧监管应用系统，不断提高市场监管现代化水平。

四是推进全国统一信息化体系建设。继续为深化商事制度改革、优化营商环境、高质量发展做好信息化保障，用好国家企业信用信息公示系统全国“一张网”，升级完善统一企业开办、网络交易监管等系统，持续加强产品质量监督业务信息化工作，推进全国统一市场监管信息化体系建设。

# 知识产权信息化发展概况

国家知识产权局以习近平新时代中国特色社会主义思想为指导，深入贯彻党的十九大和党的十九届二中、三中、四中、五中全会精神，全面落实《关于强化知识产权保护的意见》（中办发〔2019〕56 号）、《“十三五”国家知识产权保护和运用规划》（国发〔2016〕86 号）各项任务要求，2019—2020 年，高效开展信息化建设，全面优化知识产权审查、公共服务、行政管理等各项工作的信息化环境，持续丰富知识产权数据文献资源，知识产权信息化各项业务工作不断取得新进展。

【2019 年知识产权信息化工作】

（一）推进知识产权信息化项目建设

1．知识产权信息化制度和项目建设

统筹推动信息化项目建设工作，建立跨部门单位协调机制，强化信息化项目立项审核、验收备案等方面的管理，加强信息化项目立项准备工作的规范性和完备性。

推进信息化工作制度化、规范化、程序化，制定印发《国家知识产权局信息化项目管理办法》，明确国家知识产权局机关各部门、专利局有关部门、商标局和其他直属单位在各类信息化项目建设中的责任，理顺了信息化项目管理机制，为规范国家知识产权局信息化项目建设工作提供了制度保障。制定印发《国家知识产权局数据资源管理办法》，明确了基础数据范围、管理原则及机制、职责分工等内容，为加强数据资源的统筹管理提供了制度保障。制定完成《商标局信息化项目建设管理暂行办法》《商标局办公类信息化资产管理暂行办法》《商标数据信息维护管理规定》《商标局机房运行管理暂行办法》《商标局商标数字证书管理办法》《关于商标电子申请的规定》《商标档案管理办法》等制度规定。

2．知识产权审查支撑项目

（1）商标审查智能化水平进一步提升。商标图形智能检索系统上线，利用人工智能、图像识别等先进技术，实现对近似商标的智能化检索与排序。

（2）专利审查和检索业务系统持续升级完善，按需有序持续推进。其中，专利审查和检索业务系统智能化升级项目已完成可行性研究和技术需求分析工作，推进神经网络机器翻译引擎优化升级工作，形成多个定制化专利文献垂直领域神经网络机器翻译系统；中国专利电子审批系统扩容改造项目第一阶段建设工作完成，优化了相关业务访问机制，降低了系统核心数据库访问量 12%，提升了系统支撑能力，完成了高价值案件审查流程改造、非正常专利申请全流程审查和快速识别处理、保护中心业务优化升级、审查指南修改适应性改造等工作，满足业务发展需要；专利审查与检索业务系统新增浏览缓存服务，提升系统负载能力并提高浏览速度，对方剂、中药词典等功能进行优化重构，并集成了中医古籍方剂数据，提高中医药领域专利检索效率，进一步优化自动检索算法、提高检索准确性，命中相关文献的概率由 32%提升至 45%。优化检索结果智能排序，帮助专利审查员快速定位对比文件。系统新增检索引擎，扩容约 10%，优化数据库资源配置，提升系统支撑能力；中国 PCT 申请国际阶段审查和流程管理系统（CEPCT 系统）质量提升项目上线，通过对受理采集、受理局审查、管理监控、授权扣款、统计查询功能模块的改造升级，对全业务流程进行优化，提升系统稳定性、可靠性和业务数据完整性，提高系统整体运行效率。

（3）优化完善外观设计智能审查系统。设计开发外观设计智能审查系统核心审查引擎，为外观设计智能审查系统提供智能分类、产品名称审查、简要说明审查、图片/照片审查功能服务；持续训练中国外观设计专利智能检索系统检索引擎，提高检索准确性，升级优化系统性能，提升系统检索效率。上线查新机检报告，扩展外观非专利数据源，为外观明显新颖审查提供技术支撑，为外观检索提供便利，助力审查工作提质增效；完成外观设计智能辅助审查系统开发，将各类验证条件前置到申请端，通过智能化手段辅助申请人提高申请质量，在审查端实现通知书结构化编写、异常申请排查、机检报告推送等功能，提高审查质量，实现智能引擎辅助结论批量审查、批量生成通知书，以及智能辅助批量分类等功能，提升外观设计专利审查效率。

3．知识产权服务类项目

（1）启动国家知识产权大数据中心和公共服务平台立项工作，2019 年 9 月完成国家知识产权大数据中心和公共服务平台的框架设计，2019 年 12 月形成可研报告初稿。

（2）持续建设国家知识产权公共服务网，完成需求调研、方案设计、开发测试、数据完善等工作。推进新一代地方专利检索及分析系统的升级改造工作，完成新增的 2 个地方部署工作，在全国部署范围扩大至 26 个省市。

（3）专利数据服务试验系统向公众提供中国标准化全文文本、著录项目和全文图像等数据。2019年，升级试验系统相关服务，包括：新增5种开放数据、编制数据手册、开发电子协议功能；扩充网络带宽；调整网页及系统后台等工作，截至2019年年底，累计开放专利基础数据34种。

（4）地方商标申请窗口全部完成纸质申请向网上申请的转换，提供24项商标业务的申请受理和咨询。各类商标文书实现以“电来电往”方式直接送达申请人，为申请人提供“一张网、一扇门、一站式”服务。2019年年底，改进窗口商标业务缴费模式，开通网上直接缴费。

（5）集体/证明商标的网上申请业务上线。马德里商标国际注册后续业务网上申请上线运行，国外企业通过马德里体系在中国办理商标转让、删减、部分核销等后续业务的国际通知时间缩短10个月以上。

（6）面向公众提供服务的专利检索及分析系统为注册用户增加命令行检索、药物结构式检索及高级分析功能，并加强了系统整体IT基础设施环境的运维和安全防护保障，在保障系统稳定运行的同时不断提升服务能力。

（7）专利事务服务系统为社会公众开通质押登记（许可备案）网上提交服务。

（8）建设统一身份认证系统，启动安全管理平台对接服务，完成国家知识产权局政务服务事项与国家政务服务平台的对接，实现专利代理管理系统、专利代理人资格考试考务系统与国务院办公厅政务服务平台安全类数据的对接。

（9）推进“互联网+政务服务”，启动电子印章系统建设项目及其配套的电子发文优化项目，实现业务升级需求，提升对外服务质量和社会满意度。

（10）专利质押及合同备案管理系统上线运行，增加了自动校验、质检、业务管理、专利转让合同信息补充等功能，支持公众通过网上提交的专利权质押和实施许可备案请求直接进入审查，优化了服务流程，缩短了服务周期。

（11）通过采集全国专利代理人资格考试考务系统和专利代理管理系统的网络安全保障类数据，实现与国家平台安管中心的对接。

（12）阶段性完成全国知识产权侵权假冒线索智能检测系统。完成全国知识产权侵权假冒线索智能检测系统一期项目建设，初步探索专利侵权假冒线索自动检测，初步实现在线识别、实时检测、源头追溯等核心功能。

（13）与中国仪器仪表行业协会就行业专利数据加工项目达成约定，基于《国民经济行业分类》国家标准（GB/T 4754—2017）开发仪器仪表行业专利数据库，实现对仪器仪表专利数据的检索、产业导航、统计分析等功能。仪器仪表行业专利数据库已正式在中国专利网上线，借助数据库的建设进一步探讨了与行业协会未来可能的合作模式。

（14）建设完成地理标志产品保护申请统一电子受理平台，为地理标志产品保护申请人提供政策法规查阅、通知公告查看、网上申请等全方位、全流程服务；完成已批准的地理标志产品数据、作为集体商标/证明商标注册的地理标志数据、地理标志产品专用标志使用企业数据、地理标志技术标准数据的电子化工作；完成奥林匹克标志、官方标志、特殊标志3个保护信息系统的建设方案，为进一步加强相关标志保护、提升保护水平打下必要基础。

（15）知识产权执法保护信息统计分析和报送系统上线试运行，为各地报送专利侵权纠纷行政裁决等案件信息提供信息化手段支撑。2019年，全系统办理专利侵权纠纷行政裁决案件数量近3.9万件，同比增长13.7%。

4.“互联网+监管”

（1）完成国务院办公厅“互联网+监管”系统建设和数据对接任务。在全部51家部委单位中，率先推送上传国家知识产权局2019年7类监管数据。

（2）加强国家知识产权局商标领域“互联网+监管”建设，积极参与国务院“互联网+监管”工作，推动与各部委、各部门间的数据共享，定期提供商标注册证信息等数据信息，为推进“数字政府”建设、提高综合治理能力发挥积极作用。

（3）积极配合国家市场监管总局推进“智慧监管”系统建设。完成与市场监管大数据中心实现数据共享的基础环境和连接链路的准备工作，推进知识产权监管数据的内部汇聚，准备向市场监管大数据中心推送有关数据。

（4）完成国家知识产权局前置区软硬件环境部署及相关网络策略配置，并配合国务院办公厅电子政务办完成国家政务服务平台和国家“互联网+监管”系统数据交换备用通道前置交换区的联调工作。

5．其他

（1）开展专利价值评估系统优化改进，可全方位对专利和专利包进行准确、客观、快速的评估，为预估专利价格提供评估参考。

（2）研发基于不同产业的高价值专利挖掘与培育系统，解决了产业专利价值评价工作烦琐、无法批量进行的缺陷，为从宏观到微观、从产业到技术、从全国到地区的逐级分析与锁定高价值专利提供业务指导。

（3）自主研发多语种人工智能机器翻译系统，实现中、英、日、德、法、俄、韩、西、葡九大语种间的互译。

（4）推进虚拟桌面云系统建设，实现信息化助力分类、加工业务发展，提升信息安全管理水平和抗风险能力。

（5）建设专利管理云服务平台。以“互联网+”的形式整合专利数据资源、服务资源，为高校及科研机构提供专业、智能、便利的专利管理服务，2019 年共向 34 所高校及科研院所提供了相关服务。

（6）完成广东质押融资管理平台建设，持续以信息化方式组织专利权质押融资服务工作，有效盘活区域存量专利资产，为科技型企业运用专利权质押实现融资提供有效服务。

### （二）完善知识产权信息资源建设

1．数据资源收集与交换

2019 年，国家知识产权局稳定与 19 个国家、地区或组织开展国际数据交换，完成 103 项数据资源下载备份工作，数据容量约 7.2TB，同时提供国际交换数据 4.1TB。与欧洲专利局签署数据交换补充协议，免费获取全球专利图像数据。

截至 2019 年年底，国家知识产权局专利文献总量近 1.28 亿件，拥有全球 103 个知识产权机构的专利说明书、104 个知识产权机构的检索数据。保持与 31 个国家（地区）或组织开展专利文献交换，向 6 家 PCT 国际检索与初审单位赠予中国专利文献。

2019 年完成对 5 个地理标志产品、462 件注册地理标志商标、351 家核准使用地理标志产品专用标志企业数据的收录。截至 2019 年年底，收录地理标志产品 2385 个，注册地理标志商标 5324 件，核准专用标志使用企业 8484 家。

2019 年，完成双边交换数据分析报告 3 份、其他数据分析报告 9 份。

2．数据资源加工与检测

2019 年，中国专利文献数据深加工量为 38 万余件，翻译发明、实用新型、外观设计 3 类专利共 367 万余件，非专利数据深加工 6 万余件。

3．数据分类业务管理与国际合作

6 项 IPC 修订提案接受 WIPO 审议，其中 5 项获得通过，获准数量居世界第 3 位。积极参与半导体领域新建 IPC 大类项目的相关讨论工作。作为主办局，首次成功举办知识产权五局第一工作组在线会议。派员参加 IPC 专家委员会会议、WIPO 国际专利分类联盟专家委员会和联合专利分类年会。

2019 年，针对发明和实用新型专利申请及公布公告文献开展 IPC 专利分类及再分类，并针对新受理的发明专利申请同时开展 CPC 分类，共完成各项分类 424.96 万件。

4．数据标准化

2019 年，向 WIPO 提交标准跟踪报告 19 份、建议议案 3 份；提交法律状态映射表等 WIPO 标准相关文档 6 份。

完成《知识产权基础信息数据规范》标准制定工作。

5．其他

持续进行数据仓库Ⅱ期建设。截至 2019 年年底，完成约 1.36 亿条实体文献数据、1.26 亿条结构化文献数据的存储。同时，持续开展商标数据产品库的设计工作和更新流程建设，截至 2019 年年底共收录商标 4100 余万件。

### （三）提升知识产权信息应用与服务能力

1．信息公共服务

（1）向省（自治区、直辖市）、副省级城

市、计划单列市知识产权局开放共享商标数据，满足机构改革后地方知识产权部门运用大数据提高监管服务能力的需求，为地方知识产权部门深化商标数据分析利用、提高监管服务水平提供有力支持。

（2）全量商标基础数据向社会开放，范围覆盖注册商标基本信息、商品/服务信息、优先权信息、商标图样等内容，累计发送 4000 万件商标的基本信息，累计下载 29.6 万人次。

（3）将商标网上服务系统数字证书发放时间由 2 个月左右缩短为 1 个月左右，2019 年共发送新申请数字证书 8000 余张，办理后续业务数字证书 1144 张，发布领取数字证书公告 40 期。

（4）向社会公众及创新主体免费批量提供中、美、日、欧、韩等专利基础数据下载。2019 年系统新增注册用户 1468 个，新增下载账户 195 个，为公众提供可下载数据总量约 9.28TB。

（5）继续为广州、南京、上海、重庆和北京等区域中心和地方中心提供数据更新下载服务，保障全国专利信息公共服务体系内各级中心用于开展专利信息服务的专利数据资源安全。

（6）中国及多国专利审查信息查询系统稳定运行，依法及时公开专利审查过程信息。2019 年新增公众用户约 61 万人，公众用户累计达 89.57 万人；新增电子申请用户 34.73 万人，电子申请用户累计达 127 万人；全年访问总量达 12.2 亿次。

（7）专利信息在线共享平台 2019 年为全国 30 个省（自治区、直辖市）近 57000 余家企业用户提供服务，累计检索超过 48 万余次，形成专利信息应用成果报告 1400 余篇。

（8）在中英文政府网站发布符合 WIPO 标准 ST.37 的中国专利权威文档 2 份，为用户核查所获取的中国专利数据提供完整性检验依据。

（9）指导并支持各地多种类型的知识产权信息公共服务工作。实现青岛市知识产权运营公共服务平台与国家平台的互联互通，为打造“1+2”青岛特色的运营服务体系提供了有效支撑，已完成项目建设并顺利通过验收；完成北京市海外知识产权公共服务信息库建设。主要面向北京市企业及社会公众，提供海外知识产权诉讼、海外知识产权服务机构及专家资源、重点产业海外知识产权诉讼分析及重点案例等海外知识产权信息服务资源；开发建设国家知识产权国际运营（上海）平台，支持专利、商标、著作权等 9 类知识产权的在线交易服务，聚集了运营服务、金融服务等方面的优势服务商，重点服务上海及长三角地区八大重点产业；推动知识产权保护中心预审管理平台运营和迭代升级。已向 30 家知识产权保护中心推广预审管理平台，并选取济南保护中心作为系统集成服务的试点单位，全方位保障 9 家生产用户的使用，用户数量稳步增加，完成系统迭代升级 26 次。

2．信息化国际合作

推进中、美、欧、日、韩五局案卷共享合作，向专利审查员提供同族案卷信息 145 万余次。启动 TLS 协议升级项目，增强国际数据平台系统安全性。跟踪参与 WIPO 标准制修订工作，积极推动多边、双边合作项目，助力国家知识产权局信息系统现代化建设。优先权交换系统向 10 个国外知识产权机构出具 40543 件优先权文件，获取 16 个国外知识产权机构共计 52244 件优先权文件。

参加欧洲专利信息年会，就专利分类、检索工具、人工智能应用等议题与国外代表进行深入交流。参加欧洲专利局举办的“东方遇见西方”研讨会，向欧洲和亚洲各知识产权机构及信息服务机构展示我国知识产权工作的最新进展，扩大我国知识产权在国际上的影响力。

### （四）知识产权信息化保障工作

持续做好商标信息化系统存储扩容工作，先后对电子送达、电子公告、审查业务、电子档案、网上申请等数据库进行扩容，有效解决系统存储紧张问题，保障商标信息化系统平稳运行。推进商标电子档案库分布式改造工作，革新商标电子档案存储方式，提高系统运行效率。完成商标信息化系统机房供电改造，对 UPS 供电系统进行更新扩容，提高商标信息化系统的应急供电能力。维护商标数据 1.6 万条，提供 15 万余条统计数据，支撑打击囤积、压缩审限、提高审查质量等重点工作，为“商标审查质量提升年”工作提供有力数据支持。

启动专利文献复合出版平台和中国专利公布

公告系统灾备系统建设项目，避免因设备故障或数据丢失导致业务中断的风险。保障专利各项业务信息化系统正常运转，运维请求完成率持续保持在99%以上。2019年受理内部用户报修3.9万件，受理下属单位用户报修4.7万件，受理服务申请3150件。

（五）网络安全工作

在国家知识产权局网络安全和信息化领导小组的领导下，编制、发布关于落实有关重要讲话精神实施方案、网络安全责任制指标分工方案，以及《国家知识产权局网络安全责任承诺书》《国家知识产权局重要敏感时期网络安全保障工作方案》《国家知识产权局网络安全事件应急预案（修订）》等网络安全管理制度，完成了全局46家部门单位网络安全责任承诺书的签订工作，进一步明确各部门单位的网络安全责任，细化了责任分工和量化指标。成立商标局信息化与网络安全领导小组，在国家知识产权局统筹下积极开展网络安全检查，并开展相应整改工作。

全面推进等级保护工作，按照《中华人民共和国网络安全法》和等级保护2.0政策规范，严格落实和执行等级保护制度的相关要求，将信息安全等级保护的相关规定融入信息化项目的管理流程中，初步实现信息化项目与等级保护工作“同步规划、同步建设、同步运行”，初步建成以等级保护、监测预警、风险评估、应急响应和信息通报等为基础的网络安全立体防护体系。

加强保护力度，提升网络安全运行防护能力。不断提升网络资源运行的安全性和可靠性。完成国家知识产权局网络安全检查及重要系统安全等级测评。开展安全风险防控工作，通过网络安全预警通告、远程技术检测与风险评估、重大节假日网络安全应急响应等服务，初步建立网络安全应急响应支撑队伍，风险防控能力在重要敏感时期安保工作中得到检验。

网信关键技术知识产权监测预警平台项目建设顺利通过验收。在中华人民共和国成立70周年庆祝活动期间，国家知识产权局未发生重大网络系统运行故障和网络安全事件。

（六）政府网站

按照《国务院关于加快推进全国一体化在线政务服务平台建设的指导意见》要求，完成国家知识产权局政务服务平台与国家政务服务平台的对接工作；继续做好全国政务信息共享平台数据共享工作，2019年发布共享数据179余项；开通国家知识产权局政务微博，粉丝数已达24.6万人；完成政府网站、内部网站新域名注册、变更和备案工作。政府网站2019年页面浏览量达5.25亿次，发布信息6707条，转发国务院文件66篇，公开国家知识产权局政府信息604条，发布解读信息16场，回应公众关注热点问题24次，办结公众留言33919条，征集公众意见10次，进行访谈直播16场，新开设专题7个，回复政府网站查错平台问题124次，回复国家政务服务平台留言1条。国家知识产权局政务微博发布信息147条。回复政府门户网站“咨询台”栏目，以及“局领导信箱”“网上信访”栏目中涉及专利咨询的公众提问14081件次。

（七）重大活动、事件

2019年1月25日，商标图形智能检索功能上线，实现了商标审查工作由人工检索向“以图搜图”智能检索的转变。

2019年5月11日，外观设计智能辅助审查系统上线运行。

2019年6月19日，中国PCT申请国际阶段审查和流程管理系统质量提升项目上线。

2019年6月21日，京外商标审查协作中心和地方商标受理窗口全面开展网上申请。

2019年8月9日，专利代理管理系统新增举报投诉模块，全国专利代理监管实现在线举报投诉。

2019年8月20—21日，2019年全国知识产权信息公共服务体系建设培训班在四川举办。

2019年9月28日，2019年全国知识产权信息传播利用培训班在江苏举办。

2019年10月16—18日，首次全国知识产权公共服务工作会在重庆召开。

2019年12月26日，《知识产权基础信息数据规范（试行）》发布。

2019 年 12 月 31 日，《国家知识产权局数据资源管理办法》《国家知识产权局信息化项目管理办法》发布。

**【2020 年知识产权信息化工作】**

（一）推进知识产权信息化项目建设

1．知识产权审查支撑项目

（1）专利审查和检索业务系统进一步有序推进。一是开展中国专利电子审批系统（E 系统）扩容改造项目第二阶段建设工作，按计划顺利完成软硬件设施部署、E 系统及配套系统软件开发、测试联调等工作，于 2020 年 7 月正式发布上线，进一步降低 E 系统核心数据库访问量 20%，有力保障了 E 系统在审查业务和审查员数量双增长的情况下持续稳定运行。二是中国 PCT 申请国际阶段审查和流程管理系统电子申请优化项目和费减备案系统改造项目按期上线。三是专利审查和检索业务系统智能化升级项目，全面进入软件开发实施阶段，完成覆盖专利审查与检索服务系统、中国外观设计智能检索系统和智能化特点的核心功能试用版上线，在延续原有检索功能优点的基础上，通过引入新技术、构建新数据、打造新功能，进而发展检索新模式，进一步提升检索效果和效率，助力专利审查业务发展。

（2）电子印章系统上线运行。实现在专利通知书和专利证书电子件上加盖电子印章，提供统一标准的、多种应用场景的电子签章服务，保障电子文件的合法性、可信性和完整性。2020 年，系统上线运行期间共签发专利证书电子件和通知书签章文件 564.7 万份，为社会公众提供更加便捷、优质的服务，方便申请人快速获取法律文件，降低办事成本，提升政务服务效率。

（3）有序开展专利收费电子票据系统建设。配合财政票据电子化改革，完成专利收费电子票据系统建设，并于 2021 年 1 月 1 日上线。

（4）国家知识产权局信息化系统共处理全国 22 个知识产权保护中心 1.66 万件发明专利申请、5815 件新型专利申请、977 件外观专利申请的加快审查流程，助力全国 19 个知识产权快维中心加快外观专利申请 1.31 万件。

（5）完成虚拟桌面云平台搭建、测试等工作，并基于虚拟桌面云平台，建设完成分类员远程办公系统。

（6）为落实国家知识产权局与中国香港特别行政区政府商务及经济发展局签订的《关于在知识产权领域合作的安排》，协助中国香港知识产权署实质审查项目建设，实现中国香港特别行政区知识产权案件采集、协助实质审查、通知书撰写等功能。

（7）积极推进商标审查质量提升项目。配合商标注册审签机制改革，按期完成商标注册与管理自动化系统的升级优化工作，确保审签改革顺利推进。完成商标审查业务及网上申请系统存储扩容项目，满足系统新增数据存储需求，保障业务稳定运行。稳步推进电子认证系统改造项目，对商标网上服务系统等应用的认证系统进行改造，为系统用户提供可信身份管理，提升用户访问体验。完成商标图形智能检索设备扩容改造工作，提升商标图形智能检索系统硬件性能，为商标图形审查提供有力支撑。

（8）扎实推进商标电子档案升级改造服务项目（一期）。克服疫情影响，积极推进商标电子档案系统分布式改造工作，新商标电子档案系统顺利上线运行，提升商标电子档案系统使用体验度和运行效率。

2．知识产权服务类项目

（1）积极推进国家知识产权大数据中心和公共服务平台立项工作。2020 年 12 月，按照国家发展改革委专家评审意见，聚焦市场监管主责，项目建设内容调整为“知识产权保护信息平台”。同时，积极争取将国家知识产权大数据中心和公共服务平台纳入“十四五”政务信息化规划中，力争在“十四五”期间立项建设。

（2）公共服务网上线试运行，实现专利、商标、地理标志、集成电路布图设计的申请、缴费、信息查询、检索及数据下载等“一站式”服务，以及公共服务网网络骨干节点及服务网点一体化和可视化查询。疫情期间链接上线新冠肺炎防疫专题数据库。2020 年年底，公共服务网访问量达 81 万人次。优化完善新一代地方专利检索及分析系统，著录项目下载项由 7 项增至 29 项，新增国民经济分类检索，升级自建库及分享功能，地方端部署范围扩大至全国 27 个省份，新一代地方专利检索及分析系统广东地方端为全国创新创业主体提供用户注册和高级用户服务。2020 年年底，新一代地方专利检索及分析系统注册用户总数达 2.97 万人，其中高级用户为 6189 人。

（3）国家知识产权局指导中国专利信息中心与审查协作北京中心共同开发“新型冠状病毒感染肺炎防疫专利信息共享平台”，于 2020 年 2 月 7 日正式上线并免费向社会开放，英文版于 2020 年 4 月 20 日上线。平台数据库包含与新冠肺炎疫情相关的中外专利技术信息 7000 余条，覆盖九大技术领域，为各医疗机构、科研院所等提供及时、专业的防疫相关专利信息服务。平台上线后受到社会各界广泛关注，被国务院客户端小程序、国家政务服务平台、中宣部学习强国平台等收录。国家卫生健康委、科技部、工业和信息化部、中国科学院等将平台信息转发至相关科研团队，并应用到防疫科研中。中国医药工业信息中心、中国科学院大连化物所、同济大学等单位应用平台信息开展了相关研发工作。

（4）商标业务办理线上线下融合工作进一步深入，商标网上服务系统办理范围进一步扩大。网上注册申请非标准项目申报功能开通，申请人可选择申报已公开的可接受项目，或者自行填写非标准项目。商标驳回复审、异议、注册商标无效宣告、撤销连续 3 年不使用注册商标等业务网上办理功能正式上线运行，商标申请人可在线办理商标驳回复审、异议、注册商标无效宣告、撤销连续 3 年不使用商标业务。国际变更、续展、指定代理人、后期指定网上办理功能已正式上线。2020 年，商标网上服务系统向用户发送各类商标文书 3657.8 万件，同比增长 56.79%。

（5）2020 年，商标注册网上申请量达 916.5 万件，占注册申请总量的 98.05%。2020 年 1 月 1 日至 2020 年 12 月 31 日，商标注册网上申请系统新增代理机构用户 8256 个，新增法人或其他组织用户约 5 万个、自然人用户 8497 个，共新增用户 6.67 万个。截至 2020 年 12 月 31 日，商标注册网上申请系统状态为正常的代理机构用户 3.9 万个、法人或其他组织用户 12.02 万个、自然人用户 2.3 万个，共 18.1 万个。

（6）完成新一代地方专利检索及分析系统升级改造，增加著录项目下载项、国民经济分类检索，优化自建库及地方后台管理等功能，新增部署 1 个地方端，全国部署范围扩大至 27 个省市。另外，面向公众提供服务的专利检索及分析系统完成接口拆分及浏览性能优化工作，有效提升系统的访问速度和稳定性，支持超大页文献的全文图像浏览和打印。系统上线反爬虫设备，并持续调整爬虫策略，增强系统安全防护能力。

（7）建设中国知识产权维权援助线上服务平台，包括门户网站和微信公众号（中国知识产权维权援助），面向社会公众提供在线维权援助申请的全国统一入口。新发布国内外维权案例 61 个、国家和地方维权援助政策法规 122 项、维权援助知识库问答 196 个，网站访问量累计达 13.5 万次。

（8）面向全国各省市的知识产权保护中心，建设信息化管理及服务系统，系统涵盖专利智能预审、专利导航分析、专利运营、保护维权服务等功能模块。目前，已在北京、中关村、浙江、沈阳等地投入使用，承接预审案件数千件。完成武汉、天津滨海新区、苏州等地信息化系统的开发。

（9）进一步完善全国知识产权侵权假冒线索智能检测系统，以外观专利侵权检测为重点，提高检测准确性，降低检测成本。

（10）对中国知识产权大数据与智慧服务系统进行优化升级，在功能上，针对专利数据增加了专利运营信息检索、思维引导检索和命令行检索等功能；针对商标数据增加了商标运营信息检索功能，包括转让、许可、质权等行为。已收集世界专利数据约 1.4 亿条、非专利数据 0.97 亿条。系统数据存储扩容 216TB，检索引擎存储扩容 32TB，引擎数据库 Hybase8.0 扩容 3 套。

（11）持续完善地理标志产品保护申请统一电子受理平台功能，为进一步提高申请便利性、提升审查质量和效率提供支撑。持续开展官方标志保护平台、特殊标志保护平台和奥林匹克标志保护平台建设，开展项目阶段性评审。形成各省份的地理标志保护资源普查统计分析报告，完善地理标志保护数据管理系统，持续协助地方知识产权管理部门补充、完善地理标志保护数据。

（12）完善知识产权行政执法信息统计分析和报送系统的功能，增加查处商标违法案件中的驰名商标申请材料报送、案件审理、结果推送、信息统计、管理后台等功能，实现查处商标违法案件中驰名商标认定申请和审理流程电子化、规范化、标准化，以及对驰名商标基本信息的统一管理。2020 年全系统办理专利侵权纠纷行政裁决案件超过 4.2 万件，同比增长 9.9%。

（13）持续推进专利数据服务试验系统的运维和服务，持续向社会公众及创新主体提供中、美、日、欧、韩等专利基础数据批量下载服务。

3．“互联网+监管”

（1）积极配合国家市场监管总局推进“智慧监管”系统建设。成立工作组，完善工作机制，梳理相关信息系统现状，明确工作任务和数据共享需求等。按要求向市场监管大数据中心报送有关数据，并完成与市场监管大数据中心数据共享的基础环境和链路连接工作。持续推进知识产权监管数据在国家知识产权局内部的汇聚工作。

（2）继续按照国务院办公厅对“互联网+监管”系统的要求，完善系统功能，强化安全防护能力，已通过国务院办公厅组织的验证工作，并完成国务院办公厅“互联网+监管”系统单点登录对接和安全建设任务。严格数据管理，保证推送数据质量。

（3）加强国家知识产权局商标领域“互联网+监管”建设，积极参与国务院“互联网+监管”工作，推动与各部委、各部门间的数据共享，每月提供中国商标注册证信息等数据信息，促进商标数据共享融合。

4．其他

针对海外专利信息资源系统迭代建设运维项目进行需求分析、设计，并完成主要功能模块的开发工作。

## （二）完善知识产权信息资源建设

1．数据资源收集与交换

2020 年，与 19 个国家、地区或组织稳定开展国际数据交换，共完成 103 项数据资源下载备份工作，数据容量约 7.52TB，同时提供国际交换数据 3.7TB，保障核心业务系统数据更新和稳定运行。

继续开展各类文献资源引进工作，专利文献总量已超过 1.35 亿件，拥有全球 103 个知识产权机构的专利说明书、104 个知识产权机构的检索数据。与 31 个国家（地区）或组织开展专利文献交换，向 6 个 PCT 国际检索与初审单位赠予中国专利文献。持续开展中欧非专利文献传递合作，有效满足欧盟知识产权局和非洲知识产权局对相关非专利文献的检索需求。

2020 年 9 月 25 日，国家知识产权局与欧盟知识产权局签订中欧商标信息交换协议，首次实现了国家知识产权商标数据国际交换合作，两局交换的商标数据包括存量数据和增量数据两部分。截至 2020 年年底，国家知识产权局获取欧盟知识产权局自 1996 年以来申请商标的全部过档数据约 189 万件，数据容量约为 100GB。同时，国家知识产权局以中国商标网向国内外公众公开的数据内容和范围为基础，向欧盟知识产权局提供自 1951 年 3 月 31 日以来中国商标全部过档数据 2813.8 万件，数据容量约 709GB。该项数据交换合作有利于提升我国商标在国际商标领域的影响力。

截至 2020 年年底，国家知识产权局累计核准地理标志产品 2391 个，核准地理标志专用标志使用市场主体 9479 家，累计将地理标志作为集体商标、证明商标注册 6085 件。

2020 年，国家知识产权局完成双边交换数据分析报告 3 份、其他数据分析报告 12 份。

2．数据资源加工与检测

2020 年，中国专利文献数据深加工 35 万余件，翻译发明、实用新型、外观设计 3 类专利共 445 万余件，深加工非专利数据 6 万余件。

3．数据分类业务管理与国际合作

针对发明专利和实用新型专利申请开展 IPC 分类及再分类工作，针对新受理的发明专利申请同时开展 CPC 分类，并针对部分发明专利申请公布文献开展 CPC 再分类，2020 年分类量共计 488.65 万件。

开展 E 系统启用新版分类表的相关测试工作，完成 2021.01 版 IPC 分类表修订内容翻译工作，以及 2020.02 版 CPC 分类定义的翻译工作。

在 WIPO 平台下，积极参与 IPC 分类修订提案的讨论和推进工作，推动国家知识产权局 3 项 IPC 分类修订提案审议通过，另有 3 项修订提案正在接受审议，国际影响力持续提升。参加

WIPO 与欧洲专利局共同举办的半导体领域新建 IPC 大类项目线上讨论会。参加中、美、欧、日、韩知识产权五局第一工作组第 3 次和第 4 次在线会议，推动国家知识产权局 6 项新兴技术领域分类修订提案成功立项，再次彰显国家知识产权局分类业务工作实力。

4．数据标准化

2020 年共提交 WIPO 标准动态跟踪报告 9 份；提交 WIPO 标准修订建议提案 3 份；提交 WIPO 标准修订对行业标准影响分析报告 6 份、WIPO 标准相关总结文档 9 份。

2020 年，完成地理标志、集成电路、海关备案、法院判决 4 种数据的标准验证，完成数据规范的修订。

2020 年，国家知识产权局完成了《知识产权基础信息数据规范》标准的验证及完善工作。针对发现的问题和意见逐条研究论证，共修改问题 196 个，并且新增法院判决数据标准的正文和附录部分，将法院判决部分的内容补充到现有规范中。

5．其他

数据仓库建设，截至 2020 年年底，完成约 1.41 亿条实体文献数据、1.29 亿条结构化文献数据的存储，共收录商标数据 5100 万余件。

### （三）提升知识产权信息应用与服务

1．信息公共服务

（1）截至 2020 年 12 月底，商标数据开放系统共向社会开放存量商标数据 5129.82 万件，同比增长 19.16%，用户累计下载量超过 360TB。通过定期发布各类商标数据统计结果，推进商标数据传播利用，从不同维度为公众提供服务，为企业发展决策提供依据，增强为经济发展提供支持的可利用度。

（2）专利基础数据开放质量稳步提高，专利数据服务试验系统向公众提供中国标准化全文文本、著录项目和全文图像等数据，2020 年系统新增注册用户 1038 个，新增下载账户 181 个，为公众提供可下载数据量约 5.5TB，用户下载数据量达 265TB。

（3）为广州、南京、上海、重庆、北京、深圳等公共服务体系主干节点提供专利数据更新下载服务，保障全国知识产权公共服务体系内各网络节点用于开展专利信息服务的专利数据资源。

（4）中国及多国专利审查信息查询系统稳定运行，依法及时公开专利审查过程信息。2020 年新注册公众用户约 60 万人，公众用户累计约 149 万人；新注册电子申请用户约 46 万人，电子申请用户累计约 173 万人；访问总量达 14.2 亿次。

（5）持续推进全国知识产权预审管理平台运营、迭代。截至 2020 年年底，平台注册预审机构 21 家，包括 18 家保护中心、3 家快维中心；申请主体注册量 13684 家、代理机构注册量 2210 家，预审案件接收量 20000 余件。2020 年系统累计完成 10 次迭代升级，为广东省“1+6+7+*N*”预审协作网项目提供信息化支撑，为多家保护中心建设知识产权保护“一站式”服务平台，业务内容涵盖专利导航分析、维权援助、电商产品检索、专利运营、质押融资等信息化服务。

（6）持续推进专利管理云服务建设及运营，截至 2020 年年底共向南京林业大学、西北矿冶研究院、中国科学院天津工业生物技术研究所、北方工业大学、南方医科大学、南京师范大学、南通大学、广东工业大学、北京建筑大学、四川轻化工大学、广州大学、北京科技大学等 50 多所高校及科研院所提供服务。

（7）持续以信息化方式组织专利权质押融资服务工作，有效盘活区域存量专利资产，为科技型企业运用专利权质押实现融资提供有效服务。

（8）在中英文政府网站发布符合 WIPO 标准 ST.37 的中国专利权威文档 2 份，为用户核查所获取的中国专利数据提供完整性检验依据。

（9）主动公开商标评审裁定文书、商标异议决定文书。2020 年，公开商标复审裁定文书 33.93 万件、商标异议决定文书 12.29 万件，促进商标审查审理工作透明化、标准化。

（10）商标网上查询系统稳定运行，继续向社会公众公开商标基本信息和流程信息，日均访问量达 3000 万次。

（11）完成北京市海外知识产权公共服务信息库建设，完成 7.2 万余件诉讼案例、163 家律所、121 名律师、2 万余件判决全文的采集、标引。

2．信息化国际合作

就中韩丰富引文数据交换、中日丰富引文及复审无效数据交换达成共识并成功实施。完成 EPOQUE Net 合作补充协议签署，继续为国家知识产权局检索系统资源提供有益补充。持续积极跟踪参与 WIPO 标准制修订工作，进一步深化双边、多边信息化领域合作，促进国家知识产权局信息化系统发展。

同欧洲专利局建立双边专家交流机制，推动中、欧两局在文献资源管理与服务、专利信息服务等领域开展交流。向欧洲专利局传输 6 个批次、约 137 万条中国发明专利申请 CPC 数据，推动中国专利文献的广泛传播和有效利用。参加欧洲专利信息年会在线会议及“东方遇见西方”研讨会，了解当前专利信息领域热点问题，宣传中国知识产权工作最新进展。

### （四）知识产权信息化保障工作

2020 年，服务台受理内部用户报修 44416 件，受理下属单位用户报修 56178 件，受理服务申请 2207 件，受理“3114”查询电话 10587 起。全力做好疫情期间视频会议保障工作。搭建国际业务网络接入区，建立与 WIPO 和 EPO 的 VPN 安全通道，保障国际数据交换相关业务正常开展，全力保障疫情期间远程办公系统运维工作。

2020 年，解决商标注册与管理自动化系统缺陷问题 13085 个，缺陷问题办结率达到 97.42%。调整系统人员权限 2100 余次，清理无效账号 214 个，发布新版本 39 次，处理系统硬件故障 74 次，解决终端计算机、OA、网络环境故障问题 4000 余次。在疫情常态化下，通过视频会议全力保障商标注册审查工作正常进行，保障视频会议 60 余次。

### （五）网络安全工作

健全网络安全制度保障体系。印发《网络安全管理办法（修订）》，进一步适应等级保护 2.0 标准和机构改革后国家知识产权局实际情况；建立网络安全和信息化工作专报机制，通过定期发布国家知识产权局网络安全工作开展情况和网络空间安全资讯，进一步提高国家知识产权局干部职工的网络安全风险意识。

创新开展网络安全检查工作。积极克服新冠肺炎疫情带来的不利影响，在常规网络安全自查和现场检查的基础上，组织技术力量针对 15 个部门单位的 17 个网站系统开展远程渗透测试，并组织各部门单位完成整改和复测工作。

开展网络安全专项保障工作。在专项保障期间，统筹协调各部门单位加强监测预警，针对互联网网站和重要信息系统严格执行 7×24 小时值班值守，实行每日“零报告”制度。

加强网络安全宣传教育。在全国网络安全宣传周期间，通过张贴宣传海报、播放网络安全宣传片、邀请网络安全专家讲课、更新国家知识产权局网站专栏等形式不断强化干部职工的网络安全意识。组织开展了两场网络安全培训，涉及 46 个部门单位共 180 人次。

持续推进网络安全防控，完成商标互联网出口接入国家知识产权局改造有关云防护服务和运维服务采购项目、商标网上服务系统数据动态应用保护项目的部署工作，完成商标网上服务系统威胁感知设备和内网准入设备的采购，实行依申请的授权管控制度，加强对 U 盘、光盘导出权限的管控，强化商标内外网安全防护，确保商标网上服务系统稳定运行，未发生重大网络系统运行故障和网络安全事件。

### （六）政府网站

2020 年上半年，国家知识产权局启动了政府网站系统升级和改版工作，完成内部网站页面改版工作并上线；向国务院办公厅报送政策问答资源 73 条。国家知识产权局政府网站页面浏览量达 2.6 亿次，发布信息 3848 篇，转发国务院文件 18 篇，公开知识产权局政府信息 192 条，发布解读信息 12 条，回应公众关注热点问题 12 个，征集公众意见 7 次，进行访谈直播 4 场，新开设专题 5 个，回复国家政务服务平台留言 7 条。国家知识产权局政务微博发布信息 201 条。

2020 年下半年，完成了国家知识产权局政府网站系统升级和改版工作，在后台建立 1858 个栏目，迁移数据 27.8 万余条，新版国家知识产权局政府网站（中文、英文）于 2020 年 9 月

30 日上线；修订并印发了《网站管理办法》。国家知识产权局政府网站发布信息 5213 篇，发布解读信息 5 条，回应公众关注热点问题 12 个，征集公众意见 6 次，进行访谈直播 4 场，新开设专题 6 个。国家知识产权局政务微博发布信息 89 条，回复政府门户网站“咨询台”栏目，以及“局领导信箱”“网上信访”栏目中涉及专利咨询的公众提问约 15 万次。另外，中国商标网独立用户访问量达到 1.3 亿次，发布政务动态信息 93 条，发布解读信息 7 条，回应公众关注热点问题 7 个，办理留言 2.4 万条，可全程在线办理政务服务事项 32 项，办件量达 1201 万件。

（七）重大活动、事件

2020 年 1 月 16 日，国家知识产权局公共服务网上线运行。

2020 年 2 月 8 日，新型冠状病毒感染肺炎防疫专利信息共享平台正式上线，并免费向社会开放。

2020 年 2 月 8 日，专利审查电子印章系统上线试运行。

2020 年 5 月 20 日，商标网上注册申请非标准项目申报功能上线运行。

2020 年 6 月 28 日，商标驳回复审网上申请功能正式上线运行。

2020 年 9 月 25 日，国家知识产权局与欧盟知识产权局签订中欧商标信息交换协议，首次实现了我国商标数据国际交换合作。

2020 年 11 月 5 日，制定发布《知识产权信息公共服务工作指引》。

2020 年 11 月 7 日，协助中国香港特别行政区政府知识产权署实质审查项目上线运行。

2020 年 12 月 28 日，商标异议、注册商标无效宣告、撤销连续 3 年不使用注册商标业务网上办理功能正式上线运行。

# 地震信息化发展概况

2020 年，中国地震局坚决贯彻习近平网络强国战略思想和防灾减灾救灾重要论述精神，落实应急管理部关于应急管理信息化发展战略部署，扎实推进信息化工作，取得了富有成效的建设成果。

## 【网信工作规制标准更加健全】

地震信息化标准体系设计取得实质性进展。按照没有标准化就没有信息化的思路，在调研气象、水利等 15 个部委、全面梳理现有地震信息化标准规范和信息化发展需求的基础上，历时 3 年编制完成的《地震信息化标准体系表》通过地震监测预报标准化技术委员会技术审查，提出了地震信息化标准体系总体框架和地震信息化标准明细表，对指导未来地震行业信息化标准制定工作具有重要意义。

完成一批地震信息化关键急需标准研制。组织完成《地震台站代码》《地震监测台网编码规则》《地震观测仪器型号编码及命名规则》《地震烈度速报与预警台站数据通信协议》《地震波形数据通道编码与标识规则》《地面震动观测仪器接口与控制》6 项地震预警等标准的技术审查；开展“地震台网运行监控技术要求”系列 7 项标准、“地震会商技术系统”系列 5 项标准和“地震信息化云平台”系列 12 项标准的编制，启动《地震预警数据处理规程》等 8 项标准的预研。此外，天津市地震局、山西省地震局等也开展了地方标准的编制。

加强地震信息化规制建设。按照应急管理部网络安全管理规定，结合前期管理实践，编制并印发《中国地震局网络安全管理办法》，地震网络安全管理责任机制得到进一步明确。编制并印发《中国地震局关于加强财务信息化建设的指导意见》，为打通规划财务管理数据壁垒迈开坚实步伐。编制《预警工程国家和省级中心建设指南》，对通信网络、计算及存储资源平台等核心技术系统建设提出了规范化要求；为规范地震各级各类网络安全信息报送和通报，开展了《地震部门网络安全信息通报工作规范》编制工作。

## 【信息化基础性工作稳步推进】

全面落实应急管理部信息化建设部署对接。按照《应急管理信息化发展战略规划框架（2018—2022 年）》，完成了国家预警工程、公共安全信息化工程等在建或待建项目与应急管理部在规划设计、平台建设、业务应用和信息共享等方面的对接。按照应急指挥骨干网规划，完成地震预警通信网络 IPv4、IPv6 地址设计，国家地震局属各单位配合应急管理部完成应急指挥骨干网接入工作。

国家级地震云平台初步建成。统筹“地震大数据应用与服务中心云计算能力”和“信息化一期工程”等项目，开展地震信息基础平台建设，扩建中国地震局第二监测中心机房、升级扩容通信带宽，初步形成了中国地震局第二监测中心与中国地震台网中心互联互通的国家级地震云平台，云存储能力从 1.5PB 提升至 3.2PB，云计算能力从 1800 核 CPU 提升至 5432 核 CPU，已为地震会商技术系统等 25 项业务系统提供稳定服务。中国地震台网中心完成地震视频会议系统云化升级和省级地震局云视频终端安装部署，保障各类正式会议 675 次，是 2019 年的 2 倍。

地震数据资源管理能力逐步加强。中国地震台网中心初步完成地震数据资源平台建设，实时接入全国测震站网和地球物理站网数据，开展国家、省两级平台数据同步功能测试。中国地震局第二监测中心对 1103 个测震站和 260 个 GNSS 观测站开展了数据实时汇聚、存储管理和质量控制研究。河北省地震局、辽宁省地震局、山东省地震局等单位全面梳理地震数据现状，开展了数据整理工作；甘肃省地震局开展甘肃省自然灾害科学数据中心建设。

持续开展历史资料抢救工作，研发模拟测震观测资料管理系统并投入运行，完成 21.42 万张模拟测震图纸和 11953 张模拟地球物理观测图纸电子化，完成 2.5 万张测震图纸缩微胶片扫描，编制《模拟测震图纸电子化扫描技术规程》《国家测震台网微缩胶片扫描技术规程》《模拟测震图纸数字化技术规程》3 部技术性规程和《国家台网模拟测震资料精选图集》。截至 2020 年年底，已累计扫描模拟测震图纸约 400 万张，占总量的 1/3；累计扫描地球物理观测图纸约 100 万张，占总量的 1/10。

## 【业务和政务信息化建设取得新进展】

### （一）监测预报领域

一是完成预警工程信息化年度建设任务。中国地震局属各单位按照《国家和省级地震预警中心建设指南》，开展地震预警中心建设，国家和省级地震预警中心机房建设基本完成，预警骨干网已见雏形，并与应急指挥骨干网和现有行业网融合组成多平面通信系统，国家、省两级处理中心计算资源、存储资源基本到位，新增 1350 核 CPU 的计算能力和 24.4PB 的存储能力，初步搭建了地震预警信息平台环境。

二是地震站网全流程一体化监控平台初步建成。平台实现对全国 1267 个测震站、636 个强震动站、323 个 GNSS 观测站和 89 个重力站的实时数据流监控，具备断记、运行质量和数据质量监控功能。完成京津冀等 9 个省市 220 台动环设备和 160 台视频设备升级改造；实现对全部 323 台 GNSS 设备、89 台重力设备分别进行 17 种和 8 种运行状态参数监控，对京津冀等 9 个省市 263 台测震设备和 94 台强震设备进行 13 种运行状态参数监控。将原前兆台网数据管理系统、数据库、台站信息纳入该平台统一监控。平台初步具备站网实时运行监视、故障定位与报警、在线派单处置、数据质量分析、运行视频接入、监控信息统计、震中周边台站运行情况统计等功能。31 个省级地震局和 3 个业务中心超过 150 个账户登录进行试运行和日常管理。

三是智能化地震会商技术系统功能不断完善。初步完成地震会商技术系统开发，具备地震目录自动分析、全国异常自动汇总、前兆观测曲线自动化绘图、周月会商学科产品自动生成等功能，实现在中国地震局第二监测中心云平台部署和服务，提供标准化业务流程模板库和 B/S 系统界面各 1 套，分 3 个批次对 31 家省级地震分析预报部门开展业务试用培训，行业用户突破 3000 人。对预报业务人员开展 150 多人次的业务流程序编写培训，近 50 套基于地震会商技术系统二次开发的功能模块获得软件著作权。

（二）震害防御领域

一是凝练国家级地震灾害风险防治业务平台建设项目。聚焦地震灾害风险调查、风险评估、风险治理、风险服务四大类核心功能，瞄准数据自动汇集、风险管理科学、信息共享便捷、协同联动高效、公共服务精准、系统集成及可视化展示，中国地震灾害防御中心凝练申报中国地震局小型基建项目，为形成完备的国家级地震灾害风险防治业务支撑体系和服务体系奠定了坚实基础。

二是推进共享服务网站建设。开通地震活动断层数据中心网站和微信小程序，发布全球范围“活动断层分布图 V1.0”，实现了交互方式在线搜索、查询活动断层分布和属性信息，并提供断层分布地图服务共享端口。拓展中国地震动参数区划图网站服务，开发数据查询、参数确定、资料介绍 3 个模块。建设地震灾害风险防治公共信息服务系统，包括信息发布子系统、公众地震灾情信息汇集子系统、地震应急信息查询及风险防治支撑技术查询子系统等。

（三）公共服务领域

一是推进防震减灾公共服务平台建设。编制《防震减灾公共服务平台设计方案》，明确平台建设理念、目标、原则、总体建设方案，提出建设服务产品管理系统、标准与质量评估系统、公共服务产品展示系统、防震减灾科普服务系统、防震减灾资料服务系统、公共服务产品推广系统 6 个业务系统。瞄准形成可复制、可推广防震减灾公共服务平台建设经验，组织山东省地震局凝练防震减灾公共服务平台试点建设项目。

二是建成中国地震局“互联网+监管”系统。按照地震部门监管事项目录“1”张清单，建设了“1”个监管数据仓，面向社会公众和各级地震部门监管工作人员的“2”个系统界面，以及行政执法监管、风险预警、分析评价“3”个应用系统，结合地震部门监管工作实际建设了“地震安全性评价与抗震设防要求监管”“地震监测设施监管”等“5”个业务监管系统，并已上线运行，成为全国“互联网+监管”体系的组成部分，实现规范监管、精准监管和监管业务全覆盖，进一步提升地震部门执法监管能力和水平。

（四）科技领域

持续推进云计算、大数据等现代信息技术应用。将人工智能与海量观测数据相结合，应用于中国地震科学试验场密集观测数据处理，实现了固定台站数据训练、流动台阵识别深度神经网络设计模式，可对密集台阵记录的地震进行自动识别。利用卷积神经网络，实现了水库地震的智能识别。

（五）政务领域

一是新一代政务信息化统一办公平台建设取得阶段性成果。依托国家电子公文项目，结合地震系统垂直管理特点和体系优势，在地震系统 45 家单位推广新一代政务信息化统一办公平台建设，采用统一技术路线、统一招标采购、统一组织实施的项目建设模式，完成统一办公平台和公文处理系统总体设计，实现了电子公文从起草到归档全流程贯通，解决了软件正版化不彻底的问题，强化了电子公文系统安全保密合规化建设，完成项目网络安全等级保护定级。

二是财务信息化工作稳步推进。积极推进新一代规划财务管理信息系统建设，完成软件设计招标，采用财务云的方式，在中国地震局地质研究所、中国地震台网中心等7家单位进行试点上线，为地震系统构建内控一体化平台做好软件部署准备。以现代财务理念为引导，加强财务基础工作的信息化转换，编制财务信息系统实施指南、规范财务信息化管理流程、统一财务会计核算标准，为实现内控业务互联互通和数据综合分析打下坚实基础。

**【数据共享和信息服务工作扎实开展】**

数据共享覆盖面和满意度不断提升。按照科技部批复的《国家地震科学数据中心建设运行实施方案（2020—2025 年）》，中国地震台网中心组织国家地震科学数据中心和分中心不断加大对外服务力度，2020 年度新增各类专业数据资源 120TB，对外服务网站实行 7×24 小时运行，年用户访问量达 100 万余人次，新增用户 2200 余人，为政府机构、科研院所、高等院校、商业公司、部队等 1061 家单位提供共享服务，为 60 余个项目提供定制服务。在线问卷调查结果显示，数据服务满意度达 97.5%。活动断层数据分中心通过国家地震科学数据中心认定。中国地震台网中心在第七届数据共享杯大赛中获优秀组织奖和突出贡献奖，推荐地震相关作品获三等奖 3 项。

信息服务时效性和精准性不断提升。中国地震台网中心持续完善地震信息公共服务平台，服务能力与效率不断增强。其中，地震新媒体平台的服务窗口作用不断提升，地震速报微博年度阅读量超过 25 亿人次，累计“粉丝”超过 1100 万人，年度获得多个奖项；与 58 同城和小米智能家居等互联网平台完成地震信息公共服务对接，累计接入超过 16 家，公共服务覆盖能力不断扩大，实现重大突发地震消息 1 分钟内覆盖数亿个用户；地震信息播报机器人的产出能力继续提升，完善公共服务产品 5 种，新增公共服务产品 2 种，同时通过微信企业号服务全国地震系统、消防系统和应急管理系统 3.1 万人，有力服务地震应急工作；“12322”地震速报短信服务用户涵盖中国地震局系统、防震减灾联席成员单位、中央媒体等约 500 家单位超过 3 万人，年度发送短信超过 1000 万条。

**【网络安全基础能力得到提升】**

落实网络安全责任，强化网络安全管理。按照中央网信办、公安部等网络安全管理主管部门要求，组织开展网络安全自查工作，开展问题整改，形成中国地震局网络安全自查报告上报公安部。统筹行业专家及社会力量，组织开展网络安全全国实战演习，针对公安部反馈的相关问题及时组织整改，12 家单位形成 46 份整改报告。开展地震部门网络安全通报内容、方式和机制设计，配套开展信息通报系统开发、部署和试运行。此外，在重大活动和重点时段等地震安保期间，落实各方主体责任，加强网络安全值班值守，严格落实网络安全事件报告制度，全局网络安全态势总体正常，未发生重大网络安全事件。

持续开展网络安全等级保护工作。按照公安部最新等级保护 2.0 要求，持续开展地震系统网络安全合规性建设工作，完成北京市地震局、天津市地震局等 15 家单位第三批 38 个信息系统等保定级材料集中审核。同时，按照公安部与应急管理部要求，完成中国地震局“关键基础信息设施”系统确定、定级方案编制与答辩工作，持续推进网络安全合规性建设工作。

网络安全防护能力不断提升。结合中国地震局网络安全防护项目（二期）、电子公文等工程项目实施，统筹网络安全建设内容，组织中国地震台网中心构建地震网络安全态势感知平台，完成 11 家试点单位态势感知平台的安装、部署，实现与青藤云、防火墙等网络安全防护项目（一期）建设的多家异构安全设备系统的对接。平台共发现安全事件近 30 万次、安全漏洞 100 余个、弱口令约 2.5 万个，处置各类重大安全问题 100 余个，对于业务系统稳定运行起到重要作用。组织各单位完成防火墙网络安全边界防护策略部署上线实施工作，增强地震行业网及各单位互联网、电子政务外网的边界安全防护能力，大幅降低地震行业网络安全边界的安全风险。

**【人才队伍建设扎实推进】**

加强网络安全和信息化团队建设。中国地震局第二监测中心“大数据治理”创新团队和中国地震局地球物理研究所“数据挖掘”创新团队入选中国地震局创新团队。以中国地震台网中心作为挂靠单位，吸纳系统内外力量，成立信息与应急学科技术协调组。以国家地震预警工程实施为契机，在中国地震局范围内遴选信息化人才组建工作团队参加项目建设，在实践中锻炼队伍、培养人才。此外，各单位采取不同的措施，加强信息学科团队建设，例如，山东省地震局组建了“信息化建设与智能服务”科技创新团队，通过项目实施积累技术经验，逐渐形成学科互补、专业互补、优势互补的信息化人才队伍体系。

加大培训力度，开展各层级培训。针对网络安全和信息化人员力量不足问题，中国地震局监测预报司举办了地震信息网络和数据服务培训，中国地震局办公室举办了电子公文项目通用终端管理员培训、电子政务信息安全管理人员培训、态势感知平台使用培训等培训班。北京市地震局、陕西省地震局等单位也根据本单位的网络安全和信息化需求，开展了众多针对性强、形式各异的培训。

# 地区发展篇

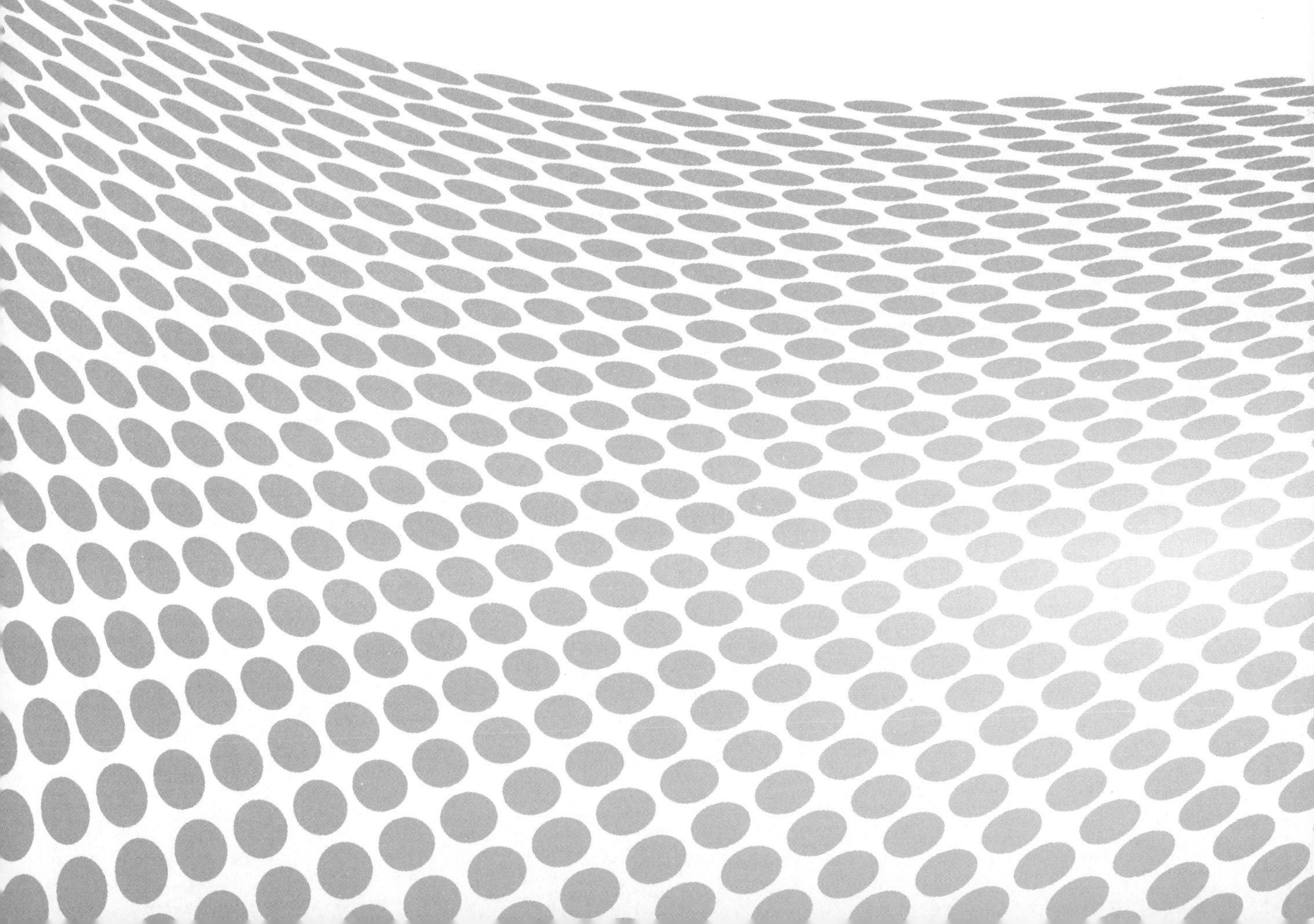

# 北京市信息化发展概况

## 【概况】

2020 年，北京市电子信息制造业坚持结构调整与技术创新相结合，传统产业高技术化和高新技术产业齐头并进，产业发展取得显著成就，对全市工业经济发展的支撑作用日益显现。全年实现现价产值 2854.96 亿元，同比增长 11.6%，实现增加值增速 14.6%。疫情引发的“宅经济”助推市场对电子信息消费终端、办公设备的需求激增，牵引带动上游元器件产业规模进一步扩大。2020 年行业运行由低向高，走出一轮行业需求上升爆发期，此轮增长期有望延续至 2021 年下半年。软件和信息服务业全行业实现增加值同比增长 14.4%，增速居北京市各行业首位，对北京市经济社会发展形成强有力支撑。北京市 39 家企业入选“2020 年度软件和信息技术服务企业竞争力前百家企业”；38 家企业入选“2020 年中国互联网综合实力前百家企业”。

## 【电子信息制造业】

2020 年，根据北京市统计局数据，全市规模以上工业增加值按可比价格计算，同比增长 2.3%。分行业看，在 39 个工业大类中，15 个行业增加值同比增长。在主要工业行业中，计算机、通信和其他电子设备制造业增加值同比增长 14.6%。北京市电子信息产业全年经济运行数据显示，在 5 项主要经济指标中，主营业务收入、工业总产值、出口交货值、固定资产投资额为正增长，利润总额为负增长。2020 年从业人员平均人数较 2019 年有所下降，经济运行情况总体好于 2019 年同期水平。

2020 年北京市手机产量达到 9912 万部，同比增长 21.08%；台式计算机产量达到 743 万台，同比增长 31.74%；笔记本电脑产量达到 30.54 万台，同比增长 117.83%；显示器产量达到 569 万台，同比增长 22.89%；电子元件产量达到 33744.962 万只，同比增长 74.43%；半导体分离器件产量达到 352.41 万只，同比增长 38.56%；集成电路产量达到 130.54 亿块，同比增长 12.66%；液晶显示面板（全部）产量达到 27644.74 万片，同比增长 33.6%；电视机产量达到 787.62 万台，同比下降 29.56%；新增智能音箱 864 万台。

## 【软件和信息服务业】

2020 年，北京市规模以上软件和信息服务业实现营业收入 17744.3 亿元，同比增长 15.2%；全行业实现增加值 5540.5 亿元，占全市 GDP 比重为 15.3%，同比增长 14.4%，增速居全市各行业首位，对全市经济社会发展形成强有力支撑；贡献财政收入 478 亿元，同比增长 5.6%，好于全市平均增速 11.3 个百分点，产业贡献率地位持续增强。数字技术与服务业融合发展，云办公、在线教育、远程医疗等在线场景越来越丰富。

研发创新表现活跃，大中型企业研发费用达 1603.7 亿元，同比增长 18.5%，数字经济、互联网相关产业研发投入大幅增加。

重点企业表现亮眼。北京市 39 家企业入选“2020 年度软件和信息技术服务企业竞争力前百家企业”；38 家企业入选“2020 年中国互联网综合实力前百家企业”。

**【产业发展环境】**

2020 年，北京市经济和信息化局牵头制定《北京市大数据标准体系》；完成《北京民生卡二维码技术规范》等 5 项 2020 年地方标准立项，同步开展《政务大数据安全技术框架》等 4 项 2021 年地方标准立项准备；组织编制《北京市促进数字经济创新发展行动纲要（2020—2022 年）》。北京市经济和信息化局、北京市商务局、北京市金融监管局和北京市委网信办分别牵头制定《北京市促进数字经济创新发展行动纲要（2020—2022 年）》《北京市关于打造数字贸易试验区的实施方案》《北京国际大数据交易所设立工作实施方案》。北京市政务网管中心完成《北京市政务物联数据专网资源规划管理办法》的修订。“首都之窗”编制形成《北京市政府网站集约化工作方案》《北京市政府网站集约化平台管理办法》《北京市政府网站集约化平台运维管理规范汇编》《北京市政府网站集约化平台网站信息发布标准规范》《北京市政府网站统一信息资源库数据规范》等 10 余项标准制度文件。

**【电子政务外网建设】**

2020 年，北京市市级政务外网累计接入单位 6416 家，比 2019 年增加 18 家（医保网、市级金财网、1 号应急视频链路已整合并入政务外网）；共为 35 家单位开通了 344 个主机域名；移动政务管理平台接入用户终端 3.6 万台，比 2019 年减少 0.3 万台；共为 46 家单位 8899 个用户开通安全接入平台业务。在政务外网上部署横向业务系统 17 套，累计接入单位 2526 家；部署纵向虚拟专网 88 套，累计接入单位 3197 家；拨号接入 16 套业务系统，累计接入单位 1710 家；根据中央机关要求和市级单位需求，所有市级政务外网用户可访问国家政务外网业务，累计有 45 家北京市单位业务系统可为国家政务外网用户提供访问，比 2019 年增加 3 家。传输网可用性达到 100%，IP 骨干网可用性达到 100%，实现了政务外网运维目标。重要活动和专项网络保障共 10 次，累计保障时长 116 天，保障力量人工达 5568 人工时。2020 年常规网络维护 26 例；光缆线路维护巡视行程累计 630000 余千米，出动人员 6850 余人次，施工配合 8 处，派出工程配合人员 1054 人次，线路安全检查 90 次，光缆线路抢修排障 8 次，光缆改线割接 6 处，线路整治约 150 米，并展开了架空入地系列工作。北京市市级外网共统计故障 165 次，其中，市级平台故障 59 次（线路故障 50 次，网络设备硬件故障 8 次，基础设施故障 1 次），市级委办局故障 85 次，区级平台故障 14 次，区级委办局故障 7 次。完成政务外网安全等级保护测评工作，共整改各类风险 19 项。

**【政务云基础设施建设】**

2020 年，北京市市级政务云整体规划完成，政务云格局成型并逐步完善，信创云通州节点建成并对外提供服务。北京市政务系统入云基础工作完成，基线管理、数据考核促云服务水平不断提升。持续开展关键基础设施平台、防疫重点系统监测分析，总结防疫期间管理标准化经验，不断提升云上系统和数据安全保障能力。协助推进医疗、教育行业云建设，切实做好技术把关和服务支撑，进一步提升云基础设施集约化水平。

**【电子政务网络升级改造】**

2020 年，北京市开展电子政务网络的升级改造。传输网共 23 个节点，完成 22 个节点设备安装，其中 14 个节点设备完成组网调测工作；IP 骨干网共 30 个节点，已完成 29 个节点设备安装，其中 17 个节点设备完成组网调测工作；光缆网改造项目已完成 601 千米光缆布放工作，整体光缆布放进度完成 91%。配合北京市财政局做好市、区两级金财业务网络调整工作。完成 13 号院节点建设工作、民生节点撤除工作，以及制卡节点、工体节点的搬迁工作。

**【800 兆无线政务网建设】**

2020 年，北京市无线政务网在网用户总计 113279 户，比 2019 年增加 2327 户，其中，公安用户 66477 户，政务用户 41261 户，公益用户 5541 户。建设开通基站 40 个，建设开通直放站 8 个。无线政务网在网使用 12 套核心交换机、476 个地面基站、153 个地铁内基站、12 个移动基站、313 套室内分布系统，无线政务网安全稳定运行。现网交换机可用率为 100%，全网基站及其传输线路可用率为 99.9979%，全网直放站、室内分布系统及其传输线路可用率为 100%。完成对北京市消防救援总队、武警北京总队、北京市公安局等 7 家用户单位 2293 台无线终端的入网工作，完成了 60 部防汛专用手机接入宽带延伸系统的工作；完成了对北京市消防救援总队、北京市交通委、北京市水务局等 20 家用户单位 4694 台无线终端的业务变更工作。调度网核心节点和调度台巡检 331 次，处理故障 8 次，移机 1 次，病毒查杀 77 次，设备除尘 83 次，技术支持 31 次，用户现场培训 1 次。

**【1.4GHz 宽带集群专网开展覆盖建设】**

2020 年，北京市 1.4GHz 宽带集群专网在线服务基站达 397 个，相比 2019 年的 375 个增加了 22 个；室内分布系统 6 套，相比 2019 年增加 1 套，主要覆盖北京五环内市区、北京城市副中心行政办公区核心区、石景山区主要区域及远郊区主城区。室外宏基站覆盖面积达 1565 平方千米，五环路内室外空间网络覆盖率达到 95%左右；累计用户 17014 户，比 2019 年的 17615 户实际新增 620 户，其中，新增宽带集群试用用户 313 户，包括北京市公安局（20 户）、武警北京总队（20 户）、北京市十六局（4 户）、朝阳区政法委（258 户）、西城区政府办（11 户）。1.4GHz 宽带集群专网与张家口 350MHz 窄带集群专网互联互通系统已接入现网，实现在现有网络环境下的互联互通。

**【构建政务服务领域业务平台】**

2020 年，北京市经济和信息化局移动公共服务平台项目完成终验，服务支撑能力不断完善。统一身份认证体系对接 60 余个部门的 200 余套业务系统，为近 2000 万个自然人用户、190 万个法人用户提供统一的账户注册、身份核验、登录认证及跨系统单点登录服务。电子签章系统集中存储 2475 枚政府部门电子印章，对接北京市 21 家单位的 51 套业务系统，为 101 类电子证照远程加盖电子印章 36 万余次。电子证照库汇集 420 类 1.07 亿张证照，具备支撑全市电子证照制作、签发、共享与核验等能力。统一支付系统累计支付 4473 万笔，约 7.56 亿元，支撑路侧停车、教育考试报名等缴费服务。

**【政务地理空间共享服务平台 6.0 版上线】**

2020 年，北京市上线政务地理空间共享服务平台 6.0 版，大幅提升了二维、三维一体化地图服务和空间分析与可视化服务能力，完成全市政务电子地图更新和质量检查、地址库和三维模型数据的更新维护，以及相关政务数据资源的空间化落图工作。新增支撑 9 个用户应用系统建设，累计支撑全市 55 个部门的 180 余套业务系统建设，服务访问量达 1.05 亿次，接口访问成功率达 98%以上。

**【北京通 App 建设及应用】**

2020 年，北京市推出北京通 App 3.0 测试版，以“样样京通、尽在掌握”为理念，为市民和企业提供便利的城市服务，汇聚超过 2659 项政务、公共和社会服务，新增接入健康宝、交警随手拍、北京冷链、畅游公园及水电气热的缴费等重要民生服务事项，注册用户达 539 万户。

**【“北京健康宝”建设及应用】**

2020 年，北京市累计汇聚更新 18 个部门、910 个数据项、17 亿条疫情防控数据，“健康宝”累计查询 26.98 亿次，涉及用户 4900 万户。开展了“健康宝”AI 应用赋能试点，以人脸识别等技术与健康宝后台数据对接，支撑社区、楼宇、商超等疫情防控重点区域的人员出入管理，实现

“无接触、秒识别”，已部署1600余台终端，日均查询50万余次，累计达1.06亿次。

【数据开放服务】

2020年，北京市依托政务数据资源网，实现86家单位的4898类政务数据的统一开放，实现全国首个省级行政机关政务服务事项数据（3382个数据集）由“可看不可用”到“可看可用”的无条件开放。建成公共数据开放创新基地，以竞赛开放模式挖掘数据价值，先后举办“智慧司法”“科技战疫”“数智医保”等创新竞赛。

【数据基础治理】

2020年，北京市完成市级62个部门、9166条职责目录、85347个数据项、1775个信息系统，以及区级17个区（含经济技术开发区）、47265条职责目录、225065个数据项、1015个信息系统“上链”和850个信息系统“交钥匙”（占应“交钥匙”系统数的67%），完善了“云—链—数—舱”一套家底，支撑41个市级部门、14个区（含经济技术开发区）依托目录区块链共享数据，构建了全市数据共享“新秩序”。汇聚54个政务部门的21829个数据项、198亿条数据，以及三大通信运营商和滴滴出行等互联网企业691个数据项、673亿条数据，并初步实现全市数据由“物理汇聚”到“逻辑汇通”的转变；发布39个市级部门、10803个数据项的标准接口服务，涉及“人”的出生、户籍、教育、婚姻等，“企”的登记变更、行政处罚、行政许可等，“物”的房屋、车辆等基本信息。

【监测预警系统建设】

2020年，北京市共安排7×24小时监测值守3600余人·日。监测预警平台在原有的监测功能基础上，对系统内收集的全流量数据进行数据挖掘分析，共处置网站报警约13万条，分析安全日志12.5亿条，发现北京市政务信息安全问题1914起，其中，发现安全漏洞1302起、僵尸与木马事件200起、病毒与蠕虫事件173起、信息暴露事件102起、设备设施故障35起、网络攻击事件5起、信息篡改事件2起、网站劫持事件2起、其他事件93起。

【信用数据归集及应用】

2020年，北京市编制并发布《北京市公共信用数据归集目录清单》和《北京市公共信用数据共享目录清单》，归集25.9亿条信用记录，涵盖2100万个自然人、510万余家法人单位。支撑全流程信用监管，事前环节实现20余个领域的信用核查，事中环节在15个行业领域开展了信用分级分类监管，事后监管环节以联合奖惩系统支持全市实施联合奖惩案例13万个。“信用+预付费”应用实现突破，推动西城区、朝阳区、丰台区、石景山区等与平台服务机构，以及保险、银行、法律等专业机构合作试点，覆盖教育培训机构、体育健身、美容美发、房屋租赁4个领域，涉及1000余家重点企业。“信用+医疗”在北京大学首钢医院率先开展试点，信用就医患者排队次数显著减少，在院等候时间缩短60%。

【大数据政用商用】

2020年，北京市不断完善市领导驾驶舱数据和功能，汇聚接入775类数据、3103个指标，直接接入44个部门的354个系统，并将领导决策辅助支撑能力向市级部门延伸，为18个市级部门主要领导开通服务。初步建成一体化的综合办公平台，形成事项协同、即时通信等十大核心功能，以及公文、督查督办等百余项办公应用组件，支撑北京市医保局等7个部门开展试点应用。建设金融公共数据专区，汇聚27家单位、200万余个市场主体的登记、纳税、社保、不动产、专利、政府采购等2928个数据项、19亿条高价值数据，支撑首贷中心为5755家企业提供近230亿元融资服务；支持工商银行、建设银行推出“普惠大数据信用贷款”和“云义贷”，为55家小微企业发放贷款超过3600万元。

【新型智慧城市顶层设计】

2020年，北京市经济和信息化局结合国家新型智慧城市评价指标，初步形成 2020 年北京市新型智慧城市评价指标，从惠民服务、精准治理、产业发展、信息安全、基础能力、创新发展六大方面具体设计，实现以评促建、以评促管、评建并举。组织开展智慧城市标准体系框架研究工作，为后续物联感知、网络通信技术、数据接口、安全保障等具体标准研究编制工作提供依据，缓解“信息孤岛”和条块分割导致的低水平重复建设问题。

**【5G 基站与卫星 C 波段的干扰协调】**

2020 年，北京市经济和信息化局按照工业和信息化部无线电管理局《3000～5000MHz 频段第五代移动通信基站与卫星地球站等无线电台（站）干扰协调指南》和《关于进一步做好中频段 5G 基站与卫星地球站等无线电台（站）干扰协调工作的通知》要求，组织协调北京联通、北京电信等公众通信运营商克服疫情的不利影响，推进 C 波段卫星地球站改造工作。北京市已完成 297 个卫星地球站的改造、协调工作，完成率达到 95.8%。

**【大数据平台 2.0 版发布上线】**

2020 年 8 月 7 日，北京市大数据平台 2.0 版发布上线。截至 2020 年年底，依托大数据平台的数据交换通道，汇聚政府、社会数据 174.2 亿条，汇聚数据量达 10914.47GB；支撑目录链驱动的数据共享 75.8 亿条，共享数据量达 2782.07GB；交换数据超过 360 亿条，交换数据量达 19TB，日均交换数据约 1.3 亿条，日均交换数据量约 68GB。北京市与国家平台共交换数据 21.6 亿条，其中，北京市向国家平台提供数据 36 类、17.8 亿条，从国家平台获取数据 22 类、3.8 亿条；代理教育部、国家市场监督管理总局、公安部等 7 个接口，为北京市不动产登记、海淀区“一网通办”等提供服务，累计调用数据 20.9 万次。同时，还支撑北京市领导驾驶舱应用、北京市人大预算联网监督系统、北京市商务局生活必需品保障平台及税务数据支持首贷中心应用的数据对接。

**【全球首个网联云控式高级别自动驾驶示范区建设】**

2020 年 9 月 19 日，北京市高级别自动驾驶示范区建设方案在工业和信息化部、交通运输部、自然资源部等国家部委的见证下正式发布。示范区以北京经济技术开发区全域（面积 60 平方千米）为核心开展建设，采取“小步快走、迭代完善”的方式，以 3～6 个月为一个迭代周期，不断修正完善后续建设方式和内容，在形成成熟模式后逐步向北京市其他区域复制推广。示范区已开展 1.0 阶段建设，部署 10 千米城市道路、10 千米高速公路和 1 个 AVP 停车场的智能化基础设施。示范区将通过小规模、多场景、差异化部署路侧智能设施和 V2X 通信网络，统一建设云控基础平台，完成网联云控关键技术的初步验证，探索车端感知与路端感知系统的最佳耦合方案；探索网联式自动驾驶与交管交通系统的硬件复用；为企业产品测试与迭代提供试验平台。

# 天津市信息化发展概况

## 【工业和信息化总体发展情况】

2020 年，天津市工业和信息化系统坚持以习近平新时代中国特色社会主义思想为引领，以“三个着力”重要要求为元为纲，深入践行新发展理念，全面落实制造强国和网络强国战略，贯彻落实天津市委市政府关于坚持制造业立市、建设制造强市的战略部署，以供给侧结构性改革为主线，以智能制造为主攻方向，深化新一代信息技术与制造业融合，加快数字产业化和产业数字化，夯实融合发展基础支撑，提升产业基础高级化、产业链现代化水平，助力工业经济高质量发展。据《中国数字经济发展白皮书》显示，2020 年天津市数字经济规模超过 5000 亿元，数字经济占 GDP 比重超过全国平均水平。

## 【信息基础设施】

2020 年，天津市抢抓 5G 发展战略机遇，全力推动 5G 等新型基础设施发展，制定出台《天津市人民政府关于加快推进 5G 发展的实施意见》等政策文件，全市通信网络建设顶层设计更加完善，营商环境明显提升。宽带网络覆盖范围和承载能力显著增强，移动宽带下载速率、固定宽带下载速率双双居全国第 3 位，光纤宽带用户超 507 万户，建成光纤网络全面覆盖的“光网城市”。2020 年年底累计建成 5G 基站 2.4 万余个，基本实现全市城镇区域及重点行业应用区域室外连续覆盖。通信基础设施总体发展水平位居全国前列，为加快实现“一基地三区”功能定位提供坚实基础设施支撑。

## 【工业互联网发展】

顶层设计不断完善，良好政策环境逐步营造。天津市积极推动《天津市人民政府关于深化“互联网+先进制造业”发展工业互联网的实施意见》和《天津市工业互联网发展行动计划（2018—2020 年）》任务落实，研究起草推动工业互联网创新发展三年行动计划。围绕网络、平台、安全三大重点领域，营造工作氛围，打造试点示范，构建产业生态，完善支撑环境。充分利用市级智能制造专项资金政策，对国家级项目和市级项目分级分类给予政策支持，加大支持力度。

网络支撑能力稳步提升。工业互联网标识解析体系建设加快推进，中汽研、中科曙光等标识解析网络建设项目获工业和信息化部重大专项支持。围绕智慧城市、智能制造等 10 多个 5G 应用重点领域，持续培育垂直行业典型应用案例 164 个，5G 应用深度和广度不断加大。

平台资源加速汇集。加快与阿里巴巴、京东、海尔等国内知名工业互联网平台服务商合作，推进服务和平台落地。推动紫光跨行业跨领域工业互联网创新平台项目、宜科工业互联网赋能测试平台、赛象科技橡塑机械 MRO 工业互联网平台等一批跨行业跨领域、行业性区域级平台建设，加快构建本地化平台服务体系。

示范项目创新引领。遴选支持卡奥斯 COSMOPlat 智慧骑行平台、一汽大众天津工厂工业互联网平台等一批工业互联网领域试点示范项目。推进工业互联网网络信任支撑平台项目等工业和信息化部工业互联网创新发展工程项目建设。新兴燃气承担的“天然气分布式能源工业互联网新模式应用项目”顺利通过工业和信息化部验收。大港油田、津荣天宇、吉诺科技等累计 6 家企业入选工业和信息化部企业上云优秀案例，全市上云工业企业超过 6000 家。

发展生态不断完善。2020 年，天津市成功举办中国（天津）工业 App 创新应用大赛暨全国第三届工业 App 大赛，吸引了来自全国 40 个省市的上万个项目报名参赛，天津市 8 个项目获得行业创新应用奖，2 个项目获得疫情防控与复工复产专题奖，形成了一批助力企业复工复产、推动产业发展的工业 App 应用示范标杆；大赛同期启动了“百万工业 App 生态培育计划”，持续推动工业互联网应用生态繁荣。遴选公布了 17 家智能化升级咨询诊断服务商、19 家平台服务商和 41 家解决方案商名单，进一步提升本地系统解决方案商支撑服务能力。完成天津市工业互联网产业联盟换届，充分发挥政府与企业的双向沟通平台和产业合作对接平台作用，工业互联网发展生态体系日趋完善。

## 【信息化与工业化融合】

2020 年，天津市持续深入贯彻落实《国务院关于深化制造业与互联网融合发展的指导意见》及工业和信息化部《信息化和工业化融合发展规划（2016—2020）》有关要求，以新一代信息技术与制造业融合为主线，发展新模式、新业态，加快推进制造业数字化、网络化、智能化转型升级。据《中国两化融合发展数据地图（2020）》显示，天津市重点企业数字化研发设计工具普及率达 81.8%，关键工序数控化率达 54.6%，生产设备数字化率达 53.3%。

政策环境不断完善。出台了《天津市关于进一步支持发展智能制造的政策措施》，制定印发《天津市工业和信息化局落实天津市关于进一步支持发展智能制造的政策措施实施细则》等政策文件，充分发挥智能制造财政专项资金的引领导向作用，大力培育新动能，以智能制造产业链、创新链的重大需求和关键环节为导向，着力推进新基建、新产业、新业态、新模式、新场景发展。累计支持 5 批 1726 个项目，安排资金 52.1 亿元，形成 1∶20 的放大带动效应，建成丹佛斯、海尔 5G 工厂、长荣科技等 102 个智能工厂和数字化车间。

贯标和评估工作有序推进。2020 年，遴选公布 283 家市级两化融合管理体系贯标试点企业，贯标试点企业数量达到 479 家，近 200 家企业获得两化融合管理体系认定证书，累计组织服务商免费为 360 余家规模以上企业开展专业化的智能化升级改造咨询诊断服务，精准查找问题，明确发展方向，激发智能化改造的内生动力。天津市成为全国首批（全国共 9 个）DCMM（数据管理能力成熟度评估模型）评估试点地区之一，中汽数据（天津）有限公司和贝壳技术有限公司入选全国首批（全国共 6 个）贯标示范企业，成为数据管理“国标”DCMM 贯标的排头兵。天地伟业技术有限公司 2020 年正式通过 CMMI-DEV2.0 ML5 认证，获得国际软件领域最严格认证机构颁发的 CMMI-DEV2.0 ML5 证书，是全球第 19 个、全国第 11 个、安防行业首个通过 CMMI-DEV2.0 ML5 认证的企业，成为全球安防行业软件开发领域的标杆。

加大创新驱动和资源汇集力度。发展互联网制造新模式，“互联网+”赋能产业升级，重点企业实现网络化协同的比例为 37.5%，开展服务型制造的比例为 30.8%，开展个性化定制的比例为 12.1%。聚焦研发、设计、生产、管理、营销等重点领域，发展制造业关键环节系统综合集成、互联网制造、工业大数据、工业电子商务等新模式、新业态，推进爱玛科技互联网制造新模式示范等基于互联网的产品全生命周期管理及制造+服务等一批示范项目建设，汽车制造行业工业互联网平台、智物联信工矿业工业互联网平台等 6 个项目入围工业和信息化部制造业与互联网融合试点示范项目，制造业数字化、网络化改造加快步伐，新一代信息技术与制造业融合应用场景不断拓展。

## 【信息产业】

### （一）电子信息制造业

2020 年，天津市电子信息产业 278 家企业共实现收入 2198 亿元。形成了以滨海新区、西青区、津南区为核心，以北辰区、东丽区、宝坻区、武清区为配套的地理布局；涌现出中科曙光、鸿富锦、天地伟业、华来科技、三星视界移动、电装电子、三星电机、三星高新电机、三星LED、爱旭太阳能、力神电池等一批龙头企业；产品涉及高性能服务器、基础元器件、光通信器件、显示器件、电线电缆、光伏硅片组件、锂离子电池、汽车电子等多个产品方向。

高性能服务器制造。天津市服务器行业聚集了中科曙光、鸿富锦、安擎计算机、思腾合力、金品计算机等 8 家企业，2020 年实现收入 626.26 亿元，企业数量同比增长 300%，收入同比增长 35%。产品从最初的通用型服务器，逐步发展出面向人工智能、存储应用、超融合应用及信创专用等行业细分领域的产品。最大的服务器生产企业鸿富锦提供了全球 1/3 的服务器产品，年收入超过 500 亿元。

智能终端。2020 年，天津市智能终端行业 63 家企业实现收入 281.38 亿元，企业数量同比增加 65.78%，收入总额同比增长 5.23%。产品涉及工业机器人、医疗诊断终端、智能城市终端、家用终端等多个领域。其中，工业机器人及设备行业企业 27 家，实现收入 104.63 亿元；家用服务机器人企业 10 家，实现收入 109.92 亿元（其中，68 亿元产品出口）；智慧城市设施企业 13 家，实现收入 53.96 亿元；教育及医疗行业企业 7 家，实现收入 9 亿元；电力设备行业企业 4 家，实现收入 3.8 亿元。

传感器制造。传感器行业集中了杰泰高科、图尔克、威世世铨、霍尼韦尔、福迪威西特、宜科电子等 8 家企业，2020 年实现收入合计 30.79 亿元。产品涉及电感式、电容式、磁感式、流体、加速度、光电等多种传感器产品。其中，杰泰高科自研的 LND 系列激光雷达传感器已应用到深圳妈湾智慧港 3 号泊位，同时为天津市企业凯发电气、美腾选矿提供了高灵敏度、高准确度的产品。宜科电子的传感器产品作为智慧用电领域唯一入选项目，被列入工业和信息化部“2020—2021 年度物联网关键技术与平台创新类、集成创新与融合应用类示范项目名单”。

集成电路制造。2020 年，在疫情催生下芯片用量上涨，晶圆制造行业产能整体紧张，尤其是成熟制程需求旺盛。天津市集成电路制造企业主要提供 0.35μm～90nm 的逻辑电路，射频电路、高压及超高压电源驱动、智能卡、图像传感器、指纹识别、手机及工业用电源管理、汽车电子等各类芯片制造工艺，2020 年实现收入约 30 亿元，同比增长 19.6%，产业规模创新高。

（二）软件和信息服务业

2020 年，天津市有效应对新冠肺炎疫情影响，精准施策、全力纾解企业痛点和难点，多措并举、加快推进软件产业恢复稳定增长。天津市软件和信息服务业 2020 年实现收入 2287 亿元，同比增长 17%。麒麟软件、飞腾、今日头条、贝壳技术、未来电视等龙头企业收入继续保持 40% 以上的高速增长，天津市以基础软件、工业软件等领域为代表的软件产品收入达到 545 亿元；信息技术与制造业融合水平不断加速，嵌入式软件收入达到 35 亿元；信息安全收入达到 34 亿元，以云服务、大数据、集成电路设计为代表的信息技术服务业规模快速增长，达到 1673 亿元，支撑形成的“云展览”“云体验”等新消费模式，在畅通国内大循环、促进形成国内国际双循环等方面持续发挥作用。

企业规模不断壮大，软件业务收入超过 10 亿元的企业共计 32 家，超过 1 亿元的企业达到 107 家，中科曙光、天地伟业入选 2019 年（第 18 届）中国软件业务收入前百家企业。天地伟业、恒银金融、凯发电气、天大求实、云账户、南大通用等近 20 家单位入选 2020 天津市民营企业科技创新百强。在 2020 世界计算机大会上，中科曙光、麒麟软件、南大通用、神舟通用成功入围“中国 2020 先进计算百强榜”。

在信息技术应用创新领域，天津市着眼基础软件、集成电路、网络安全、应用软件、外设终端等细分领域，编制产业图谱。推动麒麟软件、中科曙光、中汽研等企业与天津大学、南开大学、天津理工大学等高校共建特色化示范性软件学院，强化信创人才的定向培养。成立信创工委会、信创产业（人才）联盟和信息安全产业集群促进中心等行业组织，举办 10 余场信创专题撮合对接活动，开展集群走进重点高校、重点企业走进院校、院所走进重点企业等数十场系列活动，长城计算机、安华易等 5 家企业成为战略性新兴产业领军企业。在信创产业的引领下，软件企业、技术、人才等创新资源加速聚集，逐渐形成了更有活力的创新型产业生态。

国产数据库软件。2020 年，天津市国产数据库软件发展继续保持国内市场领先地位，以南大通用和神舟通用等国产数据库为代表，市场份额稳步上升，全年数据库软件业务收入达 2.2 亿元。

南大通用是天津市培育的国产数据库领军企业，一直致力于国产数据库产品的研发和销售，始终坚持自主创新，连续进入 Gartner 全球数据管理领域魔力四象限（亚洲仅有 3 家企业入选）。2020 年 12 月末，GBase 产品通过 TPC-DS 国际权威测试，平均单核算力全球第一，加载性能最优。南大通用数据库产品已在党政、军队、金融、电信、制造等行业的各类关键信息应用系统中发挥了重要作用，在信创试点项目中近 20 个省市采用了南大通用 GBase 安全数据库产品，南大通用客户群覆盖几十个行业的核心业务系统，用户遍及 34 个国家、国内 32 个省级行政区，节点数大于 30000 个，总数据量超过 200PB，数据库产品已经连续 6 年在国内市场占有率第一。

神舟通用致力于国产数据库产业化，隶属中国航天科技集团公司，是国内最具影响力的基础软件企业之一，获得国家核高基科技重大专项重点支持。神舟通用提供神通数据库系列产品与服务，产品技术领先，已获得 30 余项数据库技术发明专利，在国产数据库行业处于领先位置。神舟通用相继获得 2019 年度中国优秀软件产品、2019 年中国大数据应用最佳实践案例、科学技术进步奖二等奖、天津市版权示范单位等奖项。神舟通用形成了自主研发的神通数据库产品，并完成了一批国家基础软件业内标杆性示范案例。神舟通用自主研发的神通数据库系列产品为嫦娥五号“升、绕、落、回”等不同阶段提供全面保障和数据支撑，并应用于电信行业中的“某国家级电信企业全国集中综合结算系统”、网安方面的“国家互联网应急中心某工程 A 系统和某工程 B”，以及政府行业陕西、广西等省级电子政务大数据采集、存储、分析、挖掘项目。神通数据库系列产品通过公安部等保四级和军 B+认证，是国内目前安全等级最高的国产基础软件之一。

（三）智能科技产业

天津市智能科技产业是以人工智能产业为核心，以新一代信息技术产业为引领，以智能制造为主攻方向，以新型智能基础设施为关键支撑，各领域深度融合发展的新兴产业。天津市第一个提出打造“天津智港”，第一个举办世界智能大会，在全国率先举起智能科技产业旗帜。2020 年，天津市智能科技产业营业收入占全市规模以上工业和限额以上信息服务业比重达到 23.6%，比 2019 年提高 6.9 个百分点；形成了信息技术应用创新、人工智能、大数据与云计算等优势领域；赋能百业百态效应持续显现，智能制造、智能医疗与健康、智慧城市、智能交通、智慧教育等应用领域快速发展，已成为天津加快引育新动能、加速产业转型升级、支撑制造强市建设的核心驱动力。

信创产业全国领先。天津市坚持以用立业，加快构建产业生态，实现“集成电路、基础软件、整机终端、应用软件、网络安全”等多领域全链发展。聚集了飞腾、麒麟软件、长城、中科曙光、南大通用等一批骨干企业，全国六大芯片厂商、四大数据库企业、2 家操作系统公司，天津市分别占据 4 家、2 家和 1 家。飞腾 CPU+麒麟操作系统构成的“PK”体系成为国家信创工程主流技术路线，全力打造中国“Wintel”。天津市拥有国内最大的信息安全产业基地、全国首个信创安全基地等平台载体，为产业发展提供重要保障；高标准建设中国信创谷，率先扛起打造国家信创产业示范区的大旗，着力形成信创产业发展“天津模式”。

人工智能产业生态日趋完善。天津市形成了集底层硬件、软件算法、行业应用、终端产品于一体的产业生态体系，涌现出全球首款“脑语者”芯片、世界首套神经工效测试系统、国内唯一的全自主无人机系统等一批创新成果，产业核心竞争力不断提升；成功获批国家新一代人工智能创新发展试验区、天津（滨海新区）国家人工智能创新应用先导区、天津（西青）国家级车联网先导区，成为国内唯一一个拥有双先导区的城市。

大数据与云计算助力打造“数字天津”。深化数据治理，统筹推进数据融合创新应用工作，形成集“数据采集、存储、清洗、分析与挖掘、数据安全及智能应用”于一体的大数据产业链。聚集易华录、南大通用、软通动力、浪潮、精诺瀚海、三六零等骨干企业，打造了空港数据中心、华苑国际数据港、腾讯北方数据中心等多家大数据中心。加快推进京津冀大数据综合试验区建设，全力打造环京地区规模最大的数据中心组团之一，助力“数字天津”发展跃上新台阶。

智能网联汽车产业链加速成型。依托汽车及零部件产业基础，加快智能网联汽车关键技术研发，集聚中汽研、清智科技、维智汽车电子、奥特贝睿、锋时互动等一批骨干企业，形成涵盖“定位导航、环境感知、车载芯片、自动驾驶、辅助驾驶、检测认证”的产业发展格局，产业链逐步完善。拥有东丽区、滨海新区两个智能网联汽车示范运营和产业基地；打造了国内首个5G+V2X 融合网络无人驾驶业务试点；天津（西青）国家级车联网先导区 1475 亩封闭测试场加快建设，着力打造中国北方智能网联汽车测试功能最齐全的封闭测试场，构建“虚拟测试—封闭测试—开放道路测试”三级测试体系。

智能终端多点覆盖发展势头强劲。集聚了宜科电子、希格玛微电子、天地伟业、恒银科技、蓝酷科技等一批代表性企业，产品涵盖了基础感知、网络传输、系统平台、网络应用等多个领域。在无人机、家居、金融、可穿戴设备等新兴领域，培育了一批特色新产品，其中，智慧柜员机、裸眼 3D 手机、“海燕”水下滑翔机、全自主无人机等产品技术国内领先。拥有天津市自动化与信息化技术创新战略联盟，汇集精密测试技术及仪器国家重点实验室、数字交换系统工程技术创新中心等创新平台，搭建了恩智浦“人工智能&物联网”应用示范基地，为智能终端产业发展提供了良好的创新氛围。

天津市工业机器人产业快速发展。集聚阿童木机器人、新松机器人、七所精密、国人机器人等一批代表性企业，产品及服务涵盖工业机器人、服务机器人和特种机器人，形成了从上游核心零部件到下游行业应用的全链条。2020 年，国内首台、达到国际先进水平的 240T 重载 AGV 在天津朗誉科技发展有限公司研制成功；天津新松工业机器人智慧产业园项目启动建设，天津新松成功自主研发的“火弧”焊接机器人在工业博览会现场重磅发布，引发业界高度关注；芯球（上海）智能科技有限责任公司与中新天津生态城管委会签署合作协议，芯球机器人的北方研发、运营、生产总部基地正式落户生态城。

**【重大举措或事件】**

第四届世界智能大会举办。第四届世界智能大会于 2020 年 6 月 23—24 日在天津市成功举办，大会以“智能新时代：创新、赋能、生态”为主题，率先采用全程“线上”办会模式。全国 40 家网站对云开幕式暨主题峰会、云闭幕式进行了直播，最高在线人数达 1.04 亿人，总浏览量达 7.05 亿人次；全球 230 余家重点新闻网站、知名媒体和主要商业网站进行了全方位报道，大会盛况在美通社发布 2 小时后，经由 113 家外国媒体转载，海外视频浏览量累计达 9000 万人次。至 2020 年 7 月 10 日，共发布相关稿件 13.6 万篇，全球总浏览量超过 25 亿人次。本届大会在传播先进理念、促进国际交流、深化战略合作、推动项目落地等方面取得了一批丰硕成果，实现了政治效果、专业效果和社会效果高度统一。

高端交流专业前瞻。聚焦后疫情时代智能科技发展蕴含的新机遇、新挑战，阐幽发微、碰撞思想。中国工程院院士高文、腾讯首席运营官任宇昕、麻省理工学院物理系终身教授和《生命 3.0》作者迈克斯·泰格马克、英特尔全球副总裁杨旭、中科曙光集团总裁历军、诺贝尔奖得主埃德蒙·费尔普斯、阿里巴巴技术委员会主席王坚、科大讯飞董事长刘庆峰、图灵奖获得者罗杰·瑞迪、诺维信集团副总裁索伦·卡尔森、三六零集团董事长周鸿祎等 12 位学术权威和优秀企业家的演讲紧扣大会主题，对后疫情时代的人工智能发展总体形势等内容发表独到见解，呈现了一场精彩的思想盛宴。此外，大会同期举办第二场云主题峰会和 13 场云平行论坛，也得到了较好反响。

智能科技展多维打造。“云智能科技展”采取全程“云上”展览模式，以国家会展中心天津场馆场景为主体，设置了科研创新、智能制造、智能交通、智慧生活、智慧城市、大数据共50000平方米的六大展区，汇聚了中科院、清华大学、国家超算天津中心、华为、腾讯、西门子、特斯拉、海尔、科大讯飞、麒麟软件、浪潮、中科曙光、云账户等100余家科研机构及知名企业，开设了“设计之都——天津展区”。利用虚拟现实技术，实现了云逛展、云展览、云洽谈三大功能。

品牌赛事精彩纷呈。世界智能驾驶挑战赛、2020中国（天津）工业App创新应用大赛、2020中国华录杯·数据湖算法大赛、“第五空间”智能安全大赛、国际智能体育大会和“海河英才”创业大赛同期举行，向全网呈现多场精彩纷呈、引人入胜的专业赛事。

“以会兴业”成效显著。本次大会通过“云签约”方式，内外资签约项目共148个，总投资约922亿元。其中，新动能、新基建项目127个，占比86%；投资额约726亿元，占比近80%。京冀地区仍为内资投资的主要来源，来自京冀地区的投资项目52个，占比约40%；外资项目来自美国、德国、比利时、日本等8个国家和地区，包括富士康、华润等世界500强，以及一奇资本、比利时优美科等多个总部机构和世界知名企业，充分表明天津市的开放向着更高质量迈进。

体验发布引领趋势。大会官网设立体验专区，通过智慧港口、智慧城市、智能工厂、智能交通、智能终端等多个版块，营造全方位、深层次的智能体验，开展“云推介”“云系列活动”等体验版块。通过“云上”模式，面向全球发布报告、政策、产品等26项成果。其中，国家部委发布成果12项，包括工业和信息化部发布的《人工智能产业人才发展报告》、国家卫健委发布的《数字健康白皮书》等。天津市发布了2项成果，分别是《中国新一代人工智能科技产业发展报告（2020）》和《天津市智能科技产业发展年度报告（2020）》。通过系列发布活动，推出助力智能科技产业发展的扶持举措、惠企政策，充分展现智能科技领域重大成果、前沿理念、创新应用和尖端技术。

# 河北省信息化发展概况

2020年，在河北省委、省政府及河北省信息化和工业化深度融合工作领导小组的正确领导下，河北省按照“三六八九”工作思路和“三创四建”活动的总体要求，围绕贯彻落实河北省政府《关于推动互联网与先进制造业深度融合加快发展工业互联网的实施意见》，坚持聚焦河北省委、省政府中心工作，大力推动工业互联网创新发展，河北省两化融合工作再上新台阶、呈现新突破。

## 【大力推进工业互联网建设】

一是开展工业互联网创新发展试点示范。2020年培育54个工业互联网创新发展试点示范项目，组织各市对试点示范项目进行验收。同时，为确保互联网与先进制造业融合发展项目质量，组织专家对2018年、2019年通过验收的“制造业+互联网模式应用”类补贴资金项目、企业上云类补贴资金项目进行抽查。二是创新"云调度"工作模式入企帮扶。基于疫情策划了14场云上两化融合"双创双服"入企帮扶活动，组织专家对省级"双创双服"重点企业和百家县域特色产业集群龙头企业把脉问诊，指导企业做好顶层设计，推进两化融合项目谋划和建设。疫情稳定后，组织专家前往各市县（区）95家两化融合"双创双服"重点企业和县域产业集群龙头企业进行入企帮扶现场诊断。三是完成"5G+工业互联网"对接。与河北省通信管理局共同签发了《关于与工业企业开展对接合作和提供"5G+工业互联网"发展情况的通知》，组织三大通信运营商与河钢集团石家庄钢铁有限责任公司、河北中烟工业有限责任公司、冀中能源集团有限责任公司进行了对接。四是争创国家典型。石家庄钢铁有限责任公司"特钢精益生产管控能力"被评为工业和信息化部2020年制造业与互联网融合发展试点示范，河北联通"省级工业互联网安全态势感知平台"项目列入国家2020年制造业高质量发展专项项目。工业和信息化部开展的2020年工业互联网发展成效评估工作，河北省共有320家列入国家工业互联网重点项目库并参加了评估，数量居全国第3位。

【积极推动企业上云】

一是指导36个服务商完善服务体系。进一步完善企业上云供给资源池，优化产品及服务内容，健全云服务商本地化服务体系，提升资源池供给能力和水平。二是开展云平台调度对接。分别与阿里巴巴、三一重工、中数通、猪八戒网、树根互联、河北联通、河北电信、河北移动、河钢数字等企业开展座谈，对相关项目进行了调度。三是组织开展2020年河北省企业上云精准对接活动。举办了11场企业上云精准对接活动，覆盖了13个市和雄安新区，企业上云供给资源池服务商介绍了最新上云解决方案和上云标杆典型案例。截至2020年，累计上云企业10000家，2018—2020年河北省工业云平台应用率增速居全国第2位，增速达10%；石家庄科林电气股份有限公司被评为2019年工业和信息化部企业上云典型。

【加大智能制造发展力度】

一是出台系列数字化转型文件。制定出台了《河北省石化工业数字化转型行动计划（2020—2022年）》《河北省汽车制造业数字化转型行动计划（2020—2022）》《河北省县域特色产业集群数字化转型行动计划（2020—2022年）》等系列文件，指导重点行业和集群开展数字化改造，降低成本、精准配置资源、提升效率、增加附加值。二是推进重点行业智能化提升。针对制造业不同行业、不同规模、不同基础，坚持问题导向、需求导向、目标导向，指导企业精准施策，顺次推进企业数字化、信息化和智能化3个层次升级，开展传统企业数字化提升行动。三是组织智能制造项目认定。围绕装备制造、钢铁、石化、食品、医药、建材、纺织、电子信息等重点行业，组织各市申报2020年数字化车间、智能制造标杆企业和智能制造示范（园）区，认定数字化车间109个、智能制造标杆企业8家、智能制造示范（园）区7个。

【加快工业电子商务应用】

一是开展"总裁带货"工业企业产品网络直销公益活动，举办"总裁带货"直播100余场，观看人数约2800万人次，销售额达6500万元；与京东联合举办了"6·18""双十一"工业品网上促销活动，设立河北工业品促销专区，2000多家河北企业的25万余种产品参与活动，销售额突破68.1亿元。二是开展河北省工业企业品牌网络宣传。联合多家媒体举办河北工业企业品牌日活动，每天推介一家优质企业和产品，讲好河北工业企业的品牌故事，扩大企业和产品的知名度，共宣传省内重点企业120家，浏览点击量突破230万次。三是组织召开河北省工业电子商务经验交流会，君乐宝乳业、格雷服饰、京东商城等企业分享了电子商务相关发展经验，全省2200多家企业通过视频形式参加了会议。

【不断增强产业支撑能力】

一是电子信息产业加速发展。华通科技"基于物联网的机器人视觉边缘计算"等6个项目入选国家物联网应用示范项目，入选项目数量全国领先；工大科雅城市智慧供热大数据管理平台入选工业和信息化部2020年大数据产业发展试点示范项目。二是大数据产业初具规模。张家口新能源、廊坊物流金融遥感、承德旅游、秦皇岛健康、石家庄大数据应用5个京津冀大数据应用示范区基本建成；阿里巴巴张北数据中心、润泽科技国际信息港等一批超大规模数据中心投入运行，在线运营服务器规模突破180万台；张北、承德、怀来工业和信息化部国家新型工业化产业示范基地建设加快。2020年，河北省电子信息产业主营业务收入达1912亿元，同比增长8.7%。

### 【持续提升工业信息安全保障能力】

在邢台德龙钢铁组织召开了“河北省工业控制系统信息安全事件应急演练观摩会”，全省160家企业参加；在13个市举办了13场应急演练，500多家企业参加。完成了河北省工业控制系统在线监测预警平台、工控安全应急指挥和应急资源库平台建设，提升河北省工业信息安全应急保障能力。2020年收到国家工业信息安全研究中心的《河北省工业互联网安全预警提示》4期，针对提出的河北省企业存在的工控安全漏洞隐患，迅速与相关市局联系，督促相关企业完成整改。完成了河北省工业信息安全服务支撑单位遴选工作。

### 【强化两化融合推进】

一是发挥领导小组作用。对两化融合领导小组成员进行了调整，制定两化融合领导小组相关规则，召开两化融合领导小组工作会议，对年度工作进行了安排部署。组织起草并向河北省政府上报了2019年、2020上半年全省两化融合工作完成情况的报告，印发了《2020年河北省两化融合工作要点》。二是强化政策引导。按照《中共中央办公厅　国务院办公厅关于深化新一代信息技术与制造业融合发展的意见》要求，结合河北省实际，仅用30天起草制定了《深化新一代信息技术与制造业融合发展的贯彻落实意见》，经省委全面深化改革委员会研究通过后，以省委办公厅、省政府办公厅文件印发，成为全国第二个出台落实意见的省份。三是强化工作部署落实。与河北省通信管理局共同印发了《河北省加快工业互联网发展的通知》，按照工业和信息化部要求，起草上报了河北省两化融合“十三五”发展情况总结和“十四五”规划编制建议，并梳理了“十三五”时期出台的两化融合政策和规划、支持两化融合发展的专项资金使用情况。

2021年，是全面建成小康社会、实现第一个百年奋斗目标之后，开启全面建设社会主义现代化国家新征程、第二个百年奋斗目标进军的“十四五”开局之年，河北省两化融合工作要以习近平新时代中国特色社会主义思想为指导，深入贯彻落实党的十九大和党的十九届二中、三中、四中、五中全会精神，认真落实河北省委九届十一次全会精神，坚持新发展理念，补短板、强弱项、抓落实，重点在工业互联网平台建设、推动企业上云、智能制造、工业控制系统安全体系建设、两化融合评估全覆盖等方面攻坚发力，推动工业化与信息化在更广范围、更深程度、更高水平上实现融合发展。

# 山西省信息化发展概况

## 【信息基础设施建设】

### （一）通信基础设施建设

截至2020年12月底，山西省电话用户总数达4267.3万户，比2019年年末增长13.9万户。其中，固定电话用户244.4万户，比2019年年末减少21.8万户；移动电话用户达4022.8万户，比2019年年末增加35.6万户。3G电话用户总数达72.1万户，比2019年年末减少8.7万户，占山西省移动电话用户数的比重降至1.8%；4G电话用户总数达3318万户，比2019年年末增加115.7万户，占全省移动电话用户数的比重达82.5%。移动宽带用户（3G+4G）达3390.1万户，移动宽带用户普及率达91.2%，在全国居第17位。

截至2020年12月底，山西省固定宽带接入用户总数达1252.1万户，比2019年年末新增126万户，其中，光纤宽带用户总数达1226.4万户，占比达98%，稳居全国第1位。使用100Mbps以上速率的宽带用户总数达1174.4万户，占固定宽带接入用户的93.8%。山西省家庭宽带用户总数达1104.7万户，固定宽带家庭普及率达87.5%，在全国居第24位。移动互联网用户达3266.3万户，其中，手机上网用户达3265.3万户。

2020年1—12月，山西省新增宽带接入端口174万个，总数达2322万个。其中，新增FTTH（光纤到户）端口189万个，总数达2252万个；FTTH端口占宽带接入端口的比重达97%。新增移动通信基站2.9万个，总数达26万个。其中，新增4G基站1.7万个，总数达15.9万个；5G基站总数达1.6万个。NB-IoT（移动窄带物联网）基站达2.1万个，实现乡镇以上全覆盖。山西省新增光缆长度4万千米，累计达到131.9万千米，互联网省际出口带宽扩容5537GB，达到23828GB。

### （二）5G建设与融合应用

截至2020年年底，山西省累计开通5G基站16281个，提前两个月完成全年开通目标，开通率居全国第一方阵。

组建山西省5G基建服务专班，印发《山西省5G基建服务专班实施方案》，扎实开展建设要素保障、问题协调督办，按一站一策责任到人，解决基站“选址难”“入场难”等顽疾。推动各市出台5G建设规划，发布实施《建筑物移动通信（5G）基础设施建设标准》，为5G网络更广覆盖提供规划指引和标准支撑。推动各市定期梳理公布社会公共资源开放清单，对5G建设免费开放。

基站电力要素保障全国领先。山西省基础电信企业基站用电已全部打包纳入电力市场直接交易，2020年累计交易用电16.19亿千瓦时，累计节约用电成本7100万余元。“硬核”开展存量转供电基站改直供电，2020年累计完成4939个转供电基站引公变直供，单站年节约用电成本近2万元。通过省级数字经济发展专项资金对5G基站用电超出0.35元/千瓦时部分给予补贴，2020年度用电补贴近2000万元。

5G 应用高水平发展。在交通运输领域印发《关于免费开放公共资源支持 5G 基站建设的通知》，一方面加快高速公路、高铁城轨等交通干线和枢纽人脸识别、移动支付、智能网联汽车等 5G+智能交通的示范应用；另一方面积极推进交通运输领域公共资源开放，3 年内实现主要高速公路、重要国省道 5G 网络连续覆盖。在文化旅游领域印发《关于加强旅游景区 5G 网络建设的通知》，一方面加快 5G 和旅游产业的融合，发展旅游景区 5G 直播、5G 消息、移动支付、扫码识景、VR 体验、智慧导游、智慧酒店等功能，丰富景区旅游体验；另一方面积极推进旅游景区公共资源开放，全力支持 5G 网络建设，着力推进黄河、长城、太行山三大旅游板块 5G 网络覆盖，力争在 3 年内基本实现全省 4A 级及以上旅游景区、省级旅游度假区智慧化转型升级。

（三）工业互联网建设发展

夯实网络基础设施。清控数联公司上线覆盖煤化工、冶金、高端装备制造 3 个行业的综合型二级节点；快成物流公司建设的全国首个道路货物运输行业二级节点已与国家顶级节点实现对接。

营造良好发展氛围。搭建基础电信运营商与省内企业对接合作平台，召开 3 场“5G+工业互联网”对接会，有效建立起工业企业与基础电信企业的沟通合作桥梁；开展山西工信“5G+工业互联网”大讲堂，分别指导用友和金蝶公司承办大讲堂活动，形成良好舆论宣传氛围；与浙江大学合作举办两化融合暨工业互联网培训，邀请国内优秀高校学者、行业专家，围绕“工业互联网与传统制造业融合发展”等主题进行授课交流，强力提升省内企业工业互联网发展意识，对“5G+工业互联网”在山西省落地发展、构建融合生态体系起到了积极赋能引导作用。

成立山西省工业互联网产业联盟。汇聚省内外 256 家优秀企业成立山西省工业互联网产业联盟，加快形成高水平的工业互联网产学研用一体化产业服务能力，支撑山西省工业互联网快速发展。紧密围绕转型出雏形和“十四五”开好局、起好步、见到新气象，以建党 100 周年为契机，聚焦山西省工业和信息化发展重点任务，为山西省产业基础高级化、制造业智能化提升、中小微企业改造升级提供坚实的支撑力量。山西省工业互联网产业联盟由山西云时代技术有限公司担任理事长单位，秘书处设在山西大数据产业发展有限公司。

打造省内优秀服务商、应用案例。促进工业互联网示范引领，新元煤矿、庞庞塔矿“5G+智能矿井”项目分别获工业和信息化部第三届绽放杯 5G 应用大赛一等奖、三等奖，台头煤焦“5G+智能矿山”项目入选 2020 年中国 5G+工业互联网典型案例。联通（山西）产业互联网有限公司“5G+智能矿山”等 2 个项目获得 2020 年工业互联网试点示范；中车太原机车车辆有限公司“货车造修协同交付能力”等 3 个项目获评 2020 年制造业与互联网融合发展试点示范，在省内外有效形成了示范引领、放大倍增的带动效应；深入实施工业互联网创新发展战略，积极推动企业参与工业互联网创新发展工程，2020 年共有精英数智科技股份有限公司等 3 家企业的 4 个项目中标，积极融入国家工业互联网体系化建设进程。

**【两化融合推进工作】**

（一）推动两化融合发展水平整体提升

根据国家两化融合发展数据地图，2020 年山西省两化融合发展指数为 49.8，相比 2019 年提升 1.1，在全国排名第 18 位。积极引导企业开展两化融合管理体系贯标，2020 年山西省新增 85 家两化融合贯标认定企业，两化融合发展水平逐年提高。

（二）推动两化融合政策体系研究

开展两化融合及工业互联网课题研究，探索山西省两化融合发展路径。配合工业和信息化部开展两化融合“十三五”发展情况总结，认真总结山西省两化融合发展成绩、有效经验等，为国家制定“十四五”规划提供参考。开展两化融合发展现状调研，高标准编制工业化和信息化深度融合“十四五”发展规划。

（三）优化两化融合发展环境

开展两化融合政策宣贯，通过网站、新闻媒体、座谈会议、现场对接等形式积极宣传山西省两化融合发展的相关政策，以及实施两化融合提升的必要性、对企业发展降本增效的效果，提升企业两化融合发展意识，引导企业开展两化融合自评估、自诊断、自对标，支持企业开展两化融合管理体系贯标，山西省两化融合发展水平显著提升。搭建两化融合平台，开展两化融合及工业互联网项目调研，积极对接省外制造业龙头企业、信息技术集成企业等，培育两化融合支撑机构，提升两化融合服务能力。

【软件和信息服务业】

2020 年 1—12 月，山西省软件和信息服务业虽然受到新冠肺炎疫情影响，但是复工复产成效明显，发展较为平稳。2020 年山西省软件业规模以上企业累计完成主营收入 82.17 亿元，同比增长 18.72%；累计完成软件业务收入 55.53 亿元，同比增长 17.26%；实现利润总额 9.03 亿元，同比增长 36.47%；从业人员平均人数 14809 人，同比增长 10.52%；从业人员工资总额 10.40 亿元，同比增长 14.1%。分领域来看，软件产品收入 17.93 亿元，同比增长 1.42%，其中，工业软件收入 2.46 亿元，同比下降 12.44%；信息技术服务收入 32.15 亿元，同比增长 27.12%，其中，大数据服务收入 14.08 亿元，同比增长 122.44%；云服务收入 6094.81 万元，同比增长 3.47%；信息安全收入 1.27 亿元，同比增长 41.12%；嵌入式系统软件收入 4.27 亿元，同比增长 20.04%。

（一）加强规划引领，谋划产业发展路径

制定发布了《山西省软件和信息技术服务业 2020 年行动计划》（晋工信软件字〔2020〕81 号），以高质量发展为中心，牢牢把握产业发展和工业信息安全两条主线，狠抓软件名园、名企、名品培育，明确了 2020 年行动目标，提出了 5 项重点任务和 4 项保障措施。同山西省商务厅、发展改革委等 8 家单位联合印发《关于推动服务外包加快转型升级的实施意见》（晋商服〔2020〕385 号），加快服务外包产业转型升级。

（二）推动产业发展，增强信息技术服务能力，推动软件产业集聚发展

印发《关于组织推荐 2020 年省级现代服务业集聚区（软件与信息服务方向）的通知》，指导大同市工业和信息化局、中关村软件园山西孵化创新基地申报省级现代服务业集聚区（软件与信息服务方向）。召开软件名园建设工作座谈会，邀请专家解读《中国软件名园创建管理办法》，交流探讨山西软件名园建设方向和路径。

开展优秀案例推广。组织山西省企业积极参加 2020 年全国工业 App 和信息消费大赛，山西英泰立达科技有限公司、山西三友和智慧信息技术股份有限公司、太原市海通自动化技术有限公司、清控数联（山西）工业技术有限公司、山西共致科技有限公司、大同市中科唯实矿山科技有限公司共 6 家企业的 7 个项目参赛，其中 5 家企业进入决赛，最终有 4 家企业获奖。

（三）落实政策保障，激发产业创新活力

做好数字经济专项资金项目申报工作。落实《关于印发山西省加快推进数字经济发展实施意见和若干政策的通知》文件精神，对获得 CMMI（能力成熟度模型集成）、ITSS（信息技术服务标准）认证的企业进行奖励，共有 49 个项目通过初审，支持金额总计 530 万元。

落实税收优惠政策。通过微信群、QQ 群等线上宣贯培训方式，对软件企业享受所得税、增值税的优惠政策，以及申报方式等进行详细解读、宣贯，覆盖山西省 200 余家软件企业，使更多软件企业了解税收优惠政策、激发发展动能。经过专家核查评审讨论，7 家企业备案资料符合 2019 年度享受税收优惠政策的条件，共退税 995.76 万元。

加强统计运行监测。加强疫情期间运行监测，印发《关于做好 2019 年软件和信息技术服务业统计年报和 2020 年定期统计报表报送工作的通知》，建立“省—市—企业”3 级统计工作机制，开展山西省软件统计在线培训，组织完成 2019 年年报统计任务，编制 2019 年软件产业发展运行报告。

（四）加强安全管理，提升安全防护能力

推进工业信息安全技术体系建设。印发《关于加快推进省级工业互联网安全态势感知平台建设的通知》，指导协调云时代公司、国家信安中心山西分中心等单位做好山西省工业互联网安全态势感知平台建设方案完善、绩效评价、平台企业对接等工作，按月向工业和信息化部报送建设进展情况。目前省级平台已对省级政务云平台进行监测，系统和数据已与国家平台对接联通。

开展网络安全培训。印发《关于开展网络安全在线培训的通知》，组织各市工业和信息化局、山西综改区及全省重点工业企业、软件企业、高等院校等单位运用工业和信息化部“网安课堂”参加网络安全在线学习，征集推荐网络安全在线培训课件，进一步增强网络安全意识，提升网络安全工作水平，促进疫情防控常态化下的网络安全学习交流。印发《关于开展 2020 年全国工控安全深度行活动的通知》《关于开展工业信息安全培训的通知》，2020 年 10 月 28 日联合国家工业信息安全发展研究中心举办 2020 年全国工控安全深度行（山西站）活动。山西省有关厅局、各市工业和信息化部门、工业企业、工业信息安全服务机构、科研机构、高等院校等 300 余人参加了活动。

**【大数据发展应用】**

（一）统筹推进数字基础设施建设

编制《山西省数据中心发展情况分析报告》，起草完成《关于推动数据中心高质量发展的实施意见（初稿）》，推动秦淮、百度等重大项目建设，构建从数据存储到算力支撑的“新基建”能力。山西省已建、在建数据中心设计标准机架达到 23.36 万架，约合服务器能力 240 万台；在用数据中心设计机架数年均增长率、上架利用率均超过 60%，显著高于全国增长速度；区域每万人拥有机架资源、每亿元 GDP 机架资源等指标均处于全国前列。

（二）大力培育发展特色数字产业

在数据标注方面，设立省级人工智能基础数据产业发展引导专项资金，指导百度牵头制定 3 项省级地方标准，百度数据标注交易平台上线运营。目前基地已入驻企业 35 家，标注人员 2000 余人，成为全国最大的单体标注基地。在特色平台方面，推动构建以数据为要素、以应用为支撑的大数据融合应用服务体系，涵盖政务、能源、工业等 20 余个领域，培育出全球蛙、快成物流、科达自控等一批行业领军企业。

（三）全面推进产业数字化发展

组织开展试点示范，累计推动山西省 8 个项目入选工业和信息化部大数据产业发展试点示范项目。联合山西省扶贫办遴选 4 个扶贫领域数字经济融合应用示范项目，予以奖励支持；遴选、编制《大数据扶贫产品和解决方案案例（2019）》，并进行宣传推广。

（四）积极推动数字要素市场化改革

对接国家部委，推动山西省和北京、上海、贵州等 9 个省份一同被列为全国首批数据管理能力成熟度评估（DCMM）试点地区。举办山西省 DCMM 工作启动暨标准宣贯培训会，组织开展评估工作，并作为首批试点地区代表在全国 DCMM 现场工作会上进行了推介宣传。

（五）强化政策保障，建立评价体系，优化发展环境

制定印发《数字经济专项资金审核工作方案和申报指南》，会同相关处室组织开展申报审核工作。2020 年共支持项目 162 个，安排资金 19534.04 万元，其中，大数据领域支持项目 75 个，安排资金 11937.46 万元。修订完善评价指标体系，开展山西省数字经济发展水平评估，编制《数字山西建设指南（2020 年）》，为各市科学推进数字经济发展提供指导依据。会同吕梁市举办“数谷吕梁·智赢未来”吕梁大数据产业发展大会，围绕 DCMM、人工智能、区块链等内容举办多个专题培训班。

（六）高起点、高标准、高质量编制“十四五”规划

组建“十四五”规划编制工作小组，先后走

访浙江、内蒙古、北京等省份和省份内各地市，深入剖析山西省大数据发展现状，研究谋划“十四五”大数据发展路径、措施，编制完成《山西省“十四五”大数据发展应用规划（初稿）》。

（七）强化立法保障

山西省人民代表大会开展《山西省大数据发展应用促进条例》研究、起草、论证等系列工作，并于2020年5月15日通过山西省第十三届人民代表大会第十八次会议审议，于7月1日起正式施行，标志着山西省大数据工作正式迈入法制化推进进程。

**【信息技术应用创新产业】**

（一）梳理生态图谱，推动产业生态“架梁立柱”

山西省副省长多次带队赴工业和信息化部对接，争取融入国家信创产业布局。细化梳理出重点项目、招商目录、服务需求、中西部地区信创产业布局等清单，以及产业链、项目链、招商链、创新链、政策链、任务链、技术和产品链等链条，研究制定《山西省支持信息技术应用创新发展的若干政策》和《山西省促进信息技术应用创新2020年行动计划》，系统性推进产业生态构建工作。

（二）引龙头，抓项目，全力推进信创产业集聚发展

华为、龙芯、长城、中科曙光、统信等一批信创领域核心领军企业落地山西省，山西百信信创基地、山西长城“智能云”工厂、华为鲲鹏创新中心等重大项目落地投产，初步构建起CPU—操作系统—基础软件—整机—配套外设—应用集成的产业链条，形成行业龙头聚集、链条逐步完备、生态日益完善的发展态势。

（三）以应用促产业，启动重点领域信创应用试点

研究制定《山西省加快推进行业领域信息技术应用创新行动方案》，联合相关行业厅局组织开展“揭榜挂帅”试点项目申报工作，系统、全面启动行业应用试点。

（四）强交流，促融合，全面优化信创产业发展环境

推动成立山西省信创工委会，组织企业与金融机构产融对接，与高校产教合作，组织开展全省信创产业创新生态建设现场观摩活动，为产业链协同创新提供平台支撑、金融支持、智力支撑。

# 内蒙古自治区信息化发展概况

2020年，内蒙古自治区软件和信息技术服务业复工复产成效显著，软件业务收入增速持续回升，云服务收入、电子商务平台技术服务收入实现较快增长。内蒙古自治区工业和信息化建设的总体思路是，坚持发展第一要务不动摇，坚定不移贯彻新发展理念，全面深化供给侧结构性改革，围绕支柱搞配套，突出特色创优势，依靠创新转动能，加快推动形成以国内大循环为主体、

国内国际双循环相互促进的发展新格局，走出一条“以生态优先、绿色发展为导向的高质量发展新路子”。

**【产业运行基本情况】**

2020 年，内蒙古软件和信息技术服务业实现软件收入 14.46 亿元，同比上升 45%，其中，软件产品收入 3.4 亿元，信息技术服务收入 9.1 亿元，嵌入式系统软件收入 1.9 亿元。软件和信息技术服务业实现利润 1.6 亿元，比 2019 年增长 40%。信创产业、电子商务、互联网农业、网络视频等领域企业营收呈现持续增长态势。

产业结构优化升级。内蒙古软件产品收入、信息技术服务收入、嵌入式系统软件收入占比分别为 23.6%、63.1%、13.3%，占比比 2019 年同期分别上升 13%、52%、24%。

**【主要特点和成果】**

（一）扎实推进两化深度融合

内蒙古两化融合总体水平稳步提升。呼和浩特国家级互联网骨干直连点开工建设，4G 无线网络实现行政村全覆盖，5G 基站突破 1 万个，5G 网络技术应用取得初步成效。两化融合对标实现规模以上工业企业全覆盖，贯标企业达到 113 家。实施“万企登云”行动，登云企业达到 1.3 万家。建成地方特色工业互联网平台 11 个，创建智能工厂 15 个（其中国家级智能工厂 6 个）、智能车间 36 个。大数据服务器装机能力达到 120 万台，居全国首位；和林格尔新区大数据产业核心区、乌兰察布大数据产业园、赤峰拓佳电子产业园初具规模。无线电频谱资源配置进一步优化，无线电频谱使用总体安全。工业和信息化厅的两化融合工作重点下一步将从建大平台转向为工业园区和工业企业提供数字技术服务，更多地做好信息化、数字化与工业实际的结合。持续完善新时代融合发展政策体系，推进两化融合管理体系贯标 2.0，以标准引领加快企业数字化转型，构建融合发展新生态。

（二）加快发展工业互联网

一是制定相关政策措施。为贯彻落实《国务院关于深化“互联网+先进制造业”发展工业互联网的指导意见》，促进内蒙古互联网与制造业深度融合，加快工业互联网发展，推动内蒙古制造业转型升级。工业互联网标识解析体系作为工业互联网关键基础设施，是支撑工业全要素、全产业链、全价值链互联互通的神经枢纽。目前，内蒙古工业互联网创新发展方兴未艾，工业互联网标识解析体系建设不断加快，成果应用不断扩大，以“5G+智慧矿山”“5G+无人驾驶”为代表的“5G+工业互联网”产业生态建设初具规模，基础电信企业与工业企业沟通协作不断加强，对接合作实现新的突破，工业互联网应用成果日益丰富，工业企业内网与基础电信企业外网呈现协同发展的良好趋势。

国家工业互联网标识解析（内蒙古）综合型二级节点，以面向畜牧养殖、农副食品加工、生物制药、乳业等内蒙古重点特色产业为基础，通过“标识（数据）+应用”两大核心能力建设、运营平台，把优势产业、龙头企业接入标识解析二级节点，并逐步辐射各优势产业，通过跨行业、跨企业互联互通，实现工业数据的汇聚共享，达到规模效应，形成内蒙古工业大数据中心，努力在内蒙古形成集“节点建设、应用创新、方案研发”于一体的自主可控标识解析产业高地，引导企业运用工业互联网新技术、新模式提升数字化、网络化、智能化水平。

作为内蒙古第一个落地的工业互联网标识解析综合型二级节点，国家工业互联网标识解析（内蒙古）综合型二级节点与国家标识体系实现互联互通，在内蒙古率先建成区域性标识数据产业生态，并且通过标识数据驱动，促进内蒙古产业转型升级，推动数字经济和实体经济融合发展。

（三）积极开展“万户企业登云”行动

一是先后召开两次“企业登云”座谈会，印发了《“万户企业登云”三年行动计划推进方案》，草拟了《内蒙古自治区万户企业创新联盟章程》，目前正在起草《联盟联席会议制度》《专家委员会章程》《技术标准委员会章程》《质量标准委员会章程》。二是完成了《万户企业登云公共服务平台可行性研究报告（初稿）》的编制工作，开始了平台建设。三是2020年4月12日成功举办了“万户企业登云”启动仪式，成立了创新联盟，宣布了第一批认定的36家云服务商名单，目前第二批云服务商认定工作已完成初审，待审核后公布。四是制定了《内蒙古自治区万户企业登云专项引导资金使用办法》，并向各盟市和相关厅局征求意见，报请委党组研究通过后印发。五是盟市行服务商宣讲活动全面展开。内蒙古各盟市均已召开启动大会，旗县也已陆续开展宣讲活动。截至2020年10月底，内蒙古登云企业达4354家，其中规模以上企业登云数为525家，各级经信系统组织宣讲培训会134场，累计培训人员9635人次。行动开展以来，认定服务商积极响应“三个一点”激励政策的号召，分别采取了不同形式、不同规模的让利活动，初步统计，目前已为内蒙古登云企业节约各类信息化建设资金近2200万元。

（四）内蒙古大数据产业发展

内蒙古大数据产业发展取得明显成效，目前已初步形成以呼和浩特市为中心，以包头市、鄂尔多斯市、赤峰市、乌兰察布市为重点的数据中心基地发展格局，建成中国电信、中国移动、中国联通、中科曙光、中兴能源、华为等一批大型数据中心和灾备中心，阿里巴巴、腾讯、百度、浪潮、京东等一批国内外知名互联网企业纷纷入驻。

5G设施建设进一步加快。出台《关于加快推进5G网络建设的若干政策》。一是截至2020年10月底内蒙古累计建成5G基站8557个；呼和浩特市成为内蒙古首个5G网络覆盖城市，实现了二环以内城区连续覆盖。二是5G应用逐步推开。启动“5G+智慧矿山燎原计划”，成立了“5G+无人矿卡联合实验室”，挂牌“5G+智慧矿山示范基地”，推动实现准格尔麻地梁井下煤矿5G矿用车无人驾驶。三是数据中心项目进展顺利。华为北方云二期和阿里巴巴信息港项目投入运行，快手智能云大数据中心项目落户乌兰察布市。内蒙古新增机架60万架。四是工业互联网建设取得新进展。已完成呼和浩特骨干直连点前期工作，争取到工业互联网安全监测与态势感知平台1个、试点示范项目2个。

**【存在的主要问题】**

目前内蒙古以中小软件企业居多，缺乏对产业具有引领作用的骨干龙头企业产品，并且企业业务结构单一，无法带动内蒙古软件产业向外延伸发展。产业发展生态环境需要进一步优化，内蒙古虽然在引进龙头企业、培育本土企业方面取得一定成效，但通过本地信息化项目合作共建，加强引进企业和本土企业优势互补、双赢发展等方面还需要进一步加强。

**【下一步工作重点】**

2021年，内蒙古将按照国家、自治区和委党组的工作部署，与相关处室密切配合、通力合作，积极推进各项工作，重点开展以下工作。

（一）实施两化融合工程

继续开展两化深度融合贯标行动，深入开展企业两化融合评估诊断和对标引导工作，加大两化融合培训力度。使对标工作基本覆盖内蒙古规模以上工业企业。遴选优秀两化融合企业申报国家贯标试点示范企业，组织优秀咨询机构开展重点行业、重点企业两化融合咨询诊断盟市行活动。开展贯标企业典型案例推广行动，积极引导尽可能多的企业通过评定工作。按照工业和信息化部两化融合管理体系贯标工作安排，积极探索两化融合新途径。

（二）继续深入开展“万户企业登云”三年行动计划

建设“万企登云”系统，为企业提供“一站式”、全方位的云端服务，推动云应用软件和服务在企业中的普及应用。培育一批提供工业互联网集成方案、咨询服务、数据服务的服务商，形成一批工业互联网一体化解决方案。对“企业登云”开展资金补助，培育优秀云服务商和优秀解决方案。遴选典型标杆示范企业开展宣贯推广，继续开展“企业登云”宣贯活动。

（三）建设工业互联网平台体系

培育内蒙古工业综合云平台，为企业提供普惠、价廉的基础性服务；培育一批行业云平台，为企业搭建专业、互助生态；培育一批区域云平台，让企业集群、协同发展；培育一批企业级云平台，推动产业链上下游共同发展。针对不同平台分类施策、同步推进、动态调整，形成多层次、系统化的平台发展体系。同时，指导服务好工业领域已建成的系统和平台，让更多的企业使用平台，解决企业各类信息化需求。

（四）认真做好“互联网+双创”工作

以政府购买服务的形式，购买通信运营商已形成的云计算等资源，对符合条件的内蒙古企业和来内蒙古登记注册的互联网企业，提供带宽、算力、存储等云端资源使用补贴，为内蒙古互联网产业的集聚，以及有效降低互联网企业的创业成本提供帮助。吸引更多的互联网企业入驻，引导盟市、旗县和园区的双创基地与自治区的互联网双创优惠政策对接，形成创新、创业合力促进内蒙古经济转型升级。

（五）加强财税政策支持

继续落实国家软件企业所得税优惠政策，加大对企业的资金支持力度，缓解企业面临的资金压力。

（六）推动软件和信息技术服务业发展

推动发布内蒙古软件和信息技术服务业企业百强名单、内蒙古软件和信息技术服务业优秀解决方案，进一步培育产业发展浓厚氛围。

# 辽宁省信息化发展概况

2020 年，辽宁省以推进制造强省和网络强省建设为目标，准确把握制造业数字化转型发展趋势，积极推动工业互联网创新发展，突出工业互联网作为发展智能经济的桥梁作用，围绕支撑产业基础能力和产业链水平提升，加快 5G、工业互联网、人工智能等新一代信息技术与制造业深度融合，加速制造业数字化、网络化、智能化转型升级。加大对产业支持力度，设立辽宁省工业互联网创新发展专项资金，支持工业互联网网络、平台、安全体系建设，鼓励制造业数字化转型，持续强化政策引导，支持工业互联网企业做强做优，培育一批工业互联网创新企业、系统解决方案供应商。围绕装备制造、冶金、石化等重点行业，工业互联网正在由销售、物流等外围环节向生产控制、检测等内部环节延伸。新型基础设施不断完善，融合发展取得新成效，工业信息安全保障能力不断提升，对外合作深入推进，涌现了一批典型应用场景。

**【网络基础设施】**

辽宁省已开通 5G 基站 2.5 万个，居全国第 12 位，基本实现 14 个市和沈抚改革创新示范区主城区 5G 网络覆盖。利用辽宁省工业互联网专项资金补贴 5G 基站电价，降低 5G 基站用电成本。重点培育一批“5G+工业互联网”示范工厂、示范园区，加快推动 5G 与工业互联网在制造业的融合应用。引导基础电信企业新建基站向工业企业和产业园区倾斜，辽宁移动 5G 专网覆盖大连冰山、鞍钢集团、锦州阳光能源集团等，助力企业内外网改造。辽宁联通与宝马工厂合作，无线终端采集数据实时回传宝马数据中心，工作效率显著提高。遴选一批示范工厂、示范园区项目，推进5G进厂区、进园区，辽宁省14个市制定出台5G产业发展相关政策，以产业应用扩大5G建设规模。

【工业互联网标识解析体系】

积极争取工业互联网标识解析节点在辽宁省应用落地，推进工业企业建设行业级标识解析节点，鼓励工业企业与通信、互联网企业合作，开展基于标识服务的关键产品追溯、全生命周期管理、供应链协同等应用创新。加快建立推广适应工业互联网和智能制造应用场景需求的设备、产品标识标准体系。2020年，营口、葫芦岛、辽宁禾丰、沈阳煤科院等6个工业互联网标识解析二级节点全部上线运行，并与国家顶级节点对接，总节点数居东北地区首位。中国工业互联网研究院辽宁分院和国家工业互联网大数据中心辽宁分中心在沈阳落地。国内首个“星火·链网”骨干节点在营口落地。

【融合应用】

辽宁电力能源发展集团有限公司能源工业互联网平台入选工业和信息化部工业互联网试点示范项目，大连亚明汽车部件股份有限公司新能源汽车铝合金壳体智能制造工厂、鞍钢集团自动化有限公司基于5G技术的钢铁产业链全流程管控系统解决方案等8个项目入选制造业与互联网融合发展、支撑疫情防控和复工复产工业互联网平台解决方案等试点示范和典型案例。遴选了航天新长征大道科技有限公司长征云工业互联网平台、大连圣力来监测技术有限公司基于工业互联网的转动设备状态监测及故障诊断云平台、大连冰山集团有限公司BinGo工业互联网云平台、恒力石化（大连）有限公司HengLink工业互联网平台、大杨集团有限责任公司支持深度定制与即时体验的全品类服装行业工业互联网平台、大连亚明汽车部件股份有限公司新能源汽车智能制造工业互联网平台等15个省级工业互联网平台。重点培育大连冶金轴承、大连锦源石油化工、大连中远海运川崎船舶工程等一批“5G+工业互联网”示范工厂，加快5G、工业互联网在行业推广应用。建成省级工业互联网安全监测与态势感知平台，已覆盖企业2700多家。辽宁省共有国家级两化融合管理体系贯标试点企业94家，瓦房店冶金轴承、锦州阳光锦懋光伏等34家企业获评2020年省级两化融合贯标试点企业。组织企业参加两化融合水平评估，全省累计1960家企业参与两化融合评估诊断和对标引导，基于企业评估数据，编制辽宁省两化融合数据地图。辽宁省上云上平台企业超过3万家。

【工业软件】

推介无偿应用防疫软件技术和解决方案，疫情期间组织发布4批380项，其中，防疫工作类165项，生产保障类161项，生活服务类54项。工业企业端推行DCMM、工业大数据分类指南，开展数据安全试点，推广应用华为云、大连软开云、紫光云。抓好工业软件技术、产品和解决方案创新，鼓励大连市推进软件外包结构转型，巩固全国领先地位，提高独立交付和供给能力。推动信息技术应用创新在辽宁省应用成长，建设辽宁鲲鹏生态创新中心，建设辽宁省信创产业园，一期招引全国18家核心企业入驻。推进软件产品工业化的场景应用，一重大连、中航沈飞、东软集团、心医国际4个项目列为国家工业大数据产业发展试点示范，鑫海智桥、圣力来、安新自动化获评国家工业互联网App优秀解决方案。完成数据标准化采集、数据隐私保护、应急管理、社会资源信息体系等5项标准制定。申请软件著作权8000多项。推进沈阳、大连争创中国软件名园，推动大连理工大学、东北大学争创国家级软件学院。发挥省市软件协会、ICT生态俱乐部、CAE联盟、物联网联盟、移动云计算等产业联盟作用，推进软件、大数据、云计算、人工智能产业创新发展。

【工业信息安全】

推动开展全国工控安全深度行（辽宁站）活动，举办工业信息安全高峰论坛、工业信息安全攻防对抗赛、工业企业调研等活动，指导企业提升工控安全防护意识。省级工业互联网安全态势感知平台上线运行，提升工业网络安全态势感知和预警预测能力。开展工业控制系统信息安全自查，企业通过工业信息安全自查填报系统填报自查情况，辽宁省共 213 家企业开展自查，推动工业企业落实工控安全主体责任。组织召开工业互联网安全保障专题会议，交流研讨我国当前的工业安全规划与运营实践，加强工业互联网安全的传播力和影响力。

【对外合作】

辽宁省政府与华为签署深化战略合作协议，先后建成华为沈阳云中心、锦州云计算数据中心、沈抚改革创新示范区人工智能创新中心等，华为（沈阳）智能网联汽车云创新中心已上线运行。腾讯云启基地落户沈阳，工业互联网平台落户沈抚改革创新示范区。

召开 2020 全球工业互联网大会。2020 年 10 月 18 日，2020 全球工业互联网大会在沈阳成功举办。大会以落实习近平总书记致 2019 工业互联网全球峰会贺信精神为主线，继续以“赋能高质量•打造新动能”为主题，采用“线上+线下”方式召开，包括开幕式及主旨报告、8 场专题会议、创新成果展等活动，3000 余人次参加了创新成果展，会上签订各类合作协议 13 项，举行启动揭牌仪式 4 项，发布《全球工业互联网十大成长性技术展望》等多项前沿创新成果。

# 吉林省信息化发展概况

近年来，吉林省始终以“数字吉林”建设为引领，对照工作职责，围绕重点任务，加快工业领域产业数字化、数字产业化步伐，在提升传统产业转型升级、加快新兴产业发展方面努力实践，截至目前，吉林省电子信息制造业、软件和信息服务业及工业互联网“三大领域”发展水平稳步提升。

【基本情况】

（一）产业基本情况

电子信息制造业。2020 年，吉林省电子信息制造业持续向好，“修复效应”逐月加强，累计完成产值 122.98 亿元，同比增长 4.4%（不含汽车电子产值）。目前，吉林省电子信息制造业初步形成了以集成电路、新型显示等为引领，光电子、汽车电子、新型元器件等领域协同发展的产业格局。

软件和信息服务业。目前，吉林省从事软件行业企业达 1000 余家，从业人员达 16 万余人，累计认定软件企业 551 家，登记软件产品 3246 件。信息安全、汽车、人口信息管理、教育、政务、电力等一批具有优势和特色的行业应用软件处于国内领先水平。

工业互联网。根据中国工业互联网研究院 2020 年白皮书统计数据，吉林省工业互联网发展应用指数在 31 个省份中排名第 13 位，在东北地区居第 1 位。102 个工业互联网“761”工程重点项目加快建设，不断深化新一代信息技术与制造业融合发展。

（二）主要发展成效

电子信息制造业逐步向高端化迈进。一是集

成电路产业发展纳入国家总体布局。长光辰芯8K超高清图像传感芯片应用项目获国家“核高基”重大专项（核心电子器件、高端通用芯片及基础软件产品），长春国科光刻机光学系统产品研制项目获国家集成电路重大专项，吉林华微8英寸新型电力电子器件基地纳入国家重大生产力布局规划。光华微电子成功研制了国内首台商用12英寸全自动晶圆探针台，目前正在谋划长春CMOS感光芯片和机器视觉等重点项目，为产业发展积蓄后劲。二是激光及新型显示产业市场竞争能力显著提升。希达电子小间距“LED集成三合一”产品全球市场占有率第一。奥来德建成国内最大规模的显示材料生产基地，产品打入京东方、维信诺、和辉等主流显示屏制造商供货体系，国内市场占有率多年排名第一。光华微电子完成行业内首个激光划线机批量订单，永利激光建成目前国内最大的二氧化碳激光器生产基地。三是汽车电子产业引擎作用初步显现。大陆电子、伟世通领航吉林省汽车电子产业发展。一批小巨人企业迅速成长，长光瑞思导航激光雷达产品实现国产化。启明信息正在积极打造东北地区首家应用示范基地和国内首家寒区测试基地，车载信息系统市场份额居全国首位。吉林华微产品已通过国际汽车电子体系认证，IGBT及快恢复二极管产品均已为新能源汽车提供配套。目前，吉林省正在推进中国一汽与华为、吉林华微共建联合实验室，探索推进车规级芯片协同开发，提升吉林省汽车电子产业支撑能力。

软件产业加速融合呈现百花齐放。吉林省软件和信息服务业的产业规模逐步扩大，产业融合发展趋势突出，数据处理和运营服务收入增速加快，技术整合更加明显，软件渗透生产、生活各领域，推动着传统产业的发展。启明公司在汽车电子、吉大正元在网络安全、师大理想在教育、博立电子在机器视觉和智能图像数据处理等领域处于全国领先水平。落地在长春高新区的华为软件开发云引入先进的产品开发经验和理念，快速提高吉林省软件企业研发能力和产品竞争力，累计服务了205家软件企业，提供了30余次专家服务，解决了83个实际问题，同时依托鲲鹏生态，将吉林省软件推广到全国，在国产化浪潮中带动吉林省软件产业发展。持续落实国家扶持软件企业的税收优惠政策，通过现场核查等方式，2020年共帮助软件企业减免税费4146万元，提升了吉林省软件企业的综合竞争力，推动吉林省软件企业高质量发展。

工业互联网平台建设应用从概念普及走向实践深耕。当前，吉林省工业互联网产业发展取得了明显进展，认知程度不断提高，应用水平明显提升，多层次系统化体系初步形成。一批基础设施建设不断完善。中国电信携手一汽富晟，已在汽车配件仓储物流领域开创了“5G+物流”方向的3项国内第一；一批基于平台的制造资源优化配置和行业协同等应用创新模式正在诞生。智能网联汽车工业互联网平台已服务3000家上游零部件及原材料供应商，实现了支撑一汽解放等重点企业协同研发、精准营销的系列典型案例；能源清洁利用工业互联网平台有效助力了吉林省节能减排、绿色发展。一批工业技术解决方案企业积极探索转型，推出自己的工业互联网平台服务。丽明科技公司“V服车联”平台在线上线下分别提供App微服务产品和车载终端、智能门闸和智能机器人，实现了人、车、企业的场景化网络连接和信息分享；一批制造企业依托自身行业生产经验，开展平台建设并对外服务。中车长客实现了供应链协同、异地协同设计和远程运维，已在线处理订单302亿元，降低采购成本1.9亿元；一批中小企业正在上云、上平台，以较低成本实现信息化与数字化普及，目前吉林省华为、浪潮等云服务商已整合了3000家软件企业，惠及15000家中小企业。

## 【发展形势】

### （一）工业互联网发展拓展产业市场空间

国务院出台的《关于深化互联网+先进制造业发展工业互联网的指导意见》，促进了互联网、大数据、人工智能与工业深度融合，为软件和信息服务业、智能网联汽车、机器人等产业发展带来新的机遇。吉林省将围绕工业互联网基础设施、工业互联网平台、工业控制系统安全及生态建设，启动建设一批工业互联网项目，为全省制造业企业数字化转型和电子信息产业提供快速发展的市场空间。

### （二）汽车发展新趋势引领汽车电子产业加速创新

随着汽车电动化、智能化、网联化趋势的快速变革，汽车芯片、传感器、通信模块等汽车电子产品的重要性日益凸显，汽车电子在汽车成本中所占比重平均已超过25%，未来将继续提升，前景广阔。全国汽车产业销量稳步增长，为汽车电子配套企业的发展带来有利契机。

### （三）工业技术软件化带动产业深度融合

伴随工业互联网的快速发展，工业技术以软件为载体进行存储、管理和优化将是软件业与工业联合发展的必然结果，工业技术软件化必将带来行业跨越式发展。吉林省工业软件研究院的成立，致力于运用互联网思维，探索前瞻性技术研究与应用，必将带动吉林省制造业与互联网深度融合创新发展。

### （四）大数据优势创造信息服务业发展新机遇

目前，吉林省高清晰图像及视频遥感数据已应用在智慧城市、农业、林业和防震减灾等领域。同时，吉林省无人机、北斗卫星位置数据、智能网联汽车示范和智慧海洋数据监测等构成了空天地海数据传感采集体系，大数据产业发展脉络逐渐清晰，吸引了业内企业集聚吉林省，增强了空间大数据的采集和处理能力。

坚持引培并举、扬优成势、龙头带动、需求引领，以光电子、汽车电子、新型元器件为基础，做大电子信息制造业，以特色软件为支撑，做优软件和信息服务业。围绕“芯、光、星、车、网”五大领域，推进集成电路高端化、激光及新型显示规模化、卫星应用产业化、汽车电子智能化、工业互联网融合化发展，推动产业向上下游拓展延伸，形成配套完善、产业集聚的发展格局，赋能工业经济高质量发展。近年来，吉林省电子信息产业呈现了良好的发展态势，其基础性、先导性作用日益显现。

强化基础能力支撑，加快网络设施建设和数据获取能力。加快基于5G基础设施建设和智能产品在工业领域的研发与应用。吉林省推动吉林移动完成了国家智能网联汽车应用（北方）示范区信号全覆盖；吉林联通与中国一汽进行5G下的企业内网改造，并利用AR、VR开发了生产指挥调度系统；吉林电信与中车长客合作，实现了生产车间信号全覆盖和内网改造。红旗HS5、HS7高配车型已实现智能网联及无人驾驶L2、L3、L4，预计将在2021年相继量产；中车长客的京张智能高铁已经进入线上运行试验，无人驾驶、5G覆盖等先进技术使乘客在乘坐高铁时可以体验5G网络带来的便捷；“吉林一号”卫星星座组网已有25颗卫星在轨运行，遥感数据综合应用服务平台已上线运行；北斗卫星导航定位系统、国家高分辨率对地观测系统的合作对接相继展开；长光卫星公司、国遥博诚等无人机产品广泛应用；吉林大学海上、海下传感器网络及信标机等海洋信息采集系统，为海洋环境监测与管理、灾害预测、辅助导航、资源探测及侦察预警等提供了信息数据支撑。

加快工业互联网布局，推动工业互联网平台建设及企业上云、上平台。吉林省依托华为等顶级云服务商能力，搭建基础设施和通用平台的数字底座，同时聚合生态伙伴力量和本地资源，建设省级工业互联网公共服务平台。在此基础上，布局了工业互联“三张网”。中国一汽智能网联汽车工业互联网平台初步成型，数据资产达到941太字节，建立1600多项汽车行业企业级数据模型，通过135种算法进行数据计算，最终流转到近1万项微服务；同时，开展汽车出行、车载娱乐、道路救援、智慧停车、车险服务等增值业务，已有200万辆入网车辆。其试验测试项目获得工业和信息化部1793万元支持；在能源清洁方面，利用工业互联网平台，以浙达公司与浙江大学热能研究所合作为技术支撑，通过能源企业生产运行设备上云、上平台，开展设备运行优化、节能环保系统改造、远程故障诊断、科技成果应用等服务，支撑能源转化与利用过程的高端化、智能化、生态化发展；溯源食品工业互联网将实现食品从种植到销售再到餐桌的全生命周期追溯、全产业链覆盖、全过程监管。森祥科技研发的“拱e拱”畜产品质量安全追溯信息化监管平台已实现全省县级以上生猪定点屠宰企业全覆盖，可追溯生猪370万余头，“鼎e鼎”可追溯牛、羊20万余头。

中车长客在供应链协同、异地协同设计和售后服务管理3个方面显示了效果。供应链平台已在线处理订单302亿元，实现降采1.9亿元（降低采购成本）；异地协同设计平台按照“一套数据、一个标准、一个平台”的准则，与总部开展协同设计，实现所有数据由总部统一管控，完成了上海、墨尔本、波士顿研发分中心的拓展；售后服务平台实现了状态监视、故障预测等运维决策，年节约专家支持成本336万元，减少差旅费投入2000万元。

结合行业特点，积极推动行业级工业互联网平台建设。四平巨源瀚洋换热器结合行业龙头特点，建立采购服务平台，将自身原材料采购的价格优势共享，挖掘了新的盈利点。汽车及零部件、石油化工机械、装备制造、医药工业、汽车电子等企业级工业互联网平台项目正在加快启动建设。

推动一批中小企业积极上云、上平台，以较低成本实现信息化与数字化普及。传统软件企业将自己的工业软件云化，以低成本、灵活交付优势吸引更多用户，借助平台提升数据采集及分析能力，创造更高价值。目前，吉林省自主研发的工业软件基本完成云化。中小工业企业生存发展的关键因素是订单与资金，他们通过平台融入社会化生产体系中以获得潜在的订单与贷款；同时，通过平台获取经营与生产的信息化管理能力。目前，云服务商已整合了3000家软件企业，提供了10000多种服务，吉林省与云服务商签约上云、上平台企业超过15000家。

# 上海市信息化发展概况

**【工业发展概况】**

2020年，上海工业系统坚持“稳中求进”工作总基调，坚持疫情防控和经济发展“两手抓、共促进”。

做好疫情期间经济平稳运行。建立健全应急物资保障工作机制，口罩日产能从约40万只提升到6000万只。连续发布6版复工复产复市指南，出台落实抗疫惠企“28条”政策及配套细则。发展在线新经济，发布《上海市促进在线新经济发展行动方案（2020—2022年）》，建设在线新经济生态园；远程办公、在线教育、生鲜电商等12个重点领域快速发展。

推动产业稳增长。2020年上海市规模以上工业增加值增长1.7%，近10年来首次与上海市GDP增速持平，从全口径工业增加值看，2020年实现工业增加值9657亿元，规模居全国城市首位。

加快重大项目投资和建设。2020年，上海市工业投资同比增长15.9%。在全国率先举行2020年重大产业项目集中签约暨特色产业园区推介活动，签约落地152个项目，获得总投资4418亿元。布局推动特色产业园区建设，集中推动26个特色产业园区建设，总规划面积约108平方千米，聚焦关键产业链，引进600多个重点项目，总投资约2000亿元。

引领高端产业发展。在集成电路方面，2020年产业规模增长超过21%，超额完成“十三五”时期的目标，集成电路领域投资增长68%。在生物医药方面，国家药品监督管理局药品审评检查长三角分中心、医疗器械技术审评检查长三角分中心正式在上海市挂牌。目前，在国际TOP 20

药企中有 18 家将中国区或研发总部设在上海，在国际 TOP 20 医疗器械企业中有 17 家将中国区或研发总部设在上海。在人工智能领域，2020 年上海市规模以上企业产业规模超过 2000 亿元，同比增长 30%以上。2020 年世界人工智能大会云端峰会在上海市成功举办。上海期智研究院、浙江大学上海高等研究院、上海白玉兰开源开放研究院等重大创新平台持续涌现。

【信息化发展概况】

2020 年，上海市围绕提升城市能级和核心竞争力，推进落实“人民城市人民建，人民城市为人民”重要理念，聚焦城市数字化转型，着力推进城市信息化，推动“一网通办、一网统管”，深化智慧城市建设，强化数字经济引领赋能，进一步提升上海市城市发展核心竞争力。

（一）信息基础设施

截至 2020 年年底，上海市移动电话用户数达 4277 万户，其中，5G 用户数为 612 万户；千兆接入能力覆盖家庭数达到 960 万户；家庭宽带用户平均接入带宽达到 210Mbps，互联网国际出口带宽达到 6941Gbps，互联网省际出口带宽达到 28863Gbps；集约化信息管线长度达到 11788 沟千米。

1. 加强统筹谋划，上海市 5G 网络建设加快推进

截至 2020 年年底，上海市累计建设 5G 室外基站超 3.2 万个、室内小站超 5.1 万个，实现 5G 网络中心城区和郊区重点区域室外连续覆盖。推进浦东、虹桥两大机场及 297 个地铁的地下站厅、站台等 5G 覆盖。发布《上海市综合杆基站建设导则》，推动浦东、黄浦、徐汇、虹口 4 个区的综合杆基站试点。

2. 强化 5G 创新应用，深度发掘场景需求

举办第三届绽放杯 5G 应用征集大赛上海分赛，瑞金医院“基于 5G 监测和 AI 控制的瑞金智能机器人康复港建设”项目获得全国一等奖。发布《5G+智慧交通白皮书》和《5G+智慧教育白皮书》。5G 创新应用服务保障第三届中国国际进口博览会，具体包括五大主题场景、20 多项高品质项目，以防疫急救、安全保障、运行保障、展会服务和宣传服务等为重点，力争实现 5G 对中国国际进口博览会保障与服务工作的全方位赋能。

3. 统筹推进互联网数据中心建设

统筹推进互联网数据中心建设工作，开展“十三五”期间第二批新建互联网数据中心建设方案征集和建设导则符合性评估工作，共支持 12 个项目、3.6 万架机架用能指标。协调推进相关重大项目落地，推动发展规划编制和建设导则修编，组织编制《上海数据中心“十四五”发展规划》，开展《互联网数据中心建设导则（2019 版）》修编工作。

4. 推动新型城域物联专网建设

加强标准规范指引。发布《新型城域物联专网建设导则（2020 版）》，新增不同专业领域、应用场景的分级分类条目索引，形成 7 类平台管理通用算法和 45 类场景综合评估算法，覆盖近 30 个行业领域、95 个应用场景。继续推进上海市物联专网项目建设。通过市场化手段规模部署消防水压、门磁感应、烟雾报警、垃圾满溢、停车地磁、环境指数等 30 余种累计 60 万余个智能传感终端，建立具有场景识别、数据管理、事件流转等功能的神经元综合管理平台，并推动为城市管理、民生服务、工程建设、生态环境等提供物联感知综合数据服务。

（二）城市数字化转型

2020 年，上海市制定出台《关于全面推进上海城市数字化转型的意见》，加快推进城市数字化转型，并成为中国首个获得“世界智慧城市大奖”的城市。

1. 推进经济领域数字化建设，提高经济发展质量

在数字产业化方面，以在线新经济为代表的“五型经济”发展壮大。2020 年，上海市在线新经济基本形成了以杨浦、长宁、徐汇和浦东为主的“浦江 C 圈”，“张江在线”“长阳秀带”两个市级在线新经济生态园已揭牌成立；上海市大数据核心产业总产值超过 2300 亿元，核心企业数量超过 973 家，从业人员超过 10 万人。

在产业数字化方面，发布《推动工业互联网

创新升级实施“工赋上海”三年行动计划（2020—2022 年）》，14 个二级节点接入工业互联网标识解析国家顶级节点（上海），上线运行累计标识注册量已达 4.7 亿个，累计标识解析量突破 2 亿次，接入二级节点的企业数已达 1700 多家；发布《上海市建设 100+智能工厂专项行动方案（2020—2022 年）》，实施智能工厂“10030”专项行动。

在两化融合方面，编制《关于上海市加快贯彻落实深化新一代信息技术与制造业融合发展的实施意见》。启动实施国资国企工业互联网促数字化转型专项工程，长三角一体化工业互联网示范区加速推进，长三角一体化公共服务平台、长三角 G60 工业互联网创新应用体验中心、工业互联网系统与产品检验检测中心等功能型平台启动建设，建筑、医药、科学服务、服装、食品等一批行业性工业互联网平台实施落地；聚焦电子信息、生物医药等六大重点产业领域，持续推动一批“5G+AI+工业互联网平台”标杆建设。推动上海市工业互联网协会正式成立，成功举办 2020 工业互联网创新发展大会暨工业人共振嘉年华活动。《工业互联网标杆园区建设指南和评估指标体系》正式立项地方标准，《企业数字化转型评估指南》列入全市标准化试点；两化融合管理体系在全市得到全面推广。上海连续三年蝉联“中国先进制造业城市发展指数”全国第一，重点行业机器人密度达 383 台/万人，出台地方性智能工厂评估标准，设计四大类基础指标体系，实现智能工厂量化评估。发起成立上海长三角智能制造产业促进中心。在钢铁冶金、轨道交通、汽车、石油化工、网络通信等诸多产业领域方面，上海工业软件企业在全国占有重要产业地位，上海市企业在钢铁、车载信息服务、轨道交通信号等领域，积极参与相关标准的制定。上海工业软件企业基于对本土化需求的理解和技术研发的持续投入，正逐步向高端市场发展，以云计算、物联网、移动互联网等为代表的新技术、新模式的涌现，为上海工业软件发展带来新机遇。举办 2020 首届中国（上海）工业品在线交易节，活动依托“生产性服务+商业模式+金融供应链”的专属电商平台，联动线上线下，筹划百场活动、汇聚千家企业、撬动百亿元消费。通过线上直播、平台输出方式，推动工业产业链的全国布局优化，加快产业电商“走出去”步伐。

2. 加快生活领域数字化建设，提高城市生活品质

在医疗领域，全力构建突发公共卫生事件应急处置信息体系，覆盖“防”“控”一体化架构下的各个环节；进一步加强便捷就医服务，深化建设互联网医院，更好赋能实体就医，助力上海市分级诊疗机制的完善。

在养老领域，努力消除“数字鸿沟”，梳理形成首批 4 类 12 个智慧养老应用场景需求并向社会公布；加强物联网、远程智能安防、智能监控等新一代信息技术和智能产品在养老服务领域的应用，实现经济困难的高龄独居老年人应急呼叫项目全覆盖。

在教育领域，推进“空中课堂”建设，发布差异化在线教学指导意见，为全市 300 万名学生提供在线教育服务。

在文旅领域，加强文化资源数字化和线上场馆建设，推出云上活动 3 万余场，吸引超过 2 亿人次参与；推出“五五购物节”等活动，带动线上线下消费 50 亿元；博物馆、美术馆重点展品实现二维码导览全覆盖，村居综合文化活动室配置“文化云盒”智能服务终端 1157 个；“建筑可阅读”开放历史建筑 1039 处。

在出行领域，探索通过停车预约、无感支付等手段，实现停车资源有效共享；推进“一键叫车”出行服务，通过与“上海出租汽车固定候客站”信息化叫车系统联调，引导市民有序约车。

3. 推动治理领域数字化建设，提高现代化治理效能

提升“一网通办”服务能级，推行“一码”通行，“随申码”累计使用次数超过 21 亿次，将“随申码”服务场景向就医、公共出行等领域拓展；“一网通办”总门户已接入 3071 项服务事项，全程网办率达 47.15%；深化市民主页和企业专属网页特色服务，持续归集“一人（企）一档”信息，输出“专属”服务；长三角“一网通办”实现三省一市 21 类电子证照共享互认、83 项服务事项跨省通办，开通 550

个线下专窗办理点。“一网统管”建设有序推进，按照“三级平台、五级应用”逻辑架构，建立市、区、街镇三级城运中心，上海市 216 个街镇城运中心探索多格合一、联勤联动处置；建立实时动态“观管防”一体化的城运总平台，接入了 50 个部门的 185 个系统、730 个应用，实现对城市运行管理实时数据的共享交换、分析研判和闭环处置；建设高效处置突发事件的联动指挥系统，支撑上海市城运中心统筹支援、现场指挥部现场决策、移动指挥车移动指挥，实现前线指挥部、后方指挥部、专业指挥部跨地域的联动指挥。

4. 持续推进数据共享开放，夯实信息基础设施

截至 2020 年年底，通过上海市公共数据开放平台累计开放数据集超过 4000 项；启动国际数据港建设，围绕制定国际数据产业发展规划和相关制度、试点建设数据国际化流通服务核心体系、聚焦临港新片区打造国际数据产业重要承载区等任务，形成具体分工推进计划。

### （三）电子信息制造业

上海市电子信息制造业呈现平稳发展态势，新旧动能转换顺利，传统产业不断升级，进一步向高质量发展目标迈进。

1. 产业实现逆势增长

2020 年，上海市电子信息制造业实现工业总产值同比增长 5.3%。新一代信息技术电子信息产业部分 2020 年实现工业总产值同比增长 6.2%，高于电子信息制造业增速，产业高端转型升级成效显著。通信设备制造业总产值同比增长 5.3%；电子计算机制造业总产值同比增长 11.5%；电子元件制造业总产值同比增长 12.6%。集成电路产业销售规模同比增长 21.37%，超额完成“十三五”时期的发展目标。

2. 加快建设集成电路世界级产业集群

上海市集成电路产业发展展示厅正式建成运行，上海市智能传感器产业园公司完成注册，加快实体化运作；编写《嘉定区关于智能传感器及物联网产业发展千亿专项行动计划（2020—2025）》。推动成立了长三角集成电路设计与制造协同创新中心、长三角集成电路产业公共服务机构联盟和平台，举办长三角集成电路产业融合发展座谈会。

3. 坚持核心攻关，推动重点领域实现系列突破

一是新一代通信和物联网扩展应用领域。推动应用场景部署，将产业发展与老旧小区加装电梯、停车场改造等惠民工程相结合。组织编制智能硬件、数据传输技术要求及建设运营规范。制定发布第三版《新型城域物联网建设导则》。二是新型显示聚焦中小尺寸创新。AM-OLED 显示链不断完善，推出笔记本电脑、车载显示等创新产品。OLED 光电材料加快突破，逐步在部分高端材料实现自主供给。三是汽车电子实现量质齐飞。智能网关、智能座舱、域控制器形成了产业化配套能力，固态激光雷达打开智能化产品出口配套局面。智能网联汽车示范测试区、网联试验场和 5G 无人驾驶试验场加快建设，为智能网联汽车安全示范应用提供了基础保障。四是智慧健康养老积极构建产品体系。积极支持面向居家、社区和机构养老的健康物联网及智慧养老产品研发产业化；以场景试点示范为推手促进应用普及。

4. 搭建国际化交流平台

Semicon China 2020、第三届全球 IC 企业家大会暨 IC China 2020、SENSOR China 2020 等行业活动，为产业发展搭建了系列化的合作交流平台，集聚全球创新资源，展示中国产业发展成果。重点围绕全市电子信息重点发展领域，指导组织超高清视频、新型显示、汽车电子、物联网、智能传感器、亚洲消费电子展等一系列国际论坛、展会和大赛，促进国内外技术交流与产业合作。

### （四）软件和信息服务业

2020 年，上海市软件和信息服务业坚持推动形成“大循环”“双循环”相互促进的新发展格局，积极落实“六稳”“六保”，布局实施“五个重点”专项，规划布局在线新经济产业生态园，产业活力显著增强，各项指标远超预期，圆满完成“十三五”时期的产业发展目标。

1. 总体运行情况

2020 年，上海市信息服务业产业规模达到

10912.97 亿元；信息服务业增加值 3250.74 亿元，同比增长 13.5%，占全市产业增加值的 8.4%，占第三产业增加值的 11.5%。截至 2020 年年底，信息服务业从业人员（不包括带动产业）80.9 万人；全市规模以上信息服务企业超过 2200 家，占全市服务业比重超过 10%，其中，2020 年营业收入超亿元企业 812 家，超百亿元企业 15 家。2020 年全市信息服务业固定资产投资额达 278.2 亿元，同比增长 21%。

2. 软件产业保持平稳增长

2020 年，全市软件产业保持平稳增长态势，实现营业收入 6395.5 亿元，比 2019 年同期增长 11.5%。其中，集成电路设计产业营业收入增长达到 62.1%，成为拉动软件产业增长的重要动力。软件企业效益利润持续向好，实现利润 1003.8 亿元，比 2019 年同期增长 23.6%，平均利润率达到 15.7%。全市软件出口额达到 54.4 亿美元，同比增长 11.9%。软件出口额前 3 位的国家是美国、德国和日本，出口方式主要是信息技术外包，出口额居首位的仍是外商独资企业。截至 2020 年年底，软件产业从业人员达到 55.3 万人。软件骨干企业加快发展，共有 85 家企业通过国家规划布局内重点软件企业和集成电路设计企业所得税优惠核查，其中，重点软件企业 70 家，重点集成电路设计企业 15 家。

3. 互联网信息服务业蓬勃发展

2020 年，上海市互联网信息服务业实现营业收入 3484.37 亿元，比 2019 年同期增长 19.1%。上海市占据了全国 30%的网络游戏市场、60%的金融信息服务市场、70%的 O2O 生活服务市场，具备业态最完善的数字内容产业链。上海市共有 20 家互联网企业入选 2019 中国互联网企业百强。

4. 产业规模稳步扩大

“十三五”期间，上海市信息服务业始终保持 10%以上增速，全市信息服务业产值从“十二五”时期末的 6000 亿元增长到 10912.97 亿元，占全市生产总值的比重从“十二五”时期末的 7.0%提高至 8.4%，从业人员从 62.1 万人扩大至 80.9 万人，超亿元企业从 494 家扩大至 812 家。信息服务业产业能级、对经济社会的贡献稳步提升；同时，产业结构不断优化。软件产业、互联网信息服务业占信息服务业的比重从“十二五”时期末的 82.4%提高至 90.5%。软件产业支撑服务领域日益广泛，产业链不断延伸，良性产业生态逐步形成。互联网信息服务业呈现“百花齐放”的发展格局，一批新兴头部企业精准切入细分领域，成为细分领域的领军企业，从而带动上海互联网信息服务业的发展。

5. 企业发展卓有成效

企业单体规模稳步提升。上海市软件企业平均营业收入超过 2.5 亿元，高于全国平均水平。龙头企业引领增长。超亿元软件企业收入占全行业比重超过 90%，超亿元软件企业利润占全行业利润比重超过 95%。超亿元软件企业营业收入增速为 14%，超 10 亿元软件企业营业收入增速达 20%以上，远远高于行业平均水平。

6. 产业发展载体进一步完善

上海市共有 5 个国家级产业基地、35 个经认定的市级信息服务产业基地，形成“一中四方”错位发展的产业布局。2020 年，上海市围绕“一带一城”，打造在线新经济产业生态园，推动哔哩哔哩、喜马拉雅、小红书等一批新生代互联网企业总部在沪落地，为全市在线新经济布局新的发展空间。

# 江苏省信息化发展概况

2020年，江苏省深入践行新发展理念，紧抓“新基建”重大机遇，加快实施智慧江苏“12345”行动，聚焦数字经济发展、民生服务保障、社会治理提升和疫情防控，推动新一代信息技术与经济社会发展各领域深度融合，建成一批智慧江苏重点工程项目和重点服务平台，江苏省信息化发展水平位列全国第一方阵，地区信息化发展水平总指数达96.8（省测指标）；两化融合发展水平指数为63.2，连续6年保持全国第一。

## 【深入实施重点工程　统筹推进智慧江苏建设】

组织实施智慧江苏建设年度计划，大力推进新基建、信息产业创新发展、新型智慧城市建设、信息消费等一批专项工程，研究制定软件产业高质量发展、促进新基建、扩大信息消费等政策意见，出台5G、工业互联网、区块链、超高清视频等产业发展行动计划，制定形成智慧园区建设指南、智慧化工园区建设指南、工业信息安全应急管理指南等一批标准规范。推动华为、中兴通讯、腾讯等企业与各地各部门深化战略合作，推进实施30多项智慧江苏重大工程项目，投资总额约1030亿元，加快建设鲲鹏、滨江基地、云启等具有重要影响力的平台、基地和创新中心。大力推进智慧江苏重点工程建设，实施年度重点工程项目50项、标志性工程项目10项。江苏省工业和信息化厅（江苏省信息化领导小组办公室）联合教育、广电、文旅、审计等部门组织开展53项示范工程建设，培育遴选121所省级智慧校园示范校。

## 【加快5G建设应用　提升新型信息基础设施支撑能力】

2020年江苏省信息基础设施建设投资达450亿元，采购江苏产品服务规模达到469亿元。加快推动5G建设和应用，制定5G产业发展行动计划和专项奖补方案，2020年新建5G基站5.5万个，完成投资约150亿元，累计建成5G基站数量达到7.1万个。推动5G在工业互联网、车联网、智慧城市等领域的试点应用和项目建设，累计签约项目1100项。实施5G产业强链补链工程，建设江苏省5G产业图谱在线系统，全面掌握产业基本情况和发展动态。推动工业互联网网络体系建设，2020年投入约80亿元加快企业外网建设，实现全省各类产业园区高速光纤宽带全覆盖，接入能力达100Gbps，物联网连接数达到1.3亿个，“企企通”应用企业数超过4.5万家。制定推进工业互联网标识解析体系建设方案，开展工业互联网二级节点建设，总投资2.8亿元。在5G网络和工业互联网标识体系二级节点同步部署IPv6，江苏省5G传输网、核心网所有节点及终端设备均已支持IPv4/IPv6双栈，IPv6活跃用户数超过9300万个。

## 【聚焦关键领域龙头培育　提高信息技术产业发展质效】

电子信息业、软件信息服务业主营业务收入分别达2.8万亿元、1.08万亿元，人工智能产业规模突破 1000 亿元。江苏省企业中入围中国软件百强企业 9 家，入围中国软件竞争力前百企业 5 家，入选国家规划布局内重点软件企业增至 50 家，10 家企业入选全国电子信息企业百强，12 家企业入围全国互联网企业百强和全国互联网成长企业 20 强。无锡华进半导体获批国家集成电路特色工艺及封装测试创新中心，成为江苏省第二家国家制造业创新中心，建成 2 个国家级智能网联汽车测试基地。江苏省培育了首个省级区块链产业集聚区，创建 4 个省级大数据产业园、2 个省级工业大数据应用示范区、4 个互联网众创园。江苏省成功举办 2020 世界半导体大会、世界智能制造大会、中国（南京）国际软件产品和信息服务交易博览会；实施信息消费“三品”行动，推广新型信息消费产品 51 种，入选国家试点示范 45 个，创建首批信息消费体验中心 15 家，2020 年信息消费规模超过 6000 亿元，同比增长 7%以上。

**【推进重点平台建设　加快推动产业数字化转型】**

深入实施工业互联网“528”行动计划，江苏省 2020 年共培育认定 62 个省级重点工业互联网平台，科远智慧、朗新瀚云获评国家工业互联网产业联盟五星级平台。推进实施工业互联网平台“强链拓市”专项行动，围绕制造业云供应、云生产、云销售三大线上协作新模式遴选 38 个平台开展合作。建成省级工业互联网安全信息共享通报与应急服务平台、工业信息安全在线监测网络一期工程，培育遴选 104 家省级工业信息安全防护星级达标企业。持续开展“133”“365”“666”工程，加快推进“企业上云”，2020 年培育认定两批超过 4400 家星级上云企业，累计上云企业超过 30 万家；培育认定 61 家省级工业互联网标杆工厂。加快促进产业链智能化赋能，新培育省级示范智能车间 252 个、智能制造示范工厂 12 家。新建省级数字农业农村基地 74 个，农业信息化覆盖率达到 65.4%。12 个县入选国家电子商务进农村综合示范县，5 个设区市成功获批跨境电子商务综合试验区，江苏省国家级跨境电子商务综合试验区数量达到 10 个。遴选首批省级数字商务企业 44 家，创建省级电商示范县 17 个。

**【加快信息资源整合　提升数字政府集约化水平】**

制定《江苏省政务大数据建设应用三年行动计划》，启动江苏省大数据“两地三中心”建设。建成江苏省大数据云平台，已为 60 家省级部门（单位）230 个业务系统提供云资源服务。人口、法人等五大基础数据库上线试运营，累计归集 356 类数据，调用接口 4000 万次，支撑公积金提取、不动产登记、企业画像等场景服务。开展“苏服码”试点应用，已实现 6 个政务服务场景应用，覆盖 8 个省级部门和 7 个设区市。整体改版江苏省政务服务网和移动端，建设个人和企业服务中心，上线社保缴纳、公积金提取、医保查询等一大批高频应用。建立线上线下协同监管模式，应用危险化学品、煤矿生产风险监测预警系统开展较大以上等级风险预警推送，监管效率大幅提升。江苏省生态环境大数据平台发出环境质量监测和超标预警信息 1 万余条。江苏省自然资源“一张图”数据库进一步完善，镇村布局、土地利用、城市建设等规划数据资源完成汇交与整合入库。

**【拓展智慧应用覆盖　增强信息惠民服务能力】**

江苏智慧教育云平台上线运行，江苏省“名师空中课堂”上线课程资源 1.5 万节、参考题 8300 万道，在疫情期间“名师空中课堂”访问量超 6 亿人次，教师在线答疑 46 万道题。江苏省 86.1%的中小学、97.2%的高校参与创建智慧校园。开展江苏省统筹全民健康信息平台建设，平台已实现与 160 多家三级医院对接，形成健康档案 6100 多万份。全面推广应用江苏省妇幼健康信息系统，广泛覆盖全省各基层医疗卫生机构及所有具有母婴保健技术资质的医疗卫生机构。加快推进“互联网+医疗健康”示范省建设，建成103家互联网医院，累计服务患者31万人次。江苏省人社一体化信息平台上线试运行，全面实现人社业务在省、市、县、乡、村5级经办一体化、数字化、智能化服务，全省社会保障卡已100%覆盖全省户籍人口。江苏省“12333”电话咨询服务总量达1970万人次，网上服务总量达19万人次，综合服务满意度达92.2分，创新服务方式经验做法在全国推广。深入推进交通强国江苏方案十大样板工程，完成新一代国家交通控制网试点，建成泰兴自动驾驶封闭测试区、常州东扩融合区开放测试区。在S342无锡段、G524常熟段建成全息感知、高效处理、便捷服务的智慧公路体系，实现路警联动、路运一体管理。推进“互联网+民政服务”，开展婚姻登记信息跨区域查询与电子证照应用，上线婚姻电子证照二维码“亮证”功能；推进省级居民家庭经济状况核对系统改造提升，为开展精准救助提供有力支撑；在江苏政务服务App上线江苏清明“云祭扫”服务专栏，495万人次参与网上祭扫。建成江苏省智慧文旅平台，开设“苏心游”服务、“啄木鸟”监督、“个性化”推送，满足群众智慧文旅需求，实现全省文旅行业的智慧服务及监管。

**【围绕治理能力提升　加快新型智慧城市建设】**

全新改版智慧江苏门户网站省级平台，与各地智慧城市门户网站及政务服务应用开展对接。南京市加快打造实时、动态、多源的“城市之眼”感知平台，全面提升生态环境、公共安全、社会治理等方面的数据监测能力。无锡市推动数字认证体系建设，开设长三角“一网通办”线上线下专窗。徐州市梳理确定69项智慧徐州年度重点建设项目，总投资额达29.6亿元。苏州市城市生活服务总入口“苏周到”App正式上线。南通市积极打造市域治理现代化指挥平台，建设1张总图和16张专题图，动态展现市域治理工作全貌。连云港市建成社会治理大数据中心和网格化服务管理中心，实时管理和研判网格化治理工作。常州、淮安、宿迁等市开展“十四五”信息化发展规划编制，提出新一轮智慧城市建设目标任务。各地加快城市智能门户平台升级改造，连云港、盐城、扬州等地门户平台注册用户数量增长迅速，“我的南京”App实名注册用户突破600万人。

**【运用数字化手段　全力支撑疫情防控及复工复产】**

疫情发生后，各地各部门充分运用新一代信息技术做好疫情精准化防控和企业复工复产支撑服务工作，取得了显著成效。江苏省卫健委建成新冠肺炎病例远程诊疗专家系统，实现患者检验信息和医疗影像实时采集，全面支持专家远程调阅和会诊；上线新冠肺炎防治服务综合平台，提供互联网发热门诊咨询、来苏人员健康申报、AI自诊、行程查询等综合性服务。公安、卫健、通管、政务办等部门归集多类数据资源，开发“苏康码”，申领人数达9500万人，建立起大数据疫情防控体系，形成“大数据+网格化+铁脚板”工作模式，助力精准防控。江苏省司法厅开通远程视频公证平台，向援鄂医护工作者、被隔离人员及身居国外人员等提供视频公证服务。江苏省工业和信息化系统统一部署、积极组织软件与信息服务企业、工业互联网企业开发疫情防控、复工复产网络化服务平台和产品，共征集265个全品类优质工业App，优选79种软件产品和88个优秀工业App提供免费使用权，组织3批600余种疫情防控复工提效网络云化产品、400多个工业App和18个抗疫复工大数据应用场景解决方案，超过4万家工业企业应用省内云平台支撑企业疫情防控复工复产。

# 浙江省信息化发展概况

2020 年，浙江省深入贯彻落实习近平总书记考察浙江重要讲话精神，忠实践行“八八战略”，奋力打造“重要窗口”，坚持不懈把数字经济作为“一号工程”来抓，大力推进数字产业化、产业数字化和治理数字化，深入实施数字经济“一号工程”2.0 版，加快推进国家数字经济创新发展试验区建设。浙江省数字经济发展呈现规模快速扩大、数字场景应用加快拓展、数字赋能加速壮大的良好态势，成为推动浙江省经济社会高质量发展的主引擎和硬核支撑。浙江省数字经济发展继续走在全国前列，2020 年浙江省数字经济发展指数为 110.8%，其中，基础设施、数字产业化、产业数字化、新业态新模式、政府与社会数字化发展指数分别为 111.7%、102.6%、107.4%、111.9%、129.0%。

## 【工作统筹谋划】

浙江省委、省政府高度重视数字经济创新发展，将建设国家数字经济创新发展试验区作为全省深入推进数字经济“一号工程”的重要抓手，制定了全省推进数字经济发展 2020 年工作要点，实施 90 项重点工作任务。召开浙江省数字经济发展领导小组全体会议，谋划“1+4”政策体系，制定出台《浙江省国家数字经济创新发展试验区建设工作方案》和《关于深入实施数字经济“一号工程”若干意见》。制定出台《浙江省数字经济促进条例》，成为全国省级层面第一部以促进数字经济发展为主题的地方性法规，并于 2021 年 3 月 1 日起施行。结合浙江省发展实际，启动开展 17 个省级数字经济创新发展试验区创建工作，积极在新产业、新制造、新场景、新基建和新治理“五新”开展探索和实践，努力形成“一县一经验”的发展模式。综合运用数字经济综合评价、专项激励和督查考核等手段，强化部门工作协同和上下联动，全省齐心合力抓数字经济创新发展的良好新格局正加速形成。

## 【数字产业化发展】

“十三五”时期，浙江省数字经济核心产业增加值年均增长 15.2%。2020 年浙江省数字经济核心产业实现增加值 7019.9 亿元，同比增长 13%，占地区生产总值（GDP）比重达 10.9%，对全省 GDP 增长贡献率达到 34.9%。浙江省规模以上数字经济核心产业实现营业收入 22312.9 亿元，实现利润总额 2955.8 亿元，分别同比增长 12.9%和 16%，成为对冲疫情、平抑风险的经济“压舱石”，在国民经济中的支柱地位和战略性作用显著提升。

加快实施集成电路、人工智能、5G 等数字产业提升行动，2020 年浙江省新一代信息技术产业增加值同比增长 21%，高出全省战略性兴产业增加值增速 10.3 个百分点，对全省战略性新兴产业贡献率达 44.9%。证券领域信创工作取得重大突破。实施产业基础再造和产业链提升工程。2020 年，浙江省数字安防、网络通信、智能计算相关产业营业收入同比增长 18.9%、11.4%、21%，杭州市数字安防产业集群成功入围 2020 年国家先进制造业集群，着力提升产业链水平。积极推进人工智能创新应用和产业发展，2020 年人工智能制造业增加值同比增长 16.6%，杭州市获批创建国家人工智能创新应用先导区。32 家企业入选全国大数据产业发展试点示范项目，入选数居全国第 2 位。强化产业基金引导，深化与阿里巴巴、华为、中国电科集团等战略合作，组织实施数字经济千亿元投资工程，528 项数字经济领域重大项目累计完成投资 1133.9 亿元，华为鲲鹏、龙芯智慧、长电科技等重点项目进展顺利。加快平台载体建设，新认定信息技术领域“万亩千亿”新产业平台 5 个，新产业平台累计达 11 个。实施“雄鹰行动”“凤凰行动”“雏鹰行动”，加速培育壮大优质企业，浙江省拥有超千亿元企业 1 家、超 200 亿元企业 13 家、超百亿元企业 25 家，浙江省 16 家企业入选 2019 年全国电子信息百强企业，数量居全国第 2 位，浙江省数字经济领域境内外上市企业累计达 129 家，形成大中小企业融通发展的企业生态。

（1）电子信息制造业。2020 年，浙江省电子信息行业生产呈“V”字形回升态势，全省规模以上电子信息制造业完成增加值 2429.6 亿元，同比增长 16.8%，分别比全省规模以上工业和全国电子行业增速高 11.4 个百分点和 9.1 个百分点，规模稳居全国第 3 位。电子信息制造业引领新兴产业增长，增速分别比八大万亿元产业中的高端装备、时尚、节能环保、健康、文化制造业高 8.9 个百分点、11.9 个百分点、8.1 个百分点、2.5 个百分点、9.0 个百分点，有力支撑新动能壮大。浙江省电子信息制造业产值、收入规模突破万亿元，并保持两位数增长，2020 年规模以上电子信息制造业实现总产值 10657.9 亿元，实现销售产值 10422.1 亿元，实现营业收入 11284.5 亿元，分别同比增长 11.4%、11.9%、10.4%，高于全省同期规模以上工业平均水平 10 个百分点、10.1 个百分点、8.4 个百分点。浙江省已形成了通信和计算机网络、软件和信息服务、通信电缆及光缆、电子信息机电、新型电子元器件及材料 5 个超千亿元产业集群，分别完成营业收入 2966.3 亿元、7035.1 亿元、1510.9 亿元、2671.8 亿元、2150.8 亿元，分别同比增长 9.4%、15.4%、16.4%、−2.7%、15.7%。

（2）软件和信息服务业。2020 年，浙江省实现软件业务收入 7035.1 亿元，产业规模稳居全国第 4 位，同比增长 15.4%，增速高于全国平均水平 2.1 个百分点，在全国规模前 10 位的省市中列第 3 位，领跑华东各省市；实现利润总额 1861.3 亿元，同比增长 6.4%，利润总额占全国的 17.4%，软件业务利润率达 26.5%，高于全国平均 13.4%。加快推进杭州国际级软件名城、宁波特色型中国软件名城建设，2020 年实现软件业务收入 5664.9 亿元，同比增长 13.7%，占全省比重为 80.5%；宁波软件业务收入为 1025.2 亿元，同比增长 25.2%，占全省比重的 14.6%，形成一核多级协同发展的格局。

（3）数字科技创新。强化科技创新支撑，加快数字科技创新中心建设，高能级平台建设取得新突破。推动杭州城西科创大走廊建设，加快创建全球创新策源地，之江实验室获批建设智能计算研究院并纳入国家实验室体系，之江、湖畔等省级实验室正式挂牌。认定数字经济领域省级工程研究中心 11 家，推进新一代工业互联网系统信息安全、多维超级感知等大科学装置建设。组织实施“尖峰”“尖兵”“领雁”“领航”计划，围绕数字安防等十大标志产业链形成 397 项关键核心技术清单，已形成 73 项自主可控进口替代成果，一批自主可控关键核心技术取得突破。2020 年，浙江省规模以上电子制造业研发费用占营业收入的比例为 4.2%，全省数字经济领域有效发明专利达 6.5 万件，较 2019 年年底增长 32.4%，拥有专利的企业达 3.4 万家，居全国第 3 位。

**【产业数字化转型】**

浙江省加快推进新一代信息技术和制造业融合发展，促进产业数字化加速转型，赋能增效发展新动力。

一是深入推进制造业数字化转型。2020 年，浙江省深化推进智能化技术改造行动全覆盖，组织实施 5000 项智能化技术改造项目，完成投资 1685 亿元，新增应用工业机器人 2.2 万台，工业机器人累计达 11.1 万台。深入推进智能制造新模式，认定省级智能工厂（数字化车间）149 家，培育“未来工厂”12 家，大力推广

“犀牛工厂”等新智造模式，打造新智造标杆。深化“1+N”工业互联网平台体系建设，加快推进长三角工业互联网一体化发展示范区建设。阿里云数字工厂&钉钉设备在线方案等 12 个解决方案入选工业和信息化部“支撑疫情防控和复工复产工业互联网平台解决方案”，数量居全国第 2 位。浙江省已培育产业链级、行业级、区域级、企业级、特色环节型工业互联网平台 210 个，已开发集成工业 App 近 3 万款，连接 4900 多万台工业设备产品，服务超过 11 万家工业企业。推广“上云用数赋智”服务，上云企业已超 43 万家。数字化转型赋能制造业提质增效，2020 年浙江省规模以上工业增加值同比增长 5.4%，运行质量好于全国、领跑东部，顺利实现“全年赢”目标。

二是加快推进农业数字化转型。实施新时代浙江“三农”工作“369”行动，促进数字技术与农业生产、乡村治理深度融合，推进“互联网+”农产品出村进城工程试点，不断催生新业态和新模式。浙江省创建数字农业工厂 163 家，示范带动 1052 个种养基地完成数字化，培育涉农网店 2.6 万家，实现农产品网络零售额 691.1 亿元，已培育农村电子商务示范村 350 个、示范服务站（点）720 个。建成益农信息社 23756 个，实现浙江省行政村全覆盖。

三是加快服务业高端化发展。着力拓展场景应用，激发跨境电子商务、直播电子商务、“云生活”、在线经济等新业态创新发展。跨境电子商务综合试验区建设稳步推进。2020 年浙江省实现网络零售额 22608.1 亿元，总规模稳居全国第 2 位，同比增长 14.3%。跨境网络零售出口额达 1023 亿元，同比增长 31.6%，全省出口活跃网店 11.3 万家。推动 eWTP 全球布局，新增埃塞俄比亚、泰国试点，加快推进数字自贸区建设。实施数字生活新服务行动，数字生活新服务总指数增速高达 32.4%。支持传统行业开启直播卖货新模式，截至 2020 年年底，浙江省共开展“美好生活浙播季”相关直播活动 1450 场，参与直播带货的产品数量达 28.1 万种，成交订单数超 2527.7 万单，现场成交额达 70.79 亿元。杭州、湖州入选国家信息消费示范城市，入选数量全国第一。金融科技创新发展取得新成效，世界银行全球数字金融中心落户杭州并开业运营，33 项国家金融科技应用试点项目均已投产上线。“移动支付之省”建设走在全国前列，截至 2020 年年底，浙江省移动支付活跃用户数 4386.78 万户，同比增长 29.4%，2020 年发生移动支付业务 554.58 亿笔，支付额达 67.83 万亿元，分别同比增长 22.02%、31.74%。

**【治理数字化发展】**

突出整体智治，提升省域治理能力和治理体系现代化水平。加快“城市大脑”建设与应用，制定并实施《深入贯彻习近平总书记考察浙江重要讲话精神加快城市大脑建设与推广工作方案》，全面推广“城市大脑”杭州经验，推进各设区市“一市一脑”建设。杭州“城市大脑”已建成 11 个领域、48 个应用场景、390 个数字驾驶舱，中枢系统数据服务接口达 1.2 万个，数据累计调用量达 35.6 亿次，湖州、衢州、温州、台州等地加速推进“城市大脑”建设，温州“城市大脑”上线应用。加快打造“掌上办事之省”“掌上办公之省”“掌上治理之省”，全面推进系统集成，全省一体化政务服务平台“浙里办”注册用户突破 5500 万户，申请政务服务事项 100% 网上可办。机关内部“最多跑一次”系统应用不断深化，加速迭代浙政钉 2.0 平台，用户突破 141 万户，推出决策辅助、政务办公类应用 1278 个。71 家省级单位、895 个部门间办事事项实现“一网通办”，“一网通办”率从 2019 年年底的 39%提升至 64%，全部实现“最多跑一次”。全面推行“信用+执法监管”，2020 年累计开展掌上执法 221 万次，掌上执法率已达 90.6%，深化“基层治理四平台”建设。加大数据开放和应用创新力度，2020 年浙江省数据共享调用次数达 243 亿次，实现政府部门间数据共享“秒级”送达，新开放 2717 个数据集、20 亿条数据。疫情精密智控“一图一码一指数”、企业码已成为展示浙江省数字化治理成果的重要标志，截至 2020 年年底，领码用码企业达 263.8 万家，9.43 万件诉求“码”上解决，立“码”兑现政策资金 168.9 亿元，有效提高了精准服务企业水平。各领域数字化应用加速提升，数字政务、数字健康、数字教育、数字文旅、数字出行等无接触服务不断普及，同比分别增长 115.7%、87.8%、51.8%、26.2%、24.9%。

**【信息基础设施建设】**

2020 年，浙江省加速布局 5G 网络、数据中心、下一代互联网（IPv6）、人工智能、工业互联网等新型基础设施，制定实施《浙江省新型基础设施建设三年行动计划（2020—2022 年）》，实施“5G+”行动，率先开展 5G 基站建设“一件事”集成改革，进一步优化 5G 建设环境。截至 2020 年年底，已建成交付 5G 基站 6.26 万个，开展场景应用 200 多个，5G 建设与应用走在全国前列。国内首个国家新型互联网交换中心于 2019 年 6 月正式启动运行，已接入 14 家企业，接入总带宽 885Gbps，峰值交流流量达 65Gbps，扩容杭州骨干直联点网间总带宽增至 690Gbps。根镜像服务器、云计算中心等新型基础设施建设稳步推进，阿里巴巴长三角智能数据中心、乌镇之光（桐乡）超算中心启动建设，累计建成各类数据中心 193 个，其中，大型和超大型数据中心 5 个，总机架数超过 15 万架。指导各地开展 IPv6 规模部署和应用试点，浙江省 IPv6 活跃度为 84.63%。加快推进北斗应用及产业化发展，浙江省累计建成北斗地基增强站近 300 个。积极推进传统设施智能化改造，2020 年发展物联网用户 1.15 亿户，实现乡镇和大部分行政村全覆盖。截至 2020 年年底，浙江省拥有固定互联网宽带接入用户 2938.83 万户，（固定）互联网宽带普及率为 50.24 户/百人；移动互联网用户达 7041.06 万户，电信业务总量达 8309.42 亿元，同比增长 23.7%，电信业务收入为 856.42 亿元，同比增长 6.3%。

**【数字经济开放合作】**

2020 年，浙江省进一步强化数字经济开放合作发展，积极推进与阿里巴巴、华为等知名企业的合作交流与产业对接，推进华为鲲鹏计算产业生态建设。谋划推进数字长三角建设，牵头制定《数字长三角建设方案》，共同谋划布局一批重大平台、重大项目。制定实施《2020 年长三角区域一体化信息化合作工作计划》，签订《共同推进长三角数字经济一体化发展战略合作协议》，推动长三角工业互联网一体化发展示范区建设，协同推进长三角一体化数字基础设施建设。推进长三角生态绿色一体化发展示范区嘉善片区数字经济发展，支持嘉善布局建设 5G 等数字基础设施，以及创建省级数字经济创新发展试验区。积极推进长三角区域车联网先导区建设，与沪、苏、皖共同签订《国家长三角区域车联网先导区建设合作协议》，指导并推动德清创建国家车联网先导区。推动长三角产业链协同发展，建立长三角产业链合作机制，联合实施产业链补链、固链、强链行动，发起组建产业链上下游企业共同体，43 家共同体与长三角地区企业协同，协同企业数 55 家。推进科技创新联合攻关，加强长三角地区在新型显示、集成电路等领域的产业链协同创新，2020 年实施了 110 余项联合研发项目。办好 2020 年世界互联网大会乌镇峰会、世界数字经济大会、第四届中国（浙江）—欧洲（德国）数字经济和高新技术产业高峰对接会等重大活动，支持全省各地举办数字经济招商和推介活动，吸引全球数字经济领军企业、优质项目、创新成果和高端资源落户浙江省。

# 安徽省信息化发展概况

## 【电子信息制造业发展情况】

2020 年，安徽省电子信息制造业努力克服新冠肺炎疫情、中美贸易摩擦等不利影响，全年实现规模以上工业增加值同比增长 24.1%，较 2019 年同期提升 2.5 个百分点，对全省工业增长贡献继续保持各行业前列；实现营业收入 4566 亿元，同比增长 25.2%，总量排名全国第 10 位、中部地区第 3 位，增速排名全国第 6 位、中部地区和长三角地区首位；实现利润总额 197 亿元，同比增长 42%；规模以上企业达 1077 家，同比净增 57 家，排名居全国第 6 位，其中，联宝科技年销售收入突破 1000 亿元，成为安徽省电子信息行业历史上首家“千亿元企业”。

2020 年，安徽省集成电路制造业规模以上工业增加值同比增长 28.4%。合肥芯火双创基地（平台）建设加快推进，成功获得 2020 年工业和信息化部产业技术基础公共服务平台项目建设政策支持。合肥“海峡两岸集成电路产业合作试验区”建设获国台办、工业和信息化部多方位指导，相关政策措施加快落实。“2020 中国半导体材料创新发展大会”“2020 年（第八届）中国半导体设备市场年会”“2020 第五届海峡两岸半导体产业（合肥）高峰论坛”“2020 中韩半导体产业（安徽）交流对接会”成功举办，产业链上下游对接合作进一步推进。

2020 年，安徽省显示器件行业规模以上工业增加值同比增长 39.6%。维信诺第 6 代柔性面板生产线克服疫情影响，实现点亮投产，刷新全球同类产线最快建厂纪录；合肥视涯全国首条硅基 OLED 微显示项目成功量产。2020 年世界显示产业大会成功举办，吸引全球 10 多个国家和地区的近百位重磅嘉宾演讲。推动三省一市联合签署《共同推进长三角新型显示产业一体化高质量发展战略合作协议》，安徽省新型显示产业发展基础进一步夯实，“软实力”进一步增强。

2020 年，安徽省笔记本电脑、彩色电视机、智能手环等主导产品产量居全国前列，全年累计生产彩色电视机 1612 万台，居全国第 3 位；生产微型计算机 3097 万台，居全国第 5 位；华米智能可穿戴产品累计出货量突破 1 亿只，智能手表/手环产品出货量位居全球同类产品出货量前列；推出全球最大功率光伏逆变器，光伏逆变器出货量居全球前列。安徽省智能终端重点行业快速发展，2020 年电子计算机制造业规模以上工业增加值同比增长 41.3%；太阳能光伏行业工业增加值同比增长 60.9%；锂离子电池行业工业增加值同比增长 18.8%。编制并印发全省智慧养老产业发展规划。安徽省 9 家企业的 10 种产品入选《智慧健康养老产品及服务推广目录（2020 年版）》；25 家单位成为省级智慧健康养老应用示范，14 家单位入选第四批国家智慧健康养老示范公示名单。

华米科技发布“黄山 2 号”智能可穿戴领域人工智能芯片。云塔科技自主研制出全国首个 5G 毫米波滤波器。中国首条溢流法 8.5 代 TFT-LCD 玻璃基板生产线在合肥建成投产。蚌埠凯盛科技成功开发了国内唯一的全国产化全套超薄柔性玻璃（UTG）生产工艺，并启动建设了

30～70μm 超薄柔性玻璃一期项目。中国科学技术大学成功构建 76 个光子的量子计算原型机“九章”，成为中国达到“量子计算优越性”的里程碑。

【软件和信息技术服务业发展情况】

2020 年，安徽省软件和信息技术服务业实现营业收入 1202.2 亿元，同比增长 20%，产业规模再上新台阶。2020 年安徽省完成软件业务收入 647.2 亿元，同比增长 18.9%。其中，软件产品收入 204.4 亿元，同比增长 7.3%；信息技术服务收入 358.9 亿元，同比增长 27.8%；信息安全收入 2.4 亿元，同比增长 6.2%；嵌入式系统软件收入 81.5 亿元，同比增长 15.4%。安徽省软件和信息技术服务业从业人数超 10 万人。

2020 年，安徽省软件业务营业收入 10 亿元以上企业达 16 家，比 2019 年新增 4 家；20 亿元以上企业 7 家，比 2019 年新增 1 家。科大讯飞、华米科技、国盾量子、科大国创等优势骨干企业量质提升。科大讯飞稳居智能语音行业领先地位。讯飞开放平台用户实现超 50 万户增长，开发者总量达 169 万人；讯飞输入法总装机量超 6 亿户且月活跃用户数达 1.3 亿户；讯飞翻译机实现翻译 50 种以上语言，占据行业市场份额 70%以上。安徽省上市软件企业发展良好。科大讯飞入选“2020 年福布斯中国最具创新力企业榜”。三七互娱、科大讯飞分别入选“2020 年中国互联网综合实力百强企业”第 28 位和第 37 位。科大讯飞、三七互娱、阳光电源、美亚光电 4 家企业入选“2020 胡润中国 500 强民营企业”榜单。

科大讯飞智能语音核心技术继续保持国际领先，语音识别技术在 2020 国际多通道语音分离和识别大赛中再次以显著优势获得冠军。在图像识别、认知智能等领域也不断取得突破。图像识别技术相继在国际医学影像顶级会议设置的评测任务中，刷新了最受关注的 CT 肝脏分割子任务的世界纪录。认知智能技术如机器阅读理解等也相继在国际评测大赛中获得冠军，基于此技术的文理科智能评阅系统在各种主客观题型自动判分和学习评价中准确度首次超过人工。华米科技智能可穿戴产品全球领先，2020 年新发布的小米手环 5、自主品牌 Amazfit 手表和耳机等新品市场销售优异，可穿戴产品在全球范围内销售版图持续扩张到 70 多个国家和地区。美亚光电色选机成为行业标杆，行业内首个智能化生产基地建成，人工智能色选机、X 射线检测设备和高端医疗设备等产品，远销全球 100 多个国家和地区，市场占有率世界领先。

各地市依托自身资源优势和产业基础，积极建设特色软件产业园区，产业集聚态势不断凸显。在安徽省 16 个市中，合肥、芜湖、马鞍山、宿州 4 个市软件产业产值达到 10 亿元以上。合肥市积极打造智能语音和人工智能产业集群，2020 年合肥市实现软件产业收入 942 亿元，同比增长 19.1%，占全省产业规模的比重达 78%。芜湖市动漫游戏、机器人、现代物流产业集中区，马鞍山市电子商务、软件服务外包产业集中区，宿州市云计算大数据中心建设各具特色。2020 年芜湖市实现软件产业收入 152.9 亿元，马鞍山市实现软件产业收入 34.3 亿元，合肥、芜湖、马鞍山三市软件产业规模占安徽省软件产业收入总量的 94%。

2020 年，“中国声谷”紧抓产业项目建设，编制两批“中国声谷”建设项目投资计划，全年共建设 1347 个项目，投资 202.7 亿元，同比增长 37.1%；紧抓产业链条完善，坚持“AI+AK”战略，成立安徽信息技术创新产业联盟，商汤科技、寒武纪、华云数据等人工智能龙头企业，以及中国电子、卓怡恒通、百信信息等国产计算机领域龙头企业纷纷落户；紧抓产业园区拓展，以合肥高新区为核心承载区，以合肥经开区、蜀山区、庐阳区、长丰县为产业发展区，函复建设蜀山数字经济产业园、庐阳大数据产业园、经开信创产业园，构建“一个核心承载区+若干个联动发展区”的“1+*N*”发展格局；紧抓示范应用推广，13 款 4296 台（套）“中国声谷”创新产品在全省 16 个市、200 多个省级和市级机关示范应用，88 个人工智能新基建项目面向社会推介。2020 年，“中国声谷”完成营业收入 1060 亿元，入驻企业达到 1024 家，成功实现“双千目标”。

安徽省 4 个项目入选国家新型信息消费示范

项目，数量居全国前列；蚌埠市入选国家信息消费示范城市。开展信息消费示范城市动态管理；举办“中国信息消费馆”发展研讨会，开展智能消费、定制消费等解决方案征集活动。评选出“非接触式掌纹掌静脉识别认证终端”等 181 种信息消费创新产品，以及“大德智慧生活体验中心”等 36 个信息消费体验中心。

【两化融合发展情况】

持续推进“皖企登云”。安徽省实施“聚云、建云、登云、伴云、拓云”一体行动，大力促进云计算等新一代信息技术在企业广泛和深度应用，2020 年新增 5600 家上云企业，累计已有 10000 家企业与云资源深度对接。其中，元琛环保、阳光电源、三只松鼠 3 家企业入选工业和信息化部企业上云典型案例（全国共 40 家）。2020 年新冠肺炎疫情期间，安徽省及时组织动员各大云服务商为全省企业提供免费或优惠云服务，支持企业在“云端”复工复产。优质采云采购平台、洲峰电子北斗物流平台等在疫情中为物资供应拉上“云链条”。安徽省利用信息技术抗疫的工作经验被工业和信息化部作为数字抗疫第一批地方案例加以宣传。

企业“融数”实现发展模式创新。积极开展大数据与制造业深度融合，以实施深度融合项目、形成融合应用产品和方案、催生融合新兴业态为重点，不断完善大数据与制造业深度融合支撑体系。安徽云轨科技、奇瑞汽车、中科类脑等 7 家企业入选 2020 年国家大数据产业发展试点示范，数量居全国第 5 位。科大讯飞、科大国创入选国家支撑疫情防控和复工复产复课大数据产品和解决方案。引导行业龙头企业利用大数据优化产学研资源配置，培育出三只松鼠食品创新共享服务联合体、维天运通基于区块链的互联网物流平台供应链金融联合体等一批数字经济创新共享服务联合体。

企业两化融合能力不断提升。通过宣传和培训，加快推进两化融合管理体系在企业的普及和推广，构建开放式、扁平化、平台化的中小企业组织管理新模式，提升企业核心竞争力。2020 年，安徽省累计 3213 家企业开展两化融合贯标工作，同比增长 36%；新增 796 家企业通过国家两化融合管理体系认定，累计通过两化融合贯标评定企业 1417 家，数量居全国第 4 位。环新集团股份有限公司、天能电池（安徽）有限公司、红爱实业股份有限公司等 6 家企业被评为 2020 年国家级两化融合管理体系贯标示范企业。

【新型信息基础设施发展情况】

2020 年，安徽省工业互联网发展整体态势良好。全省工业互联网标识解析二级节点已建成 1 个、在建 2 个。科大讯飞“顺风耳”图聆工业云平台、劲旅环境“互联网+装备”远程运维智慧环卫管理平台入选 2020 年国家级特色专业型工业互联网平台。合力 FICS 平台、安泰慧核平台入选首批长三角十二大工业互联网平台。合肥学院入选 2020 年国家级制造业与互联网融合中德智能制造合作方向试点示范。中通服的“工业物联网安全接入平台”入选国家级工业互联网安全试点示范，奇瑞汽车的“奇瑞车联网整体安全平台”成为车联网安全类试点示范，安徽移动的“运营商集群池化抗 DDoS 智能服务平台”入围网络安全公共服务类试点。

2020 年评选安徽省“网效之星”企业 14 家；梳理全省 20 个工业互联网优秀应用案例，编印《工业互联网安徽方案》；在 2020 年世界制造业大会上，发布海螺水泥、宝武马钢等安徽省“5G+工业互联网”十大创新应用；推荐 22 家优秀企业项目进入工业和信息化部“5G+工业互联网”项目库。利用安徽省“皖企服务云”App 和“皖企微云”微信公众号等平台在线发布全省工业互联网服务商资源池第一批企业名单共 30 家。

安徽省建成省级工业互联网安全态势感知平台，对省内工业互联网进行全面监测、预警和处置，完成 41 台服务器、11 台探针部署，覆盖省内 3 地市、636 家企业，具备“5G+工业互联网”设备协议识别能力，以及安全威胁、漏洞风险分析能力及省部对接能力，在线监测设备数量达 44.54 万台，安全监测与预警平台覆盖 636 家企业。

安徽省“5G+工业互联网”应用场景分布如

图1所示。

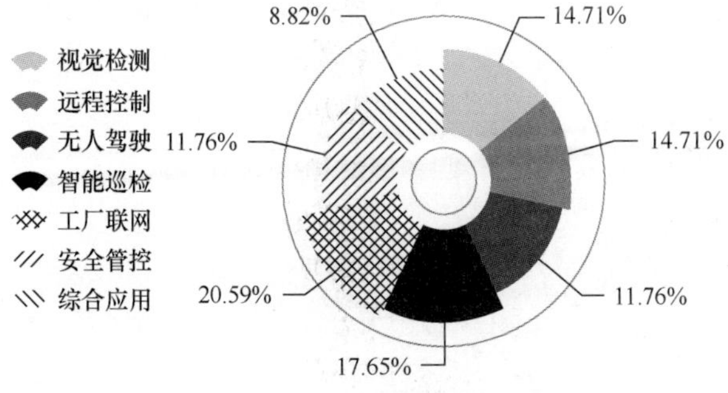


图1 安徽省“5G+工业互联网”应用场景分布

与上海、江苏、浙江联合成立长三角工业互联网示范区建设推进领导小组，何树山副省长担任领导小组副组长，加强对外交流合作。与国内优秀工业互联网平台企业对接，在全国15个双跨平台中已有海尔卡奥斯、航天云网、紫光云等10个平台在安徽省展开合作，为安徽省中小企业提供上云服务。

2020年，在安徽省委、省政府的高度重视下，安徽省各地各部门加强协同合作，推动全省5G快速发展。2020年，安徽省政府出台《支持5G发展若干政策》（皖政〔2020〕18号）和《安徽省5G发展规划纲要（2019—2022年）》（皖政办秘〔2020〕21号）；安徽省加快5G发展专项协调小组印发《安徽省加快5G发展专项协调小组办公室工作规则》《2020年安徽省5G发展工作要点》《加快推进5G场景应用行动计划（2020—2022年）》做好顶层谋划；安徽省经济和信息化厅、安徽省财政厅联合印发《支持5G发展若干政策实施细则》，并完成项目申报和资金下拨；安徽省住房和城乡建设厅、安徽省市场监管局编制出台《住宅小区和商住楼通信设施技术标准》，完善通信设施建设标准；安徽省人力资源和社会保障厅印发了《安徽省关于建立引进海外高层次人才和急需紧缺人才职称评审绿色通道的指导意见》，加大5G人才引进的政策扶持力度。

安徽省及各市均成立加快5G发展专项协调小组，统筹推进5G建设工作。全省16个市均印发推进5G通信基础设施建设发展实施方案，加强基站建设困难的协调督查解决，为5G网络建设提供保障。2020年，全省共梳理疑难站址2088个，解决2043个，解决率达97.8%左右；建成5G基站29415个，超额完成全年目标任务，基本实现5G基站地级市主城区连续覆盖。合肥创新产业园等8个开发园区实现5G网络深度覆盖。

安徽省建成5G应用场景62个，利用5G政策资金支持5G项目99个，拨付财政奖补资金7411.6万元。在5G社会领域应用方面，安徽省首条4.4千米智能网联汽车示范线已对外运行；安徽省“皖游通”公共服务平台利用5G技术升级为“游安徽”公共服务平台，已涵盖超过6000条信息；拍摄制作《八月桂花遍地开》等10部超高清纪录片，在主要频道实现高清播出；安徽省开展“智慧戒毒戒治物联社会延伸+5G”，制定了“5G+社区康复运动+医疗信息采集系统”研发方案和实施方案；在重点水域建设5G高清视频监测点，提升远程感知监控能力，并接入全省水利视频监控平台。

落实关键信息基础设施防护和网络安全等级保护制度。目前，安徽省共检查省市运营商58家次，发现各类网络安全隐患34起，均已督促落实整改。针对公共通信、能源、交通、水利等八大领域的重要信息系统开展摸排，共摸排掌握关键信息基础设施81个、三级以上云平台48个，为安全防护工作打下基础。2020年度共受理电信行业网络安全等级保护备案33个、测评系统57个，其中，三级系统55个，二级系统2个。

2020年安徽省编制《加快5G发展简报》20期，及时向相关部门通报全省5G发展情况。针对安徽省支持5G发展政策召开5G视频解读会，推动安徽省5G工作稳步开展。在马鞍山市召开全省推进5G示范应用现场会，大力推进全省5G工作落实力度。成立安徽省5G产业发展联盟，推动5G相关资源聚合、服务引领和技术突破。

**【发展环境营造情况】**

数字经济发展环境不断优化。认真落实《安徽省人民政府关于印发支持数字经济发展若干政策的通知》（皖政〔2018〕95 号），从支持数字技术创新、加强市场主体培育、大力培育数字经济平台、打造数字经济产业生态、完善信息基础设施等方面对安徽省数字经济发展予以支持。2020 年省级财政共支持数字经济项目 200 个，提供资金 1.3555 亿元。

营造信息化发展浓厚氛围。成功举办世界制造业大会“5G+工业互联网”高峰论坛，围绕“5G 赋能皖美智造”等主题，共话融合赋能之招，共商数字驱动之策，共谋优化升级之路。安徽省大数据产业联盟、信息化协会、云计算促进会、首席信息官协会等行业社会组织蓬勃发展，成功举办“新基建新动能新经济”峰会、2020 第二届安徽省制造业数字化转型峰会、长三角首席信息官发展论坛等活动。深化交流合作，长三角一市三省经信部门签订了《共同推进长三角数字经济一体化发展战略合作协议》，携手打造长三角数字经济发展高地。据中国信息通信研究院发布的《中国数字经济发展白皮书（2020 年）》显示，安徽省 2019 年数字经济增加值首次超过 1 万亿元，总量排名上升至全国第 11 位。据赛迪研究院发布的《2020 中国数字经济发展指数白皮书》显示，安徽省工业数字化指数列全国第 4 位。

# 福建省信息化发展概况

2020 年，“数字福建”建设深入贯彻落实习近平总书记致首届、第三届数字中国建设峰会贺信精神，持续推进新时代“数字福建”不断增加创新优势，福建省数字经济增加值突破 2 万亿元，增速超过 15%，占全省 GDP 比重 45%左右。

## 【信息基础设施实现跨越式发展】

光网和 4G 全面覆盖城乡，所有设区市和平潭综合试验区均达到光网城市标准。固定宽带家庭普及率居全国第 2 位，移动宽带用户普及率居全国第 6 位。新基建指数居全国第 5 位，全省建成 5G 基站 2.3 万个，实现县级以上区域（含重点乡镇）覆盖，福州、厦门、泉州入选国家首批 5G 商用示范城市。全省 IPv6 活跃用户数达 4497 万户。建成 NB-IoT 基站 3.6 万个，物联网连接数突破 3900 万个。福州国家级骨干直联点建设带宽居 10 个新增直联点前列。福州工业互联网标识解析二级节点已接入 76 家企业。省级和设区市区块链联盟链骨干节点全面开通。“数字福建”云计算中心（政务云）已为 269 个部门近 2000 个应用系统提供云服务。建成海丝卫星数据服务中心，开展环保、农业、林业、海洋、水利等多个领域卫星应用服务。

## 【数字政府服务能力取得长足进步】

打造形成了全省行政审批“一张网”，实现“一号通认”“一码通行”，入驻省、市、县、乡、村 5 级依申请事项 28 万项，98%以上事项可网上办理，办件平均申报材料从 2015 年的 15.4 份降至目前 4.03 份，办件平均耗时从 2015 年的 20.38 天降至目前的 2.07 天。全省一体化掌上服务平台“闽政通”App 基本实现高频便民事项“马上办、掌上办”，对接各级便民服务事项 25 类 1000 多项，累计服务超 5 亿人次，居省级政务 App 第一梯队，入选省级十大数字政府优秀创新案例。福建政务服务已经从“一网通办”逐步进入“一网好办”阶段。依托“闽政通”App 快速开发上线全省“八闽健康码”，实时生成个人专属健康码，实现全省“一码通行”。“八闽健康码”已在线制码超过 3996 万次、亮码超过 6.55 亿次，扫码点超过 9.34 万个，累计扫码 1.47 亿次，广泛用于交通出行、返岗复工、医院就诊、景区旅游、公务员考试、中高考等场景。

### 【数字经济成为高质量发展新动能】

数字经济核心产业不断壮大，重点扶持一批重大产业项目、示范应用工程、创新支撑平台建设，大力推动人工智能、物联网、平台经济、5G、数字丝路、卫星应用等新兴产业发展。推进实施年度福建省数字经济重点项目 251 项，完成年度投资 1139 亿元，超额完成年度计划 5.1%。实施数字经济创新企业培育行动，加强要素保障和政策、资金、项目扶持，共 89 家企业入选 2020 年福建省数字经济领域“独角兽”“未来独角兽”“瞪羚”创新企业。产业数字化不断深化，推进实施中小企业“上云用数赋智”行动，两化融合发展指数居全国第 7 位。实施工业互联网创新发展工程，打造数字融通发展生态，列入工业和信息化部智能制造试点示范项目 15 项、工业互联网创新发展工程项目 7 项、省级智能制造样板工厂（车间）23 家、省级工业互联网应用标杆企业 34 家。新业态、新模式不断涌现，大力发展“互联网+社会服务”，培育一批行业服务平台，形成一批典型示范应用，加快教育、医疗健康、养老托育、家政、文化旅游、体育等社会服务领域在线对接、线上线下深度融合。征集遴选 135 个数字经济应用场景，举办近 800 场“福建投资促进季”和“云推介”“云签约”等线上对接活动，举办“全闽乐购直播节”等大型直播带货及中国（泉州）线上商品展销会等系列活动。开展百家智慧景区试点，支持福州、厦门、龙岩、武夷山创建“国家智慧旅游试点城市”，打响“全福游、有全福”品牌。建设福建省金融服务云平台，有效缓解民营企业和中小微企业融资难、融资慢问题。

### 【数据资源管理应用不断深化】

《福建省大数据发展促进条例》按照立法程序有序推动。福建省政务数据汇聚共享平台已经汇聚了 81 个省级单位的 4860 多项、270 多亿条数据记录（含文件），在线提供 3200 多项数据批量交换服务，日均交换数据 2500 多万条，发布身份证、机动车、婚姻、学籍等 250 多个常用数据服务接口和 50 多个部门定制接口，提供日均在线查询/核验服务 81 万余次。生成汇聚 1.6 亿余张电子证照，建设“一人一档、一企一档”数据库，实现个人与法人信息随手可查。福建省公共信息资源统一开放平台已开放 36 个部门的 2199 个数据目录、3 亿多条数据，为数字政府应用、打造以数据为关键要素的数字经济奠定了良好的基础。

### 【信息技术赋能常态化疫情防控和复工复产】

疫情期间，福建省在全国率先实现国家相关疫情数据库和福建省基础数据库信息融合应用，上线惠企政策掌上知平台、福建省新冠肺炎疫情防控便民服务平台、福建省复工复产与经济运行大数据监测分析平台等。推出“闽山闽水物华新”直播带货栏目，10 个县（市、区）长带货推广本地产品，成交额突破 1 亿元。推动福州、莆田、泉州等地开展“云招商”“云签约”、线上商品展销会。举办“中国福建·埃及数字经济产品云对接”活动。鼓励企业研发疫情防控新产品、新服务，例如，锐捷网络推出“发热门诊云办公”远程诊疗产品，美亚柏科推出“新型冠状病毒传播监测平台”。

### 【成功举办第三届数字中国建设峰会】

习近平总书记向第三届数字中国建设峰会致贺信，为数字中国建设指明了方向。在各方面的共同努力下，峰会取得圆满成功，形成了数字中国建设最新成果展示平台。第三届数字中国建设峰会汇聚了 7 个国家部委、19 个省市、257 家知名企业的最新成果，新技术、新产品首展率超过

50%；构建了数字中国建设政策指引和报告发布平台，工业和信息化部、生态环境部、农业农村部、国家卫健委等 10 多个部委在第三届数字中国建设峰会上发布各自领域的政策报告。打造数字中国建设的产学研用合作平台，第三届数字中国创新大赛吸引了 9000 余支队伍 2.6 万人参赛，多项赛事成果达到行业领先水平，部分项目在福州落地。促成一批数字经济重大项目落地福建，第三届数字中国建设峰会签约项目 426 项、总投资 3316 亿元，分别比第二届增长 38.3%、31.6%。

# 江西省信息化发展概况

2020 年，江西省以网络强省建设为主线，抢抓新基建发展机遇，加速推动信息化与工业化融合发展，大力推进工业互联网、5G、人工智能、区块链、物联网等新一代信息技术发展和应用，大力发展数字经济。

## 【推进信息化发展顶层设计】

江西省印发《网络强国行动方案》，促进信息技术创新、数字经济培育、网络信息惠民等行动实施；印发《推进“5G+工业互联网”融合发展实施方案》，推进 5G 与工业互联网融合创新，加快制造业数字化、网络化、智能化转型升级；印发《2020 年江西省 5G 工作要点》，促进全省 5G 产业发展和创新应用；编制《江西省两化融合“十四五”发展规划》《江西省区块链“十四五”发展规划》《江西省工业互联网行动计划》《江西省新一代信息技术与制造业融合发展实施意见》等文件，推动江西省信息化持续发展。

## 【推进新一代信息基础设施建设】

推动企业内外网按照工业互联网标准要求改造升级，指导开展工业互联网标识解析二级节点建设；建立 5G 网络建设协调机制，支持运营商加快基站开通进度，落实 5G 基站电费补贴，窄带物联网（NB-IoT）和增强机器类通信（eMTC）网络建设实现全省全域覆盖，建成 NB-IoT 基站 7.3 万个、eMTC 基站 7.8 万个，全省已开通 5G 基站 33554 个，超额完成《江西省政府工作报告》中新建 2 万个 5G 基站的目标，率先在全国实现设区市以上主城区连续覆盖。

## 【发展工业互联网】

一是争取国家工业互联网江西分院和国家工业互联网大数据江西分中心落地建设，着手部署工业互联网研究院江西分院分中心前期筹备建设工作。二是加快工业互联网标识解析节点建设，支持建设工业互联网标识解析综合节点和行业节点，江西省赣州、南昌等地 2 个工业互联网标识解析二级综合节点、1 个纺织服装行业二级节点分别与国家顶级节点对接，1 个递归节点建设完成，电子信息、有色金属等多个行业工业互联网标识解析二级节点正在建设。

## 【深入推进两化融合】

一是开展两化融合示范，支持企业开展信息化改造，打造了 2 个省级两化融合园区和 50 家省级两化融合示范企业。二是开展两化融合管理体系贯标，组织企业开展两化融合自评估、自诊断、自对标，2020 年新增 80 家企业通过国家两化融合管理体系认证，居全国第 14 位。三是持续推进企业上云，召开企业上云工作推进会，开展企业上云试点评估，指导云服务商开展企业上云试点，推进企业深度上云，全省企业上云数量突破 30000 家，上云深度和广度迈上新台阶。

**【电子信息产业持续高速发展】**

2020 年江西省电子信息制造业完成营业收入 5253.5 亿元，同比增长 17.4%；实现利润总额 263 亿元，同比增长 21.2%；产业规模在全国排名第 8 位，在中部地区排名第 1 位。江西省电子信息产业重点企业总体保持平稳增长，规模以上企业数量达到 1160 家，现有欧菲光电、华勤电子、合力泰、立讯智造和木林森 5 家主营业务收入过百亿元的企业，博硕科技、协讯电子、晶浩光学、勤胜电子、欧迈斯、美晨、联创电子、同兴达、联创光电、红板、摩比通讯等 40 余家企业营业收入超过 20 亿元。

**【软件和信息服务业持续向好】**

2020 年，江西省软件服务业营业收入 296.2 亿元，同比增长 13.4%；软件业务收入 220.1 亿元，同比增长 14.7%；信息技术服务业收入 104.9 亿元，同比增长 41.7%；信息安全收入 1.57 亿元，嵌入式系统软件收入 7.4 亿元；软件业务出口额为 0.78 亿美元。江西省软件产业实现利润 26.36 亿元，同比增长 31.4%。其中，重点企业支撑作用突出。江西省共 46 家企业营业收入过亿元，相对于 2019 年增加 16 家，主营业务收入占全省软件产业收入的 85.9%，集聚效应明显。先锋软件股份有限公司、江西贪玩信息技术有限公司、抚州市创世纪科技有限公司、捷德（中国）信息科技有限公司、江西巨网科技股份有限公司、北方联创通信有限公司、江西方兴科技有限公司 7 家企业的营业收入均超过 10 亿元，比 2019 年增加 3 家，总营业收入达到 143 亿元。

**【大数据产业不断壮大】**

江西省制定并出台了《推进工业大数据发展的实施意见》（赣工强省小组办字〔2020〕56 号）。这是江西省首个推进工业领域大数据发展的政策文件，为江西省工业大数据发展提供了政策支撑。江西省工业和信息化厅举办全省大数据融合推进论坛和全省大数据产业推进会，提供平台推进江西省大数据产业交流发展。江西省认定江西憶源多媒体科技有限公司等 20 家企业为 2020 年江西省大数据示范企业。

**【政府网站水平提升】**

提高对江西省政府网站与政务新媒体的检查比例，对政府网站的检查实现了每季度 100%覆盖，对政务新媒体的检查每季度不低于 30%。2020 年开展了 4 次对政府网站与政务新媒体的检查工作，共检查政府网站 1995 个、政务新媒体 1359 个，合格率分别为 97.59%、94.55%，政府网站、政务新媒体 2020 年检查数量同比提升 50%、596%。

**【无线电工作扎实开展】**

江西省扎实开展无线电管理工作，突出疫情防控重大任务，合理优化频谱资源配置，保障各重点行业部门频率使用需求，强化频率台站管理，维护空中电波秩序，确保全省无线电安全，圆满完成无线电管理各项任务。

**【信息安全保障到位】**

江西省信息安全工作围绕加强人才队伍挖掘、加强创新载体建设、加强监测检查、加强产业培育等方面，深度推进，创新方式，全面发力，支撑全省网络强省、工业强省战略的实施。

# 山东省信息化发展概况

2020 年，在山东省委、省政府的正确领导下，山东省积极做好信息化领域各项重点工作，奋力开启新一代信息技术产业发展新篇章。2020 年，山东省信息技术产业实现收入 9524.8 亿元，同比增长 13.1%，高于规模以上工业增速 10.9 个百分点；实现利润 646.5 亿元，同比增长 12.2%。其中，电子信息制造业实现收入 3676.3 亿元、利润 168.1 亿元，分别同比增长 14.1%、47.7%；软件和信息服务业实现收入 5848.5 亿元、利润 478.4 亿元，分别同比增长 12.4%、3.4%。“十三五”时期以来，山东省软件产业一直保持高速增长，年均增速超过 10%。

## 【主要工作】

### （一）专班推进机制开启新局面

一是调整专班构成，强化组织领导。根据专班负责省领导调整情况，调整专班人员，保持工作连续性。目前，专班共有成员单位 10 家，专班实行集中办公，集中人员 8 名。建立了专班例会、调度会等制度，组织召开区块链产业交流展示会、工业互联网发展座谈会、5G 基站建设与应用场景专题调度会、BIM 产业发展论证会等省领导参加和批示召开的专题会议，研究重点产业和骨干企业发展问题。

二是创新人才工作，强化基金支撑。会同山东省委组织部印发人才开发路线图、绘制人才地图、发布人才需求目录。山东省新旧动能转换新一代信息技术产业基金已设立 65 支，认缴规模达 389 亿元，投资项目 350 项，投资金额达 100 亿元，带动其他金融和社会资本 347 亿元。

三是推进重大项目建设。推动山东省政府与华为、中国电子信息产业集团签署合作框架协议。推动华为软件开发云创新中心、人工智能创新中心、鲲鹏生态创新中心及中国长城山东自主创新基地落地。推动北斗综合应用示范、东方航天港和天地一体化信息网络等重大项目落地，培育卫星产业新增长点。

四是相继举办新一代信息技术人才线上招聘会、第三届新一代信息技术创新应用大赛、第四届新动能·软件创新创业大赛、工业软件开发技术大赛等重大活动，搭建产业交流合作高端平台，聚合高端人才支撑产业发展。

### （二）软件产业质量迈上新台阶

一是出台《关于加快推动软件产业高质量发展的实施意见》（鲁政办发〔2020〕1 号），明确“两名城带多名园、百名企育千名品”的“四名”发展思路。

二是推动青岛市成功创建“中国软件特色名城”，比计划提前 1 年完成，山东省现有“中国软件特色名城”2 个，数量并列全国第一。

三是组织认定 134 个首版次高端软件产品，继续开展首版次高端软件保险补偿，共有 35 家企业、40 种产品符合条件，合同保费达 4078 万元，山东省财政统筹安排补偿资金 2390 万元。

推动 123 家软件企业享受税收优惠 4.2 亿元。推荐山东大学等省内高校创建国家级特色化示范性软件学院。

四是编制完成山东省区块链产业发展规划，推动组建王小云院士领衔的山东区块链研究院和山东安可区块链产业研究院，组织认定齐鲁软件园等 3 个省级软件产业（区块链）特色园区、15 个优秀区块链解决方案及 13 项“链+”试点示范项目，示范带动区块链产业高质量发展。

### （三）完善5G等信息基础设施

一是出台《关于加快 5G 产业发展的实施意见》，遴选公布两批 233 家 5G 产业试点示范企业及项目，总投资 235 亿元，形成一批可复制、可推广的新业态、新模式和典型案例。

二是加快 5G 网络部署。会同山东省发展改革委、通信管理局、国网电力等 17 个部门印发《关于落实电价优惠和公共资源开放加快山东省 5G 基站建设的通知》，采取直供电改造、转供电限价、公共资源开放督办等措施，着力解决 5G 建设过程中“电费高、进场难”问题，共解决 6981 个 5G 基站进场难等问题，为 5G 基站压减场租、节约电费 2.3 亿元以上。

三是推广 5G 应用场景。截至 2020 年年底，山东省累计开通 5G 基站超 5.1 万个，16 个市城区均已实现 5G 网络全覆盖，136 个县（市、区）实现主城区连续覆盖。在全国范围内遴选 5G 应用场景 300 个，编印成册，建立视频库，采用“线上+线下”的方式大力推广，涌现出青岛港、兖矿、山推、临工、鲁南高铁、济南地铁 3 号线等一大批 5G 典型应用场景。

四是加快低时延、高可靠、大带宽企业外网建设，互联网专线接入企业超过 7 万家，4G 基站总数达 31 万个，为 1412 万台固网终端分配 IPv6 地址，均居全国前列。浪潮、大陆机电、威海移动等 6 个标识解析二级节点上线运营，淄博功力、如意纺织等 4 个节点建设有序推进。

### （四）深化信息技术融合应用

一是争创国家级工业互联网示范区。编制《山东半岛工业互联网示范区建设规划》，加快建设山东省工业互联网综合服务平台、国家级工业互联网平台创新应用推广中心等重要载体，并于 2020 年 11 月获工业和信息化部批复，成为第 2 个国家级工业互联网示范区。

二是建立“现代优势产业集群+人工智能”推进机制。在全国率先推出《关于大力推进“现代优势产业集群+人工智能”的指导意见》，培育两批 370 项“现代优势产业集群+人工智能”试点示范项目，目前已完成投资 247 亿元，占计划总投资的 52%，已竣工项目超过 100 项，催生出一批经济效益好、财税贡献大、社会效益显著的典型应用。

三是出台《山东省深化“互联网+先进制造业”发展工业互联网的实施方案》《山东省人民政府办公厅关于加快工业互联网发展若干措施的通知》，深入开展“个十百”工业互联网平台培育工程，累计培育省级平台 115 个，山东省综合服务平台上线试运营；海尔卡奥斯、浪潮云洲工业互联网平台连续两年入选国家跨行业跨领域工业互联网平台（见图 1）；在全国 64 个特色专业型工业互联网平台中，山东省入围 8 个，数量居全国第 1 位。山东省工业互联网平台累计连接各类设备 3752 万台，提供工业 App 超过 1.2 万个，服务 60 多个行业和 47 万余家企业，形成 1800 多个解决方案，解决了一批转型升级痛点、难点问题。

四是争取工业和信息化部国家工业互联网创新发展工程项目累计 35 项，获国拨资金支持 9.41 亿元。组织“云行齐鲁”专题活动 300 多场，累计发放云服务券补贴超过 1.4 亿元，累计带动上云用云企业超过 22.9 万家。在山东省上云企业中，按行业类型划分，除其他类外，服务业、机械行业、建筑业列前 3 位，分别占上云企业总数的 30%、10%、5%（见图 2）。开展供需牵手行动，发布企业需求 305 个，供给产品 843 种，组织对接活动 120 多场，达成合作项目 187 项，协议金额超 6 亿元，有力推动了企业需求与解决方案精准、高效对接。

| 单位名称 | 平台名称 |
| --- | --- |
| 海尔卡奥斯物联生态科技有限公司 | 海尔卡奥斯COSMOPlat工业互联网平台 |
| 航天云网科技发展有限责任公司 | 航天云网INDICS平台 |
| 北京东方国信科技股份有限公司 | 东方国信CLOUDIIP平台 |
| 江苏徐工信息技术股份有限公司 | 汉云工业互联网平台 |
| 树根互联技术有限公司 | 根云ROOTCLOUD工业互联网平台 |
| 用友网络科技股份有限公司 | 用友精智工业互联网平台 |
| 阿里云计算有限公司 | 阿里云supET工业互联网平台 |
| 浪潮云信息技术股份公司 | 浪潮云洲工业互联网平台 |
| 华为技术有限公司 | 华为FusionPlant工业互联网平台 |
| 富士康工业互联网股份有限公司 | 富士康Fii Cloud工业互联网平台 |
| 深圳市腾讯计算机系统有限公司 | 腾讯WeMake工业互联网平台 |
| 重庆忽米网络科技有限公司 | 忽米H-IIP工业互联网平台 |
| 上海宝信软件股份有限公司 | 宝信xIn3Plat工业互联网平台 |
| 浙江蓝卓工业互联网信息技术有限公司 | supOS工业操作系统 |
| 紫光云引擎科技（苏州）有限公司 | UNIPower工业互联网平台 |

图 1　2020 年国家跨行业跨领域平台名单

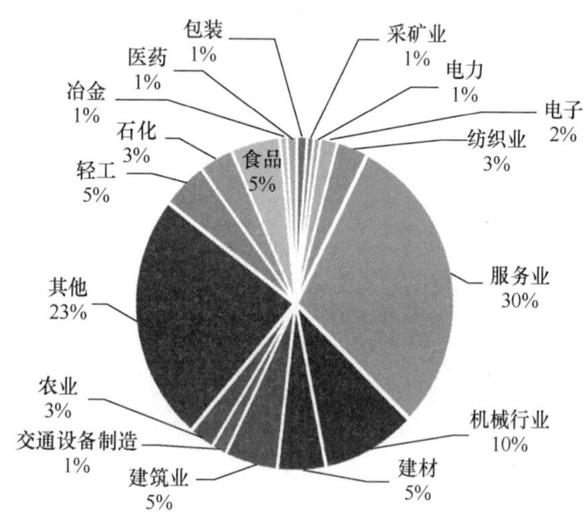


图 2　山东省企业上云行业分布图

（五）培育数字产业生态

一是支持济南建设“中国算谷”，编制《打造中国算谷培育数字产业生态推进方案》，推动组建算谷数字生态产业有限公司，筹划算谷载体、服务器等 12 类共 68 个项目，总投资额达 566 亿元。

二是以山东省政府办公厅名义印发了《山东省推进工业大数据发展的实施方案（2020—2022 年）》，围绕工业数据采集、流通交易、融合应用、数据治理、安全防护、生态建设等方面提出 7 项重点任务，推进数字化转型。

三是制定了《山东省大数据企业认定标准和产业运行监测制度（试行）》，建设大数据产业运行监测平台，启动大数据企业入库工作，现有入库企业 785 家，2020 年实现大数据业务收入 1017.21 亿元。组织开展省级大数据“三优两重”项目，以及大数据发展创新平台的评选、培育工作。

## 【下一步工作计划】

（一）进一步增强专班协调服务能力

一是构建产业协同发展推进机制。建立由龙头企业牵头，特色型领航企业、有关配套企业、科研院所参与的紧密型产业联盟，促进创新资源共享，规范竞争秩序，推进市场风险分担。

二是推动扩大基金规模。在山东省新旧动能转换基金框架下，围绕集成电路、工业互联网等重点领域设立专项产业基金，引导企业围绕重点项目设立项目基金，提高基金使用效率。

三是强化双招双引。继续加大与华为、阿里巴巴、中国电子信息产业集团等头部企业的合作，吸引区域性总部及各类创新平台落地，配合山东省新旧动能办做好 2021 年度优选项目、重点签约项目等的遴选和推动实施工作，完善要素保障，加快项目建设进度。

### （二）进一步提升产业链现代化水平

一是完善集成电路、高端软件、计算机及外设和智能家电等产业链推进机制，引导各市立足基础，围绕产业链各环节精准发力，增长板、补短板，在全国范围内加强精准“双招双引”，积极招引一批“填空式”企业、“强基性”项目。

二是紧抓国家大力实施信创工程机遇，支持海尔、海信、浪潮深度参与鲲鹏、龙芯等国产生态建设，共建通用国产软硬件研发平台、适配平台和验证测试环境，积极推进信创产品研发，推动更多产品进入国家目录，不断提高市场竞争力和应用规模。

三是发挥山东省教育厅、山东省科技厅、山东省工业和信息化厅产学研深度融合推进机制作用，支持产业链领航企业提出技术、产品和人才需求清单，并给予重点支持，塑造产业核心竞争优势。

### （三）进一步扩大高端软件供给

一是支持济南、青岛两个中国软件特色名城擦亮品牌、提档升级，辐射带动全省软件产业发展。

二是支持齐鲁软件园等争创中国软件名园，大力引导各省级软件产业园扩容提质，提升园区产业聚集和承载能力。

三是加快提升省级软件工程技术中心创新发展能力，推动中心强实力、上规模，培育一批国际、国内影响力强的软件名企。

四是继续开展首版次高端软件培育认定和保险补偿，聚力打造一批技术先进、自主可控的软件名品和高质量发展项目。

### （四）进一步加快网络基础设施建设

一是 2020 年新开通 5G 基站超过 4 万个，力争年底 5G 基站累计达到 10 万个，推动 5G 网络覆盖加快从社会公共区域转向产业应用领域，完成全省化工园区、重点景区全覆盖，培育一批 5G 联合创新中心，打造一批“5G+工业互联网”内网改造标杆。

二是推动建设“星火·链网”济南超级节点，建设运营好中车机械、山东青鸟、淄博功力等 10 个标识解析二级节点，形成规模化标识解析服务能力。

### （五）进一步推进信息技术赋能增效

一是印发《山东半岛工业互联网示范区建设规划》，加快建设国家级工业互联网平台应用创新推广中心，搭建面向特色行业的典型应用体验环境。标准化建设 10 个以上工业互联网产业园区，推动工业互联网与园区经济深度融合。

二是持续动态培育 100 个以上省级平台及 10 个以上国内领先、国际一流的跨领域跨行业平台；整合海尔、浪潮和 115 个省级平台的资源，建设运营好山东省工业互联网综合服务平台。支持海尔、浪潮跨领域跨行业平台做大做强，推动与青岛啤酒、双星集团、万华化学、日照钢铁、山东能源、中国重汽等链主企业共建行业子平台。

三是深入开展“云行齐鲁”活动，完善“云服务券”补贴制度，加快推动化工装置、智能设备等 11 类工业设备上云，夯实工业互联网应用基础。

四是印发实施《关于深化新一代信息技术与制造业融合发展的行动计划》，抓好 603 个试点示范项目建设，从中培育 100 家以上新一代信息技术融合应用创新示范企业。

五是打造 100 个工业互联网典型应用场景，围绕石化、钢铁、能源、装备制造等优势产业，采用“一行业一重点”方式，遴选一批典型应用场景。依托山东未来产业集团、解决方案供应商联盟等开展牵手行动，高效、精准对接企业需求，提供“一对一”辅导，加快项目建设进度，尽快形成示范标杆。

### （六）进一步加快数字化转型

一是会同济南市按照《中国算谷发展规划（2020—2025）》，加快算谷产业园、科技园等重点项目建设，推动形成部省市共建算谷机制。

二是贯彻《山东省推进工业大数据发展的实施方案（2020—2022 年）》，组织数据融合应用试点，推广工业大数据应用路径、方法模式。

三是对大数据企业开展全样本、常态化监测

分析，定期发布运行季报。修订《山东省数字经济园区建设标准和管理办法》，提升大数据产业集聚区和示范应用区承载能力和集聚效应。

四是印发《山东省数字经济发展“十四五”规划》，启动《山东省大数据产业发展规划》编制工作，引导山东省大数据产业持续健康发展。

五是举办“国际超级计算产业博览会”、中国（济南）大数据产业创新发展峰会、中国（济南）工业大数据大赛，搭建高端双招双引平台，汇聚产业发展优势资源。

# 河南省信息化发展概况

**【通信业发展情况】**

2020 年河南省电信业务总量保持快速增长，5G 投入持续加大，网络供给能力不断增强；宽带用户持续增长，融合业务加快发展。

（1）电信业务量收情况。

2020 年，河南省全省完成电信业务总量 8155.8 亿元，居全国第 4 位，较 2019 年增长 36%，比全国平均水平高 7.9 个百分点；完成电信业务收入 677.7 亿元，居全国第 5 位，较 2019 年增长 5.1%，比全国平均水平高 1.5 个百分点。河南省电信资费综合价格指数为 8.3%，居全国第 20 位。

（2）电信用户发展情况。

2020 年，河南省全省电话用户减少 91.2 万户，总数为 11556.4 万户，居全国第 4 位。移动电话用户减少 0.6 万户，总数为 10889.2 万户，居全国第 3 位。其中，移动转售电话用户减少 210.9 万户，总数达到 837.8 万户，居全国第 2 位。河南省 5G 用户 1958.4 万户，其中，河南移动、河南联通、河南电信用户分别为 1148.8 万户、555.9 万户、253.6 万户。固定电话用户减少 90.6 万户，总数达到 667.2 万户，居全国第 7 位。移动宽带用户（未包含 5G 用户）减少 153.2 万户，总数为 8535.7 万户，居全国第 3 位。4G 移动电话用户新增 214.7 万户，总数达到 8282.1 万户，居全国第 3 位，4G 渗透率达到 82.4%，比全国平均水平高 1.6 个百分点。

VoLTE（长期演进语音承载）用户达到 5312.1 万户，占 4G 移动电话用户的比例为 64.1%。

2020 年，河南省互联网用户新增 824.8 万户，总数达到 11839.7 万户，居全国第 4 位。互联网宽带接入用户新增 321.7 万户，总数达到 3090.9 万户，居全国第 4 位。固定宽带家庭普及率达到 102.4 部/百户，居全国第 13 位。其中，FTTH/O 用户占比为 96.6%，居全国第 7 位，比全国平均水平高 2.7 个百分点；100MB 以上宽带接入用户占比为 99.1%，居全国第 1 位；1000MB 以上宽带接入用户占比为 0.78%，居全国第 10 位；互联网专线用户占比为 0.6%，居全国第 18 位。河南联通、河南移动、河南电信 FTTH/O 用户占比分别为 98.7%、94.6%、97.3%，100MB 以上宽带接入用户占比分别为 98.9%、99.3%、98.8%，1000MB 以上宽带接入用户占比分别为 1.09%、0.75%、0.12%，互联网专线用户占比分别为 0.5%、0.7%、0.6%。移动互联网用户新增 503 万户，总数达到 8748.7 万户，居全国第 3 位。移动宽带用户普及率达到 88.5 部/百人（不含5G用户），居全国第21位。

ICT及融合业务用户。2020年，河南省物联网终端用户减少387.6万户，总数达到6655.7万户，居全国第7位，较2019年减少5.5%。其中，NB-IoT联网终端用户达到681.4万户；智慧公共事业、智能制造、智能交通和车联网、智慧农业终端用户分别达到2268.9万户、912.4万户、618.8万户、1.9万户。河南移动、河南联通、河南电信物联网终端用户分别为5175.7万户、487.9万户、992万户。IPTV（网络电视）用户新增92.8万户，总数达到1868万户，居全国第5位，较2019年增长5.2%。河南移动、河南联通、河南电信IPTV（网络电视）用户分别为1017.5万户、645万户、205.5万户。

（3）互联网业务使用情况。

2020年，河南省手机上网流量为95.1亿GB，居全国第3位，较2019年增长38.9%，比全国平均水平高9.3个百分点。手机上网用户月户均流量为7.3GB，居全国第31位。河南移动、河南联通、河南电信手机上网流量分别为49.8亿GB、33.5亿GB、11.9亿GB，增速分别为18.3%、25.5%、35.5%。河南移动、河南联通、河南电信月户均流量分别为3.8GB、12.9GB、12GB，增速分别为11.6%、20.9%、18.4%。2020年，河南省物联网终端接入流量为9303.9万GB，居全国第9位，较2019年增长175.8%，增速居全国第11位。其中，河南移动、河南联通、河南电信物联网终端接入流量分别为656.2万GB、6074.5万GB、2573.1万GB，较2019年分别增长−52%、827.8%、90.5%。河南省固定宽带用户总接入带宽为782.3万GB，较2019年增长62.4%。其中，河南移动、河南联通、河南电信固定宽带用户总接入带宽分别为432.6万GB、256.8万GB、92.9万GB，较2019年分别增长95.2%、35.5%、31.4%。

（4）电信业务收入构成。

2020年，河南省非话音业务收入为613.2亿元，居全国第5位，较2019年增长6.6%，占电信业务收入的90.5%，占比居全国第8位。其中，数据及互联网业务收入（含固定和移动）为480.5亿元，居全国第4位，约占电信业务收入的70.9%；增值业务收入（含固定和移动）为105.1亿元，居全国第8位，约占电信业务收入的15.5%；物联网业务收入为6.2亿元，约占电信业务收入的0.9%。在增值业务收入中，IPTV（网络电视）业务收入为17.3亿元，约占电信业务收入的2.6%；数据中心业务收入为20.7亿元，约占电信业务收入的3.1%；云计算业务收入为6.4亿元，约占电信业务收入的0.9%；大数据业务收入为1.2亿元，约占电信业务收入的0.2%。

（5）固定资产投资。

2020年，河南省信息通信业完成固定资产投资202亿元（含河南铁塔公司投资17.5亿元），居全国第5位，较2019年增长20.2%，比全国平均水平高9.2个百分点，增速居全国第8位。其中，河南移动、河南联通、河南电信、河南铁塔公司分别完成固定资产投资95.9亿元、71.4亿元、17.2亿元、17.5亿元。

（6）主要通信能力。

2020年，河南移动电话基站新增6.4万个，总数达到49.4万个，居全国第5位，较2019年增长14.8%，其中，4G基站新增2.7万个，总数达到32.2万个，居全国第5位，较2019年增长9.4%。互联网宽带接入端口新增181.7万个，总数达到4934.5万个，居全国第6位，较2019年增长3.8%。光缆线路长度新增0.4万千米，达到176.5万千米，居全国第13位，较2019年增长0.2%。互联网省际出口带宽减少11943GB，达到26416GB，居全国第10位，较2019年减少31.1%。

（7）电信经济效益。

2020年，河南省各基础电信运营企业完成利润总额116.5亿元，居全国第6位，较2019年增长20.5%，增速居全国第7位。河南移动、河南联通、河南电信分别完成利润总额95.7亿元、24.5亿元、−3.7亿元，较2019年分别增长8.2%、66.1%、−42.8%。河南省完成税费总额30.3亿元，居全国第6位，较2019年减少0.9%，增速居全国第25位。河南移动、河南联通、河南电信分别完成税费总额26.2亿元、3.9亿元、0.3亿元，较2019年分别增长−2.9%、−2.9%、111%。

（8）电信资费水平。

2020年，河南省手机上网流量资费为4元/GB，居全国第 11 位，比全国平均水平高 0.1 元/GB；流量资费较 2019 年降低 26.5%，降幅居全国第 4 位，比全国平均水平高 5.3 个百分点。

（9）5G 部署和商用。

印发了河南省《关于加快推进 5G 网络建设发展的通知》，进一步明确加快推进 5G 网络建设发展的总体要求、基本原则、工作目标，细化分解 8 项重点任务和 4 个方面保障措施。加快推进 5G 网络建设，截至 2020 年年底，开通 5G 基站累计已达 4.1 万个，在远程医疗/急救、汽车自动驾驶、4K 高清直播、智慧矿山建设等领域积极开展了试点应用。推进 5G 新型研发机构建设。中国联通通信技术实验室在郑州高新技术开发区落地，已有华为、中兴通讯、爱立信、诺基亚、中国信科等 5G 基站设备供应商入驻，开展 5G 关键功能研发与测试验证工作。中国移动 5G 联合创新中心（河南）开放实验室正式入驻郑州龙子湖智慧岛，重点在自动驾驶、超高清视频、VR/AR（虚拟现实/增强现实）、智能制造、智能仓储物流、物联网、健康医疗等领域实现示范应用的创新突破。中国铁塔公司 5G 建设技术创新中心目前开展 5G“宏站+微站+室分”的一体化综合解决方案和 5G 基础配套建设等相关研究。

**【两化融合发展情况】**

河南省贯彻落实习近平总书记考察调研河南重要讲话精神，以两化融合为主线，以智能制造为主攻方向，推动制造业高质量发展，各项工作取得了阶段性进展。

（1）运用信息化手段助力疫情防控。一是面向省内外信息服务商，分两批征集发布 198 个助力企业复工复产云服务和应用解决方案，疫情期间为企业免费提供服务，帮助企业通过“云端办公”“云端生产”等形式开展生产、经营和管理活动。二是组织数字战“疫”智能转型系列网络直播活动，宣传推广信息化在疫情防控和企业复工复产方面的知识和经验，提升企业运营效率、加快企业智能化转型，累计 6.4 万人次参与。

（2）加快推动企业智能化改造。一是认定河南省省级智能车间 100 个、智能工厂 49 家，生产效率平均提升 48%，产品质量合格率平均提升 5%，单位产值能耗平均降低 17%，形成了一批解决方案。二是加强省、市、县 3 级智能化改造项目库建设，截至 2020 年 12 月底全省投资 500 万元以上重点项目 1287 项，投资总额 2095.7 亿元，累计完成投资比例 76.1%，其中，2020 年投资总额 756.7 亿元，完成投资比例 110.5%，为稳定工业增长、深化结构调整发挥了积极作用。

（3）加快发展工业互联网，培育发展新业态、新模式。2020 年，河南省认定行业工业互联网平台 11 个，基本建立覆盖制造业重点行业的平台体系，在原材料、矿山装备、起重装备、智能农机、煤焦化、智能传感、盾构装备、建筑材料、节能环保等领域居先进地位。实施“企业上云”专项行动，遴选第三批“企业上云”服务商 24 家，推动企业与云服务商开展对接合作，截至 2020 年 12 月底全省累计上云企业 10.3 万家，有效加速中小企业数字化转型。印发《河南省推进“5G+工业互联网”融合发展实施方案》，力争到 2022 年初步建成中西部地区具有辐射带动作用的“5G+工业互联网”融合发展新高地。在全省 18 个省辖市组织“5G+工业互联网”融合发展深度行活动，累计参与企业 2000 多家，通过专题报告、案例分享等方式，提升政府部门和企业负责人思想认识。三是认定省级服务型制造示范企业 42 家、示范平台 3 个，培育智能产品全生命周期管理、供应链协同管理等新业态、新模式。

（4）强化两化融合服务支撑。一是引导省内企业以两化融合管理体系贯标评定、对标诊断为抓手，打造信息化环境下企业新型能力，截至 2020 年 12 月底河南省有对标企业 14701 家、贯标企业 1762 家，1154 家企业获得评定证书。二是开展企业智能化改造诊断服务，根据企业所处阶段和行业特点，帮助制定智能化改造方案，截至 2020 年 12 月底累计为 576 家企业出具诊断报告。三是联合河南省人才办等 6 家单位，举办 2020 年河南省新一代信息技术融合创新应用（智能制造）职业技能大赛，加强高技能人才队伍建设，共有来自全省 49 家企业、43 所院校的 228 支代表队报名参赛，是近年来主办规格最高、参赛规模最大的省级职业技能大赛之一。

在各方积极推动工作下，河南省两化融合发

展水平不断提升，企业内生动力明显增强。根据抽样调查，河南省应用计算机辅助设计、计算机辅助工程、计算机辅助工艺设计的企业分别达到72%、21%、16%，应用企业资源计划系统的企业达到75%，实现生产过程数据采集与控制的企业达到36%，广大企业信息化建设步伐不断加快。75%的企业制定了智能制造专项规划，45%的企业组建了智能制造专职部门，88%的企业由副总经理以上高管负责智能制造工作，41%的企业拟投入智能化改造费用 1000 万元以上，广大企业的主动性、积极性不断提高。

2020 年，河南省累计争取国家制造业与互联网融合发展试点示范项目 17 项、制造业“双创”平台试点示范项目 20 项、大数据产业发展试点示范项目 13 项、服务型制造示范企业（项目、平台）10 项，郑州市入选国家服务型制造示范城市，涌现出一批具有行业领先水平的优势企业。

**【信息消费发展情况】**

河南省不断优化升级信息基础设施建设，深入推进信息惠民，扩大社会领域信息化应用；推进“5G+现代服务业”应用，鼓励 5G 技术在现代物流、智慧文旅、高清直播、动漫游戏等领域的深度应用；为适应后疫情时代新形势，鼓励推广智慧超市、智慧商店、智慧餐厅、智慧药店等新零售业态，鼓励在线办公、在线教育、在线招投标、无人快递、互联网医疗等智慧应用；引导开展信息消费试点示范、做强做优电子商务，推动信息消费工作持续稳步发展。

（1）智慧健康医疗稳步推进。

加持用信息化助力医疗便捷化、智慧化，有效缓解看病难、看病贵问题；培育一批智慧医疗优秀项目。河南省从近 30 支队伍中选拔了 5 个项目参加了 2020 数字中国创新大赛·智慧医疗赛道暨第四届智慧医疗创新大赛，分别是郑州大学第一附属医院的“AI-Smile 智慧模拟教学平台的构建与应用”和“基于深度学习的膀胱镜 AI 辅助系统”（萱闱生命科学研究院技术支持）、梅科尔创新团队的“用于上肢康复训练的外骨骼系统”、河南省天然药物提取和医疗技术应用工程研究中心的“基于‘互联网+’的中医药治疗新型冠状病毒肺炎的网络药理学研究”、鄢陵县政府与中国移动（成都）产业研究院联合申报的“智慧医养平台”。最终，郑州大学第一附属医院的“AI-Smile 智慧模拟教学平台的构建与应用”和“基于深度学习的膀胱镜 AI 辅助系统”（萱闱生命科学研究院技术支持）获得大赛一等奖，梅科尔创新团队的“用于上肢康复训练的外骨骼系统”获得二等奖。此外，“AI-Smile 智慧医学模拟教学考核评价系统”获得最佳原创奖、最具发展潜力奖和最佳应用实践奖；“基于深度学习的膀胱镜 AI 辅助系统”获得最佳原创奖、最佳投资价值奖、最佳应用实践奖；“用于上肢康复训练的外骨骼系统”获得最佳原创奖；“基于‘互联网+’的中医药治疗新型冠状病毒肺炎的网络药理学研究”获得优胜奖和智慧战疫奖；“智慧医养平台”获得创新大赛优秀奖。在全国 11 个一等奖中，河南省独中两元。

（2）数字经济发展成效明显。

河南省坚持数字产业化、产业数字化“双轮”驱动，在数字经济领域实施了一批重大工程、重大项目，成效逐步显现，形成了良好基础。河南国家大数据综合试验区建设顺利推进，规划布局 18 个大数据产业园区。积极发展电子商务，突出河南区域特色，大力发展跨境电子商务。2020 年，郑州海关共验放跨境电子商务进出口清单 2.43 亿张、货值 306 亿元，比 2019 年分别增长 91.5%、89.4%，其中，进口清单 7582.4 万张，出口清张 1.67 亿张，实现跨越式增长；共监管中欧班列（郑州）“菜鸟号”跨境电子商务出口清单 2433.75 万张、货值 3.09 亿元，比 2019 年分别增长 1.5 倍和 2.2 倍；支持企业陆续开通郑州至首尔、东京、纽约、洛杉矶、布达佩斯、曼谷等城市的跨境电子商务包机专线，2020 年郑州海关共监管通过跨境电子商务包机、国际快递等航空运输方式出口的跨境电子商务清单约 1.1 亿张，占出口清单总量的近 2/3。郑州海关作为全国首批跨境电子商务 B2B 出口业务试点的 10 个海关之一，于 2020 年 7 月 1 日启动试点监管工作，“9710”清单、报关单及“9810”清单、报关单 4 种作业模式全部成功通关。截至 2020 年年底，河南跨境电子商务 B2B 出口试点业务已顺利运行半年，郑州海关共受理“9710”清单、报关单及“9810”清单、报关单 16.45 万张、货值 2.96 亿元，海外仓企业备案 25 家。

2020 年，郑州海关已完成中国（河南）国际贸易“单一窗口”跨境电子商务通关平台全流程测试，实现河南全省跨境电子商务业务开展区域“单一窗口”全覆盖。该系统包含保税进口、特殊区域出口、直购进口、一般出口等全业务模式，日承载能力达 3000 万张。

（3）推进智慧旅游。

2020 年，河南省部署智慧旅游小程序推进“一机游河南”。河南省联合蚂蚁金服启动“掌游中原老家河南”智慧文旅项目，发布支付宝小程序，打造了全国首个大网络、轻运营、自运行的“一站式”移动互联网服务平台，利用较小投入，实现快速部署，为游客提供自助购票、在线预订、行程规划、导游导览等游前、游中、游后各项服务，提升游客体验。目前，小程序接入景区超过 100 家，涵盖了河南省内全部 5A 级景区和重点 4A 级景区，小程序之间已初步实现互联互通、数据共享、流量分享、相互赋能，具备为游客提供“一站式”说走就走、全域全时的信息服务能力。

（4）推进农业信息化建设。

河南省是农业大省，2020 年粮食总产量达 682.58 亿千克，占全国的 1/10；肉蛋奶、蔬菜的生产量均居全国前列，是全国小麦第一生产大省、植物油第一生产大省、食用菌第一生产大省、粮食加工第一大省、肉制品第一大省，生产了全国 1/2 的火腿肠、1/3 的方便面、1/4 的馒头、3/5 的汤圆、7/10 的水饺。截至 2020 年年底，河南省全省 4.6 万个行政村实现 4G 网络全覆盖，农村家庭固定宽带普及率达到 98%。河南省整合数据资源，建成 39 个“三农”专题数据库，汇集各类涉农数据 6 亿条，形成“三农”服务“一张网”。推动小麦、玉米等大田作物“四情”监测信息化，建成一批农业物联网技术示范应用基地。智慧养殖快速发展，在全国率先实现动物检疫电子出证，登记备案的近 2 万辆生猪运输车辆全部实现 GPS 定位跟踪。为河南省 5626 台土地深松作业机械配备智能终端，实现 100%信息化监测。开发网约农机系统，推出“滴滴农机”App，让农民坐在家中动动手指就能找到农机。

2020 年，河南省通过电子商务促进农村产品上行 669 亿元，其中，农产品上行 316.6 亿元。此外，乡村治理数字化快速推进。数字党建、数字政务、数字监管日益完善，特别是数字抗疫在农村疫情防控中发挥了重要作用。通过“互联网+教育”“互联网+医疗”“互联网+就业”“互联网+金融”，使农民办事更方便，使农民生活更幸福。

（5）试点示范效果。

在 2020 年国家新型信息消费示范项目中，河南省房车旅行服务平台、农产品电子商务平台、“互联网+电梯”智慧监管平台 3 个项目被确定为 2020 年度国家新型信息消费示范项目。在第三届“绽放杯”5G 应用征集大赛全国总决赛中，河南省共有 12 个项目获奖（一等奖 1 项、二等奖 1 项、三等奖 1 项、优秀奖 9 项）。“焦煤集团千业水泥 5G 绿色无人矿山项目”“5G+综合性工业互联网平台”分别获全国一等奖、二等奖，实现零的突破。河南省在第三届“绽放杯”5G 应用征集大赛上的获奖项目数量是第二届的 4 倍。

# 湖南省信息化发展概况

## 【信息化发展基础不断夯实】

两化融合和数字经济发展政策体系成型。围绕数字经济发展，编制出台了《湖南省数字经济发展规划（2020—2025）》，推动湖南省政府出台移动互联网、信息通信基础设施、制造业与互联网融合发展、信息安全、5G 等产业发展政策，发布工业互联网 App、大数据、人工智能、5G 应用创新、超高清视频、区块链、“两上三化”等产业专项行动计划，初步形成湖南省推动数字经济发展的产业政策体系。

新型信息基础设施建设加快推进。加快“数字新基建”项目建设，发布湖南省“数字新基建”100 个标志性项目，项目总投资 563.78 亿元。国家超级计算长沙中心搭建的系统荣登国际人工智能性能排行榜 AIPerf500 首次榜单，排名第 9 位。湖南域名根镜像服务器和国家顶级域名解析节点正式启用，进一步提升湖南省乃至南方地区互联网响应速度和解析效率，助力湖南省打造成为全国重要信息枢纽之一。大数据中心呈规模化发展态势，湖南省投产的规模以上数据中心达 42 个，机架总规模 11 万架。湖南省已建成 5G 基站 2.9 万个，实现 14 个地级城市城区 5G 覆盖，4 家基础电信运营商累计完成 5G 投资 96 亿元，5G 建设支持力度进入全国前 10 位。4G 向农村自然村延伸，新建成 4G 基站 1.5 万个，累计建成 4G 基站 23.6 万个，在全国排第 8 位，行政村 4G 覆盖率 100%，自然村 4G 覆盖率提升至 95%。城乡光网建设成效明显，光纤覆盖全省城镇 99%以上居民小区、商务楼宇、中小学校、园区，全省 14 个市州已建成千兆光纤宽带，接入示范小区 996 个，千兆光纤宽带用户 5.7 万户，实现 100%行政村通光纤、83%以上自然村通光纤。

信息消费领域创新活跃。株洲市获批特色型信息消费示范城市，2020 年全国工业 App 和信息消费大赛成功举办，吸引了全国各地 2310 个团队报名参赛，7 家湖南企业研发的 8 个项目在总决赛中获奖。湖南省成功举办了全省第二届新型信息消费大赛，10 家参赛企业项目获奖，其中，创星科技、智慧畅行入围 2020 年工业和信息化部新型信息消费示范项目。创星科技已成为中南地区医疗信息化第一品牌，在湖南省医疗信息化市场的占有率已超过 60%。智慧畅行研发出国内首个通过断面客流实现自动排班，以及实现全程车和区间车协同调度的智慧公交 SaaS 云平台，构建了软硬件相结合覆盖乘客、车企、车主和政府的完整智慧出行生态圈，成为国内智能交通领域的头部企业。

产业集群发展态势形成。目前，湖南省有国家级软件产业基地 1 个、国家级网络安全产业园 1 个、省级软件（移动互联网）产业园 10 个、省级大数据产业园 12 个、省级人工智能产业园 1 个、省级区块链产业园 2 个。以长沙高新区为核心集聚区，湖南省特色园区载体丰富多元的产业集聚发展态势初步形成。长沙高新区 2020 年新引进软件及互联网企业 200 余家，新增融资企业 11 家，融资金额超过 70 亿元，软件从业人员达 8 万人。马栏山视频文创产业园已聚集视频文创企业3000多家，2020年实现营业收入430亿元，同比增长16%。长沙软件园、中电软件园等专业园区对标中国软件名园启动创建工作，中电软件园2020年产值近300亿元。

产业发展生态不断优化。根据腾讯研究院发布的《数字中国指数报告（2019）》，湖南省在“数字中国”“数字产业指数”省级排名中居全国第9位。世界计算机大会、移动互联网岳麓峰会相继举办，进一步推动湖南省数字经济开放带动、创新发展，提升了数字产业品牌和影响力。全国工业App和信息消费大赛、网络安全和智能制造大会、5G峰会、互联网50强发布会、长沙•中国1024程序员节、第二届新型信息消费大赛、2020年“创客中国”“麓山杯”5G技术及应用中小企业创新创业大赛、第二届人工智能产业创新与应用大赛、工业互联网App创新发展全国行长沙站等行业重大活动成功举办，推介了湖南省数字产业环境、发展基础、扶持政策等，吸引社会各界对数字产业的关注和参与，聚集了产业要素资源。以柳枝行动、腾讯众创、百度创新中心等为代表的创客中心成为移动互联网创新创业的沃土，柳枝行动孵化项目565个，其中视比特机器人、机械之家、莫之比智能、羊驼教育、睿图智能等72个项目累计获得7.5亿元股权融资。中南大学、湖南大学、湘潭大学、南华大学获批湖南省首批特色化示范性软件学院，湖南省深化软件人才培养模式改革、促进软件生态体系建设工作取得突破性进展。

## 【信息产业成为经济高质量发展的新动能、新引擎】

### （一）移动互联网和软件产业成为湖南新名片

2020年湖南省移动互联网产业实现营业收入1618亿元，同比增长22%，连续7年保持高速增长。2020年湖南省软件和信息服务企业累计完成软件业务收入710亿元，同比增长15.7%，高于全国增速2.4个百分点。

一是龙头企业和重点企业做大做强。2020年，湖南省共有150家软件及互联网企业营业收入过亿元，其中，过10亿元的企业近30家。新增2家行业上市企业，威胜信息成为“科创板湖南第一股”，安克创新成为“湖南创业板注册制第一股”。中车时代电气入围工业和信息化部中国软件业务收入百强企业，排名第23位；快乐阳光互娱、安克创新入围软件和信息技术服务竞争力百强企业名单、全国互联网百强榜单。兴盛优选、到家集团成为“独角兽”企业。截至2020年年底，已有文思海辉、万兴科技、奇安信等超过50家知名软件和互联网企业在湖南省设立了全国总部或区域性总部。86家湖南省移动互联网重点企业2020年实现营业收入491.2亿元，同比增长23.6%；实现利润总额56.3亿元，同比增长17.7%；吸纳就业人数65723人，同比增长42.3%。湖南省软件50强企业实现营业收入382.7亿元，同比增长7.4%，其中，软件业务收入为242.7亿元，同比增长9.5%，吸纳就业人数36679人，同比增长10.9%。

二是重点领域核心技术加速突破。中车时代软件以提升轨道交通智能化水平为目的打造了轨道交通车脑控制系统，极大降低了列车控制系统成本，整体技术水平达到国际领先。湖南麒麟信安科技荣获国家级专精特新“小巨人”企业，2020年获批承担了2项“工业和信息化部基础支撑软件项目”。拓维信息聚焦云计算、大数据、物联网和AI等核心技术领域，已研发积累了400多种自主知识产权产品、52项产品专利，其研发的“基于鲲鹏ARM架构的智慧高速解决方案”已居国际先进水平。安克创新推出首款支持AppleHomeKit智能家居生态平台的智能AI室内云台机，主打夜视高清和智能AI检测跟踪的特色功能，得到了400多家海外媒体的评测报道，亚马逊星级达到4.7星。

三是产业创新平台建设加快推进。湖南省工业技术软件化创新中心已启动建设，将以中电云网平台为基础，通过关键共性技术研发，打造工业技术软件化服务平台，推进湖南省工业技术软件化进程。湖南省“软件产业生态圈共建计划”正式启动，将联动全国优秀科技企业及各地高校、科研院所，从业务联合创新、人才引进培养、中小企业扶持三大层面合力共建“软件产业生态圈”。湖南鲲鹏生态创新中心正式成立，将聚焦优势软件企业、聚合软硬件产业合作伙伴，共同培育软件生态、制定人才培养和孵化标准。

长沙变化率信息技术有限公司、长泰智能装备获批工业和信息化部物联网关键技术与平台创新类、集成创新与融合应用类示范项目。

（二）电子信息制造业加快打造国家级产业集群

2020 年，湖南省电子信息制造业共有规模以上企业近 1100 家，其中，过亿元企业 348 家，过 10 亿元企业 24 家，过百亿元企业 4 家，A 股上市企业 16 家；电子信息制造业主营业务收入达 2904.4 亿元，主营业务收入、工业增加值 5 年来均保持 10%以上增速；实现利润 212.7 亿元，较 2015 年增长 131.2%。2020 年湖南省计算机、通信和其他电子设备制造业完成固定资产投资增长 73.7%，高于全省工业投资增速 62.3 个百分点；规模以上电子信息制造业实现工业增加值增速 16.4%，高于全国增速 8.7 个百分点。

一是重点项目加快推进。31 个重点项目开工率达 100%，2020 年计划投资 293.6 亿元，截至 12 月底已完成投资 333.7 亿元，完成年度任务的 113.7%。竣工投产项目超过半数，长沙惠科光电第 8.6 代超高清新型显示器件生产线项目、蓝思科技视窗触控玻璃面板生产项目、新金宝集团年产 1300 万台喷墨打印机项目、华为新金宝高端制造基地项目 4 个投资过百亿元的项目建设进展顺利。

二是信创产业具备优势。以 CPU、GPU、DSP、SSD 主控芯片等为代表的通用芯片走在全国前列，具备自主知识产权；全国第 2 个国家网络安全产业园区落户长沙市，以“PK”体系、鲲鹏计算为核心的“两芯一生态”信创工程产业生态初步形成。长城计算机整机产能达 200 万台，湘江鲲鹏软硬件生产线建设项目首台产品已下线，年产能达 6 万台。

（三）新一代信息技术产业快速发展

2020 年湖南省大数据和人工智能核心产业规模突破 800 亿元。人工智能核心产业产值超过 100 亿元，同比增长 30%；人工智能与主营业务相结合的企业超过 4000 家，湖南省重点调度的 23 家人工智能与传感器产业链企业营业收入同比增长 15%。湖南省大数据产业规模突破 700 亿元，同比增长 16.7%。

一是工程机械、轨道交通等优势产业领域的工业大数据、工业智能成为特色和亮点。国家智能网联汽车（长沙）测试区、全国第 3 家湖南（长沙）国家级车联网先导区、国家智能网联汽车质量监督检验中心（湖南）成功获批，中国工业和应用数学协会等国家级人工智能基础支撑平台落户湖南省。三一重工、中联等工程机械龙头企业分别在无人挖掘机、无人农机等方面取得重大突破，湖南省的挖掘机指数成为国家衡量基础投资项目开工建设状况的景气指数。时代电气与神朔铁路联合研制的国内首个重载万吨机车智能驾驶系统已投入线路试验，中车株洲电力机车研究所正在建设国内第一个轨道交通领域的大数据中心和应用研究中心。

二是新业态、新模式不断涌现。步步高和腾讯、京东建立全面战略合作伙伴关系打造智慧新零售，步步高 Better 购小程序数字化会员超过 2400 万人，其数字化转型入围“2020 中国零售数字化最佳实践”案例名单。土流集团旗下土流网作为互联网土地流转第一品牌，平台已挂牌土地资源 5.79 亿亩，成交 1.38 亿亩，业务覆盖 1156 个区县，拥有土地经纪人 3 万多人。电子商务应用向制造业领域全面拓展，湖南盐津铺子电子商务有限公司通过网红带货、抖音、直播等零售新模式助推销量再上新台阶，2020 年销售收入达 1.6 亿元，同比增长 70%以上。

三是 5G 应用场景不断丰富。2020 年湖南省发布了 30 个“5G+制造业”典型应用场景，累计发布 60 个 5G 典型应用场景，应用场景涵盖工业互联网、智能制造、人工智能、安全生产等制造业领域的多个方面。组织召开湖南省“5G+工业互联网”现场推进会，批复长沙经开区为湖南省“5G+工业互联网”先导区，支持其打造国家级“5G+工业互联网”融合先导区。5G 应用创新不断拓展，部分领域走在全国前列，湖南广电成为全国广电系统第一家进军 5G 领域的企业。

**【两化融合发展水平进一步提升】**

两化融合管理体系贯标全面铺开。从政策引导、标准应用、试点示范、评估诊断、培训交流等方面加快推进两化融合管理体系贯标工作，截至 2020 年年底，湖南省已有 5879 家企业通过开展两化融合自评估、自诊断、自对标，找准了发展重点和方向，915 家企业开展两化融合管理体系贯标，446 家企业通过贯标评定，61 家企业入选国家级贯标试点企业，3 家企业获评国家贯标示范典型标杆企业，630 家企业成为省级贯标试点企业，10 家企业被评选为省级贯标标杆企业。截至 2020 年 12 月 31 日，湖南省获得两化融合管理体系贯标证书，并处在有效期的企业总数量有 435 家，2020 年新增获证企业 340 家。据《两化融合管理体系工作简报（2020 年第 12 期/总第 69 期）》通报，湖南省获证企业数量在全国排第 8 位，在中部地区排第 3 位，相比 2019 年同期，湖南省获证企业数量在全国排名提升 4 位，在中部地区排名提升 1 位。据 2020 年湖南省贯标工作调研显示，在贯标评定企业中，59.8%的企业营业收入实现增长，46.4%的企业营业利润实现增长，55.7%的企业产品合格率提高，50.5%的企业产品准时交货率提高。

两化融合发展指数稳步上升。近 3 年，湖南省两化融合总体水平为 46.4 分、49.0 分、50.7 分，呈现逐年提升势头，两化融合总体水平指标、分项指标近 3 年的增速都较快，2018 年以来湖南省的增速在中部六省中排名第 1 位。《中国两化融合发展数据地图（2020）》显示，湖南省大型企业两化融合发展总分为 64.2 分，在全国排第 9 位，在中部地区排第 1 位。实现管控集成、产供销集成的企业比例等制造业网络化发展指标，以及实现网络化协同、服务型制造、个性化定制的企业比例等智能制造新模式、新业态关键指标，均居中部地区前 2 位。2020 年湖南省新增“上云”中小企业 10.14 万家、“上平台”中小企业 7384 家、“上云上平台”标杆企业 40 家，湖南省累计推动 32.86 万家中小企业“上云”、1.25 万家中小企业“上平台”，培育“上云上平台”标杆企业 80 家，“上云上平台”数量居全国第 3 位，入选全国企业上云典型案例数量居全国第 1 位。

制造业数字化软件支撑能力增强。软件技术对制造业领域的赋能、赋智、赋值作用进一步凸显，湖南省工业 App 达 18259 个，同比增长 69%，应用企业的关键业务环节工业技术软件化率超 40%，规模以上工业企业中数字化研发设计工具普及率达 76.1%，关键工序数控化率达 48.1%，网络化协同比率达 36.8%，工业云平台应用率达 41.4%。中电互联和湖南满缘红联合开发的“SMT 稳健质量工业 App 解决方案”，是国内首款基于 PK 体系的、自主安全的 SMT 行业数据采集终端，填补了国内电子行业工艺优化 App 的空白，荣获 2020 全国工业 App 和信息消费大赛“工业 App 优秀解决方案奖”。衡阳镭目采用物联网模式，创建了冶金行业的远程运维服务模式，现已在 480 多套铸机、10200 多个监控点上进行监控。

工业信息安全保障体系逐步完善。湖南省在全国率先编制发布了《湖南省工业控制系统信息安全事件应急预案》，健全工业控制系统信息安全应急管理工作机制，切实保障工业控制系统信息安全。工业控制系统信息安全产业加快发展，发布了 10 家省级工业控制系统信息安全服务支撑机构名单，组织召开全省工业互联网安全培训和产业对接会。“三一重起生产网安全融合韧性系统”等 5 个项目入选工业和信息化部网络安全技术应用试点示范项目。组织开展网络安全分类分级管理试点，中车株洲电力机车有限公司等 16 家企业入选工业和信息化部工业互联网企业网络安全分类分级管理试点企业名单。

**【工业互联网发展不断突破】**

平台体系加速壮大。湖南省企业级、行业级、区域级工业互联网平台达到 120 个，省级工业互联网平台达 59 个。湖南省主要工业互联网平台汇聚工业 App 7000 多个、微服务组件 290 个、微服务接口 500 个，连接工业设备超过 260 万台套，平台活跃用户超过 11 万户，平台撮合的交易额超过 420 亿元。三一重工的根云平台连续两年入选国家级跨行业跨领域工业互联网平台，并成为连续两年唯一入选 Gartner“全球工业互联网（IIoT）魔力象限”的中国工业互联网平台。

试点示范持续扩围。铁建重工的“基于工业互联网平台的地下高端装备智造施工服务解决方案”等 8 个湖南企业项目入选 2020 年工业互联网试点示范项目名单，入选数量仅次于北京市居全国第 2 位，湖南省累计入选工业和信息化部工业互联网试点示范项目 13 个。山河智能的“面向区块链创新应用的工业互联网公共服务平台”等 6 个项目中标 2020 年工业和信息化部工业互联网创新发展工程项目，湖南省累计中标工业和信息化部工业互联网创新发展工程项目 17 个。其中，三德科技的“工业互联网智慧能源网络化应用解决方案供应商”项目、中大检测的“基于工业互联网平台的检验检测模式创新解决方案”项目建设完成，为 196 家企业提供了服务和平台解决方案。中电互联、长城金融等建设的“工业互联网标识解析二级节点”项目通过中期检查，目前标识注册量超 7000 万个，日均解析量超 20 万个，正在加快实现电子行业标识解析二级节点与国家顶级节点、企业内部标识解析系统的互联互通。

融合应用走向深入。工业互联网在钢铁、服装、机械、陶瓷、煤炭、建筑等多个行业实现应用，个性化定制、网络化协同、智能化制造、服务化延伸等新模式、新业态加速推广。华菱湘钢基于工业互联网等新一代信息技术推进的智慧工厂建设取得显著成效。中电凯杰的“SMT 稳健质量工业互联网解决方案”在多个行业企业成功应用，有效提升了生产质量的稳健性，平均为每条生产线提升效益 20 万元/年。湘丰装备的“基于工业互联网的智能茶叶装备运维服务平台”，帮助茶叶企业节省项目研发成本超 30%，缩短研发周期超 60%，产品的研制、生产、服务全生命周期经验绩效提升超 10%。中国联通与湖南省安化县人民政府共同打造的“安化黑茶工业互联网平台”正式上线运行，为特色产业集群应用工业互联网提供了可复制、可推广的经验。邵东智能制造研究院基于互联网的轻工行业智能装备“双创”共享平台，为打火机、小五金、箱包等传统特色产业改造升级提供技术支撑，有力推动了区域传统特色产业集群的协同。

创新能力不断增强。5G、人工智能、区块链、增强现实/虚拟现实等新技术加速与工业互联网平台形成融合创新，5G 芯片模组、边缘计算操作系统、工业视觉传感器等基础软硬件研发取得突破。特变电工衡阳公司的“输配电产业工业互联网平台”通过融入认知计算、虚拟设计、工业大数据、人工智能、边缘计算、机器视觉等先进技术，使企业研制周期缩短超 20%、生产效率提升超 25%、资源利用率提升超 10%、产品不良品率下降超 15%。树根互联并购区块链平台公司“格智科技”，加快工业互联网和区块链融合发展。山河智能的“祥云平台”运用云计算、人工智能、大数据等新一代信息技术，赋能产品全生命周期、服务周期、工业现场等，使长沙威沃实现数字化管理，交配套率由 87%提升到 93%，生产旋挖装配层物料周期由 15 天缩短到 8～10 天。

# 湖北省信息化发展概况

## 【聚焦优环境　发展氛围持续升温】

一是出台政策文件。湖北省政府出台了《关于加快发展数字经济培育新的经济增长点的若干政策》，湖北省级财政每年拿出近 1.4 亿元对湖北省数字经济发展进行奖励支持；制定《促进“互联网+政务服务”实施意见》《关于加快实施“上云用数赋智”促进新经济发展的行动计划》《关于加快推进全省新型城市基础设施建设的实施意见》等，并已完成《湖北省数字经济发展“十四五”规划（初稿）》。

二是举办高规格会议。积极落实中央支持湖北省一揽子政策措施，成功举办 2020 中国 5G+工业互联网大会，习近平总书记专门发来贺信，刘鹤副总理视频连线宣读贺信并讲话，200 余名院士、顶级专家作主旨演讲，线下 2 万余名嘉宾、观众参加，线上各平台累计在线直播观看数超过 1300 万人次。大会的成功召开，彰显了“湖北省重振数字赋能”的特殊意义，提升了湖北省在 5G、工业互联网领域的全球影响力。湖北省联合国家信息中心举办了“首届区块链服务网络（BSN）全球技术创新发展峰会暨湖北区块链技术创新大会”，该峰会被公认为中国年度技术规格和国际影响力最高的区块链技术创新峰会，150 万人次观看了会议直播，受到湖北省政府领导高度肯定，并成功争取“区块链服务网络（BSN）全球技术创新发展峰会”全球永久会址落户湖北省。

三是建立健全产业联盟。湖北省 5G 产业联盟、工业互联网产业联盟湖北分联盟、人工智能产业联盟、武汉汉阳造人工智能研究院先后成立；中国信息通信研究院中部基地、中国工业互联网研究院湖北分院和国家工业大数据中心湖北分中心正式揭牌；湖北工业技术软件化开源社区改版升级，800 多项服务资源入库，180 万行开源软件代码免费共享。国家、省级产业联盟、技术研究平台和创新技术资源的强强集结，为湖北省数字经济发展提供了强有力的支撑。

四是开展精准招商。推动湖北省政府与华为、浪潮、中国电子科技集团、中国电力、中国能源、中国移动、中国电信等数字经济重点企业签订战略合作协议，助力湖北省疫后重振；举办湖北文旅产业长三角（上海）招商引资推介会，共签订 22 个实体项目，签约金额达 622.24 亿元；2020 中国 5G+工业互联网大会共有 16 个重量级产业项目签约落户，总金额 189.22 亿元；协调推进深圳四块科技在武汉投资建设分布式云存储数据中心，争取南威科技、商汤科技、智度智链、浪潮等企业落户湖北省。

## 【聚焦夯基石　网络基础领跑中部】

一是大力推进 5G 网络建设。2020 年新建 5G 宏基站 26126 个，全省 5G 宏基站累计超 3.1 万个，基站数量居中部地区第一。5G 套餐用户达 1352 万户。5G 网络基本实现武汉市主城区室外全覆盖、其他市州主城区室外连续覆盖、县城及乡镇重点区域覆盖。

二是不断深化提速降费。湖北省互联网光纤接入（FTTH/O）端口达到 2903 万个；百兆及以上宽带接入用户累计达到 1624 万户，占总用户数比例达 87.2%；互联网出省带宽达 36.6Tbps；IPv6 活跃用户数和流量规模持续提升；全省移动流量平均资费为 4.2 元/GB，同比降幅为 22.9%；企业宽带和专线平均资费降幅分别为 24.6%、36.1%。

三是持续推进电信普遍服务试点。完成 2019 年普通服务试点项目建设验收，湖北省 303 个试点行政村新建 317 个 4G 基站。推进 2020 年普遍服务试点项目招标，争取中央财政补助资金 12876 万元，占 2020 年全国普遍服务资金的 1/3，全省 1042 个试点行政村新建 1073 个 4G 基站，预计 2021 年 8 月全部完工。全省行政村通光纤率、4G 覆盖率均达到 100%。

四是积极改造工业互联网内外网。湖北省工业互联网高质量外网接入企业数超过 1.25 万家；组织运营企业与工业企业合作开展 5G 内网改造，湖北三宁化工、中信科虹信、长飞光纤光缆、宝武鄂城钢铁 5G 智慧工厂等项目已经建设完成，襄阳东风等 20 余个工业互联网内网（或园区）改造项目正加紧建设。

五是提升工业互联网数据汇聚能力。顶级节点标识注册量达 20.96 亿个，平均日解析量为 18.4 万次，在全国五大顶级节点中排名第 3 位。依托顶级节点优势，建设 13 个行业级、区域级二级节点。在汽车、光通信、新能源、装备制造等重点行业部署 43 个企业节点；在装备、汽车、电子、化工等重点行业建成 15 个企业级工业互联网平台。

**【聚焦建平台　推进数据互联互通】**

一是建设数字经济监测平台，逐步完善数字经济监测体系。建设国内首个数字经济监测平台，从 6 个维度动态展示湖北省 5G、工业互联网、企业上云、两化融合、区块链、大数据等行业分布、区域分布、全国排名等信息，为领导决策提供可视化数据服务。目前，数字经济监测总平台已搭建完成，部分数据实现交换，平台基本功能初步实现，未来计划在 17 个市州搭建子平台，形成全省统一的数字经济监测体系。

二是全民健康信息平台推动公共卫生应急管理建设。编制完成湖北省健康医疗大数据中心暨公共卫生管理平台建设方案、可行性研究报告，并完成初步设计，建设湖北省“新型冠状病毒肺炎线上问诊一点通”咨询平台，上线 320 家医疗机构，全省 17 个市州、101 个县（市、区）和部省属医院已接入全民健康信息平台，3 个市州、5 个区（县）全民健康信息平台和 17 家医院信息平台通过了互联网互联互通测评，其中，16 家单位通过了 2019 年度国家互联网互联互通测评。

三是湖北省三农数据平台促进农资活跃土地流转。启动湖北省三农数据平台建设，初步整合汇聚全省三农数据资源，打通数据共享交换采集通道，建立三农信息数据库，建设农产品市场价格、农业生产、农业机械化、新型经营主体等业务主题分析应用版块。开展农业农村大数据建设可行性研究报告、初步设计方案和投资概算修订工作。开展信息化调研，摸清三农信息资源，梳理三农信息资源目录 177 条。与中国建设银行湖北省分行、邮政储蓄银行湖北省分行签订战略合作协议，共同搭建湖北“智慧乡村”金融服务平台，探索“互联网+农业+金融”服务模式，让平台数据发挥经济价值，促进土地流动起来、农资活跃起来、金融属性释放出来。

四是在线政务服务平台优化“网上办、掌上办、预约办”。大力推进“一网通办”和不见面审批，开设企业复工复产审批综合窗口，全省政务办件总量达 16.67 万件。设立“小微企业和个体工商户服务专栏”和“企业复工复产专栏”，动态更新国家、省、市有关惠企政策，共受理申请复工企业 10.81 万家。推进“12345”平台建设，完成应急平台向正式平台迁移，加快集话务、调度、会务、培训等功能于一体的省级“12345”热线平台场所建设，开通“12345”微信公众号，实现与门户网站对接，全量汇集全省“12345”平台话务、工单数据。

**【聚焦抓产业　培育壮大新动能】**

一是集群效应初步形成。培育“光芯屏端网”世界级产业集群，目前产业规模突破 3000 亿元，通过国家首批世界级先进制造业集群初选；建立省、市两级“点线心站台园”数字新基建项目库，项目总数达 349 个，总投资额 2884.4 亿元；争取工业和信息化部工业互联网创新发展专项 9 个，中标总金额 9.1 亿元；国家存储器基地项目二期、阿里巴巴华中总部、华为长江鲲鹏、浪潮华中总部等一批数字经济重大项目相继落地建设。

二是软件产业疫后向好。受疫情影响，湖北省 2020 年第一季度软件业务收入同比下降 49.7%。随着国家支持湖北省一揽子政策和湖北省疫后重振政策效果的逐渐显现，2020 年 1—12 月湖北省软件产业主营业务收入为 2471 亿元，同比下降 4.76%，降幅持续收窄，产业规模在全国排名第 11 位，仍为中部地区第一。

三是信创工作全国靠前。在产品适配、产业聚集、技术攻关 3 个方面持续发力，初步建成国家级信创适配基地，4000 平方米新场地已于 2020 年 7 月完成验收，与国家工业信息安全发展研究中心签订战略合作协议，共同完成适配基地全面升级。与多家国有投资平台对接，例如，与宁美互联集团磋商共建信创产业园区，与武汉市经信局、东湖高新区研究出台湖北信创产业园区配套支持政策。聚集湖北省内以武汉达梦数据库股份有限公司为首的 20 余家基础软件产业链相关企业，完成国家基础软件协同攻关和体验推广中心项目投标，力争实现核心关键技术更新迭代本地化。积极帮助湖北省信创企业入围信创名录取得较好成效，攀升科技生产的一款国产个人计算机成功入围信创名录，成为湖北省唯一一家入围信创名录的个人计算机厂商。

四是智数产业稳步推进。强化规划政策引导，认真编制《湖北省机器人和大数据产业链行动计划》《湖北省“十四五”人工智能和大数据产业规划》，配合湖北省发展改革委制定出台湖北省数字经济发展纲要和人工智能总体规划。扎实开展工业大数据、数据中心调研，湖北省数据中心超过 80 个，机架数达 12 万架；建立人工智能和大数据产业重大项目库，入库项目 39 个，总投资规模达到 1104.71 亿元。引导资源向产业集聚，支持武汉建设国家新一代人工智能创新应用先导区，遴选发布湖北省人工智能、大数据十大优秀应用案例。积极开展产业招商，协调推进深圳四块科技在武汉市投资建设分布式云存储数据中心，争取南威科技、商汤科技、智度智链、浪潮等公司落户湖北省。支持行业组织发展，推动成立湖北省人工智能产业创新联盟，指导行业协会开展湖北省大数据企业认定和人工智能企业年报工作。

五是动漫产业增速迅猛。截至 2020 年 12 月，湖北省动漫产业整体产值达 92 亿元，动漫游戏及相关业务企业达 210 余家，从业人员超 1.5 万人，已拥有国家动画产业基地 1 个、国家重点动漫企业 1 家、国家认定动漫企业 20 家。湖北省新三板累计上市企业 6 家，知音动漫、海豚传媒、亿童文教、盛天网络、掌游科技、微派网络、乐谷在线、宁美国度、华中科技大学出版社、武汉大学出版社等企业、单位的年产值过亿元。

六是武汉中国软件特色名城提档升级。加快软件名园、名企、名人建设，支持武汉科技大学申报特色化示范性软件学院，指导武汉职业技术学院成立全国首家信创学院。8 个项目入选工业和信息化部 2020 年新型信息消费示范项目名单，数量居全国第 2 位；在 2020 年全国工业 App 和信息消费大赛中，4 个项目获信息消费应用创新奖，2 个项目获工业 App 优秀解决方案奖。

**【聚焦促融合　行业应用不断深化】**

一是实施“云行荆楚”行动。2020 年开展上云培训 3 场，累计开展培训 19 场，共培训企业技术人员超 4000 人次；引进华为、浪潮、京东、用友等优质云服务商为湖北省企业上云提供安全、可靠的支撑服务；构建涵盖 4 个领域、17 个方向的湖北省工业互联网服务资源池，137 家单位入围湖北省工业互联网服务资源池，湖北省本土企业超过 90%，为企业上云和制造业数字化、网络化、智能化转型升级提供丰富的硬件、软件和集成等服务；在省级工业转型升级资金中安排 5%用于“万企上云”工程，调动中小企业“上云用云”的积极性。截至 2020 年年底，湖北省上云企业达到 3.2 万家，平均为企业提升运维效率 30%以上、节省 IT 投入成本 50%以上。

二是开展文旅消费直播。借助国内知名直播平台，配合“与爱同行惠游湖北”活动，在湖北省范围内开展以“畅游大荆楚跟‘鄂’来打卡”为主题的文旅消费直播季活动，在为期 5 个月的活动期间，共进行 13 站 44 天的直播活动，峰值热度 462.9 万人，观看总数 8256.94 万人次，通过网络直播大咖真人实景互动式体验，全方位展示湖北省优质文旅产品、产业发展态势、行业复苏振兴景象，以直播网红经济全面激活文旅消费市场。

三是破解农产品产供销难题。及时发布“菜篮子”产品和重点企业供货信息，利用“互联网+”销售模式，帮助农产品销售驶入“快车道”、跑出“加速度”。与拼多多、京东、中国燃气签订合作协议，设立湖北省农产品销售专区，拓宽湖北省农产品线上销售渠道。疫情期间，武汉市仅 33 家农产品电子商务企业，就累计团购配送蔬菜 934.3 万单、70659 吨，为打好“湖北保卫战”“武汉保卫战”作出了重要贡献。

四是加强防疫数据分析。联合国务院办公厅电子政务办成立了大数据特别工作组，湖北省累计推送、上传健康码数据 1.6 亿条，申请取得全国确诊和疑似病例信息、诊断分类、密切接触者、入境人员核查、入境同航班查询等数据接口，有力支撑了内防扩散、外防输出、严防境外输入等防控措施落实。

五是“一窗通办”成效显著。2020 年 9 月上线运行的湖北省统一受理平台，推动政务服务“统一叫号、分办、出件”，基本实现政务服务事项办理全程监督、材料全量汇集、质效全量感知。目前，入驻湖北省统一受理平台的省级事项达 1892 项，上线比例为 88.7%。湖北省 48 个省直部门涉及 167 个政务服务系统，共打通 132 个政务服务系统，打通比例为 79.5%，成效显著程度全国少见。

六是加速推进线上诊疗。遴选 29 家互联网医院建设单位广泛开展远程医疗服务，开展新冠肺炎患者愈后家庭医生随访服务系统建设，支撑新冠肺炎患者健康跟踪管理服务工作；启用隔离（康复）点“新冠肺炎康复智能护航系统”，对隔离人员的健康状况进行过程管理，建立并完善全省基层医疗卫生机构人工智能辅助诊疗系统，同时开设线上心理咨询专区，对问诊患者及时进行心理疏导、危机干预，推动试点地区和医院电子健康卡发卡应用，湖北省累计注册发放电子健康卡 1080 万张，2204 家医疗机构完成了电子健康卡应用环境改造，居民累计持卡（码）应用近 5100 万人次。

七是培育行业两化融合应用。培育以武钢、东风、长飞为代表的“5G+工业互联网”十大优秀应用案例，推荐上报 26 个国家级工业互联网、制造业与互联网融合试点示范项目；遴选 180 家省级两化融合试点示范企业，初步形成一批典型应用示范案例。湖北省参加两化融合对标诊断企业 3300 余家，新增 300 家；通过贯标评定企业 386 家，新增 158 家；两化融合贯标工作在全国排名第 9 位。

# 广东省信息化发展概况

## 【信息基础设施建设情况】

### （一）推动 5G 网络建设

2020 年，广东省建立 5G 产业链建设月度工作例会制度，研究解决 5G 基站建设及 5G 应用、5G 产业链配套相关问题。广东省工业和信息化厅成立以厅长为组长的 5G 工作专班，定期编印 5G 工作简报，推动各地各部门和运营企业抓好任务落实。广东省出台《关于加快推动 5G

网络建设的若干政策措施》《关于应对疫情影响进一步促进信息服务和消费的若干政策措施》等政策文件，推动解决规划衔接落地难、公共场所开放难、收费标准不统一、基站转供电改直供电等问题。2020 年，广东省新建 5G 基站 87278 个，为广东省政府下达 4.8 万个建设目标的 181.8%，累计建设 5G 基站 124266 个，基本实现 5G 网络深圳全覆盖、广州主要城区连续覆盖、珠三角中心城区广覆盖。

（二）科学规划数据中心布局

广东省工业和信息化厅出台《广东省 5G 基站和数据中心总体布局规划（2021—2025 年）》，按照“双核九中心”的总体布局，打造广州、深圳两个低时延数据中心核心区及汕头、韶关、梅州、惠州（惠东、龙门）、汕尾、湛江、肇庆（广宁、德庆、封开、怀集县）、清远、云浮 9 个数据中心集聚区。截至 2020 年年底，广东省已投产使用的数据中心数量超过 200 个，机架数量约 26.3 万架（折合标准机架约 48.4 万架），已投产使用的机架数量约 16.2 万架（折合标准机架约 29.8 万架），累计服务器数量超过 195.1 万台，数据存储量约 950000TB。

（三）推动乡村信息基础设施建设

广东省工业和信息化厅下达《2020 年度全省 20 户以上自然村光网建设计划》，安排省级财政资金 7000 万元支持省级电信运营企业推动粤东、粤西、粤北 12 个地市 3500 个 20 户以上自然村光网覆盖。截至 2020 年年底，广东省 14.2 万个 20 户以上自然村光网覆盖率达到 100%，4G 网络覆盖率达到 99.7%。2277 个省级贫困村连通 50MB 以上光纤，全省 4G 网络覆盖所有行政村。全省新增农村光纤接入用户 89.7 万户，累计达 1016.9 万户，农村光纤入户率达 60.6%。

**【重点信息产业发展情况】**

（一）推动软件与信息服务产业集群发展

2020 年 9 月，广东省工业和信息化厅牵头出台《广东省发展软件与信息服务战略性支柱产业集群行动计划（2021—2025 年）》，围绕技术创新、载体建设、企业引育、生态构筑等方面制定重点任务和重点工程，着力构建自主信息技术产业体系。举办软件和集成电路设计税收优惠政策宣贯培训活动，解读软件企业所得税减免、软件产品增值税即征即退等优惠政策。联合广东省税务局开展软件企业和集成电路设计企业所得税优惠政策核查工作，推动税收优惠政策应享尽享，为软件企业退税 369.4 亿元。联合中国港澳地区等有关部门举办第九届粤港云计算大会、第四届粤港澳 ICT 大会等会议，邀请院士专家、企业、协会等交流探讨软件产业发展思路，深化软件领域交流合作。2020 年，广东省软件业务收入 13510 亿元，同比增长 13.8%。其中，软件产品收入 2563.9 亿元，同比增长 10.1%；信息技术服务收入 8504.7 亿元，同比增长 15.5%；信息安全收入 153.7 亿元，同比增长 14.4%；嵌入式系统软件收入 2287.6 亿元，同比增长 11.5%。

（二）推进人工智能和大数据产业发展和应用示范

一是广州琶洲人工智能与数字经济试验区成功获批工业和信息化部第九批国家新型工业化产业示范基地（大数据方向），成为广东省首个获批的大数据方向产业示范基地；广州市获批建设国家人工智能创新应用先导区。

二是推动 12 个项目入选工业和信息化部 2020 年大数据产业发展试点示范项目，推动 28 个项目入选工业和信息化部新一代人工智能产业创新重点任务入围揭榜计划，均居全国前列。

三是组织开展 2020 年大数据/人工智能骨干（培育）企业遴选、复审工作，新认定 24 家“2020 年广东省大数据骨干（培育）企业”、28 家“2020 年广东省人工智能骨干（培育）企业”，复审保留 23 家广东省大数据骨干（培育）企业，发挥骨干企业引领示范作用。

（三）推动数字创意产业集群发展

编制《广东省培育数字创意战略性新兴产业集群行动计划（2021—2025 年）》，经广东省政府审定正式印发实施。联合出台《广东省工业设计能力提升专项行动计划（2020—2022 年）》，制定推动广东省工业设计创新发展的政策措施和目标任务。参评中国十大优秀工业设计奖取得新突破，广州汽车集团股份有限公司的“超低风阻电动乘用概念车”、深圳大疆创新科技有限公司的“御 MAVIC AIR 2 无人机”获得 2020 年中国十大优秀工业设计金奖。

加强载体培育建设，制定《广东省工业和信息化厅关于省级工业设计中心的管理办法》，推动广东省 3 家省级工业设计研究院对标国家标准开展创建工作，强化公共服务能力建设，连续 3 年举办工业设计专题研修班，加强设计人才培养。成功举办第十届“省长杯”工业设计大赛，大赛以“设计赋能产业”为主题，设立 15 个分赛区和 8 个专项赛，征集作品 33972 件，决出钻石奖、金奖、银奖、铜奖及绿色设计奖等单项奖 795 个，数量、质量双双提升。

大力推动设计成果转化。开展第十届“省长杯”工业设计大赛成果对接转化，组织设计师进产业集群、产业对接专场活动，引导制造企业与获奖作品设计团队、设计机构对接合作，举办 12 场对接活动，941 家企业参加，对接 91 个项目。组织国家级、省级工业设计中心等企业参加 2020 年中国优秀工业设计奖、中国（武汉）国际工业设计博览会等，重点展示粤港澳大湾区工业设计、“省长杯”工业设计大赛成果，加强产业对接和成果转化应用。

## 【工业互联网发展及制造业数字化转型情况】

广东省高度重视制造业数字化转型，将工业互联网作为促进实体经济提质增效的新引擎加快布局，按照“先典型引路、后全面推广”的实施路径，聚焦战略性产业集群，针对不同行业、不同规模的企业分类施策，加快推动工业互联网发展及制造业数字化转型，被工业和信息化部授予首批 2 个国家级工业互联网示范区之一。

### （一）制造业数字化转型稳步推进

一是打造行业数字化转型标杆。针对重点行业骨干企业，围绕行业典型应用场景，集中力量培育数字化转型标杆示范，为行业企业提供可供借鉴的经验，累计培育 200 多个标杆示范项目。在若干战略性产业集群，涌现出一批行业数字化转型标杆。美的从传统工厂起步开展数字化转型探索，实施“全面数字化、全面智能化”战略，从研发、营销，到制造、品质、物流及服务各环节开展数字化转型，其中，美的南沙工厂经过改造，劳动生产效率提高 28%，单位成本降低 14%，订单交付期缩短 56%。顺德新宝电器依托工业互联网平台连接上下游产业链 147 个系统和 1400 多家供应商，通过生产要素实时数据对订单分级、分期、分批排产，在疫情防控期间订单不降反增；宝钢湛江钢铁针对流程行业工况环境恶劣、危险性高、电磁干扰强等特点，聚焦 5G+AR 远程设备巡检、风机在线监测等场景，率先探索 5G+工业互联网应用。

二是推动工业企业“上云上平台”数字化转型。针对中小型工业企业，采取平台带动、事后奖补的方式，以生产制造、中小企业、初级应用等为重点，在研发管理协同、生产设备状态监控、智能排单调度等领域提供了超过 400 项应用服务，推动中小企业“上云上平台”数字化转型，累计推动 1.5 万家工业企业“上云上平台”数字化转型，带动 50 万家中小微企业“上线用云”。

三是开展产业集群数字化转型试点。针对广东省产业集群特征明显的优势，从产业集群产业链资源共享、协同制造等重点环节切入，开展产业集群数字化转型试点，共推动 16 个产业集群数字化转型试点，探索集群整体数字化转型的创新路径。

### （二）工业互联网产业生态快速发展

坚持“政府引导、市场主导”，重点培育工业互联网平台，夯实工业互联网基础设施，打造制造业企业与平台企业跨界融通的工业互联网产业新生态。

一是工业互联网平台发展壮大。持续完善“广东省工业互联网产业生态供给资源池”，引进培育 370 多家优秀工业互联网平台及数字化转型服务商。一批大型工业互联网平台加快发展，重点培育华为、富士康、树根互联、腾讯 4 家国家级跨行业跨领域工业互联网平台（全国 15 家，广东省数量第一），中小型专业性行业工业互联网平台和数字化转型服务商快速成长。

二是营造良好生态环境。充分发挥新型基础设施的“头雁效应”，集中力量推进 5G 网络、工业互联网等新型基础设施建设，为制造业数字化转型夯实网络支撑。2018 年广东省在全国率先开通工业互联网标识解析国家顶级节点（广州），已建成 25 个行业/区域标识解析二级节点，标识解析量达 14.9 亿个，注册量超过 33.6 亿个。连续 4 年举办中国工业互联网大会，突出专业化、市场化、精品化，展示工业互联网发展成果、撮合制造业企业与工业互联网交易，打造工业互联网领域的“广交会”。

# 广西壮族自治区信息化发展概况

**【概况】**

2020 年，广西电子信息产业保持平稳增长态势，经济运行良好，电子信息制造业完成工业总产值 1304.70 亿元；软件和信息服务业完成主营业务收入 495.5 亿元。电子信息制造业主要集中在北海、南宁、桂林 3 个城市，软件和信息服务业主要集中在南宁、北海、桂林、柳州 4 个城市。另外，梧州、玉林、贵港、钦州、贺州等城市的电子信息产业也正在发展壮大。

**【电子信息制造业】**

根据广西有关统计数据，2020 年广西电子信息制造业规模以上企业有 336 家，全年完成工业总产值 1304.70 亿元，同比下降 4.55%；完成工业销售产值 1276.91 亿元，同比下降 6.3%；完成出口交货值 532.88 亿元，同比增长 3.6%；产品产销率达到 97.9%。以北海、南宁、桂林 3 个城市为区域中心的电子信息制造业集聚区进一步提升。

广西主要重点电子信息制造企业有南宁富桂精密工业有限公司、广西惠科智能显示有限公司、广西三创科技有限公司、桂林深科技有限公司、广西益顺盈智能科技集团有限公司、广西格思克实业有限责任公司、南宁烯宝声电子科技有限公司、广西惠科精密智能科技有限公司、广西蓝水星智能科技有限公司、北海宣臻科技有限公司、瑞泰精密（南宁）科技有限公司、广西桂芯半导体科技有限公司、北海市联颖电子科技有限公司、冠捷显示科技（北海）有限公司、广西创盈联科电子有限公司、北海市鼎烽塑胶有限公司等。产品门类包括计算机、网络通信设备、手机、智能音箱、医疗等应用电子设备、彩色电视机、显示器、电子元件、锂离子电池、汽车电子等相关产品。

**【软件和信息服务业】**

2020 年，广西 223 家规模以上入统软件和信息服务业（以下简称软件业务）企业数据显示：广西软件业务收入快速增长，创新能力持续提升，软件和信息服务向各行业渗透不断深入。广西完成软件业务收入 495.5 亿元，同比增长 21.6%。其中，北海市完成软件业务收入 329.7 亿元，同比增长 78.5%；南宁市完成软件业务收入 149.9 亿元，同比增长−28.7%；桂林市完成软件业务收入 9.8 亿元，同比增长 23%；其他市完成软件业务收入 6.1 亿元，同比增长 39.5%。北海和南宁软件业务收入共占广西的比重为96.8%，软件业务集聚发展态势更加明显。北海市依托中国电子北部湾信息港和高新区这两个自治区级软件与信息服务业务集聚区，吸引了众多国内著名的软件与信息服务业巨头落户，产业集聚效应逐渐显现。南宁市软件业已形成高新区、青秀区两大集聚区，随着五象新区、江南区富士康东盟硅谷科技园、经开区绿港产业园的建设完善，新的产业集聚区正在形成。

【电子产品出口贸易】

2020 年，广西电子信息制造业完成出口交货值 532.88 亿元，主要出口产品有通信网络产品、电机产品、液晶显示器、液晶电视、卫星电视接收转发设备、微波通信设备、通信测试分析仪、电子印刷设备、数显量具、电子铝箔等，主要出口企业有广西惠科智能显示有限公司、广西三创科技有限公司、冠捷显示科技（北海）有限公司等。

【科技进步与应用】

2020 年，广西在信息化领域通过广西创新驱动发展专项资金支持“人工智能计算机视觉在人造板制造中的应用”“智能糖厂关键共性技术研发与应用示范”“‘互联网+’发动机智能制造平台研发及产业化应用示范”等 8 个广西科技重大项目研究，共资助科研经费 5200 万元，带动社会投资超 2.18 亿元。项目主要利用新一代信息技术对传统产业进行智能化升级，例如，“人工智能计算机视觉在人造板制造中的应用”项目，基于人工智能、物联网、互联网技术，研发人造板计算机视觉自动分拣系统，包括无影匀光发光系统、板材速度跟踪系统、机器视觉成像系统、图像高速传输系统和人造板表面缺陷辨识系统，最终实现连续压机生产线上人造板表面缺陷快速检测，提升生产线运行效率，实现人造板全过程智能制造。

2020 年年底，广西信息化领域的高新技术企业保有量达 659 家，同比增长 11.3%；“瞪羚”企业保有量达 23 家，同比增长 35.3%；1 家信息化领域企业进入独角兽企业培育库。

【两化融合】

2020 年，广西积极开展两化融合贯标体系推广，结合企业两化融合发展现状、管理现状，推动传统产业管理模式变革，累计参与两化融合评估诊断和对标引导企业数量达 2031 家。广西国家级两化融合管理体系贯标试点企业共 51 家，其中，通过工业和信息化部评定的企业有 35 家。已通过评定和启动评定企业数量占国家级贯标企业数量的 68.6%，试点工作得到较好推进。

工业互联网加速推动，创新发展取得新进展。

一是持续完善政策环境。经广西壮族自治区人民政府同意，2020 年 6 月 24 日，广西工业和信息化厅联合广西通信管理局印发了《广西加快推动工业互联网发展工作方案（2020—2022 年）》《广西加快推动工业互联网发展专班工作方案》；广西工业和信息化厅印发了《广西加快推动工业互联网发展若干措施》，明确了具体工作、任务分工和保障措施等，为广西加快推动工业互联网发展提供了有力的政策支持。

二是加强基础平台建设。广西工业互联网（云）平台、广西工业互联网创新体验中心（梦工厂）、广西工业互联网态势安全感知平台 3 个公共基础性平台建设稳步推进。推动广西建立和完善工业互联网标识解析体系，2019 年中国—东盟信息港股份有限公司、柳州市东科智慧城市投资开发有限公司建成 2 个工业互联网标识解析二级节点。2020 年广西标识注册量超过 1.7 亿个，累计标识解析量超过 4 亿次。

三是试点示范力度进一步加大。加大政策倾斜力度，建立广西工业互联网新基建项目库。实施百项工业互联网新基建项目大会战，2020 年共安排财政资金 4480 万元用于支持 94 个项目，总投资 15.6734 亿元，项目在建成投产后，预计新增销售收入 112.0024 亿元、利润 8.1144 亿元、税收 3.4426 亿元。推动基于工业互联网平台的流程行业生产线数字孪生系统、腾智工业云平台、汽车数字化供应链协同制造工业互联网平台等项目建设；建设“5G+工业互联网”融合应用产业园区，打造形成一批内外网改造、企业上云、工业 App、工业互联网平台、标识解析应用推广等方面的试点示范和标杆项目。

四是制造业与互联网融合发展取得显著成效。2020 年，广西进入工业和信息化部工业互联网企业网络安全分类分级管理试点省（自治区、直辖市），共有 8 个项目列入试点示范。2020 年 7 月，广西工业和信息化厅发布了 2020 年广西工业互联网试点示范项目名单，“广西泛糖科技有限公司基于糖产业链的智慧管理平台”等 55 个项目入选。2020 年 8 月，第三届“绽放杯”5G 应用征集大赛召开，广西共有 5 个项目获奖，其中，二等奖 1 个，三等奖 1 个，创新奖 3 个。

五是企业上云计划稳步推进。2020 年 6 月，广西工业和信息化厅印发了《关于公布广西企业上云行动计划供给资源池（第三批）云服务提供商的通知》，将忽米网等 28 家业内知名企业引入供给资源池。2020 年，供给资源池共有 79 家云服务提供商。广西规模以上工业企业已实现 100%上云。

六是上下联动的局面正在形成。广西各市高度重视工业互联网发展。2020 年 10 月 28 日，广西工业互联网峰会在柳州市举行，柳州市被授予“广西工业互联网示范城市”称号和牌匾，广西安排财政补助资金 2000 万元，加速柳州市工业转型升级，加快推进工业互联网示范城市建设；桂林市举办“5G+工业互联网的新路径”产业论坛，加快打造工业互联网产业集聚区；北海市成立市级工业互联网产业联盟；来宾市强力推进工业园区工业云项目建设，并举行“工业云 • 政企面对面”活动；防城港、贵港、河池市分别与电信运营商签订战略合作协议，全面推动信息化和工业化融合。

**【智能制造】**

2020 年，广西共认定智能工厂示范企业 28 家、数字化车间 17 个，共拨付 2000 万元给予支持。广西工业和信息化厅印发《广西传统制造业智能化改造升级实施方案》，明确发展方向，突出发展重点，为进一步提升广西传统制造业发展质量和水平，以及推动工业经济高质量发展奠定基础。结合广西智能制造发展实际情况，编制智能工厂评价体系，推动广西玉柴机器股份有限公司、柳州柳工挖掘机有限公司、南南铝业股份有限公司智能制造建设，并积极申报国家级项目。例如，在综合标准化与新模式应用项目方面，广西柳工机械股份有限公司“土方机械关键技术装备远程运维服务综合标准化与试验验证项目”以攻克关键技术装备远程运维服务模式为目标，开展远程运维技术研究与标准研制工作；广西汽车集团“轻量化汽车底盘关键零部件智能工厂新模式项目”开启轻量化汽车底盘关键零部件智能工厂新模式，实现轻量化汽车底盘关键零部件智能工程新模式的应用推广，促进中国轻量化汽车制造全行业转型升级。在智能制造试点示范项目方面，广西柳工机械股份有限公司土方机械智能制造综合试点示范项目采用离散型智能制造、网络协同制造、远程运维服务技术，可实现远程数字化施工；桂林福达重工锻造有限公司曲轴数字化车间试点示范项目，实现智能制造关键技术装备研发，打造出国家级数字化车间。

**【信息安全】**

广西贯彻落实工业和信息化部《工业控制系统信息安全防护指南》要求，加强工业和信息化系统信息安全管理工作，积极组织开展工业控制系统信息安全检查和抽查工作。2020 年 4 月和 11 月，广西工业和信息化厅委托广西信息安全测评中心组织技术检查队伍分赴 14 个市 45 家工业企业开展现场检查工作。现场检查工作分为关键业务工业控制系统信息安全管理检查、技术防护检查、网络安全技术防护措施检查、漏洞扫描、渗透测试、入侵痕迹检查、木马和勒索病毒检测 7 个部分开展，以专业手段对重点工业企业的工业控制系统进行全方位检查诊断。为了进一步推动网络安全工作的开展，广西工业和信息化厅明确和落实机构改革后厅党组领导班子、领导干部网络安全责任，提高网络安全工作保障水平，印发《广西工业和信息化厅党组关于调整网络安全工作领导小组成员的通知》（桂工信发〔2020〕70

号），对机构改革后领导小组的成员进行了调整，并根据处室人员变动重新制定了落实网络安全责任制工作指标和厅机关各信息系统网络安全工作责任的分工方案，明确了各部门的网络安全工作具体职责和责任人，为网络安全工作的扎实开展打下了坚实基础。

【信息通信业】

2020 年，广西电信业务总量累计完成 4826 亿元，同比增长 34.5%（在全国排名第 6 位）；全年累计完成固定资产 128 亿元，同比增长 25%。2020 年广西电话用户总数 5667 万户，较 2019 年年末净增 208 万户，其中，移动电话用户总数为 5333 万户。发展 5G 套餐用户 1212 万户，比 2019 年年末净增 1189 万户。广西固定宽带用户规模达到 1980 万户，净增 295 万户；千兆以上宽带用户 146 万户（总数及占比在全国排名第 1 位），净增 144 万户。全区 IPTV 用户 1004 万户，净增 143 万户；物联网用户 1587 万户，净增 1110 万户。

在提速降费方面，在基础电信企业中光纤到户（FTTH/O）用户占比达到 95.4%，100MB 及以上用户占比为 89.7%。广西移动流量资费水平为 3.1 元/GB，同比下降 27.7%；手机流量资费水平为 3.3 元/GB，同比下降 23.3%。中小企业宽带和专线累计平均资费水平为 0.11 元/GB，同比下降 29%。

在互联网企业方面，截至 2020 年年底，广西互联网企业累计 1100 家，其中，国有控股企业占比 7.1%，民营控股企业占比 92.9%。从资本规模来看，互联网企业注册资本累计 2.48 万亿元，其中，注册资本规模达 1000 万元以上企业 455 家；从业务种类来看，互联网企业共申请经营 1617 项电信业务，主要包含 827 项信息服务业务（仅限互联网信息服务）、165 项信息服务业务（不含互联网信息服务）、405 项在线数据处理与交易处理业务、78 项国内呼叫中心业务、39 项经营数据中心业务、56 项互联网接入服务业务等。在互联网站方面，广西互联网站数量累计达 60527 个，其中，出版类网站 12 个，药品和医疗器械类网站 119 个，文化类网站 114 个，广播电影电视节目类网站 25 个，新闻类网站 41 个。按网站主办者性质分，政府机关备案网站 1525 个，事业单位备案网站 2069 个，企业备案网站 42068 个，社会团体备案网站 554 个，个人备案网站 13695 个，其他类型网站 616 个。

【信息基础设施】

一是规划标准不断完善，《广西 5G 通信基础设施专项规划（2020—2025）》列入广西国土空间专项规划，已完成行业专项规划编制，正开展与详规、控规落地对接；立项、编制《广西壮族自治区建筑物通信设施基础建设规范》地方标准。

二是通信网络规模和质量不断提升。在 4G 网络方面，提前完成 2019 年度、2020 年度电信普遍服务试点共 6306 个 4G 基站建设任务，2020 年新建 4G 基站 1.7 万个，实现广西 20 户以上自然村基本覆盖 4G 网络。在 5G 网络方面，2020 年新建 5G 基站 1.7 万个，5G 基站累计达 2.1 万个，实现广西 14 个设区市主城区基本连续覆盖 5G 网络信号、重点区域及有业务需求场所深度覆盖 5G 网络信号；广西 7 个 5A 级景区、8 个边境口岸全部覆盖 5G 网络信号，184 所大中专学校、50 个交通枢纽、54 家三甲医院、61 个工业产业园区全部覆盖 5G 网络信号。

三是全光网络加速扩展。新增千兆以上光纤小区 2 万余个，总数达 2.2 万个；广西 20 户以上自然村光纤网络通达率达 95%。广西光缆线路总长度达 220.6 万千米，新增 44.8 万千米。广西出省电路方向达 46 个；互联网省际出口带宽达 3644 万 Mbps，净增 1153 万 Mbps。

四是互联网基础架构不断提升优化。南宁国家级互联网骨干直联点取得了突破性进展。完成网内提升工程建设，直联点申报方案高分通过工业和信息化部组织召开的专家评审；2021 年 1 月 7 日，工业和信息化部批复同意设立南宁国家级互联网骨干直联点。物联网和 IPv6 网络基本就绪。采用 NB-IoT 等技术，按需完成重点区域深度覆盖，确保总体 NB-IoT 满足各类业务应用和需求；开通 IPv6 业务承载应用，IPv6 活跃连接数超过 4514 万个，移动网络 IPv6 流量占比达到 14.5%。

【数字经济建设】

一是数字基础设施建设全面提速。“信息网”建设完成投资 278 亿元，超额完成 2020 年 263 亿元的目标任务。“广电云”村村通、户户用工程实现行政村联网率近 100%。互联网省际出口带宽、互联网宽带接入、物联网终端用户等大幅提升。开工建设数据中心 42 个，承载能力达 29 万架标准机架，其中，超大、大型数据中心建设完成 11 个。

二是数字经济发展势头强劲。以鲲鹏产业和信创产业为引领，华为、浪潮等国产信创产品 9 个生产基地投产，一批信创软件知名企业落户。大数据、云计算、物联网、5G、人工智能等数字技术赋能传统产业，新产品、新服务、新业态加速催生。

【数字社会建设】

一是打造了群众、企业办事的“主渠道”。通过不断升级迭代平台功能和用户界面，广西数字政务一体化平台全面覆盖 PC 端、App、小程序、自助终端，构建了区、市、县、乡、村 5 级贯通、线上线下深度融合的政务服务体系，2020 年累计访问量达 1966 万人次，自然人注册量为 1863 万人，法人注册量为 278 万个。

二是助力疫情防控与复工复产。在疫情期间，推动数据归集共享。协调交通运输、公安、卫生等单位，通过数据清洗、加工，汇聚了航空、铁路、酒店、出入境、卫生健康等 15 类超 1 亿条数据，构建了“广西疫情防控综合基础数据库”。

三是推进政务服务便民热线“一号响应”。构建“12345”热线“一号响应”政府总客服，出台管理办法和考核办法，受理群众诉求 115 万余件。疫情期间，“12345”热线主动开通疫情工单快速通道，及时回应群众诉求 7.6 万件，办结率达 99%。广西“12345”政府服务热线获得客户世界机构颁发的“2020 年度中国最佳政府服务热线奖”、中国信息协会颁发的“最佳政务服务示范单位奖”、政务热线发展联盟颁发的“2020 年度卓越管理创新奖”。

【数字政务建设】

一是建成“一云承载”新体系。截至 2020 年 12 月 31 日，广西共有 2525 个非涉密数据中心，共有物理服务器（含存储节点、计算节点）8855 台、网络安全设备 2880 台，总资源池达到 CPU 221177 核、内存 7915.9TB、存储 57.9PB，共有虚拟机 31310 台。其中，68 个单位已建设壮美广西 • 行业云或云平台，14 个市已建成壮美广西 • 市云。

二是建成“一网通达”新格局，形成互联互通的云、网支撑体系。截至 2020 年 12 月 31 日，广西 48682 个各地各部门各单位及其二级机构完成认定，认定完成率达 99.9%。按分级财政统计，共有 1657 个非涉密业务专网，迁移打通率达 99.9%。

三是建成“一池共享”新模式，构建数字治理创新发展新体系。截至 2020 年 12 月 31 日，广西交通运输厅、应急厅等 19 个部门、14 个设区市自建数据中台，54 个部门使用广西统一数据中台，广西统一数据中台、各地市数据中台已实现与广西数据共享交换平台级联。

四是开辟“一事通办”新局面，政务服务“网上办”“指尖办”取得重大进展。“网上办”取得较好成效，依托广西数字政务一体化平台，超 9 成政务服务事项实现网上可办，2020 年广西及各市两级政务服务事项网上可办率分别达到 94.42%、99.63%。

五是建立“一体安全”新体系。政务数据安全管理体系初步建成，安全防护能力得到较大提升，广西数字政府一体安全联动工作联席会议制度基本建立，安全监测预警、应急响应联动时间大幅度缩短，探索构建“一个中心、三层防护”全新的一体安全技术防护体系，建成政务外网和政务云安全防护体系，提升云、网、数据安全保障能力。

六是建设政务服务能力。加强网上政务服务效能提升建设，着力推动平台与业务的融合，以业务为需求打造了“一件事”、便民服务、利企服务、主题集成、特色创新服务等应用场景，推出了企业开办、不动产登记、“一件事”套餐服务、跨省通办、一窗受理等超 20 个“一站式”

网上办理特色服务。

七是建设集约化平台。汇聚资源，助推管理水平稳步提升。统一广西信息资源库，实现数据集中管理和调度，大大提升了广西政府网站数据治理水平。统一安全保障体系，提升应急联动响应效率。

八是优化政府信息公开平台。完成广西政府网站集约化平台试点项目建设，实现广西政府网站资源优化整合。加强广西政府网站管理，广西壮族自治区人民政府门户网站连续两年排名全国第 4 位，12 个设区市政府门户网站进入全国前 100 名，比例高达 85.7%，是全国综合成绩最好的省份。

**【中国—东盟信息港建设】**

2020 年，中国—东盟信息港建设办公室深入落实《中国—东盟信息港建设总体规划》《中国—东盟信息港建设实施方案（2019—2021 年）》《2020 年中国—东盟信息港建设工作要点和任务分工》，学习贯彻落实习近平总书记在第十七届中国—东盟博览会、中国—东盟商务与投资峰会开幕式上的重要致辞精神，持续推进中国—东盟信息港建设，并取得良好成效。到 2025 年，中国—东盟信息港需要完成的 9 项预期性建设目标任务已完成 5 项；2020 年要求完成的 7 项指标基本完成。在 46 个五大平台重点建设项目中，已竣工项目 12 个，开工项目 23 个，11 个项目正在开展前期工作，项目开竣工率达 76%；谋划新增项目 120 个，总项目达到 166 个，77 个项目开工建设，33 个项目投入运营，中国—东盟信息港建设取得显著成效。

一是基础设施不断完善。建成 3 条国际海缆、12 条国际陆地光缆、13 个国际通信节点、国家域名 CN 顶级节点。新增与边境、内陆中心省份的省际骨干直连链路 11 条，省际出口总带宽达 34611.2Gbps；建成面向东盟的北斗卫星导航应用示范与产业化工程 13 个。中国—东盟地理信息与卫星应用产业园（地理信息小镇）引入国内龙头企业、广西自然资源监测与地理信息应用技术研究院士工作站等 80 家企事业单位，产值达 30 亿元。广西北斗综合位置服务平台已上线，在中国—东盟车船跨境监管与服务、智慧糖业、西江船舶智能通航管理与服务、城市精细化管理 4 个领域应用推广 16 万台（套）。广西北斗综合位置服务平台上线运行。中国联通南宁区域性通信业务国际出入口局已经完成建设，实现从中国联通南宁国际局直达越南、缅甸的陆缆通道。中国—东盟跨境地质灾害监测系统项目，在广西、云南、贵州等 10 多个省份，以及泰国、老挝等 5 个东盟国家推广应用，有效帮助国内外 96 万余人避免地质滑坡威胁，保障约 100 亿元财产的安全。

二是信息共享不断拓展。引入、培育国际性云服务运营商 10 家，引入、培育大数据应用服务企业 52 家。建成运营北部湾大数据交易中心、中国—东盟网络安全交流培训中心、老挝国内第一个云计算中心等项目，缅甸云计算机房项目建设前期工作加快推进，中国—东盟动植物疫病疫情联合防控大数据平台、中国—东盟应急监测和决策指挥中心等项目加快建设。广投数字经济产业基地入驻率达 90%，入驻企业员工近千人，其中，数字研发人员超 5 成。钦州华为数字小镇新建成网红直播基地、企业服务中心、企业总部大楼及广西首个 5G 云招商中心等，累计落户企业超过 140 家。柳州大数据产业园，正在按计划实施项目一期工程，地块一完成总工程量的 20%，6 栋主楼均已开工；与华为、新华三、浪潮、中国华录、紫光云、科大讯飞等国内知名企业达成合作意向，与北京易华录签订相关合作协议，时代凌宇、紫光云广西总部基地、神州云垦科技等已落户园区，初步形成数据产业发展生态体系架构。

三是技术合作不断加强。建成中国—东盟技术转移中心，与泰国、老挝等 9 个东盟国家分别建立政府间双边技术转移工作机制，中国—东盟技术转移网络覆盖企业超过 2400 家。在东盟国家建立特色国际合作科技示范平台 6 个。中国—东盟检验检测认证基地建成，建立 3 个国家产品质检中心和 6 个中国—东盟产品质检中心。中国—东盟创业孵化示范加快开展，中国—东盟新型智慧城市协同创新中心先后与新加坡、马来西亚等 25 个国家共 125 批次的官方机构和企业展开交流。中国电子北部湾信息港累计入驻企业 425

家，服务业收入达231.61亿元，上缴税收4.44亿元。南宁浪潮、北海三诺、北海惠科、柳州联合电子、桂林长城电子等一批智能制造项目相继建成投产。中国—东盟技术交易平台正在开展项目建设前期工作。中国—东盟环保技术和产业示范基地已开工建设，已有5家环保企业落户。

四是经贸互联不断升级。网上东博会投入使用，跨境物流服务平台建成运营，共减少海港通关过程中的28个人工环节、33份纸质单证，缩短口岸作业时间21.5小时。完成电子口岸公共信息平台建设，广西国际贸易"单一窗口"主要业务应用率达到100%。中国—东盟跨境支付体系建设完成，4家支付机构在广西备案开展跨境人民币业务。跨境金融服务平台覆盖广西的13个互市点、9家结算银行，服务互市结算超925亿元。中国—东盟大宗商品交易平台子平台——泛糖产品现货交易平台注册客户561户，涉及27个省份，广西十大糖业集团有7个实现规模化销售。跨境电子商务综合服务平台、中国—东盟大宗商品交易平台等项目建设加快推进。

五是人文交流不断深化。成功举办第四届中国—东盟信息港论坛、第二届中国—东盟人工智能峰会等系列活动。建成越南越德友谊医院、老挝卫生部友谊医院2个东盟国家医疗远程诊疗试点。中国—东盟跨境医疗合作平台投入运营。广西平安好医生互联网医院有限公司开展前期运营。中国—东盟网络视听产业基地一期已竣工并投入使用，累计完成总投资10.6亿元，成功引进中广电国际网络有限公司等5家企业入驻，8家企业落户注册，实现产值超过20亿元。中国—东盟跨境旅游服务平台完成700个线下网点建设，同时与神州租车、一嗨租车、联动云租车深入合作，3家车企超过8000辆车全部进驻平台；广西近700家主要文旅企业已进驻，平台自有用户数超过270万户；入驻平台的涉文旅企业总数超过1500家。中国—东盟版权贸易服务平台合作的国内外出版机构超61家，已上线的中英文及东盟小语种版权交易图书达1700多种。

# 海南省信息化发展概况

2020年，海南省大数据管理局按照"全省一盘棋、全岛同城化"理念和"人员、数据、资金、技术、管理五集中"要求，深化体制机制改革和制度创新，以强化政务信息化管理工作，夯实大数据信息基础设施建设，提升政务数据归集共享应用能力，组织实施大数据安全体系建设和安全保障，利用信息化、大数据手段助力疫情防控，推动海南省重点项目建设工作，以及大数据、信息化领域对外交流合作，推进大数据运营和产业发展，大数据管理成效显著。

**【统筹政务信息化建设】**

2020年，海南省大数据管理局按照"大平台""大系统"统筹建设模式，会同各行业部门开展行业信息化项目建设，统筹海南省可共享、可利用资源，避免信息化项目重复建设和信息孤岛，加强全省政务信息化项目统筹管理。推进2020年度海南省政务信息化项目立项和审核、验收工作，立项批复省本级政务信息化项目84个，审核各市县信息化项目37个，验收政务信息化项目 61 个，开展年度绩效评价工作，覆盖省级电子政务信息系统 30 个。加强规章制度建设，按“管理五集中”要求规范全省信息化项目建设，加强信息资源共享利用，提高资金使用效益，进一步规范信息化项目的验收工作，实现全流程管理，规范政府采购评审专家管理及执业行为，强化专家责任，加强廉政风险管控。

**【多维度为信息化建设提供基础支撑服务】**

2020 年，海南省政务大数据基本建成全省统一的电子政务外网（一张网）、海南省政务数据中心（一中心）、海南省政务云（一朵云）、海南省政务大数据公共服务平台（一中台）、海南省政务信息资源共享交换平台（一共享）、海南省政府数据统一开放平台（一开放）、区块链平台（一条链）“七个一”的基础支撑能力底座，支撑全省各部门、各市县技术融合、业务融合、数据融合，实现跨层级、跨地域、跨系统、跨部门、跨业务（简称“三融五跨”）的协同管理和服务。例如，海南省政务云分别在海南省政府数据中心机房、中国电信枢纽楼 IDC 机房、中国移动 IDC 机房、海南有线基地机房、海南电信枢纽楼机房、海南电信金鹿机房部署 318 个机柜，为 120 多家单位（含区县）633 套业务系统提供基础设施服务，支撑和运营能力已得到实践检验。

在海南省电子政务视频会议系统建设方面，目前已投入 501 个服务点位，实现了省级会场、省直部门会场、市县会场、市县部门会场、乡镇会场等视频会议横向、纵向全覆盖。每个服务点位都具备主会场能力，满足各单位会议、培训、应急指挥、视频调度需求。截至 2020 年 12 月底，省级层面视频会议共保障 680 场，同比增长约 162.5%。在全国率先探索建设自主可控的“一网两线”新型网络安全防御体系，2020 年 12 月，海南省电子政务外网“一网两线”系统试点改造成功。完成定安、琼海、万宁、陵水等市县及海南省财政厅、海南省卫健委、海南省药监局等有关单位的视频会议线路改造。

在电子政务外网升级改造方面，配合各单位处理电子政务外网升级改造工作中 VPN 终端接入平台相关问题，并开通 VPN 资源 7383 条，完成重大网络变更 52 次，处理网络问题 920 次，系统可用性达到 99.98%。实现了海南省电子政务外网 IPv6 升级改造，对支撑全省 150 多家单位及 1530 多套业务系统的政务核心网络设备实施升级改造，在全省范围升级网络及安全设备 200 余台，实现了海南省电子政务外网向 IPv6 演进升级，构建更高效、更敏捷、可延展的政务网络架构，为政务信息化服务提供统一、高速、稳定、安全、弹性的网络通信环境。

在量子通信网络建设方面，2020 年 6 月，海南省完成了量子通信网络和管控枢纽建设，数据加解密密钥更新频率达到“一分钟一密”，显著提高了海南省电子政务外网数据传输的安全性和保密性，在全国范围内率先实现了量子保密通信在省级政务领域的规模化应用。

**【提高政务服务便民水平】**

一是“海南健康一码通”向“码上办事”服务功能延伸拓展。2020 年 6 月，“码上办事”平台正式上线。该平台是对“海南健康一码通”服务功能的延伸和拓展，在全国首创以“码”为核心，建设个人数字空间和企业数字空间。通过在不同应用场景的“亮码”使用，以获取高效、便捷的服务。同时，通过区块链技术的深度应用，具备“掌上亮证”的安全可信交换、授权使用规范、使用范围可查可追溯的能力，服务于法治化、国际化、数字化、便利化自贸港营商环境建设。“码上办事”服务覆盖政务服务、公共服务、便民服务、商业服务。平台自 2020 年 6 月 9 日正式上线以来，累计注册用户达 1617 万人，日均活跃用户超 35 万人。其中，省内注册用户 818.54 万人，占比 49.38%；省外注册用户 798.46 万人，占比 50.62%。“码上办事”成功入选海南自由贸易港第十批制度创新案例。

二是海南省工程建设项目审批管理系统上线运行。2020 年 8 月，海南省住房和城乡建设厅会同海南省大数据管理局建设的海南省工程建设项目审批管理系统正式上线，从此工程建设项目审批业务从线下搬到了线上，业务办理事项从 134 个减少到 111 个，申报材料从 670 项减少到 595 项，实现 100%线上审批，投资项目办结时限压缩至 120 个工作日内。截至 2020 年年底，办理业务量达 14400 件，发放约 2200 张施工许可证。该系统在全国率先实现全省工程建设项目全流程审批统一化、标准化、信息化。海南省工程建设项目审批管理系统成功入选海南自由贸易港第十一批制度创新案例。

三是海南国际投资“单一窗口”助力优化营商环境。2020 年 8 月，海南省商务厅会同海南省大数据管理局建设海南国际投资“单一窗口”，荣获中国数字政府政务服务创新奖，入选海南自由贸易港第八批制度创新案例。2020 年 8 月 13 日，海南省委书记携八国使节共同启动海南国际投资“单一窗口”上线运行。海南国际投资“单一窗口”聚焦投资自由化，将招商、市场监管、项目审批等 13 个部门的 20 个政务系统，包括企业设立登记、变更、注销、社保登记、签证办理等 179 项投资服务整合到一个窗口，实行“一个账户、一次注册、一套密码、一组资料”管理模式，全流程审批时限缩短近 70%，企业全流程办理设立、税务登记、公章刻制、外商投资信息报告、外汇登记、银行预约开户等业务，最快 2 天内即可办结，大幅提升投资服务效率，优化了营商环境。2020 年 9 月 14 日，央视《新闻联播》中以“制度集成创新推动自贸港建设”为题，点赞海南省创新设立的国际投资“单一窗口”把 13 个部门的 179 项投资服务整合，使审批时限、环节缩减近 7 成。

四是“互联网+监管”系统促进“智慧监管”。2020 年 9 月，海南省建成“互联网+监管”系统。该系统旨在不断创新监管方式，推进跨部门联合监管、精准监管和“智慧监管”，增强政府公信力和执行力，构建人民满意的服务型政府，截至 2020 年 12 月底，海南省 37 个省直部门和 19 个市县共汇聚各类监管数据 374.13 万余条，累计监管对象信息 182.97 万余条、执法人员信息 1.89 万条、行为信息 43.87 万条、投诉举报信息 23.1 万条、其他信息类数据 1.1 万条、“双随机、一公开”信息 121.2 万条，并均已按照国家标准进行治理并入库。

五是海南省一体化在线政务服务平台让群众“少跑腿、不跑腿”。2020 年 10 月，海南省建成全省统一的“一体化在线政务服务平台”，全省政务服务“一网通办”能力显著提升。截至 2020 年 12 月底，一是完成 63 家省直单位 2256 个事项和市县级 50 家单位 41379 个事项目录清单和事项标准化，并在 19 个市县逐步实现同一事项“十三统一”，全程网办事项占比率提升到 85%，承诺时限压缩率为 66%，零跑动率为 82%。平台汇集全省 279 类电子证照共 2640 万条数据，并上报至国家政务平台，人均电子证照持有数量已从 2020 年 3 月的 0.047 个提升到 2.77 个，有效地支撑全省 2801 个事项“免证办”。海南省有依申请事项的部门电子印章备案数量为 1169 个，部门备案率为 66.05%；建成全省政务服务“好差评”系统，系统共收到办件评价 2464120 件，群众总体满意度 99%，差评整改率 100%；推进政务服务移动办，“椰省事”App 已实现 1417 个省级政务服务事项、7079 个市县级政务服务事项的“掌上办理、掌上进度查询”，提供社保查询、交通违章查询、公积金提取、户政业务等 358 项热门便民服务，其中，省级事项“掌上办”占比达 60%；实现智能秒批快办服务，通过“码上办事”App 实现老年人优待证快办“智能秒批”服务，无须提交纸质材料，也不用跑实体大厅，在政务服务移动端刷脸即办。

**【政务数据归集共享提供数据服务支持成效明显】**

海南省积极搭建基础数据能力，实现数据互联互通、共享开放，推进公共数据开发有效利用。截至 2020 年年底，通过海南省信息共享交换平台联通了 92 个省直部门和市县单位的 690 个非涉密政务信息系统，信息系统共享率达到 100%。数据整合共享和大数据挖掘分析应用，为产业园区、社会公众、政务部门和领导决策提供服务；海南省大数据平台汇聚了信息 50.3 亿条、数据标签 1396 个，发布服务 4283 个、数据指标 3024 个，共享数据总量 34.50 亿条/月，数据治理量达 61.39 亿条，编目了 111296 个信息项；推进全省政务数据归集形成数据服务支持能力，已归集 91 家单位、361 个业务系统的数据，包括 71 个省直部门的 284 个业务系统，以及 19 个市县、洋浦经济开发区的 75 个业务系统；归集了共 49156 个库表、87 万个信息项。通过数据清洗融合，实现了人口库、法人库、社会信用库、空间地理库和电子证照库汇集，为海南省一体化在线服务平台、“互联网+”监管、码上办事等重大系统建设提供支撑，支持全省的政务服务和自贸港应用。

**【信息化手段助力疫情防控及复工复产】**

2020 年，突如其来的新冠肺炎疫情席卷全球。在海南省委、省政府的坚强领导和指挥下，海南省大数据管理局充分利用信息化手段有效支撑新冠肺炎疫情防控和复工复产工作。一是短短 6 天的时间进行系统开发，并正式上线海南健康一码通（简称“海南健康码”）系统，10 天时间领码用户超过 500 万人，场景功能使用次数超过 1000 万次；并实现了与全国各地“健康通行码”互通互认，对于拥有外省“健康通行码”的进岛人员给予认可放行，可自由流动和复工复产。截至 2020 年 12 月 31 日，海南健康码领码人数已达 1800 万余人。二是会同海南省通信管理局、海南省卫健委、三大通信运营商等单位完成了对 91681 名疫区来琼的人员摸排调查和健康服务登记。三是开发部署新冠肺炎健康服务系统，快速实现了疫情数字化管理防控，打通了社管体系和医疗体系的联防联控。截至 2020 年年底，累计完成 66.2 万人近 14 天的健康服务管理和监控。该系统入选工业和信息化部支撑疫情防控和复工复产复课大数据产品和解决方案名单；入围由《人民日报》等全国党媒信息公共平台主办的科技战“疫”——2020 中国数字化转型优秀案例 TOP 30。

**【大数据运营和产业发展】**

2020 年 10 月，海南自贸港金融服务平台建成并运营。通过对接法院、社保、公积金、工商、信用数据，完成信贷风控策略模型建设，并接入国家信易贷平台，开启面向全省中小企业和各金融机构提供可靠、精准、便捷融资及风控服务的新模式。截至 2020 年 12 月，平台已有 59 家中小企业入驻，发布 7 项融资需求。同时，开展数据应用与招商合作，与浦发银行签订并落实数据服务合作协议，数据应用接口已部署上线；与农业银行签订战略合作协议，合作提供风控服务产品，共同开展金融风控模型研究；与海南铁塔签订战略合作协议，在通信站址资源等信息基础设施方面开展业务合作；与睿智合创公司签订战略合作协议，合作建设金融大数据评分产品，打造银行授信贷款数据服务新模式；与交通银行签订战略合作协议，引入“隐私计算”，落地数据安全融合平台，打造公共数据资源开发利用最佳实践；与人民数据签订战略合作备忘录，共同开展国际离岸数据中心落地相关政策与技术方案研究，积极促进国际离岸数据中心落地等。

**【互联网产业发展基本情况】**

行业主管部门深入贯彻落实习近平总书记“4・13”重要讲话及中央 12 号文件精神，积极谋划推动互联网产业快速发展。“十三五”期间，互联网产业“三年成形、五年成势”，营业收入从 241 亿元到超额完成“千亿元目标”，年均增长率超过 38%。2020 年，海南省互联网产业进一步巩固了“四个一百”成果：产业空间超过 100 万平方米，产业投资超过 100 亿元，引进腾讯、阿里巴巴、百度、中兴通讯、微软等超过 100 家国内外知名互联网企业，营业收入达 1 亿元的企业超过 100 家。

（一）经济运行基本情况

2020 年，在新冠肺炎疫情影响众多产业的情况下，海南省互联网产业展现出较强的发展韧劲，营业收入逆势升至 1257.5 亿元，同比增长 52.5%。从行业分类来看，网络技术服务业营业收入 1044.37 亿元，同比增长 73.2%；信息传输服务业营业收入 129.07 亿元，同比下降 0.3%；终端设备制造业产值 51.5 亿元，同比下降 18.6%；相关设备和产品批发零售业销售额为 32.61 亿元，同比增长 12.1%。2020 年实现增加值 309.74 亿元，比 2019 年增加 32%，占全省 GDP 比重创新高，达到 5.6%。

（二）市县互联网企业分布情况

2020 年海南省新增注册互联网企业 15000

多家，同比增长 100%；截至 2020 年年底，全省工商登记注册互联网企业 36000 多家，同比增长 7 成。从市县来看，海口市注册互联网企业 16175 家，占 43.7%；澄迈县注册互联网企业 5426 家，占 14.7%；三亚市注册互联网企业 4087 家，占 11.1%；儋州市注册互联网企业 2435 家，占 6.6%；琼海市注册互联网企业 2077 家，占 5.6%；排名前 5 位的市县占比已超 80%。

（三）企业创新能力情况

积极做好企业创新能力建设工作。截至 2020 年年底，海南省拥有软件企业有效资质的企业 51 家，拥有信息技术服务标（ITSS）的企业 30 家，拥有信息安全服务资质的企业 21 家。海南省拥有高新技术企业 838 家，其中，获得高新技术企业资质的信息企业 470 家，约占海南省高新技术企业的 56%。

**【重点园区集聚效应更加凸显】**

2020 年，海南省建立园区联络专员制度，积极筑巢引凤，营造良好的产业发展生态，定期梳理园区发展情况，协调解决问题和困难；坚持围绕发展新一代信息技术产业和数字经济，推动互联网、物联网、大数据、卫星导航、人工智能、数字创意和实体经济深度融合发展，继续以“产城融合”模式集中打造以海南生态软件园、海口复兴城互联网信息产业园为核心的琼北高新技术产业基地，以及以三亚互联网信息产业园、陵水清水湾国际信息产业园为核心的琼南创新创意产业基地，不断升级全省互联网产业发展平台载体。2020 年，海南省推动出台《关于支持海口复兴城互联网信息产业园高质量发展的措施》（海口复兴城“一园一策”），协调澄迈县政府解决了海南生态软件园高压线迁改项目工程费 8600 万余元，助推两大重点园区互联网产业营业收入在全省的占比增至 64.7%（2019 年为 47%）。其中，海口复兴城互联网信息产业园营业收入增长超过 200%，与海南生态软件园共同形成了海南省互联网产业“领跑集团”。

**【积极推进自贸港早期安排重点任务】**

（一）努力推进数据安全、有序流动政策落地

积极对接电信运营企业、国内外知名互联网企业，研究谋划在海南省建设国际数据中心，发展国际数据加工产业，形成试点项目建设方案。加强国际数据产业发展相关配套政策法规、风险防控体制机制研究，形成一系列研究成果，推动自贸港政策早期安排工作的落实。会同通信运营商积极谋划更多国际海缆项目，未来将海南省打造成为国际通信枢纽。

（二）加快推进区块链先导性项目建设

以海南省生态软件园创建全国首个省级区块链试验区，出台《海南省关于加快区块链产业发展的若干政策措施》，吸引超过 100 家国内外知名区块链企业和研究机构入驻试验区。组织实施区块链应用示范揭榜活动，挖掘区块链应用场景，计划在重点领域遴选一批优秀案例，并推进项目在海南省示范应用。推动区块链知名企业开展区块链创新应用，协调有关部门为产业发展创建包容审慎发展环境。

**【着力打造海南省特色重点产业集聚】**

（一）推动中国游戏数码港项目建设

在国产网络游戏试点方面，截至 2020 年年底，共有 28 款国产网络游戏申报国家新闻出版署审查，其中 13 款获批。继续加强游戏产业招商，推动海南省政府与腾讯续签深化合作协议；联合海南省生态软件园引入智明星通、龙创悦动、三七互娱等游戏领域知名企业，园区累计注册游戏企业超过 1200 家，进一步浓厚产业集聚氛围。

（二）打造智能物联产业基地

推动出台“一园一策”，支持园区开展物联网和人工智能应用示范；开展智能物联产业规划及集成电路设计产业研究；推动海口复兴城引进紫光集团、睿懿科技等智能物联企业，逐步集聚超过 70 家物联网企业。

（三）鼓励互联网产业新业态发展

结合海南自贸港个税优惠政策，积极培育网红经济、数字贸易等新业态，授牌海口复兴城建设“海南自贸港网红孵化示范基地”，助其集聚了抖音、映客、淘宝、花椒、芒果 TV、爱奇艺、聚美刷宝直播等 20 余家网红直播平台企业，汪涵、李湘、徐峥、贾玲多家明星工作室，以及一批服务于网红产业链的共享经济企业，成为海南省网红经济类企业最集中的园区。

（四）助推离岸创新创业产业快速发展

联合海口复兴城，以国际离岸创新创业基地为载体，推动春华资本、华平创投、香港新视野资本、辛特数科等超过 100 家外资企业注册落地。2020 年 10 月 27 日，海南省首个国家海外人才离岸创新创业基地在海口复兴城举行揭牌仪式。

**【加强针对性招商　扩大存量寻找增量】**

（一）推动龙头企业在海南省布局新业务、寻求新合作

一是促成海南省领导拜访腾讯、华为、紫光等互联网龙头企业，推动企业结合海南自贸港政策加大业务布局。推动海南省政府与腾讯签署新一轮战略合作协议；推动海南省政府与小米集团、金山集团签署战略合作协议；正在推动京东集团与海南省政府签约。二是积极跟进推动互联网头部和知名企业进驻海南省，海南省工业和信息化厅分别与中国丝路集团、睿恩光电、紫光集团、金山云、中国航天科工集团 706 所、网龙网络、启明星辰、金蝶软件签约，增强海南省产业竞争力。

（二）以海南自贸港政策进行针对性招商

一是瞄准重点互联网企业集聚的省市，谋划深圳、上海、厦门 3 场专题招商推介会，带领互联网园区与金蝶软件、网龙网络、深信服科技等 150 多家互联网企业开展专题招商，推介海南自贸港政策。二是加强一对一企业对接，与涉及物联网、芯片研发、区块链、大数据等领域超过百家互联网企业开展项目洽谈对接。三是联合海口复兴城，以海南省国际离岸创新基地为载体，推动春华资本、华平创投、香港新视野资本、辛特数科等 70 多家外资企业注册落地，园区累计注册外资企业超过百家。

“十三五”时期，海南省互联网产业发展呈现高速增长，成为 12 个重点产业中发展最快的产业。“十四五”期间，海南省将大力推进新一代信息技术产业创新发展，加快培育数字经济，推动互联网、物联网、大数据、卫星导航、人工智能和实体经济深度融合，到 2025 年互联网产业营收突破 4000 亿元，为海南自贸港实现高水平对外开放和高质量发展奠定坚实的数字底座。

**【推进信息基础设施建设】**

2020 年，海南省持续推进《信息基础设施水平巩固提升三年（2018—2020 年）专项行动》，促进海南省信息基础设施建设提质升级。全力推进 5G 网络超常规建设，5G 应用项目创新发展，城乡光网建设提质升级，启动国际化通信设施建设。2020 年是“十三五”规划的收官之年，海南省立足自贸港建设，持续推进信息基础设施（以下简称“光网”）建设。

（一）加强光网建设顶层设计和政策保障

制定《2020 年海南省信息基础设施建设任务实施方案》，重点推动城乡融合光网建设，5G 网络超常规建设，持续推进 5G 应用向医疗、教育、政务信息、工业互联网等方面发展，光网建设投资累计达到 36.9 亿元。联合 8 个部门出台《关于加强 5G 及相关通信基础设施用电保障的通知》，有效降低通信企业建设成本，加快海南省 5G 网络布局。

（二）全力推进 5G 网络超常规建设

2020 年海南省推进 5G 网络超常规建设，免费开放公共设施资源，支持中国电信和中国联通合作共建 5G 基站。2020 年计划建设 5G 物理基站 5767 个，实际建设 5G 物理基站 6124 个，完成既定目标的 106.19%；截至 2020 年年底，海南省累计建设 5G 物理基站 7331 个（逻辑站点

达 10823 个），基本实现海口、三亚主城区室外覆盖，其他市县主城区热点覆盖，医院、学校、重点旅游景区等 5G 应用场景全覆盖。

（三）推动 5G 应用项目创新发展

着眼医疗、教育、工业互联网、政务信息等重点方面，全力推进海南省 5G 应用建设。2020 年海南省 35 个 5G 应用项目建成投入使用。海南省首次组织参加工业和信息化部主办的“绽放杯”全国 5G 应用大赛，在全国 4800 多个参赛项目中，海南省项目荣获专题赛一等奖 3 个，海航技术 5G+AR 辅助飞机维修项目和海洋牧场 5G 应用示范项目荣获总决赛三等奖；中国（海南）南海博物馆 5G 项目入选全国文旅信息化发展典型案例，5G+VR 文物修复助手荣获“全国十佳文博技术产品及服务奖”。评委普遍认为，海南省的获奖项目在国内同类应用场景中达到领先水平。海南省卫健委牵头实施的“基于 5G 物联网的基层医疗卫生机构能力提升工程”已完成总体部署并上线试运行，其中 114 个乡镇卫生院和村卫生室已通过 5G 网络实现远程门诊、心电诊断等智慧诊室应用，运用互联网信息技术有效提升了医疗服务能力。

（四）促进城乡光网提质升级

2020 年，海南省着力推进互联网出省带宽扩容、城域网带宽扩容、城市千兆光纤宽带网络光口建设和城市 10GB PON 光纤网络端口建设、光网扶贫建设、IDC 机房建设、云计算中心、WiFi 统一认证平台及博鳌核心区域 WiFi 优化等建设，其中，出省带宽新增 910GB，城域网带宽新增 2300GB；市县城区光纤宽带千兆化改造加速推进，新建千兆光纤宽带端口 646382 个、10GB PON 光纤网络端口 7116 个；光网建设持续向自然村覆盖延伸，全省 20 户以上家庭自然村光纤宽带和 4G 网络覆盖率分别达到 99.24%、99.94%；新增 IDC 机房面积 4000 平方米、云计算中心机架 620 架，进一步提升海南省信息交互能力。

（五）启动国际化通信设施建设

一是全力推动海南—香港国际海缆建设，各审批事项均已完成，海缆登陆点已建设，将视海况和天气条件组织海上现场施工，并将实现海南省国际海缆“零”的突破。二是积极推进国际通信出入口局建设，中国移动国际通信信道出入口局和区域性国际通信业务出入口局已获工业和信息化部批准，完成设备安装，将结合国际海缆开通情况进行国际通信业务联调。三是统筹国际互联网数据专用通道建设，在全国范围内开创性申报建设覆盖全省 9 个重点园区的海南自由贸易港国际互联网数据专用通道，已获工业和信息化部批复，目前各运营商现场施工基本完毕，正在开展性能测试联调。四是推动国家通信海缆南海保障基地建设，根据国家统一部署，已组织完成项目选址、可研报告编制等前期工作，将根据国家发展改革委批复情况加快建设进程。

**【重点建设项目】**

海南移动公司 2020 年 5G 建设项目。2020 年海南省工业和信息化系统光网重点项目，建设范围覆盖全省。项目累计新建、扩容各类基站 2866 个，5G 综合接入机房建设改造 93 个，新增 5G 配套传输接入设备 2866 套，完成 1 套 5G 核心网建设升级，全年累计投资 10.06 亿元。

海南移动公司 2020 年信息基础设施建设项目。2020 年海南省工业和信息化系统光网重点项目，建设范围覆盖全省。新建、扩容 4G 基站 1511 个（含拆除利旧、FDD 等），新建 NB-IoT 基站 305 个；新建互联网专线 552 条，新建光纤宽带端口 43.98 万个，新建骨干汇聚光缆 490 皮长千米、配线及接入光缆 2450 皮长千米，新增骨干光纤分纤点 461 个；新建道路管道 103 管程千米，新增云计算机架 270 架，累计投资 5.3 亿元。

海南电信 5G 创新示范网络建设和商用网初期工程。2020 年海南省工业和信息化系统光网重点项目，建设范围覆盖全省。项目累计新建、扩容各类基站 3108 个，5G 综合接入机房建设改造 94 个，新增 5G 配套传输接入设备 3108 套，完成 1 套 5G 核心网建设升级，全年累计投资 5 亿元。

海南电信光网智能岛提升建设项目。2020 年海南省工业和信息化系统光网重点项目，建设范围覆盖全省。新建、扩容 4G 基站 750 个（含拆除利旧、FDD 等），新建光纤宽带端口 19.58 万个、城市 10GB PON 光纤网络端口 5812 个，新建海口—徐闻新的 72 芯海底光缆，新增云计算机架 350 架，累计投资 4.52 亿元。

海南联通公司通信基础网络建设项目。2020 年海南省工业和信息化系统光网重点项目，建设范围覆盖全省。新建、扩容 4G 基站 420 个（含拆除利旧、FDD 等），新建光纤宽带端口 6.28 万个、城市 10GB PON 光纤网络端口 160 个，累计投资 1.46 亿元。

中国联通海南智慧大厦新建工程（一期）。2020 年海南省工业和信息化系统光网重点项目。完成楼体主体结构，累计投资 0.9 亿元。

海南省 5G 信息基础设施建设项目。2020 年海南省工业和信息化系统光网重点项目，建设范围覆盖全省。项目完成 6229 个 5G 配套改造、98 个新建配套，累计投资 1.68 亿元。

海南省 4G 深度覆盖信息基础设施建设项目。2020 年海南省工业和信息化系统光网重点项目，建设范围覆盖全省。项目完成 1639 个 4G 配套改造，累计投资 0.59 亿元。

海南省广播电视融合宽带网示范建设提升项目及 5G 基础网络建设项目。2020 年海南省工业和信息化系统光网重点项目，建设范围覆盖全省。项目完成 69309 户融合宽带网建设，累计投资 0.98 亿元。

海南省城乡智能网络及末端接入网改造建设项目。2020 年海南省工业和信息化系统光网重点项目，建设范围覆盖全省。项目主要完成主网改造升级、受损线路更换、用户故障排除工作，累计投资 6.48 亿元。

# 重庆市信息化发展概况

2020 年，重庆市大数据发展局在重庆市委、市政府坚强领导下，认真贯彻落实党中央决策部署及重庆市委、市政府各项工作要求，坚持统筹疫情防控和经济社会发展，突出大数据发展管理“攻坚突破年”主题，全力攻坚“管云、管数、管用”等重点工作，大力推动数字经济发展，全面落实从严治党责任，积极担当部门职责，努力实现“新机构新作为”，为重庆市高质量发展和“十三五”规划圆满收官贡献“大数据力量”。

## 【2020 年发展回顾】

### （一）攻坚“管云”工作，“云长制”实施实现新突破

深入实施“云长制”，推进“管云、管数、管用”全覆盖，“云长”单位增至 110 个。数字重庆云平台加快建设，初步构建政务云服务体系。累计整合关停政务信息系统 2079 个，整合率达 68.4%；累计推动 2548 个信息系统迁移上云，上云比例提高到 98.9%，居全国前 3 位。在全国率先建设信创云，推动成立重庆信创中心，建成华为、浪潮、紫光 3 个信创云平台。认真总结“云长制”改革经验，被国务院办公厅、中央党校刊物和《人民日报》宣传推广。

### （二）攻坚“管数”工作，数据共享开放实现新突破

出台《重庆市公共数据开放管理暂行办法》，规范数据采集、汇聚、共享、开放、应用、监督、安全管理。在全国率先建成“国家—

市—区县”政务数据共享体系，基本建成城市大数据资源中心，实现“公共数据集中存储、公共数据开放、川渝数据共享”零的突破，集中存储公共数据 2666 类，开放公共数据 853 类，川渝共享平台跨区域联通、首批政务数据资源跨省共享；市级政务数据共享增至 3505 类，数据调用 94.4 亿条，较“云长制”实施前增长 170%，居全国前列。在全国率先以省级政府名义出台《重庆市大数据标准化建设实施方案（2020—2022年》，组建重庆大数据标准化技术委员会，首批开展政务数据开放共享国家标准贯标试点。

（三）攻坚“管用”工作，智慧城市建设实现新突破

新型智慧城市运行管理中心建成投用，集数据资源中心、监测预警中心、调度指挥中心和综合赋能平台等功能于一体，首批接入 80 个市级单位的 158 个业务系统，向外提供 204 个数字化、智能化、标准化能力组件，初步实现一键、一屏、一网统筹管理城市运行的目标。统筹推动民生服务、城市治理、政府管理、产业融合、生态宜居五大领域应用示范取得积极进展。及时部署上线“渝康码”，累计申码量达 2849 万次，访问量达 18 亿次，扫码量达 1857 万余次，为打赢疫情防控攻坚战提供了强力支撑。“渝快办”平台注册用户数超 2060 万户，95%以上的行政事项网上可办，99%的市级行政许可事项实现“最多跑一次”。建立“渝快融”大数据融资平台，助力 26 万余家小微企业成功融资超过 340 亿元。重庆市获评 2020 中国领军智慧城市。国家互联网信息办公室发布的《数字中国建设发展进程报告》认为，重庆市、上海市、深圳市等智慧城市建设走在全国前列。

（四）统筹疫情防控，推动数字产业强劲增长

把握疫情催生线上业态、线上服务、线上管理应势爆发的趋势，在全国率先出台《关于加快线上业态线上服务线上管理发展的意见》，制定出台《促进平台经济规范健康发展的实施意见》等政策措施，推动数字经济增长 18.3%，规模达到 6387 亿元，占 GDP 比重为 25.5%，大数据智能化企业增至 1.85 万家，重点平台企业增至 275 家。统筹推动百度、阿里巴巴、腾讯、华为、浪潮等行业巨头在渝战略性投资，其中，阿里巴巴、腾讯、京东本地纳税超过 155 亿元。重庆市大数据系统积极参与筹备 2020 线上智博会，打造“智慧名城”展馆，邀请重量级嘉宾 188 位，顺利承办“会”“展”“赛”“论”相关重要活动。

（五）统筹数字基建，推动数字化能力加快布局

持续释放中新国际数据专用通道动能，推动在 7 个园区落地，签约合作项目 49 个，吸引 50 余家中新企业成为用户。建成规模位于西部地区前列的数据中心，两江云计算数据中心服务器运营支撑能力超 30 万台，上架率达 65%，高于全国 17 个百分点。提速推进千兆光网城市建设，建成 5G 基站 4.9 万个，5G 覆盖迈入全国第一方阵。中新国际超算中心、中国移动边缘计算平台等重点项目加快建设。

【2021 年发展思路】

2021 年，重庆市大数据应用发展工作进一步收拢拳头，整合资源，聚焦聚力抓重点，努力出新成效、见新气象。重点推进 6 个方面工作：一是以应用场景为主要抓手，着力建设智慧城市；二是以数字规则为主要抓手，强力推动数据“聚通用”规范管理；三是以数字产业为主要抓手，打造数字经济新引擎；四是以数字基建为主要抓手，加快新一代信息基础设施布局；五是以中新通道建设应用为主要抓手，大力推动数字经济对外合作；六是以共建联动为主要抓手，深化川渝大数据合作取得实效。

# 四川省信息化发展概况

2020 年，四川省全面落实中央部署要求，积极抢抓信息化发展机遇。四川省委、省政府作出“打造数字经济发展高地”的战略部署，加快构建以数字经济为引领的“5+1”现代产业体系，引导数字经济和实体经济深度融合，推动数字产业化和产业数字化双驱动，加快建设网络强省、数字四川、智慧社会。

## 【顶层设计引领不断强化】

四川省持续强化信息化政策保障。2020 年，四川省相继出台了《四川省扩大和升级信息消费行动计划（2020—2022 年）》《四川省加快推进新型基础设施建设行动方案》《四川省跨行业信息通信基础设施合作建设指导意见》等系列文件。《国家数字经济创新发展试验区（四川）建设工作方案》《成都国家新一代人工智能试验区建设方案》获同意，成都市获批国家人工智能创新应用先导区。《四川省“十四五”数字经济发展规划》列入四川省重点规划，编制工作顺利开启；四川省数字经济直接贡献部分统计测算体系初步建立，数字经济发展评价体系探索进行。

## 【信息基础设施演进升级】

四川省信息基础设施建设不断推进，截至 2020 年年底，已建成 4G 基站 29.5 万个、5G 基站超 3.7 万个，提前半年实现 100%行政村通 4G 的目标任务，建设规模全国领先。窄带物联网（NB-IoT）建设加速布局，实现了乡镇全覆盖；省际出口带宽达到 30.8Tbps，居全国前列；IPv6 活跃用户 6600 万户，蜀信链（四川区块链服务基础设施）已接入 10 个市（州）节点。利用水电优势布局发展绿色数据中心，四川省纳入统计在用数据中心近 90 个，机架总量 9.7 万架；建成西部地区首个超算中心，科成云计算大数据产业中心、长江上游区域大数据中心等大型 IDC 项目加速建设，为四川省数据存算提供了强大支撑。

## 【电子信息产业逆势上扬】

2020 年，克服疫情影响，四川省电子信息产业逆势上扬，“强芯强屏”取得新突破，整体规模突破万亿元，形成新型显示、信息安全、集成电路等产业集群，拥有全国最大柔性屏生产基地。四川省电子信息产业实现营业收入 12684.8 亿元，同比增长 22.6%。其中，电子信息制造业实现营业收入 6957.5 亿元，同比增长 24.24%；软件与信息服务业实现营业收入 5727.3 亿元，同比增长 16.46%。

京东方第 6 代柔性 AMOLED 生产线、惠科第 8.6 代 TFT-LCD 生产线实现量产，中国电科成都产业基地、紫光国芯存储器制造基地、星空年代高通量宽带卫星产业基地等项目加速推进；华为鲲鹏生态基地、超高清视频（四川）制作技术协同中心、国家“芯火”双创基地和成都芯谷等创新平台、产业载体落户四川省，成都天府软件园等 7 个数字经济重点园区助力产业集聚；步速者科技、积微物联入选工业和信息化部推荐“数字化赋能”产品企业，九洲电器等 3 家企业入围“中国软件企业百强”名单，四川省内企业发展持续提质增效。

【制造业加速数字化转型】

2020 年，四川省两化融合发展水平稳居全国前 10 位、处于第一梯队，全面完成“十三五”时期两化融合关键指标，智能制造就绪度居全国第 4 位，区域、行业间发展均衡性大幅提升。其中，进入两化融合集成提升与创新突破阶段的企业比例达 36%，数字化研发设计工具普及率达 75.6%，关键工序数控化率达 50.1%。

两化融合管理体系加速推广。新增通过国家贯标评定的企业 199 家（累计达 290 家），同比增长 158%；累计组织 5393 家企业参与两化融合评估诊断和对标引导，参评企业数量居全国第 10 位，新增省级贯标试点企业 72 家。在扩大贯标企业数量的同时，严抓本质贯标，对省级试点实施动态管理，撤销 35 家未启动贯标的企业贯标试点，贯标总体质量保持全国领先。

工业互联网发展进程加快。一是强化工业互联网合作。与重庆市签署《建设成渝地区工业互联网一体化发展示范区战略合作协议》，合力争创国家级示范区。二是标识解析体系取得突破。截至 2020 年年底，“工业互联网标识解析（成都）节点”注册量达 6.3 亿个，解析量超 1 亿次；率先在泸州市打造全国首个白酒行业工业互联网标识解析节点，积极探索电子信息、食品饮料、家居轻纺等行业应用。三是平台供给能力不断强化。建立四川省工业互联网企业库，培育近 40 个四川省特色工业互联网平台，累计超 20 万家企业实现上云。四是工业互联网采信机制取得新突破。重大项目贷款享受中国银行、成都银行等银行的优惠费率和绿色通道。

【信息消费新业态不断涌现】

顶层引领持续强化。印发了《四川省扩大和升级信息消费行动计划（2020—2022 年）》，为应对重大疫情发生及以后的新形势，以及落实“六稳”“六保”、培育新的增长点提供有力支撑。举办了“四川省信息消费品精品展”“2020 中国信息通信大会”等系列品牌活动，新型消费理念深入人心。

规模保持平稳增长。2020 年，四川省信息消费规模保持平稳增长态势，初步测算全年增长超过 13%；完成电信业务总量 75255.9 亿元，超过“十二五”时期末的 6 倍；实现网络交易额 36022 亿元，其中，网络零售额实现 5881.04 亿元，同比增长 10.91%。人工智能、大数据、5G、小程序等新兴技术应用广泛，直播电商、社群电商等模式不断深化创新，在线餐饮、在线旅游分别实现营业收入 792.58 亿元、695.51 亿元，消费行业热度进一步复苏，发展不断向好。

试点示范有序推进。面向 5G、人工智能、大数据等前沿领域，加快推进新一代信息技术在消费领域的深度应用。泸州市成功入选国家信息消费示范城市；6 个项目入选国家新型信息消费示范项目，入选数量居全国前列；授牌了 10 个省级信息消费体验中心，通过载体建设深挖信息消费潜力。

【网络安全保障有效强化】

推动龙芯中科、浪潮集团、同方股份、紫光恒越等 18 家信创企业签约落地，指导成立四川信创产业联盟，推动四川省信创产业园及四川省信创集约化保障中心落地，推动信创产品适配工程和信创运维管理中心建设，提升信创产业本地化服务能力。开展信创企业及产品名录推荐工作，推进四川省关键基础设施国产化替代工程。推进四川省工业信息安全创新中心在成都市公司化落地，搭建石化、核电等 6 套试验验证系统环境。搭建省级工业互联网安全监测与态势感知平台，实现与国家级平台对接，形成对 109 家省内重点工业企业外网侧监测能力，具备工业互联网基础资源管理、安全监测预警、分析处置、信息通报能力。深化数据安全风险动态监测评估，开展数据安全监管技术手段建设试点，形成对行业数据安全管理和数据流动的有效监测能力。

【新型智慧城市加快推进】

一是持续强化新型智慧城市顶层设计。《四川省关于加快新型智慧城市建设的指导意见》经四川省政府同意后由四川省数字经济领导小组办公室印发实施，为城市治理提供强大的科技支撑。二是积极开展新型智慧城市试点示范。在充分征求意见后明确十大年度重点方向，遴选了10个具有全国特色的新型智慧城市。发布四川省首批102项新型智慧城市建设产品目录，川大智胜、久远银海等95家省内企业的36项优秀解决方案、41项典型应用案例和25项技术创新产品入选，内容涵盖智慧政务、医疗养老和综合治理等服务和领域，持续扩大产品供给，有力服务于四川省新型智慧城市建设。三是不断丰富智慧城市应用场景。率先建成基于5G的公交环线、医疗行业专网、精品示范街区，5G+8K技术实现全球首发和全国首个双千兆+云VR商用，成功研制下线全国首辆5G智能移动核酸检测车，全国首次新冠肺炎5G+远程会诊得到世卫组织总干事高度评价。“天府通办”四川省政务服务端注册用户超2600万户，四川省政务服务事项“最多跑一次”比例达98%，数据资源流通活力显著增强。全国首个文化惠民消费线上支付平台“文创成都”、智游天府、四川云教等项目上线；四川省入选国家智慧健康养老应用示范基地数量连续4年居全国第一。

# 贵州省信息化发展概况

2020年，贵州省深入贯彻落实习近平总书记关于国家大数据战略和对贵州省工作重要指示批示精神，深入实施大数据战略行动，扎实推进国家大数据（贵州）综合试验区建设，做实“四个强化”，加快“四个融合”，奋力实现数字经济发展“六个重大突破”，全面落实“六稳”“六保”任务，大数据支撑疫情防控有力有效，数字经济增速连续5年排名全国第1位，数字治理持续走在全国前列，国家大数据（贵州）综合试验区建设经验、“云使用券”助推企业上云获国家发展改革委向全国推广，在历史性大考中交出优异答卷。

## 【大数据电子信息产业成为重要先导性产业】

坚持“四个强化”，落实十大工业产业振兴行动部署，深入实施“百企引领”，做强做优大数据电子信息产业。

主体产业稳中提速，贵州省软件和信息服务业软件业务收入同比增长26.3%，超2020年度目标8.3个百分点，高于全国平均增速10个百分点以上。2020年贵州省电信业务总量、收入同比分别增长31%、5.6%，成为对冲疫情影响稳增长的有力支撑。电子信息制造业加快结构调整，服务器、智能电视等发展后劲十足。

重点企业茁壮成长。“百企引领”储备重点企业项目330个，120个企业项目入选优秀产品和应用解决方案，引进培育新一代信息技术企业105家。满帮平台认证司机用户超1040万户，连续3年入选“独角兽”企业榜单，估值超百亿美元，成为西南地区唯一的超级独角兽企业；医渡云成为贵州省第二家独角兽企业；易鲸捷、航天云网等企业快速发展壮大；贵州天义技术、货车帮等4个项目，以及黔北文旅、广电网络等3个项目分别入选工业和信息化部大数据产业发展试点示范、新型信息消费示范，贵州梦动科技公司入选全国数据标注公司排行榜前10位；黔西南州指趣网络“淘手游”拥有国内15%的玩家用户资源。

重大项目落地生根、加快建设。146 个大数据重点入库项目进展顺利，鲲鹏产业项目签约并启动建设，鲲鹏生态创新中心正式揭牌。苹果、华为、腾讯等数据中心正式投用，苹果数据中心投运时间比计划提前了 9 个月。中国人民银行数据中心引进落地，贵阳“数博大道”十大重点工程加快推进。

平台经济快速发展。开展“省级平台经济创新发展示范区”建设，第一批授牌 4 个区县。铜仁市平台经济规模突破 120 亿元，平台经济入库税款 5.62 亿元。黔南数字经济运营中台上线 3 个月产生订单交易流水就达 1.6 亿元。

产业招商活力涌现。面向央企、互联网和大数据头部企业开展招商，引进 24 家骨干企业，引进产业链配套项目 180 个，签约金额达 460 亿元，一批高质量数字经济企业落地全省各地。中智国际人才、重庆忽米网络等落户贵阳市，梵华星云、易视智富等落户铜仁市，福运网络、神玥数字等落户黔南，研祥高科、嗨球科技等落户贵安市，上海同望、中国长城等落户遵义市。

**【大数据与实体经济融合成为引领经济结构转型升级的重要推动力】**

深入实施“万企融合”大行动，推进大数据与实体经济深度融合，推动三次产业转型升级，传统产业加快网络化、数字化、智能化。

融合覆盖面持续扩大。开展数字经济提升行动，实施《贵州省大数据与实体经济深度融合实施指南》贯标达标，对 17616 家企业开展融合评估，覆盖三次产业所有纳入基本统计目录的企业。2020 年建成 101 个融合标杆项目，实施 1065 个融合示范项目，带动 2041 家实体经济企业与大数据深度融合，累计推动 20831 家企业上云。贵州省大数据与实体经济深度融合指数达到 41.1，比 2019 年提升 1.6，整体融合进程已初步进入中级阶段。贵州省成为数据管理成熟度评估模型（DCMM）全国首批 9 个贯标试点地区之一，9 家企业入选工业和信息化部 DCMM 首批试点。

推动工业开展智能化改造。大数据与工业深度融合推动工业发展质量持续增强，工业加快向智能化生产、个性化定制、网络化协同、服务化延伸转型。建成国家工业互联网标识解析顶级灾备（贵阳）节点，与国家顶级节点实现互联互通。工业互联网备份数据中心、工业信息安全创新中心签约落地。茅台、航天云网、振华电子、瓮福集团等 10 个项目入选工业和信息化部工业互联网创新发展工程或试点示范项目名单。贵州省正常生产煤矿实现采煤机械化、辅助系统智能化覆盖率 100%，煤矿生产进入智能化开采的初级阶段。

推动农业开展产销智慧对接。大数据与农业深度融合，加快向生产管理精准化、质量追溯全程化、市场销售网络化融合升级。建成农产品产地大数据平台，完成 400 个农产品产地大数据信息采集点建设。建成“一码贵州”智慧商务大数据平台，入驻企业 3.3 万家，上线产品 7.2 万种，半年累计完成交易额 36.93 亿元。“黔菜网”覆盖全省 3727 个蔬菜生产基地，接入农产品供应商 5985 家，交易金额超过 6 亿元。“辣椒云”“茶云”“猪联网”“农经云”等一批行业特色平台累计交易额超过 70 亿元。农产品销售智能终端进入社区，建成农产品仓储保鲜冷链设施项目 327 个。

推动服务业培育新业态、新模式。服务业加快向平台型、智慧型、共享型融合升级。“一码游贵州”服务平台覆盖全省 A 级景区，“云游贵州”智旅平台接入全省 4A 级以上景区 95%视频数据；“脸行贵阳”一期在贵阳地铁 1 号线 25 个站点应用，实现“刷脸”乘车；高速公路收费站移动支付 100%覆盖；智慧医疗快速推进，朗玛信息、医渡云等企业推出疫情问诊服务平台，为全国 31 个省（自治区、直辖市）及 15 个海外国家提供疫情咨询和在线问诊服务。贵阳市智慧停车 App 接入停车位数据超过 18 万个。继 2018 年贵阳市获批建设跨境电子商务综合试验区后，遵义市又获批中国（遵义）跨境电子商务综合试验区，跨境电子商务交易额同比增长 30%。

**【大力提升“一云一网一平台” 助推数字政府建设实现新突破】**

落实省级政务信息化建设新机制，创建数

据融通新模式，统筹推进政务信息化项目建设，实施108个建设项目、489个运维项目，将“一云一网一平台”打造成为数字政府建设核心基础设施。

夯实数据共享“大基础”，强化“一云统揽”。建设覆盖省、市、县、乡、村5级的统一电子政务网络，构建联通省、市、县3级政务信息系统的云网协同机制。电子政务外网覆盖17701个行政村（社区）。云上贵州系统平台完成联通、电信、移动、广电扩容，实现政务系统云上云下互联互通和跨节点云资源灵活调度，上云数据量比2019年提升47%，贵州省数据共享交换平台累计发布交换数据1.74亿次、4353亿条，分别比2019年增加348%、49%，贵州省数据共享开放平台开放数据集774个，可机读率100%。获批建设“国家公共数据资源开发利用试点省”。数据共享开放水平保持全国第一梯队，贵阳市在全球30个重要城市开放数据指数中排名第6位。遵义市“云上遵义”、铜仁市数据（运营）中心等市州延伸项目加快建设。

建成一批跨部门“大系统”，强化“一网通办”。从部门视角分散建设信息系统，改为从功能整合视角、以服务专项工作为主题，跨部门建设特定领域的大系统，实现业务系统互联互通、横纵协同、信息共享。“大政法”建成“跨部门大数据办案平台”和“刑事案件智能辅助办案系统”，入选“2020全国政法智能化建设智慧治理十大创新案例”。“大应急”率先在全国完成应急指挥网、视频会商系统建设，应急指挥网实现国家、省、市、县4级贯通、部门互联、全省覆盖。“大旅游”建成“一码游贵州”平台，访问量达1.02亿次，累计用户达1031万人，预约门票179万张。“互联网+政务服务”建成“全省通办”系统，完成101个自建业务系统与贵州政务服务网对接融合，汇聚127类电子证照6000万余条数据到贵州政务服务网，身份证、驾驶证、营业执照等高频证照实现全程网上共享核验，省、市、县3级政务服务事项100%网上可办，省级政府网上政务服务能力连续4年排名全国前3位。“云上贵州多彩宝”实名注册用户超过1400万户，1467项高频政务民生服务事项接入移动端办理，较2019年年底增长114%，累计服务超过4.6亿人次。“全省工程项目审批监管系统”首批与国家平台数据互通，实现省、市、县3级联动审批，工程建设项目平均审批时间从2018年的360个工作日，压缩至80个工作日以内。

建成一批部门通用“大中台”，强化“一平台服务”。把多部门高频率、可重复使用的技术组件、系统等独立出来，整合成一批中台，为相关系统提供公共服务。“视频中台”接入政法、公安、交通、水利、旅游、林业等19个部门视频资源22.68万路，占应整合视频资源的64.8%。“地图中台”为省级15个政务信息化项目提供支撑，发布地图服务11个、场景服务22个、数据服务83个。“移动政务中台”整合接入各类政务应用20余个，开展政务微信全省推广试用。“身份认证中台”接入贵州CA数字证书、银联用户库、运营商用户库、公安身份认证和人脸识别等认证源，实现登录用户身份识别。“数据中台”实现数据目录共享交换、清洗加工、质量核验等调度管理，提供数据共享1.4亿批次，交换数据超过5245亿条。

**【大力推进数据创新应用　助推民生服务和社会治理能力实现新突破】**

落实习近平总书记“要以大数据推进政府管理和社会治理模式创新”的重要指示，实施数据创新应用行动、大数据助推大扶贫行动，大数据助推民生服务、社会治理、脱贫攻坚和乡村振兴实现新突破，省直部门单位、各市州和贵安新区涌现一批广受好评的典型应用。

支撑疫情防控有力有效。在全国较早推出使用“健康码”，率先与全国互联互通，注册用户数达4098万人，累计扫码亮卡18.8亿人次，有效支撑疫情精准防控和复工复产。

高效服务脱贫攻坚和乡村振兴。“脱贫攻坚挂牌督战大数据平台”在“9+3”县区推广使用，“扶贫云”累计向19家省直部门提供贫困数据2.8亿条，“劳务就业扶贫大数据平台”累计促进贫困劳动力就业29.4万人次，涉农补贴“一卡通”系统发放2020年度补贴资金177.9亿元。全国网络扶贫暨数字乡村发展工作现场推进会召开。全省

30 户以上自然村 4G 网络覆盖率达 99%。

一批提升政府治理能力的典型应用持续升级。各“云长”单位大力推动大数据在本行业、本领域应用，充分借助数字赋能，有效提升管理服务水平，一批典型应用走在行业前列。贵州省公安厅“刑事犯罪大数据应用”获公安部肯定，并向全国推广。贵州省交通运输厅建设“交通运输安全监管系统”“工程投资领域预警监督平台”等系统，有效支撑安全生产和建设管理精准化。贵州省公共资源交易中心上线“公共资源交易 App”，实现工程招标、政府采购领域“不见面”“零跑腿”。贵州省人力资源和社会保障厅建成“贵州省社会保险信息系统”，形成线上线下融合、服务衔接有序的社会保险新格局。贵州省发展改革委优化“贵州信用云”，实现上联国家、下接地方、横向与行业部门信用平台联通，成为全省信用信息共享与交换的总枢纽。毕节市建设公共资源交易全程电子化“不见面交易”系统，完成 588 个项目“不见面交易”。贵安新区“掌上贵安”、铜仁市“禁毒链条式管理系统”“大数据+城市综合执法云项目”获 2020 年政府信息化管理创新奖。

一批提升民生服务水平的典型应用获得好评。贵州省各级各部门充分运用大数据，广泛提供在线服务、远程服务、个性化服务，提高民生服务精准性、有效性、及时性，有效化解公共服务不平衡、不充分问题，大力提升群众获得感。“阳光校园·智慧教育”平台建设列入贵州省政府十件民生实事，接入 144 所学校，覆盖全省 670.7 万名中小学生，全省中小学（含教学点）互联网接入率达 100%。“云闪付”累计新增用户 171 万户，其中，县域及农村地区移动支付活跃用户达 125 万户，全国排名第 1 位。“通村村”平台覆盖 1.5 万个行政村，并在湖南省、甘肃省等 8 个省份推广应用。远程医疗服务总量 56.2 万例次，累计超过 162 万例。贵州省医保电子凭证上线，贵州医保从“卡时代”跨入“码时代”。

一批前沿技术加速落地应用。实施新技术融合赋能行动，实现新动能活力激发和场景应用新突破。5G 在政务服务、教育、电力、交通、医疗、旅游、农业、媒体直播等领域开展垂直行业应用试验，移动“5G+VR 远程机务维修”、电信“5G+工业互联网综合服务平台”、联通“智慧停车”等项目加快实施。区块链基础设施平台“享链”在云上贵州平台、河湖生态监测、疫情防控中落地应用。国家北斗导航位置服务数据中心贵州分中心加快建设。贵州省气象局获国家国防科工局授牌“高分辨率对地观测系统贵州数据与应用中心”。

【大力强化基础保障　发展环境持续优化改善】

新型数字基础设施实现新突破。贵州省大数据基础设施投资累计达到 146.94 亿元。建设开通 5G 基站 20721 个，超过 2020 年度计划的 2 倍。通信光缆达到 135 万千米，互联网出省带宽达到 17000GB。建成贵阳·贵安国际互联网数据专用通道，打通国际互联网直达高速链路。贵阳·贵安国家级互联网骨干直联点实现 17 个城市直联，贵阳市成为光网信息高速公路的核心枢纽。“数聚贵州”持续推进，数据中心服务器标准机架承载能力达 18.6 万架，投入运营及在建的重点数据中心 23 个，算力网络加快构建，“贵州·中国南方数据中心示范基地”的区域地位进一步巩固。

人才支撑持续提升。线上人才博览会引进一批大数据及相关专业人才，开展大数据职称申报评审，2020 年线上线下培训 5400 人次，清华·贵州大数据研究生基地项目累计招生 109 人。从社会培训、中职高职到本科、研究生、在职培训的大数据人才培养体系进一步健全，支撑作用有效发挥。

安全保障有效防护。加快建设全国首个“大数据安全综合靶场”“大数据及网络安全示范试点城市”，举办大数据及网络安全精英对抗演练。构建电子政务外网、云上贵州系统平台安全态势感知系统，建成省级工业互联网安全态势感知平台，实现部省系统对接。电子政务外网商用密码体系基础支撑平台获国家政务信息化管理创新奖。贵阳经济开发区大数据安全产业示范区新增引进大数据安全企业、机构 26 家，入驻企业和机构 73 家，大数据安全产业体系加快构建。遵义贵州朗盛获互联网安全巨头三六零授信。

# 陕西省信息化发展概况

2020 年，面对新冠肺炎疫情的巨大冲击和严峻复杂的外部环境，陕西省坚决贯彻落实党中央、国务院决策部署，坚持稳中求进工作总基调，信息产业逆势增长，实现了较快发展。疫情催生在线新经济呈现迅速发展势头，线上办公、线上消费也为互联网产业和数字经济带来新的发展契机。2020 年，新一代信息技术增加值同比增长 13%；电子信息产业营业收入同比增长 29.2%，利润同比增长 79.4%；新增国家两化融合贯标企业 59 家，国家认证贯标企业累计达 135 家。推出了疫情大数据系统、健康陕西 App 和陕西健康码、复工复产企业人员健康登记系统，开通了全省 131 家新冠肺炎定点医院远程会诊平台，持续助力疫情防控工作。

## 【新一代信息技术产业】

2020 年，陕西省新一代信息技术产业领跑战略性新兴产业，实现增加值同比增长 13%，较 2019 年提高 0.4 个百分点；高于战略性新兴产业增速 7.2 个百分点，占战略性新兴产业比重由 2015 年的 17.6%上升至 2020 年的 30.7%。由三星半导体带动的集成电路制造业产值增长 17.2%。集成电路圆片等工业新产品高速增长，光纤、光缆、智能手机、智能电视等产品全年平均增长 30%以上。电子及通信设备制造业投资增长 17.6%，以三星、美光等为代表的半导体产业、无人机产业、智能终端产业等高新技术产业集群发展壮大。5G 网络、数据中心等新型基础设施项目带动信息传输业投资同比增长 56.2%。2020 年，陕西省数字创意产业增加值同比增长 6.4%，高出战略性新兴产业 0.6 个百分点，拉动战略性新兴产业增长 0.7 个百分点。

## 【电子信息产业】

2020 年，陕西省电子信息制造业规模以上企业达 321 家；实现营业收入 2168 亿元，同比增长 29.2%；实现利润总额 202 亿元，同比增长 79.4%。其中，通信设备、计算机及其他电子设备制造业实现营业收入 1447.3 亿元，同比增长 22.5%；实现利润总额 169.1 亿元，同比增长 74.9%；增加值增速居工业各行业首位，高于 2019 年同期 19.4 个百分点，高于全国 29.7 个百分点。在主要产品产量中，集成电路原片产量为 205.9 万片，同比增长 43.7%；电子元件产量为 88.37 亿只，同比下降 3.6%；太阳能电池产量为 349.98 万千瓦，同比增长 65.6%。

### （一）集成电路产业

三星（中国）半导体有限公司二期项目第一阶段于 2020 年 3 月产品下线，9 月实现满产，全年产值同比增长 43.51%，对行业拉动作用明显。根据陕西省半导体行业协会统计，2020 年陕西省集成电路设计业规模约 140 亿元，同比增长 38.75%；制造业规模约 750 亿元，同比增长 43.13%；封装测试业规模约 120 亿元，同比增长 3.81%；支撑业规模约 160 亿元，同比增长 4.10%；分立器件规模约 70 亿元，同比增长 9.55%。陕西省集成电路产业应用涉及 5G 通信、新能源汽车、人工智能、计算机、电源与功率电路等多个领域，已经初步形成了制造业快速发展，设计业与封装测试业相互依存、协调发展的产业格局。

（二）太阳能光伏产业

2020 年，陕西省光伏龙头企业隆基股份在陕西省投建的 3 个电池（组件）项目相继投产，全省光伏产业规模达到 640 亿元，同比增长 46%。隆基绿能科技股份有限公司是目前全球最大的单晶硅光伏产品制造企业，已形成涵盖硅片、电池、组件、电站及系统解决方案的完整产业链，单晶组件出货量连续 4 年蝉联全球第一，单晶 PERC 电池转化效率 6 次打破世界纪录，2020 年列中国民营企业 500 强第 283 位、中国制造业企业 500 强第 157 位。彩虹新能源光伏玻璃产业，在薄型化和大尺寸产品研发方面取得突破性进展，产量再创新高，销量大幅提升，2020 年营业收入同比增长 23%。

（三）智能终端产业

2020 年，陕西省手机产量达 3499 万部，产业规模超过 300 亿元。在核心芯片研发方面，具备三星闪存芯片、英特尔基带芯片、高通射频芯片、龙腾手机屏驱动芯片等高端芯片研发设计能力；在移动终端设计方面，华为与中兴通讯在西安市的研发人员已过万人，其中手机研发技术人员数千余人，研发机型手机出货量达数千万部。在智能终端制造方面，西安中兴通讯终端科技有限公司 2020 年产值增速同比增长 37.8%，从事整机代工生产的西安比亚迪电子有限公司已形成年产 6000 万部的制造能力，2019 年启动的比亚迪高端智能终端产业园项目推进顺利，2021 年投产。

（四）平板显示产业

目前，陕西省平板显示产业已初具规模，产业链上游主要有虹宁显示的基板玻璃、联华林德的大宗气体、峻凌电子的液晶体显示屏面板及电子产品制造、冠石科技的偏光片等项目，以及为 G8.6 代液晶面板生产线就近配套的彩膜、光学膜、湿化学品等；产业链中游有咸阳彩虹光电科技公司的 G8.6 代液晶面板生产线项目，该项目 2019 年首年满产运营，2020 年相继完成两轮生产线扩产改造，2020 年产出电视面板 1371 万片，其中 50 寸面板出货面积居全球第一，销售收入持续创历史新高；产业链下游有冠捷集团的电视生产基地——冠捷显示科技（咸阳）有限公司，2020 年生产整机及模组 193 万台。

**【大数据产业】**

2020 年，陕西省进一步落实国务院《促进大数据发展行动纲要》及工业和信息化部《大数据产业发展规划（2016—2020）》，出台了《陕西省推进工业大数据应用促进工业企业数字化转型工作方案（2020—2025 年）》，推进发布了《智慧城市建设指南》《智慧城市体系架构和基本要求》《智慧城市数据交换共享平台技术规范》《智慧城市信息融合技术规范》4 项地方标准，规范大数据在智慧城市建设中的应用。

（一）大数据产业发展

按照《陕西省大数据与云计算产业发展顶层设计》，规划建设“大数据集团+基地+大数据研究院+产业基金+大数据交易+行业云+培训机构+社区数据服务中心+数据资产评估中心+产业协会”十位一体的大数据产业生态体系。目前，陕数集团着力聚焦大数据产业，推进大数据资源建设和新型智慧城市建设；西咸新区获批国家新型工业化（大数据）产业示范基地，已吸引国家卫健委、国家统计局、国家测绘局、国家气象局等 12 个部委，以及通信运营商数据中心和部分大数据企业落户，产业聚集效应初步显现；信息化工程研究院积极参与陕西省大数据相关政策、规划和标准制定，提供智力支持；陕西省大数据产业投资基金一期 10 亿元资金到位，对外投资额达到 8.14 亿元；陕西华为联合学院开展大数据相关专题培训 10 余次，培训约 2000 人；陕西省区域大数据产业协会自 2019 年注册登记以来已吸引大数据企业 246 家入会，在促进大数据政企合作、企企合作、跨区域合作方面的效果逐步显现。

（二）大数据基础设施建设

一是推进数据中心和云平台建设。发挥西咸

新型国家工业化（大数据）产业示范基地作用，协调推动四大运营商、陕数集团数据中心和西安气象大数据应用中心等数据中心建设；发挥西安高新区软件产业园、航天基地等优势，协调推进华为研发数据中心、西安航空大数据中心、百度西部数据中心等数据中心建设；通过推进各市（区）新型智慧城市建设，促使各市（区）统筹利用电子政务机房和运营商机房资源建设市级统筹数据中心和云平台。二是实施秦云工程。探索开发利用政府数据资源，开展行业云牵头部门数据资源梳理和编目工作，完成科技、工业、健康、市场监管、体育及气象等行业大数据应用展示；推进行业云建设，已基本建成工业云、三秦警务云、杨凌农业云等行业云；打造数据资源产业化平台，建成秦云工程大数据平台，为陕西省卫健委（健康云）、陕西省农业和农村厅（农业云）、全运会（全运云）、陕西省国资委（国资云、工业云）、陕西省药监局、移民搬迁集团、陕西省各界爱心济困协会等 25 个租户（不含自用）提供基础资源（IaaS）服务，当前已累计有 63 个业务应用。

### （三）大数据产品和解决方案开发利用

一是按照工业和信息化部工作安排，开展大数据试点示范、大数据优秀产品和解决方案推荐工作，近 3 年来陕西省美林数据技术股份有限公司的 tempo 大数据分析平台、陕西省物流集团的陕西物流大数据综合服务平台等 9 个项目列入工业和信息化部组织评选的大数据产业发展试点示范项目、大数据优秀产品和解决方案。二是在陕西省工业转型资金项目中设立大数据方向，支持大数据应用方案和大数据产品开发，2017—2020 年支持大数据方向项目 50 个，促进大数据在政务、民生、产业发展、社会治理等领域的创新应用。三是推进大数据助力抗击新冠肺炎疫情和帮助企业复工复产。疫情期间，推荐 300 多个大数据解决方案供政府及企事业单位免费使用，为疫情防控及企业复工复产作出贡献。

### （四）新型智慧城市建设

推广新型智慧城市建设“咸阳模式”经验，2020 年开展年度评价，促进建设工作持续推进。咸阳、宝鸡、杨凌、延安等多个市（区）建立了市级城市（运行）大数据中心，初步形成全市统一的数据资源池。陕西省各市（区）基本建成“六个一”基础工程。西安、延安、汉中、安康、杨凌等市（区）在数据中心建设、项目实施等方面积极探索与华为、阿里巴巴、浪潮等知名企业合作。各市（区）结合本地实际和政府重点工作，在智慧农业、智慧养老、智慧旅游、精准扶贫、治污降霾、数字城管、综合治税等领域开发智慧应用，并与“一网通办”“雪亮工程”等项目统筹建设，推进数据融合应用，有效提升了政府治理能力，以及城市管理及社会服务水平。

### （五）大数据企业和园区建设

一是推进“基地+园区”的大数据产业布局。西咸国家新型工业化（大数据）产业示范基地聚集国家卫健委全国人口信息处理与备份中心、国家统计局西北数据中心、国家气象局大数据中心等 12 个部委容灾备份中心，目前四大通信运营商数据中心汇聚超过 800PB 政务数据资源，总规模超过 100 万台服务器，构建了海量存储空间和高速存储网络，国内、国际互联网出口带宽居国内一线水平。西安高新区软件产业园、宝鸡渭滨区互联网产业园和大数据产业园、延安华为大数据产业园等园区吸引了一批大数据应用企业入驻。二是推动各市（区）建立大数据公司，承接大数据项目建设和数据资源运营。陕西省政府推进成立陕西省大数据集团公司，西安、宝鸡、咸阳、铜川、延安、榆林、汉中、安康、韩城等地市成立了西安大数据资源经营公司、宝鸡关天大数据公司、咸阳秦云数据公司等承接本市大数据应用项目和智慧城市建设的公司，对于统筹市级数据汇聚和融合应用具有重要意义，也成为本地政府数据运营的龙头企业。三是引进与培育结合，促进优秀大数据企业发展。与百度、阿里巴巴、京东、华为、腾讯等全国知名大数据公司进行深度合作，吸引更多优势企业落地，为本地大数据发展注入新力量。同时，积极培育本地企业，涌现出易点天下、美林数据、万盛达、货达物流、艾润停车网等一批优秀的本地大数据企业。四是推进数字经济示范区建设。与陕西省网信办、陕西省发展改革委联合印发《数字经济示范区认定办法》《数字经济示范区申报的通知》，鼓励数字经济园区企业在金融、交通、工业、体育、医疗等领域进行大数据应用创新，助力传统产业数字化转型，推动产业发展提质增效。

## 【两化融合】

截至2020年年底，陕西省参与国家两化融合贯标企业285家，累计通过贯标获证企业135家，2020年新增通过贯标企业59家。3200多家企业参与两化融合自评估、自诊断、自对标，企业生产设备数字化率达42.9%，数字化研发设计工具普及率达65.1%，关键工序数控化率达49.6%，应用电子商务比例达54.9%，实现网络化协同的企业比例达28.4%，开展服务型制造的企业比例为19.7%，开展个性化定制的企业比例为9.1%，智能制造就绪度为5.9%，工业云平台应用率为33.6%，两化融合水平为49.2，处于全国第二梯队（数据来自国家两化融合公共服务平台）。

### （一）两化融合及工业互联网相关试点示范

推动工业互联网支撑疫情防控及复工复产，新冠肺炎疫情期间，陕西省向工业和信息化部推荐了13家单位的项目，西安西电捷通无线网络通信股份有限公司的便携式应急安全通信解决方案成功入围。2020年，陕西省的美林数据技术股份有限公司、西安陕股动力股份有限公司、陕西法士特汽车传动集团有限责任公司、西安中服软件有限公司等32家单位成功获评工业和信息化部两化融合及工业互联网相关试点示范项目。

### （二）5G+工业互联网发展

联合相关部门制定印发了《陕西省5G+工业互联网实施方案（2020—2022年）》。指导推动“5G+工业互联网”融合创新和技术发展，推进“5G+工业互联网”规划建设与应用推广，探索形成陕西省“5G+工业互联网”发展模式。联合省级部门印发《加快陕西省通信基础设施建设及5G创新发展2020年行动计划》等5G技术相关政策文件，进一步加快网络强省、数字陕西、智慧社区建设，提升通信基础设施支撑能力和5G创新发展水平。

### （三）工业互联网发展

推动陕西省大中型企业利用工业互联网平台的云化研发设计、生产管理、运营优化软件及工业知识等，逐步实现业务系统向云端迁移、数据汇聚共享、资源优化配置，创新生产方式、经营方式、商业模式。鼓励涉及大数据、人工智能、区块链、边缘计算等技术在工业互联网平台中应用，鼓励中小微企业使用各类工业互联网平台。充分发挥西安工业云、宝鸡工业互联网平台等市（区）平台作用，提升资源配置效率，降低企业信息化成本，支持平台间加强合作，围绕新支柱产业及传统优势行业，积极发展企业级、行业级平台，推进互联网与制造业融合发展。2020年，陕西省工业互联网发展应用指数为44.04，在全国排名第10位（数据来自《2020年工业互联网应用指数白皮书》）。

## 【信息基础建设】

截至2020年年底，陕西省有4G基站19.3万个，4G用户达3733万户；有5G基站1.9万个、示范应用场景16个，5G用户达1027万户；移动用户4G下载速率和固定宽带平均下载速率分别为34.55Mbps、49.37Mbps，居全国第12位。工业互联网标识注册量超过2000万个，物联网终端用户总数突破2700万户，北斗地基增强基准站建成94个，北斗卫星导航系统推广应用到41个行业，陕西省北斗卫星导航定位基准站系统成为我国首个全网支持全星座、全频率的高精度定位服务系统。陕西省LTE网络端到端、固定宽带网络端到端、骨干网及重点数据中心全部完成IPv6改造，IPv6支持度居全国第9位。

## 【数字经济】

贯彻落实《数字经济发展战略纲要》，创新推进数字经济试点示范，加快实施“互联网+”“智能+”“上云用数赋智”等专项行动。大力推动数字经济与实体经济融合发展，促进数字经济、共享经济、平台经济健康发展。认定省级数字经济示范区 5 个、示范园 15 个、示范项目 15 个，在孵企业近 5 万家，上云企业超过 1 万家，全省规模以上工业企业数字化研发设计工具普及率达到 66.6%。以西安国家新一代人工智能创新发展试验区建设为契机，围绕半导体与集成电路、云计算、大数据、物联网等关键领域部署形成创新链 10 条，启动建设国家工业互联网标识解析二级节点、能源互联网试点示范等项目，建成投产三星二期、长安鲲鹏产业基地、咸阳 8.6 代液晶面板生产线等一大批重点项目。据测算，陕西省软件服务、计算机、通信和其他电子设备制造等数字经济核心产业增长 40%，数字经济总量占生产总值比重达到 30.6%，成为驱动陕西省经济高质量发展的重要动力引擎。

# 甘肃省信息化发展概况

2020 年，甘肃省深入实施网络强国、制造强国战略，坚持以“一带一路”信息制高点为统领，以数据信息产业发展为主攻方向，紧紧围绕 5G、工业互联网、大数据、云计算和丝绸之路信息港等重点工作，扩大开放合作，深化推广应用，加快信息化发展。

## 【主要成效】

### （一）产业规模稳步提升

2020 年，甘肃省电子信息产业克服疫情影响，实现主营业务收入 238.40 亿元，同比增长 7.28%。其中，电子信息制造业实现主营业务收入 140.39 亿元，同比增长 7.3%；软件和信息服务业实现营业收入 98 亿元，同比增长 7.28%。大数据信息产业加快发展，增加值同比增长 7%，高于十大生态产业 5.8%的平均增速。提请甘肃省政府印发《关于进一步推动甘肃省软件产业高质量发展实施意见》。全力推进落实《关于支持集成电路产业重点企业“一企一策”发展措施》，对入选 2019 年（第三十三届）全国电子信息百强企业的天水华天电子集团，落实一次性奖励 200 万元，天水华天电子集团已发展成为全球第 6 位、国内第 3 位的集成电路封测企业。甘肃紫光智能交通与控制公司在全国智能交通市场领域业绩排名第 9 位。中电万维信息技术有限公司主营业务收入突破 10 亿元，市场覆盖 28 个省份。兰州南特数码科技股份有限公司和中电万维信息技术有限责任公司的数字甘肃文化产业平台和智慧旅游公共服务平台“一部手机游+VR”入选 2020 年新型信息消费示范项目；兰州市城关区靖远路街道入选国家智慧健康养老试点示范街道。

### （二）“新基建”支撑能力显著提升

近年来，甘肃省认真贯彻落实习近平总书记“推动互联网、大数据、人工智能同实体经济深度融合，继续做好信息化和工业化深度融合这篇大文章”指示精神，按照甘肃省委、省政府要求，推动 5G、工业互联网等新基建建设，积极营造发展的良好环境，助力“数字甘肃”建设。甘肃省 5G 基站累计建成 8509 个，完成甘肃省政府保 7 争 8 目标。经工业和信息化部对广州市、成都市、杭州市等十大城市 5G 网速质量评测，兰州市 5G 网速质量居 10 个城市首位。5G、工业互联网等数字基础设施的倍增赋能效应日益显现，酒钢西沟矿 5G 智慧矿山项目荣获工业和信息化部第三届“绽放杯”5G应用征集大赛智慧园区专题赛一等奖，首创牙轮钻、电铲、矿卡一组三项联动远程驾驶和无人驾驶操控应用，属于国内领先，提高了生产效率，改善了工人作业环境，实现了本质安全。甘肃电信与天水华天电子集团合作建设的“5G+智能制造创新应用项目”、与金川集团公司合作的龙首矿“5G+有轨运输电机车无人驾驶系统”等顺利投入使用。

（三）产业布局进一步优化

围绕软件和信息服务业、电子制造业发展，重点打造两大产业基地、3 个产业园区。华天电子科技园以集成电路封装测试为主导，带动上下游企业不断汇聚，延伸产业链条，天光半导体、华洋电子等企业得到了较快发展。华天科技集成电路微小形 Flip Chip 封装测试产业升级、汽车电子产品封测技术研发及批量生产，以及华洋科技阵列式双圈引脚 CQFP 引线框架产品创新项目 3 个项目建成投产。张掖智能终端产业园累计完成投资 28 亿元，28 家企业已入驻园区，18 家企业相继投产运营，3 家企业已升规入库，实现了智能终端产业从无到有。推进甘肃省政府与龙芯中科签订战略框架合作协议，平凉智能终端光电产业园项目一期入驻 5 家企业并全部投产，4 家企业已纳规入统。初步形成以兰州市为核心的软件产业聚集区，实现了向大数据、工业互联网、区块链等新一代信息技术领域的延伸。目前，兰州软件园集聚软件企业 114 家，实现营业收入 58.9 亿元。

（四）支持信息港发展取得阶段性成效

指导支持信息港公司明晰职能和业务发展战略，通过并购重组和合资新设等方式，调整设立子公司 11 家，公司治理体系日趋完善，正逐步向生态型产业集团转变，全年实现营业收入 2 亿元，实现扭亏为盈。推动区块链场景落地，启动“数字甘肃、如意之链”建设，建成区块链信任基础设施平台，甘肃省公共资源交易见证系统等完成上链。推动产学研用一体化建设，与清华大学、兰州大学、中国科学院等省内外 10 所科研院所建立全面合作关系。推进实施甘肃省交通运输厅智慧交通大脑信息化建设、甘肃省医保局信息平台建设等项目 41 个。建成“数字甘肃·数据中台”，实现部分场景可视化展示。推动工业互联网规划应用，联合中标工业和信息化部 2020 年工业互联网创新发展工程项目，兰州电机股份有限公司设备物联网系统及网络基础建设项目进入试运行阶段。谋划储备“城市大脑”“如意·云”平台、区块链信任基础设施平台、数据信息安全监测中心等新基建项目 6 个。

**【重点工作】**

（一）突出顶层设计，信息化政策叠加保障有力

为贯彻落实网络强国、制造强国战略，积极发挥 5G 等新型基础设施建设的乘数效应，印发《甘肃省 5G 站址专项规划（2020—2024）》，陆续出台《甘肃省 5G 建设及应用专项实施方案》《关于深入落实电力要素保障和公共资源开放加快甘肃省 5G 基站建设的通知》《贯彻落实促进“互联网+社会服务”发展的意见任务分工方案》《关于落实城市居住社区建设补短板行动的通知》等一系列政策措施，为推动 5G、工业互联网等新基建建设，培育数据信息产业生态，积极营造了良好的发展环境，甘肃省信息通信行业总体保持平稳向好的发展态势。2020 年以来，甘肃省电信业务收入同比增长 6.0%，增速高于全国（3.3%）平均水平，居全国第 3 位。

（二）紧扣新基建，5G 建设项目加速落地

认真贯彻落实习近平总书记“推动互联网、大数据、人工智能同实体经济深度融合，继续做好信息化和工业化深度融合这篇大文章”指示精神，按照甘肃省委、省政府及甘肃省工业和信息化厅党组要求，为进一步抢抓 5G 发展机遇，甘肃省成立了 5G 网络规划建设协调推进领导小组；分别会同相关部门和单位成立了工作专班；建立甘肃省 5G 建设和应用重点项目按月调度长

效机制。着力持续推动“三难两高”问题的整改落实。甘肃省 5408 个“三难两高”站址已解决 5067 个，解决率达 93.69%，基站建设审批、选址、转供电环节加价等问题得到有效解决。指导企业举办甘肃“5G+新基建”信息化大会，全国 16 个省市的 300 余家企业、5000 多人参展，邀请院士、学者、行业知名专家、产业领袖参会，聚焦实际案例、展望行业动态，为甘肃“5G+新基建”建设共同出谋划策。

### （三）抢抓信息制高点，数据中心支撑能力凸显

为积极发挥甘肃省“一带一路”区位优势，进一步提升信息制高点基础设施能级，按照“协同发展、统一管理、跨地调配”的思路，正在分级、分区域有序扩大数据中心建设规模，遴选各市州重点建设项目，纳入丝绸之路信息港云计算大数据中心集群范围。金昌紫金云大数据中心、庆阳华为云计算服务中心、丝绸之路信息港云服务大数据产业基地数据中心、丝绸之路西北大数据产业园数据中心、甘肃联通马滩大数据中心、兰州新区大数据产业园大数据中心 6 个首批数据中心已建成投入使用，国内知名数据信息企业阿里巴巴、腾讯、百度等，以及甘肃省交通运输厅、公安厅、教育厅等行业客户也已纷纷入驻丝绸之路信息港云计算大数据中心，信息基础设施能级初具雏形。同时，严格落实优惠电价政策，甘肃移动丝绸之路西北大数据中心、甘肃电信丝绸之路信息港“一带一路”大数据云中心、甘肃紫金云大数据产业园、兰州新区科技文化旅游大数据存储及云计算中心等大数据中心落实了 0.28 元/千瓦时电价优惠政策。指导兰州新区入选第九批国家新型工业化产业示范基地（大数据），建成投运兰州新区国际互联网数据专用通道，进一步提高了外向型企业的国际通信服务能力。

### （四）聚焦三化改造，工业互联网建设迈入应用阶段

为进一步加快推动传统产业向高端化、智能化、绿色化迈进，加大工业互联网培育工程实施力度，2020 年 4 月 16 日，面向全省重点企业组织甘肃省工业互联网标识解析创新应用技术培训。完成甘肃省工业互联网标识解析二级节点建设在兰州新区天翼云和金昌紫金云的双节点部署测试工作，甘肃省标识解析二级平台上线，完成标识解析二级节点与重庆市顶级节点的对接。指导丝绸之路信息港大数据公司与兰州理工大学、甘肃电信组成平台运维推广联合体，开展行业标识解析编码体制研究，逐步夯实工业互联网基础网络支撑平台。在对各地市、州相关部门与重点企业调研基础上，编制完成《甘肃省工业和信息化厅“十四五”工业互联网发展规划》。目前，平台赋能企业的效果初步显现。金川集团工业企业网络安全综合防护平台项目获得国家制造业高质量发展专项建设资金支持，兰石集团“兰石云”工业互联网平台项目获得制造业与互联网融合发展试点称号。金川、酒钢、兰石等工业企业已接入工业互联网培育“数字土壤”，逐步探索实现机器换人、算法换脑、网络跑腿，加速 5G 和工业互联网等信息技术在生产制造各环节全场景应用，促进全要素连接和资源优化配置，以及生产效率、产品质量的大幅提升。

### （五）强化项目引导，数据信息产业蓬勃发展

全力落实甘肃省委、省政府《关于构建生态产业体系推动绿色发展崛起的决定》《甘肃省推进绿色生态产业发展规划》，建立重点项目库，2020 年甘肃省谋划了 52 个总投资 126 亿元的数据信息产业重大带动性项目（工程），建立动态调整、滚动推进的工作机制，形成谋划一批、储备一批、实施一批、补充一批的良性循环。一手抓项目清单，细化落实各年度主要建设任务，按月调度前期工作推进情况、投资完成情况、吸引社会资本情况等，督促加快工程建设进度；一手抓问题清单，及时了解和协调解决项目推进过程中存在的困难问题，积极争取和运用中央和省级各类支持政策，为省属企业参与新基建创造良好环境。推动数据信息产业法治基金注册成立，并开展首批项目拟投前期工作。

### （六）努力发挥自身优势，全力支撑服务疫情防控

为全力做好 2020 年疫情防控工作，高效利用大数据、云计算、区块链等新型信息技术，

打造了区域疫情防控和企业安全平稳复工复产信息化整体解决方案。发布《关于疫情防控期间139种数字化产品使用指南》，提供智能应用和解决方案，启用丝路疾控通平台、电力大数据平台、甘肃省防控物资管理平台、甘肃省企业疫情防控动态监测平台、甘肃省工业企业供应链综合管理平台等多个信息平台，盘活资源、增加功能、扩展服务，全面助力疫情防控和复工复产。开发上线甘肃省企业供应链服务平台，以龙头企业带动配套企业，采用以商招商、共享信用、物料互供等创新合作模式，相互协调解决企业对设备、零配件、原材料、检验检测、工程技术人员等方面的需求，更加高效地进行资源配置，助力“强龙头、补链条、聚集群”。甘肃省新冠肺炎疫情防控——医疗保障物资管理信息平台、中电万维新冠肺炎疫情防控管理应用解决方案均入选工业和信息化部疫情防控和复工复产复课大数据产品和解决方案名单。

### （七）规范项目管理，全省信息化“一盘棋”布局逐步形成

依据《甘肃省人民政府办公厅关于进一步明确全省信息化工作审批职责的通知》（甘政办发〔2020〕71号）要求，按照整合资源、集聚合力的原则，进一步规范信息化项目审批工作，印发《甘肃省工业和信息化厅政府投资信息化项目审批办法（暂行）》（甘工信发〔2020〕293号），加快审批进度，提高工作质量和效率，为全省信息化产业持续快速发展提供有力支撑。2020年甘肃省申报项目10个，目前已审批办结“甘肃省医疗保障信息平台建设工程初步设计及概算”、甘肃省“互联网+监管”系统建设项目初步设计及概算等6个项目，涉及总投资40412万元。

### 【下一步计划】

2021年，甘肃省将深入贯彻落实党的十九届五中全会和中央经济工作会议精神，着眼制造强国和网络强国建设全局，推动传统产业高端化、智能化、绿色化转型升级，加快新一代信息技术与制造业深度融合，统筹推进数字产业化和产业数字化，推动数字经济蓬勃发展。

一是学习先进省市“5G+工业互联网”建设经验，建章立制，尽快出台《工业互联网创新发展行动计划》《甘肃省数据中心建设指引》，积极培育打造一批先进制造业企业，以数字化变革催生发展新动能。

二是聚焦集成电路、大数据、智能制造、智能终端、锂电池、信息技术服务业6个重点产业领域，推进平凉智能光电产业园、张掖智能制造产业园、兰州新区大数据产业园、金昌网络货运数字产业园、白银云创空间科创园、酒泉云计算（大数据）中心建设。

三是加快新一代信息技术与制造业深度融合，统筹推进数字产业化。全面部署新一代通信网络基础设施，聚焦5G等产业优势领域深耕细作，争取到2021年年底新建5G基站8000个，5G基站累计达到16500个。在工业互联网方面，在完成兰州新区标识解析二级节点建设基础上，力争建立酒泉标识解析二级节点。

四是推动数据信息产业重大带动性项目建设，以项目为牵引，加快产业数字化。对酒钢西沟矿5G智慧矿山项目、华天电子“5G+智能制造创新应用项目”、金昌紫金云数据中心等具有标杆性、示范性的5G、工业互联网应用项目及重点工程，在全省范围内予以推广。围绕有色冶金、石油化工、机械制造等重点行业，加快“5G+工业互联网”融合创新应用，引导企业数字化、网络化、智能化转型。

# 新疆维吾尔自治区信息化发展概况

2020年，是我国加快制造强国建设和经济高质量发展的攻坚期。党的十九届五中全会指出，要坚定不移推动数字经济和实体经济深度融合。新疆上下坚持以习近平新时代中国特色社会主义思想为指导，全面贯彻党的十九大和十九届二中、三中、四中、五中全会精神，深入贯彻第三次中央新疆工作座谈会精神，全面贯彻新时代党的治疆方略，牢牢抓住社会稳定和长治久安总目标，准确把握新发展阶段，深入贯彻新发展理念，加快构建新发展格局，坚持稳中求进工作总基调，统筹疫情防控和经济社会发展，扎实做好“六稳”工作，全面落实“六保”任务。在新疆维吾尔自治区党委的坚强领导下，新疆工业和信息化在制造业数字化转型、新模式新业态培育、两化融合基础设计建设等方面均取得一系列成效，为新疆数字经济发展奠定了坚实基础。

## 【发展形势】

### （一）高质量发展对两化深度融合提出新要求

新疆工业经济正处在转变发展方式、优化经济结构、转换增长动力的攻关期，必须坚持以供给侧结构性改革为主线，推动经济发展质量变革、效率变革、动力变革，提高全要素生产率，加快推动互联网、大数据、人工智能和工业经济深度融合，支持传统产业优化升级，提升生产经营效率，改善产品品种结构，提高供给结构的适应性和灵活性，形成经济增长新动力，加快发展先进制造业和现代服务业，促进产业迈向价值链中高端。

### （二）新一代信息技术高速发展为两化融合发展拓展新空间

以云计算、大数据、物联网、人工智能为代表的新一代信息技术正在向制造业加速渗透融合，工业云、工业互联网、智能设备逐步成为制造业发展新基础，智能化产品、个性化定制、服务型制造成为生产方式变革新趋势，不断增强产业链、供应链的稳定性和竞争力，促进工业经济向数据驱动型创新体系和发展模式转变，持续拓展发展新空间。

### （三）新时代中央治疆方略为两化深度融合注入强大动力

第三次中央新疆工作座谈会提出，要发挥新疆区位优势，以推进丝绸之路经济带核心区建设为驱动，把新疆自身的区域性开放战略纳入国家向西开放的总体布局中，丰富对外开放载体，提升对外开放层次，创新开放型经济体制，打造内陆开放和沿边开放的高地。要推动工业强基增效和转型升级，培育壮大新疆特色优势产业，带动当地群众就业增收致富。贯彻落实第三次中央新疆工作座谈会精神，亟须通过两化深度融合加速构建要素互联互通、资源精确配置、快速应急响应、产业柔性协同、价值生态共创的新型工业生产制造服务体系，全面融入以国内大循环为主体、国内国际双循环相互促进的新发展格局中。

（四）新时代推进西部大开发给两化深度融合发展带来新机遇

新时代的西部大开发，是以数字化为引领的大开发，是融入“一带一路”建设的大开发。《关于新时代推进西部大开发形成新格局的指导意见》提出，积极发展大数据、人工智能和“智能+”产业，大力发展工业互联网，加快发展跨境电子商务。支持新疆加快丝绸之路经济带核心区建设，形成西向交通枢纽和商贸物流、文化科教、医疗服务中心。丝绸之路经济带核心区一港、两区、五大中心、口岸经济带建设，迫切需要以互联网、大数据、人工智能等新一代信息技术为支撑，为两化深度融合发展带来重大战略机遇。

**【两化融合发展成就】**

（一）两化融合稳步推进，总体水平持续提升

通过深入实施《新疆维吾尔自治区信息化和工业化深度融合“十三五”发展规划》、制造业与互联网融合发展计划、工业互联网实施方案等，推进智能制造、绿色制造、工业互联网发展，有力促进大数据、云计算、人工智能等新一代信息技术与工业经济深度融合，两化融合达到集成提升以上阶段的企业比例达 17.9%，融合发展重心由局部应用转向全面集成。

（二）信息基础设施完善，网络通信较为顺畅

5G、工业互联网、大数据、物联网等两化融合基础设施建设加快推进。加快推进 5G 建设与应用，截至 2020 年年底，新疆累计建设 4G 基站 14.1 万个、5G 基站 6272 个，超额完成 2020 年度计划；5G 用户数达 262 万户，“5G+智慧工业”、智慧农业、智慧医疗、智慧旅游、智慧政务等行业 30 多个项目正在建设；新疆通信基础设施能力不断增强。老旧小区光网改造基本完成，光纤用户占固定宽带用户的比重达 96%；光缆线路总长度达到 156.6 万千米，国内出疆互联网带宽达 6.54Tbps；宽带业务接入端口达到 1846.7 万个，新疆移动互联网用户达 2359.2 万户；农村及偏远地区通信基础服务设施不断完善。新疆行政村光纤和 4G 覆盖率均达到 99%，贫困村实现宽带网络全覆盖；国际通信大通道与信息枢纽中心建设取得新突破。开通了 21 条直连跨境光缆系统，承接国际数据专线电路近百条，初步形成丝绸之路经济带的国际信息通信大通道；网络安全保障能力显著增强。建立健全统一指挥、协同配合、联动处置的管理机制，运用多种管网治网手段，开展新疆关键信息基础设施识别认定和数据安全普查，提升了网络安全风险隐患预警通报处置能力。

实施一批国家级工业互联网应用示范项目，启动工业互联网公共标识解析服务新疆节点建设，创建新疆工业互联网产业联盟和新疆工业云大数据创新中心，培育发展工业互联网企业 25 家。完善克拉玛依数据中心基地、昌吉数据中心基地、乌鲁木齐数据中心基地及新疆云计算中心，承载区域两化融合公共服务平台、中小企业云和企业信息系统。建立 NB-IoT（窄带物联网）、4G（含 LTE-Cat1，即速率类别 1 的 4G 网络）和 5G 协同发展的移动物联网综合生态体系，推动物联网应用。

（三）应用示范效应突出，转型升级步伐加快

新疆新增两化融合示范企业 460 家。制造业与互联网融合发展深入推进，工业互联网、智能制造应用示范成果显著，开展试点示范 90 家，建成 40 家智能化、数字化工厂，成立了新疆工业互联网产业联盟。2 万余家企业实现“疆企上云”。重点行业数字化应用取得突破，90%的石化生产企业应用了过程控制系统（PCS）或分散式控制系统（DCS），生产过程基本实现了自动化控制；80%的石化生产企业应用了企业资源计划管理系统（ERP），支撑了采购、销售、财务、资金等业务的高效运作，提高了企业经营管理效率。中国石油数据中心（克拉玛依）作为中国石油集团公司“三地四中心”之一，承载着中国石油信息应用系统、云计算环境等基础信息资源的集成共享功能，具备 2543 个机柜部署能力，2018 年 1 月正式投用，已累计云化部署中国石油集团公司系统 15

套、新疆区域中心系统 52 套、新疆油田系统 132 套，可用性达 100%。

（四）技术支撑能力增强，服务效能明显提升

两化融合创新体系建设加快，新疆已认定国家级企业技术中心 35 家、自治区级企业技术中心 250 家，创建两化融合创新发展国家级和自治区级工程技术研究中心 38 家，新疆双创平台普及率达 57.0%。新疆累计参与两化融合评估诊断和对标引导企业达 451 家，两化融合发展水平为 44（全国两化融合发展水平为 56），其中，生产设备数字化率为 42.8%，数字化研发设计工具普及率为 41.7%，关键工序数控化率（加权）为 47.1%，应用电子商务比例为 41.3%，双创平台普及率为 57.0%，实现网络化协同的企业比例为 29.3%，开展服务型制造的企业比例为 13.6%。

**【持续推进信息化融合发展】**

两化融合是新疆的一项长期且重大的工作，在今后的发展中，要主动适应国际国内形势变化，求新求变，以数字化、网络化、智能化为主攻方向，用创新思维统筹推动互联网、大数据、人工智能等信息网络技术与制造业深度融合，促进工业经济向数据驱动型创新体系和发展模式转变，为构建具有新疆特色的现代工业体系、建设制造强区提供有力支撑。

（一）统筹布局，做好信息化顶层设计

做好工业和信息化“十四五”相关规划、大数据产业”十四五”规划，明确新疆制造业数字化、网络化、智能化发展各项目标任务，为推动新疆实体经济在新一轮科技革命和产业变革趋势下，以供给侧结构性改革为主线，以智能制造为主攻方向，加快工业互联网创新发展，加快制造业生产方式和企业形态根本性变革提供指导方向。科学制定、合理规划新一代信息技术与制造业融合的发展路径，统筹技术研发、产业发展和应用部署的良性互动，做好当前急需和长远发展的梯次接续。

（二）大力推动数字经济发展

加快推动数字经济发展，初步形成以软件和信息服务业为基础，以电子信息制造业、通信服务业为增长点，以互联网、云计算、大数据、工业互联网、电子商务带动实体经济融合发展的数字经济格局，形成促进新疆经济高质量发展的重要力量。加快普及数字化管理、智能化生产、网络化协同、个性化定制、服务化延伸等新模式，工业电子商务、制造业双创等新业态蓬勃发展，促进工业转型升级、提质增效的效果显现，工业电子商务、制造业重点行业骨干企业双创平台逐渐普及。

（三）加强 5G、云计算、物联网、工业互联网、人工智能等新技术应用

加快推进工业互联网领域试点示范，落实“5G+工业互联网”“512”发展工程，着重推动重点工业园区“5G+智慧园区”建设和一批“5G+工业互联网”示范工厂建设。推动新一代信息技术与制造业融合，提高数字化研发设计工具普及率，研制智能变压器、智能抽油机、数字化风机、数字化采棉机、智能 RTU、无线压力变送器、无线温度变送器等两化深度融合产品。推进“疆企上云”行动，建成一批各类中小企业公共服务平台。开发建设“天山云 • 中小企业云平台”“新疆移动中小企业云平台”等。建设新疆工业互联网安全态势感知平台，新疆工业互联网安全态势感知平台 VPN 隧道与国家平台和两家试点企业连通，与国家级工业互联网安全态势感知平台实现数据交互与共享。

# 新疆生产建设兵团信息化发展概况

## 【信息网络基础设施建设】

2020 年年底，新疆生产建设兵团城镇 4G 网络覆盖率和光纤通达率为 100%，连队 4G 网络覆盖率为 99%，光纤通达率为 98.56%。

新疆生产建设兵团工业和信息化局会同新疆通信管理局开展通信网络覆盖和宽带提升能力摸底调研，促使有条件接通 4G 网络的南疆师市连队及边境地区 370 个连队，申报工业和信息化部电信普遍服务试点项目，经工业和信息化部审核批准，138 个连队被纳入第六批电信普遍服务试点项目。支持新疆电信运营企业贯彻落实国家提速降费战略，疫情期间专门推出免收滞纳金、适度减免欠费、话费预存优惠、减免部分应用收费等扶持政策，助力新疆区域内个体工商户复工复产，2020 年移动流量平均资费、中小企业互联网专线资费较 2019 年再下调 15%。配合新疆通信管理局做好新疆生产建设兵团第一次全国自然灾害综合风险普查工作，对兵团辖区通信设施及历史重大自然灾害事件中重要的通信基础设施受影响和损毁情况进行专项调查，协调新疆通信管理局解决十三师红山农场通信网络信号差等问题。

《新疆生产建设兵团推进 5G 网络建设发展实施意见》正式印发，2020 年，新疆生产建设兵团工业和信息化局起草《新疆生产建设兵团推进 5G 网络建设发展实施意见》，并以兵团办公厅名义正式印发，持续抓好 5G 相关工作的贯彻落实。对接兵团相关部门和新疆铁塔公司，完善《新疆生产建设兵团 5G 网络通信基础设施专项规划》，同时跟进了解 5G 网络建设进展情况，形成《新疆生产建设兵团 5G 网络建设工作情况通报》(2020 年第 1 期、第 2 期)，截至 2020 年年底，兵团完成 5G 基站建设 1003 个。收集整理 5G 网络建设和应用典型案例，形成《新疆生产建设兵团 5G 应用及企业上云案例》，修订完善后印发各师市、各相关单位供工作参考。

## 【信息产业】

2020 年年底，新疆生产建设兵团电子信息产业营业收入达到 100.01 亿元，同比增长 49.96%。其中，电子信息制造业总产值为 77.92 亿元，同比增长 80.66%；软件和信息服务业营业收入为 5.02 亿元，同比下降 6.0%；信息传输业主营业务收入为 17.07 亿元，同比下降 6.31%。

指导新疆生产建设兵团软件行业协会积极与中国软件行业协会、新疆维吾尔自治区软件行业协会进行对接，开展软件产品认定、软件企业认定、信息系统集成资质认证等工作，2020 年完成 10 家软件和信息服务企业的“双软”认定工作。按月监测 29 家电子信息产业企业的经济运行情况，了解掌握企业生产运营中存在的问题和困难，并协调解决相关问题。

## 【推进两化深度融合】

在促进企业产业集群、信息化和工业化融合方面，进行了积极的探索和实践。组织企业申报工业和信息化部的制造业双创平台、工业互联网平台创新应用、制造业与互联网融合发展、企业上云典型案例、新型信息消费、大数据优秀产品和应用解决方案等试点示范项目。2020 年共有 5 家企业入选不同类型试点示范和推荐目录。新疆天富信息科技有限公司的“四表合一”城市能源数据采集管理服务平台入选工业和信息化部新型信息消费示范项目，新疆金来数字传媒有限责任公司的“建筑行业工程材料智慧采购管理系统”入选工业和信息化部企业上云典型案例，新疆大全新能源股份有限公司入选 2020 年智能光伏试点示范企业名单，数字兵团公司、新疆天业汇业信息技术有限公司分别入选工业和信息化部疫情防控类、数字化运营类推荐企业目录。组织企业开展两化融合管理体系贯标评定工作，2020 年，新疆生产建设兵团两化融合管理体系贯标企业 10 家；启动两化融合评定企业 4 家：新疆大全新能源股份有限公司、新疆北新天瑞建材租赁有限公司、乌鲁木齐禾润科技开发有限公司、新疆天业集团有限公司；通过评定的企业 2 家：新疆大全新能源股份有限公司、新疆天业集团有限公司；国家级试点贯标企业 4 家。积极引导新疆生产建设兵团企业上云上平台，相继举办两化融合专题培训班和“企业上云”、工业互联网等网络直播培训，累计培训学员 2 万余人。按照《关于组建全国工业互联网企业库的通知》（工信管函〔2020〕523 号）要求，组织 9 家工业互联网企业纳入工业和信息化部工业互联网企业库。

**【保障工业控制系统信息安全】**

加强对企业工业控制系统信息安全工作的指导，切实做好工业控制系统信息安全检查工作。组织开展宣贯培训，推动《工业控制系统信息安全防护指南》和《工业控制系统信息安全行动计划（2018—2020 年）》宣贯落实，普及工业控制系统安全基础知识和防护技能，强化工业企业的工业控制系统安全主体责任及各级工业和信息化系统的监督管理职责。做好重点敏感节点工业控制系统信息安全保障工作。制定专项检查工作方案，开展工业控制系统督查整改和风险评估，全面排查风险隐患，强化安全防护措施，加强网络安全应急处置，保障网络安全运行。加强工业控制系统信息安全预警监测工作。强化与新疆维吾尔自治区工业和信息化厅等部门的协调配合，不断加强联合监测、联合研判、联合处置机制，对辖区内的工业控制系统进行预警监测，对发现的安全漏洞和安全隐患及时下发通报，并督促相关单位进行整改，有效防范安全风险。开展“网络安全宣传周”活动，连续两年配合新疆生产建设兵团党委网信办组织开展“网络安全宣传周”活动，通过在线课堂普及网络安全知识，提升辖区工业企业工作人员的工业控制系统信息安全意识。

**【信息技术应用】**

新疆生产建设兵团工业和信息化局利用新一代信息技术助力企业复工复产，开展“企业微课”线上培训工作。通过“兵团软件协会”微信公众号举办 6 期“企业微课”线上培训，吸引来自新疆天富、新疆天业、新疆伊力特、新疆锦龙电力、汇业公司、天隆镍业等多家企业近 2 万余人次参与活动交流。免费开放云服务资源，在疫情防控期间，组织动员 15 家云服务商免费开放 70 余类云服务资源等助力企业复工复产，为新疆生产建设兵团辖区内企业免费开放财务物流管理、协同办公、视频会议、防疫管理、安全认证等云服务产品，并做好服务保障。推动大数据产品应用，在疫情期间，数字兵团公司和合作伙伴开发的“智医助理”已在兵团 14 个师使用，完成 4088 名一线工作人员账号的系统导入工作，平台总计服务 14 万余人次。新疆电信在新疆生产建设兵团各师市开通智慧社区，14 个师的团场、街道利用智慧社区平台，向兵团家庭用户推送疫情信息和公告通知。新疆移动在新疆生产建设兵团市场共推广云视讯软终端 72190 个、硬终端 42 个、5G 体温筛查仪 34 台，累计为 30 个园区及 339 家工业企业推荐使用了复工复产产品。

# 青岛市信息化发展概况

2020 年，青岛市全面深化新一代信息技术与制造业融合发展，聚力发起“高端制造业+人工智能攻势”，家电及电子信息新型工业化产业示范基地连续 3 年获得五星级评价，是家电行业的唯一，加快建设中国软件特色名城，获批工业互联网国家示范区，信息化引领社会发展质量和效益不断提升。

## 【电子信息制造业健康发展】

### （一）主要指标保持较快增长

2020 年，青岛市家电制造业逆势增长，累计完成工业增加值同比增长 17.2%，高于青岛市规模以上工业增加值 11.7 个百分点。青岛市家电电子主要产品产量全部增长，共生产电冰箱 822 万台、电冰柜 725.1 万台、空调 1478.3 万台、洗衣机 575.4 万台、电视机 1774.9 万台、光电子器件 4799.5 万只、电子元件 262.4 亿只，同比分别增长 23%、8.9%、10%、54.9%、15.3%、20.5%、11.3%，呈现稳中有进的良好发展态势。

### （二）品牌持续占据市场主导地位

海尔集团公司连续 12 年蝉联全球大型家用电器品牌零售量第 1 名，海尔品牌冰箱、洗衣机、酒柜、冷柜零售量分别连续 13 年、12 年、11 年、10 年蝉联全球第 1 名，全球影响力不断提升；海信集团连续 17 年国内电视市场份额居行业第 1 位；澳柯玛冷柜产品多年连续居国内同类产品产销量第 1 位；海尔集团公司、海信集团分列 2020 中国电子信息百强企业第 3 位、第 8 位。

### （三）产业链补链强链取得突破

突破引进龙头制造项目，青岛惠科六英寸晶圆半导体功率器件项目竣工投产，标志着芯片制造在山东省内实现零的突破；歌尔集成式智能传感器、富士康高端封测、瀚海第三代半导体材料等一批项目开工建设。征集发布首批 33 家芯片企业的能力清单和 14 家应用企业的需求清单，推动产业链上下游精准对接。截至 2020 年年底，青岛市集成电路企业发展到 125 家，较 2016 年年底增长了 6 倍多。

### （四）先进智造模式探索走在前列

依托海尔卡奥斯搭建家电等领域工业互联网平台，海尔中德园区荣获全球唯一德国工业 4.0 奖，中央空调等 3 家工厂通过智能制造能力成熟度 4 级认证，中央空调互联工厂获得国家智能制造标杆企业的荣誉称号，成为国家智能制造标杆唯一入选两家工厂的企业。李克强总理专程来青岛市考察海尔中德冰箱互联工厂，并肯定青岛市工业互联网实践。

### （五）智慧家居生态持续拓展升级

海尔推出全场景定制化智慧成套方案，UhomeOS 3.0 已服务家庭 1.83 亿户，月场景交互数 2.4 亿个，在线网器数 2715 万台，包括智慧厨房、智慧阳台等 12 大空间场景，衣联网、食联网、空气网、水联网等生态品牌的生态方已达 1 万余家；海信聚好联平台推出 2.0 版，目前已接入 120 多个品类、数十个品牌的 AIoT 设备，累计接入设备近千万台；澳柯玛 ICM 智慧冷链平台已接入终端制冷设备近 50 万台。

（六）资源集聚协同创新成果凸显

积极推动智能家电研发协同创新平台建设，海尔高端智能家电制造业创新中心正在积极争创国家级；海信超高清视频制造业创新中心已列山东省培育项目。高水平实施智能家电先进制造业集群培育计划，智能家电集群入选首批山东省“十强”产业“雁阵形”集群库培育，并通过工业和信息化部先进制造业集群竞赛初赛，列新型显示和智能家电分组第 1 位。

**【软件和信息服务业稳定发展】**

（一）软件和信息服务业快速恢复增长

海尔集团公司、海信集团、中车青岛四方车辆研究所有限公司入选 2020 年度中国软件和信息技术服务竞争力百强；青岛海尔科技有限公司、青岛东软载波科技股份有限公司入选国家规划布局内重点软件企业。“链湾”入选首批山东省软件产业（区块链）特色园区。青岛市发布 3 批《青岛市疫情防控软件产品及系统解决方案推荐参考目录》，包括 411 个软件产品和系统解决方案；青岛市软件行业协会发布工业、大数据、智慧城市等领域软件产品 352 个。根据《每日经济新闻》联手清华大学五道口金融学院旗下的道口金科推出的“韧劲中国——中国经济复苏城市排行榜”，软件和信息服务业在青岛市各行业中恢复最快。

（二）特色高端软件企业、项目培育加速

“海智造设备全周期精益化管理 App 应用解决方案”等 3 个项目入选 2019 年国家工业互联网 App 优秀解决方案，“青岛市综合支付云平台（便捷青岛 App）”“海尔衣联网一号店智慧体验中心”2 个项目入选 2020 年国家新型信息消费示范项目；“鹏海智能电机物联网终端故障诊断系统软件 V1.0”等 19 个项目入选第四批山东省首版次高端软件产品，“工业区块链 BaSS 平台”等 3 个项目入选山东省优秀区块链解决方案，“基于区块链技术的海关监管货物贸易融资服务平台”“海企通平台”2 个项目入选山东省“链+”试点项目。16 个软件产品入选“中国优秀软件产品”，97 个软件产品获评 2019 年度国家、省、市优秀软件产品。

（三）5G 基础设施建设和赋能应用场景加快推进

截至 2020 年年底，青岛市累计建成 5G 基站 1.5 万个，开通 5G 基站超过 1 万个，开通 5G 基站数量居山东省第 1 位，青岛市基站总数达到 6.8 万个，5G 基站占比为 15.9%，5G 网络实现主城区全面覆盖、区县城区连续覆盖。5G 网络质量全国领先，青岛移动列中国移动 5G NSA 网络测评全国第 1 位，青岛联通列中国联通 5G 网络测评全国第 3 位。青岛市共有 2 个项目入选国家试点、44 个项目获批山东省试点、10 个项目被评为市级 5G“十佳场景示范”。国网青岛供电公司“5G 赋能智能电网，构建 5G 行业专网先行示范区”获工业和信息化部第三届“绽放杯”5G 应用征集大赛三等奖，青岛银行、青岛港 2 个案例获优秀奖。2 个案例入选工业和信息化部第三届“绽放杯”5G 优秀案例汇编，占全国的 13%。

**【制造业与互联网融合发展全面起势】**

（一）顶格推进，确立更领先的战略目标

编制《青岛市打造世界工业互联网之都规划方案》《关于加快工业互联网高质量发展若干措施》等 9 个政策文件，成立青岛市工业互联网专项工作组，青岛市委、市政府主要负责同志担任组长，顶格谋划推进工作。积极引进国家工业信息安全发展研究中心、中国信息通信研究院、中国工业互联网研究院等“国家队”落户青岛市。成功举办 2020 世界工业互联网产业大会，成立中国工业互联网百人会、人工智能产业共同体，为加快制造业生产方式和企业形态根本变革提供资源支撑，形成率先发展优势。

（二）锚定赛道，建设更完善的平台体系

打造“一超多专”平台发展格局（一个海尔卡奥斯超级平台、多个垂直行业平台），引导企业将更多的能力通过平台开放出去，极大地激发生产力乘数效应，形成产品全生命周期全价值链的产业生态体系。依托海尔集团公司建设要素齐备的工业互联网“跨行业跨领域”平台，目前海尔卡奥斯超级平台已聚集 3.5 亿户用户和 400 万家生态资源，连接各类智能终端 2600 多万个、工业 App 超过 2000 个，先后主导和参与制定 31 项国家标准、6 项国际标准，连续两年居全国“跨行业跨领域”平台首位。在垂直行业平台方面，已上线运行 11 家企业，入库培育 32 家企业。

（三）布局新基建，夯实更高级的产业基础

大力推广 5G 网络切片、确定性网络、边缘计算等新技术在企业内网中的应用，推动光纤通信网、移动网络融合应用的低时延、高可靠、广覆盖企业外网。其中，海尔集团公司基于 5G 确定性网络的原生云超分布式架构、动态智能网络切片和超性能异构 MEC 等核心技术成为实践引领。布局建设工业互联网标识解析关键基础设施，在上合示范区建设 Handle 标识解析全球辅根节点。建成家电、机械两个行业标识解析二级节点项目，机械标识管理平台已形成 100 万个产品标识注册，家电标识解析系统已初步兼容 OID、Handle、Ecode 等标准。

（四）场景开放，促进更精准的供需匹配

梳理 3437 个工业互联网入库项目；开发工业互联网场景赋能公共服务平台，在全国率先分行业、分领域、分批次发布“工业赋能”场景 1300 个和“未来城市”场景 200 个，通过对接已达成合作意向 201 个。与上海市、深圳市共同发布《上海·深圳·青岛工业互联网生态共建联合宣言》，推动三地在工业互联网全生态、全领域的合作迈向新台阶。举办沪深青工业互联网生态共建会，三方共建进入实质性合作阶段。牵头召开胶东五市华为供应链对接会，共建共享工业互联网场景赋能公共服务平台，推动五市签订倡议书，共同谋划发展。

（五）数据驱动，树立更典型的引领标杆

加快以数据价值挖掘为基础的制造业转型升级，目前，青岛市生产设备数字化率达到 53.4%，数字化研发设计工具普及率达到 87.4%，关键工序数控化率达到 54.6%。在重点行业累计建成智能工厂 41 家、数字化车间 111 个、自动化生产线 299 条，采样分析 100 家企业改造案例，实现生产效率平均提升 38.8%，产品不良率总体下降 27.5%，运营成本平均下降 27%，产品研发周期平均缩短 26%，库存率平均下降 35.2%，设备停机率平均下降 37.5%。

**【人工智能“头雁”效应充分激发】**

（一）探索建立先导区“三中心一平台”发展模式

制定发布《青岛市人工智能创新应用先导区建设实施方案》，高标准建设国家人工智能创新应用先导区（青岛）赋能中心、展示中心、培训中心，加快建设国家人工智能先导区公共服务平台，以“1+4”领域（工业互联网+智能轨道交通、智能家居、超高清视频、智慧医疗）为先导，实施 4 项工程（重点企业链式培育工程、场景赋能千企千景工程、公共平台创建提升工程、创新生态营造优化工程），推动人工智能与制造业深度融合。

（二）着力推进人工智能共同体建设

落实《人工智能产业共同体青岛宣言》，推动深圳云天励飞落户，并在区域内开展一系列人工智能项目。深圳极视角科技在青岛市建设北方业务总部，依托国内首家计算机视觉算法平台，积极推动智慧森林防火项目。竹云科技北方区总部在青岛市落户，在智慧政务、“数字青岛”等领域展开全面合作。创新奇智总部在青岛市落户，与中国中车、一汽解放、中基冷藏箱等多家企业开展合作。

（三）促进人工智能在多领域的全景化应用

2020 年，青岛市 6 家单位入围国家新一代人工智能产业创新重点任务揭榜名单，入围单位数量居全国前列。开展首次人工智能“十佳场景示范”项目评选，优先支持重大原创技术成果工程化、产业化、商业化。科大讯飞与赛轮集团成立橡胶轮胎行业人工智能联合创新中心，并创建业内首个橡胶工业设备声纹库；商汤科技在青岛市落户其在全球布局的第一所人工智能教育研究院，与青岛职业技术学院联合开展培训；人工智能独角兽企业云知声，与青岛华通集团联合建立人工智能融合创新实验室，探索为铸造设备企业研发砂型表面质量 AI 视觉检测功能；达闼机器人与澳柯玛集团洽谈新一代智慧货柜代工合作事宜，加强高端产品本地化进程。

**【数字青岛建设持续快速推进】**

（一）政府数字化转型跑出“加速度”

建成青岛市统一的掌上政务服务平台——“青 e 办”App，整合 50 余个部门、10 个区（市）、7 家企业的 7000 多项服务，进入全国前列。升级“电子卡包”，将身份证、社保卡等 30 类 1600 万余条证照信息装进手机。完成统一电子证照系统升级，归集 89 类、350 万余条电子证照数据。实现 35 个部门业务系统统一身份认证，网上政务服务“一次登录、全网通行”。出台《青岛市公共数据开放管理办法》，新增开放数据集 3000 余个，现已开放 7000 余个数据集的 3400 万余条数据，有力推动了数据开放和开发利用。在第二次全国重点城市网上政务服务能力评估中，青岛市取得第 5 名的成绩，位列全国 32 个重点城市“第一梯队”。

（二）城市智慧化发展驶上“快车道”

青岛市出台《关于进一步加快新型智慧城市建设的意见》《关于加快推进智慧社区、智慧街区建设的实施意见》等，充实完善智慧城市建设顶层设计；发布《关于支持数字经济发展的实施意见》《青岛市支持数字经济发展政策实施细则》，激发企业发展活力；积极推进省级智慧城市试点创建，青岛市获批四星级市级试点，崂山区、西海岸新区、城阳区、即墨区获批四星级县级试点，试点数量居山东省第一。确定 5G 高新视频园区、青岛国际创新园等 6 家数字经济试点园区，打造数字经济园区生态圈。5G 时空信息科技园、蓝色地球大数据等 48 个项目落户青岛市，浪潮大数据产业园、中国移动（山东青岛）数据中心二期等一批重大项目已开工建设。

（三）疫情常态化防控筑起“防火墙”

疫情期间，青岛市第一时间组织上线“公共场所扫码系统”“大数据疫情分析平台”等 10 余个疫情防控大数据应用。青岛市在全国首创“空港口岸入境旅客信息管理系统”，实现入境人员全流程闭环管理，有效防止境外疫情倒灌；建成了汇聚 25 类数据的疫情防控专题库，以及入境人员数据库、重点地区入青人员数据库，为 20 余个部门共享疫情防控相关数据 1.3 亿余条次。加强青岛市政务云平台和政务网络服务保障，部署交付青岛市卫生健康委等 8 个部门的 26 套防疫应用系统、155 台云主机，互联网应急出口接入带宽由 2.5GB 升级至 22GB，最大服务能力提升 8 倍，有效支撑了部门疫情防控工作有序开展。

# 宁波市信息化发展概况

2020 年宁波市深入贯彻习近平总书记在浙江、宁波考察时重要讲话精神，围绕统筹推进疫情防控和经济社会发展、推动市域治理现代化总体目标，主动谋划、开拓创新，加快部署推动以 5G 为引领的数字新基建，深化新一代信息技术在经济社会各领域的融合应用，统筹谋划建设城市大脑，迭代升级便民惠民和社会治理应用体系，持续扩大升级信息消费、培育壮大智慧产业发展动能，新型智慧城市建设取得明显新成效。截至 2020 年 12 月底，宁波市累计建成 5G 基站 10852 个，数量居浙江省第 2 位，获得了全国十大 5G 网络优秀城市、中国智慧城市示范引领奖、2020 中国智慧城市示范城市奖、2020 中国城市信息化 50 强第 6 名、中欧数字抗疫优秀案例等多项荣誉，入选国家级综合型信息消费示范城市。

## 【部署数字基础设施建设　智能互联感知进一步拓展】

### （一）信息基础网络升级提速

印发《宁波市区 5G 基站布局规划（2019—2023 年）》，着力落实 5G 基站建设“一件事”集成改革，加快 5G 网络覆盖建设。截至 2020 年年底全市累计建成 5G 基站 10852 个，超额完成年度目标，数量居浙江省第 2 位。培育形成了宁波舟山港 5G+智慧港口、栎社国际 5G+智慧机场、吉利汽车 5G+远程驾驶、宁波二院 5G+智慧医疗等一批全国领先 5G 典型应用场景。光纤宽带网络持续升级，目前已基本实现 FTTH（光纤到户）全域覆盖，全面支撑千兆宽带发展，宽带接入能力城乡基本无差别，均可达到 1000Mbps。政府、金融等领域 IPv6 升级改造全面推进，据国家金融行业 IPv6 发展监测平台实时显示，宁波地区金融行业网站 IPv6 改造进度得分满分，均分居全国第 1 位。

### （二）智能感知网络加快布局

宁波市公共安全视频监控建设数达到 50 万余路，全面覆盖宁波市 10168 个重点区域，安装摄像机高清率达到 100%；接入市级数字视频共享平台 16.5 万路，重点公共区域覆盖率、联网率均达到 100%；创新研发“云智平台”，整合构建“全息感知”应用体系，接入智能感知点位 27 万余个、电子感知标签 200 万余个，每日采集多元感知数据 2 亿条；城区基本完成 NB-IoT 网络覆盖，初步建成城市公共设施物联网平台，在智能抄表、智慧消防、智慧城管、新能源交通等多个领域实现应用。

### （三）数据资源体系不断完善

政务数据资源不断拓展。宁波市发布《宁波市公共数据资源目录（2020 版）》，共编入公共数据资源目录 13721 个、数据项 180377 个，数据项较 2019 年增长 511%；推进公共数据平台建设，已归集公共数据 97 亿条，比 2019 年年底增长 162%；推进“数据高铁”建设，实时归集 94 类 21 亿条数据。加快公共数据开放利用，宁波市公共数据开放平台开放数据集由 125 个增至 877 个，增长率达 600%，累计开放数据项 10869 个，推出 25 个数据开放创新应用；成功举办首届数据开放创新应用大赛。公共数据中心加快建设，宁波移动累计投资 5500 万元，新启用 3 个楼层机房，增加机架 1000 架。宁波电信完成北欧数据中心、慈溪担山数据中心建设，合计新增 1400 架标准机架能力。

（四）城市大脑加快统筹建设

完成城市大脑建设总体方案，明确“851”架构体系，建设“一网、一云、一库、一中台、一图、一脑、一屏、一码”八大城市治理现代化数字应用系统支撑体系、五大治理中心、一体化建设城市大脑和大数据中心平台，致力实现“一网通办”“一脑通治”“一屏通览”“一码通服”。创新建设运营模式，由财政注资成立数投公司建设运营，并与阿里巴巴合资成立数字宁波公司提供技术支持。目前，指挥展示中心结构主体已基本完工，数字驾驶舱 1.0 版本已上线。

**【推进惠民应用提质扩面　普惠便捷服务进一步触达】**

（一）智慧政务服务向 2.0 版跃迁

积极推进智慧政务服务 2.0 建设，已实现 1302 个事项上线运行。持续完善浙江省政务服务网宁波平台建设，全市政务服务总收件量已达 3104 万件，网办率达 83.18%。推进全市自建政务服务移动端应用整合，不断提升“浙里办”App 宁波站点用户体验，累计上线 31800 个“掌上办”事项，提供 351 个高频应用，致力于实现掌上办事“一端通办”。创新打造“甬易办”一键兑付平台，其自 2020 年 6 月上线以来，总访问量已达 1088 万人次，上线政策 565 项，惠及 49.52 万家企业（个人），金额达 86.1 亿元。在国务院办公厅网上政务服务能力第三方评估中，宁波市列全国 32 个重点城市的第 3 位。全力推进“无证件（证明）办事之城”创建工作，在 47 个政务服务和公共领域累计取消各类证件（证明）55013 件；实现计算机端出具电子证件（证明）127 件，手机端出具电子证件 26 件、电子证明 7 件，极大地方便了群众生活办事，为全国政务服务工作提供了宁波样板。加快推广“公证 E 通”服务模式，深化公证领域服务“网上办、掌上办”。

（二）智慧公共服务立体式拓展

一是智慧健康养老广泛覆盖。以健康宁波、云医院等平台为载体，加快推进互联网医院建设，2020 年预约挂号服务量突破 2000 万人次，宁波布医院智慧服务水平居浙江省前列。健康大数据深入应用，综合监管服务平台医院运营管理大数据覆盖二级以上医疗机构；居民电子健康档案开放率居浙江省第一；基于大数据的卫生监督案件线索发现 15 万次；数字影像共享为群众节约 1 亿元医疗费用。多个区域智慧养老服务信息平台先后建成，整合多种服务媒介为老年人提供多元化服务，同时探索形成了一批医养智慧融合示范案例。二是智慧交通优化出行体验。加快推进宁波市城市交通大数据分析平台建设，升级交通运行指数实时监测平台，多渠道发布实时路况、拥堵排名相关服务信息，不断缓解交通拥堵问题。推行公交“乘车码”与“甬行码”两码合一，推进公共交通出行大数据溯源，助力疫情常态化防控下的公共交通便捷安全出行。升级打造“甬城泊车”市级智慧停车平台，提供高效、便捷的停车服务。加强网约车智能监管应用，提升共享交通出行安全保障。2020 年第三季度中国主要城市交通分析报告显示，宁波市公交出行幸福指数排名全国第一。三是智慧文教旅游持续升级。智慧教育学习平台汇集优质资源 270 万余项，总点击量超过 9000 万人次；“甬上云校”助力停课不停学，日均在线 20 万人次，疫情期间最高日访问量达 595 万人次。加强智慧文旅统筹建设，依托“浙里办”集成 10 多项智能文旅服务。深化“互联网+全民艺术普及”，完善集推广文艺培训、艺术鉴赏、文艺活动信息、文化场馆预约、在线学习、预约演出于一体的数字服务云平台。

（三）智慧生活服务多元化发展

一是便民服务一站集成。开发完成城市统一信息服务平台（市民通），累计上线应用服务 152 项，可轻松实现查、约、办、缴各类城市生活服务，目前注册用户已达到 160 万余户。推进 81890 项便民服务互联网化升级改造，上线“81890”生活通提供生活照料、搬迁搬运、水电维修等 14 个大类、300 多个小类的服务项目，满足衣食住行乐全方面生活需求。二是智慧社区多维探索。印发《高质量推进未来社区建设试点工作实施意见》，探索推进智能化引领的未来社区试点建设。智安小区加快覆盖建设，升级治安防控水平，截至 2020 年 11 月底宁波市累计建成智安小区 1635 个。电信、广电等积极探索构建智慧社区平台、智慧社区大脑，赋能社区治理和民生服务。三是智慧支付普遍推广。累计建成智慧支付菜场 146 个，受理非接触式支付 2906 万笔，同比增长 277%。率先推广“刷脸付”等新型支付应用，已建成 2 个示范商圈和多个示范点，累计交易突破 100 万笔，居全国首位，宁波经验做法获得中国人民银行多次肯定。

**【加速智治应用联动协同　精准高效治理进一步形成】**

（一）构建智控网络，助力新冠肺炎疫情防控

2020 年 1 月 19 日，宁波市紧急上线宁波卫生监督应急指挥系统，实现防控督导综合判定、数据汇总、统计分析、联动指挥等功能，帮助在最短时间内对一线监督工作做出最快反应。2020 年 2 月 15 日，宁波市率先全域上线“甬行码”，并在阿拉警察、微信、支付宝等多个平台同步发布，实现居民健康状态和出行智能动态管理，保障了疫情防控的“两手抓、两手赢”，已覆盖超过 1100 万户用户。基层治理四平台紧急上线疫情网格化防控系统，运用大数据 AI 技术，实现基层疫情防控精准预测预警。天翼看家疫情防控监管平台通过远程视频监控应用覆盖各个（乡镇）街道、村（社区）疫情防控重要场所，减轻基层防控压力。

（二）升级智慧基层治理，提升精细管理水平

完成基层社会管理服务综合信息系统二期建设，形成横向到边、纵向到底的网格治理新格局。系统在 162 个乡镇（街道）贯通应用，大幅提升基层治理问题发现能力和处置效率，2020 年线上报送有价值线索 162 万条，事件处置率达到 99.56%。同时，基于基层治理四平台，进一步延伸建设智慧前湾街道、智慧姜山、智慧石碶等多个智慧乡镇（街道），形成一批镇街智慧治理新标杆。入选住房和城乡建设部城市综合管理服务平台建设试点城市，推动新兴信息技术在城市管理领域的应用，升级打造城市综合管理服务平台，探索推进智能视频分析应用，试点应用于 30 余类城市管理问题，智能分析准确率达到 90%，立案率达到 50%。

（三）拓展智慧监管应用，强化精准监管覆盖

一是深化“互联网+监管”，加强监管事项梳理和覆盖，累计梳理整改 6 个大类 1509 项无部门认领的监管事项。全面应用浙江省统一行政执法监管平台，开展执法监管，“双随机、一公开”任务完成率达 99.72%，掌上执法激活率和检查率均保持在 99%以上。全力推进浙江省统一行政处罚办案系统推广应用。二是提升信用信息管理。累计归集各部门和单位信用信息 7.2 亿条，持续完善 1000 多万个自然人、49 万家法人单位和 62 万家个体工商户的公共信用档案；全流程推进信用信息化监管，开展信用核查 390 万余次，实施信用惩戒 27 万次，实施信用激励 2000 余次。三是升级金融风险监管。基本完成“天罗地网”系统二期建设，加强网络舆情数据和基层综合治理数据融通，上线小额贷款、典当行等日常监管应用，进一步提升金融风险监测预警能力。四是谋划智慧应急管理。编制形成宁波市应急管理综合应用平台建设方案；谋划推进宁波市城市安全风险智能感知监测网建设；启动宁波市应急指挥中心升级改造。

（四）推进智慧空间治理，赋能美丽宁波建设

一是部署智慧生态建设，推进生态环境综合监管与协同平台一期项目建设，致力于打造感知灵敏、内外协同、功能完备、智能监管的生态环境应用；建成建筑垃圾监管系统，实现建筑垃圾一网通管、全民共管。二是提升智慧规划体系，完善国土空间基础信息平台，集成 23 类经济社会数据，初步形成自然资源“一张图”，发布数据服务 562 项；开展市域空间基础数据库和治理专题数据库等资源建设，与浙江省平台完成对接；推进产业用地云招商地图等特色应用。

（五）加强经济智能监测，助力智能科学决策

完善宁波市经济运行监测分析平台建设，2020年完成经济运行数据归集指标431项，更新数据15392项。深化经济大数据应用，谋划推进企业用工指数、企业活跃度指数、消费活跃度指数等新型高频监测指数建设，进一步感知经济运行态势。完善宁波市制造强市大数据平台建设，重点完成工业经济运行状态跟踪、技改项目申报跟踪、专家抽取等功能模块建设和改造，并进一步完善系统数据清洗；推进工业大脑建设谋划设计工作。

（六）建设数字民主法治，推进高效协同治理

推动“数字人大”建设，完成人民代表大会代表履职服务平台、人民代表大会工作业务应用和统计分析平台、“三会”综合服务平台、人民代表大会代表履职移动App的建设和升级，与省市部门第三方系统实现对接。2020年，人民代表大会代表履职服务平台访问量达15259人次，其中市本级访问量达10658人次，人民代表大会代表履职App访问量达50483人次。推进数字政协平台建设，服务政协提案、社情民意、委员履职管理等工作需求。

**【深化智慧产业创新融合　数字经济动能进一步培育】**

（一）核心产业能级不断提升

一是产业规模保持增长，2020年，宁波市数字经济核心产业实现增加值746.9亿元，同比增长10.4%，占GDP比重达到6%；规模以上电子信息制造业产值、软件和信息服务业营业收入分别达2615.3亿元、1025亿元，同比分别增长9.4%、25.1%，增速居全国副省级城市首位。二是市场主体不断壮大，单项冠军之城创新启动，均胜电子、舜宇集团、东方日升、方太、公牛5家企业入围2020年全国电子信息制造企业百强；1家入选全国软件企业百强，累计32家软件企业上市主板、新三板。三是新兴产业有效培育，2020年集成电路及相关产业、光学电子产业分别实现产值312.3亿元、685亿元，同比分别增长12.3%、5.2%；5G、人工智能、区块链等未来产业超前布局，出台区块链、工业互联网等细分领域三年行动计划，工业互联网领军城市加快打造，蓝卓supOS被列入国家跨行业、跨领域工业互联网平台名单。四是核心技术创新研发，开展了芯片工艺制程单片湿法去胶设备、集成电路用超高纯金属材料分析检测技术和方法等数字经济相关领域应急攻关项目13个，润华全芯微电子、盛吉盛等设备生产企业加速自主研发。

（二）产业数字化成效明显

一是智能制造2.0升级打造，新开展数字化车间/智能工厂项目计划62个，首批省级认定（培育）未来工厂4个，省级数字化车间/智能工厂达20个；截至2020年12月底，企业上云总数累计达7.3万家，省级上云标杆企业累计达100家，居浙江省首位；“5G +工业互联网”试点模式在全国百余个城市推广，成功打造爱柯迪、雅戈尔等3家“5G +工业互联网”工厂和余姚智能家电云平台。宁波市入围全国首批数据管理能力成熟度评估试点地区。二是数字乡村、智慧农业试点建设。完成数字乡村建设“1+3+*N*”总体方案设计，统筹推进农业农村数字化发展。上线“甬农鲜”农产品直供直销平台，完成农业领域数字工厂试点15个、种养基地数字化改造项目110个，累计建成益农信息社2420个，益农信息社覆盖率达到100%。完成农产品质量安全监管与服务平台建设，在全国首创“农产品质量安全追溯+农业品牌+农产品营销”模式。慈溪市成为国家数字乡村试点地区和宁波市首个省级示范县创建单位。

（三）信息消费持续扩大升级

一是示范城市创建取得进展。印发《进一步扩大和升级信息消费实施意见》，编制《国家信息消费示范城市建设实施方案》，大力推动示范城市创建工作，正式入选国家级综合型信息消费示范城市，海上鲜智慧渔业平台入选国家新型信息消费示范项目。二是信息消费体验不断拓展。连续举办三期“春暖甬动·你买单我助力”等促消费活动；与拼多多、口碑、美团等国内知名电子商务平台合作举办了“宁波优品云购甬行”电商云购、“夏逸宁波，安心消费”餐饮促销、千企万百亿云促销等系列消费体验活动；谋划开展

智慧城市暨数字经济体验日，与三大通信运营商两次联合举办“促 5G 信息消费”专项活动。三是电子商务经济稳步增长，2020 年网络零售额达 2512 亿元，同比增长 10.9%；居民网络消费额达 1622.8 亿元，同比增长 9.8%；社交电商、直播电商、直播购物等电子商务新业态、新模式不断壮大，阿里巴巴、拼多多等一批重大电子商务平台项目先后签约落地。

**【着重统筹建设氛围营造 发展共建合力进一步凝聚】**

（一）顶层设计加快谋划

启动《宁波市智慧城市建设“十四五”规划》的谋划和编制工作，组织赴上海、广州、深圳、杭州等城市，以及宁波市卫生健康委等多个市级部门进行了调研，并面向宁波市各相关单位、各地、各重点企业广泛征集了“十四五”期间拟实施的智慧城市相关重大项目和意见建议，目前规划文本正在修改完善中。开展了《宁波市信息化条例》立法调研，系统梳理调研宁波市信息化现状、《宁波市信息化条例》实施情况及修订建议；广泛征求、吸纳重点企业和第三方法律服务机构的意见建议，形成《宁波市信息化条例（修订）》调研报告，已提交宁波市人民代表大会常务委员会。

（二）典型示范加快推广

开展了宁波市智慧城市十周年成果总结，编制形成了《数字引领发展，共建智慧之城》重要成果，拍摄制作了《数字驱动，智能发展》主题宣传片，在世界数字经济大会期间投放展示。疫情期间组织广泛宣传报道了一批信息化、智慧城市助力抗疫复工典型案例和解决方案，宁波市智慧城市战“疫”复工获评中欧数字抗疫优秀案例；“防疫抗冠公交出行追溯系统”入选国家级防疫复工大数据产品和解决方案名单。腾讯互联“新四化”助推产业园区数字化转型，公共信息服务公司宁波市民通 App（平台）获评浙江省新型智慧城市发展数字治理优秀成果奖。此外，宁波市评选发布了 2020 宁波市智慧城市典型案例榜单，遴选十大综合示范应用、十大创新示范应用和十大优秀智慧城市企业。

（三）重大活动成功举办

宁波市高水平举办了 2020 世界数字经济大会暨第十届智慧城市与智能经济博览会，以线上线下联动的方式举办了会议论坛、展览展示、数字经济暨智慧城市体验日、成果发布、专家咨询会、产业对接、项目签约、创新大赛等十大系列主题活动，50 个重大项目在签约仪式上集中签约落地，总投资额达 336 亿元，为宁波市数字经济高质量发展注入了新动能。2020 世界数字经济大会获得了浙江省、宁波市领导的肯定，并提出要求进一步发挥世界数字经济大会暨智博会重大平台作用；2020 世界数字经济大会参与度和影响力进一步扩大，首次实现线上线下联动举办，首次在人民网首页、人民视频首页全程直播，首次被中央电视台新闻频道及财经频道专题报道，线上线下观众累计突破千万人次。

（四）网络安全不断强化

一是健全网络安全体制机制，印发《网络安全事件和安全漏洞处置细则》《宁波市公共数据安全管理规定》《宁波市政务信息化项目网络安全审查办法》等系列文件，明确网络安全事件应急处置、公共数据和个人信息安全保护、政府投资信息化项目网络安全“三同步”等体制机制。二是加强网络安全等级保护。积极推进等保 2.0 工作，截至 2020 年宁波市共备案二级以上信息系统 1092 个，2020 年新增 214 个，增幅达 24.3%；先后开展系列网络安全整治专项行动，累计对 2767 个网络系统开展现场检查，督促整改网络安全漏洞 3038 个，下发风险隐患告知书、限期整改通知书 585 份，约谈责任单位 316 家，进行行政处罚 234 起。三是加强工业控制系统网络安全防御。推进工业控制领域关键信息基础设施网络安全等级保护，强化源头监管，推动工业企业落实工业控制系统安全主体责任。建立常态化的工业控制系统安全预警通道，定期发布《工业信息安全动态》。推进宁波市工业互联网研究院工业控制系统靶场建设。举办浙江省首届工业控制安全技能大赛，推动工业控制领域网络安全专业人才培养。

# 厦门市信息化发展概况

2020年，厦门市认真贯彻落实国家、福建省有关工作精神，统筹推进电子政务建设，加快夯实信息基础设施，大力促进数据共享开放，有力支撑疫情防控工作，智慧城市建设取得新成效。

## 【统筹做好电子政务工作】

认真落实福建省电子政务考核和“互联网+政务服务”考核要求，统筹推进厦门市电子政务工作。

一是推动政务数据汇聚共享。丰富完善人口、法人、交通、信用、证照、空间6个基础资源库，累计汇聚来自70个部门超10亿条数据。依托政务信息共享协同平台推进信息共享和业务协同应用，平台已接入单位70家（含各区），提供服务接口超1000个，数据调用累计超10亿次，实现交换数据量超15TB。

二是推动电子证照应用试点。制定《厦门市电子证照标准化升级改造方案》，并通过福建省专家论证，目前项目正在有序推进。围绕教育、户籍、社保、就业、工程建设等群众关注度较高的领域，配合福建省相关部门对相关事项和证照进行梳理。与国家电网福建省电力有限公司厦门供电公司、厦门市开元公证处进行系统对接，在民生服务领域探索以群众电子亮证代替实体证照的应用，目前已开始试推行。完成厦门电子证照纠错系统搭建、测试、部署，并对接福建省电子证照纠错系统，建立电子证照数据纠错反馈闭环体系和工作机制。持续推进电子证照库建设，厦门市电子证照共享库管理平台共发布38家市直单位和6个区的3711类证照和批文（其中，证照1410类，批文2301类），共归集证照数据1556万条，为电子证照调用提供支持。

三是加强信息安全保障。全面加强厦门市政务类网站（含重要信息系统）的安全保障工作，每季度进行安全检测（2020年共开展安全检测4次，分别检测网站138个、191个、169个、157个），并将检测结果通报至相关部门督促整改。针对厦门市政务类网站（含重要信息系统）提供网络安全等级保护差距测评服务，2020年共为11家单位提供等级保护服务，完成11个系统等级保护定级评审、差距评测，完成3个系统的等级保护三级备案。

四是加强信息化项目统筹管理。开展财政性投资信息化项目立项审核工作，2020年共安排信息化专项资金3.6亿元，用于支付往年项目余款，以及新增信息化项目，共有5批113个项目予以立项。做好信息化项目采购明细审核、执行进度跟踪督促、验收管理等管理工作。

## 【着力提升“i厦门”平台和市民卡服务能力】

一是进一步提升“i厦门”平台，为市民和企业提供政务、生活、健康、教育、文化等全方位在线服务。平台共整合50多个政府公共服务系统，集成348项应用及服务，在线可预约办理事项超3000项，覆盖14大类便民服务领域。以小程序形式入驻“闽政通”后，已整合的应用服务超60个。

二是进一步提升市民卡App，深化“一码多用”“多卡合一”“虚卡实用”的服务模式，有效推动厦门市民生服务汇聚，打造线上线下相结合的便民生态，已对接16个部门，提供32类事项、60 种功能，实现 12 张卡的虚拟化接入。

【积极促进公共数据开放共享】

依托大数据安全开放平台，持续推动公共数据开放共享，平台涵盖了 22 个领域主题、20 个行业分类、39 个政府部门的信用服务、交通运输、市场监管、生态环境、地理空间、生活服务等数据内容。引入“安全屋”技术，实现数据安全开放，截至 2020 年开放了 900 万余条数据记录、846 个数据集、370 个服务接口、42 个安全开放目录；已有政府、高校、企事业单位、科研机构等近百家大数据生态合作伙伴入驻。成功举办 2020 数字中国创新大赛大数据赛道和厦门大数据安全开放创新应用大赛（交通专题），其中，大数据赛道吸引了海内外 1236 支队伍、1517 名选手参赛，交通专题大赛收到海内外参赛作品 121 件。

【加快推动新基建建设】

一是推动 5G 加快发展。成立厦门市 5G 网络建设和产业发展领导小组，健全 5G 相关工作的推动机制。会同厦门市交通管理局向各相关单位相继发布了《关于加快推动 5G 网络建设的通知》（厦 5G 办〔2020〕1 号）和《厦门市 5G 网络建设审批方案（试行）》（厦 5G 办〔2020〕2 号）等文件，加快推进 5G 网络建设和创新应用。研究起草《厦门市人民政府关于加快 5G 网络建设和相关产业发展的实施意见（送审稿）》，并报呈厦门市政府研究审议。截至 2020 年年底，厦门市已建成 5G 基站约 6000 个，实现了岛内室外区域基本覆盖、岛外中心城区和重要区域室外覆盖。基于 5G SA+MEC 端到端切片网络的厦门远海码头全场景应用智慧港口项目通过工业和信息化部、国家发展改革委的 2020 年新基建工程项目评审，基于 5G+BRT 的“厦门城市公交智慧综合系统”获批交通运输部科技示范项目。

二是推动超算中心建设。建设全球首个完全基于鲲鹏架构的云化超算中心——厦门鲲鹏超算中心（见图 1），为用户提供新型超算服务。出台《培育鲲鹏计算产业促进数字厦门创新发展的指导意见》，助推厦门市数字经济高质量发展。

图 1　厦门鲲鹏超算中心揭牌仪式

三是推动政务数据中心整合。按照《厦门市政务数据中心整合实施方案》（厦委办〔2019〕44 号）要求，积极推动市、区政务数据中心整合，提升信息化基础设施集约化建设水平。目前，厦门市政务数据中心整合工作已总体完成。

【认真开展智慧城市研究】

一是按照《关于开展高素质高颜值现代化国际化城市建设战略专题调研活动工作方案》（厦委办〔2020〕22 号）要求，开展“厦门打造全球领先智慧城市”课题研究，并形成调研报告。同步完善“数字厦门”顶层设计，研究城市大脑建设思路。

二是根据国家、福建省对“十三五”信息化规划总结评估工作要求，对近年来重大任务、重点工程及优先行动的落实情况进行梳理，协调有关部门填报相关指标，完成“十三五”信息化规划实施情况总结评估报告。

三是根据住房和城乡建设部、工业和信息化部关于组织开展智慧城市基础设施与智能网联汽车协同发展试点工作要求，组织编制试点工作方案，并上报福建省住房和城乡建设厅、福建省工业和信息化厅，目前已由福建省推荐给住房和城乡建设部、工业和信息化部。

四是研究出台《厦门市推进新型基础设施建设三年行动计划（2020—2022 年）》。

【有力支撑疫情防控工作】

建立新冠肺炎疫情监测溯源系统，汇聚整合

入厦登记、卡口采集、酒店采集、社区摸排、核酸检测、发热门诊等应用数据，外部对接公安旅居史、通信手机漫游、全国境外人员、火车/飞机购票等多部门数据，累计数据量超1亿条，为各部门防疫工作提供信息化支撑。组织开发全国首个口罩预约系统，通过系统发放口罩超过7000万片。依托“i厦门”平台，充分发挥“一站式”惠民服务能力，挂接新冠肺炎疫情监测溯源、入厦登记、信息自助登记、口罩预约、“厦门云祭园”等系统。以上系统形成的厦门市“智慧战疫”创新模式获评厦门市全面深化改革委员会办公室的改革创新优秀项目。“厦门市口罩预约登记服务系统”入选工业和信息化部“支撑疫情防控和复工复产复课优秀大数据产品和解决方案”。

【圆满完成第三届数字中国建设峰会相关活动】

圆满完成厦门市主要负责承办的工业互联网分论坛、大数据赛道、项目集中签约、物联网分论坛等第三届数字中国建设峰会相关工作任务（见图2）。同时，依托第三届数字中国建设峰会平台效应，主动开展招商推介，取得较好成效。其中，工业互联网分论坛于2020年10月13日举办，超过400人参加，包含开幕式、成果发布、主题报告和主题对话等环节；大数据赛道共3道赛题，吸引了来自海内外的1236支队伍参赛，邀请了来自高校、科研院所、行业主管部门和业内龙头企业的32位专家进行评审，决出了3道赛题的一等奖、二等奖、三等奖，并分别在工业互联网分论坛和第三届数字中国建设峰会闭幕式上颁奖。

图2 第三届数字中国建设峰会召开

# 武汉市信息化发展概况

【基本情况】

武汉是“中国光谷”所在地，是国家首批5G试点城市，是国家标识解析五大顶级节点城市之一，在发展“5G+工业互联网”方面形成较好的基础条件。

一是产业基础雄厚。集聚了中国信科、长飞光纤、联想等100余家光通信、5G移动通信企业。二是场景应用潜力大。武汉市正着力打造光电子信息、汽车及零部件、生物医药和医疗器械三大世界级产业集群，通过推动新一代信息技术与制造业融合发展，“5G+工业互联网”场景应用潜力巨大。三是创新支撑较强。拥有国家信息光电子创新中心、国家数字化设计与制造创新中心、武汉光电国家研究中心等一批国家级创新平台。四是典型应用汇聚。涌现出国家级智能制造试点示范项目9个、国家制造业与互联网融合试点示范项目14个、国家制造业双创平台试点示范项目 7 个，96 家企业入选国家两化融合管理体系贯标试点，339 家企业通过国家两化融合管理体系贯标评定，近 1000 家企业开展了两化融合贯标自评估、自诊断、自对标。五是专业人才众多。汇聚了信息与通信领域的 56 个国家、省部级科研院所，以及 42 所高等院校、60 余位院士，形成了全产业链和人才队伍。

**【工业互联网发展成果】**

武汉市正在以“5G+工业互联网”为切入点，大力推动工业互联网发展，取得主要成果如下。

在网络建设上，正在实施《武汉市 5G 通信基站专项规划》，以超常规的政策力度，引导支持基础电信企业和铁塔公司加快建设 5G 网络，2020 年建成 5G 基站 2.6 万个，2021 年将建成 5G 基站 3.5 万个以上，确保实现 5G 网络市域全覆盖。工业互联网标识解析国家顶级节点（武汉）在全国率先上线，于 2019 年 8 月完成扩容。截至 2021 年 2 月 25 日，接入国家顶级节点（武汉）的二级节点数量为 17 个，标识注册量达 28.49 亿个，在顶级节点中排名第 3 位。

在产业生态上，武汉市正在支持中国信科在武汉建设 5G 研发生产基地，支持华为等加大在武汉投资，促进 5G 芯片等关键产品研发和产业化。支持长飞、烽火通信等加大光纤光缆投资、扩大产能，研发特种光纤，争取更大的市场份额。支持联想、富士康等研发生产 5G 移动终端及配套产品。面向 5G 产业各个细分领域，招商引入一批国际国内 5G 产业链的关键企业，遴选和培育一批具有发展潜力的 5G 隐形冠军和创新标杆企业，补齐产业链关键环节，大力“补链、强链、延链”。

在应用水平上，武汉市正积极推动应用场景示范，以重点“需求”带动产品“供给”，促进“5G+智能网联汽车”“5G+智能制造”等应用领域的突破发展。国家智能网联汽车基地已开通武汉市首个独立组网的商用 5G 网络，建成示范区 28 千米 5G 车路协同自动驾驶开放测试道路，正在建设的开放测试道路超过 100 千米。已建成华中地区首个 5G 云网融合智慧工厂——武钢 5G 智慧钢厂示范项目，正在建设以虹信为代表的“5G+工业互联网”示范产线。

在实践探索上，通过政府购买服务的方式，选聘了华工科技、联想智能等 5 家全国顶尖的智能化改造咨询机构，圈定了 1069 家目标企业，量身定制符合企业发展趋势的智能化改造方案。截至 2020 年年底，对接服务企业达 1122 家，咨询诊断企业 636 家，智能化改造项目立项 344 个，计划总投资 316 亿元；已在武钢有限智能车间、施耐德武汉工厂、博世华域武汉工厂、延锋安道拓武汉工厂等一批全国乃至全球领先的智能工厂开展了 27 场智能化改造示范推广活动，现场观摩企业累计超过 300 家，线上观摩单场人数最高达 5 万人。联合《长江日报》，从全媒体、多角度、高起点做好宣传推广工作，推出“灯塔企业”“黑灯工厂”“智慧车间”，擦亮武汉工业“新名片”。

在区域承载上，工业和信息化部批复武汉市启动建设总规划面积 211 平方千米的国家工业互联网产业示范基地，武汉市正在围绕“网络+标识”“创新+人才”两个方向，重点建设工业互联网网络标识创新中心、工业互联网网络研究中心、工业数字化设计中心、工业安可国家研发中心，打造 10 个工业互联网跨行业跨领域平台及行业级平台，加速建设全国工业互联网的技术策源区、应用示范区和产业集聚区，力争形成可复制的工业互联网发展“武汉模式”。

**【工业互联网推进计划和措施】**

2020 年 11 月，2020 中国“5G+工业互联网”大会在武汉市成功召开。习近平总书记专门向大会致贺信，殷切希望武汉市抓住发展契机，“弘扬伟大抗疫精神，大力推动数字经济发展”；刘鹤副总理对武汉市数字经济发展提出期望，并要求国家有关部门、央企和科研机构，支持武汉市发展；工业和信息化部肖亚庆部长表示大力支持武汉市发展以工业互联网为发表的数字经济。武汉市正以习近平总书记贺信精神为指导，抓紧落实工业和信息化部、湖北省工作部署，推动武汉市工业互联网快速发展。

2021 年，武汉市正在抓紧拟定《武汉市推动“5G+工业互联网”发展实施方案（2021—

2023 年）》，力争用 3 年左右时间，实施网络、平台、模式、产业、技术、安全 6 个专项行动，完成 15 项重点任务，实现网络支撑能力显著提升、融合应用加速纵深拓展、产业体系带动效应不断增强，国家新型工业化产业示范基地（湖北武汉·工业互联网）建设水平进入全国前三，争创国家级“5G+工业互联网”融合应用先导区、国家车联网先导区，全面提高武汉市工业数字化、网络化、智能化水平。

一是实施网络体系强基行动。完成 5G 网络市域全覆盖，产业园区、工业聚集地等重点覆盖。建设一批 5G 应用数字化工厂，打造一批重点行业应用场景示范，力争培育 1～2 个 5G 全连接工厂。强化工业互联网标识解析国家顶级节点（武汉）区域数据枢纽作用，发挥其在中部地区的辐射带动，以及在湖北省“一主引领”的作用，在光电子信息、汽车、数控等领域推动领军企业建设二级节点及企业级节点，开展各类标识解析创新应用。新建 15 个左右标识解析二级节点，使接入武汉顶级节点的标识注册量超过 100 亿个。

二是实施平台体系壮大行动。组建“1+5+*N*”工业互联网联合体，针对武汉市“335*N*”产业集群数字化转型共性需求，面向每个产业集群，推动形成行业龙头企业、工业互联网平台商、解决方案服务商、通信运营商、标识解析商五方建设主体，协同 *N* 个数字化转型合作伙伴，共同建设行业级工业互联网平台，通过集约式采购、共享设计、产业链协同等方式，为中小企业提供服务。每年遴选一批工业互联网联合体，建设 3 个以上行业级平台，3 年建设 10 个以上行业级平台。

三是实施新型模式培育行动。全覆盖推广智能化改造。组织实施《工业智能化改造提升三年行动计划》，评估认定一批“灯塔”标杆和典型示范项目，组织开展经验交流会，引导企业对标实施有针对性的智能化改造。到 2023 年，完成全市规模以上工业企业诊断咨询全覆盖，推动 500 家企业实施智能化改造。建设两化融合升级版，依托武汉市现有国家级大企业“双创”平台，同步建设面向中小企业的“双创”服务平台，推动各类企业融通发展。率先开展国家两化融合管理体系评定改革试点，力争两化融合管理体系评定企业突破 500 家。

四是实施产业壮大发展行动。集聚发展 5G 核心产业。2021 年继续举办第二届中国“5G+工业互联网”大会。谋划在武汉举办中国—东盟数字经济论坛。支持武汉市工业互联网产业联盟发展，重点开展政策宣贯、成果解析、经验交流、联合研发等活动，发布《武汉市“5G+工业互联网”发展白皮书》。

五是实施技术能力突破行动。依托国家数字化设计与制造创新中心等平台，打造具有全国影响力的数字化转型“武汉方案”。支持国家工业互联网研究院湖北分院建设。充分发挥武汉市数字经济领域创新平台众多的优势，开发面向工业领域的 5G 模组、芯片和网关等 5G 工业装备和产品。鼓励和支持工业企业、软件和信息服务企业，开发承载工业知识和经验、满足特定需求的 100 个工业应用软件，每年征集并推荐一批工业典型应用案例，推动工业技术软件化发展。

六是实施安全保障强化行动。加强和国家网络安全与人才创新基地的联动，建设工业互联网安全领域的国家重点实验室，重点突破安全漏洞挖掘、态势感知、攻击溯源等关键技术，构建覆盖设备、控制、网络、平台和数据的“5G+工业互联网”安全保障体系。推广工业互联网分级分类管理模式，在电子信息、装备、原材料等产业遴选工业互联网安全贯标示范企业，打造不少于 2 家年收入超过 20 亿元的工业互联网安全的骨干企业。

围绕上述行动，武汉市在标识解析应用、工业互联网平台建设、企业上云、企业智能化改造、工业互联网应用场景揭榜挂帅、重大标杆项目建设、支持工业互联网应用、开展贯标升级认定、以智慧园区为特色的新两园建设等方面，正在酝酿新的政策支持。

# 济南市信息化发展概况

2020 年，济南市聚焦数字经济引领，发挥大数据与新一代信息技术产业优势，加快提升数字经济发展能级，坚持数字产业化、产业数字化和城市数字化协同推进，加快打造数字先锋城市，信息化建设取得新进展，信息产业保持快速增长势头，对经济增长贡献度稳步上升。2020 年，济南市大数据与新一代信息技术产业规模突破 4300 亿元，其中，软件和信息服务业规模达到 3160 亿元，占山东省的 54%，信息化和工业化融合发展指数连续 3 年居山东省首位，数字经济规模占比达到 42%。

**【深入实施链长制　聚焦聚力做大做强产业链群】**

根据《济南市大数据与新一代信息技术产业发展规划（2018—2022 年）》，制定《济南市加快大数据与新一代信息技术产业发展实施方案》，按照有基础优势、有龙头骨干、有平台载体、有发展空间的标准，梳理出新一代信息技术装备（服务器）、集成电路、信息技术应用创新、高端软件、人工智能、工业互联网、卫星导航等产业链，分别绘制了产业链图谱，并梳理了主要环节、企业分布和重点项目，制定了重点产业链的工作方案，加快构筑了集聚集群集约、高端高质高效、专业专注专长的现代工业产业体系。济南市获评两个国家新型工业化产业示范基地，信息技术服务产业集群入选全国首批战略性新兴产业集群，大数据产业集群获批山东省首批“十强”产业“雁阵形”集群；济南市成功获批国家人工智能创新应用先导区，“AI 泉城”赋能行动深入实施，华为 3 个创新中心、百度“一基地两平台三中心”落地济南市，加速构建人工智能产业生态。

**【部省市共建　中国算谷扬帆起航】**

建立部省市共建机制，加快推进中国算谷重大产业生态项目，按照“1+2+3+*N*”产业空间布局（“1”代表一个核心区——济南高新区，“2”代表两个核心载体——算谷科技园和算谷产业园，“3”代表 3 个主要算力支撑机构——浪潮集团、国家超级计算济南中心和济南量子技术研究院，“*N*”代表中国算谷多个产业园区——齐鲁软件园、国际医学科学中心、浪潮产业园、超算产业园、量子谷、齐鲁创新谷、历下软件园、数字经济产业园、长清软件园等多个产业集聚区），构建独特的数字产业生态和产业地标，打造全球算力产业新高地、数据汇聚共享新典范、未来智慧产业新航标。

**【聚焦“智造济南”　推进制造业数字化转型】**

2020 年 3 月，济南市在全国率先出台《济南市工业互联网创新发展行动计划（2020—2022 年）》，提出以率先打造国内领先的工业互联网创新发展示范高地为目标，全面实施工业互联网“2+6+*N*”战略，持续推进工业互联网融合发展。培育浪潮云洲国家级双跨工业互联网平台和

34 个省级产业互联网示范平台。持续推动企业上云上平台，制定出台了《济南市深化企业上云工作实施方案》和《济南市星级上云企业评定工作指南》等系列政策，引导企业数字化、网络化、智能化转型升级，企业上云数量累计突破 4 万家，新认定智能制造试点示范项目 46 个，新增两化融合贯标管理体系企业 78 家，打造 5 个省级数字经济园区。

【加快推进城市数字化发展】

相继出台智慧城市、5G、人工智能、工业互联网、区块链等创新发展行动计划，建立起“五位一体”的新基建政策推进体系，累计建成 5G 基站 1.7 万余个，培育省级 5G 产业试点示范项目 76 个，获批建设星火链网超级节点和 4 个工业互联网标识解析二级节点，城市数字化、网络化、智能化支撑能力显著提升。坚持智慧城市与产业发展统筹谋划、一体推进，出台《关于进一步加快新型智慧城市建设的实施意见》，深化拓展智慧应用水平，完善提升城市生活“一屏感知”、政务服务“一网通办”、城市运行“一网统管”和产业发展“一网通览”四大智慧应用赋能体系。依托智慧泉城运行管理中心，集成政府、企业、社会的信息化建设成果和典型应用，接入 124 个系统，实现“便民惠企一站通”“城市管理一格通”“公共安全一网通”等 84 个应用场景的集中展示，推动实现跨地域、跨系统、跨部门、跨行业的协同管理和服务，深化智慧城市建设应用成效。持续拓展提升“爱城市网”服务市民平台，上线 130 余项应用服务，注册用户超过 580 万户，城市生活“一屏感知”落地见效。济南市获批 2020 年山东省创建四星级新型智慧城市建设试点城市，蝉联全国“十大样板工程”，连续 3 年获评“中国领军智慧城市”。

# 产业发展篇

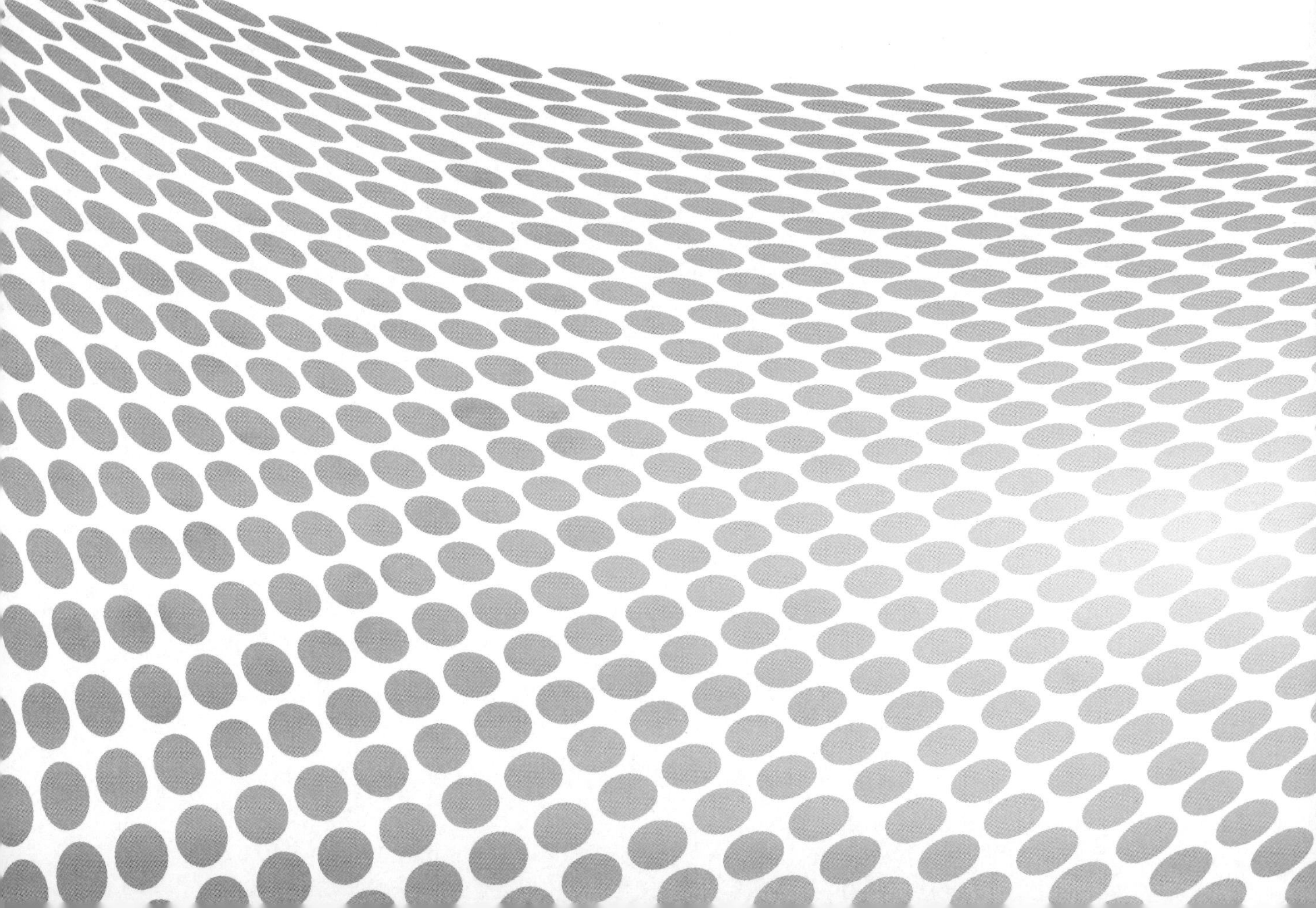

# 电子信息制造业发展情况

2019 年，在复杂多变的国际经济形势和持续增大的外部压力下，我国电子信息制造业增加值、利润、出口额等基本面数据增速放缓。但同时，随着中美政治经济关系进入质变期，逆全球化趋势和贸易投资保护主义倾向加强，全球经济贸易分工合作的共识和基础开始动摇。在产业发展内外部环境多变的形势下，应加快构建电子信息产业供应链安全体系，攻坚电子信息领域基础核心技术，塑造产业竞争优势和发展新路径。

## 【基本形势】

### （一）全球经济负向走势渐趋显现，国内经济韧性为产业发展提供新支撑、新契机

2019 年，全球经济负向走势显现，消费电子市场疲软不振。2019 年以来，全球经济增速趋于放缓，诸多国际机构下调增速预期，三大不确定性因素不仅对全球经济带来负面影响，而且对电子信息制造业外部需求和动能形成一定抑制作用。一是中美贸易摩擦导致全球经济下行的不确定性，中美贸易摩擦的持续升级不仅给主要经济体带来伤害，也通过产业链的传导逐渐给关联性经济体造成影响。二是新兴经济体面临新一轮衰退的风险，诸多新兴经济体近期在经济下行压力下启动降息。三是全球宏观政策重回宽松期，诸多国家货币政策向宽松方向调整，将进一步推升新债务泡沫水平。受经济整体负面趋势影响，全球消费电子产品市场需求逐渐萎靡，笔记本电脑、平板电脑、智能手机等主要产品出货量增速放缓。我国电子信息制造业中量大面广的核心产品增长有限，品牌厂商和配套厂商面临市场份额下降的海外市场环境。

2020 年，国内宏观经济稳定性和韧性持续增强，新动能、新消费为产业发展提供新支撑、新契机。面对全球经济增速渐趋弱化的风险和不确定性因素增大的挑战，国内宏观经济成功抵御各类下行风险的冲击，经济的发展韧性有所强化，推动经济平稳运行的积极因素不断增多，为电子信息制造业高质量发展提供契机和支撑。从创新驱动看，新产业、新产品呈现较快增长趋势，2020 年前 3 季度战略性新兴制造业增加值同比增长 8.7%，增速均明显快于规模以上工业，占全部规模以上工业比重较 2020 年上半年有所提升，预计 2021 年仍将保持稳步增长态势，光伏电池、新能源汽车产量分别同比增长 25.1%、21.4%，为电子信息制造业关联性领域提供前向、后向和旁侧支撑。从内需增长看，2020 年前 3 季度最终消费支出对经济增长的贡献率为 60.5%，服务型消费和发展享受型消费占比持续提升，预计 2021 年仍将稳步推进，消费升级为电子信息制造业转型升级发展提供新契机。

### （二）产业整体运行较 2018 年同期出现“陡坡式”下降，但年尾下行态势逐步趋稳

2019 年，在产业整体受到下行风险冲击形势下，也应看到基本面数据企稳或改善的“降中趋稳、触底反弹”的潜在态势。2019 年 1—10 月，电子信息制造业增加值增速仅 8.8%（见图 1），增速较 2018 年降低 4.6 个百分点，为近 10 年以来最低水平，仅约为“十三五”时期前 3 年平均增速

（12.3%）的 2/3。但比较好的苗头是，从月度增速看，2019 年 3 月、6 月、9 月的当月同比增速分别为 10.2%、10.4%、11.4%，呈现季末增速逐步回暖态势（见图 2）。

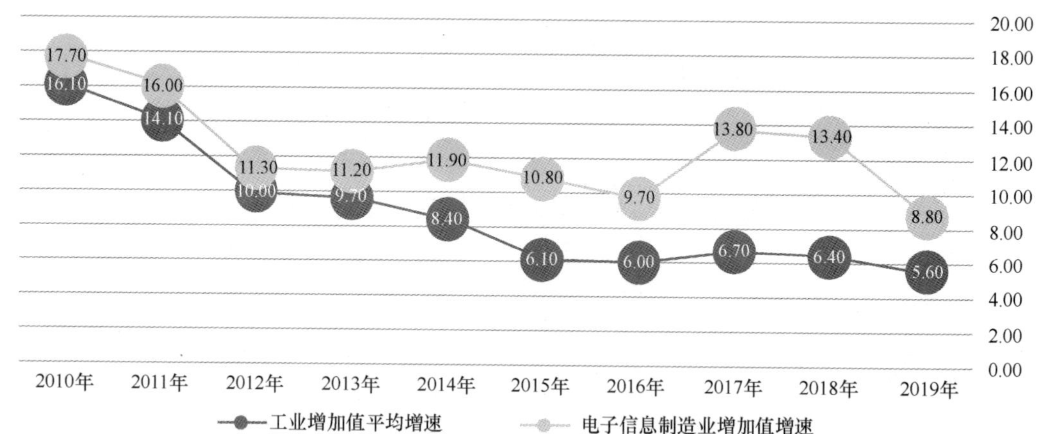


图 1　2010 年至 2019 年 1—10 月电子信息制造业增加值增速与工业增加值平均增速

数据来源：工业和信息化部运行局、国家统计局，CCID 赛迪智库整理。

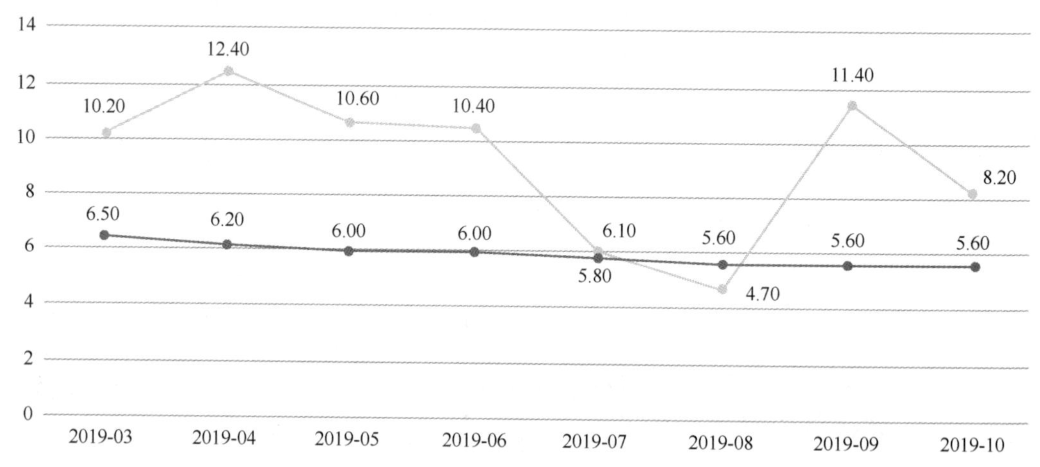


图 2　2019 年 3—10 月电子信息制造业增加值月度增速与工业增加值月度增速

数据来源：工业和信息化部运行局、国家统计局，CCID 赛迪智库整理。

从行业经营情况看，电子信息制造业收入、利润增速双双下降，但利润环比增速逐步边际改善。从收入增速看，与前两年数据相比，电子信息制造业收入增速稳中趋缓。国家统计局数据显示，2019 年 1—9 月，计算机、通信和其他电子设备制造业营业收入 8.07 万亿元，同比增长 5.4%，分别较 2018 年同期（9.6%）、2017 年同期（13.6%）降低 4.2 个百分点、8.2 个百分点。从利润增速看，电子信息制造业利润同期 5 年来首次下降，环比有所提升。2019 年 1—9 月，电子信息制造业实现利润总额 3436.7 亿元，利润总额同比增长 3.6%，是自 2013 年以来的次低值（见图 3）。比较好的苗头是，2019 年 9 月利润增速摆脱自 2 月以来的负增长趋势，比第一季度、第二季度有明显修复（见图 4）。

2020 年，电子信息制造业全年增速维持在 10%以内。短期来看，中美贸易摩擦的局势将日益明朗化，市场对宏观经济的预期也将趋于稳定，且第四季度为消费电子产品传统旺季，电子元器件产量回暖、库存下降趋势已较为明显。在此基础上，第四季度电子信息制造行业呈现“稳中有升”趋势，全年行业收入、投资、利润等主要指标增速有所改善，此趋势将延续至 2021 年。但整体而言，电子信息制造业尚不存在大幅回升的条件，原因有两个方面：在需求端方面，全球消费电子市场弱化的趋势短期内难以根本性提振；在供给端方面，5G、超高清视频领域尚处于投资布局阶段，人工智能、智能网联汽车等市场环境尚不成熟，新技术、新领域还无法及时填补传统产业衰退留出的产业空间。综合以上方面考虑，2020 年年末电子信息制造业营收、利润将会持续修复，但展望 2021 年，如果没有强劲的消费刺激拉动增长，行业要达到 10%以上的基本预期增长目标，还面临较大的困难和压力。

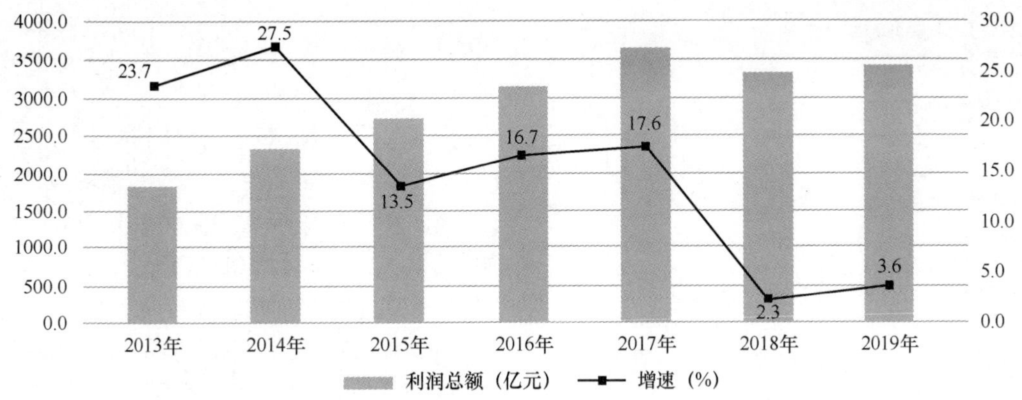


图 3　2013 年至 2019 年 1—9 月我国电子信息制造业利润总额与增速

数据来源：工业和信息化部运行局，CCID 赛迪智库整理。

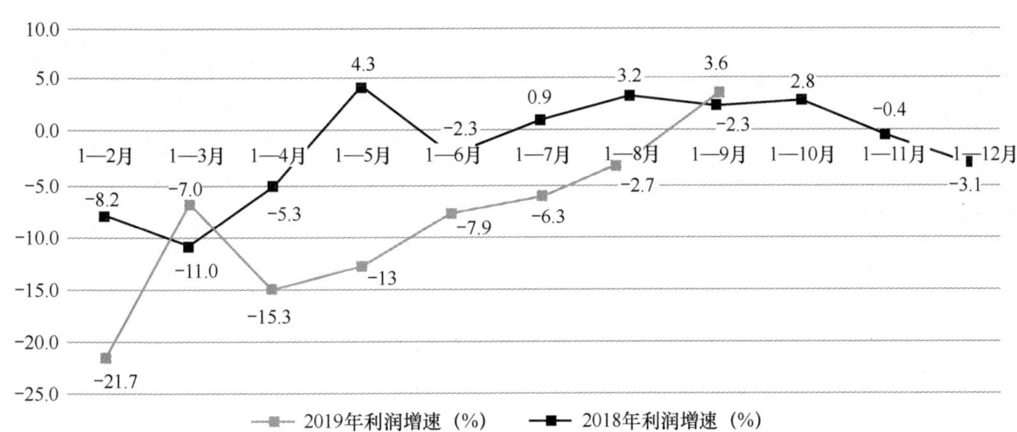


图 4　2018 年和 2019 年 1—9 月电子信息制造业利润增速

数据来源：工业和信息化部运行局，CCID 赛迪智库整理。

### （三）传统领域整体“需求蛰伏”，新兴领域行业应用“大幅铺开”

#### 1．传统领域：整体需求承压低迷，年末有望恢复“稳”的基础

2019 年，主要消费电子产品、元器件“需求蛰伏”。手机市场进入存量时代，由于消费者换机周期延长，我国智能手机市场销量连续出现下滑。据 Canalys 统计，国内智能手机出货量增速连续 9 个季度出现同比下滑。据国家统计局数据显示，2019 年 1—9 月，移动电话销量达 12.51 亿部，同比下降 0.79%。彩电销量持续承压低迷。据奥维云网（AVC）数据，国内第三季度彩电零售量（1034 万台）环比第一季度下降 13.98%，零售额（277 亿元）环比第一季度下降 20.63%。据海关总署数据，2019 年 1—9 月国内彩电出口量为 7118 万台，同比增长 2.6%，比 2018 年同期（19.7%）下降 17.1 个百分点。在上游配套元器件厂商链条反应方面，手机、汽车、电视等终端电子产品销量下降，上游配套的元器件企业订单也普遍减少。

上游配套的元器件增速“修复效应”逐月强化，主要消费电子产品销量企稳回升。第四季度由于国内“双十一”、国外“黑色星期五”、圣诞节等节日密集，为消费电子产品传统旺季，拉高

行业需求。从上游电子元器件看，2019 年 10 月，集成电路产量同比增长 23.5%，较 1—9 月呈现明显上扬趋势。从库存看，2019 年 9 月，行业存货和产成品存货同比分别增长 1.6%和 0.4%，较 8 月（2.2%和 0.6%）出现显著下降。根据上游电子元器件、行业库存等先行指标的变化，2019 年年末主要消费电子产品企稳回升，但回升力度比较有限。

2．新兴领域：行业应用大幅铺开，逐步集聚建构“进”的动能

5G 商用稳步循序推进，提振产业发展动能。据 113 家通信行业上市公司半年报情况，113 家通信行业上市公司整体实现主营业务收入 5745.63 亿元，同比增长 2.73%，剔除中兴通讯和中国联通后，整体实现主营业务收入 3850 亿元，同比增长 3.85%；整体实现归母净利润 201.46 亿元，同比增长 93.59%，增速相比 2018 年上半年进一步提升，主要是因为中兴通讯解禁后经营情况向好，剔除中兴通讯和中国联通的影响后，实现净利润 156.6 亿元，同比提升 0.08%。2019 年，由于 5G 终端设备配套产品较少，组网方式 SA 技术路线并不成熟，且产能处于逐月爬升过程中，5G 基站交付量较少，5G 占行业投资比重较低，2020 年随着国内及海外时机成熟，5G 部署进一步加速。

超高清视频领域消费继续爬坡，行业应用加速落地。2019 年，4K 电视在国内电视销售市场占比继续增长，由 2018 年年底的 66.7%提升至 70%，2020 年年底将超过 80%（中国电子商会）；网络支撑能力稳步上升，100Mbps 及以上接入速率的用户达 3.35 亿户，占总用户数的 77.1%，较 2018 年年底提高 6.8 个百分点；4K 用户数不断增加，中央广播电视总台 4K 频道覆盖用户超过 2500 万户，观众触达数已达 2.48 亿户，比 2018 年年底增长 1 倍以上；前端设备国产化集成设计进步明显，企业推出多种超高清视频摄影机、摄像机、8K 采编播系统、8K 非线性编辑系统等内容制作工具，主导设计、集成建造了全球首台“5G＋8K”超高清视频全业务转播车，已在世界园艺博览会等活动投入应用测试，并在世界男篮世界杯期间开始实施重大世界体育赛事的试验性转播。2020 年，超高清视频行业应用加速落地，在广播电视、新媒体、远程直播、远程医疗、智能工业控制等领域形成众多标杆型案例。

人工智能的行业级场景趋于明显。从市场规模看，2019 年我国人工智能核心产业市场规模超过 24 亿美元，同比增长约 34.8%，AI+、智能机器人、智能驾驶、无人机等细分市场规模较为突出。从应用领域看，市场结构分布逐步明晰。根据 CB Insights 报告，人工智能的应用进展从底层技术和应用场景互相交叉触合的分散局面，过渡到出现一批跨行业的平台型 AI 初创企业，以及一批明星级 AI 初创公司。2020 年，人工智能应用场景更加明确，人工智能应用场景在科技、医疗、汽车、半导体、公共服务、金融与保险、工业制造等领域加速落地，促进人工智能与实体经济的深度融合。

虚拟现实应用落地速度显著加快。5G 和人工智能技术的发展促进虚拟现实应用的不断创新。2019 年，VR+5G 在广播电视、医疗、安防等领域创新应用落地，VR 直播、VR 远程手术、VR 医疗培训、VR 安防等典型案例不断涌现。2020 年，5G、人工智能、超高清视频等新技术、新领域、新动能显著提升 VR、AR、MR 的操作效率、交互能力和用户体验，促进 VR、AR、MR 技术在娱乐、工业、商贸、医疗、教育等行业的不断普及。

**【需要关注的问题】**

（一）发展阻力一：“价格遇冷”，出厂价格指数出现近 5 年来“凹点式”下降

从整体看，出厂价格指数为近 5 年来最低值。2019 年 9 月，我国电子信息行业出厂价格指数（2018 年同期为 100）为 98.3，降幅较 2019 年 8 月收窄 0.4 个百分点，低于同期全国工业出厂价格指数 0.5 个百分点，分别较 2018 年（99.8）、2017 年（99.3）、2016 年（98.5）、2015 年（98.6）、2014 年（98.6）同期回落 1.5 个、1.0 个、0.2 个、0.3 个、0.3 个百分点，企业利润空间缩窄、经营压力仍大。彩电价格有所下降。由于整体市场销售低迷，彩电企业大打“价格战”，主流的液晶 42 英寸彩电均价 2019 年以后

缓慢波动下降。2019 年 9 月，彩电平均价格为 3172.61 元，与 2018 年同期（3317.0 元）相比下降 4.35%。计算机价格微幅下降。计算机属于成熟产品，其更新迭代速度不及手机，消费者更换计算机的需求和频率相比手机较为缓慢。2019 年 9 月，计算机的平均价格达 4067.04 元，与 2018 年（4077.0 元）、2017 年（3990.0 元）相比，在 4000 元的价格线上下小幅波动。若价格下降趋势延续，将给本来平均利润率就不高的电子信息制造企业带来压力，并对企业抗风险能力造成一定影响。

（二）发展阻力二："市场收缩"，增速维持正增长，但增幅持续走低，未来受外需疲软影响增长难以持续

电子信息制造业是典型的出口驱动型产业，行业出口交货值约占行业营业收入的一半。2019 年前三季度，电子信息制造业出口交货值增速仅为 2.5%（见图 5 和图 6），虽然高于 2009 年金融危机之前和 2015—2016 年这两段增长较低阶段，但较过去 10 年平均增速、5 年平均增速仍有一定差距，较 2010 年（28.0%）、2011 年（14.9%）、2017 年（13.9%）同期增速差距较大。同时，该正增长并未持续至 2020 年，原因有两个方面：一个方面是 2019 年 10 月 15 日、12 月 15 日两轮再度加征关税预期叠加圣诞季备货影响，企业短期"抢出口"，外需不可持续；另一个方面是加征关税导致企业面临不确定性情况，大量整机、ODM/OEM 企业已开始全球化布局，将制造基地外迁至印度、墨西哥等，小米、TCL、联想等企业已计划布局海外制造基地，对 2020 年行业出口造成一定影响。

（三）发展阻力三："支出高企"，成本、费用"跳跃式"攀升

根据调研，人工、土地、利息、营销等各项费用上升是企业利润大幅下降的核心因素，针对中美贸易摩擦的备货增加也加速了企业经营成本的非常规上升。利息费用拉动财务费用大幅攀升。2019 年 1—9 月，行业利息支出同比增长 30.7%，经过长时间维度分析发现，这是近 5 年来的次高值，并且自 2018 年 9 月以来一直维持 30%以上的高增速。利息费用上升与国内金融监管去杠杆大环境有关，资金面收紧造成利息费用的大幅提升。营业费用增势明显提升。经过长时间维度分析发现，过去 3 年来，行业营业收入同比增速始终高于营业费用增速。进入 2019 年，以往的趋势出现"倒置"现象，2019 年前三季度营业费用"跑赢"营业收入增速。根据调研，原因主要有两个方面：一方面是需求普遍下行，企业加大市场开拓投入；另一方面是中美贸易摩擦影响导致营业费用增长。此趋势延续至 2020 年，企业财务、营业费用普遍较高，对本来就不高的制造业企业平均利润率造成侵蚀，影响企业在新产品研发、市场开拓、竞争策略转型等方面的决心和速度，而未纳入统计的中小企业则面临更大的存续压力。

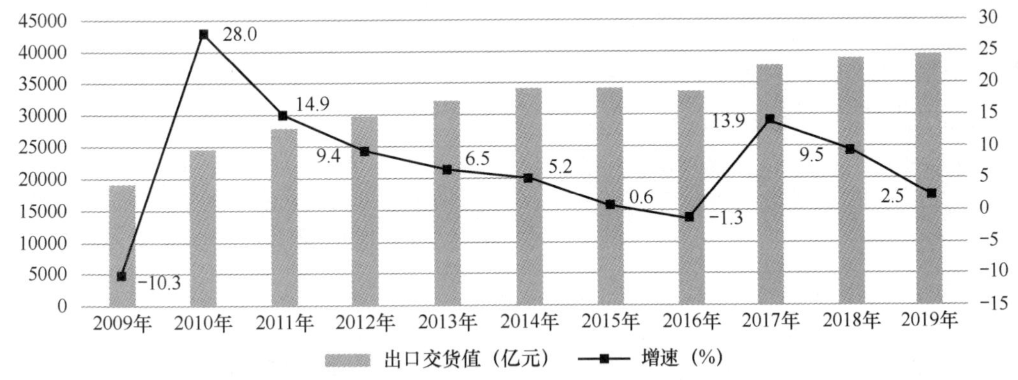


图 5　2009 年至 2019 年 1—9 月电子信息制造业出口交货值

数据来源：工业和信息化部运行局，CCID 赛迪智库整理。

| 产 品 | 出口额（亿美元） | 同比增速 |
|---|---|---|
| 便携式计算机 | 539.9 | 0.7% |
| 集成电路 | 735.7 | 19.3% |
| 液晶显示板 | 164.4 | -6.6% |

图 6　2019 年 1—9 月电子信息制造业主要产品出口情况

数据来源：海关总署、CCID 赛迪智库整理。

## 【对策建议】

### （一）构筑系统思维，推动形成“整机主导+多元合力”的产业链一体化发展局面

针对国产元器件与整机厂商需求匹配程度不高的问题，加大对计算机通用 CPU、操作系统、存储设备、彩电芯片等关键核心部件的政策、资金、人才支持，以加快其国产化替代过程。选取一批国产关键部件设计、生产企业，进行重点扶持，加快其产业上下游配套，同时引导其在研发方面的投入，加速关键产品的性能提升，增强其市场竞争能力，打破关键领域国外垄断的格局。对整机厂商进行政策引导，鼓励其使用国产零部件，设立专用基金对使用国产零部件的整机厂商进行适当的风险补贴，同时给予税收减免等优惠政策，提高企业使用国产零部件的积极性，推动“整机主导+多元合力”市场格局的形成。

### （二）促“软硬”兼修，强化核心电子器件、高端通用芯片和基础软件攻关

攻关芯片领域关键技术，在基础芯片领域全面强化应用导向，同时在物联网、人工智能、工业互联网等新场景中加快开发 GPU、TPU 和 NPU 等新型芯片。推动操作系统技术发展，加大适用于彩电、计算机和智能手机的通用性操作系统的研发力度，提高操作系统的兼容性，为电子信息产业链上游企业提供更多选择。积极强化存储设备生产制造技术，在存储芯片、软件定义存储、对象存储、数据保护等重点领域不断突破，推动存储产业技术水平持续提升。以市场需求为导向，做好体系化技术布局，围绕重点整机产品拓展上游产品。

### （三）推动整合发展，建设具有国际话语权的一流大型企业

我国电子信息领域迈入高质量发展新阶段，亟须建设一批世界一流大型企业，起到全球资源配置者、创新链条整合者、产业升级带动者的作用，逐步建立“中国体系”，参与国际标准规则制定，加大我国在电子信息领域的话语权。鼓励企业专业化整合，以拥有优势主业的企业为主导，聚合现有优质资源，培育具有全球竞争力的世界一流企业。选取电子信息行业大型龙头企业，成立产业联盟，促进优势资源共享，加强相关业务合作。

### （四）注重人才培优，促进和弘扬“企业家精神+工匠精神”内核

弘扬诚信、创新、敬业、乐于奉献、造福社会、家国情怀、精益求精、坚韧、善抓机会及不断超越的企业家精神。企业家在注重自身企业发展的同时，更要担负起相应的社会责任，企业家不仅是财富的创造者，更应怀有对国家、对民族、对社会的责任和担当，要充分发挥自身能力向社会给予回馈，担负起企业社会责任。同时，重视工匠精神与工匠队伍建设，大幅度提高产业技能人才待遇和社会地位，构建完善的技能形成与提升体系，激发电子信息行业的创新活力。

### （五）强化“免疫预防”，构建产业运行监测预警机制

一是及时建立监测机制。相关部门应当选拔专业人员，组建监测机构，及时、准确了解电子信息行业经济发展情况，开展关键指标监测、趋势研判、风险预警和运行调度等产业运行监测工作。二是构建完善的监测指标体系，围绕供应链安全性、工艺技术先进性、基础软硬件国产化等，建立标准化、规范化的监测指标体系，定期进行数据的收集、整理和分析，及时跟进行业发展情况。三是加大现有企业的生产运行和跟踪服务力度，选择电子信息领域重点龙头企业进行重点监督，强化运行调度机制，搭建电子信息行业运行监测预警平台。

# 软件和信息技术服务业发展情况

2019 年，在国内经济转型进入新常态、经济下行压力加大的背景下，我国软件和信息技术服务业保持平稳发展态势，2019 年前三季度软件业务收入同比增长 15.2%，比 2018 年同期提高 0.2 个百分点。2020 年，软件和信息技术服务业发展既有与实体经济深度融合进程加速的巨大市场空间，又面临着产业向高质量发展转型的重大压力和挑战，我国软件和信息技术服务业保持平稳发展态势，产业发展进入结构优化、快速迭代的关键期。

## 【基本形势】

### （一）外部形势：发展与竞争双轮驱动，软件成为引领变革的重要力量

2019 年，全球新一轮科技革命和产业革命加速发展，新一代信息基础设施、分布式计算能力、丰富多样的应用场景等共同驱动软件技术持续保持高速创新演进态势。全球经济持续复苏回暖态势明显，以数字经济为代表的新经济成为新动能，为软件产业创造了更加广阔的市场空间。产业变革、经济复苏与大国博弈深度交织，美国政府对我国加强遏制和封锁，打击重点从“贸易战”转向“科技战”，连续制裁了中兴通讯、华为等多家高技术企业，“断供”来自美国企业的关键数字技术和产品，限制相关产品和服务输出，以期阻断我国利用国际资源进行技术创新的源头。

2020 年，在全球软件业处在加速创新、快速迭代、群体突破的爆发期背景下，随着我国创新驱动战略和供给侧结构性改革的深入，创新红利、数据红利、模式红利进一步释放，软件成为引领未来智能变革方向的重要力量，为经济社会发展提供了坚实支撑。国际贸易约束趋紧，软件产业成为我国实现赶超的关键领域。2020 年，我国进一步加强基础软件、操作系统、高端工业软件等领域的自主创新，缩小与技术发达国家的差距；同时，加速产业向“一带一路”深度布局，通过相互扩大开放和资源整合利用进一步提升产业链、价值链水平，驱动我国软件产业国际化发展。

### （二）整体形势：软件业保持平稳发展态势，进入结构优化、快速迭代的关键期

2019 年，在我国经济转型进入新常态、经济下行压力加大的背景下，软件和信息技术服务业作为数字经济之擎，产业规模保持较快增长，整体发展持续稳中向好。2019 年前三季度，软件业务收入 5.19 万亿元，同比增长 15.2%（见图 1），增速同比提高 0.2 个百分点；利润总额增速小幅回升，全行业实现利润总额 6518 亿元，同比增长 10.8%（见图 2），增速同比下降 3.6 个百分点。

2020 年，随着软件和信息技术服务业、大数据产业、“十三五”发展规划，以及《促进新一代人工智能产业发展三年行动计划（2018—2020 年）》等国家政策贯彻落实进入加速冲刺的最后一年，云计算、大数据、人工智能等新兴技术应用持续深化，软件产业的产品形态、服务模式、竞争格局不断演进，软件向云化、服务化、

平台化、融合化、生态化趋势发展。随着软件和信息技术服务业在经济社会中的渗透力不断增强，软件服务围绕主流软件平台体系构造产业生态，产业纵向、横向整合步伐加快，产业结构调整优化，产业生态环境不断优化。2020 年，我国国民经济各个领域对软件和信息技术服务业的需求更加旺盛，产业发展以协同发展、融合创新、快速迭代为主要特征。新产业政策的预研、制定和发布为产业发展和生态构建带来新的政策红利。

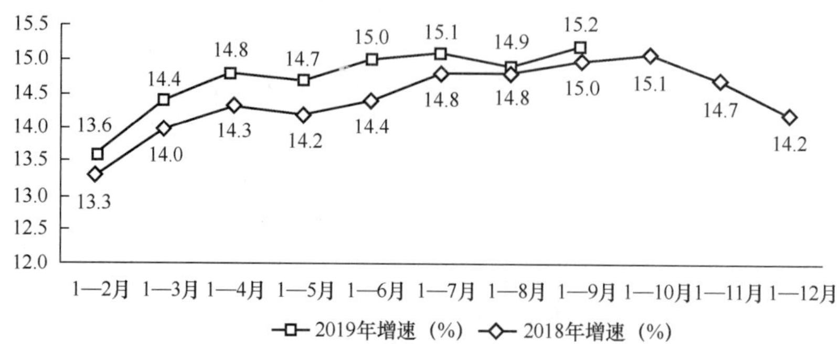


图 1　2018—2019 年前三季度软件业务收入增长情况

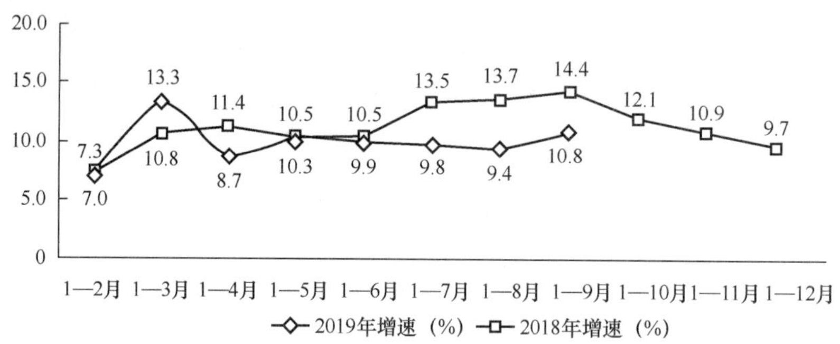


图 2　2018—2019 年前三季度软件业利润总额增长情况

### （三）细分形势：新兴技术加快创新应用，融合创新向深层次拓展

2019 年，基础软件、面向重点行业的高端软件的需求处于爆发式增长的起点。工业软件前三季度实现营业收入 1277 亿元，同比增长 19.8%，高于软件和信息技术服务业平均增速。大数据、云计算保持快速发展态势，随着“百万企业上云”和制造业“双创”平台培育行动计划的推进，工业大数据应用价值持续深化。人工智能产业进入起步加速阶段，向全面商业化发展，其应用场景面向工业、安防、家居、医疗、物流、交通等行业迅速扩张。区块链产业形态不断成熟，包括中国人民银行、四大国有商业银行在内的 34 家银行正在进行区块链应用探索。阿里巴巴、腾讯、华为等均加大了在区块链领域的布局，金融、供应链、溯源、公益慈善 4 个领域的区块链应用占比超过 60%。

2020 年，我国基础软件、高端软件发展进入攻坚克难的关键时期，具有自主知识产权的国产软件市场空间广阔。伴随着制造业等工业企业转型升级需求的不断增加，以及工业互联网建设的逐渐推进，依托专项支持和重点企业研发，工业研发设计软件被优先重点发展，工业生产控制软件持续创新和迭代优化。云计算和大数据等与实体经济的融合更加深入，企业上云、设备上云进程进一步加速。人工智能与经济社会发展深度融合成为主线，在制造业转型升级中的作用更加突出，对智能制造的赋能效应进一步释放。区块链成为核心技术自主创新的重要突破口，与实体经济实现深度融合，支撑经济高质量发展。2020 年，软件产业与工业、金融、医疗、交通、智慧城市等各行业、各领域的融合引发多领域、多维度、深层次的变革，与制造业的融合不断催生新模式、新业态，与智慧城市的融合加速产业智能化升级。

【需要关注的问题】

（一）软件价值失衡导致产业大而不强

软件价值失衡主要体现在重硬件、轻软件，以及软件价值评估失衡。一方面，大数据、云计算、人工智能等新兴产业政策多聚焦于硬件层面，强调硬件投入规模和设备价值，忽视软件价值，造成政策扶持上“重硬件、轻软件”的事实；另一方面，软件价值认证体系不健全，软件价值评估机构权威性不足，导致软件的大众认可度偏低。此外，我国软件产品受品牌和市场影响力等因素制约，定价普遍低于国外同类软件，如办公软件金山 WPS 售价仅为微软 Office 的 1/10 左右。软件价值失衡、市场认可度不够等因素制约了国内软件企业规模壮大和研发投入扩大。

（二）核心技术缺失制约软件高质量发展

在参与国际竞争中，我国软件大多聚焦于应用创新而非核心技术的掌握，国内企业存在技术储备和技术来源不足、核心技术依赖性较强等突出问题。一方面，重要信息系统、关键基础设施中的核心技术产品和关键服务依赖国外，底层软件、高端芯片、技术标准等方面的自主研发水平与发达国家相比还存在一定差距；另一方面，开源技术创新生态建设推进缓慢，在全球开源软件领域的贡献度和影响力与全球领先社区存在较大差距，主要处在应用跟随阶段。

（三）面向重要行业的基础软件、高端软件供给不足

由于起步较晚，我国在基础软件、工业软件等重要领域长期处于跟随发展阶段，对国外产品的供给依赖性较强，企业自身的研发实力与产业话语权较为薄弱。在基础软件领域，国产移动操作系统在国内市场的占有率不足 5%，国产数据库产品市场份额近年来虽有增长，但仍未超过 15%。国内移动 OS 市场份额占比如图 3 所示，国内数据库市场份额占比如图 4 所示。在工业软件领域，我国仍有 80%的设计软件、50%的制造软件、95%的服务软件需要依赖国外产品，国产工业软件大多仍处于产业价值链的中低端水平，短期内无法撼动国外工业软件的市场地位。

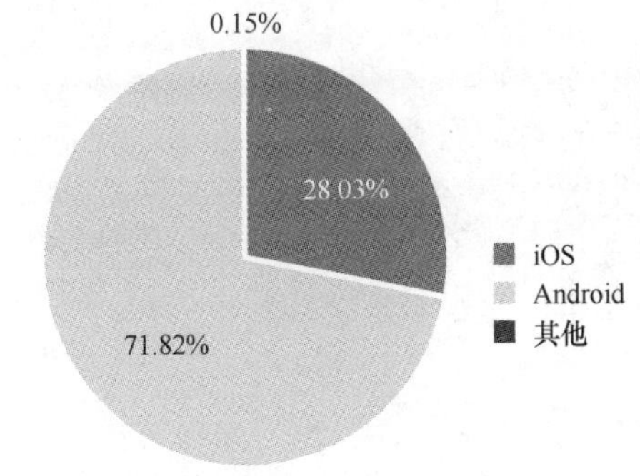


图 3　国内移动 OS 市场份额占比

数据来源：国家互联网应急中心，2018。

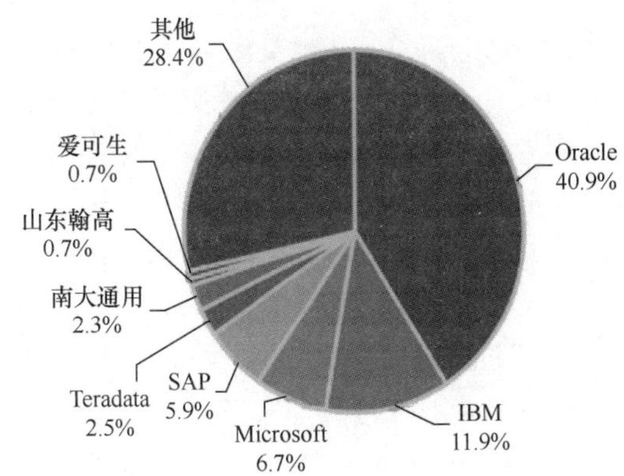


图 4　国内数据库市场份额占比

数据来源：中国产业信息网，2018。

（四）软件国际市场影响力和竞争力相对落后

与国内软件产业持续保持较高增速的发展态势相比，以服务外包为主要形式的软件出口近年来增速缓慢，导致我国软件产品和服务在国际市场竞争中的地位相对较低。究其原因，一是我国软件产品仍然主要集中在低端领域，真正具有核心关键技术和国际市场竞争力的产品相对较少；二是我国企业国际市场拓展能力相对较弱，国际化发展的意识仍有待增强；三是围绕软件产品和服务的保障体系仍不健全，市场监管体系特别是知识产权保护体系与国际脱轨，软件企业在国际化发展中面临较多的知识产权风险和市场的不确定性。

（五）人才结构失衡的影响日益凸显

伴随着融合创新发展，软件人才结构失衡日益成为我国软件产业高质量发展面临的痛点。一方面，新兴产业的发展对于相关领域软件人才的

需求迅速增长，大数据、区块链、工业互联网等新兴产业人才需求缺口逐渐扩大，领军型人才、复合型人才缺乏，基础型编程人才紧缺。另一方面，软件基础教育起点晚、人才培养机制滞后、“产学研用”融合体制低效，以及高校新一代信息技术课程设置单一、陈旧导致我国软件产业人才供给不足，难以满足软件新技术和产业发展的实际需求。

**【对策建议】**

（一）引导市场加大对软件产业的投入力度

一是加大对软件产业及潜力企业的宣传力度，提升资本市场对软件产业的关注度，鼓励国有资本、产业投资基金、社会资本等加强对软件产业的投入。二是进一步发展和壮大开源基金会、产业联盟等软件行业组织，积极对接国际开源组织，开展标准化工作。三是推动软件企业与其他行业领域企业合作，建立产业协同机制，打造广泛参与、合作共赢的生态系统。

（二）集中力量突破软件高质量发展瓶颈

一是国家相关组织和机构牵头组建“国家队”，整合我国在基础软件、重大行业应用软件、高端软件产品等关键领域的软件企业力量，整合优势资源，突破一批制约我国软件产业面临的关键核心技术难题和共性技术难题。二是设立国家软件产业发展基金，支持从事软件基础研究方向的科研院校、企业进行技术攻关。三是参照国际领先开源基金会运作模式，加快建设具有国际影响力的自主开源社区。

（三）鼓励面向重要行业的融合创新发展

一是面向重要领域打造一批高端软件研发平台，不断强化产业集聚，持续推动面向重要行业领域的软件产品应用发展。二是积极组织第三方测评机构及时针对高端行业软件、基础软件进行安全和性能测试，对于验证合格的软件产品，缩短管理审批流程，加快市场化应用与推广。三是大力支持发展首版次高端软件，持续扩大国产软件的市场空间。四是加强软件知识产权保护，营造公正、公平的市场竞争环境。

（四）积极推动我国软件企业国际市场拓展

一是支持重点软件企业在海外设立分支机构或研发中心，聚焦重点区域逐步拓展海外市场。二是支持软件企业与硬件设备企业、系统集成企业进行联合创新，借助“一带一路”倡议发展机遇，抱团参与“一带一路”沿线国家重大信息系统项目及工程建设。三是利用软件博览会、软件交易博览会、国际进口博览会等会议平台，做好我国优质软件产品的推介活动。四是加强国产软件面向海外拓展的支撑服务能力，为我国软件企业进行国际市场拓展提供法律法规符合性评估等服务。

（五）加快产业高端人才和复合型人才培养引进

一是着力加强软件国民基础教育，提升公众软件技术素养。二是建设一批产教融合基地，鼓励软件企业与高等院校联合创办软件学院和实训基地。三是鼓励高等院校设立面向重点行业领域的软件相关专业和课程，满足软件新技术、新业态、新模式发展人才需求，打破产业发展复合型人才紧缺障碍。四是充分发挥人才引进政策优势，加强对海归型软件高层次人才和团队的引进。

# 计算机产业发展情况

随着信息技术的进步，计算机产业不断向微型化、专业化方向发展，电子计算机运算速度得到了大幅度的提高。计算机产业的发展不仅加速了整个社会的信息化进程，而且极大丰富了人们的日常生活、工作及学习方式，未来计算机技术将向智能化、人性化、多元化、全面化等方向继续拓展。随着我国居民生活质量及收入水平的不断提高，计算机市场的需求量不断提升。2019年，我国计算机制造行业规模以上企业达 1573家，行业销售收入为 21583.6 亿元，年度利润总额为 737.5 亿元。

## 【2019 年基本形势】

### （一）主要产品产量有所回升，总体变化较为平稳

2019 年，我国电子计算机产量为 35646.6 万台，较 2018 年的 35192.4 万台有小幅增长。近年来，我国电子计算机产量保持在 3.5 亿台左右。2019 年，我国微型计算机产量为 34163.2 万台，较 2018 年增长 11.28%。

### （二）整机产量存在一定波动

2019 年是近 10 年来个人计算机销量增长最多的一年，全球个人计算机市场的发货量同比增长 2.7%。得益于计算机厂商的市场细分化策略，在经历了多年的销量下滑后，个人计算机市场的销量也有所回升。2019 年 1—12 月我国计算机整机产量存在一定波动，其中，产量最高的月份为 9 月，产量为 3778 万台。

### （三）计算机进出口总量有所上涨

2019 年，我国计算机出口总量为 2.7 亿台，同比增加 2.1%；同时，出口价格上涨 1.1%，带动出口值增长 3.3%，达到 7124.6 亿元。这是自2015 年以来我国计算机出口规模首次恢复增长，也是自 2007 年以来我国计算机出口首次重现量价齐增势头。其中，笔记本电脑出口量达1.4 亿台，同比增加 2%，平均出口价格为 3524.9元/台，同比上涨 1.3%；平板电脑出口量达 1.1亿台，同比增加 0.9%，平均出口价格为 1376.7元/台，同比上涨 5.8%。

### （四）联想 PC 市场份额全球第一

联想 PC 出货量在 2019 年实现了同比 8%以上的增长，整体市场份额占比超过 24%，居全球第 1 位。

## 【重大事件】

### （一）华为研发团队成功打造量子计算机原型

华为不仅在智能手机行业拥有出色的产品，在量子计算机及人工智能等领域同样取得了行业领先的成绩。2019 年，华为研发团队发布华为昆仑量子计算模拟一体机原型，包括昆仑服务器、HiQ 模拟器和编程框架 3 部分，实现了量子技术的重大突破，在行业内获得领先优势，标志着华为向量子计算机实际应用走出了重要一步。

### （二）中科大团队研制的量子计算原型机“九章”问世

传统的计算机只能处于 0 和 1 的二进制状

态，量子计算机应用的量子比特可同时处于多个状态，计算能力远超传统计算机。目前，IBM、谷歌、微软、华为、达摩院、本源量子、腾讯、百度等企业正在探索量子计算机。

2020 年 12 月，中科大潘建伟、陆朝阳等组成的研究团队与中科院上海微系统研究所、国家并行计算机工程技术研究中心合作，构建了 76 个光子的量子计算原型机“九章”，实现了具有实用前景的高斯玻色取样任务的快速求解。根据现有理论，当求解 5000 万个样本的高斯玻色取样时，“九章”需要 200 秒，而目前世界上最快的超级计算机“富岳”需要 6 亿年；当求解 100 亿个高斯玻色样本时，“九章”需要 10 小时，而“富岳”需要 1200 亿年。“九章”的计算速度比 2019 年谷歌发布的 53 个超导量子比特的量子计算原型机“悬铃木”快约 100 亿倍，这意味着我国成功达到了量子计算研究的第一个里程碑——量子计算优越性。

（三）国产系统 UOS 再获突破

作为国内较为成熟的操作系统，UOS 被视为最有可能取代 Windows 的国产操作系统。UOS 这款国产操作系统整合了很多国产操作系统的优势资源，联合多家国产操作系统开发商打造，是一款自主研发的国产操作系统，在推出速度上甚至比华为鸿蒙 OS 更快。UOS 作为基于 Linux 底层打造的国产操作系统，技术不会受到美国牵制，这意味着安全性将有巨大提升，替代方案开启之后，国产操作系统进入全新阶段。UOS 不断突破，和国产芯片厂商做了深度适配工作，如龙芯、海光、飞腾已经适配了 UOS 平台，目前应用服务器产品 TongWeb 与 UOS 平台完成了兼容性适配工作。UOS 操作系统和 TongWeb 服务器产品进行兼容性适配之后，意味着国产操作系统迈进一大步，未来逐渐将会放弃对海外技术的依赖，而 UOS 开启替代方案，希望未来在政府及公共机构领域真正做到不受限于人。

## 【存在问题】

（一）计算机网络安全存在一定问题

2019 年，我国网络信息泄露事件层出不穷。2019 年 1 月，我国一个包含 2.02 亿名中国求职者简历信息的数据库泄露；2019 年 1 月 20 日，拼多多被曝出现重大 BUG，黑灰产团伙通过一个过期的优惠券漏洞盗取数千万元平台优惠券，进行不正当牟利；2019 年 3 月 21—22 日，湖北省出现入侵物联网破坏计算机信息系统的刑事案件，100 余台设备被恶意升级无法使用，10 万台设备离线，造成了重大经济损失。上述事件反映出，随着我国数字化转型的深入发展，云安全成为互联网经济运转的基石，关键信息基础设施安全则成为社会生活稳定的有力保障，信息数据已从资产保护对象成为重要的经济生产工具，数据安全面临前所未有的威胁。数据泄露、高危漏洞、网络攻击及相关的网络犯罪呈现新的变化特征，个人安全意识缺乏、企业安全投入不足，也加重了网络安全事件带来的损失和影响。

（二）计算机软件开发缺乏市场调查

计算机软件开发需要满足用户的需求，才能实现其使用价值；反之，则难以得到用户的认可。计算机软件在开发之前需要进行充分的市场调研，了解用户需求，而部分单位和部门在计算机软件开发之前，虽然也进行了调研，但仅进行了一些调查问卷，大致了解了用户的需求情况，并没有对调查用户进行细分，对用户的个性化需求也没有过多重视，难以为软件开发决策提供有效数据。此外，部分软件开发的负责人思想理念比较陈旧、重生产轻需求，凭借主观臆断就开始研发制造，导致开发出来的软件与用户的需求不符。

（三）创新能力及核心技术缺乏

与西方国家相比，我国的计算机软件开发时间相对较短，在开发方面还存在很多不足，特别是核心技术缺乏。计算机软件开发中最重要的就是核心技术，但是我国掌握的核心技术较少，在专业软件开发领域还没有取得良好的成果。我国的计算机软件在开发中还存在很多不足，对于国外技术有一定程度的依赖性，软件开发人员在研发过程中会更倾向于直接购买国外的先进技术产品，这样虽然可以节约一定的研发时间，但会导致对软件开发的人力、物力投入减少，企业自主创新能力下降，长期来看对我国核心技术的积累和国产化替代的推进都会产生不利影响。

**【2020 上半年基本情况与政策取向】**

（一）2020 上半年基本情况

国家统计局数据显示，2020 年 1—6 月，中国微型计算机设备产量为 15370.1 万台，同比增长 1.6%；电子计算机整机产量为 16468.2 万台，累计增长 5.2%；计算机制造业营业收入同比增长 6.9%，利润同比增长 3.9%。2020 年 1—6 月，中国计算机与通信技术出口额为 2014.1 亿美元，相比 2019 年同期减少了 104.4 亿美元，降幅为 4.9%。2020 年 6 月，计算机制造业增加值同比增长 6.0%，出口交货值同比增长 9.6%。在主要计算机产品中，微型计算机设备产量同比增长 0.3%；其中，笔记本电脑产量同比增长 5.6%，平板电脑产量同比增长 4.7%。

（二）行业政策取向

2020 年 7 月 8 日，工业和信息化部发出《微型计算机制造业绿色工厂评价要求》，规定了微型计算机制造业绿色工厂评价的原则、方法、指标体系，以及要求、程序和报告等，适用于对具有微型计算机（包括台式微型计算机和便携式微型计算机）产品实际生产过程的工厂进行评价，其他类型微型计算机产品的绿色工厂评价可参照执行。2020 年 8 月 4 日，国务院印发《新时期促进集成电路产业和软件产业高质量发展的若干政策》，在财税、投融资、研究开发、进出口、人才、知识产权、市场应用、国际合作 8 个方面出台政策措施，为计算机软件产业的发展提供了规划和指引。

# 人工智能产业发展情况

2019 年，人工智能数据、算法、算力生态环境日益成熟，我国人工智能产业发展将迎来新一轮战略机遇，智能芯片、智能无人机、智能网联汽车、智能机器人等细分产业，以及医疗健康、金融、供应链、交通、制造、家居、轨道交通等重点应用领域发展势头良好。2020 年，全国各级地方根据自身实际情况申报和落地人工智能创新应用先导区，国内人工智能产业投融资更关注易落地的底层技术公司，但同时产业发展的外部形势更为严峻，美国对我国人工智能产业的压制可能从上游元器件转向下游行业应用。

**【基本形势】**

（一）从产业链建设看，人工智能数据、算法、算力生态环境日益成熟

数据、算法和算力是推动人工智能技术进步和产业发展的“三驾马车”。在算法方面，2019 年基于视觉、触觉传感的迁移学习、变分自动编码器（VAE）和生成对抗网络（GAN）是无监督

学习中新涌现的算法类型；2020 年上述新兴学习算法在主流机器学习算法模型库中得到更高效的实现，Caffe 框架、CNTK 框架等分别针对不同新兴人工智能算法模型进行收集整合，可以大幅度提高算法开发的场景适用性。在数据方面，2019 年我国 5G、物联网、汽车电子等多种新兴技术产业快速发展，数据总量呈现海量聚集爆发式增长；2020 年，我国 5G 通信网络部署加速，接入物联网的设备增加至约 500 亿台，数据的增长速度越来越快，世界领先的互联网企业的数据量达到上千 PB，传统行业龙头型企业的数据量达到 PB 级，个人产生的数据量达到 TB 级。在算力方面，2019 年以来我国人工智能的算力仍以 GPU 芯片为主要硬件承载，但随着技术的不断迭代，2020 年 ASIC、FPGA 等计算单元类别成为支撑我国人工智能技术发展的底层硬件能力。

（二）从政策推动来看，全国各级地方将根据自身实际情况申报和落地人工智能创新应用先导区

2019 年，31 省（自治区、直辖市）中已有 19 个省（自治区、直辖市）发布了人工智能规划，其中有 16 个省（自治区、直辖市）制定了具体的产业规模发展目标，其中，以北京市、上海市、广州市、深圳市为代表的城市积极地制定了行之有效的政策，对人工智能产业的落地和发展产生了较大的推动作用，成为中国人工智能行业的重要实践者和领头羊。尤其是 2019 年下半年以来，上海市、深圳市、济南—青岛获批成为我国首批人工智能创新应用先导区，为我国人工智能产业应用发展带来新契机。2020 年，国内更多城市（群）聚焦智能芯片、智能无人机、智能网联汽车、智能机器人等优势产业，面向医疗健康、金融、机器人、交通、零售、教育、安防、制造业等重点应用领域，积极申报和搭建符合自身优势和发展特点的人工智能深度应用场景，以“先导区”工作为抓手，促进人工智能产业与实体经济深度融合。

（三）从投融资情况看，我国人工智能产业投资市场重点关注易落地的底层技术公司

过去 5 年间，我国人工智能领域投资出现快速增长。2015 年人工智能产业投融资规模达 450 亿元，到 2019 年上半年国内人工智能领域就获得投融资超过 478 亿元，近 4 年来人工智能领域投融资集中在企业服务、机器人、医疗健康、行业解决方案、基础组件、金融等落地前景较好的领域（见图 1）。2020 年，新零售、无人驾驶、医疗和教育等易落地的人工智能应用场景更加受到资本关注。同时，由于中国在人工智能底层技术方面仍落后于美国，随着人工智能在中国的进一步发展，底层技术的投资热度将持续增长，那些拥有顶级科学家团队、雄厚科技基因的底层技术创业公司将获得资本市场的持续资金注入。

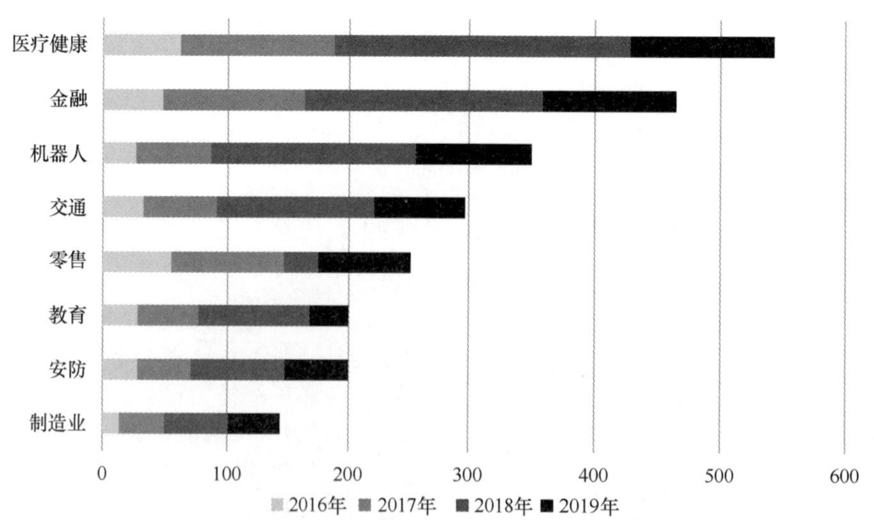


图 1　2016—2019 年我国人工智能各应用领域投融资分布情况

### （四）从外部形势看，美国对我国人工智能产业的压制从上游元器件转向下游行业应用

中美贸易摩擦演进影响着人工智能产业发展，2018—2019 年，美国已经先后以中兴事件、晋华事件、华为事件等为由头，对我国的核心元器件、高端装备等上游领域和知识产权授权进行限制。2019 年 10 月，美国商务部工业和安全局以“参与或有能力与美国政府的海外政策利益相左”为由，将大华科技、海康威视、科大讯飞、旷视科技、商汤科技、依图科技等中国人工智能独角兽企业列入“实体清单”。这是新增企业实体中首次聚焦人工智能独角兽企业，重点限制人工智能技术在城市安防、智能交通、医疗检测、金融分析、政府服务的产业应用。以本次事件为起点，2020 年美国对我国人工智能企业的打压重心逐步转移到应用层面，并向人工智能全产业链扩展，可能影响大部分国内人工智能创新应用企业的基础研究、算法模型训练和软硬件产品部署，对我国人工智能企业出海拓展市场、赴美上市融资、进行跨国产权重组等产生负面影响。

## 【需要关注问题】

### （一）我国人工智能领域的基础创新投入严重不足

从企业研发创新看，中国人工智能企业的创新研发支出远远落后于美国、欧洲和日本。2018—2019 年，美国人工智能领域企业投入的科技研发费用占据了全球科技支出的 61%，我国人工智能领域企业的科技研发支出虽然快速增加，增速达到 34%，但实际占据的全球科技支出份额小于美国。从人工智能知识产权保有量看，我国各类实体拥有的人工智能专利总量超过 3 万件，居世界第 1 位，但中国相关企业拥有的人工智能相关专利多为门槛较低的实用新型专利，发明专利仅占专利申请总量的 23%；同时，根据世界知识产权组织的数据，我国企业拥有的 95%的人工智能设计专利和 61%的人工智能实用新型专利将会在 5 年后失效，相比之下，美国 85.6%的人工智能专利技术在 5 年后仍在支付维护费用。2020 年，我国需要在人工智能基础研究与创新，以及打造核心关键技术长板、加强知识产权保护方面加大投入力度。

### （二）我国人工智能产业的算力、算法核心基础相对薄弱

我国人工智能发展在数据规模和算法集成应用方面都走在世界前列，但在人工智能基础算力方面，能提供国产化算力支持的企业还不多。在人工智能的算力支持方面，IBM、HPE、戴尔等国际巨头稳居全球服务器市场前 3 位，浪潮、联想、新华三、华为等国内企业市场份额有限；国内人工智能芯片厂商需要大量依靠高通、英伟达、AMD、赛灵思、美满电子、EMC、安华高、联发科等国际巨头供货，中科寒武纪等国内企业发展刚刚起步。

在人工智能算法方面，主流框架与数据集领域国内外龙头企业，包括谷歌、Facebook、亚马逊、微软等，深度学习主流框架 TensorFlow、Caffe 等均被美国企业或机构掌握，百度、第四范式、旷视科技等国内企业的算法框架和数据集尚未得到业界的广泛认可和应用。2020 年，我国进一步部署加强人工智能基础设施建设，并重视国内人工智能算法框架的创新推广。

### （三）以算法战、深度伪造为代表的人工智能技术滥用给经济社会带来严重负面影响

算法战是指将人工智能算法、机器学习等技术全面应用于对敌作战中的情报收集、武器装备、战场勘测、指挥协同、决策制定等环节，其核心目标是利用人工智能技术提升军事作战能力；深度伪造（Deepfakes）是“Deep Machine Learning”（深度学习）和“Fake”（造假）的英文组合词，是一种基于深度学习的人物图像合成技术。随着人工智能算法不断开源推进，深度伪造技术门槛正在不断降低，非专业人员已经可以利用简单开源代码快速制作以假乱真的视频和图像。自 2019 年以来，基于人工智能的算法战和深度伪造正在扩大军事影响、形成网络暴力、破坏政治选举、扰乱外交关系等方面被滥用，并给社会和国家带来极大风险。上述对人工智能技术的滥用给国家安全、产业安全、社会经济安全带来了巨大风险，需要提前预防可能的风险，并寻

求国际支持。

**【对策建议】**

（一）以算力为核心加强人工智能基础能力建设

首先，大力推进人工智能算法库、解决方案库、数据集及公共服务平台建设，强化人工智能发展基础。其次，加强面向人工智能发展应用的5G、边缘计算硬件新兴信息基础设施建设。最后，对各行业企业自动化、智能化改造的产出、效果进行科学、有效测算，指导企业找准技术研发投入的切入点，利用好人工智能技术实现经济社会高质量发展。

（二）体系化梳理我国人工智能产业供应链现状

为应对美国对我国人工智能产业应用的压制，我们既要关注重要整机产品及大厂商、大企业，也要覆盖量大面广的细分领域及增长势头良好的隐形冠军。通过成体系地梳理我国人工智能产业各个分支领域的供应链现状，为美国对我国进行的产业压制储备一手的、准确性高的、操作性强的应对措施。

（三）推动国内人工智能企业加快开拓国内外应用市场，并提升出海抗风险能力

我国需要加强国内应用市场推广，挖掘多种类型的应用场景，培育各种规模的竞争主体，进一步提升新技术的应用水平和应用层级。同时，引导对外应用市场开拓，支持企业开拓非美国市场，对出海企业在经营合规管控、知识产权管理、专利诉讼等方面的具体问题给予窗口指导。另外，提升企业自身的抗风险、抗打击能力，鼓励新兴领域的独角兽企业、瞪羚企业尽快做大做强，形成较大规模体量和较强技术竞争力。

（四）在国际社会上提出发展“负责任的人工智能”

首先，加紧研究并提出中国版的人工智能伦理守则或框架，形成人工智能伦理风险评估指标体系或风险管理指南，为人工智能企业提供风险识别、评估及应对的系统指引。其次，加强与联合国、欧盟及其成员国、G20 等国际组织的合作，参与搭建多层次国际人工智能治理机制，提出发展“负责任的人工智能”供全球各国讨论，在全球人工智能伦理框架的制定议程中发挥建设性作用。

# 大数据产业发展情况

经过多年发展，大数据技术已不再作为单独的技术项出现在 Gartner 技术成熟度曲线上，而是与云计算、人工智能、区块链等新一代信息技术加速融合创新，成为支撑数字经济发展的重要基石。2019 年，我国大数据产业持续高速增长，与经济社会各领域融合应用的成熟度和创新能力不断提升，成为驱动数字经济快速发展的先导力量。2020 年，数字经济发展热潮兴起、数字中国建设走向深入、数字化转型需求大量释放，我国大数据产业迎来新的发展机遇期，各区域更加重视大数据发展与地区经济结构转型升级的紧密结合，各企业更加深入挖掘基于大数据融合应用的新业务市场，各级政府更加积极探索数据驱动的政府服务模式

创新，以工业大数据发展为引领的大数据与实体经济融合更加深化，推动我国大数据产业发展迈向更高水平。

## 【基本形势】

### （一）产业规模走向新高，发展驱动力将从基础设施拉动向融合应用牵引转变

2019 年，我国大数据产业持续高速发展，包括大数据硬件、大数据软件、大数据服务等在内的大数据核心产业规模达 7200 亿元。根据 IDC 发布的《全球半年度大数据支出指南（2018H2）》，2019 年中国大数据市场主体部分来自服务器和存储等大数据相关硬件，占比超过 45%，大数据相关服务收入和软件收入占比分别为 32%和 23%。

2020 年，随着数字技术日益成熟、数据融合持续深化和应用场景不断落地，我国大数据产业迎来新的发展机遇期，产业规模超过 1.2 万亿元。大数据产业主体从“硬”设施向“软”服务转变的态势更加明显，面向金融、政务、电信、医疗等领域的大数据服务实现倍增创新，大数据与特定行业应用场景结合度日益深化，应用成熟度和商业化程度持续升级。

### （二）区域竞争格局初步形成，发展重心从国家大数据综合试验区向新的重大战略区域进一步聚焦

2019 年，我国大数据发展呈现明显的阶梯差异，发展水平由东部沿海向西南腹地逐级降低。赛迪智库发布的《中国大数据发展水平评估（2019）》显示，我国大数据产业呈现京津冀、长三角、珠三角、中西部地区集聚发展态势，国家大数据综合试验区示范引领作用日益显著，贵州、北京、天津、河北、广东、上海、河南、重庆、辽宁和内蒙古在全国大数据发展总指数中总体占比达到 39%（见图 1），在全国综合排名前 10 位中占有 4 席。

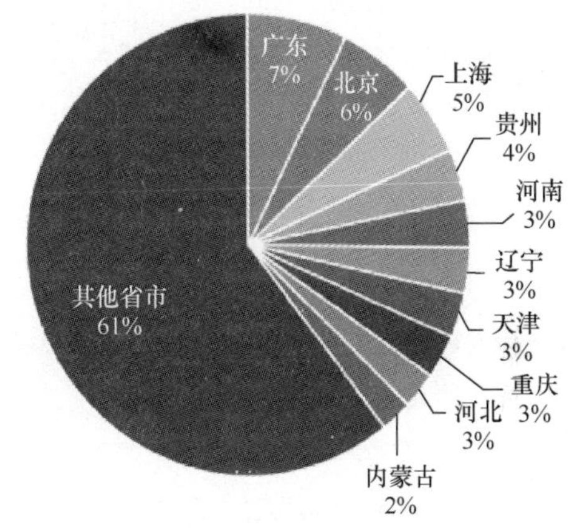


图 1　国家大数据综合试验区大数据发展指数在全国大数据发展总指数中的占比

2020 年，受益于国家重大战略区域的政策红利，京津冀、长三角、珠三角、中西部地区持续引领全国大数据发展（见图 2），区域大数据之间发展的不平衡进一步加剧。随着国家数字经济创新发展试验区获批，雄安新区、浙江省、福建省、广东省、重庆市、四川省等地有望进一步吸引技术、数据、知识、人才、资本等关键要素集聚，强势引领所在大数据综合试验区其他地市的发展。

➢ 京津冀：北京市引领该区域大数据产业发展，区域大数据发展的集聚程度较高；
➢ 珠三角：大数据产业主要以广东省为依托；
➢ 长三角：大数据的整体发展水平较高，上海市、江苏省、浙江省、山东省等的大数据产业呈现互相协同促进的发展态势；
➢ 中西部：四川省、贵州省的大数据产业发展水平处于相对领先地位。

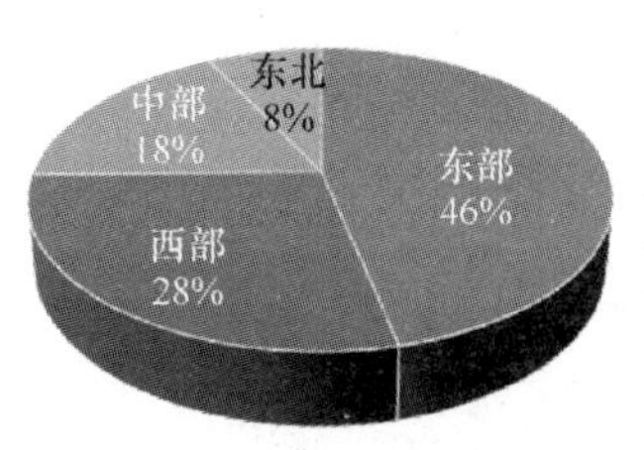


东部地区整体发展水平最高，中西部地区发展势头强劲

√ 东部地区成为全国大数据发展的前沿地带；
√ 川黔成为西部地区大数据发展的“排头兵”；
√ 安徽省引领中部地区大数据产业的发展；
√ 辽宁省成为东北地区大数据发展的中坚力量。

图 2　各地区大数据产业规模占比及特色

（三）企业创新势头强劲，发展主体从大数据基础技术型企业向基于融合应用的综合型企业拓展

2019 年，在海量数据供给、活跃创新生态和巨大市场需求的多重推动下，大数据领域创新创业活跃，具有创新力和发展潜力的大数据独角兽企业增长势头强劲，《互联网周刊》评选的大数据独角兽企业榜单从 2018 年的 20 家增加至 2019 年的 40 家。同时，掌握大数据技术能力、深耕行业业务的融合性大数据企业展露头角。2019 年 3 月，CB Insights（数据智库）公布的全球独角兽企业榜单显示，大数据分析产业的独角兽企业数量占比和估值占比较前两年不增反降，但基于大数据融合应用拓展新型业务的企业数量和估值均有大幅增加。

2020 年，国内大数据企业持续深耕行业业务和特定应用场景需求，积极拓展面向融合应用的大数据解决方案，金融、医疗、旅游、教育、制造业等领域成为企业布局的主要方向。在大数据与垂直行业融合应用的大趋势下，以今日头条、蚂蚁金服等为代表，更多嫁接行业优势资源和自身数据能力的大数据企业快速崛起，并参与数字经济时代的产业竞争。

（四）政府资源大量集聚，发展手段从政务信息系统建设向政府大数据应用转变

2019 年，随着政务信息系统整合和公共数据共享深入推进，电子政务内外网、政务数据共享交换平台已经成为各级政府部门统筹推进数据共享、支撑“数据多跑路”的必要通道，基础数据的跨部门、跨领域、跨行业共享能力显著增强。同时，公共数据资源开放稳步推进，据不完全统计，全国有 50 余个地方政府建设了政府数据开放平台，涉及超过 15 个行业领域，逾 20 个地方政府发布了政府数据开放平台建设需求。我国数据开放共享工作情况如图 3 所示。

2020 年，随着政府生产和拥有的数据资源规模日益庞大，越来越多的地方政府开始重视政府大数据的建设和发展，“大数据+扶贫”“大数据+税务”“大数据+城市治理”等成为政府大数据应用的重点领域，以推动大数据应用成果融入决策、服务于民，进而全面优化政府民生服务能力。同时，进一步深化数据开放已成为政府大数据建设的重点，医疗、教育、养老等民生领域数据开放的力度、广度和质量，以及数据开发再利用的手段创新等，都成为地方政府可探索的重点领域。

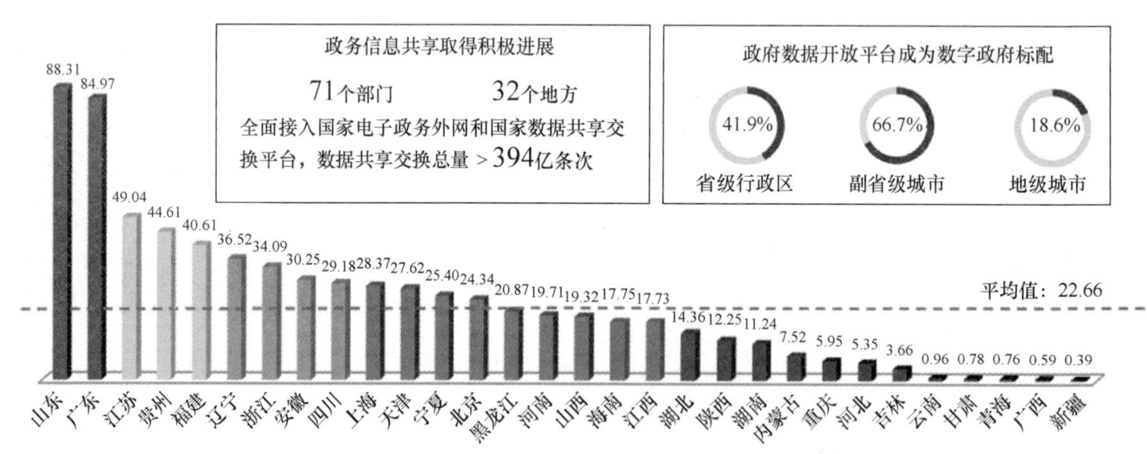


图 3　我国数据开放共享工作情况

数据来源：赛迪智库，《中国大数据发展水平评估（2019）》。

（五）与实体经济加速融合，发展层次从企业级创新应用向行业级创新应用深化

2019 年，随着工业互联网平台建设和应用重点从底层设施转向上层的数据融通和 App 的开发，大数据与制造业结合日益紧密，数据驱动的创新应用在设备、企业和产业链等不同层级得到广泛拓展。在电力装备、工程机械等领域，企业聚焦机械产品全生命周期数据贯通，打造基于大数据分析的远程智能运维服务产品。在汽车行业，企业基于产业数

据协同平台，积极构建数据驱动的汽车质量大数据分析、个性化定制等解决方案。

2020 年，工业大数据实时采集、跨界流动、动态分析、敏捷响应的能力不断增强，数据应用不断深化，数据价值和数据效能加速释放，助推生产方式创新、生产效率提升、商业模式产业化，支撑实体经济加速转型升级。

## 【需要关注几个问题】

### （一）数据权属不明阻碍数据流通应用

当前，数据的所有权、使用权、管理权、交易权、享有权等尚未被法律明确界定，国际社会也还没有形成共识和通行规则，导致企业在采集、处理、加工、使用和共享数据过程中存在诸多隐忧和风险，关系到大数据产业能否健康、安全及可持续发展。由于数据权属相关法律法规的基础比较薄弱，数据安全和监管制度缺乏，加强数据立法、明确数据权利成为保障国家安全、商业秘密和个人隐私亟待解决的问题。

### （二）企业数据管理能力不足制约数据价值释放

当前，大多数企业存在数据管理能力不足的问题。以制造业企业为例，有一部分企业数字化程度不高，设备和产品间连接水平低，系统与部门间“信息孤岛”普遍存在，导致数据标准、数据模型不统一，“劣质数据”现象明显，阻碍了数据资源的开发利用；还有一部分企业工程资源和技术体系数字化能力薄弱，工业机理、工艺流程、模型方法经验和知识积累不足，难以有效支撑复杂数据分析和数字知识的传承、迭代与复用。

### （三）数字化转型要求传统社会治理手段加快创新

数字化转型引发市场交易模式、流通模式的新变革，对传统税收、经济统计和行业监管模式带来新的挑战，新的规则体制亟待建立。特别是，“大数据杀熟”“爬虫调查风暴”等热点事件频出，折射了大数据技术引发的算法公平问题，倒逼完善法律法规和治理体系及增加新的规章制度，以适应新的治理场景。此外，数字化转型使得世界各国之间的联系更加紧密，数据跨境服务日益增加，相应的交易、流通与监管机制亟待完善，为国家信息安全、企业商业秘密安全和个人隐私安全提供坚实保障。

## 【对策建议】

### （一）加速数字基础设施建设

以 5G、人工智能、工业互联网、物联网为代表的数字基础设施是大数据产业发展的载体和前提。以面向未来应用的数字基础设施建设升级为着力点，全局谋划未来 5～10 年的大数据基础设施体系，统筹配置频谱资源，推动互联网、物联网基础设施向泛在、高速、智能等方向不断升级，超前部署人工智能、区块链等新型应用基础设施，为推动大数据产业发展、加速全域数字化建设提供有力支撑。同步跟进全球网络发展态势，积极参与全球网络技术标准制定，共商共建全球数字贸易新规则，应对经济全球化的发展机遇和挑战。

### （二）加快数据治理规则制定

推动数据立法，包括数据的权属、流通、交易、保护等方面的标准规范，防范并打击数据泄露和数据滥用。结合大数据在自动驾驶、无人机、智能机器人等领域的应用，探索制定相关规则和监管体系，加强相关知识产权保护。围绕算法公平、算法个性化推荐、人工智能伦理等技术发展，构建算法新规则，加强前瞻研究。结合数字化转型对传统行业监管模式带来的挑战，适时建立新的社会治理规则。

### （三）加大基础算法研发投入

算法是数字技术应用的根基，也是大数据产业发展的制高点。“数据+算法”衍生出大数据治理的新决策机制，实现了产品生产、制造、营销、推广等运营机制的重构，是大数据产业创新发展的核心推动力。要加大投入，进一步推进科学、技术、工程、数学教育，着力突破研究算法的人才瓶颈，推动解决大数据领域的基础人才缺口，提高我国大数据技术基础算法的水平和竞争实力。

（四）加强数字技术鸿沟弥合

鼓励企业降低服务成本，加强网络部署，继续加大提速降费力度，弥合城乡、地域的网络设施接入鸿沟。加强人才培养和网络扶贫，推动教育和培训方面的转型和重构，提升全民数字技能，减轻数字化转型带来的中低端劳动者相对过剩的冲击，弥合群体及个体间的数字技术知识鸿沟。促进数据的开放共享和创新应用，优化新模式、新业态、新产业营商环境，创新监管理念和方式，灵活延伸各类政策的覆盖度，弥合数字技术先行的大型企业和小微企业的数字技术应用鸿沟。

# 数字经济发展情况

2019 年，在党中央、国务院的高度重视和社会各界的共同努力下，我国数字经济继续蓬勃发展，在基础设施建设、行业融合应用、发展环境优化等方面均取得显著进展。2020 年是“十三五”收官之年和“十四五”规划布局之年，我国及各地方更加重视数字经济，更加细致研究和推动数字经济发展，更加重视数字经济发展思路与路径的创新，进一步探讨共享数字经济发展之道，深化数字技术、数据资源与生产生活的交汇融合，推动数字经济不断发展突破，驱动数字经济高质量发展。

**【基本形势】**

（一）从要素角度看，数据要素的重要地位显著提高，数据治理与流通加快推进

党的十九届四中全会提出，健全劳动、资本、土地、知识、技术、管理和数据等生产要素按贡献参与分配的机制。这是中央首次提出将数据作为生产要素参与收益分配，既体现了数字经济快速发展背景下社会主义基本经济制度与时俱进的重大变革，也成为数据以资产形式进入价值体系的理论依据，为重视数据价值、推动数字转型指明了实践方向、提供了有力支持。

2020 年，各地深入贯彻落实党中央决策部署，在数字经济要素流通机制、要素资源配置等方面加大探索力度。以雄安新区、浙江省、福建省、广东省、重庆市、四川省等国家数字经济创新发展试验区为代表，各地系统化探索试验数据要素确权、流通、交易等方面的规则、机制、标准、法规。特别是面对数字要素运用、流通中面临的技术、安全等问题，基于区块链的数据安全共享与交易、数据隐私保护、数据资产确权等应用探索持续深入，为促进数据共享、建设可信体系、推动数据资产交易等提供强有力的技术支撑。

（二）从动能角度看，制造业数字经济发展深入推进，第二、三产业深度融合成为新命题

2019 年，从中央到地方、从政府到企业，均将制造业与数字经济融合作为推动制造业转型升级的重要抓手。在政策层面，工业和信息化部、国家发展改革委等先后发布《工业大数据发展指导意见（征求意见稿）》《关于加快培育共享制造新模式新业态促进制造业高质量发展的指导意见》《关于推动先进制造业和现代服务业深度融合发展的实施意见》，提出了工业大数据融合应用、新模式新业态培育等制造业数字经济发展重点。在地区层面，安徽省、浙江省等地探索形

成集智能机器人单点应用、“无人工厂”快速推广、“1+$N$”工业互联网平台体系构建等于一体的融合发展路径。在企业层面，越来越多的企业依托工业互联网平台加快推进设备和业务的数字化，重点平台平均工业设备连接数达 65 万台，工业 App 连接数达 1950 个，催生了共享制造、产业链金融等新模式、新业态。

2020 年，数字经济与制造业融合需求进一步培育和释放，在政策引导和领军企业带动下，制造业从数据集聚共享、数据技术产品、数据融合应用到数据治理的应用闭环体系加速构建，重点行业和关键领域的数字转型从网络和设备数字化升级向制造全流程、全环节数字化延伸。同时，随着人工智能、工业互联网、虚拟现实等数字技术在传统产业领域的广泛应用，制造业与服务业的双向渗透能力和渗透速度大幅提升，个性化定制、共享制造、产业链协同制造等新模式、新业态加速成熟。

（三）从基础设施看，5G 规模化布局速度显著加快，智能基础设施建设加快推进

新型数字基础设施作为数字经济发展的重要支撑，正越来越受到世界各国的重视。2019 年 6 月，5G 商用牌照的发放拉开了我国 5G 规模化部署的序幕，中国移动、中国联通、中国电信、中国广电均发布了 5G 网络建设和应用计划。工业和信息化部批复了上海市、深圳市、济南—青岛 3 个人工智能创新应用先导区建设，将人工智能新型基础设施建设作为重要任务。住房和城乡建设部表示，将推进支持智能网联汽车和智慧城市运行的城市智能基础设施建设。在市场层面，阿里巴巴、百度、华为等企业纷纷加大了“云智能”“聪明的路”“智能 DC”等的建设力度。

2020 年，5G 规模化部署速度显著加快，中国移动、中国联通在 40 个城市推进 5G 网络建设；中国电信在 17 个创新应用示范城市启动 5G 网络建设，并逐步扩展到 40 个城市；中国广电推出面向个人业务和行业垂直应用的商用业务（见图 1）。同时，随着人工智能创新应用先导区启动建设，以及其他人工智能先发地区、人工智能龙头企业的重视与积极参与，传统基础设施的智能化升级和新型智能化基础设施的建设步伐也将加快。

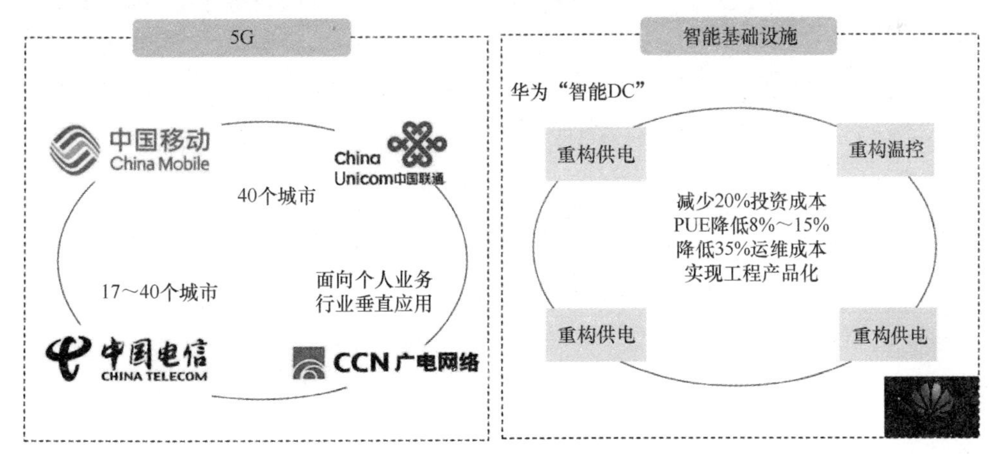


图 1　5G 智能基础设施建设情况

（四）从国际合作看，数据跨境流通和数字贸易成为热点，中外数字经济合作更加务实

数字经济成为 G20 会议的“常驻话题”，美国、日本等多国对数据资源高度重视，希望推动数据跨境流动、跨境电子交易。习近平总书记在 2019 年 6 月召开的 G20 大阪峰会上提出，数据就像石油，应建立公平且无差别的市场。在各国政府的重视推动下，2019 年的中外数字经济合作进一步推进。以中国和德国为例，双方共同举办了“数字经济和高新技术产业高峰论坛”“中德智能制造合作发展论坛”等活动，成立了中德智能制造合作企业对话工作组，以及人工智能、数字化商业模式、人才教育培训、工业互联网 4 个专家工作组，在推动企业数字化转型、促进

“人工智能+制造业”方面已开展一系列工作。

2020 年，各国在推进数字经济发展方面达成更多共识，并联手积极推进数据跨境流通、数字贸易等领域的国际规则和标准制定。同时，随着中德、中日、中韩等在数字经济细分领域的交流研讨持续开展，中外数字经济合作向着更加务实的方向推进，数字经济相关基础设施建设、数字技术交流、数字贸易、数据流通、人才培训等方面的项目合作、标准化合作等取得更多实际成果。

（五）从治理角度看，提升数字治理能力成为着力点，数字经济发展环境加速优化

数字经济的健康发展离不开有效治理。党的十九届四中全会聚焦推动国家治理体系和治理能力现代化，提出了建设数字政府、构建全国一体化政务服务平台等重点任务，为提升政府数字治理能力、推进政府数字化转型提出了新要求。得益于政务信息系统整合共享、政务信息资源共享、“互联网+政务服务”等工作的深入推进，政府运用数字技术实现社会服务高效化的能力不断增强，浙江“最多跑一次”、江苏“不见面审批”、上海“一网通办”等成为政务服务创新典范，极大地优化了营商环境。世界银行发布的《2020 年营商环境报告》显示，中国营商环境排名跃居全球第 31 位，连续两年跻身全球营商环境改善最大的经济体前 10 位。

2020 年，加快推进数字政府建设、完善数字政府治理体系、提升数字治理能力成为各级政府落实中央精神、推动国家治理体系和治理能力现代化的第一要务，政务服务、公共服务、社会治理、宏观决策、区域治理等领域的数字化转型成为部署重点。同时，建设数字治理平台成为数字政府建设的重要抓手，基于平台推动数据融通和应用，实现数据驱动的精准决策、业务协同和服务创新，成为政府提升数字化治理能力的重要内容。

**【需要关注的问题】**

（一）对产业数字化的路径和模式探索不深入，传统产业数字化转型和区域发展路径不清

从企业实践来看，传统企业开展数字化转型的意愿更加强烈，却缺乏清晰的数字战略和转型实施步骤。埃森哲发布的《2019 中国企业数字转型指数》显示，只有 9%左右的领军企业通过数字化转型开拓了新业务或新服务，并且新产品、新服务营业收入超过总体营业收入的 50%；大部分企业并不知道如何通过数字技术提升生产效率或增加营业收入。从区域发展来看，各地发展数字经济手段单一、模仿照搬现象突出；不少地方只注重“硬”设施建设，却忽略了“软”环境的配套和“应用”的跟进；还有一些地方在对云计算、大数据、人工智能、区块链等新兴技术并不了解时，就仓促上马项目，反而不利于数字经济的发展。

（二）对数据资源的特点规律缺乏认识，权属界定不清成为数据按贡献参与分配的关键制约

数据作为数字经济时代新出现的生产要素，具有诸多与其他生产要素截然不同的特征，在生产、分配、交换、消费等过程中的规律也与其他生产要素有所不同。当前，对数据资源特有的性质和规律尚未形成清晰认识，数据权属界定仍然存在困难。而权属界定是按贡献参与分配的前提，权属界定不清则科学分配就很难实现。总体来看，在数据按贡献参与分配的理论体系、测算方式、体制机制等方面，亟待开展体系化研究和路径探索。

（三）对数字经济特点和需求掌握不准确，监管能力与数字经济的快速发展不相适应

数字经济在促进新模式、新业态蓬勃发展的同时，也会引发“平台垄断”“数字寡头”等新的市场失灵现象，平台企业、数据企业滥用技术和用户优势垄断市场定价、单方面制定“霸王条款”、排挤或限制竞争等行为屡见不鲜，消费者及厂商利益在受到侵害的同时，也导致许多创新被压制。此外，“大数据杀熟”（见图 2、图 3）“二维码”收费诈骗、个人信贷信息非法爬取、算法歧视等利用新技术犯罪的行为层出不穷。现有市场监管在认识、效力和内容上存在不足，对垄断行为难以认定，对隐蔽性较强的破坏市场秩序的行为难以及时追踪和有效监管。

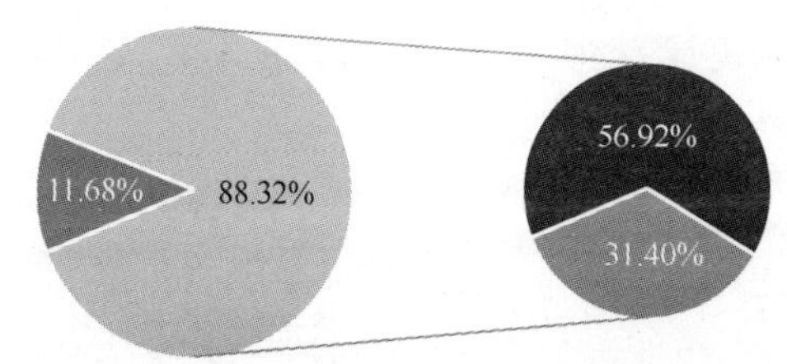


图 2 “大数据杀熟”的普遍性

数据来源：北京消费者协会发布的大数据“杀熟”问题调查结果。

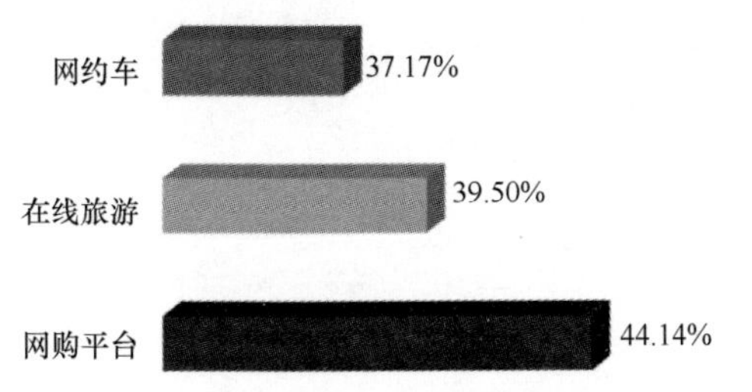


图 3 “大数据杀熟”的“重灾区”

数据来源：北京消费者协会发布的大数据“杀熟”问题调查结果。

（四）对新型数字基础设施的未来需求预计不充分，建设与应用存在脱节问题

随着 5G 规模化部署步伐加快，数字基础设施供给能力大幅提升。但是，当前 5G 的应用场景仍以传统应用领域为主导，与 5G“超高带宽”“超低时延”“全连接覆盖”等特性高度匹配的专属应用有待发掘培育。同时，数字经济的快速发展也带动了数字基础设施内涵和外延的扩展，人工智能研发平台、公共技术服务平台等都被纳入发展范畴，但对于此类数字基础设施的未来需求规模、演进规律、应用场景等方面的研究和预估仍然不足。

**【对策建议】**

（一）研究制定促进数据要素有序流动的标准规范和法律法规

加强政府、企业、个人等主体在数据所有权、占有权、使用权、收益权等方面的权属界定研究，加快制定数据确权标准规范。明确数据的资产地位，将数据的估值、交易、流通等纳入一般资产的管理体系。完善政府数据开放共享制度，进一步推动政府数据跨层级、跨地域、跨系统、跨部门、跨业务流动。探索政企数据流通机制，促进企业数据流通和使用。建立健全数据跨境流通安全管理机制，积极参与数据跨境流通国际标准制定。

（二）研究制定重点行业数字化转型路线图

加强制造业数字化转型方法论研究，构建数字化转型就绪度评价指标体系，加强行业、企业数字化转型诊断评估。以诊断评估为基础，梳理数字化转型面临的关键问题和典型做法，围绕数字化转型能力构建、组织结构变革、企业管理机制调整、数字人才储备等方面，分行业、分层级制定制造业等重点行业的数字化转型路线图。

（三）研究出台政府数字治理平台建设指引

随着数字政府建设不断深入，政府数字治理平台逐渐成为中央部委和各地政府的关注焦点。为避免一哄而上、盲目建设，应研究出台政府数字治理平台建设指引，明确政府数字治理平台的基础设施体系、数据资源体系、应用创新体系、数据治理体系、运维管理体系等的建设原则和标准规范。

（四）引导推动新型数字基础设施创新应用

开展 5G、人工智能等新型数字基础设施内涵、外延的相关理论研究，以应用为导向，评估数字基础设施建设需求，强化数字基础设施建设与应用统筹协调。以智慧城市、数字政府、行业数字化转型为契机，探索丰富数字基础设施应用场景。创新政府购买服务、应用补贴等激励方式，加强数字基础设施应用引导。

（五）构建科学的数字经济统计测算和评估体系

加强数字经济理论研究，深入剖析数字经济运行机制，建立数字经济核算标准和方法体系，明确数字经济统计口径和统计范畴，并建立数字经济统计调查和监测分析制度。研究数字经济价值评估体系，从直接贡献、间接贡献、福利改进 3 个方面测度数字经济价值。以评估全国及各区域数字经济发展水平、特点为切入点，聚焦基础设施建设、数字产业发展、行业融合应用、政府环境营造等方面，构建数字经济发展水平评估体系。

（六）总结推广先进的数字经济监管做法

鼓励各地因地制宜，加快探索政府监管、平台自律、法律约束的多元协同治理机制，制定并实践平台经济、共享经济等新业态的分类监管制度及数字时代的反垄断规则。对具有借鉴意义的政策创新、制度创新，组织开展宣传交流，促进先进的监管做法推广普及。

# 互联网产业发展情况

2019 年，我国互联网领域在继续保持快速发展的同时，加速回归理性和价值，三四线城市市场带来了电子商务新增长，5G 网络部署推动产业加快布局，“互联网+政务服务”迈入发展新阶段，网络治理规范化和能力进一步增长。2020 年，我国互联网发展步入新的发展阶段，5G、产业互联网、中美贸易摩擦等机遇和挑战因素叠加，让互联网发展出现更多不确定性，互联网与实体经济进入全面深度融合期，关键核心技术取得一定规模的突破，网络治理能力全面增强。

## 【基本形势】

### （一）互联网发展继续回归理性和价值

2019 年，多个互联网热点领域进入调整淘汰期。例如，摩拜、小蓝单车等共享单车巨额亏损后纷纷涨价以求生存；共享办公相关企业业务大多不及预期，纷纷进行缩减。在 P2P 网贷领域，少有机构能达到银监会备案要求，湖南省、山东省、重庆市先后取缔本地全部 P2P 网贷机构。在知识付费领域，内容同质化日益严重，App 使用率、复购率不断下降。此外，百度、京东、滴滴、优酷、爱奇艺等多家骨干企业均不同程度裁员。另外，互联网行业投融资市场活跃度同比明显下降。根据有关机构数据，2019 年第三季度，互联网行业融资案例为 153 起，融资金额为 3843 百万美元，具体如图 1 所示。

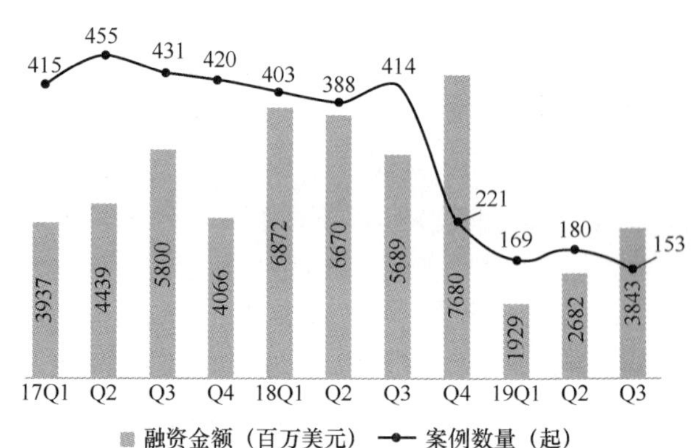


图 1 2017 年第一季度至 2019 年第三季度中国互联网行业 VC/PE 融资情况

数据来源：CVSource 投中数据，投中研究院，2019 年 10 月。

2020 年，各细分领域继续加速优胜劣汰进程。P2P 网贷在合规备案下加快清退进程，共享经济进入重在运营、力争盈利的阶段，直播、知识付费等内容平台更加精耕细作、打造精品。经历成长带来的阵痛和教训后，我国互联网也会进入更加成熟的发展阶段，企业和投资方都将告别投机浮躁、多些冷静踏实，并以用户需求为中心，打造真正带来价值的产品和服务。

（二）三四线城市市场为电子商务带来高增长

2019 年，电子商务进入存量竞争时代，在流量红利即将消失、增长放缓、获客成本日益增长形势下，中小城市和农村地区成为拓展电子商务增长空间的主战场，各电子商务巨头纷纷加快渠道下沉。阿里巴巴整合聚划算、淘抢购、天天特卖 3 个板块业务，加速下沉，2019 年超过 1 亿个新增用户中有 77%来自三线及以下城市。京东上线瞄准下沉市场的社交电子商务"京喜"，截至 2019 年 11 月，其用户 75%来自三四线城市。依靠并主打下沉市场的拼多多，2019 年股价涨幅相比 2018 年超过 1 倍（见图 2），市值超过百度和京东。

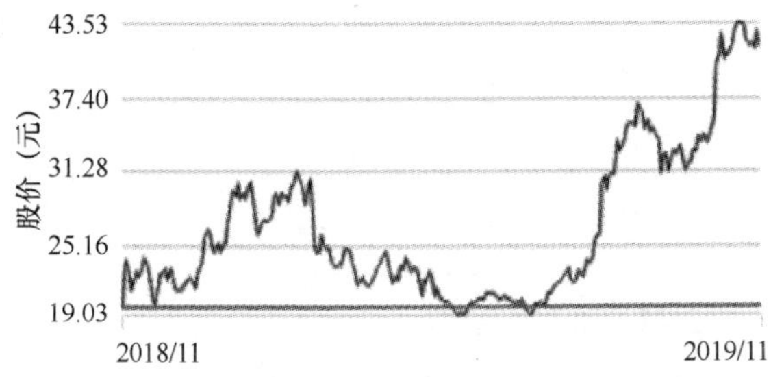


图 2　拼多多 2018 年 11 月至 2019 年 11 月股价

2020 年，各巨头继续展开下沉市场的争夺，在短视频直播、拼团、"0 元砍""拉人头"等过度消耗用户时间精力的营销模式作用下，下沉市场空间得到迅速释放，各巨头在下沉市场的格局也基本确定。电子商务在迎来这些增量市场带来的高增长后，增速逐渐放缓，进入更加注重质量和服务的新阶段。

（三）5G 等新技术应用催生更多新业态

2019 年，工业和信息化部发放 5G 商用牌照，我国正式进入 5G 商用元年，5G 产业化准备基本就绪。通信运营商陆续推出了 5G 资费套餐。截至 2019 年 10 月，我国 3 家基础通信运营商已在全国开通 8.6 万个 5G 基站，到 2019 年年底，首批开通 5G 的城市达到 50 个。5G 终端产业已经基本成型，5G 手机已规模量产并上市。

2020 年，在各方持续推进下，5G 加快走向应用落地。5G 超大带宽、高可靠、低时延、海量互联等特性，与大数据、人工智能、边缘计算、高清视频、虚拟现实、区块链、工业互联网等新技术交叉融合，向制造、交通、医疗、消费、娱乐等领域不断渗透，拓展全息通信、智能网联汽车、智能制造、智慧医疗等领域应用。此外，和 4G 商用时难以预测移动支付、短视频等业态的涌现爆发一样，5G 的推广应用也将催生出诸多目前预想不到的新业态，为数字产业化和产业数字化发展开拓新空间。

（四）"互联网+政务服务"有力推动政府数字化转型

2019 年，全国一体化在线政务服务平台整体上线试运行，已连通 31 个省（自治区、直辖市）及新疆生产建设兵团、40 余个国务院部门政务服务平台，接入地方部门 300 万余项政务服务事项和一大批高频热点公共服务。各地围绕"一网通办""掌上办"等目标纷纷出台战略规划，加大力度推动数字政府建设，取得了明显成效。例如，广西壮族自治区 90%的政务服务事项已实现"一网通办"，事项办理时间比原来平均缩短 50%。

2020 年，在全国一体化在线政务服务平台运行带动下，各地数字政府推进进一步提速，各地区、各部门平台与国家平台加快对接，政务服务事项加速向网上迁移，数据共享和业务协同加快推进，纵向贯通、横向协同的全国一体化在线政务服务平台基本建成，助推打造整体协同、高效运行的数字政府，促进政府决策科学化、治理精准化、公共服务高效化。

（五）规章制度日益完善促进网络环境净化

2019 年，国家互联网信息办公室先后起草或印发了《App 违法违规收集使用个人信息行为认定方法（征求意见稿）》《个人信息出境安全评估办法（征求意见稿）》《儿童个人信息网络保护规定》《网络生态治理规定（征求意见稿）》《网络音视频信息服务管理规定》《网络安全威胁信息发布管理办法（征求意见稿）》等多项政策规章，针对当前互联网乱象集中领域或重点待解决问题明确了管理要求。同时，各部门也积极开展常态化网络执法，如中央网信办、工业和信息化部等 4 部门联合开展 App 违法违规收集使用个人信息专项治理，公布了一批违规 App 并责令限期整改。

2020 年，随着上述政策文件的正式颁布和更多政策规章的出台制定，网络治理、信息保护等方面的制度更加完善，进一步弥补了监管空白，为政府执法和用户维权提供了依据。伴随相关政策规章的出台，相关专项治理工作常态化开展，互联网企业在合规经营方面投入了更大资源力量，用户个人保护意识也大幅提高。

## 【需要关注的问题】

### （一）互联网行业调整期需要正确认识和应对

当前互联网行业遇冷，除近几年经济下行压力加大的因素之外，更多是互联网行业自身发展内因导致。一是经过多年发展，各类互联网新业态涌现并广泛普及后，消费互联网人口红利几近耗尽，增长逐渐遇到天花板（见图 3）。二是在“双创”“风口论”的氛围下，社会各界过度“迷信”互联网思维并抱有过高期望，大量资本涌入一些“看似美好”的新模式，大大助长了产业泡沫的产生，低价恶性竞争后却难以达到预期收益，泡沫逐渐收缩破灭。三是 P2P 网贷、直播等细分领域野蛮生长，并出现诸多行业乱象（见图 4、图 5），对社会和公众利益带来严重侵害，政府部门不得不进行严厉监管。

整体来看，互联网行业调整期是其螺旋式发展和自我净化的过程，面对互联网当前发展形势，我们应该引导技术和模式创新向传统领域渗透，真正解决行业痛点，更好地服务于经济、社会发展。

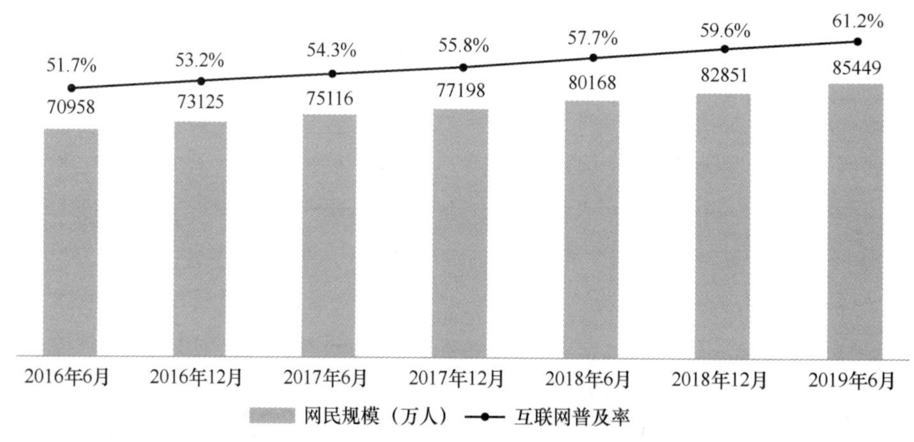


图 3　消费互联网人口红利消退

资料来源：CNNIC 中国互联网。

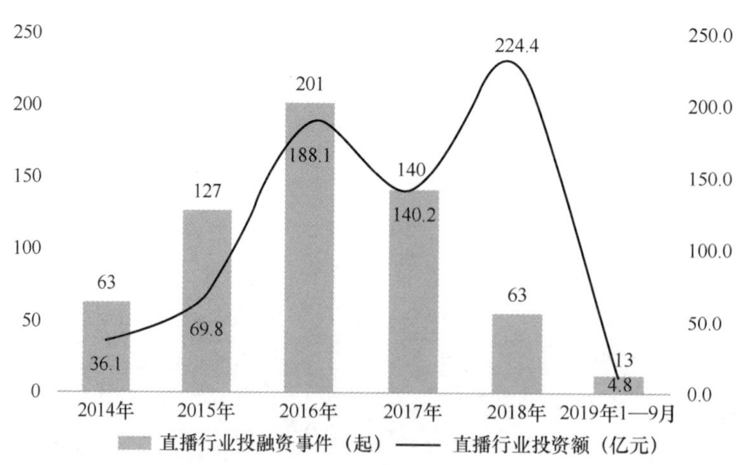


图 4　2014—2019 年直播行业投融资情况

资料来源：IT 桔子报告，前瞻产业研究院整理。

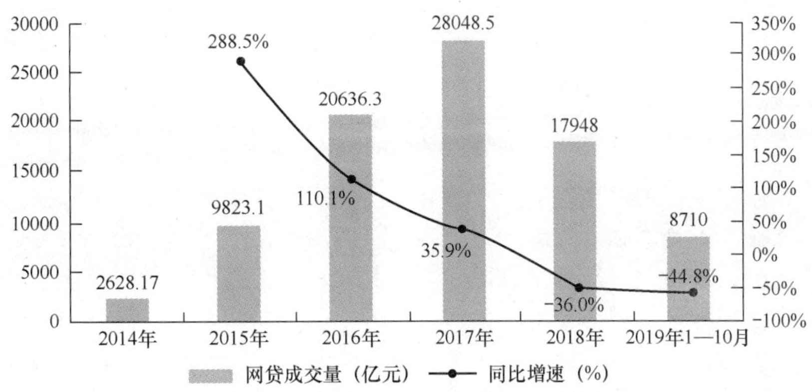


图 5　2014—2019 年 P2P 网贷成交量

资料来源：前瞻产业研究院整理。

### （二）产业互联网仍处在技术验证和商业模式探索阶段

在 2019 年 3 月召开的全国两会上，“产业互联网”成为热词，各大互联网企业和产业资本相继进入产业互联网赛道。相对于早已成熟的消费互联网，新兴的产业互联网发展面临如下几个问题。技术融合难度更大，产业互联网除需要用到互联网、移动互联网、物联网等网络连接技术外，还融合了大数据、人工智能、云计算、5G 等一系列新兴技术及产业自身技术，并且在终端形态上更加丰富。产业互联网落地所需要的技术创新和整合能力大幅上升，产品设计和定位仍处在探索阶段。与目前消费互联网新产品层出不穷不同，产业互联网目前仍处于探索阶段，产品应用案例较少，众多传统企业对产业互联网仍存在一定的认知缺失，产业互联网发展目标和路径不够清晰。2020 年，产业互联网发展仍处在技术验证和商业模式探索阶段，行业巨头效应并未显现。

### （三）中美贸易摩擦使得产业链国产化和企业出海压力倍增

2019 年，中美贸易摩擦逐步升级，截至目前被美国商务部列入“出口管制名单”的中国企业已接近 300 家，涉及通信、人工智能、芯片、光伏、软件等诸多行业，芯片、软件等高端信息产品被美国出口管制，部分互联网企业对“出口管制名单”中的企业产品依赖过大，影响效应在 2020 年凸显。从硬件层面来看，技术管制使得我国企业进口部分核心芯片、器件受到限制，重新开发国产硬件产业链体系仍需要时间。从软件层面来看，我国操作系统和部分专用软件对外依赖严重，软件授权的断供将会阻碍我国企业技术整合和开发再创新进程，开发新的操作系统需要投入巨大开发成本和后期迭代成本。从海外投资方面来看，中美贸易摩擦加大了美国政府对我国企业海外投资和并购的阻挠力度，我国互联网企业通过并购获得先进技术和打入国际市场面临严重阻碍。综合来看，若中美贸易摩擦持续到 2021 年，我国企业尤其是国际化程度较高的企业将面临产业链国产化和出海复杂化双重困局。

### （四）数据安全技术支撑和政策保障仍待加强

近年来，网络个人信息泄露事件及私人信息违规使用问题严重，网络信息安全问题逐渐引起人们的重视。数据安全问题频发主要原因如下。数据泄露途径较多，数据涉及采集、存储、挖掘、应用等多个环节，每个环节都存在数据泄露风险，数据安全保障需要全流程的技术支撑和法律保障。商业利益是数据安全问题凸显的重要推手，“大数据杀熟”、过度用户画像带来的巨大商业利益使得部分公司难以从自身出发主动保障数据合规。数据安全相关政策和监管体系尚不完善，我国数据安全问题涉及企业数量多、行业广、需要协调部门多，并且数据安全立法刚刚起步，监管体系并不完善。2020 年，数据安全治理和互联网企业数据合规建设情况复杂、任务繁重，技术支撑和政策保障仍需要进一步完善。

**【对策建议】**

（一）加快推进新型数字基础设施建设

一是超前部署 5G、泛在物联网、太空互联网等新型网络基础设施建设，为新技术应用业态创新提供新型网络支撑。二是加强云计算、大数据、物联网、人工智能、区块链等新技术领域能力开放平台建设，丰富平台开放服务功能，为基于新技术的创新创业提供能力平台支撑。三是加快工业互联网、车联网等行业应用型数字基础设施建设，推动形成行业公共服务平台，为行业平台化发展、数据资源汇聚、智能化管理提供有利的支撑。

（二）加快推进产业互联网发展

一是发展行业数字化转型解决方案，培育行业性全链条信息服务企业，提供企业数字化转型方案设计、系统集成、测试评估、托管运维等全套服务。二是发展行业信息技术咨询服务，以新理念、新思维、新路径、新方案助推新时代数字化转型。三是加快推动互联网、大数据、人工智能等技术在企业生产经营等各环节的深度应用，提高企业对外连接、深度洞察、智能运行等能力。四是打造产业互联网开放式创新创业平台，开放创新设施，集聚创新资源，培育产业互联网创新创业者。

（三）加强关键核心技术研发和创新

一是发挥互联网企业大规模应用优势，支持其在高端芯片、操作系统、数据库、服务器等领域自主创新，鼓励自有创新技术大规模商用转化。二是充分利用云计算、大数据、物联网和人工智能等技术发展带来的产业升级换档机遇，大力发展云操作系统、云数据库、大数据系统、物联网芯片、人工智能系统等新产品、新服务，推进新产品、新服务跨界融合发展，抢先布局新兴服务市场。

（四）完善政务数据资源社会开发保障机制

一是加强政务信息资源质量管理，建立数据资源质量保障机制，建立政务信息资源分级分类制度，完善数据质量管控体系。二是加快制定政务数据资源和数据产品开发利用的管控机制，建立安全可控的数据资源交付模式，明确数据资源权属划分、使用原则、使用主体、使用范围、用途目的、销毁机制等，提高数据流向控制和溯源能力。三是通过政府专项资金扶持和数据创新应用大赛等多种方式，支持社会力量利用政务信息资源开展创新创业。四是探索通过 5G、云计算、大数据、人工智能、区块链等新技术开发利用政务信息资源的机制，建立技术应用规则，更好地保障技术使用安全。

（五）提升政府对网络空间和数据的治理能力

一是加快完善数据采集存储、共享交换、流通交易、开发利用等方面相关的管理办法，以及负面清单、标准规范、操作指南、法律法规等规章制度，确保数据安全、平稳、有序流通。二是面对互联网、大数据、人工智能与实体经济融合发展大趋势，完善融合业态业务准入制度，加强平台算法、业务模型等审查监管，构建新旧业态公平竞争和科技安全发展的制度保障。三是构建政府和平台企业协同治理的新型监管机制，推进政府管平台、平台管驻户的平台化治理模式，提高对网络平台及驻户精准监管治理的能力。四是构建在线化治理模式，健全在线监测、动态感知、风险预警、应急处置等机制，增强相应技术支撑，提高即时处理能力。

# 工业互联网平台发展情况

2019 年，工业互联网平台政策引导效应进一步显现，基本形成中央部署、地方推进、企业响应的全方位发展格局，平台应用与创新走深走实，“平台+新技术”融合应用创新活跃，在行业和区域中赋能制造业数字化转型效果逐渐凸显，充满活力的产业生态体系加速形成。2020 年，我国工业互联网平台建设和应用推广持续深化，平台发展步入发展环境更加完善、技术创新更加活跃、平台应用更加广泛、产业赋能效应更加凸显、区域协同更加有效、生态环境更加优质的新阶段。

## 【基本形势】

### （一）从发展环境看，工业互联网平台发展动力由政策驱动转向企业自发需求

2019 年，工业互联网平台、网络、安全等配套政策及行业政策体系趋于完善，发展工业互联网已成为各龙头企业重塑产业竞争优势、推动转型升级的共识。以海尔、阿里巴巴为例，海尔基于 COSMOPlat 平台打造了包括工业组网解决方案、大数据解决方案、边缘层解决方案、智能制造解决方案、工业安全解决方案等在内的 170 多个专业解决方案，赋能农业、房车、机械、建陶等行业生态；阿里巴巴通过打造“1+*N*”工业互联网平台体系，依托阿里巴巴的品牌价值和技术服务优势，聚合服务 100 余家中小信息化服务商、大数据创新企业和信息工程服务企业，实现云端工业 App“一站式”开发、托管、集成、运维和交易。

2020 年，企业“自下而上”推动工业互联网平台建设及推广，针对不同的服务对象构建区域、行业、企业工业互联网子平台，聚焦协议转换、边缘计算、工业机理模型、生产线数字孪生等平台关键技术，形成更多具有价值的行业解决方案，推动工业互联网平台在地方加速落地，具体如图 1 所示。

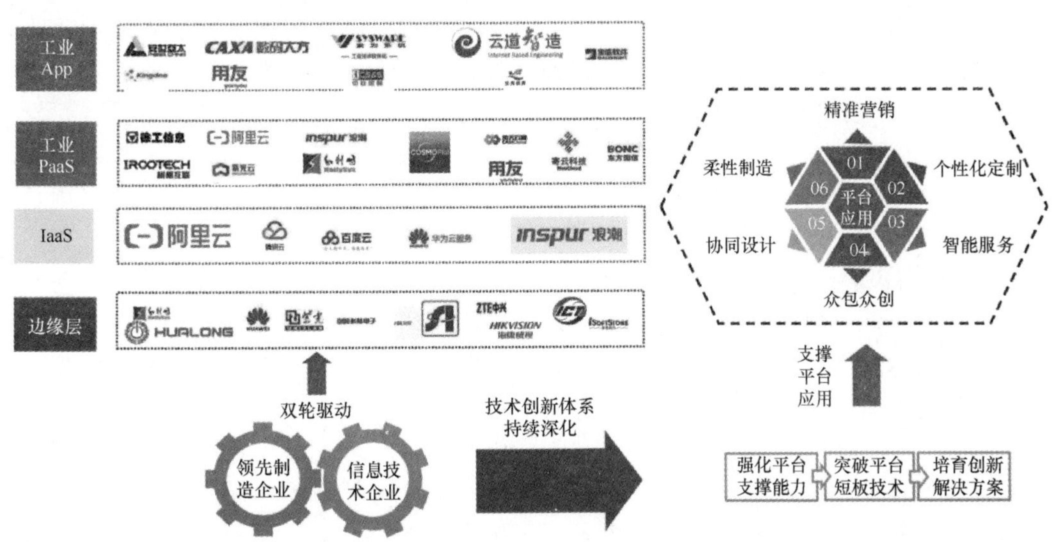


图 1　企业“自下而上”推动工业互联网平台建设和推广

（二）从技术创新看，新一代信息技术加速与工业互联网平台技术融合

2019 年，大数据、人工智能、5G、区块链等新一代信息技术日趋成熟，持续为领先制造企业和信息技术企业发展拓展新空间，涌现出更多“平台+新技术”创新解决方案。例如，富士康、商飞公司、紫光云引擎等通过“平台+5G”融合应用实现高可靠、低时延、高通量的数据集成，催生远程运动控制、全场景运营优化、智能巡检等模式；中国电信、杭州汽轮等开展“平台+4K/8K高清视频”融合探索，实现高精度、异构化图像与视频数据分析，催生智能产品检测、设备远程运维等模式；商飞公司、华为、中兴通讯、海尔等通过“平台+VR/AR”融合应用实现三维图像快速生成与分析，催生远程辅助故障诊断、工业设计、多工种协作等模式。

2020 年，新一代信息技术与工业互联网平台的融合发展从简单到复杂、由单点聚焦到全面开花，衍生出更多新模式、新业态，实现应用创新，加速融合创新应用落地，推动新一代信息技术与制造业的深度融合。

（三）从平台应用看，面向特定场景的系统解决方案加速涌现

2019 年，工业互联网平台产业链图谱更加完善，平台产业创新持续活跃，在各行业中应用的深度和广度不断提升。在电子行业，中国电子推出“中电云网”平台，打造了 SMT 行业协同云、数字零售云，开发了新型工业电商综合解决方案。在机械行业，中联重科聚焦工程机械、农用机械等产品上云、上平台，打造基于云谷工业互联网平台的设备全生命周期智能服务模式。在工业控制行业，和利时打造 HiaCloud 工业互联网平台，在底层设备协议解析与数据转换基础上，推出了面向化工、纺织、能源、家电等行业的解决方案。在汽车行业，北汽新能源打造了“北汽云”京津冀地区产业协同工业互联网平台，形成汽车个性化定制、质量大数据分析、车联网等解决方案。

2020 年，产业整体发展更加务实，更多产业资源加速进入工业互联网领域，平台企业聚焦行业痛点问题，将技术突破、模式创新与产业实际需求相结合，涌现形成更多面向特定场景、具有更大价值的行业解决方案。

（四）从产业赋能看，传统产业基于平台的数字化转型步伐进一步加快

2019 年，随着工业互联网创新发展战略的深入推进，平台赋能水平显著提升，成为企业推进数字化转型的切入点，基于平台的制造业生态体系日趋完善。工业互联网创新发展工程自实施以来，项目整体进展良好、成效显著，“以测促建、以用带建”的预期目标基本实现，平台核心功能、应用水平、生态能力明显提升，重点平台平均工业设备连接数达到 65 万台，工业 App 连接数达 1950 个，工业模型连接数突破 830 个，平台活跃开发者超过 3800 人，在石油化工、机械、钢铁、电子、轻工等领域催生了一批新模式、新业态，显著带动行业转型升级。

2020 年，伴随着工业互联网创新发展工程的持续深入实施，平台模式创新能力、工业设备上云能力、数字化管理能力、试验测试能力及重点领域公共服务能力得到大幅提升，推动形成多层次平台发展体系，加速制造业数字化转型升级及新技术、新业态、新产业培育。

（五）从区域协同看，应用体验中心成为引领工业互联网产业布局的重要载体

2019 年，工业互联网平台领域政企合作、区域协同、产业集聚不断深入，北京市、广东省、山东省、浙江省等发挥先发优势、强化供需协同，率先培育了一批具有较强行业影响力和社会认可度的工业互联网平台。伴随着长三角等工业互联网一体化发展示范区加速建设，跨省市的产业集群应用模式开始涌现，形成区域经济、块状经济下工业互联网平台推进路径和落地样板。从区域协同看，目前已初步形成以解决方案供应商集聚为特色的北京市、以产业链协同为特色的广东省、以新旧动能转换为特色的山东省、以块状经济推广应用为特色的长三角地区等区域发展格局，为区域经济发展和产业转型升级注入新动力。

2020 年，北京市、青岛市、南京市、深圳

市、重庆市等城市工业互联网平台应用创新体验中心的推动建设，成为集聚各类跨行业跨领域、特定行业、特定场景等平台解决方案供需对接、成果推广的公共服务平台，形成协同联动效应，带动地区集聚产业和重点行业整体提升。

### （六）从生态建设看，面向工业互联网平台的科产金服务体系进一步升级

2019 年，科技、产业、金融等各方积极探索和践行产融合作。在产融对接交流方面，工业互联网产融推进论坛、工业互联网产融结合座谈会分别于 2019 年 2 月和 8 月召开，来自政产学研用资各方参会人员围绕工业互联网发展面临的经济大势、投资机会及产融合作模式进行了深入交流，相关平台企业与投资机构进行了对接。在产业界，寄云科技完成新一轮融资，树根互联完成 B 轮 5 亿元融资，展湾科技完成千万元 A 轮融资，工业互联网领域的价值投资更加活跃（见图 2）。同时，各平台企业积极探索产融结合新模式，推动平台商业模式持续创新，形成功能订阅、金融服务等新模式，例如，用友科技以功能订阅方式为近 50 万家中小企业提供平台化、通用性服务并实现盈利；常州天正创新“生产力征信模型”，提供基于平台的融资租赁、风险预警、客户标定等服务，帮助 2000 余家企业客户获得授信 30 亿元，实际放款超过 22 亿元。

| 时　间 | 公司名称 | 领　域 | 融资金额 | 投 资 方 |
|---|---|---|---|---|
| 1月2日 | 蘑菇物联 | 工业物联网管理工具和服务 | 数千万元A轮 | 元禾原点资本等 |
| 1月7日 | 航天智控 | 设备故障诊断、安全预知 | 数千万元A轮 | 启赋资本、银杏谷资本 |
| 2月25日 | 博依特科技 | 工业大数据 | 千万元Pre-A轮 | 中科科创 |
| 3月7日 | 博拉科技 | 云MES | 数千万元A轮 | 戈壁创投 |
| 4月1日 | 华瑞新智 | 大数据处理及人工智能算法核心技术研发 | 3000万元A轮 | 深创投 |
| 4月18日 | 镏云物联 | 工业物联网 | 数千万元Pre-A轮 | 汽车零部件产业基金 |
| 6月13日 | 恒远科技 | 工业SaaS | 近千万元Pre-A轮 | 开创集团 |
| 6月17日 | 树根互联 | 工业互联网平台 | 5亿元B轮 | 和君资本、众为资本、鼎兴量子、星河金融、华胥资本、经纬创投 |
| 7月5日 | 展湾科技 | 工业设备联网及数据分析处理 | 千万元A轮 | SIG海纳亚洲创投基金 |
| 7月9日 | 雪浪数制 | 工业数据操作系统 | 近亿元Pre-A轮 | 晨山资本、国投创业 |
| 9月18日 | 微云人工智能 | 智能云端制造的整体解决方案和C2M运营平台 | 上亿元A轮 | 沸点资本 |
| 11月12日 | 全应科技 | 供热电能源生产的工业互联网解决方案 | 数千万元A轮 | 高瓴资本、线性资本、明势资本 |

图 2　平台领域投融资规模和融资活动持续增长

2020 年，面向工业互联网平台的科技投融资生态环境持续向好。随着各项产融结合政策的落地实施，更多产融对接平台搭建形成，产业发展、科技创新、金融服务生态链更加完善，资本市场对以工业互联网平台为代表的先进制造业企业会进行更多长期价值投资，形成产融结合、良性互促的发展格局。

## 【需要关注的问题】

### （一）工业互联网平台商业化路径尚不明确

当前，我国工业互联网平台发展仍然处于起步阶段，工业互联网平台技术研发投入成本较高，在垂直行业的商业应用和推广仍然处于探索阶段，优势互补、协同发展的工业互联网平台产业生态亟待完善。同时，在产业统计口径中也缺乏可以有效反映数字经济时代工业互联网价值的创新统计方法，因此无法精确统计工业互联网平台的投入和产出效益，进而阻碍了创新解决方案的培育、推广与普及。

### （二）解决方案在中小企业规模化推广困难

与传统消费互联网相比，工业互联网平台解决方案在落地过程中涉及大量数字化改造、二次开发和系统集成等工作，推广难度和成本超过企业预期。其中，以工业企业数字化试点建设为例，其整个建设周期需要持续 1～2 年甚至更长时间，而对于数量众多的中小企业来说其仅能实现局部改造，全面的工业互联网解决方案应用推广任务艰巨。

（三）工业信息安全保障薄弱制约平台应用

随着工业互联网的快速发展，制造环境走向开放、跨域、互联，工业信息安全问题日益突出。目前，工业互联网平台在数据产权确认、交易、保护、跨境流转等方面的标准或规范尚不健全，工业信息安全防护手段和机制尚不完善，导致企业普遍对于工业数据上云后的数据资产流失、数据安全风险存在顾虑，亟待完善相关安全保障体系，确保平台健康持续发展。

**【对策建议】**

（一）夯实制造业数字化转型基础，着力突破工业互联网平台核心技术

依托工业互联网创新发展战略，着力突破工业机理模型、算法、信息物理系统等关键技术和核心产品，超前布局数字孪生、云化仿真设计与运营管理软件等，支持建设平台开源社区，提升平台安全可靠发展能力。发挥政产学研用合力，加强关键核心技术攻关突破。推动工业互联网、大数据、人工智能与制造业深度融合，深化生产制造、经营管理、市场服务等环节的数字化应用，加快传统行业数字化转型进程。

（二）加强标准示范引领作用，培育一批平台解决方案和典型应用案例

强化示范引领作用，实施更大规模、更深层次的平台应用示范，围绕“平台+5G”“平台+区块链”等新技术融合趋势，遴选一批平台创新解决方案和应用标杆。持续开展平台绩效评价，不断完善平台发展指数评价框架，强化平台应用的价值导向，释放平台赋能数字经济效益。持续推进一批工业互联网平台应用创新中心建设，整合地方工业互联网平台创新资源与行业需求，搭建面向平台解决方案供需对接、成果推广的公共服务平台，构建平台赋能产业发展的生态体系。

（三）聚焦块状经济区域和带状经济区域，系统性推进工业互联网平台由点到面落地

以区域发展总体战略为基础，着力促进工业互联网向更多垂直领域延伸，积极推动工业互联网创新发展战略与京津冀一体化、长三角一体化、粤港澳大湾区、振兴东北老工业基地、西部大开发等区域战略，以及“一带一路”倡议等统筹实施，打造工业互联网平台应用先导示范区，加快平台由点及线到面应用普及，带动区域产业协同发展。推动建立工业互联网生态发展基金，鼓励社会资本参与工业互联网平台建设，推动产融结合创新发展。

（四）筑牢工业信息安全保障基础，加快构建覆盖国家、地方、企业三级的安全技术防控体系

制定工业数据安全规范，研制工业互联网大数据分级分类、工业 App 管理、工业互联网平台建设评价等关键标准，围绕平台数据收集、存储、传输、共享等环节，明确差异化工业信息安全机制和策略。建设工业互联网大数据中心，建立中央、地方、行业、企业多层次数据管理机制，打破数据孤岛和基础设施捆绑。强化平台安全监测预警能力，搭建国家、地方、企业多级协同联动的工业互联网安全态势感知网络，实现对重要平台和关键平台接入设备、控制系统、运行数据的风险实时监测，感知边缘层、IaaS 层、PaaS 层和 SaaS 层等的安全状态，切实提升工业互联网平台安全防护水平。

# 网络安全发展情况

2019 年，我国关键基础设施安全防护能力不断提升，网络安全保障能力不断夯实，网络安全形势整体向好。2020 年，全球网络攻击事件更加频发，全球网络战形势更加严峻，个人信息安全与隐私保护政策不断完善。我国网络安全能力逐步提升，但需要处理好网络安全核心技术亟须实现自主可控、关键信息基础设施安全保障需要进一步加强、数据安全治理能力有待提升、网络可信身份生态建设需要进一步加快等问题，以提升我国网络安全保障能力。

## 【基本形势】

### （一）全球网络攻击事件更加频发

世界经济论坛发布的《2019 年全球风险报告》指出，网络攻击已成为全球五大风险之一。一是软硬件设备安全漏洞频出给网络空间安全带来严重威胁。2019 年 2 月，WinRAR 的漏洞被网络罪犯和黑客广泛使用，影响了自 2000 年以来发行的所有 WinRAR 版本，超过 5 亿个 WinRAR 用户面临风险。2019 年 9 月，Demant 集团的勒索软件事件造成了高达 9500 万美元的损失，如图 1 所示。二是多行业关键信息基础设施遭受攻击。2019 年 1 月，韩国国防部 30 台计算机被破坏，存储重要武器和弹药采购的数据丢失。2019 年 3 月，委内瑞拉电力系统遭到电磁攻击，导致全国大范围停电。三是个人信息与商业数据遭遇大规模泄露与违规利用。2019 年 3 月，美国思杰（Citrix）公司遭受严重的黑客攻击，大量政府机构和财富 500 强企业的相关文件被盗。2019 年 9 月，IT 安全和云数据管理巨头 Rubrik 数据库中近 10GB 的客户信息数据遭到泄露。

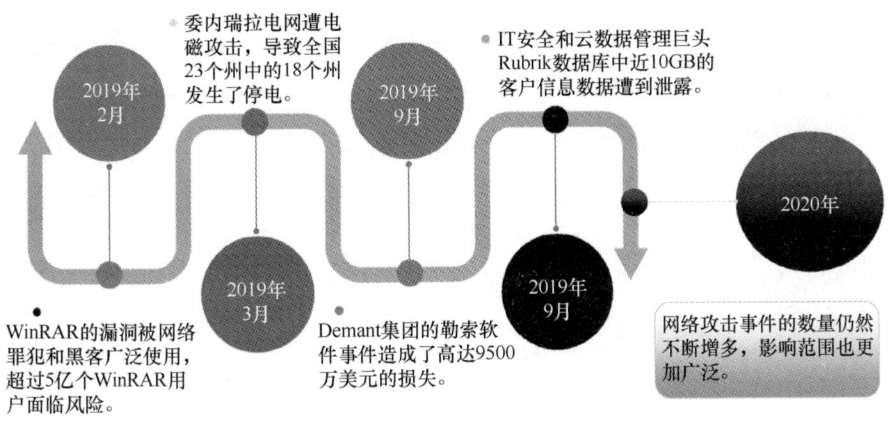


图 1　全球网络攻击事件更加频发

2020 年，随着当前生产、生活对网络信息系统依赖性的增强，网络攻击事件的数量仍然不断增多，影响范围也更加广泛。

### （二）全球网络战威胁更加严重

各国为了维护本国在网络空间的核心利

益，持续加大网络空间的军事投入，各国网络战威胁更加严重。一是顶层规划中网络战意图明显。2019年2月，美国国防部发布《国防部云战略》，美军网络部队将融合人工智能等复合元素，打造更具优势的强力“网军”。2019年7月，美国国防部发布2018版《国家军事战略概要》，提出美国要实行“一体化军事战略”，联合部队及指挥官必须高度重视“网络空间的多样化”。二是网络作战机构设置日益完善。美国网络司令部升格为独立作战司令部；日本防卫省宣布组建专门部队保护国防通信网络。三是构建网络防御军事行动同盟。北约提出成立网络指挥部，以全面、及时掌握网络空间状况；美澳、美日等也结成了网络防御军事同盟，一国受到网络攻击，两国将共同采取行动。四是积极开展网络安全军事演习。2019年4月，北约举行全球规模最大的网络安全演习“锁盾—2019”演习，4000个虚拟军事系统承受了2000多次网络攻击；2019年6月，美国举行“网络旗帜”演习，专注于演练“持久交战”。

2020年，随着全球网络战政策的完善及网络军事力量建设不断加速，全球网络战威胁更加严重。

### （三）我国更重视个人信息安全与隐私保护

大数据时代，数据是重要的战略资源。在充分挖掘数据价值的同时，我国对个人信息安全与隐私保护问题也越来越重视。一是进一步完善个人信息安全与隐私保护政策。2019年5月，国家互联网信息办公室发布《数据安全管理办法（征求意见稿）》，在个人信息收集、广告精准推送等问题上进行了明确规定。2019年9月，《儿童个人信息网络保护规定》正式发布，作为我国第一部专门针对儿童网络保护的立法，其具有里程碑意义。二是研究制定数据跨境流动规则。2019年6月，国家互联网信息办公室发布《个人信息出境安全评估办法（征求意见稿）》，加强了出境数据非法利用的限制。三是积极开展个人信息安全与隐私保护治理工作。全国信息安全标准化技术委员会秘书处组织编制了《移动互联网应用个人信息收集指引》，并研发了App专项行动评估辅助工具、App个人信息保护检测系统等，为专项行动的开展提供支撑。

2020年，个人信息安全风险更加突出，我国继续完善相应的法规体系，以提升监管能力和个人信息保护力度。

### （四）我国关键信息基础设施安全防护能力显著提升

随着信息技术的广泛应用，我国高度重视关键信息基础设施保护，加强关键信息基础设施安全监管，具体如图2所示。一是开展安全检查和评估。工业和信息化部连续10年组织基础电信企业、互联网企业、域名机构对自身网络系统开展安全性检查，年均处置数万起网络安全事件，有效保障了电信网和互联网安全、稳定运行。二是加强对企业的考核通报。组织基础电信企业开展网络与信息安全责任考核，将监督检查及整改结果、安全事件和处置情况纳入年度考核。三是强化应急指挥能力建设。工业和信息化部构建了由网络安全管理局牵头，由各地通信管理局、基础电信企业等单位参与的行业一体化指挥体系。

2020年，面临严峻的内外部网络安全形势，我国关键信息基础设施安全能力进一步提升。

### （五）我国网络安全保障能力进一步提升

为积极应对国内外网络安全产业形势的变化和技术发展趋势，我国相关主管部门不断夯实网络安全保障能力。一是强化网络安全技术保障。工业和信息化部依托制造业高质量发展工程，加快推进网络安全技术手段的建设，提升行业的网络安全手段建设水平和保障能力。二是着力发展网络安全产业。印发了《国家网络安全产业园区发展规划》，深入推进北京市国家网络安全产业园区建设。三是积极开展网络安全技术应用试点示范工作。工业和信息化部从2016年起，连续4年开展网络安全技术应用试点示范，共遴选出231个优秀项目。

2020年，我国继续加强网络安全核心技术的研发，优化网络安全产业的发展环境，进一步提升了我国网络安全保障能力。

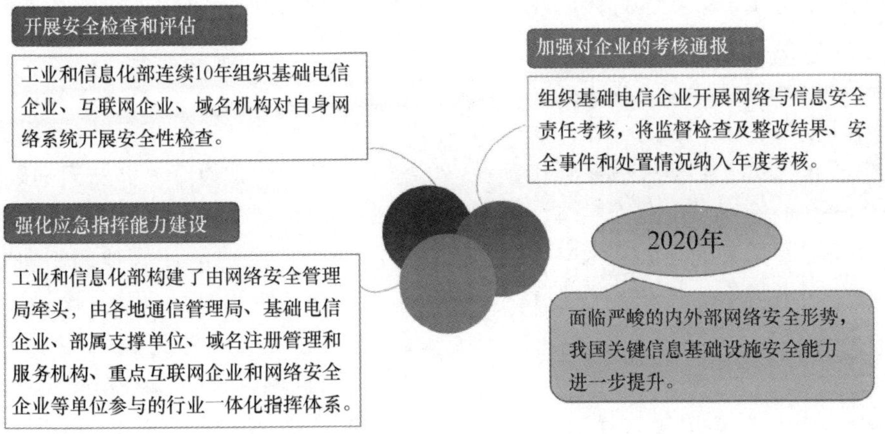

开展安全检查和评估

工业和信息化部连续10年组织基础电信企业、互联网企业、域名机构对自身网络系统开展安全性检查。

加强对企业的考核通报

组织基础电信企业开展网络与信息安全责任考核，将监督检查及整改结果、安全事件和处置情况纳入年度考核。

强化应急指挥能力建设

工业和信息化部构建了由网络安全管理局牵头，由各地通信管理局、基础电信企业、部属支撑单位、域名注册管理和服务机构、重点互联网企业和网络安全企业等单位参与的行业一体化指挥体系。

2020年

面临严峻的内外部网络安全形势，我国关键信息基础设施安全能力进一步提升。

图 2　我国关键信息基础设施安全防护能力显著提升

## 【需要关注的问题】

### （一）我国网络安全核心技术亟须实现自主可控

我国对国外信息技术产品的依赖度较高：CPU 主要依赖英特尔和 AMD 等厂商；内存主要依赖三星、镁光等厂商；硬盘主要依赖东芝、日立和希捷等厂商；操作系统则被微软所垄断。随着中美贸易摩擦的持续发酵，一方面亟须研发出可使用的核心信息技术产品，另一方面亟须对自主可控的网络产品和服务进行评估、扶持和推广，进而构建良好的、自主可控的生态。

### （二）我国关键信息基础设施安全保障需要进一步加强

关键信息基础设施的网络攻击不断升级，我国关键信息基础设施的安全保护力度仍然不足。一是网络安全检查评估机制不健全。当前的网信安全检查侧重于漏洞发现，缺乏对漏洞修复的激励措施，以及危害等级的评估体系。二是关键信息基础设施安全保障工作存在标准缺失问题。尽管行业内已加速开展相关标准的研究工作，但仍缺少金融、电力和通信等细分领域的安全保障标准研究。面对日益严峻的网络安全挑战，我国应尽快完善关键信息基础设施安全保障体系。

### （三）我国数据安全治理能力有待提升

数据已经发展成为新的关键生产要素，但我国数据资源的开发和治理仍然存在一些突出问题。一是我国尚未颁布统一的个人信息保护法规。有关个人信息保护整体的监管体系、执法机制也尚未建立，个人信息收集和使用规则不明确。二是缺乏专门的数据保护机构。虽然法律对违法侵害个人信息的行为进行了规定，但没有数据保护机构和审查部门，违法成本低，导致许多违法行为难以被发现。

### （四）我国网络可信身份生态建设需要进一步加快

我国网络可信身份生态建设仍然需要进一步加快。一是网络可信身份体系建设顶层设计不完善。我国还未明确将网络身份管理纳入国家安全战略，也未形成推进网络可信身份体系建设的整体框架和具体路径。二是可信身份基础资源尚未实现广泛互联互通。可信身份基础资源数据库还未实现广泛互通共享，使得数据核查成本较高、效率较低。三是认证技术发展滞后，还不能满足新兴技术和应用的要求。因此，我国亟须开展针对性的研究，尽快制定国家网络可信身份战略，创建可信网络空间。

## 【对策建议】

### （一）加强关键技术研发，构建核心技术自主可控生态圈

一是加大对关键技术研发的支持力度。确定重点支持技术清单，在芯片设计、自主操作系统

研发等方面加大投入力度。二是构建国产软硬件生态。大力推进操作系统统一接口工作，构建国产软硬件发展生态；联合建设由国家主导的开源社区，发展基于自主社区的各类应用、迁移工具。三是优化核心技术自主创新环境。强化企业的创新主体地位，着力构建以企业为主体、以市场为导向、产学研用相结合的核心技术自主创新体系，为企业充分利用国际资源提供了支撑。

（二）加强安全制度建设，全面保护关键信息基础设施

一是加快建立关键信息基础设施识别认定机制。国家网信部门联合行业主管部门制定关键信息基础设施识别认定标准；建立并维护国家关键信息基础设施清单。二是加强国家关键数据资源管理制度。在关键信息基础设施行业和领域推行数据分级分类制度；定期开展数据资源安全状况检测和风险评估。三是研究制定关键信息基础设施网络安全标准规范。研制关键信息基础设施的基础性标准，推动关键信息基础设施分类分级等标准的研制和发布。

（三）强化数据治理，提升数据安全保障水平

一是健全数据治理相关规则。制定统一的个人信息保护法，明确公民个人对其信息享有的权利、企业收集和使用个人信息的基本制度。二是推进数据资源建设与开放共享。加强宣传和引导，增强数据资源建设意识。制定实施数据开放国家计划，确立数据开放共享的原则，推动公共数据资源跨部门按需共享和向社会开放。三是加强数据安全保障。开展信息安全风险评估，落实重点领域数据出境安全评估制度，加大对数据跨境的监管力度。

（四）强化网络可信身份体系建设，打造可信网络空间

一是加快建设个人和法人基础信息服务支撑平台。向政务、商务和个人提供权威、准确、安全的身份信息服务，构建网络可信身份基础设施。二是加快网络可信身份政策法规、标准制度建设。出台《网络可信身份体系建设行动纲要》，布局网络可信身份框架层次，部署重点任务；制定网络可信身份技术标准，指导网络身份信息收集、存储、使用等行为。三是推动网络可信身份服务试点。在具备一定基础的区域、城市和行业开展基于网络可信身份的综合性业务试点。四是持续开展网络可信宣传交流。通过专题研讨、技术应用展览等系列活动，及时向社会宣贯国家法律法规和政策标准，打造网络可信领域具有国际影响力的活动。

（五）完善人才培养、激励等机制，加快人才队伍建设

一是加快建立多层次的网络安全人才培养体系。加强高等院校网络空间安全专业建设，支持高等院校创新人才培养模式，与网络安全企业合作，产教结合共同培养人才。二是深化网络安全人才流动、评价、激励等机制创新。组织开展网络安全国有企事业单位股权期权激励试点；制定网络安全人才职称评价标准。三是强化重点行业和领域网络安全人员能力建设。开展党政机关网络安全关键岗位梳理工作，制定关键岗位分类规范及能力标准。

# 区块链产业发展情况

2019 年 10 月 24 日，中共中央政治局就区块链技术发展现状和趋势进行了第十八次学习，习近平总书记强调要把区块链作为核心技术自主创新重要突破口，加快推动区块链技术和产业创新发展。此次会议为我国区块链产业发展开辟了新篇章。2019 年，在政策引导和应用驱动的双重作用下，我国区块链产业规模稳步增长，优秀企业和自主创新技术不断涌现。2020 年，我国区块链专项政策和监管制度为促进产业发展发挥巨大作用，优秀企业间竞争愈演愈烈，在应用的带动下区块链核心技术有望突破，区块链发展全面进入快车道。

## 【基本形势】

### （一）顶层设计与专项政策逐渐完善

在国家层面，截至 2019 年上半年，各部委共出台 45 项区块链相关政策，其中，2015—2019 年上半年国家及各部委出台区块链政策数量如图 1 所示，主要以积极推动区块链与大数据、人工智能等信息技术的融合，以及鼓励区块链在供应链、金融等领域的应用为主，顶层设计、统筹规划及监管制度等仍然较为缺乏，产业发展路线图、时间表与配套政策仍然不完善。在地方层面，受限于早期区块链发展带来的负面影响和认识误区，各地政府区块链政策主要以试探性支持产业发展和行业应用为主。截至 2019 年上半年，各地区块链相关政策达 187 项，但只有广州市、上海市、重庆市、青岛市等 8 个城市出台了区块链专项政策，占比不足 5%（见图 2、图 3）。纵观全球，美国于 2019 年 6 月出台了《区块链促进法案》，德国政府发布了《区块链战略》，英国、加拿大、澳大利亚、日本、韩国等国家均高度重视并科学布局区块链产业发展。

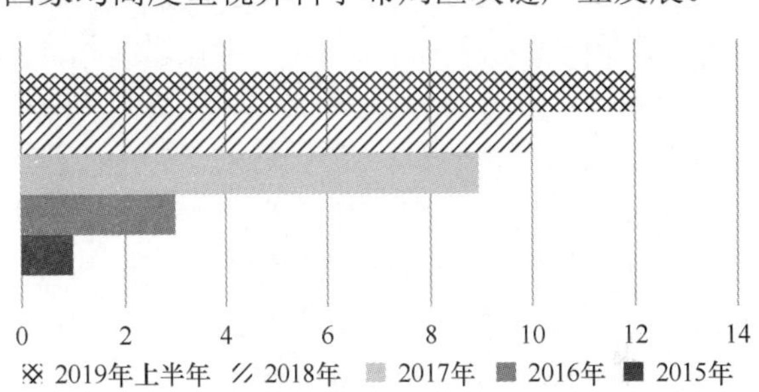


图 1　2015—2019 年上半年国家及各部委出台区块链政策数量

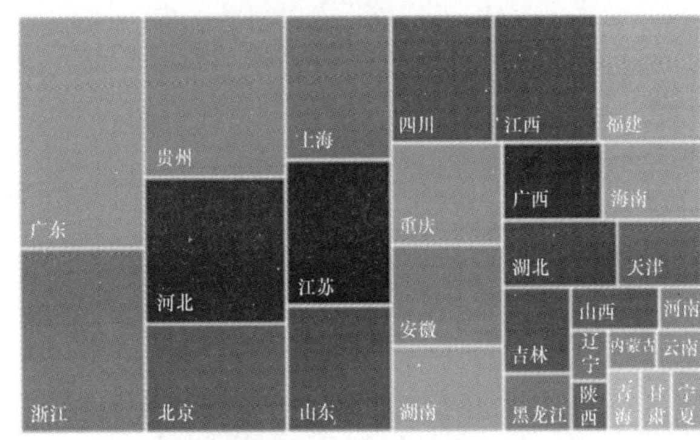


图 2　全国各地区出台区块链政策数量分布

2020 年，随着党和国家领导人对区块链的高度重视，区块链作为核心技术自主创新重要突破口，其顶层设计、专项政策进一步完善，区块链技术和产业创新进一步加快，我国区块链发展新局面全面开启。

| 区域名称 | 政策名称 | 有效期 |
|---|---|---|
| 贵阳市 | 《贵阳国家高新区促进区块链技术创新及应用示范十条政策措施（试行）》 | 3年 |
| 苏州市 | 《苏州高铁新城区块链产业发展扶持政策》 | 2年 |
| 佛山市 | 《佛山市南海区关于支持“区块链+”金融科技产业集聚发展的扶持措施》 | 3年 |
| 广州市 | 《广州市黄埔区广州开发区促进区块链产业发展办法》 | 3年 |
| 杭州市 | 《关于打造西溪谷区区块链产业园的政策意见（试行）》 | 3年 |
| 重庆市 | 《关于加快区块链产业培育及创新应用的意见》 | 3年 |
| 青岛市 | 《关于加快区块链产业发展的意见（试行）》 | 3年 |
| 长沙市 | 《长沙经开区关于支持区块链产业发展的政策（试行）》 | 3年 |
| 上海市 | 《促进区块链产业发展的若干政策规定》 | 3年 |

图 3　各地区块链专项政策一览

### （二）企业竞争愈演愈烈

我国区块链企业主要由初创企业、传统上市企业、金融机构、互联网公司四大部分组成。其中，初创企业主要以底层技术研发和应用打造产业生态，据赛迪区块链研究院统计，从事底层技术与基础设施建设两个方面的初创企业占比为61%，涉及区块链基础软件开发、数据服务和解决方案的初创企业占比超过 80%，并且初创企业的服务同质化现象严重；金融机构重点依托行业优势开展区块链业务，截至 2019 年上半年，国内开展区块链相关业务的银行达 36 家，保险企业达 14 家，推出了大量区块链产品及服务，并逐渐展开竞争；互联网公司则重点布局企业级开放式服务平台和行业转型升级，百度、阿里巴巴、腾讯、华为依托自身云平台基础打造区块链 BaaS 服务平台，海尔、东软、迅雷、三六零等企业在工业互联网、分布式系统、区块链安全等领域取得一定成果。我国区块链企业各地区分布情况如图 4 所示，我国主要区块链企业构成情况，以及科技、互联网巨头区块链产业布局如图 5、图 6 所示。

| 地区 | 数量（家） | 比例 | 地区 | 数量（家） | 比例 |
|---|---|---|---|---|---|
| 北京 | 237 | 32.29% | 贵州 | 3 | 0.41% |
| 广东 | 146 | 19.89% | 河南 | 2 | 0.27% |
| 上海 | 110 | 14.99% | 内蒙古 | 2 | 0.27% |
| 浙江 | 53 | 7.22% | 河北 | 1 | 0.14% |
| 江苏 | 35 | 4.77% | 黑龙江 | 1 | 0.14% |
| 重庆 | 33 | 4.50% | 江西 | 1 | 0.14% |
| 四川 | 32 | 4.36% | 广西 | 1 | 0.14% |
| 山东 | 19 | 2.59% | 云南 | 1 | 0.14% |
| 福建 | 15 | 2.04% | 山西 | 1 | 0.14% |
| 湖南 | 9 | 1.23% | 宁夏 | 0 | 0.00% |
| 湖北 | 8 | 1.09% | 吉林 | 0 | 0.00% |
| 陕西 | 6 | 0.82% | 甘肃 | 0 | 0.00% |
| 天津 | 6 | 0.82% | 青海 | 0 | 0.00% |
| 安徽 | 4 | 0.54% | 新疆 | 0 | 0.00% |
| 辽宁 | 4 | 0.54% | 西藏 | 0 | 0.00% |
| 海南 | 4 | 0.54% | 总计 | 734 | 100% |

图 4　我国区块链企业各地区分布情况

2020 年，初创企业在联盟链的底层架构和解决方案领域的竞争更加激烈，金融机构在区块链金融产品领域展开较量，而区块链 BaaS 平台成为互联网巨头的主战场。

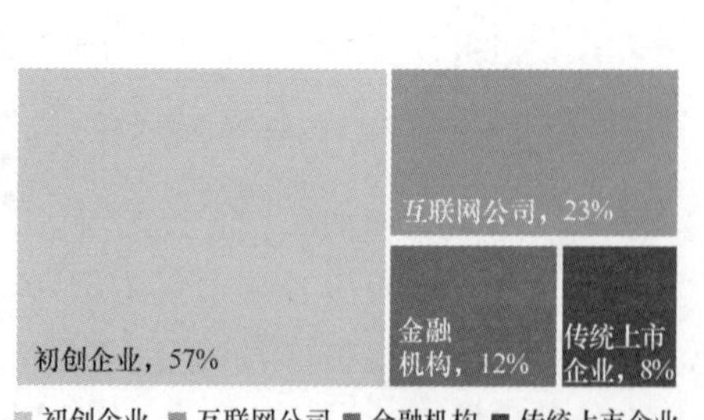


基础协议　硬件
研究机构　智能合约
挖矿服务　信息安全
数据服务　BaaS平台
解决方案　金融应用
娱乐应用　供应链应用
法律应用　能源应用
公益应用　医疗应用
农业应用　物联网应用
交易　钱包
媒体社区

图 5　我国主要区块链企业构成情况

| 企业名称 | 主要产品 | 应用领域 |
|---|---|---|
| Bai百度 | 度小满区块链平台 | 信贷、资产证券化、溯源存证、保险 |
| HUAWEI | 华为云区块链平台 | 供应链、车联网、新能源、数据交易、身份认证 |
| 阿里巴巴 | 阿里云区块链平台 | 商品追溯、工业制造、数据共享、存证 |
| 金山 | 金山云区块链平白 | 区块链游戏 |
|  | 迅雷链 | 社会公益、医疗健康、溯源存证 |
| Neusoft | 东软尖峰区块链平台 | 智能制造、供应链金融 |
| 360 | 360安全解决方案 | 数字钱包、数字交易所、智能合约 |
| Haier 海尔 | 海链平台 | 智能制造、供应链 |
| Tencent 腾讯 | TrustSQL平台 | 货币、金融 |
| 京东 | 智臻链 | 票据电子化、供应链金融、防伪追溯 |
| 网易 | 网易星球 | 数字资产、结算 |
| mi 小米 | 营销链 | 区块链游戏、数据资产、物联网 |
| lenovo 联想 | 区块链手机S5、掘金宝 | 区块链硬件、钱包 |

图 6　科技、互联网巨头区块链产业布局

（三）核心技术创新有望突破

在专利数量方面，国家专利局数据显示，2019 年上半年中国公开的区块链专利数量为 3547 项，超过 2018 年全年区块链专利公开总量，以阿里巴巴、中国联通、复杂美贡献最高。区块链专利主要覆盖领域为金融支付、支付协议、数据传输协议、数字身份认证、数据保密、数据协同等。在底层架构方面，跨链、侧链、多链、分片技术、有向无环图、隐私保护等技术方面有所突破，并不断探索链结构和数据结构领域的创新，如时空数据库技术、一主多侧的 BUTXO 模型、随机动态多分片架构等技术全球领先。在共识机制方面，基于 PoX 系列的共识算法不断改进迭代升级，权力制衡证明（PoCB）为基于 DAG 区块链架构提供了共识支撑，具体如图 7～图 9 所示。

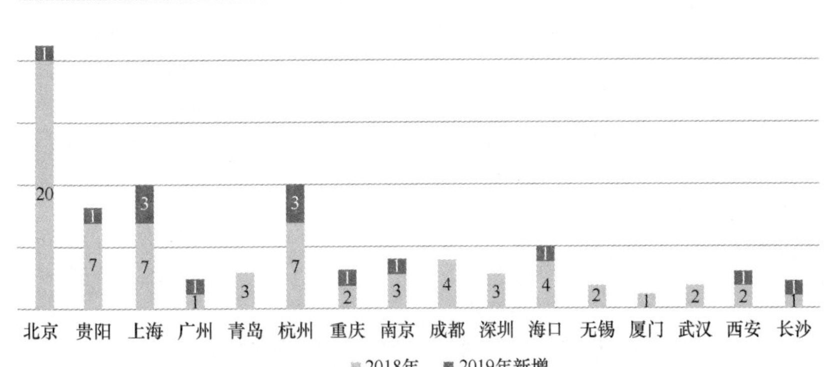


图 7　我国区块链研究机构数量变化情况

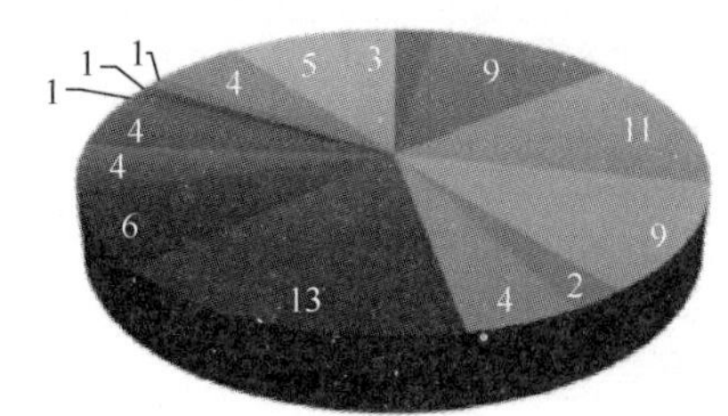


图 8　全国 100 家重点区块链企业核心技术分布

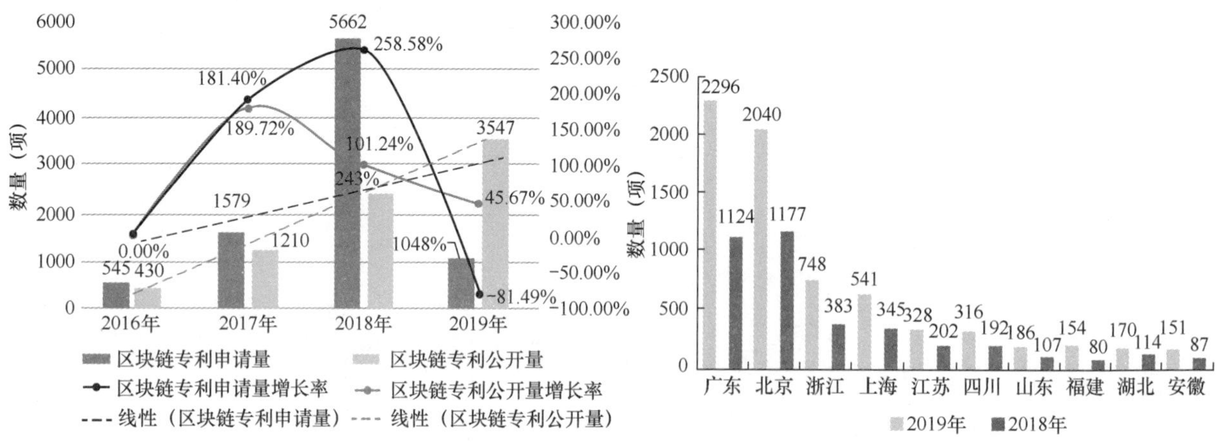


图 9　我国区块链专利数量对比和分布情况

2020 年，共识机制的创新成为我国区块链核心技术突破的主要方向，链结构和 P2P 网络结构实现快速发展。而随着中国人民银行在法定数字货币领域的深入实践及国家对个人数据隐私保护的高度重视，新一代支付协议、密码隐私保护算法、数据加密传输协议等技术领域有望实现突破。

## （四）电子政务领域应用全面铺开

据赛迪区块链研究院不完全统计，在目前我国已披露的区块链应用案例中，尤以电子政务领域应用案例数量最多，占比达 14%。区块链在电子政务领域应用主要涉及便捷政务流程、提高社会治理数字化水平两大方面。在便捷政务流程方面，北京、广州、重庆、深圳、雄安、佛山等地走在全国前列，通过区块链优化业务流程从而实现政务“一网通办”。在社会治理数字化方面，北京顺义区用区块链解决棚改项目资金安全问题，贵阳清镇市运用区块链技术实现“身份链”，天津市开发区打造区块链智慧招商生态服务平台。根据《国务院关于加快推进全国一体化在线政务服务平台建设的指导意见》，要在 2022 年年底前，全面建成全国一体化在线政务服务平台，具体如图 10～图 12 所示。

图 10　我国区块链行业应用领域分布情况图

| 地　区 | 主　体 | 项目名称 |
|---|---|---|
| 北京 | 北京市政府 | AI智能城市—ACE王牌计划 |
| | 顺义区住建委 | 棚改项目全生命周期智慧监管信息平台 |
| | 海淀区政务服务管理局 | 一网通办服务平台 |
| 徐州 | 徐州市公安局 | 淮海经济区警务数据区块链共享协作系统 |
| 济南 | 济南高新区 | 智能政务协同管控系统 |
| 成都 | 成都高新区 | “区块链+政务服务”线上生态圈建设 |
| 贵阳 | 贵阳清镇市 | 建设区块链体系使基层治理智能化、数字化 |
| 重庆 | 重庆市市场监督管理局 | 区块链营业执照服务平台 |
| 广州 | 黄埔区政务 | 商事服务区块链平台 |

图 11　我国各主要地区区块链政务服务型案例

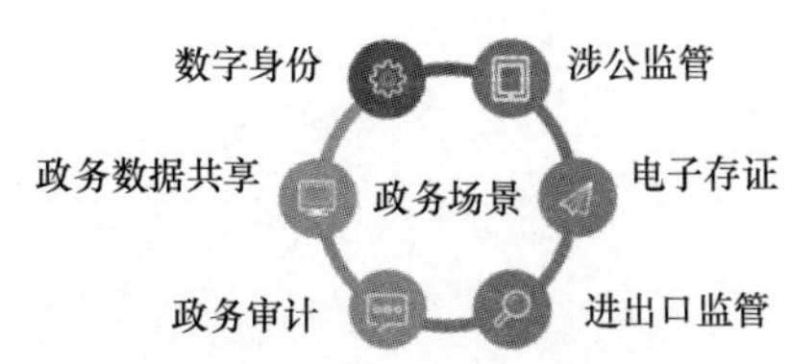


图 12　区块链在电子政务服务领域的具体应用方向

2020 年，随着《产业结构调整指导目录（2019 年本）》将国家允许的区块链信息服务纳入鼓励类，区块链在电子政务领域的应用将全面铺开。

## （五）产业规模与投融资稳步增长

据赛迪区块链研究院不完全统计，截至 2019 年上半年，我国从事区块链底层技术、应用产品、技术服务，并具有实际投入产出的企业数量达 734 家。2019 年前三季度，我国区块链产业规模约 6.25 亿元，同比增长 12.14%；区块链行业投融资事件共 116 起，投融资额约 136.95 亿元。随着国家大力推动区块链技术和产业发展，我国区块链将迎来新一轮产业爆发期，具体如图 13～图 15 所示。

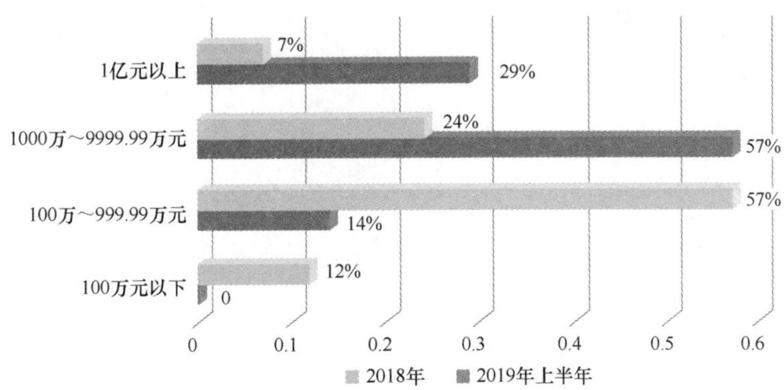


图 13　我国区块链企业投融资分布

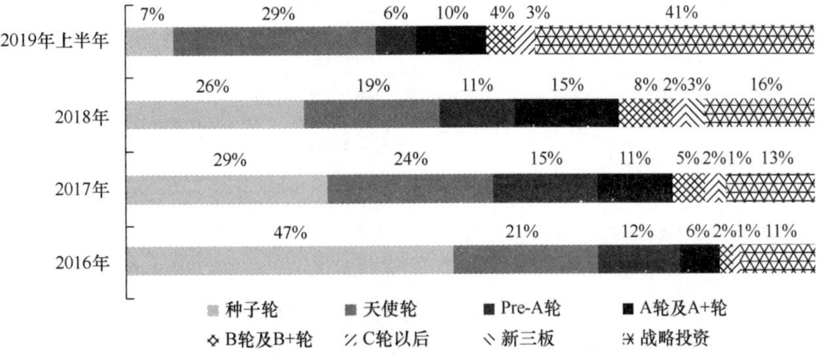


图 14　我国区块链企业投融资轮次分布

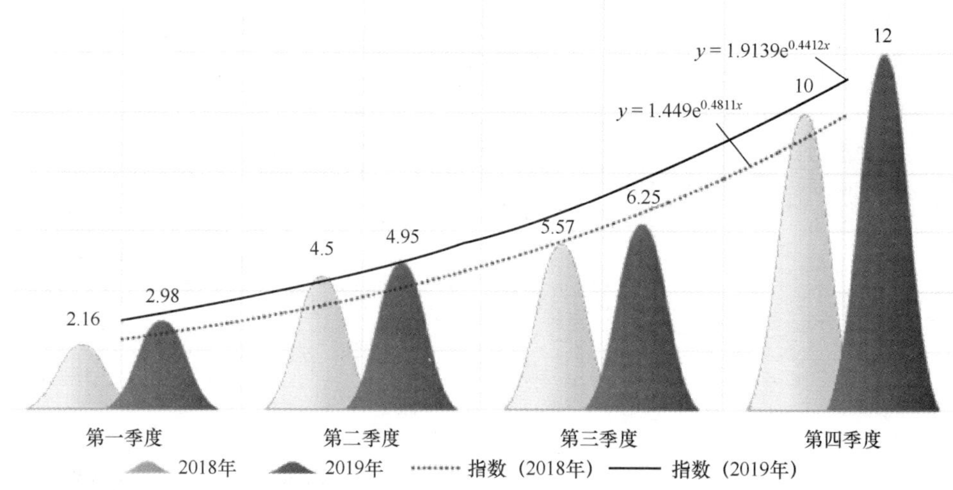


图 15　2018—2019 年区块链产业规模对比

2020 年，我国区块链产业规模突破 20 亿元，累计企业数量突破 1000 家大关，投融资总量和投融资事件数量稳步增长。

**【需要关注的问题】**

（一）安全问题仍未解决

据赛迪区块链研究院统计，截至 2019 年第三季度，已披露的区块链重大安全事件超过 270 起，累计损失超过 43 亿美元（见图 16、图 17）。导致区块链安全问题的原因较为复杂。一是技术安全方面漏洞，主要集中在数据层、共识层、合约层和网络层（见图 18），由此带来的安全攻击有“51%”攻击、女巫攻击、DDoS 攻击、日食攻击等。二是使用安全，主要体现在用户使用区块链应用面临的潜在安全问题，如私钥管理不善、遭遇病毒木马、账户被窃取等。三是区块链信息安全方面，主要是不法分子利用区块链技术的不可篡改性将非法信息或文件上链所导致的安全监管问题。总体来看，2019 年我国区块链安全事件有所减少，但仍没有取得安全技术突破。

（二）关键技术原始创新力不足

在隐私保护方面，大量采用如零知识证明、群签名等复杂密码算法，大大降低区块链数据的读写能力，导致原本处理效率较低的区块链系统“雪上加霜”。在智能合约方面，仅对智能合约编写语言进行了一定的扩展，以提高智能合约的易用性，缺乏自主研发的合约语言和虚拟机。在共识机制方面，国内主要以混合共识机制创新为主，缺乏对拜占庭类共识核心算法的创新。在数据结构方面，在 DAG 还没有完全成熟的情况下，大多数系统仍沿用比特币或以太坊阶段的数据存储结构和数据库。现阶段，我国亟须在区块链关键技术方面有所突破，进而推动区块链技术在更大规模的商业场景中落地。

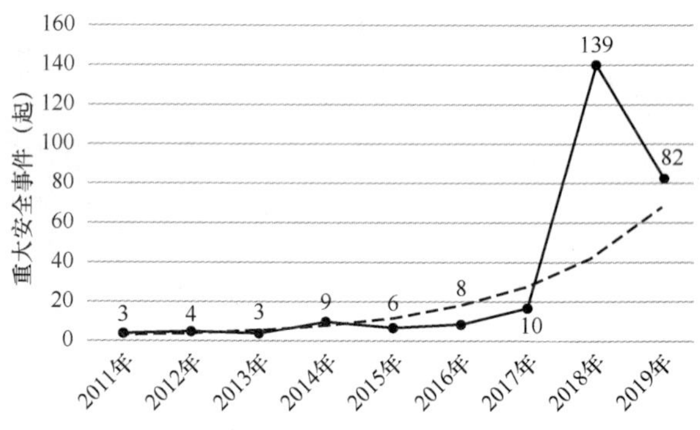


图 16　重大安全事件数量统计

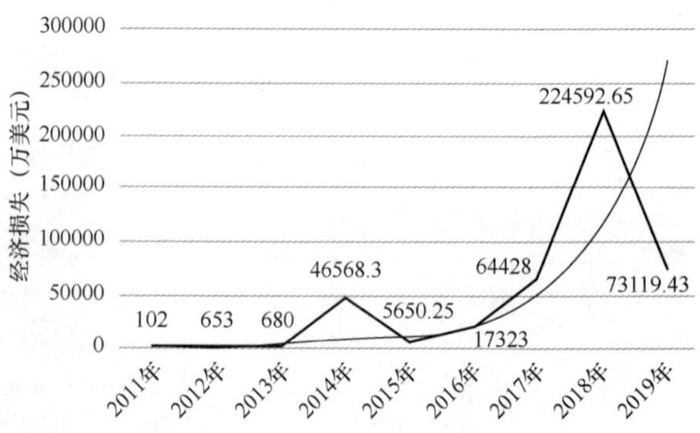


图 17　重大安全事件造成的经济损失

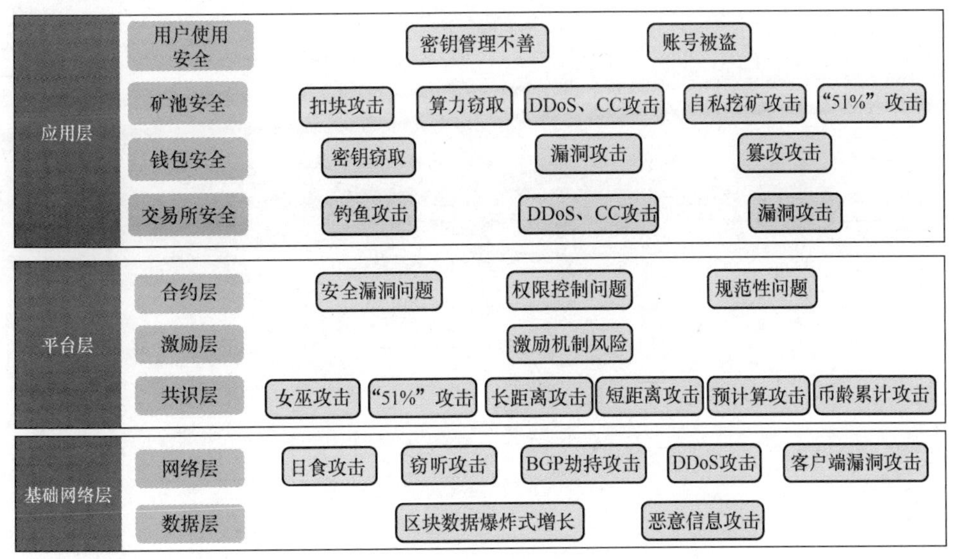


图 18　区块链技术安全方面漏洞

## （三）专业人才严重短缺

一是我国区块链人才需求缺口较大。根据赛迪区块链研究院统计，我国区块链招聘企业数量、招聘职位、招聘人才需求持续增加，尤其是中小企业对区块链人才的需求最为迫切，截至 2019 年第三季度，区块链人才市场招聘人数与求职人数比值一直保持在 9∶1 左右。二是我国区块链核心技术人才严重匮乏。区块链核心岗位人才基本上都要求有 2～5 年区块链开发经验，而专业从事区块链技术、产品、应用的培训机构较少，培训人才数量、质量不能满足当前市场需求。三是区块链高校人才供给严重不足。目前，区块链高校教育没有形成完备的教学体系，复合型区块链人才供给能力不足，具体如图 19～图 21 所示。

## （四）缺乏第三方评测认证

一是行业标准规范尚未制定。我国在区块链行业标准制定方面起步较晚，已经初步形成以工业和信息化部为主导、相关附属研究机构配合的制定模式，目前国内以各行业区块链标准制度为主，但由于区块链技术尚处于发展初期，相关标准制定存在一定难度。二是第三方认证体系尚未形成。区块链产品层出不穷，但未能对性能和效率、可扩展性、安全性等问题进行权威的第三方评价，导致市场上出现一批伪区块链。三是安全等级评价难以实施。区块链不适用于传统信息化系统的安全等级评价体系，分布式、多节点的系统架构不利于制定和实施安全等级评价，大大影响了区块链的应用拓展。

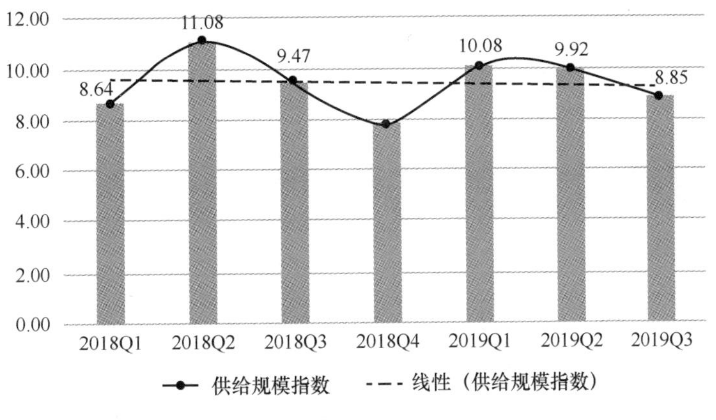


图 19　区块链人才供给规模

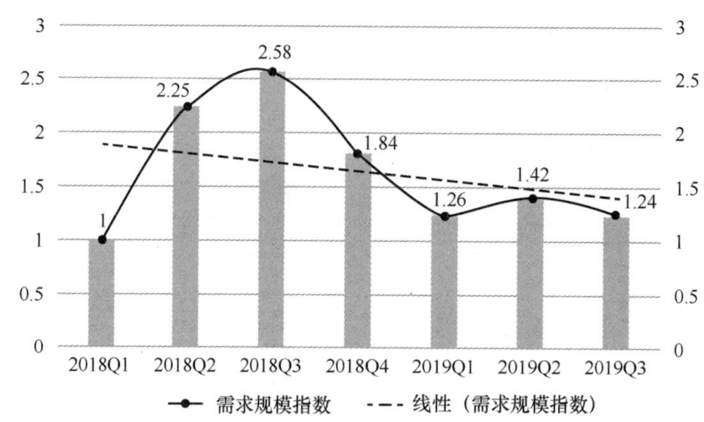


图 20　区块链人才需求规模指数

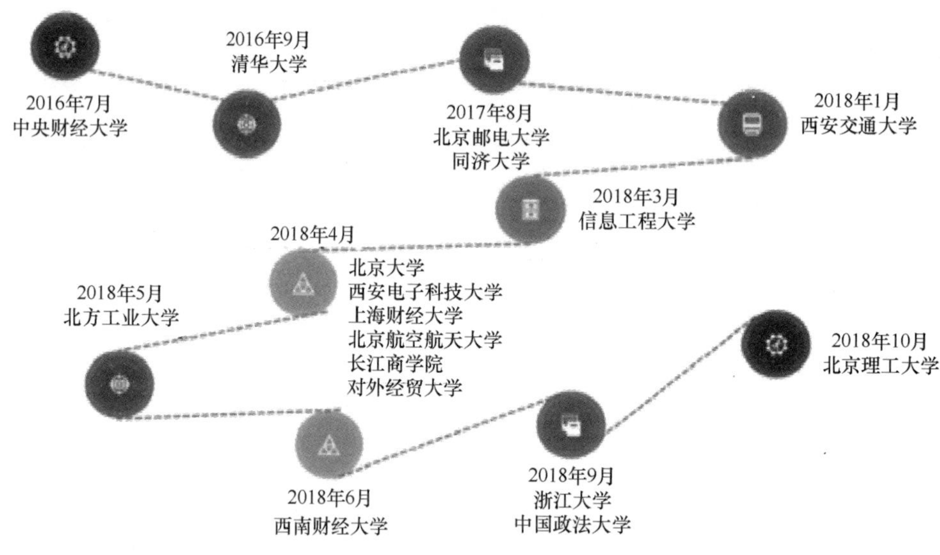


图 21　我国区块链大学开设课程时间表

**【对策建议】**

（一）重视区块链安全问题，构建全面、安全的保障体系

一是提高区块链安全风险防范认识，加强对区块链安全问题的持续性和常态化研究。持续跟踪国内外区块链技术发展现状和安全攻击手段，打造安全问题数据库，加强风险预警和应急处理能力。二是研究制定区块链技术、平台、应用生态的安全技术要求、安全标准。明确主要威胁，以及相应的安全体系架构，针对各关键模块提出安全技术要求，形成区块链安全标准体系。三是深入研究区块链安全风险检测和应对技术。针对区块链核心技术与机制、平台架构、应用部署等不同类型的潜在安全问题，研究覆盖区块链编码、运行、部署和管理各环节的应对解决方案。

（二）提高技术研发能力，加快关键技术自主创新

一是集聚产学研用等多方资源，支持高校和科研院所建设区块链创新实验室和研究中心，建设基础性的区块链技术研发平台，加快推进密码技术、共识算法、分布式计算与存储等核心技术的创新演进。二是支持开源区块链项目发展，引导企业加大对全球区块链共性基础技术资源的整合和利用，支持我国企业或组织主导全球区块链项目创新发展。三是加大资金投入力度，支持区块链、软件和信息技术服务、互联网企业和研究机构的联合创新，加强区块链核心技术研发攻关。

（三）加快区块链学科体系建设，提高人才培养能力

一是构建深层次、多渠道区块链人才立体培养体系，支持高校和职业院校设置区块链技术应用相关专业，联合主管部门加快区块链学科体系建设和师资队伍培养，依托区块链实验室、人才实训基地，加快培育区块链技术应用专业人才。二是注重高端技术人才培养，与国外著名高校、科研机构、知名企业等联合培养区块链硕士、博士等高层次人才，推进中外合作人才培养和引进项目。三是鼓励实力雄厚的区块链企业、互联网企业和金融企业创办“企业大学”，加快培养区块链系统架构师、开发工程师、测试工程师等实用型区块链技术人才。

（四）加快布局第三方评测认证，提升产品服务质量

一是加快推进区块链相关标准制定，积极推进区块链国家标准的制定与推广，尤其是针对行业细分领域制定应用标准和应用指南等指导性文件，逐步完善区块链技术和应用标准体系。二是建立区块链产品和应用第三方认证体系，依据行业规模和应用能力，探索建立定制化区块链评测指标，依托第三方机构开展区块链认证服务，优化区块链产业生态环境。三是加快探索区块链安全等级保护评价体系，加快信息系统安全等级保护要求与区块链的融合和创新，探索分布式系统的等级评价要求和监管制度。

# 5G 应用发展情况

2020 年，全球 5G 进一步加速发展，国家从战略角度出台众多相关政策促进行业利好，地方政府也出台 5G 扶持政策。尤其是在 5G 规模组网和 5G 应用示范工程建设方面，三大通信运营商提前布局相关业务。在相关产业方面，5G 应用使多个领域受益，各产业链收入均有不同幅度的增长。但与此同时，我国 5G 应用发展还存在网络基础设施建设成本高、协调范围大，以及 5G 融合创新应用处于起步阶段、商业盈利模式不明晰等问题，5G 发展机遇和挑战并存。

**【基本形势】**

（一）国家与地方相关政策持续推动 5G 应用快速发展

一是国家在战略层面积极出台 5G 应用支持政策。国家不仅从宏观层面明确了未来 5G 应用的发展目标和方向，同时确定了将依托国家重大专项计划等方式，积极组织推动 5G 核心技术的突破。在国务院发布的《“十三五”国家信息化规划》中，16 次提到了“5G”。《国家信息化发展战略纲要》指出，5G 要在 2020 取得突破性进展；《中华人民共和国国民经济和社会发展第十三个五年规划纲要》要求，加快构建高速、移动、安全、泛在的新一代信息基础设施，积极推进 5G 商用；《关于进一步扩大和升级信息消费持续释放内需潜力的指导意见》要求，进一步扩大和升级信息消费，力争 2020 年启动 5G 商用。决策层有志于在 5G 网络技术上，走在全球前列。二是地方政府加快出台 5G 应用政策。2019 年，北京市、江西省、陕西省、浙江省、江苏省等地方政府均印发了与 5G 发展相关的规

划，提出协调相关单位、开放公共区域、统筹编制规划、简化审批手续、推进共建共享、保障用电供给、建设产业园区、支持企业创新等诸多利好政策，给 5G 快速发展铺路。在 5G 应用方面，目前地方政府主要聚焦于自动驾驶、健康医疗、工业互联网、超高清视频、AR/VR、智慧城市等领域。北京市发布《北京市 5G 产业发展行动方案》，开展 5G+自动驾驶、健康医疗、工业互联网、智慧城市、超高清视频五大类典型场景示范应用。广东省发布《广东省加快 5G 产业发展行动计划》，重点开展 5G+智能制造、5G+智慧农业、5G+4K/8K 超高清视频、5G+智慧教育、5G+智慧医疗、5G+智能交通、5G+智慧政务、5G+智慧城市等领域试点示范。

（二）5G 规模组网将在全国范围内全面提速

一是推进 5G 规模组网大规模建设。近年来，我国工业通信业技术创新能力大幅提升，5G 标准必要专利数量全球第一。目前各地推进的基本上为非独立组网的 5G 网络，2020 年我国正式大规模投入建设独立组网的 5G 网络（5G SA）。5G SA 额外具备大连接与低时延特性，能够使 5G 支持自动驾驶等垂直行业应用，终端、网络、数据的革新将驱动传统领域发展，电子行业将迎来全面革新。5G 规模组网是实现 5G 规模商用的前提，而 5G 应用示范工程是将来 5G 规模化应用的“试验田”，起到一定的带头作用，有利于 5G 应用场景形成多点开花的局面。二是三大通信运营商持续开展 5G 规模组网和 5G 应用示范工程建设。在三大通信运营商中，中国电信已于 2019 年下半年开启 5G 规模组网建设及应用示范工程采集，这是中国电信获发 5G 牌照之后，以高质量发展为目标开展 5G 网络建设，积极探索和推进 5G 网络共建共享，降低网络建设和运维成本，确保优质的网络质量和丰富的应用服务的重要举措。中国联通和中国移动也不甘落后，在 5G 规模组网建设及应用示范工程等方面已做好提前布局。2019 年是我国 5G 商用元年。三大通信运营商接连对 5G 规模组网发力，并开展 5G 应用示范工程建设，不仅有利于 5G 规模商用目标正式实现，还将推进 5G 网络覆盖从“试验田”落实到“飞入寻常百姓家”。正如相关行业人士所说，5G 时代为光通信产业带来新的发展机遇，5G 基站数的大幅增加使光纤成为第一受益者。随着三大通信运营商持续开展 5G 规模组网和 5G 应用示范工程建设，光纤光缆行业企业距离收获这一波红利的时期越来越近。

（三）5G 商用拉动相关产业产值，对经济产出贡献突出

一是 5G 应用使多个领域受益，使各环节产业链收入增长。在政策扶持和 5G 技术日益成熟的影响下，中国 5G 产业发展稳步推进，企业发展态势良好，从规划环节、建设环节、运营环节到应用环节，各家不同产业链相关企业营业收入均实现同比增长，从智能制造、车联网、无线医疗到 5G 技术应用领域，各家企业频获资本青睐。随着 5G 临时牌照发放和商用步伐的到来，未来中国 5G 产业在带动中国经济产出、提供就业机会等方面将发挥重要作用。按照 2020 年 5G 正式商用算起，预计 2020 年 5G 将带动约 4840 亿元的直接产出，2025 年、2030 年将分别增长到 3.3 万亿元、6.3 万亿元，10 年间的年均复合增长率为 29%。在间接产出方面，2020 年、2025 年、2030 年 5G 将分别带动 1.2 万亿元、6.3 万亿元、10.6 万亿元的间接经济产出，年均复合增长率达到 24%。此外，预计 2030 年，5G 将带动超过 800 万人就业，主要来自通信运营商和互联网服务企业创造的就业机会。二是产出结构转换，信息服务成为收入主来源。从产出结构来看，拉动产出增长的动力随着 5G 商用进程的深化而相继转换。在 5G 商用初期，通信运营商大规模开展网络建设，5G 网络设备投资带来的设备制造商收入成为 5G 直接经济产出的主要来源，2020 年，网络设备和终端设备收入合计约 4500 亿元，通信运营商在 5G 网络设备上的投资超过 2200 亿元；5G 商用持续推进，互联网企业与 5G 相关的信息服务收入显著增长，成为直接产出的主要来源，5G 设备的支出稳步增长，预计到 2030 年，互联网信息服务收入将达到 2.6 万亿元，各领域在 5G 设备上的支出将超过 5200 亿元。

【需要关注的问题】

（一）网络基础设施建设成本高、协调范围大

5G 牌照发放后，我国 5G 进入网络大规模建设的新阶段，但在网络基础设施建设层面面临两大难题。一是相比 2G、3G、4G 网络，5G 建设投入更大、回收周期更长。根据相关测算，在同等覆盖条件下，5G 基站数量至少是 4G 基站数量的 2 倍，5G 基站功耗则是 4G 基站功耗的 3 倍，5G 基站成本也超过 4G 基站的 2 倍。截至 2025 年，全国 5G 网络建设总投资将达 1.2 万亿元，投资周期超过 8 年，其中的投资包含三大通信运营商、中国广电（共建共享因素考虑在内）、社会投资等。二是 5G 基站建设协调部门众多、程序复杂。部分党政机关、事业单位、国有企业、学校、医院等公共建筑对通信基站建设的开放力度不够或租金较高。“一杆多用”智慧杆能有效纾解基站站址紧缺问题，但因涉及住建、电力、交通、公安、城管等多个部门，缺乏统筹推进工作机制，建设速度有待进一步提升。

（二）5G 融合创新应用处于起步阶段

5G 融合应用发展是产业界普遍关注的问题，当前我国各区域、各行业结合自身情况在 5G 融合应用方面涌现出了一批有代表性的案例，但在不同产业领域协同创新方面还处于探索阶段。一是现阶段各垂直行业的信息化发展水平差距很大，对于 5G 场景打造也是千差万别，广泛涉及智能制造、智能网联汽车、高清视频直播、个人 AI 智能穿戴等领域，呈现碎片化状态，对行业间大规模复制推广造成障碍。二是现阶段 5G 应用主要以 eMBB 场景为主，目前我国 5G 融合应用主要集中在 VR/AR、超高清视频、车联网、联网无人机、远程医疗、智慧电力、智能工厂、智能安防、个人 AI 助理、智慧园区十大应用场景，但从 3GPP 已经冻结的 R15 标准来看，目前 5G 标准主要聚焦于 eMBB 类场景，而 uRLLC、mMTC 会在后续版本 R16 中进一步完善，以超高清视频、移动 VR/AR 为代表的 eMBB 类场景是当前 5G 应用的重点领域，会首先迎来市场启动期，其余仍处于进一步研究探索阶段。

（三）商业盈利模式不明晰

打造适合 5G 技术应用的商业模式是 5G 成功的基础，当前我国 5G 商业盈利模式还不明晰。一是某些垂直行业领域对于 5G 网络建设及应用的认知不够全面，认为这是通信运营商的业务范畴，与自身关系不大，在一定程度上造成通信业与垂直行业商业需求对接不够，相关收费体系的行业特征统计不全面。二是各垂直行业相对独立和分散，5G 融合需求挖掘不足，对于 5G 需求呈现一定的碎片化状态，不同的应用场景成本和效果差异较大，收费盈利模式创新融合难度大、进展比较缓慢。三是当前 5G 网络主要面向行业应用，但垂直行业客户、主管部门、各地政府、产业园区及应用产业环节参与力度有限，使 5G 商业模式相关标准的制定难度增加。

【对策建议】

（一）多措并举加快 5G 网络建设

一是加大基础通信运营商混改力度，引入更多社会资本。借鉴中国联通混改的成功经验，加大混改力度，进一步引入社会资本参与 5G 网络建设，不仅能解决网络建设资金缺口的问题，还能加大通信业与互联网等其他垂直行业的深入对话交流，有利于 5G 后续的应用创新。二是加大 2G、3G 网络退网力度。要立足于各地网络基础设施建设不均衡的实际情况，制定各通信运营商适用的 2G、3G 退网方案，精细化降低企业 OPEX 费用。三是加大 5G 铁塔的共享力度。5G 使用的频段较高，所需的基站数量也更多，充分发挥铁塔公司的作用，全面提升 5G 新建铁塔的共享率，能达到节省 5G 建设投资成本的目的。

（二）突破重点垂直行业的应用

一是结合超高清视频、VR/AR 等相关领域的发展规划，在强化自身行业发展的基础上，争取与 5G 产业发展形成协同，力争在 2020 年打造具有全球影响力的 5G 垂直行业应用案例。二是针对 uRLLC、mMTC 等场景需求，提前开展相关产业战略布局，注重与车联网、AI、区块链等新一代信息技术的融合创新，完全释放出 5G

连接的潜能，全面实现从“互联”到“智联”的飞跃。三是鼓励通信运营商牵头成立5G产业合作交流平台，汇聚智能制造、车联网、智慧家居、智慧城市等各垂直行业的优势资源，为通信业与各垂直行业提供面对面需求对接的机会，合作开展重点场景领域突破试点，有利于达成共识、推动发展。

（三）探索明晰的5G应用商业模式

一是基于流量分级的商业模式，在eMBB场景下，流量经营仍然是通信运营商的主要商业模式。在5G时代，通信运营商需要加快用户分级的智能管道升级，实现差异化的流量收费模式。二是基于连接的商业模式，对于大连接场景，可以单独提供连接，也可能包括一些终端设备和模组，通信运营商可以按照物联网设备采用卡用户收益、（月/年）等方式收费。三是基于网络切片的商业模式，通信运营商能够根据不同垂直行业和特定区域定制化网络切片以支撑相应的业务开展。垂直行业用户，可以直接向通信运营商购买网络切片，一般采用按年计费的方式。四是基于完整解决方案的商业模式网，如对于制造业，通信运营商可以依托5G服务提供商的优势，为工业企业提供包括工厂内外连接、设备终端数字化改造、平台层一整套解决方案，按年度收取服务费。

# 专题研究篇

# 加强网络安全建设　促进产业数字化转型

中国电子信息产业发展研究院副总工程师　安晖

数字化转型正成为全球经济发展的重要趋势。在新一轮科技革命和产业变革浪潮席卷之下，数字技术、数据资源的重要性与日俱增，渗透融合能力不断增强，数字化转型成为行业、企业众望所归和加速布局实施的重点。2020年11月发布的 *IDC Future Scape*（《2021 年全球数字化转型预测》）认为，到 2022 年，全球 65%的 GDP 将由数字化推动，经济将走上数字化之路；到 2023 年，75%的组织将拥有全面的数字化转型实施路线图，实现业务与日常各个方面的真正转型；到 2025 年，75%的企业领导者将利用数字平台和生态系统能力来调整其价值链，以适应新的市场、行业和生态系统。

数字化转型正成为我国产业升级的重要方向。近年来，我国行业企业竞相讨论和实践“工业 4.0”“智能制造”“互联网+”“工业互联网”“智能+”等新理念、新技术，不同领域、不同规模的企业都在以各种方式深化数字技术应用，探索实践数字发展新模式，归根结底是想找到科学有效的路径，快速实现数字化转型，以更好的工具和抓手推动企业实现高质量发展。众多企业在此方面已取得显著成果，尤其是在新冠肺炎疫情期间，数字化在疫情防控、复工复产方面发挥的重要支撑作用有目共睹，坚定了更多企业加速数字化转型的决心。

数字化转型必然离不开数字技术尤其是新兴数字技术的应用。云计算、大数据、互联网、物联网、人工智能等技术，是数字社会、数字经济蓬勃发展背景下，实现数字化转型的重要支撑。另外，数字化转型并非简单的数字技术应用，更要通过技术的应用推动业务流程优化，进而推动新的业务模式、运营模式、组织模式的构建，其渗透程度和主导作用远超传统的信息化。例如，许多制造业企业在数字化转型中运用工业控制系统，这是工业生产运行的核心大脑，也是智能制造的基石与生命线，甚至关乎国家与区域发展。据统计，80%以上的国家关键信息基础设施及智慧城市业务系统依赖工业控制系统的控制。

技术应用总会伴随技术风险，这是“魔道相生”的辩证结果。数字化转型在为企业带来数字红利的同时，也会带来新的安全风险。数字技术被深度应用到企业的方方面面，随之也会有更多的安全威胁点。例如，对工业控制系统的攻击，意味着攻击者有可能直接对工业控制设备本身发动攻击。这些威胁，尤其是新兴技术应用可能导致的威胁，使在传统环境下主要用于防病毒、防木马和防网络攻击的传统安全工具不足以抵挡。同时，各类数字技术、数字设备的应用，也让遭遇安全攻击、暴露安全风险的范围变得更大。例如，工业控制安全的涉及对象正在从单一工业设备向工业主机、工业网络、工业控制设备、工业辅助设备、工业数据等工业控制全系统拓展，并且安全漏洞类型多样化特性明显、涉及行业领域广泛。从影响方面来看，在数字经济时代，数据量成倍上涨，数字技术应用、控制领域不断扩展，其作用和价值不断增大，使得安全威胁、安全攻击造成的影响更加严重。在数字化转型过程中，原来相互隔离的信息化系统被打通，工业互联网的发展模糊了物理和虚拟的界限，传统安全防护手段难以应对更加开放多元的应用场景，一旦遭遇网络攻击，将给企业带来更加巨大的损失，甚至会由于企业之间的互联互通，以及产业链之间连接更加紧密，将安全影响向上下游合作伙伴延伸。

网络安全风险成为数字化转型的重要挑战，确保网络安全成为稳步推进数字化转型的前提和基础。对于处在激烈竞争状态的企业而言，尤其不能在安全方面犯错，必须将安全保障放在数字化转型工作的重要位置，必须通过加强网络安全建设提高企业运营的管理水平和风险管控水平。这种既需要更创新、更严格的网络安全防护技术，也需要从技术思想、方法论到系统思维的进步，以重新审视现有安全保障模式，探索确立新的网络安全建设与保障模式。同时，企业需要真切认识到网络安全保障的重要性，认识到网络安全保障支出与风险事件发生频率的“负相关”性，主动积极运用更有效的手段，降低企业在数字化转型过程中面临的网络安全风险，并为可能发生的网络安全问题做好妥善准备。

越来越多的企业已认识到网络安全建设的重要性。根据专业研究机构对企业信息化部门领导的调查，49%的信息化部门主管表示，更好地保护网络安全是他们公司寻求数字化转型的原因之一；40%的信息化部门主管表示，网络安全是他们公司投资最多的数字化转型领域。另外，据飞塔（Fortinet）公司的一项调查显示，目前 85%的首席安全官和首席信息安全官认为安全是数字化转型工作面临的最大挑战。

还有许多企业开始认识到加强数据安全保护对数字化转型的重要性。数据已成为重要的生产要素，数据资产正成为企业的核心资产。数据在采集、传输、存储、交换过程中，可能遭遇系统崩溃、硬件损坏、数据丢失或被蓄意破坏。如果没有相应的数据保护、备份及恢复手段与措施，就容易导致数据泄露、丢失或损毁，给企业造成无法估量的损失。国际调查公司 Gartner 的数据表明，在灾难中丢失数据的企业中，2/5 的企业没有恢复运营，在剩下的企业中也有 1/3 的企业在两年内破产。因此，保障数据安全已成为企业网络安全建设的关键，企业在发展壮大的同时，必须解决好“数据无休止增长”的管理难题。

许多国家也意识到数字化转型过程中的网络安全风险。例如，针对工业控制系统安全风险，2019 年 2 月德国联邦信息技术安全办公室（BSI）发布了《2019 年工业控制系统安全面临的十大威胁和反制措施》；2020 年 7 月美国网络安全和基础设施安全局（CISA）发布加强和统一工业控制系统（ICS）网络安全的战略《保护工业控制系统：一体化倡议（2019—2023）》，以实施更一致、更主动和协作的安全。

在新时代背景和新应用需求下，网络安全建设需要重新定位、重新设计，从合规导向和保障信息化导向转变为业务与竞争力导向，不仅要让网络安全成为企业的守护者，而且要赋能数字化转型，使之成为企业塑造优势竞争力的重要驱动因素。正如曾任普华永道网络安全和隐私业务负责人的肖恩·乔伊斯（Sean Joyce）所言：“未来的赢家将是那些从设计阶段到生产阶段都建立在风险管理基础上的企业。”同时，面对网络安全新形势、新问题，行业用户和网络安全专业企业也需要坚持问题导向，正视当前信息系统、数字技术与工具中存在的问题，加强网络安全技术产品创新。

对于数字化转型企业而言，必须注重数字化发展的顶层设计，在规划设计之初就细致考虑可能的风险及相应的网络安全保障措施，从端、管、云等多维度，以及技术、产品、密码等多方面提出网络安全保障措施，落实网络安全与系统建设的同步规划设计、同步实施、同步投入运行，确保网络安全建设的系统性、全面性；必须注重网络安全建设的持续改善，定期乃至不定期地对信息网络系统及其安全保障措施进行检查，发现可能存在的漏洞及风险，及时加以完善，确保网络安全建设“一直在路上”；必须开展开放式、全员式的网络安全制度建设，让全体员工及主要供应商、生态链伙伴等企业相关方提升安全意识和安全风险感知能力，认可安全准入、身份识别等安全保障举措，规范安全规程和操作，以“技术保障+制度保障”构筑数字化企业的安全城墙。同时，要将风险管理融入数字化建设中，针对可能的网络安全、数据安全风险，编制安全预案，对“万一”成真的风险及时、有效应对。

对于网络安全企业而言，必须深挖数字化转型加速展开对网络安全技术、产品与服务提出来的新要求，研究相关技术、协议、产品在原理、设计上的不足，分析相关数字化系统复杂架构中可能蕴含的体系风险，提高网络安全解决方案供给能力和规划设计水平，针对不同行业、企业提供适用的网络安全建设方案，为用户提供持续的网络安全运维保障服务；必须针对物联网、5G、人工智能等新兴技术的应用，重视防范新技术、新应用带来的安全风险。

对于数字化转型专业服务机构而言，必须立足第三方视角，从总体上系统提升网络安全技术保障能力，针对在用信息系统的安全架构和策略、解决方案和实施措施进行深入研究，推出可参考、可推广的行业最佳实践；针对新建信息系统，通过系统的模型建立、安全设计、协议突破等工作，解决可能造成长期影响的安全问题。同时，要与用户单位、网络安全企业合作，以训促改，以测促改，查漏补缺，协助培训演练，强化供应审查，提供更系统的网络安全建设指导。

# 坚定信心，强化行业应用，系统推进5G发展
## ——《5G对全球经济的影响：驱动明天》报告评析

中国电子信息产业发展研究院副总工程师　安晖

当前，我国及全球都在积极推进5G发展。与此同时，对于5G的经济价值前景如何，以及应怎样发挥5G作用，也出现了一些质疑和讨论，特别是在新冠肺炎疫情背景下的5G发展路径更是引发关注。普华永道发布《5G对全球经济的影响：驱动明天》（以下简称《报告》），对5G对经济的重要性进行分析，并就后疫情时代5G发展提出建议。赛迪研究院分析认为，《报告》的观点有创新性，能够给我国5G发展带来有价值的启示。

**【《报告》主要观点：5G将带来巨大经济影响，后疫情时代应大力发展】**

《报告》认为，5G将带来重新思考业务模式、技能、产品和服务的契机，全球所有经济体都将从5G技术应用中获益。《报告》基于专家洞察和经济模型，评估了5G对全球经济的影响。在领域层面，重点分析了医疗保健、智能公共事业、消费者和媒体、工业制造、金融服务5个行业，认为到2030年，这些行业通过运用5G技术将分别为全球GDP贡献5300亿美元、3300亿美元、2540亿美元、1340亿美元、860亿美元。总体来看，5G应用能够提升生产力和效率，推动商业、技能和服务变化，到2030年使全球GDP增长1.3万亿美元。在地区层面，北美地区将从5G中获得最大收益，其次是亚洲、大洋洲、欧洲、中东和非洲（EMEA），因此合理部署和监管5G技术有助于提升区域竞争优势。在国家层面，《报告》对中国、澳大利亚、德国、印度、日本、韩国、美国、英国8个5G已得到广泛应用的经济体进行了量化分析，认为美国、中国、日本将从5G技术应用中获益最多，分别为4840亿美元、2200亿美元、760亿

美元。进一步分领域来看，美国和澳大利亚从金融服务应用中获益最多，印度从智能公共事业中获益最多，中国和德国则在制造业中收获最多。

《报告》提出，5G 所带来的经济价值将是多样化的，并且将随着时间而逐渐增长，5 年后其经济价值将加速显现。一方面，5G 对经济影响的规模和性质会因行业和国家而异，存在差异的原因之一是 5G 经济价值可能会间接体现。例如，在医疗保健领域，5G 在远程医疗监控与咨询、实时住院数据共享、改善医患沟通和医院自动化等方面的应用，将提升健康水平、降低医疗成本。这不仅能够释放政府资源，使相关资源用于其他方面，而且能够使税收降低，让消费者能够将原本用于医疗保健的支出花费到其他领域。另一方面，随着 5G 应用逐渐普及，其带来的经济收益将从 2025 年开始加速增长。目前，全球电信企业主要将 5G 工作的重点放在基础设施建设和推广方面，5G 对经济增长的贡献仍相当有限。预计从 2025 年开始，由于支持 5G 的应用越来越广泛，先前的基础设施投资终将发挥作用，5G 将直接为企业、员工、客户，并最终为整个经济系统创造更高的价值，将对全球经济带来越来越大的活力。

《报告》建议，5G 革命将为全球经济创造巨大生产潜力，企业和政府要在发展和应用方面大力创新，充分发掘 5G 技术的潜力。一是要利用新冠肺炎疫情加速各领域数字化进程的契机，以 5G 作为数字化发展的催化剂，对既有业务模型和流程进行评估优化，基于 5G 提供新业务、新服务，以此推动经济活动的更强劲反弹。二是要将 5G 纳入技术路线图，思考和采用新的业务模型，重新审视 5G 运营方式、产品服务提供和市场开拓手段等，并建立与各类合作伙伴之间的协作关系，以此为基础推动新业务、新模式发展。三是要注重技术融合，将 5G 与人工智能、扩展现实（XR）、边缘计算、物联网等紧密结合，打造“技术飞轮”，发挥更大作用。四是政府部门要在加强 5G 基础设施建设的同时，鼓励和激励 5G 投资，加快制定远程医疗、自动驾驶汽车等 5G 应用的产业政策，优化 5G 发展与应用环境。五是要明确、公开地报告 5G 战略的实施情况及其实现的经济社会价值，增强人们对 5G 发展的信心，更好地把握 5G 开辟的新发展机遇。

**【主要启示】**

我国《“十四五”规划纲要》提出，构建基于 5G 的应用场景和产业生态，在智能交通、智慧物流、智慧能源、智慧医疗等重点领域开展试点示范。工业和信息化部发布的《“双千兆”网络协同发展行动计划（2021—2023 年）》再次就 5G 发展和应用明确了目标和任务。在此背景下，普华永道发布《报告》的观点亦能带来新的启示，值得思考和借鉴。

坚定 5G 发展信心，持之以恒推进。当前，由于 5G 基础设施建设与应用呈现“热冷不均”局面，自然而然出现了一些对 5G 的质疑声音。《报告》中的多个观点可以对此进行回应。一方面，《报告》基于模型判断，5G 将带来巨大经济价值，并且我国预期获益规模居全球前列。这是有科学依据的分析结论。另一方面，《报告》不仅认为 5G 技术的卓越特性将带来更高效、更具生产力的未来，而且认为拥有强大的现代工业生产部门的国家可能比依赖银行业等服务业的国家受益更多。我国有最为健全的工业门类和全球领先的工业基础，5G 必然更加大有作为。因此，应坚定 5G 发展的信心，有目标、有步骤地加以推进。

重视加快行业应用特别是通用型应用。从《报告》对主要领域应用 5G 产生的经济价值规模看，消费类业务并非最显著的领域，这与目前的实际情况和业界的主流判断一致。《报告》还认为，5G 在诸多行业领域的创新应用将为全行业和整个社会创造价值。因此，未来 5G 发展必须高度重视甚至要首先重视行业应用的发展，将其作为推动 5G 增长的关键。而对于 5G 行业应用，一方面，不能浅尝辄止于“盆景型”应用的展示，更要注重有可复制性、可推广性的通用型行业应用的研发，让 5G 应用具备可爆发性发展的基础；另一方面，不能仅注重短期的、直接的收益，还要转变视野、重视壮大 5G 应用所带来的间接经济价值和社会价值。例如，在能源领域，通过基于 5G 的智能电表和智能电网实现节能，以及通过 5G 应用跟踪废物、漏水以改善废物和水务管理，不仅能够降低成本，而且能够减少碳排放和废弃物，对生态发展有重要作用。

注重加强 5G 发展的生态体系建设。当前，5G 发展还处于以基础设施建设为主的阶段，但在认识上不能仅着眼于此，必须在考虑“建好”的同时想到如何“用好”。为此，要以价值创造为导向，加快推动专用 5G 设备发展、5G 业务监管制度确立和 5G 应用政策制定，从而健全 5G 大产业链、优化 5G 发展环境。同时，要注重 5G 相关技术生态的建设，推动 5G 与人工智能、扩展现实、物联网、大数据等技术的紧密融合，探索创新更多应用路径和业务种类，发挥技术融合带来的更大价值。

# 政策法规篇

# 《工业互联网标识管理办法》解读

## 一、《管理办法》出台的背景和目的是什么？

工业互联网是新一代信息通信技术与工业经济深度融合的全新工业生态、关键基础设施和新型应用模式，通过对人、机、物的全面连接，不断改变传统制造模式、生产组织方式和产业形态，构建起全要素、全产业链、全价值链全面连接的新型工业生产制造和服务体系，为实体经济数字化、网络化、智能化发展提供实现途径。

党中央、国务院高度重视工业互联网发展。习近平总书记多次作出重要指示，强调要深入实施工业互联网创新发展战略，推动工业互联网加快发展。《中共中央关于制定国民经济和社会发展第十四个五年规划和二〇三五年远景目标的建议》中要求加快工业互联网新型基础设施建设。工业互联网标识解析体系是工业互联网新型基础设施的重要组成。《国务院关于深化“互联网+先进制造业”发展工业互联网的指导意见》明确提出推进标识解析体系建设。

近年来，我国标识解析体系迅速发展壮大，但同时，与之相适应的治理体系还不够完善。各类标识服务机构作为工业互联网产业发展的公共服务平台，涉及企业和用户的数据、信息和权益，事关标识解析体系乃至工业互联网全局稳定健康发展。中央经济工作会议强调国家支持平台企业创新发展，同时要依法规范发展，健全数字规则，要加强规制、提升监管能力。制定出台《管理办法》是贯彻中央精神促进工业互联网标识解析体系建设有序推进、激发标识创新发展活力的重要举措，有利于从制度方面规范相关各方行为、维护市场秩序。

## 二、工业互联网标识是什么？

互联网发展进入下半场，消费互联网向工业互联网拓展延伸。在万物互联的工业互联网中，每个物品、元器件，甚至每条信息都有其全球唯一的“身份证”，这个“身份证”就是标识。目前，工业企业广泛使用标识标记各种物品，但不同企业和行业的编码和解析方式不尽相同。主流标识体系包括 Handle、OID、Ecode、VAA 等。随着工业互联网的发展，全要素、全产业链、全价值链全面连接的需求日益迫切，需要建立一种兼容不同技术体系、能够跨系统跨层级跨地域的工业互联网标识解析体系。

通过统一融合的工业互联网标识解析体系，企业或用户可以利用标识访问产品在设计、生产、物流、销售到使用等各环节，在不同管理者、不同位置、不同数据结构下智能关联的相关信息数据，是实现全球供应链系统和企业生产系统的精准对接、产品的全生命周期管理和智能化服务的前提和基础。

## 三、当前我国标识解析体系发展情况如何？

近年来，我国工业互联网标识解析体系架构已实现从 0 到 1 的突破，建成北京、上海、广州、武汉、重庆五大国家顶级节点，南京、贵阳两个灾备节点加速建设，形成“东南西北中”布局，并与 Handle、OID 体系实现对接，面向全球范围提供解析服务。上线二级节点数 85 个，覆盖 22 个省（自治区、直辖市）和机械、材料、石化、家电等 33 个行业，标识注册量超过 98 亿个，连接企业超过 9000 家，日解析量超过 800 万次。标识应用不断深化，形成了智能化生产管控、网络化生产协同、全生命周期管理、数字化产品交付、自动化设备管理等典型应用模式，成功打通物联网设备、支付终端和标识读写设备等终端，公共应用服务能力不断提升。

### 四、《管理办法》所指的标识服务机构有哪些？

根据我国工业互联网标识技术体系发展现状和标识解析体系建设要求，《管理办法》将标识服务机构分为 5 类：一是根节点运行机构，负责建设和运营在境内的根服务器，提供跨境解析服务；二是国家顶级节点运行机构，负责建设和运营国家顶级节点服务器，提供境内标识解析和数据管理服务；三是标识注册管理机构，负责面向工业互联网提供标识注册服务，涵盖 Handle、OID 等标识体系；四是标识注册服务机构，负责建设和运营二级节点服务器，面向企业或者个人提供标识注册、解析和数据管理等服务，起到承上启下的关键作用；五是递归节点运行机构，负责建设和运营递归服务器，旨在保障解析服务性能。

### 五、《管理办法》为什么要求标识服务机构取得域名许可？

域名（网址）是互联网上各种信息内容的“门牌号码”，互联网域名系统用于提供域名和 IP 地址之间的解析，从而保证互联网内容信息准确传送到目的地址。工业互联网标识是工业互联网中的“域名”，是互联网由虚拟向实体延伸的产物。工业互联网标识与互联网域名在内涵、层级、功能等方面具备一致性。从内涵看，互联网域名解决了域名与 IP 地址的映射关系，标识解决了工业对象与网络地址的映射关系；从层级看，两者均为分级解析的技术架构；从功能看，两者均具备提供命名的注册分配、解析寻址、信息查询、数据维护等功能。相较于互联网域名，标识的应用场景更加广阔，还支持解析和定位生产资料、成品部件、在制品、整机等实体资源，以及工艺、算法等虚拟资源。因此，工业互联网标识按照互联网域名管理，标识服务机构应当依法取得包含工业互联网标识服务的互联网域名相关许可。

已取得互联网域名许可的机构，如需要开展工业互联网标识服务活动，应按照本办法要求向对应电信主管部门提交变更申请，在许可内容中增加工业互联网标识服务。

### 六、《管理办法》为什么要求标识服务机构之间建立对接？

标识服务机构之间建立对接并同步数据，是实现标识解析体系统一管理、分级解析、安全管控的基本要求。工业互联网标识解析国家顶级节点承担了异构标识互联互通、跨境交互安全可控、解析服务长效稳定的职责，是我国标识解析体系的核心枢纽。国家顶级节点运行机构与根节点运行机构对接将保障与国际接轨，提供全球标识解析服务；与标识注册管理机构对接，将实现异构标识的统一解析，并为注册信息的真实校验提供基础；与标识注册服务机构对接，是实现分级管理、全网解析的关键。

### 七、申请成为标识服务机构应当具备哪些条件？如何申请成为标识服务机构？

申请成为标识服务机构应当符合相关许可要求。标识服务机构除需要符合《互联网域名管理办法》《电信业务经营许可管理办法》规定的条件外，还应满足《管理办法》第八条至第十二条提出的日常服务要求，包括资源使用合法合规性、服务公开性、实名身份核验、用户信息保护、设立投诉机制等；第十三条至第十七条提出的安全保障能力要求，包括网络与信息安全管理机制及技术手段、应急备份及安全事件处置能力、主管部门监督检查配合机制、运行监测信息上报能力等；第十九条提出的编码资源管理要求。

符合条件的机构可通过工业和信息化部政务服务平台申请相应的许可，同时鼓励具有全球服务能力的外资企业依法依规开展标识服务，推动标识解析与国际接轨，促进工业互联网全球化发展。

**八、下一步将如何推进相关工作？**

《管理办法》出台后，工业和信息化部将加强政策宣贯、抓好许可审批、强化监督检查，督促相关企业严格执行《管理办法》相关要求，确保《管理办法》落实落地落细。一是加强政策宣贯，做好对相关机构的政策咨询和工作指导，引导各类服务机构依法依规开展标识服务，营造良好的市场环境。二是抓好许可审批，依照《管理办法》，落实许可审批事项相关要求，督促申请提供标识服务的机构按照《管理办法》及其配套服务指南和技术标准，做好前期预研、节点对接及相关许可申请工作。三是强化监督检查，依照《管理办法》相关要求，对各类服务机构合法合规经营情况进行检查，压实机构主体责任，督促其依法依规提供优质服务。

# 财政部　国家税务总局　国家发展改革委　工业和信息化部关于促进集成电路产业和软件产业高质量发展企业所得税政策的公告

2020 年第 45 号

根据《国务院关于印发新时期促进集成电路产业和软件产业高质量发展若干政策的通知》（国发〔2020〕8 号）有关要求，为促进集成电路产业和软件产业高质量发展，现就有关企业所得税政策问题公告如下：

一、国家鼓励的集成电路线宽小于 28 纳米（含），且经营期在 15 年以上的集成电路生产企业或项目，第一年至第十年免征企业所得税；国家鼓励的集成电路线宽小于 65 纳米（含），且经营期在 15 年以上的集成电路生产企业或项目，第一年至第五年免征企业所得税，第六年至第十年按照 25%的法定税率减半征收企业所得税；国家鼓励的集成电路线宽小于 130 纳米（含），且经营期在 10 年以上的集成电路生产企业或项目，第一年至第二年免征企业所得税，第三年至第五年按照 25%的法定税率减半征收企业所得税。

对于按照集成电路生产企业享受税收优惠政策的，优惠期自获利年度起计算；对于按照集成电路生产项目享受税收优惠政策的，优惠期自项目取得第一笔生产经营收入所属纳税年度起计算，集成电路生产项目需单独进行会计核算、计算所得，并合理分摊期间费用。

国家鼓励的集成电路生产企业或项目清单由

国家发展改革委、工业和信息化部会同财政部、税务总局等相关部门制定。

二、国家鼓励的线宽小于 130 纳米（含）的集成电路生产企业，属于国家鼓励的集成电路生产企业清单年度之前 5 个纳税年度发生的尚未弥补完的亏损，准予向以后年度结转，总结转年限最长不得超过 10 年。

三、国家鼓励的集成电路设计、装备、材料、封装、测试企业和软件企业，自获利年度起，第一年至第二年免征企业所得税，第三年至第五年按照 25%的法定税率减半征收企业所得税。

国家鼓励的集成电路设计、装备、材料、封装、测试企业和软件企业条件，由工业和信息化部会同国家发展改革委、财政部、税务总局等相关部门制定。

四、国家鼓励的重点集成电路设计企业和软件企业，自获利年度起，第一年至第五年免征企业所得税，接续年度减按 10%的税率征收企业所得税。

国家鼓励的重点集成电路设计和软件企业清单由国家发展改革委、工业和信息化部会同财政部、税务总局等相关部门制定。

五、符合原有政策条件且在 2019 年（含）之前已经进入优惠期的企业或项目，2020 年（含）起可按原有政策规定继续享受至期满为止，如也符合本公告第一条至第四条规定，可按本公告规定享受相关优惠，其中定期减免税优惠，可按本公告规定计算优惠期，并就剩余期限享受优惠至期满为止。符合原有政策条件，2019 年（含）之前尚未进入优惠期的企业或项目，2020 年（含）起不再执行原有政策。

六、集成电路企业或项目、软件企业按照本公告规定同时符合多项定期减免税优惠政策条件的，由企业选择其中一项政策享受相关优惠。其中，已经进入优惠期的，可由企业在剩余期限内选择其中一项政策享受相关优惠。

七、本公告规定的优惠，采取清单进行管理的，由国家发展改革委、工业和信息化部于每年 3 月底前按规定向财政部、税务总局提供上一年度可享受优惠的企业和项目清单；不采取清单进行管理的，税务机关按照财税〔2016〕49 号第十条的规定转请发展改革、工业和信息化部门进行核查。

八、集成电路企业或项目、软件企业按照原有政策规定享受优惠的，税务机关按照财税〔2016〕49 号第十条的规定转请发展改革、工业和信息化部门进行核查。

九、本公告所称原有政策，包括：《财政部　国家税务总局关于进一步鼓励软件产业和集成电路产业发展企业所得税政策的通知》（财税〔2012〕27 号）、《财政部　国家税务总局　发展改革委　工业和信息化部关于进一步鼓励集成电路产业发展企业所得税政策的通知》（财税〔2015〕6 号）、《财政部　国家税务总局　发展改革委　工业和信息化部关于软件和集成电路产业企业所得税优惠政策有关问题的通知》（财税〔2016〕49 号）、《财政部　税务总局　国家发展改革委　工业和信息化部关于集成电路生产企业有关企业所得税政策问题的通知》（财税〔2018〕27 号）、《财政部　税务总局关于集成电路设计和软件产业企业所得税政策的公告》（财政部　税务总局公告 2019 年第 68 号）、《财政部　税务总局关于集成电路设计企业和软件企业 2019 年度企业所得税汇算清缴适用政策的公告》（财政部　税务总局公告 2020 年第 29 号）。

十、本公告自 2020 年 1 月 1 日起执行。财税〔2012〕27 号第二条中"经认定后，减按 15%的税率征收企业所得税"的规定和第四条"国家规划布局内的重点软件企业和集成电路设计企业，如当年未享受免税优惠的，可减按 10%的税率征收企业所得税"同时停止执行。

财政部　国家税务总局
国家发展改革委　工业和信息化部
2020 年 12 月 11 日

# 《“工业互联网+安全生产”行动计划（2021—2023年）》解读

## 一、为什么要编制《行动计划》？

“安全生产”是实现工业高质量发展的重要保障。要实现工业高质量发展，就必须把安全生产问题放在首要位置，不断提升安全监管能力，消除安全生产隐患，防范化解安全生产风险，杜绝重特大事故的发生。工业互联网通过实现全要素的全面深度互联，打通产品设计、生产、管理、服务等制造活动各个环节的信息流，实现资源动态调配，增强工业安全生产的感知、监测、预警、处置和评估能力，从而加速安全生产从静态分析向动态感知、事后应急向事前预防、单点防控向全局联防的转变，提升工业生产本质安全水平。

党中央、国务院高度重视“工业互联网”和“安全生产”，今年4月10日，习近平总书记就全国安全生产工作作出重要指示，要求针对安全生产事故主要特点和突出问题，层层压实责任，狠抓整改落实，强化风险防控，从根本上消除事故隐患，有效遏制重特大事故发生。6月30日，中央深改委第十四次会议审议通过了《关于深化新一代信息技术与制造业融合发展的指导意见》，要求充分利用工业互联网等新一代信息技术提高重点行业安全生产水平。

我国生产安全总体局势持续向好，但各类事故隐患和安全风险交织叠加、易发多发，影响公共安全的因素日益增多，重特大安全生产事故时有发生，如危化品行业重大事故发生频率和死亡人数目前呈抬头上升趋势，我国油气管道近三年发生各类险情1000余起，安全生产事故发生严重危害了人民生命财产安全，严重影响了我国社会经济的正常发展。

工业互联网与安全生产的有机结合，既有利于加快制造业数字化转型过程，推动提质增效降本，又有利于提升重点行业企业本质安全水平，优化生产环境，降低生产风险。两措并举，合力助推制造业高质量发展，着力解决突出问题。

## 二、《行动计划》的总体思路是什么？

《行动计划》的总体工作思路如下：一是坚持安全发展。坚持以习近平新时代中国特色社会主义思想为指导，牢固树立安全生产理念、贯彻新发展理念，坚持生命至上、安全第一，切实把安全发展理念落实到工业发展的全领域、全阶段、全过程；二是坚持融合创新。坚持以“深入实施工业互联网创新发展战略”和“提升应急管理体系和能力现代化”为主线，着力打造“工业互联网+安全生产”新型能力，推动“工业互联网+安全生产”融合创新应用，提升本质安全水平和安全监管效率，促进工业互联网服务于经济运行和工业基础能力监测；三是坚持源头防范。坚持工业互联网与安全生产同规划、同部署、同发展，将安全生产作为工业互联网建设和应用的重要任务，并围绕化工、钢铁、有色、石油、石化、矿山、建材、民爆、烟花爆竹等重点行业，制定“工业互联网+安全生产”行业实施指南，全面提升企业安全生产监管能力，推动安全生产关口前移，从根本上消除事故隐患；四是坚持系统联动。坚持管行业必须管安全、管业务必须管安全、管生产经营必须管安全，以创新安全生产监管方式和工业互联网与安全生产融合度为引导，明确各方主体责任，建设跨部门、跨行业、跨层级的多层联动能力和配套机制。

## 三、《行动计划》有哪些重点任务？

《行动计划》围绕建设新型基础设施、打造新型能力、深化融合应用、构建支撑体系等四个方面提出了重点任务，其中建设新型基础设施是基础，建设新型能力是核心，深化融合应用是重点，构建支撑体系是保障。

第一，建设“工业互联网+安全生产”新型基础设施。通过建设新型基础设施，支撑安全生产全过程、全要素、全产业链的连接和融合，提升安全生产管理能力。为保障工业互联网与安全生产融合发展落地推广，需构建新型基础设施作为主要载体，具体包含“两个平台、一个中心”。

两个平台是指工业互联网安全生产监管平台和数据支撑平台。中国安全生产科学研究院负责整合已有平台和系统，建设行业级工业互联网安全生产监管平台，负责应用工业互联网技术对安全生产进行全方位、全过程监察管理。中国工业互联网研究院负责汇聚安全生产数据，建设和运行数据支撑平台，建立安全生产信息目录，开发标准化数据交换接口、分析建模和可视化等工具集，为行业级监管平台提供技术支撑。

一个中心指的是“工业互联网+安全生产”行业分中心，由中国安全生产科学研究院具体负责建设与运维，通过分中心加速两个平台之间数据资源的在线汇聚、有序流动和价值挖掘。

第二，打造基于工业互联网的安全生产新型能力。安全生产新型能力是提升工业企业安全生产水平的关键，依托新型基础设施，建设安全生产快速感知、实时监测、超前预警、应急处置、系统评估等五大新型能力，推动安全生产全过程中风险可感知、可分析、可预测、可管控。

快速感知能力主要面向安全生产全要素信息采集，通过制定智能传感、测量仪器和边缘计算设备的功能、性能标准并开展选型测评，推动设备协议和数据格式的进一步统一，为企业快速感知能力提供落地保障。

实时监测能力主要面向生产过程，通过制定工业设备、工业视频和业务系统上云实施指南，推动高风险、高能耗、高价值设备和 ERP、MES、SCM 及安全生产相关系统上云上平台，为监测全面性提供保障。

超前预警能力主要面向风险检测和预警，通过制定风险特征库和失效数据库标准，分析各类采集的数据，通过数据和风险类别、风险程度等指标之间的对应关系形成风险特征模型，通过数据和零部件失效指标之间的对应关系形成零部件失效特征模型。依托边缘云建设，将上述特征模型分发到边缘端，加速对安全生产风险等的分析预判，从而实现精准预测、智能预警和超前预警。

应急处置能力主要聚焦事前演练排查和事中快速响应能力，通过制定多层平台联动框架和标准，指导解决方案团队建设安全生产事件案例库、应急演练情景库、应急处置预案库等，并基于行业级、企业级监管平台建设系统风险仿真、应急演练和隐患排查能力，综合实现降低安全生产损失，减少企业生产和财务风险。

系统评估能力主要面向事后评估，通过制定基于工业互联网的评估模型和工具集的功能标准并开展选型测评，建立安全生产处置措施全面评估标准，为查找漏洞、解决问题提供保障，助推快速追溯和认定安全事故的损失、原因和责任主体等，进一步推动新型能力迭代优化，实现对企业、区域和行业安全生产的系统评估能力。

第三，深化工业互联网和安全生产的融合应用。为保障工业互联网向安全生产场景纵深发展，提升工业企业数字化、网络化、智能化水平，需通过深入实施基于工业互联网的安全生产管理，推动生产、仓储、物流、环境等各环节各方面的管理模式升级，促进跨企业、跨部门、跨层级的生产管理协同联动，提升数字化管理、网络化协同、智能化管控水平。

企业层面，要在推进工业互联网安全生产监

管平台建设中，将数字孪生技术融合到安全生产管理中，实现对关键生产设备全生命周期、生产工艺全流程进行数字化管理，把一线人员从危险作业现场解放出来，实现少人、无人作业。

园区层面，要建设全要素网络化连接、敏捷化响应和自动化调配能力，实现不同企业、不同部门与不同层级之间的协同联动，全面开展安全生产风险仿真、应急演练和隐患排查，推动应急处置向事前预防转变。

行业层面，要推动行业安全管理经验知识的软件化沉淀和智能化应用，促进操作空间集中化、操作岗位机器化、运维辅助远程化，提升安全生产管理的可预测、可管控水平。行业主管部门通过组织开展数字孪生、全要素网络化连接和智能化管控解决方案的公开遴选和推荐，培育壮大解决方案提供商和服务团队，扎实推进企业工业互联网与安全生产的深入融合应用。

第四，构建“工业互联网+安全生产”支撑体系。为推动工业互联网和安全生产深度融合，提高推广应用效率，需构建坚持协同部署、聚焦本质安全、完善标准体系、培育解决方案、强化综合保障等五位一体的全面支撑体系，培育工业互联网和安全生产协同创新模式。

一是以工业互联网和安全生产协同部署为先导，通过建立激励约束机制、加大资金投入力度等多种保障措施，引导行业主管部门、地方政府、企业等建设工业互联网安全生产监管平台，实现行业级平台与企业级平台的跨层联动联控，提升工业互联网服务安全生产、经济运行监测和工业基础监测的能力。

二是以聚焦本质安全、加速相关产品海量应用迭代优化为抓手，通过组织应用试点，促进信创产品、生产工艺、测试工具等在安全生产各重要环节中的验证应用、迭代优化和推广，提升企业本质安全水平。

三是以完善标准体系贯标推广新技术、新应用为驱动，鼓励加快制修订国家标准、行业标准和团体标准，规范工业互联网与安全生产标准深度融合形成的新技术、新模式和新业态，同步配合开展自动化贯标工具设计开发、选型测评，支撑标准的推广应用，提升安全生产的规范化水平。

四是以培育行业解决方案、开发模型库、工具集和工业 App 为依托，面向化工、钢铁、有色、石油、石化、矿山、建材、民爆、烟花爆竹等重点行业组织制定“工业互联网+安全生产”行业实施指南，引导解决方案提供商和服务团队建设基于工业互联网的安全生产监管平台、围绕安全生产开发相关模型、工具集、工业 App 等，提升安全生产服务、产品和解决方案供给水平。

五是以完善工控安全监测网络为保障，强化落实企业网络安全主体责任，引导企业开发和应用工业互联网、工控安全产品和解决方案，避免通过工业互联网引入工控安全新风险，提升企业安全防护水平。

## 四、如何推动《行动计划》落实？

一是明确责任分工。编制重点任务分工表，落实推进责任。建立与行政许可证挂钩的激励约束机制，建立“工业互联网+安全生产”工作推进机制，明确时间进度，强化督促检查。

二是加大支持力度。利用现有专项，依托渠道争取技改资金财政专项等方面的支持。同时鼓励地方政府建立专项，支持引导企业共同建立安全监管体系。

三是建立试点应用。遴选一批可复制、易推广的园区和企业标杆应用，按照边试点、边总结、边推广的思路，探索可复制、可推广的实施路径和模式。

四是加强日常演练。充分利用工业互联网等新兴技术，增强应急处置支撑能力。建设应急演练虚拟仿真环境，开展日常培训、线上应急演练和实战演练，提升综合保障能力。

五是建设人才队伍。加快专业人才培养，建设“工业互联网+安全生产”人才培养和评价体系，建立实训基地，培养形成复合型人才队伍。

六是组织宣贯培训。面向各地工信主管部门、通信管理局、应急管理部门、事业单位、工业企业和工业互联网平台企业等，详细解读和宣贯《行动计划》内容。

# 新能源汽车生产企业及产品准入管理规定

（2017 年 1 月 6 日，工业和信息化部令第 39 号公布，根据 2020 年 7 月 24 日工业和信息化部令第 54 号公布的《工业和信息化部关于修改〈新能源汽车生产企业及产品准入管理规定〉的决定》修订。）

第一条　为了落实发展新能源汽车的国家战略，规范新能源汽车生产活动，保障公民生命财产安全和公共安全，促进新能源汽车产业持续健康发展，根据《中华人民共和国行政许可法》《中华人民共和国道路交通安全法》《国务院对确需保留的行政审批项目设定行政许可的决定》等法律法规，制定本规定。

第二条　在中华人民共和国境内生产新能源汽车的企业（以下简称新能源汽车生产企业），及其生产在境内使用的新能源汽车产品的活动，适用本规定。

第三条　本规定所称汽车，是指《汽车和挂车类型的术语和定义》国家标准（GB/T 3730.1—2001）第 2.1 款所规定的汽车整车（完整车辆）及底盘（非完整车辆），不包括整车整备质量超过 400 千克的三轮车辆。

本规定所称新能源汽车，是指采用新型动力系统，完全或者主要依靠新型能源驱动的汽车，包括插电式混合动力（含增程式）汽车、纯电动汽车和燃料电池汽车等。

第四条　工业和信息化部负责实施全国新能源汽车生产企业及产品的准入和监督管理。

省、自治区、直辖市工业和信息化主管部门负责本行政区域内新能源汽车生产企业及产品的日常监督管理，并配合工业和信息化部实施准入管理相关工作。

第五条 申请新能源汽车生产企业准入的，应当符合以下条件：

（一）符合国家有关法律、行政法规、规章和汽车产业发展政策及宏观调控政策的要求。

（二）申请人是已取得道路机动车辆生产企业准入的汽车生产企业，或者是已按照国家有关投资管理规定完成投资项目手续的新建汽车生产企业。

汽车生产企业跨产品类别生产新能源汽车的，也应当按照国家有关投资管理规定完成投资项目手续。

（三）具备生产新能源汽车产品所必需的生产能力、产品生产一致性保证能力、售后服务及产品安全保障能力，符合《新能源汽车生产企业准入审查要求》（以下简称《准入审查要求》）。

具备工业和信息化部规定条件的大型汽车企业集团，在企业集团统一规划、统一管理、承担相应监管责任的前提下，其下属企业（包括下属子公司及分公司）的准入条件予以简化，适用《企业集团下属企业的准入审查要求》。

（四）符合相同类别的常规汽车生产企业准入管理规则。

第六条　汽车生产企业在已列入《道路机动车辆生产企业及产品公告》（以下简称《公告》）的新能源汽车整车或者底盘基础上改装生产新能源汽车产品，改装未影响到底盘、车载能源系统、驱动系统和控制系统的，不需要申请新能源汽车生产企业准入。

第七条　申请准入的新能源汽车产品，应当

符合以下条件：

（一）符合国家有关法律、行政法规、规章。

（二）符合《新能源汽车产品专项检验项目及依据标准》，以及相同类别的常规汽车产品相关标准。

（三）经国家认定的检测机构（以下简称检测机构）检测合格。

（四）符合工业和信息化部规定的安全技术条件。

工业和信息化部根据新能源汽车产业发展的实际情况和相关标准制修订情况，及时调整《新能源汽车产品专项检验项目及依据标准》的有关内容，并在施行前向社会公布。

第八条　申请新能源汽车生产企业准入的，应当向工业和信息化部提交以下材料：

（一）申请新能源汽车生产企业准入审查的文件。

（二）《新能源汽车生产企业准入申请书》及相关证明材料。

（三）新建新能源汽车生产企业的企业法人营业执照复印件，以及根据国家有关投资管理规定办理投资项目手续的文件。中外合资企业还应当提交中外股东持股比例证明。

第九条　申请新能源汽车产品准入的，应当向工业和信息化部提交以下材料：

（一）新能源汽车产品主要技术参数表。

（二）检测机构出具的新能源汽车产品检测报告。

（三）其他需要说明的情况。

第十条　工业和信息化部收到准入申请后，对于申请材料不齐全或者不符合法定形式的，应当当场或者在 5 日内一次性告知申请人需要补正的全部内容。申请材料齐全、符合法定形式的，应当予以受理，并自受理之日起 20 个工作日内作出批准或者不予批准的决定。20 个工作日内不能作出决定的，经工业和信息化部负责人批准，可以延长 10 个工作日，并应当将延长期限的理由告知申请人。

第十一条　工业和信息化部委托第三方技术服务机构，组织专家对新能源汽车生产企业、新能源汽车产品准入申请进行技术审查，审查方式包括现场审查、资料审查。

工业和信息化部建立新能源汽车领域专家库，从中选取专家组成审查组。

第三方技术服务机构技术审查所需时间不计算在本规定第十条规定的期限内。

第十二条　申请新能源汽车生产企业准入的，如已按照相同类别的常规汽车生产企业准入管理规则通过了审查的，免予审查《准入审查要求》中的相关要求。

第十三条　检测机构应当严格按照工业和信息化部有关规定开展新能源汽车产品检测工作，不得擅自变更检测要求。

第十四条　通过审查的新能源汽车生产企业及产品，由工业和信息化部通过《公告》发布。

不符合本规定所规定的条件、标准的新能源汽车生产企业及产品，工业和信息化部不予列入《公告》。

新能源汽车生产企业应当按照《公告》载明的许可要求生产新能源汽车产品。

第十五条　新能源汽车生产企业应当加强管理、规范使用新能源汽车产品出厂合格证，确保出厂合格证及其信息与实际产品唯一对应、保持一致。

第十六条　新能源汽车生产企业应当建立新能源汽车产品售后服务承诺制度。售后服务承诺应当包括新能源汽车产品质量保证承诺、售后服务项目及内容、备件提供及质量保证期限、售后服务过程中发现问题的反馈、零部件（如电池）回收，出现产品质量、安全、环保等严重问题时的应对措施以及索赔处理等内容，并在本企业网站上向社会发布。

第十七条　新能源汽车生产企业应当建立新能源汽车产品运行安全状态监测平台，按照与新能源汽车产品用户的协议，对已销售的全部新能源汽车产品的运行安全状态进行监测。企业监测平台应当与地方和国家的新能源汽车推广应用监测平台对接。

新能源汽车生产企业及其工作人员应当妥善保管新能源汽车产品运行安全状态信息，不得泄露、篡改、毁损、出售或者非法向他人提供，不得监测与产品运行安全状态无关的信息。

第十八条　新能源汽车生产企业应当在产品全生命周期内，为每一辆新能源汽车产品建立档案，跟踪记录汽车使用、维护、维修情况，实施新能源汽车动力电池溯源信息管理，跟踪记录动力电池回收利用情况。

新能源汽车生产企业应当对新能源汽车产品的技术状况、故障及主要问题等运行情况进行分析、总结，编写年度报告。年度报告应当在新能源汽车产品全生命周期内存档备查。

第十九条　新能源汽车生产企业申请准入的新能源汽车产品类别或者动力系统（包括插电式混合动力、纯电动、燃料电池等）与已列入《公告》的新能源汽车产品不同的，或者增加、变更生产地址的，应当向工业和信息化部提交本规定第八条所列的材料，原则上应当进行现场审查。

取得插电式混合动力汽车或者燃料电池汽车产品准入的新能源汽车生产企业，申请相同类别的纯电动汽车产品准入的，只进行资料审查。

第二十条　新能源汽车生产企业应当持续满足《准入审查要求》和生产一致性等相关规定，确保新能源汽车产品安全保障体系正常运行。

第二十一条　新能源汽车生产企业发现新能源汽车产品存在安全、环保、节能等严重问题的，应当立即停止相关产品的生产、销售，采取措施进行整改，并及时向工业和信息化部和相关省、自治区、直辖市工业和信息化主管部门报告。

第二十二条　工业和信息化部应当对新能源汽车生产企业的《准入审查要求》保持情况、生产一致性情况和监测平台运行情况等进行监督检查，检查方式包括资料审查、实地核查、市场抽样和性能检测等。

省、自治区、直辖市工业和信息化主管部门应当对本行政区域内新能源汽车生产企业的生产情况、监测平台运行情况进行监督检查。发现新能源汽车生产企业有《准入审查要求》所列要求发生重大变化、生产管理存在重大安全隐患、产品不符合安全技术标准，以及违法行为等的，应当及时向工业和信息化部报告。

第二十三条　对于停止生产新能源汽车产品 24 个月及以上的新能源汽车生产企业，工业和信息化部予以特别公示。

经特别公示的新能源汽车生产企业在恢复生产之前，工业和信息化部应当对其保持《准入审查要求》的情况进行核查。

第二十四条　工业和信息化部建立新能源汽车生产企业信用数据库，将企业违反生产一致性要求、申请材料弄虚作假、行政处罚等情况列入信用数据库。

第二十五条　新能源汽车生产企业不能保持《准入审查要求》，存在公共安全、人身健康、生命财产安全隐患的，工业和信息化部应当责令其停止生产、销售活动，并责令立即改正。

第二十六条　新能源汽车生产企业破产或者自愿终止生产新能源汽车产品的，工业和信息化部应当撤销、注销其相应的新能源汽车生产企业、产品准入。

第二十七条　隐瞒有关情况或者提供虚假材料申请新能源汽车生产企业、新能源汽车产品准入的，工业和信息化部不予受理或者不予准入，并给予警告，申请人在一年内不得再次申请准入。

以欺骗、贿赂等不正当手段取得新能源汽车生产企业、新能源汽车产品准入的，工业和信息化部应当撤销其新能源汽车生产企业、产品准入，申请人在三年内不得再次申请准入。

第二十八条　新能源汽车生产企业擅自生产、销售未列入工业和信息化部《公告》的新能源汽车车型的，工业和信息化部应当依据《中华人民共和国道路交通安全法》有关规定予以处罚。

第二十九条　本规定自 2017 年 7 月 1 日起施行。2009 年 6 月 17 日工业和信息化部公布的《新能源汽车生产企业及产品准入管理规则》（工产业〔2009〕第 44 号）同时废止。本规定施行前公布的有关规定与本规定不一致的，以本规定为准。

# 《关于健全支持中小企业发展制度的若干意见》解读

为落实党的十九届四中全会精神，经国务院同意，工业和信息化部联合国家发展改革委、科技部、财政部等 17 个部门共同印发《关于健全支持中小企业发展制度的若干意见》（下称《若干意见》）。为更好理解和落实《若干意见》，现解读如下。

## 一、《若干意见》出台的背景和意义

中小企业贡献了 50%以上的税收，60%以上的 GDP，70%以上的技术创新，80%以上的城镇劳动就业，90%以上的企业数量，是国民经济和社会发展的主力军，是建设现代化经济体系、推动经济实现高质量发展的重要基础，是扩大就业、改善民生的重要支撑。推动中小企业健康发展，对于当前做好“六稳”工作、落实“六保”任务，实现整个国民经济的高质量发展具有重要意义。党中央、国务院高度重视促进中小企业发展工作，近年来出台了一系列有针对性的政策措施，有关工作取得积极成效，但仍存在一些短板和突出问题，支持中小企业发展制度有待健全。特别是新冠肺炎疫情对我国中小企业生存和发展带来了严重冲击，不少中小企业生产经营困难增多，一些基础性、制度性问题凸显。

对此，工业和信息化部会同国务院促进中小企业发展工作领导小组成员单位坚决贯彻党中央、国务院决策部署，深入学习领会贯彻落实党的十九届四中全会精神，立足坚持和完善社会主义基本经济制度，坚持“两个毫不动摇”，在多措并举帮助中小企业有序复工复产、度过当前困境的同时，结合当前中小企业面临的新形势、新问题，着眼于长期制度建设，加强顶层设计，共同研究制定了《若干意见》。

## 二、《若干意见》起草中把握的主要原则

《若干意见》的起草过程中，坚持问题导向，聚焦政策要活，加强顶层设计，突出制度安排，力求提出具体措施更有操作性，更能解决突出问题，把握以下三个原则。

### （一）注重做好政策衔接

《若干意见》突出问题导向、结果导向，重在构建系统完备、科学规范、运行有效的支持中小企业发展制度，形成“长短结合”的多层次政策体系。注重与《中小企业促进法》和中办、国办《关于促进中小企业健康发展的指导意见》，以及新冠肺炎疫情以来出台的财税、金融、社保等一系列阶段性惠企帮扶政策做好衔接，做到既重当前，更利长远。

### （二）注重做好问题导向

《若干意见》聚焦中小企业发展及相关工作中的难点、痛点和堵点，特别是一些基础性、制度性问题，着力在压实地方政府责任、健全金融财税支持体系、完善中小企业服务体系和加强中小企业合法权益保护等方面提出更多要求，重在健全支持中小企业发展各项制度，完善基础性工作，形成常态化、长效化机制。

### （三）注重做到制度创新

《若干意见》更加突出对中小企业创新的支

持，加大了对提升中小企业管理水平、知识产权保护以及国际交流合作的支持力度，并针对当前中小企业信用体系进行制度设计。同时，考虑到疫情对中小企业的冲击，为以后工作中更好帮助中小企业应对各类不可抗力事件，在《若干意见》中创新性提出“建立健全中小企业应急救援救济机制，帮助中小企业应对自然灾害、事故灾难、公共卫生事件和社会安全事件等不可抗力事件”。

## 三、《若干意见》的主要特点

《若干意见》聚焦落准、落细、落实，既提出了缓解中小企业融资难、融资贵等突出问题的具体措施，又对加大财税支持、优化服务体系、保护中小企业合法权益等方面进行了制度设计，同时对完善基础性制度、压实地方政府责任提出了要求，共从 7 方面提出了 25 条具体措施。总体看，《若干意见》具有以下几个特点。

### （一）更加突出了完善支持中小企业发展的基础性制度

《若干意见》坚持充分发挥市场在资源配置中的决定性作用，秉承竞争精神和法治理念，通过健全中小企业法律法规体系，坚持公平竞争制度，完善中小企业统计监测和发布制度，健全中小企业信用制度，完善公正监管制度等方面，完善支持中小企业发展的根本性、基础性制度及工作体系，进一步营造良好环境，为实施好各项政策奠定基础。

### （二）更加突出了金融和财税支持

在各项政策中，金融财税政策对中小企业的支持最直接、最有力、最管用，有利于减轻中小企业负担，缓解融资难、融资贵，让企业更有获得感。《若干意见》针对中小企业面临的突出问题，把健全制度的重点放在财税金融支持上，提出了更有针对性的措施。如：在融资促进方面，提出优化货币信贷传导机制；健全多层次小微企业金融服务体系，鼓励金融机构创新产品和服务，发展便利续贷业务和信用贷款，增加小微企业首贷、中长期贷款、知识产权质押贷款等；强化小微企业金融差异化监管激励机制；完善中小企业直接融资支持制度；完善中小企业融资担保体系等。在财税支持方面，提出健全精准有效的财政支持制度，建立国家中小企业发展基金公司制母基金，健全基金管理制度，完善基金市场化运作机制，引导有条件的地方政府设立中小企业发展基金；建立减轻小微企业税费负担长效机制；强化政府采购支持中小企业政策机制，修订《政府采购促进中小企业发展暂行办法》。

### （三）更加突出了提升创新和专业化能力水平

当前中小企业发展的困难，不仅有外界因素，也有企业自身创新能力不足，专业化能力和水平不高等因素。《若干意见》特别强调建立和健全中小企业创新发展制度。推动完善创业扶持和创新支持制度，健全支持中小企业“专精特新”发展机制，推动以信息技术为主的新技术应用等。如：明确提出大幅提高中小企业承担研发任务比例，加大对中小企业研发活动的直接支持。健全“专精特新”中小企业、专精特新“小巨人”企业和制造业单项冠军企业梯度培育体系、标准体系和评价机制。支持中小企业应用 5G、工业互联网、大数据、云计算、人工智能、区块链等新一代信息技术以及新材料技术、智能绿色服务制造技术、先进高效生物技术等，提高中小企业数字化、网络化、智能化、绿色化水平。总而言之，力求通过政策制度设计，推动中小企业加快实现创新发展。

### （四）更加突出建立和保障促进中小企业发展的长效机制

《若干意见》从完善和优化服务体系、建立健全合法权益保护制度到强化组织领导制度等方面提出一系列要求，着重从推动建立支持中小企业发展的长效机制上发力。如，在完善和优化中小企业服务体系方面，要求健全政府公共服务、市场化服务、社会化公益服务相结合的中小企业服务体系，探索建立全国中小企业公共服务一体化平台，探索建立志愿服务机制；完善中小企业培训制度，构建具有时代特点的课程、教材、师资和组织体系，建设慕课平台，构建多领域、多层次、线上线下相结合的中小企业培训体系；夯实中小企业国际交流合作机制等。在建立和健全中小企业合法权益保护制度方面，提出构建保护中小企业及企业家合法财产权制度，健全中小企业知识产权保护制度，完善中小企业维权救济制度。另外，促进中小企业发展工作涉及方方面面，既是一项系统性工程，也是一项政治任务，需要引起各方面的高度重视。为此，在强化促进中小企业发展组织领导方面，明确要求县级以上地方人民政府必须建立健全促进中小企业发展工作领导小组，由政府领导担任组长，强化促进中小企业发展工作队伍建设。同时，完善中小企业决策保障工作机制，定期开展中小企业发展环境第三方评估，并向社会公布结果。

## 四、推动《若干意见》贯彻落实

《若干意见》首次对促进中小企业发展工作进行制度设计，是对长期以来各地区、各部门促进中小企业发展工作的总结和提升，是对坚持“两个毫不动摇”的再次强调和突出，体现了完善社会主义基本经济制度的必然要求。《若干意见》对下一阶段促进中小企业发展工作进行了全面系统的顶层设计，为今后促进中小企业发展工作指明了方向和重点。抓好《若干意见》的贯彻落实是下一步促进中小企业发展工作的重中之重。工业和信息化部将充分发挥好国务院促进中小企业发展工作领导小组办公室协调作用，积极强化与有关部门的工作联系，加强跟踪与督促，会同各部门、各地区共同推动《若干意见》落地，为中小企业发展营造良好发展环境。

# 先进典范篇

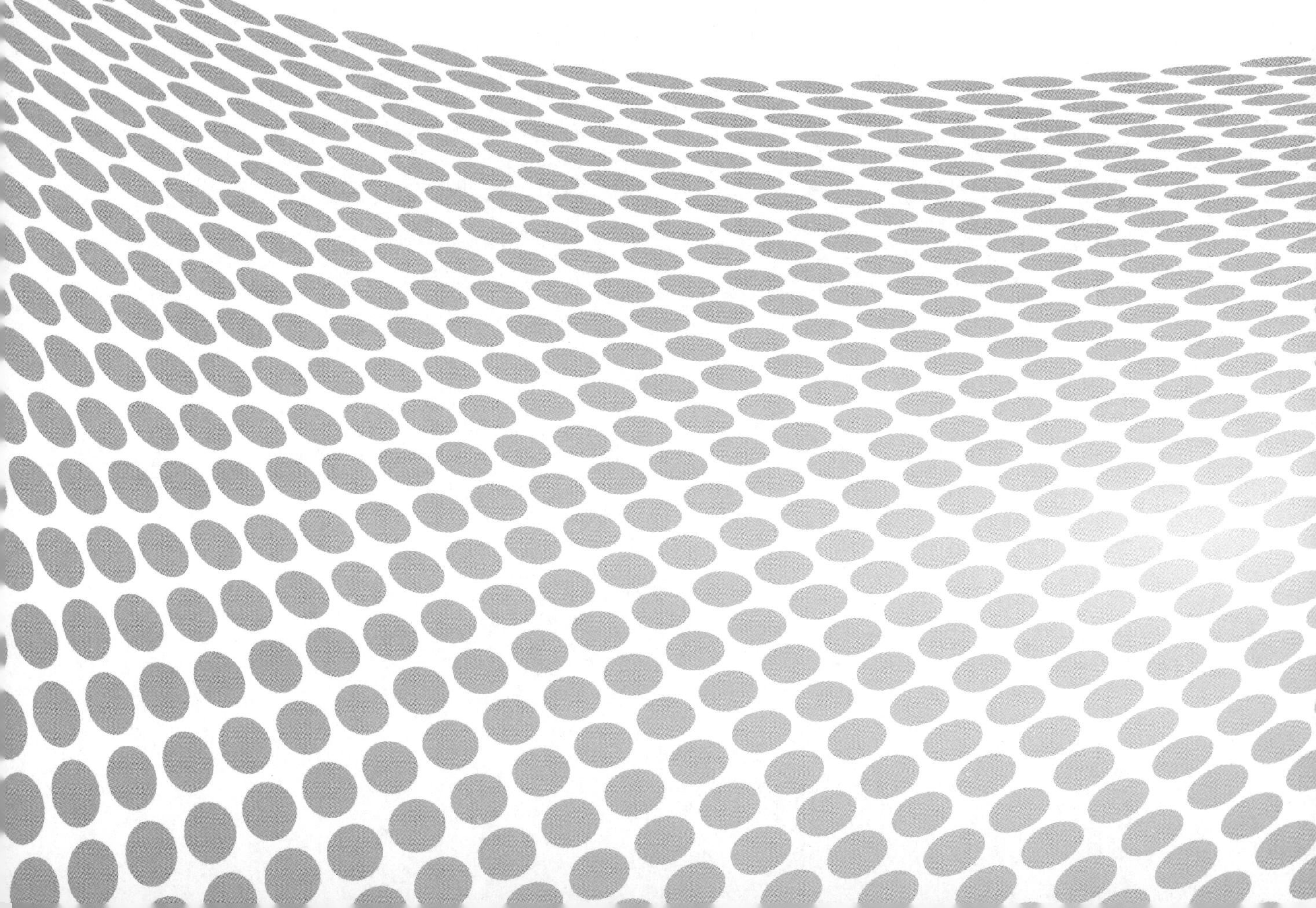

# 优 秀 单 位

## 中国第一汽车集团有限公司

【总体情况】

2020 年 7 月 23 日下午，中共中央总书记习近平到中国第一汽车集团有限公司（以下简称中国一汽）视察。习近平总书记听取了中国一汽整体情况汇报，调研了中国一汽研发总院电子电气实验室，视察了最新技术平台、最新动力总成和“红旗”最新研发的整车产品。

在视察过程中，习近平总书记对中国一汽的创新发展给予高度评价：“看了中国一汽技术创新和自主品牌建设成果展示，感到眼前一亮。”“中国一汽的发展，风景这边独好。”就掌握关键核心技术、做好民族汽车品牌，习近平总书记作出重要指示：“推动我国汽车制造业高质量发展，必须加强关键核心技术和关键零部件的自主研发，实现技术自立自强，做强做大民族品牌。”“大力发展汽车制造业，中国一汽要当先锋。”“抢抓新技术，抢占制高点，中国一汽加油。”

习近平总书记的重要讲话为中国一汽高质量发展提供了根本遵循和行动指南，也为全体中国一汽员工产业报国、工业强国注入了坚定信心与强大动力。2020 年，面对疫情突发和经济下滑的严峻考验，中国一汽迎难而上、创新发展、不负重托、逆势飘红，以行动与实绩向总书记呈交了一份完美的答卷！

【数字化转型工作】

（一）工作宣传和文化建设情况

1. 高度重视，快速部署，明确落实要求

2020 年 8 月，中国一汽收到《关于加快推进国有企业数字化转型工作的通知》（以下简称《通知》），中国一汽董事长当即作出批示，要认真按照《通知》要求，深入贯彻国务院国资委决策部署，从提高认识、夯实基础、加快产业数字化和数字产业化发展等方面，提出落实建议。

中国一汽以《通知》为指引，制定了集团数字化战略，并召开数字化大会，发布了集团数字化战略。中国一汽的数字化转型，坚持以“数据驱动美妙出行”为愿景，以集团数字化战略为统领，以创造价值、提高效率、满意客户、方便员工、提升业务能力为目标，以 IPD、OTD、CSP、企业运营四大业务为核心，与体系建设紧密配合，全力推动数字化转型，实现核心业务的创新化、数字化、价值化，为客户创造具有极致体验的产品和服务。

2. 深入宣传，广泛学习，营造企业数字化文化

中国一汽联合吉林省委网信办，承办吉林省网络安全宣传周活动开幕式，举办智慧物联网络安全高峰论坛，提升了网络安全意识；联合行业内头部车联网企业资源，利用高效的脱产培训模式，开展数字化人才培训转型项目，实现员工数字赋能。中国一汽-大众携手旗下 900 余家经销商试水云直播和短视频制作，改变汽车品牌固有的传统印象，探索多样化的数字化转型模式。

同时，中国一汽面向高级经理、业务骨干、全体员工 3 类群体，通过“领导力与数字化转型培训”“领导干部数字化知识深化学习”“数字化种子实战营”等 8 个项目，按照“业务数字化基

础培训”“制定部门业务数字化规划”“明晰落实规划所需核心能力”“确定建设核心能力的路径”“开展针对性培训及效果验证”五大步骤开展培训培养，使各级人员理解数字化转型的基本要求，探索数字化转型的基本工作方法。

（二）战略机制建设情况

1．制定并发布数字化转型战略规划

2020 年 12 月，中国一汽制定完成了《数字化业务“十四五”战略规划》，明确以客户为中心，以数据为新的生产要素，数字技术与业务深度融合，数据驱动产品、服务及企业运营敏捷创新，实现研发零等待、制造零介入、客户零距离、工作零搜索、生态零边界、服务零间断，打造拥有“智慧大脑”的数字化企业。

以集团数字化战略为统领，中国一汽组织所属 14 个分子公司完成了数字化建设规划的编制；建立了总部各部门、分子公司、启明公司“三位一体”的数字化规划联动机制。各单位全面贯彻集团数字化转型战略，基于业务架构、体系架构和数字化应用现状，明确了数字化建设方向、目标、内容、重点任务、工作计划，建立了数字化工作机制，制定了数字化能力提升方案。

探索研究数字化建设评价体系，以价值创造为目标，以创新为根本，以“见人见物见时间、进计划进点检进考核”为原则，从领导与组织、数字化规划、业务数字化、数字业务化、人员能力提升 5 个方面综合思考数字化建设评价体系的制定。

2．建立体系协同机制

以数字化平台和体系能力为载体，以资源统筹、共建共享为基本原则，构建集团管控平台、共享服务平台、统一技术平台等公共平台，赋能其他事业板块，进行应用系统统一建设，以及基础资源、工具软件的统一管理。发挥集团在 IT 基础设施、网络安全、数据资源等方面的统筹管理作用，全面提升集团数字化体系整体能力。

3．加大人才和资金保障力度

面向“新四化”变革需求，加强培养产品经理、业务分析师、数据科学家、数据工程师、开发工程师等专业人才，建设敏捷、高技能、体系化的数字化转型人才队伍。截至 2020 年年末，中国一汽总部共设数字化建设类新业务岗位 1088 个。

2020 年，中国一汽在数字化领域共投入 32.4 亿元。其中，集团总部投入 12.1 亿元，中国一汽解放公司投入 3.4 亿元，中国一汽-大众投入 8.2 亿元，中国一汽丰田投入 5.0 亿元，其他分子公司投入 3.7 亿元。

（三）转型基础建设情况

1．建设基础数字技术平台

搭建面向集团的以“应用场景化、能力服务化、数据融合化、技术组件化、资源共享化”为特征的数字平台，实现数据增值运营。中国一汽基础设施混合云以业务适配为导向，构建了由多种类型服务资源构成的一体化“混合云”生态系统。目前，集团混合云具备 5.1 万核 CPU、12.5PB 存储能力，支撑集团内外 900 多套业务系统，覆盖集团总部、中国一汽红旗、中国一汽解放等分子公司。

2．构建数据治理体系

构建面向数据技术、管理、应用与运营的完整数据治理体系，持续沉淀数据资产、提升数据质量，以数据为引擎实现核心业务的数字化、价值化和创新化。目前，中国一汽已完成数据治理体系框架的搭建，并基于数据中台，开展了集团统一报告平台（驾驶舱）、客户声音、供应链 BI、智能网联数据平台、新能源电池数据分析平台等大数据应用。未来，中国一汽将继续拓展数据资产管理范围与管理深度，建立数据管理能力成熟度评估与评价体系，持续积累算法库、模型库与场景库，构建中国一汽异业数据生态，对内实现业务赋能，对外驱动商业模式创新。

3．加强网络与信息安全防护

以集团统一安全态势感知平台为基础，建设覆盖“云—管—端”的纵深防御体系，实现安全风险可知、可视、可管、可防、可控，持续保持网络安全重大事故零发生，全面保障集团数字化转型。

建设集团网络安全运营中心，安全态势感知监测能力提升 300%；落实《关于进一步加强工业控制系统网络安全工作的通知》，完成中国一汽红旗工厂长青基地工业控制系统安全防护实施；深化落实网络安全工作责任制，优化网络安全管理体系，集团总部通过 ISO 27001 国际标准体系认证；第二次受邀参加国家网络安全攻防演习，阻断攻击 110 万余次，目标系统成功抵御外部攻击，成功实现对攻击者的画像溯源，相关战法入选“国家网络安全攻防演习优秀技战法目录”，获公安部通报表扬；联合吉林省委网信办，承办 2020 年吉林省网络安全宣传周活动开幕式，举办智慧物联网络安全高峰论坛，获得国家 10 部委联合表彰。

（四）产业数字化推进情况

1．加强产品创新数字化

完成产品诞生核心业务数字化，深化产品项目管理数字化，以项目计划在线、循环点检、问题闭环为重点，实现实时在线、透明化、可视化、及时化，提升项目管理效率。优化完善产品 BOM 管理系统，实现预批量 BOM 管理、销售配置和软件配置管理，支持预批量物料筹措、个性化定制、软件在线刷写。完成车载软件全生命周期管理平台一期建设，实现软件开发过程在线协同、软件数据（需求、代码、测试等）在线、可追溯、可跟踪、可重用，提升软件开发效率和重用性。扩展仿真专业数字化，实现电机流体、电池热管理等六大专业的仿真数据平台化、模型标准化、流程自动化、仿真计算自动化，提升仿真分析效率。完成研发桌面云在研发体系的全覆盖，实现多专业、一体化、全天候的在线协同开发。

2．提高生产运营智能化

完成订单实现过程关键核心业务数字化，按照红旗数字化工厂建设计划和扩产能需求，以智能制造为主攻方向，打造基于“5G+工业互联网”的数字化工厂，完成中国一汽红旗工厂长青基地冲、焊、涂、总四大工艺的数字化工厂系统全覆盖，以及在蔚山工厂的复制。通过产品配置全过程管理、ERP 系统重构、订单监控及调度等系统的建设，打通订单实现全流程，实现物料筹措的精准敏捷和产品交付的端到端透明，确保交付周期的持续稳定。

通过“工艺业务主线闭环”，搭建了连接设计到制造的数字化桥梁，使得中国一汽红旗制造体系具备了行业内显著的领先优势，实现面向制造及装配的工艺设计标准化、透明化作业；通过“供应链主线闭环”，站在整个产业链的角度，联通产业链上下游，打通供应链的全过程，实现拉动式精益生产，以及零部件供应商精准要货、精准存储和精准配送；通过“数字化制造运营系统”，实现了车间管理透明、生产绿色环保、产品质量极致。中国一汽红旗工厂智能化生产车间通过生产制造管理运营系统 MOM 实现与工艺、计划、质量、物流、设备等系统集成，推动制造柔性、稳定、可扩展。生产制造数字化的实施实现了中国一汽红旗工厂混线制造、透明化生产，提升了协同制造效率，提高了整车产品质量，降低了整体运营成本。

3．加强用户服务敏捷化

完成营销服务领域关键核心业务数字化，围绕客户消费全流程，以客户体验为中心，基本完成客户生态云平台建设，支撑“整车厂、经销商、客户”一体化运营，全面提升客户满意度、忠诚度、直达黏性，并将成功经验、成熟系统推广至奔腾品牌。

在客户端，完成客户全触点建设布局，形成以红旗官网、快应用、红旗空间、心服务、微店及红旗智联 App 为载体的客户触点体系。在营销业务端，基于腾讯 TSF、Spring Cloud 开源框架及自有工具链，开发全新 EP（DMS）系统。在经销商端，完成红旗品牌全网 317 家店的推广，应用人像识别技术，实现从展厅到店的客流统计，应用车牌识别技术，实现维修车间自动开工/完工、维修实况对客户全程透明。在营销管理端，全面升级改造 TDS 系统，与经销商 DMS 实现全业务打通，开展 AI 智能客服、AI 撰稿、AI 内容创意等创新应用，实现业务数字化、数据在线化、流程智能化、审批移动化，全面提升运营效率。

4．推进经营管理一体化

完成管理支持核心业务数字化。围绕中国一汽红旗运营，完成全面预算、PD 财务、统一费控等 6 个 ERP 项目的实施落地，实现全域预算控制和全过程成本管理，全方位、全员、全过程提升中国一汽红旗财务运营能力。完成财务共享平台在自主品牌 70%分子公司的推广，推动财务体系由核算型向管理决策型转型。

立足集团总部，持续开展中国一汽 EASY 协同办公平台的迭代升级，并在 18 家分子公司实施推广，服务集团 4.1 万名员工，实现工作的数字化、在线化、实时化、智能化，大幅提升员工办公效率，有力保障疫情期间云上办公。

5．推动产业体系生态化

构建跨界融合的数字化产业生态，秉承“创新、协调、绿色、开放、共享”的发展理念，与业界领先的数字化解决方案提供商在技术、数据、人才、业务创新等方面开展深层次合作，构建多方协同的数字化转型生态，融合发展、合作共赢，助力集团转型升级。

6．探索数据创新管理

以营销领域为试点，形成一套数据资产管理的制度流程与工作机制，搭建了数据管理平台的五大核心模块，实现了对营销数据资产的沉淀，已沉淀 29 个数据库、13602 张表、12 个数据模型、477 项数据服务、6 项数据标准、9 个质量检查规则。

7．推动分子公司数字化转型

中国一汽物流有限公司以云基础设施、智能装备集群为基础，以 AIoT、数据、算法为中台，以业务和职能为前台，打造数字化的物流采集体系、可视化的物流运转体系、智能化的物流调度体系。目前，整车物流已全链贯通，零部件 AWCS 中控系统已落地应用；AIoT 中台已实现整车物流核心节点数据自动化采集，数据中台数字孪生已覆盖整车物流及零部件配送中心部分场景，算法中台网络规划算法已落地应用。未来，在前台层将实现整车物流仓储的精细化管理，零部件和备品物流将补齐系统短板；在中台层将推进零部件及备品物流全流程数据的自动化采集，数字孪生将在多场景推广应用，智能调度算法将开展研究与应用。

中国一汽资本控股有限公司围绕精准营销、客户体验、创新产品、控制风险、智能运营，通过五大智能数字化平台构建+技术管理+基础管理（5+1+1）布局，实现智能产品、智能管理、智能服务，并成为数字化领先的产业金融集团。当前，该公司业务数字化已经全面达成并行业领先，实现业务全面系统化（95%）、流程全面自动化（80%）、服务全面移动化（85%）、运营全面可视化（400 余份报表），部分技术产品达到可输出级别。

中国一汽出行科技有限公司具备出行领域全业态、全生命周期的解决方案，目前已上线 6 个平台（网约车、公务用车、租车、车辆运营管理、业财一体化、数据中台及经营分析），2 个平台（车服、二手车）正在开发中。

（五）数字产业化推进情况

1．大力开展人工智能领域建设

利用大数据手段实时聆听用户情感和话题，实现客户声音洞察；引入 NLP 自然语言分析等技术进行精准用户情感分析，经过核心算法升级，语义分析准确率达 90%以上，累计处理客户抱怨 1200 多次，监控舆情 5000 多次，监测重大事故 60 多起。核心算法模型赋能奔腾等品牌客户声音洞察业务。

基于车辆数字孪生与实时数据建模技术，交付试乘试驾监控、AAK 验证、跨区销售识别、事故车发现、索赔核验等实际销售应用场景。有效监控经销商跨区销售、试乘试驾违规使用等行为，实现渠道管控效率高效提升；通过网联数据比对，核验事故车和索赔单，识别虚假索赔，为企业挽回损失。

AI 客服全面上线，实现红旗智联 App 和微信公众号用户自动咨询，缩短用户等待时间，增加品牌好感度，减少人工座席成本；开发支持全量客户服务的音频质检功能，减轻质检员的工作压力，同时完成派单&跟单、救援类回访、一日完结等跟单外呼功能开发，减少座席外呼量。

以“力矩智能检测、旗秒车书、售后维修智库 3.0”3 个有价值的算法场景为试点，以业务价值大、数据基础好、技术成熟的营销、制造业务为基础，提升算法中心团队的编程、理论、应用能力，具备独立解决业务问题的能力，同时形成一套适用于中国一汽的协同工作机制。

2．加大新型基础设施投资建设

引入 5G、边缘计算、WiFi、SDN 等新技术，围绕工业企业的业务发展需求，加快新技术的部署应用，打造国际先进的工业互联网基础设施，全面提升企业的网络化水平。中国一汽已完成 5G、边缘计算、WiFi、SDN 新技术规划方案，并完成试点测试工作，运行效果良好。

按照国标 GB 50174-A 级机房和国际 TIA 942-T3 机房建设标准，以绿色节能、安全可靠、智能高效为目标，进行新型云数据中心可行性研究，并完成中国一汽云数据中心体系架构设计。

完成“红旗智云”混合云平台整体建设，实现公有云和私有云的统一管理，资源交付效率提升 4 倍，资源使用率提升 40%。开展超算平台资源扩容，优化调度机制，提升仿真通过率。优化 IT 运维服务，通过 ISO 20000 国际体系认证，实现开发运维一体化，完成对 87 套核心系统 9 个维度的 130 次优化，规避 242 个风险点，缩短故障发生时间。优化集团网络专线，整合互联网出口，实现互联网区域共建共享。深化落实网络安全工作责任制，建设集团统一的网络安全运营中心，完成中国一汽红旗工厂长青基地工业控制系统安全防护实施，参加国家网络安全攻防演习，优化集团网络安全管理体系，通过 ISO 27001 国际标准认证，使其安全态势感知监测能力提升 300%。

# 中国华能集团有限公司

2020 年，中国华能集团有限公司（以下简称华能集团）信息化发展坚持以《中国华能集团公司信息化及“互联网+”发展“十三五”战略规划》为指导方向，以“六个新提升”为战略目标。积极探索运用现代信息技术，驱动管理变革和转型升级，努力提高信息化支撑、引领水平，促进信息化与华能集团生产、经营、管理工作更深层次融合，使各项重点工作取得显著成效。

## 【基础管理工作情况】

### （一）基本形成信息化“十四五”规划核心框架

根据《中共中央关于制定国民经济和社会发展第十四个五年规划和二〇三五年远景目标的建议》，以及华能集团“十四五”规划纲要，华能集团信息中心基本完成“十四五”信息化规划核心框架。未来 5 年，华能集团的信息化工作将以网络安全及自主可控、数字化转型为核心，以加快建设“数字企业”为主要目标，统筹推进重点“数字化工程”项目建设和 IT 能力建设。

### （二）设立网络安全处

为进一步落实华能集团网络安全监督管理职能，华能集团信息中心设立网络安全处，主要负责制定、修订并监督执行网络安全相关业务的管理；落实中央和国家对网络安全的要求；组织华能集团网络安全培训工作；负责网络安全工作的考核。

### （三）完善信息化业务管理制度体系

按照华能集团对信息化管理“全覆盖”的总体要求，结合以往工作中发现的具体问题，设计信息化业务管理“1+9+*N*”制度体系框架。2020 年，华能集团完成 7 项制度的制定或修订工作，进一步明确了华能集团信息化项目全过程管理的要求和思路。

## 【网络安全建设情况】

### （一）网络安全保障能力进一步夯实

2020 年，华能集团网络安全管理在体制完善、技术平台、队伍建设、护网演练等方面均取得了较好的成绩。2020 年，华能集团未发生较大网络安全事件，圆满完成“两节”“两会”网络安全保障工作，有效落实网络安全绩效考核工作。疫情期间开通 VPN 账号 322 个，有力地保障了华能集团总部及下属单位疫情期间的办公需求。

华能集团信息中心下设立了网络安全处，

在各关键基础设施防护单位设立了信息中心，体制机制进一步完善。网络安全综合管控平台建设工作有序推进，电力基础设施网络安全实验室顺利完工，中能融合态势感知平台搭建完成，第一批 169 家单位按要求接入国资委能源工业互联网平台。

网络安全人才队伍通过举办网络安全技能竞赛得到发掘和扩充。

（二）“HZ2020”工作取得较好成绩

在公安部组织开展的“HZ2020”网络安全攻防演练中，华能集团成功处置各类网络攻击行为 23 万余次，所有生产控制大区边界未被突破，内外网边界和内网服务未被攻破，靶点单位景洪水电厂的工业控制系统未被攻破，基本控制了对互联网边界和服务的渗透。

**【信息化重点工作情况】**

（一）信息化应用项目管理有序推进

华能集团数字化财务项目按计划完成蓝图评审及系统功能开发，2020 年年底在 4 家试点单位开展决算试运行工作。营销管理系统推广及现货竞报价项目完成蓝图评审，在各区域公司上线试运行。统一安全生产管理平台、大屏幕展示系统功能升级项目蓝图设计工作顺利完成。外网中/英文门户网站、内网门户网站同步上线。数字档案馆项目通过国家档案局试点验收。

（二）基础资源管理水平稳步提升

华能集团信息中心建立和维护华能集团总部及下属各单位基础设施台账，相关管理制度得到完善，云资源运营、维护和分配管理进一步加强。截至 2020 年年底，华能集团信息化基础设施设备共 19379 台，其中，服务器 6260 台，存储设备 568 台，网络设备 8256 台，安全设备 2207 台，基础软件 2088 套。

（三）运维管理能力不断提高

华能集团各单位应用系统 2020 年可用率达 97%；运维自主率达 73.45%，其中，总部统筹运维自主率达 100%。华能集团信息中心建立了应用系统资产管理系统，完成“全覆盖”应用系统数据信息收集及整理分析，按季度编制《华能集团应用系统资产现状报告》《华能集团应用系统资产表》。截至 2020 年年底，华能集团在用应用系统 924 个，其中，华能集团统建应用系统 68 个，下属单位自建应用系统 856 个。2020 年，华能集团共保障视频会议 567 次，其中，重要会议 419 次。桌面运维终端设备工单 1654 张，辅助办公设备工单 2605 张，其他故障工单 536 张；召开无纸化会议 62 次。机房设备和环境巡检共 1147 次，备份系统、综合数据库、虚拟机巡检共 196 次。

**【两化融合推进情况】**

（一）产业数字化推进情况

华能集团推动电力领域设备、系统国产化，为能源电力重要基础设施运行的本质安全提供全面保障。华能集团发挥产、学、研、用多方技术力量，成功研制出国内首套 100%国产化百万千瓦级分散控制系统（DCS）——华能睿渥，在福州、玉环电厂成功投运，标志着我国高参数、大容量发电领域核心控制设备实现完全自主可控。华能集团与中国电子科技集团联合研发的国产化自主可控风电 PLC 在汕头电厂、通榆和定边风电场示范应用。

华能集团依托小湾、糯扎渡水电站建设涵盖电厂智能运行、设备智能检修维护、边坡智能监控等的智能水电厂；以澜沧江流域大型水电工程为依托试点绿色智能建造关键技术研究及应用，实现工程建设的全生命周期“信息化、数字化、智能化”管理。

华能集团伊敏露天煤矿、砚北煤矿、核桃峪煤矿 3 个煤矿入选国家能源局和国家煤矿安全监察局联合发布的国家首批智能化示范建设煤矿名单。华能集团在伊敏煤电公司探索智能化技术，促进节能减排和提高安全生产水平的应用模式和管理方法，实现露天煤矿自卸卡车无人驾驶。

华能集团上海电子商务公司建设形成“能购”“能运”“能融”“能云”的电力行业智慧供应链集成服务平台——华能智链，实现了大数据支撑、网络化共享、智能化协作，整合商流、物流、信息流、资金流各方供应链资源，提升产业集成和协作水平。截至 2020 年年底，华能智链为全国 30 个省市、6000 余家上下游企业、20 万余家认证服务商提供 10 多个大类、50 多万种物资的招标、采购、销售、运输、仓储、供应链金融和技术服务等“一站式”的供应链数字化集成服务。

（二）数字产业化推进情况

2020 年，华能集团按照《华能集团工业互联网 2018—2020 年实施方案》要求，以及工业和信息化部“AIdustry 工业互联网平台测试试验项目”建设内容，基本完成建设目标，具备验收条件。平台通过了北京市经济和信息化委员会的全面测评。在玉环电厂部署的 4 个工业互联网试点应用，通过华能集团科技评审，其中，智能脱硫应用已在山东莱芜、八角电厂开展试用。截至 2020 年年底，工业互联网项目实现了水电板块全覆盖，火电板块覆盖 10 个区域公司、19 家电厂，共接入 186 万个测试点，采集数据 415 亿条，累计数据量超过 13.7TB；开发智能化应用模型超过 300 种，共 6789 个；应用服务累计调用 1.49 亿次。另外，水轮机导叶故障预警、磨煤机爆燃预警、智慧环保岛优化运行、智慧物资供应链等应用在故障预警、设备预测性检修、机组优化运行与经营管理等方面均有显著成果。

华能集团完成华能云数据中心建设，项目占地面积达 10560 平方米，可容纳 1600 个机柜，同时在北京西单生产数据中心和青岛数据中心构建“两地三中心”数据容灾系统，打造集华能信息系统及数据容灾和应用建设服务于一体、支撑发展“互联网+”新业务的重要基础设施，构建华能“互联网+”平台，集中承载华能集团未来发展的业务应用和数据资产，全面支持大数据、云计算、移动应用、“互联网+”和灾备等业务，支撑集团业务云化发展，并兼顾社会服务。华能云在 2020 年通过网络安全三级等保测评，充分保证了云上的数据安全。

华能集团于 2020 年组织完成了新能源智慧运维中心第一阶段建设，通过制定新能源数据管理统一标准，将华能集团 29 个区域集控中心的光伏和风电生产实时运行数据全部汇集到北京，提高了区域集控和集团管理的一致性和标准化，实现了远程监视及初步辅助生产管理的功能。

# 中国宝武钢铁集团有限公司

**【强化数智化顶层设计　引领数智化转型】**

践行中国宝武钢铁集团有限公司（以下简称中国宝武）战略，推动新一代信息技术与钢铁产业深度融合，围绕钢铁生态圈建设及公司治理体系和能力现代化，从数智化转型发展角度进行全面思考和设计，描绘钢铁数字生态蓝图，形成中国宝武智慧化与大数据专项规划，设计构建数字钢铁生态圈建设的“四新”（新生态、新基建、新技术、新保障）规划框架，制定三年工作目标、工作举措和重点任务，为中国宝武打破数据孤岛、应用孤岛及实现互联互通明晰行动方向和路径。

**【构筑生态圈统一基础设施能力】**

进一步推动 IaaS 层信息基础设施——宝之云全国布局；组织设计全国承载网建设模式，打造云边协同立体网络体系；推动云边协同、流程管控及数据智能一体的中国宝武大数据中心算力基础设施建设；基于新一代信息技术，打造互联共享的 PaaS 层平台基础设施——工业互联网平台体系（产业生态平台 ePlat 和工业互联平台 iPlat），支撑“稳态，敏态”的双态管理模式，营造“双中台”能力建设环境。

【推动新一代信息技术深度融合应用】

在实现基础设施统一互联互通的基础上，向上构建具备足够开放性、兼容性的无边界技术生态体系。规划构建中国宝武关键研发技术图谱，以技术创新驱动业务创新，构建生态运营能力；对外全面对标找差，积极调研、走访华为、阿里巴巴、联想等优秀的互联网、制造业公司，汲取优秀企业的技术研发成果、技术创新实践、技术管理经验，寻找创新合作点，共建共创新商业模式；对内推动中国宝武内部区块链技术标准建设，以及 AI、5G、大数据等新一代信息技术与子公司具体应用场景的实践创新。

【持续打造公司治理体系现代化数字孪生新生态】

围绕商业新模式、制造新模式、运营新模式转型和创新，以智能制造、智慧服务、智慧治理作为业务引擎，积极推动“穿透式监督应用”“三重一大”“制度树建设”“组织绩效考核”“大数据审计”“投资计划管理”“纪检管理”“不动产管理”“能源环保”等一系列中国宝武国资监管信息化工作建设和优化完善工作，协同各相关单位推进“宝武智维云”“宝钢工程数字设计与交付云平台”“集团炼铁互联智控平台”“欧冶综合交易平台”“集团运营共享生态圈应用”等钢铁生态圈各功能体系“平台+”数智生态业务云标杆建设，全面推动集团各子公司“上云上平台”，逐步实现传统信息化、自动化架构向新一代信息架构的迁移、转型升级。

【持续推进集团运营共享系统建设及穿透式覆盖】

支撑“亿吨宝武”目标，助力集团整合融合，发挥协同叠加效益。按“横向到边、纵向到底”穿透式管理要求，推进集团运营共享系统覆盖马钢集团、马钢股份、欧冶链金、马钢交材、宝武重工及其下属 51 家法人单位；推进集团运营共享系统覆盖宝武物产、宝武清能、宝武水务及下属 16 家法人单位，推进集团标准财务系统覆盖华宝信托、华宝证券、华宝基金等 11 家法人单位。

组织启动并编制《人力资源系统智慧化升级改造方案设想》，通过集团批准并列入集团 2020 年重点工作，组织开展智慧工作平台升级改造方案研究工作。

【规划设计新型数智化建设治理环境】

重构数智化建设制度体系，进一步强化数智化治理内控合规性。全面梳理、审视现有制度文件的设计有效性和执行有效性，结合中国宝武数智化转型新要求，梳理并重构智慧化与大数据建设制度文件体系，归并确定顶层策划类、项目管理类、大数据治理类、网络安全类、运维管理类五大类管理文件，形成一套治理规范宪章，营造创新驱动环境，助力提升集团数智化运营水平，助推技术驱动下的商业模式变革。

【提升网络安全保障能力】

根据国资国企网络信息安全监管平台全覆盖工作要求，建立推进工作组，制定全覆盖三年行动计划，并完成集团总部覆盖工作；全面推进落实国资委能源工业互联网平台全覆盖工作，完成中国宝武下属 5 个电厂态势感知系统建设，与能源工业互联网平台对接，纳入行业监管；按照国资委工业软件自主可控通知精神，成立推进工作组，组织制定中国宝武自主可控工作方案和推进计划。

【提升网络安全对抗能力】

贯彻落实习近平总书记网络强国重要思想，积极组织开展网络攻防实战演习。积极参加有关部门组织的网络攻防演习，选择两个重要系统作为防守靶标，成立 HW2020 指挥部，制定网络攻防指南，指导子公司做好安全防护；制定演习方案，建立联防联控机制，部署落实演习各项工作。本次演习共阻击来自 9 个方面的攻击，防守住了靶标。通过演习，集团发现并整改了大量网络安全问题，减少了风险隐患，增长了实战经验和对抗能力，取得了良好效果。

【夯实构建网络安全保障机制】

落实疫情防控、重大活动网络安全保障工作。健全网络与信息安全信息通报机制，建立集团直接管理子公司+钢铁单元的信息通报工作机制，加快落实各项网络安全应急保障工作，指导子公司加强网络安全防范。全面落实疫情防控期间集团远程办公应急保障工作，落实 7×24 小时远程保障要求。组织集团总部、子公司开展网络安全大检查，对子公司网络安全防护情况实施技术检查，对子公司互联网系统中的疫情防控重要敏感信息数据进行检查、清理，避免信息泄露。积极做好重大活动网络安全保障工作，完成了全国两会、国庆、第三届进口博览会等重大活动的网络安全保障工作，组织落实中国宝武 130 周年活动网络保障要求。2020 年，中国宝武没有发生重大网络安全事件。

**【推进集团网络新技术安全防护体系建设】**

推进建设网络安全监管平台，完成可行性研究报告和初步设计方案，开展系统建设，实现穿透式网络安全监督；建设安全态势感知平台，完成集团公司、宝信软件、欧冶云商 3 个互联网出口流量监测探针的部署，实施常态化网络安全监测，提升网络安全威胁检测和发现能力；推进主机安全防护系统建设，集团总部、欧冶云商、华宝基金等单位基本完成主机防护系统部署；推进终端安全防护系统升级，完成集团总部、部分子公司规模测试，组织集中采购工作。

**【设计数智化建设绩效指标体系】**

围绕集团生态圈战略落地，强化规划引领导向。为持续驱动各子公司共建、共治、共享高质量钢铁生态圈，落实《中国宝武智慧化与大数据专项规划（2020—2022）》工作任务，围绕行动路径设计数智化建设绩效指标体系，引导各子公司积极应用集团公司统一新基建设施，打破数据孤岛、应用孤岛，实现互联互通，开展子公司数据治理体系设计，形成数据共享服务创新能力，设计“上云指数”“上 ePlat 平台指数”“数据入湖治理指数”“上网络安全平台指数”，在子公司编制“十四五”规划、滚动年度计划、商业计划书等工作过程中细化落实。

**【加强对外宣贯】**

打造国企数智化转型标杆，传播中国宝武数智化的建设实践和转型理念。进一步发挥国有企业在新一轮科技革命和产业变革浪潮中的引领作用，强化数据驱动、集成创新、合作共赢等数字化转型理念，积极参加国资委、工业和信息化部、国家发展改革委等国家部委组织的成果推广、树标立范、交流培训等多种形式的对外宣传活动，包括国资委组织的央企一把手谈数字化转型、中央企业数字化转型现场推进会优秀实践分享、第一期中央企业数字化转型培训班转型实践专题授课、国家发展改革委产业司制造业核心竞争力专项项目申报等工作，广泛传播中国宝武坚持系统设计、全面布局、重点突破，以及在推动数字化、智能化转型方面的独特建设经验和理念。

# 云南红岭云科技股份有限公司

云南红岭云科技股份有限公司（以下简称红岭云）成立于 2012 年，注册资本 3000 万元，分别在雄安、昆明设立总部。2016 年 8 月 10 日，红岭云完成股份制改造；2017 年 1 月 19 日，红岭云成功挂牌新三板，成为“智慧党建”领域首家新三板挂牌公司（股票代码：870543）。2018 年 7 月，红岭云全面完成混改，引入云南工投旗下上市公司云南南天电子信息产业股份有限公司，成为工投集团旗下第 2 家在新三板挂牌的公司。

红岭云深耕“互联网+党建”领域 10 余

年，秉持“创新、创业、创未来”核心价值观，专注于“网络党建”“互联网+党建”“智慧党建”理论研究、技术创新、模式实现，加快创新人工智能、区块链、5G 等技术在“智慧党建”领域的探索实践，是全国率先实现全省“互联网+党建”应用模式的初创者，是“落地为站、手机到人、上天为云”覆盖模式的建设者，是“基础党务+智慧党建+红色文化”发展模式的践行者，是智慧党建“一盘棋”推动、“一张网”覆盖、“一体化”集成的实践者，致力于做红色基金的数字传承者，立志在“智慧党建”创新领域领跑全国（见图 1）。

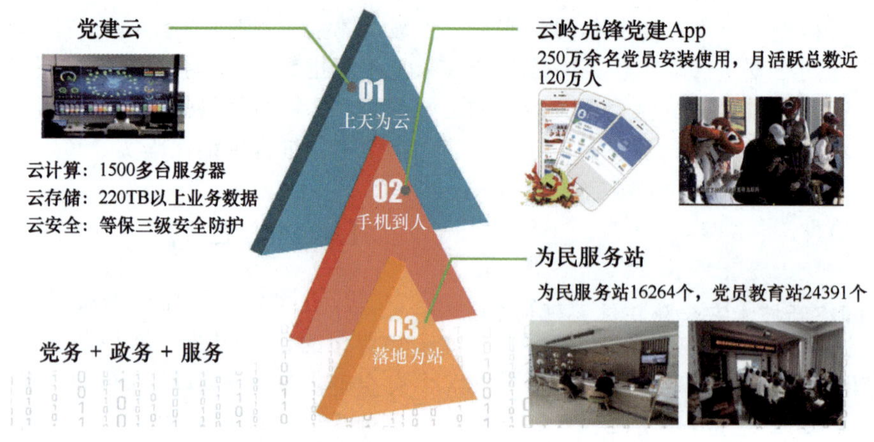


图 1　红岭云 “落地为站、手机到人、上天为云”的建设模式

红岭云自 2017 年挂牌至今，坚持经营战略定力，强化创新主体地位，提升企业核心竞争力和品牌影响力，连续多年经济实现快速增长，具备良好的可持续发展能力。2021 年，红岭云的营业收入有望超过 20000 万元，净利润超过 3000 万元，总资产超过 20000 万元。

## 【取得成果】

### （一）企业产品及服务

红岭云打造的智慧党建平台，围绕“党建+”模式，搭载了集组织工作、党员教育、干部管理、人才服务、社会治理、党政融合、乡村振兴、红色文化、领导辅助决策等于一体的智慧化平台，依托手机、计算机、智慧屏等智能终端，构建了实时感知、互联互通、资源共享、扁平管理、智能分析的“一站式“服务，为百年政党和亿万个用户提供了最具价值、最具创新的智慧化、数字化服务。

红岭云积极适应信息化、数字化、网络化、智能化的发展趋势，持续提升党建领域整体解决方案的研究与创新实践，打造了一系列具有自主知识产权的智慧党建产品及解决方案，目前重点推广的应用有党建宝、云岭先锋党建 App、网上党支部、基础党务等系列产品，具备党建红云基础设施、党建数字展馆展示建设、党建指挥调度中心建设、智慧党建数字大脑建设等规划实施综合能力（见图 2）。

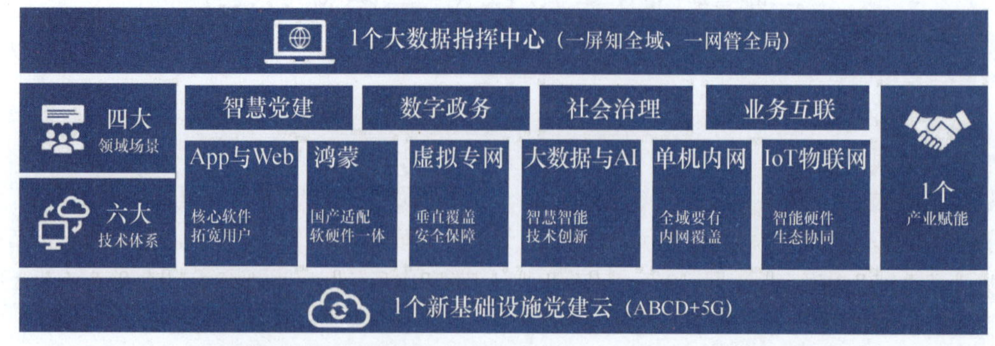


图 2　红岭云业务体系——“云+端+应用+内容”联合解决方案

红岭云研发的“基层服务型党组织综合平台”，创新运用产品免费的互联网商业模式，正式由云南省各组织部门推荐给全省基层党组织使用，并于 2016 年年底全面推广至云南省 129 个县、1370 个乡镇、14035 个村社，覆盖近 220 万名党员，惠及 3000 多万名群众，实现 14 万个各级党组织互联互通，开创性地打造了一个集党务管理、政务服务、商务应用于一体的“互联网+党建”新模式。

红岭云系列产品及服务范围已由农村党组织发展至国企、机关、学校、两新、街道社区、社会组织等领域，已为基层党员群众提供了党务、政务、服务等务实有效的实际应用，并由各级党组织部门广泛使用。目前，红岭云系列产品在云南省党建市场的占有率超过 95%，红岭云已经成为全国唯一实现省级全覆盖的最具规模、最具体系、最具成效、最具口碑、最具品牌的新时代中国党建云平台综合服务商。红岭云的典型客户包括云南省公路局、云南大学、云南开放大学等，如图 3 所示。

图 3　红岭云的典型客户

### （二）知识产权和企业荣誉

#### 1. 知识产权

红岭云长期致力于在“网络党建”“互联网+党建”“智慧党建”“红色文化”领域的理论研究、技术创新、模式实践，通过多年的努力已在专业领域形成了自主核心技术积淀。红岭云目前已获得 2 项外观专利、138 项软件著作权，被评定为国家高新技术企业、国家双软认定企业、国家科技型中小企业、云南省科技型中小企业、云南省民营小巨人企业、云南省省级成长型中小企业、昆明市企业技术中心、云南省智慧乡村研究中心、昆明市科技创新型试点企业、昆明市重点科技服务机构、涉密信息系统集成软件开发乙级资质单位、云南国家信息化产业技术联盟理事长单位。

同时，红岭云与各大院校及企事业单位积极探索合作开展自主创新形式，大力推进自主创新能力建设产学研的交流与合作，整合了云南大学、云南农业大学（国家农业农村大数据中心云南分中心）、农村信息技术产业联盟多家成员单位等多方研发力量，围绕农业农村大数据、云平台、移动互联网等推进农村信息化建设，构建智慧党建平台研发体系。

未来，红岭云将在云计算、大数据、人工智

能、区块链等方面加大投入力度，进一步促进信息科技与党建业务的深度融合。

2．企业荣誉

2017 年，红岭云被评为中国领先智慧党建创新品牌提供商，红岭云荣获 2017 年度经济开发区突出贡献奖及 2018 年、2019 年、2020 年创客中国创新创业大赛“优胜奖”，以及第七届中国创新创业大赛暨第四届云南省创新创业大赛成长组优胜奖、第三届昆明“春城创业荟”创新创业大赛“优胜奖”、经济开发区 2018 年度首届优秀民营企业等多项荣誉。

另外，红岭云荣获云南省科技厅 2016 年云南十大科技进展、云南省重点新产品认定、云南省创新创业大赛三等奖，“网络党建研究”课题被评为全国课题优秀成果一等奖，公开出版的《网络党建》是国内第一本关于网络党建的专题著作。

红岭云将不断加强学习创新，深刻领会党建工作的内涵，担当起企业社会责任，以党建云平台、党建大数据、党建机器人等领先技术为核心，与时俱进，持续引领全国党建信息化的创新发展。

# 华润（集团）有限公司

华润（集团）有限公司（以下简称华润集团）是一家涵盖大消费、大健康、城市建设与运营、能源服务、科技与金融五大领域的多元化控股企业集团，下设七大战略业务单元、19 家一级利润中心、1 家直属机构，拥有实体企业近 2000 家、在职员工 37.1 万人。

2020 年，华润集团智能与信息化工作坚持落实中共中央、国务院、国资委关于加快推进企业数字化转型的有关要求，以“智慧华润 2028”愿景为指引，以集团“+互联网”业务发展战略和“十三五”智信战略规划为指导，面对突如其来的新冠肺炎疫情影响，全体华润智信人“抗疫情、保目标”，发扬闯的精神、创的劲头、干的作风，积极探索运用现代信息技术开展数字化转型升级，驱动企业发展质量变革、效率变革和动力变革，实现了智信战略“收好官、开好局”的目标。2020 年，华润集团智能与信息化投入约 29.5 亿元，较 2019 年增长 16%；截至 2020 年年底，华润集团总部及 85%的利润中心设置了智能与信息化专职部门，并有 7 家利润中心成立了信息科技公司开展市场化转型，华润集团智信职能线共有专职 IT 人员 4631 人。目前，华润集团总部智信组织按照“一部两公司”建制开展管理和服务运营，其中，智能与信息化部作为华润集团一级部室，发挥智能引领、规划推动、资源统筹、管控治理的角色定位，润联科技、华润网络作为对华润集团内外部开展科技赋能、技术服务的市场化运营公司，致力于打造华润集团信息科技的产业和资产平台。

## 【塑造数字化转型文化氛围】

### （一）加强政策宣贯与工作部署

华润集团加强对国务院、国资委《关于加快推进国有企业数字化转型工作的通知》的贯彻落实，组织专门力量进行详细研读，召开智能与信息化管理委员会进行专题研讨，形成政策研究报告，并获集团一把手和数字化转型分管领导批示。另外，华润集团结合自身实际和行业特点进行举措细化，对制定数字化转型规划和路线图、建立数字化转型组织保障、重点打造数字化转型示范样板、制定相关配套政策机制、构建数据治理体系、构建产业链数字化协同平台、培育信息技术产业、建立匹配的绩效考核和人才培养机制、持续加强可控和安全建设 9 项重点工作进行了部署，同时通过各利润中心商业计划编制将数字化转型工作纳入年度重点工作。

（二）加强数字化转型培训与交流

华润集团综合运用专业学院、专题研讨、官网官微、大型会议等多种平台开展针对集团数字化转型的培训交流活动。依托华润大学智信学院，启动并完成华润集团智能+制造一期、创见人才一期等数字化转型人才培养项目第一、二阶段的培养任务；通过召开华润集团高层战略研讨会，抢抓政策机遇，研讨集团及各单位数字化转型的规划部署；召开主题为“数字赋能 决胜未来”的华润集团第二届改革发展论坛及IT 经理人会议等，邀请来自国家部委、知名企业、权威研究机构的高管、专家、学者代表等共同探讨交流数字化时代华润集团产业转型与发展的重大命题。

**【建设数字化转型战略机制】**

（一）开展数字化转型顶层设计

结合宏观政策要求，分析华润集团内外部环境，根据“智慧华润 2028”全面建设数字化的第一阶段目标，完成智慧华润发展战略研究和信息技术产业发展研究规划，并初步制定完成华润集团“十四五”智信战略规划，以及工业互联网、人工智能、大数据、物联网等专项规划，进一步凝聚华润集团数字化转型共识，发挥智能引领作用，做好数字化转型方向指引。

（二）完善数字化转型体制机制

在领导机制建设方面，华润集团建立各利润中心数字化转型一把手负责制，华润集团及各利润中心均有数字化转型分管领导，形成了以集团党委领导下的集团网络安全和信息化领导小组为统领，以智能与信息化管理委员会为集团执委会常设咨询机构，以集团智能与信息化部为集团数字化转型具体工作实施推动部门的数字化转型领导与管理体系。

在协同推进机制方面，华润集团建立了以集团智能与信息化部为主体，集团战略管理部、集团财务部、集团人力资源部等职能部门协同推进的管理机制，共同推进数字化转型考核评价，建立、健全高水平、创新型、复合型数字化人才队伍的培养体系和激励机制，建立集团各产业数据融合分析和共享交换机制等。

在诊断评价机制方面，华润集团搭建了智能与信息化水平评价系统，开展数字化转型诊断评价体系设计，研究借助国资委数字化转型服务平台开展华润集团内部数字化转型诊断评价。

在考核机制建设方面，华润集团建立了各利润中心业绩评价体系（数字化转型指标纳入公司业绩合同）和智信职能线业绩评价体系（集团数字化转型牵头部门与各利润中心数字化转型牵头部门签署业绩合同）两套考核机制，每年度定期开展绩效考核工作。

在人才保障机制方面，华润集团持续加大数字化转型人才、资金投入保障力度。一方面，华润集团将智信学院作为数字化转型人才培养基地，2020 年加大了对数字化转型专业人才和跨界人才的培养力度，持续为华润集团各产业培养和输出数字化转型人才；另一方面，华润集团探索落地市场化人才选育用留机制，初步建立了以润联科技、华润网络为主体，以华润各产业智信科技公司为辅助的信息技术产业体系。

**【夯实数字化转型建设基础】**

（一）构建基础数字技术平台

1．加快企业上云步伐

2019 年，华润集团按照“云优先，智生长”的技术战略，历经 6 个月自主研发设计完成华润云基础平台搭建。2020 年开始，华润集团稳步推进集团总部及各单位应用上云，华润云基础平台安全稳定运行，云端资源需求高速增长，应用上云进展顺利，华润集团总部及 20 家利润中心、34 家单位正式使用华润云基础平台七大云产品与服务，集团 270 余个系统成功迁至华润云基础平台运行，助力各单位数字化转型推进。

2．五大智慧技术平台基本完成搭建

2020 年，华润集团联合推动技术攻关，集团级数字化转型技术赋能平台初具形态，其中，流程型工业互联网平台完成 1.0 版本发布；大数据平台完成数据中台和数据银行 1.0 版本发布；人工智能平台完成研发和部署；物联网平台完成传感平台、数采平台、计算平台等 10 余个产品上线；区块链平台打造了具备高性能、强隐私保护的华润链区块链 BaaS 平台。

（二）完善系统化管理体系

在集团智能与信息化部下成立数智化推进组、信息化推进组、IT 技术架构组，统筹推进集团数字化转型工作，并开展传统信息化系统架构解耦工作，探索构建适应华润集团特点和发展需求的“数据中台”“业务中台”等 IT 架构新模式，并积极推进数字化转型管理工作与财务管理、人力资源管理、协同办公、风控合规管理、创新学习、采购管理等领域，以及下属各产业领域的融合应用。另外，华润集团积极开展世界一流企业对标，形成智信对标实施方案和对标方法论，编制对标框架，全面分析智信对标领域，持续提升新一代信息技术与业务融合发展水平。

（三）完善数据治理体系

华润集团结合业务诉求，优化完善了集团数据标准和元数据管理平台，并推动数据质量管理系统上线，完成集团宣贯、培训、推广试点工作，提升相关领域数据质量。同时，华润集团结合国资监管要求，积极优化主数据管理平台，完成华润集团组织机构数据收集整理，优化梳理相关流程和数据标准，制定数据收集和维护机制，形成组织黄金记录，定期更新数据上报国资委。完成数据银行平台，支持集团内外部数据资源交换和交易，助推集团旗下金融、零售等行业数据共享，发挥数据价值。

（四）强化网络安全保障

华润集团认真学习习近平总书记网络强国战略思想，贯彻落实《中华人民共和国网络安全法》和网络安全等级保护制度要求，开展网络安全攻防应急演练，完善信息安全通报机制，以及事件管理、信息系统业务连续性等网络安全相关制度，深入开展下属单位网络安全风险评估、合规检查、意识宣导与培训。华润集团网络安全意识明显提升，网络安全能力显著增强。

**【加快推进产业数字化建设】**

（一）产品创新数字化

推动产品和服务的数字化改造，提升产品和服务策划、实施和优化过程的数字化水平。一方面，打造差异化、场景化、智能化的数字产品和服务。例如，华润集团网络数字业务健康持续发展，联名信用卡、积分通汇通兑、积分商城等商业模式逐渐清晰。其中，联名信用卡新增邮政储蓄银行和广州银行，发卡行达到 5 家，积分兑换同比增长近 3 倍，信用卡客户对华润通会员价值感知提升迅速；积分通汇通兑业务新接入 18 家商户，并通过与华润万家茅台活动、华润置地大促等线下活动通力配合，通汇汇入规模同比增长 173%，为华润集团线下场景进行有效引流；积分商城不断丰富和调整商城商品结构，新增 SKU 数量 27254 个，同比增长 68%，带动积分商城积分兑换规模同比增长 130%，日均 UV 已超 10 万人次，会员黏性大幅提升。另一方面，开发具备感知、交互、自学习、辅助决策等功能的智能产品与服务。例如，智慧华润城项目是华润置地打造的首个集“畅享购物、智慧办公、美好生活”于一体的智慧城市综合体标杆项目，构建了全国领先的 5G+融合创新生态圈，单个项目每年节约 600 万元；华润万家在万家 MART 创新店持续推广到 18 家的基础上，继续开展万家 Life、万家 City 等创新业态的建设，创新到店业务场景，如电子价签闪灯拣货、远程监控中心云平台、自助收银 AI 防损技术等，提升门店运营效率和顾客体验感受。

（二）生产运营智能化

推进生产运营智能化建设，加强智能现场建设，赋能企业体制增效。例如，依托物联网技术完成智慧园区、智慧工地、通行管理、智慧办公、智慧农庄在华润集团数据中心、华润置地、润联科技、华润五丰等单位试点建设，提升相关单位运营效率；华润三九通过建设智能制造工厂，使生产效率提升 20%、制造成本下降 15%，并成功入选工业和信息化部“智能制造标杆企业”；华润水泥在智能制造、智慧仓库、智能物流等领域协同推进，其中，田阳智能制造基地已完成窑磨先进控制、基地生产运营线上化、关键设备预测性维护、5G新技术落地等，大大提升了生产运营效率，其中，发运效率提高了30%，发运人效提升了50%；华润化学材料设备管理系统、设备监测系统上线完成，预计可减少备品、备件库存资金30%，节省上千万元费用，华润化学材料“五位一体”智能安环HSE系统上线，实现对危险源数据的实时监控、人员定位，减少不安全因素，并实现动态风险分区，提升安全隐患排查的及时性；华润江中在营销督查管理中，采用AI技术自动识别门店和照片信息，对肉眼无法识别的照片摩尔纹、频谱等特征进行采集与机器学习，通过智能应用与人工复核相结合，整体大幅提高了督查管理效率，减少了大量人工投入。

### （三）用户服务敏捷化

加快建设数字营销网络，实现用户需求的实时感知、分析和预测。华润水泥、华润创业、华润雪花等单位开展智能客服建设，快速响应客户售前售后、关系维护，以及财务、人力共享中心问题咨询等；华润万家加快自有App渠道建设，提升消费者交互与体验感受，电子商务销售规模2020年达53亿元，其中自有渠道销售规模为20亿元；华润燃气在疫情期间紧急上线微信营业厅，半年时间完成44家公司上线，很好地支持了公司复工复产；华润银行通过智能化统一客户交互平台、OCR等基础服务平台，实现集中化、智能化，提升服务效率和客户体验；华润医疗通过建设互联网医院、远程诊疗平台、云医院等新型医院管理系统，打造了“线下首诊+线上复诊+远程会诊”的多模式创新医疗形态；华润医药商业进一步推广覆盖润药商城B2B电子商务平台，实现了医药流通的线上化，已覆盖20个省份，累计活跃客户达33000个，占所有往来用户的53%，2020年线上销售额达248亿元。

### （四）经营管理一体化

继续全面推动华润集团管理信息化应用，以及跨管理、业务领域的集成应用。在智能财务方面，促进财务共享报账系统在集团总部、华润饮料、华润医药商业、华润电力持续推广，完成智税管理系统在华润电力试点落地，完成华润燃气电子票据共享集成及收款集中的试点建设，以及华润雪花集成发薪系统上线。在智能人力方面，搭建全面招聘管理框架，支撑招聘全流程业务，包括职位管理、招聘官网、面试管理、简历管理、Offer发放等。在协同办公方面，全面推广Rmeet远程在线视频会议系统，2020年累计支持召开网络会议40.3万场，视频接入总时长达438万小时，参会人数达518万人次，有效支持了华润集团各单位疫情期间远程办公的需求；加快研发并推出“润工作3.0”新一代移动办公系统，覆盖10.5万个用户，具备即时沟通、在线办公、在线会议、音视频会议、在线文档、云盘、智能日历等功能，支持华润集团员工在线“一站式”协同办公。在风控合规方面，完成非现场审计系统搭建，加速业务线上化，推动内控措施嵌入业务信息系统；围绕“信息沟通”和“项目管理”，开展投资信息管理平台建设与推广，平台构建五大功能模块，充分共享信息与资源，提高协同管理效率。在智能采购方面，非招标采购系统完成16家单位上线，完成华润五丰供应商协同管理系统、守正供应商评价系统上线。

此外，积极运用新兴技术开展经营管理数字化转型，探索智能化场景应用。在财务管理领域，全面开展RPA流程自动化建设。在人力资源管理领域，推进无纸化办公、异地办公等解决方案，如OCR、电子合同等。在法务管理领域，开展诉讼案件的AI智能场景试用，开展微服务改造；依托区块链技术完成华润电力电子档案和华润饮料电子合同系统建设，其中，华润怡宝合同签约时间从7天缩短到5～10分钟，合同管理及运营成本降低80%以上。

### （五）产业体系生态化

加强跨界合作创新，与内外部生态合作伙伴形成融合、共生、互补、互利的合作模式和商业模式。华润集团以润联科技为信息科技产业平台，与IDC中国、广东省采购与供应链协会、亚太法务联盟、中国首席法务官研究院、深圳市CIO协会、鹏城实验室、深圳大数据研究与应用协会、中国物流与采购联合会、广东省工业互联网产业联盟、华南CIO联盟、CIO发展中心等机构建立品牌营销合作关系或产学研合作关系，与 44 家外部企业在产品和技术合作、市场合作、代理合作、联合打单等方面开展战略合作。同时，在国资委的指导下，华润集团牵头 9 家中央企业成立粤港澳大湾区中央企业数字化协同创新联盟，并揭牌中央企业数字化发展研究院，举办了首届主题为“数字赋能，共创未来”的 2020 红数麟数字化发展论坛，共同构建跨界融合的数字产业生态。

【加大数字化产业培育】

（一）加快关键核心技术攻关和新型基础设施建设

充分发挥国有企业新基建主力军优势，按照“云优先，智生长”的技术战略，依托已经成立的 5G 和工业互联网实验室、人工智能实验室、区块链实验室等，继续联合清华大学深圳研究院、鹏城实验室等科研院所开展技术攻关，举办“智慧华润 2028”产业+智能创新加速营，在 5G 和工业互联网、人工智能、物联网、大数据、区块链、云计算等领域关键核心技术和新型基础设施方面加大研发和投资，仅华润集团信息技术产业主体公司润联科技、华润网络 2020 年即新增申报并受理专利成果 27 项，累计取得专利授权 13 项，在智能创新加速营中“华润电力的设备健康诊断及智能决策系统”“华润水泥田阳智能制造 5G+应用”等 25 个项目合计申报完成专利 56 项。

（二）加快发展数字产业

华润集团发展数字产业以润联科技、华润网络为主要载体，聚焦智能科技服务、云服务、软件服务、技术服务、运营服务、会员和积分服务等主要数字业务，创新体制机制，研发和输出数字化转型产品和一揽子解决方案，打造规模化数字创新体，培育新业务增长点，两家公司 2020 年度营业收入超过 10 亿元。同时，推进华润创业、华润电力、华润置地、华润水泥、华润燃气、华润万家、华润医疗等利润中心下属信息科技公司发展，聚焦行业解决方案赋能，在集团内外部提供如电子商务、数据科技服务、行业智慧技术服务等。

# 华侨城集团有限公司

华侨城集团有限公司（以下简称华侨城集团）是国资委直接管理的大型中央企业，1985 年诞生于改革开放的前沿阵地——深圳。控股华侨城 A、康佳集团、华侨城亚洲、云南旅游、天视文化等多家上市公司，是国家首批文化产业示范园区、全国文化企业 30 强、中国旅游集团 20 强。华侨城集团连续 10 年获得国务院国资委年度业绩考核 A 级评价，截至 2019 年年末，资产总额超 5500 亿元，实现营业收入超 1300 亿元，利润总额近 240 亿元。目前，华侨城集团在全国运营和管理 70 余家景区，2019 年接待游客超过 1.5 亿人次，是全球主题公园集团三强，居亚洲第 1 位。

多年来，华侨城集团立足于“优质生活创想家”的品牌定位，培育了康佳、欢乐谷连锁主题公园、锦绣中华 · 中国民俗文化村、世界之窗、东部华侨城、欢乐海岸、深圳华侨城大酒店、威尼斯睿途酒店、OCT-LOFT 华侨城创意文化园等行业领先品牌。在新时代，华侨城集团积极践行“一带一路”、文旅融合、新型城镇化、乡村振兴等国家战略，主题公园、文化演艺、特色小镇、美丽乡村、都市文化旅游综合体、精品酒店等多业态齐头并进、蓬勃发展，文化旅游产业规模和品质不断提升。2018 年，华侨城集团获评“中国特色小镇投资运营商年度品牌影响力 TOP 50 第一名”“改革开放四十周年四十品牌”等系列荣誉，被誉为“中国文化旅游行业的航空母舰”。

【基本情况】

创想基因促使华侨城集团时刻敏锐地关注环境的变革，也使华侨城成为国内首批将互联网运用到业务发展的旅游企业，在智慧地球的大时代背景及新思维、新技术的驱动下，华侨城集团旅游业务的传统运营和管理模式正在迎来全新的变革。借互联网之翼，优化旅游主营业务，推进业务运作创新升级，解决了游客购票难、游玩时间不灵活、信息不对称，以及景区业务管理复杂、流程僵化、用户信息难收集等一系列传统旅游业中常见的问题，同时向游客展现了优服务、新面貌、多业态的华侨城集团旅游形象，提升游客游玩体验感受。

华侨城于 2012 年启动“智慧华侨城”战略布局，涵盖智慧景区、智慧酒店、智慧城区和智慧社区四大部分。2013 年，智慧华侨城项目正式启动，开展了景区 WiFi 覆盖和旅游营销平台建设。2014 年，旅游业务智云管理平台（OTM）上线投入使用，官方预订平台和微信商城也陆续推出与公众见面。2015 年，旅游业务智云管理平台进一步优化完善与线下票务系统的统一，从平台定位、业务运营和新业务扩展角度，打造一个以旅游体验为核心的综合服务平台的规划正在逐步成型。2018 年，为整合多元业务形态，建立长效可持续运营体系，华侨城集团利用云计算、大数据和移动技术搭建旅游行业标杆的自营型电商平台——花橙旅游，将多种业态融合营销，实现传统旅游业务的数字化转型战略落地，向打造文化旅游全产业链目标迈出了坚实的一步。自 2018 年花橙旅游上线以来，花橙旅游平台（华侨城官方电商平台）承接华侨城文化旅游节互联网运营，已额外新增近 500 万个活跃会员，整体运营效率与以往相比提升 300%以上，花橙旅游活动触达目标人群匹配度高达 90%。

华侨城自营电商平台——花橙旅游，作为涵盖管理、营销、服务和用户体验等多维度的景区信息综合管理平台，对外旨在为游客提供各类旅游综合服务功能，对内面向旗下景区方方面面进行管理。目前，花橙旅游可以实现华侨城集团旗下包括主题公园、旅游景区、艺术场馆等所有文化旅游产品的线上消费，同时可以提供全国各地的旅游资讯、行业动态、旅游小贴士等丰富的实用信息。

花橙旅游以旅游行业的特殊电商模式为基础，建立了华侨城“电商+会员+营销+服务”的“一站式”在线旅游服务平台。

### （一）借助标准化电商产品，建立统一电商平台

采用敏捷+迭代的开发模式对 B2C 标准电商产品进行二次拓展，并快速部署上线，极大地降低了研发和 IT 成本。

通过建立统一电商平台，统一服务入口和会员体系，整合多种业态，颠覆传统多入口跨平台操作，满足一个官网、多种服务的新场景，节省游客在多个业务子平台间来回切换的时间成本。将各业态会员体系整合，颠覆传统单业态会员模式，将分散且没有合理利用的会员信息清洗合并，为后期华侨城集团各业态精准营销提供依据。

### （二）结合数据类技术，完善营销运营体系

旅游营销注重“线上+线下+体验”，整合营销渠道，颠覆传统单营销模式，可以统一的目标和传播形象传递一致的产品信息，实现与消费者之间的双向沟通。

通过精准营销服务平台，提供精准营销用户画像场景，匹配用户群特征，找到用户画像定位的人群，通过各种营销手段对目标人群进行有效、合理投放，减少投放成本，提高会员转化率，增加会员黏性。

使用智能客服技术，颠覆传统客服人为响应，利用智能机器人对景区、产品服务等场景进行介绍，用户只需要提出问题，由智能机器人进行内容反馈，极大地节省客服人员的投入，同时提高了用户体验（如缩短回答等待时间）。

### （三）充分利用云计算弹性资源，降本增效

使用弹性计算与网络产品，可以对运行时的

基础资源需求轻松地进行扩展，避免资源浪费。通过快速创建与释放相应的云计算资源支持秒级重启，缩短业务中断时长。实施了负载均衡，实现业务的无缝迁移，使来访用户无感知。

使用 CDN 静态页面加速服务，结合 IP 地址库及智能融合云调度技术，实现 95%以上的命中率，使用户体验更加极速。

使用数据及缓存服务，实现元数据管理，支持数据以库/表、文件形式存储。具备快速部署、高可用性、高可靠性，并能弹性扩容；同时，确保低成本运作，使用资源监控、稳定性维护等功能，减少日常维护工作量。

【应用情况】

通过花橙旅游平台，华侨城集团明确互联网电商战略，快速组建专业电商运营团队，大大提高了电子商务客户服务能力和电子商务运营能力，同时降低了业务成本。

（一）完成集团统一电商平台搭建

借助京东 10 多年的电商平台运营管理经验及完整的生态资源，从模板装修到系统集成面面俱到的 ISV 外包服务，从流量管理到客户管理专业的电商咨询培训服务及电商运营经验，华侨城集团迅速建立并完善了电子商务客户服务能力和电子商务运营能力，快速组建专业的电子商务运营团队。

（二）实现运营效率大幅度提升

原有运营平台需要在多个子业务系统之间切换，下属企业独立运维，需要人工进行数据汇总统计，用户不统一，数据也不统一。

花橙旅游平台搭建完成后，所有文旅企业使用独立和个性的前端展示，但后台统一，可以在统一系统界面中实现 B2B2C 的统一管理，精准地定位数据，及时保证数据的整合和更新，大幅度提高了管理效率。

（三）助力运维成本降低

花橙旅游平台在保证系统建设及相关服务到位的前提下，充分利用云计算弹性资源，结合大数据及移动技术，为华侨城集团节省建设 IT 系统开支达千万元（据不完全统计）。

花橙旅游平台自 2018 年 8 月上线至今，交易流水超过 5 亿元，订单数量超过 1500 万笔，通过线上购票入园用户超过 1200 万人次。

（四）基于互联网运营，推动文旅产品供给侧改革

华侨城文化旅游节至今已成功举办三届，在 2020 华侨城文化旅游节期间，各级企业组织策划 400 多项活动，推出 500 多种产品。花橙旅游线上产品超过 2400 个，并同步策划推出花橙旅游卡。花橙旅游卡不断优化升级，打破时空、地域界限，突破景区日常运营推广模式，广泛整合内外部文旅资源，实现跨业跨界联动营销，深受游客喜爱。花橙旅游平台和花橙旅游卡的推出，实现了实名制购票、预约制入园，不仅有效承接了常态化疫情防控下的市场新需求，超预期实现了“以节庆促经营”的目标，而且充分释放了华侨城文化旅游节在拉动经营、促进市场方面的作用，有力推动了文旅产品的供给侧改革。

（五）顺应互联网发展，打造文旅营销新体验

花橙旅游深挖市场需求，通过整合推出创意产品、创新营销玩法、强化跨界合作、开展精准投放、深化会员运营、优化自有 IP 形象等方式进行文旅节营销工作的全面推广，有效实现了华侨城集团文旅产品的强势曝光和销售直接转化。

**创新亮点一：产品制胜，上下联动，推动文旅业务整合创新**

各分区与集团总部紧密配合，进一步加强线上产品服务供给力度，整合集团内外部资源，策划上线 2400 余种创意产品。除了九大花橙定制卡，华侨城集团还推出涵盖优惠券、团购、秒杀等在内的多种玩法，为企业自主营销赋能，推动线上游戏互动与线下景区打卡相结合，提升游客线下参与度。深东集团利用“景区+酒店”资源，创新推出花橙东部度假卡、山海度假卡，深受消费者欢迎；华东集团、北方集团首次打破边界，整合外部优质景区资源，推出“花橙江南卡”“花橙京华卡”等产品，以节造势，创新

开展文旅与地产联动，地产服务板块产品上线花橙，解锁跨界营销新模式。

**创新亮点二：深耕互联网，创新营销玩法，实现品牌强势曝光和销售直接转化**

花橙旅游紧跟企业需求、紧扣互联网思维、创新平台玩法，为华侨城旗下文旅板块提供了更丰富的营销玩法。在华侨城文化旅游节期间，花橙旅游线上营销活动组拳出击，月月有主题，周周有活动，以花橙特惠周、超级会员日和重要节日为时间节点，设置优惠券、拼团购、限时秒杀、大转盘抽奖、扫码立减、H5 小游戏等多种热门活动，协助销售转化，为营销赋能。同时，通过微信、微博、抖音、飞猪、爱奇艺、百度等 20 多个主流媒体投放为平台发声，增强消费者对产品、景区的感知。在小红书推出产品种草，云上乐游与直播双管齐下，美团一千零一夜、花橙奇妙夜等多场直播带货和创意产品视频直接带动产品转化。

花橙旅游运营团队实时根据营销效果呈现和用户行为反馈，动态调整策略组合，更加准确地把握消费者心理；深挖“粉丝”经济，邀请明星联袂助阵华侨城文化旅游节，以文化推广大使、欢乐体验官等身份，号召四方游客体验华侨城各类文旅项目和主题活动，为节庆的宏大叙事提供温度和情绪的支撑，进一步拉近与消费者的心理距离，提升华侨城文化旅游节及花橙旅游的品牌知名度和感染力。

通过研究市场上热门的营销活动，花橙旅游推出答题集卡类“爱我中华，旅游宝藏 70 问”“抽奖密令”“点亮深圳”等小游戏，以易懂的规则、有趣的形式、丰厚的礼品，增加对客营销触点；并突破纯线上模式，联动全国 7 地欢乐谷，推出“勇敢者挑战赛”，以线上报名、线下体验的方式形成双线联动，以更加饱满的参与流程进一步加深了花橙旅游与华侨城旗下各文旅项目的关联印象。此外，“勇敢者们”在各大社交平台的晒照，进一步带动“勇敢者挑战赛”及花橙旅游的二次传播。

花橙旅游为文旅板块个性化的营销政策提供了便利条件，增强了游客的黏性，同时完成了华侨城集团层面的大统筹、大营销，对外统一展示华侨城文旅项目，提高游客认知，实现自有平台的流量增效。在 2020 年华侨城文化旅游节期间，拉新会员累计近 300 万人。

**创新亮点三：强化跨界合作，共筑营销新生态**

花橙旅游持续开展异业合作与联动，强化跨界合作，携手飞猪、美团、同程、携程、去哪儿等，全渠道搭建旗舰店，产品营销覆盖全网，精准定位客群。借力百度搜索引擎、抖音头条信息流，增强品牌展示，并进一步与微信支付、滴滴打车、华为会员中心、天猫精灵、华润通等企业开展跨界合作，形成较大规模的集群效应，共筑营销生态体系。

在华侨城文化旅游节期间，花橙旅游积极与美团开展合作，借助美团的大流量入口，在线上打破城市界线，花橙旅游主力产品登陆 13 个城市的黄金展位，通过微信、微博等社交媒体发声，增强消费者感知，并在美团点评上通过立减、分享砍价及酒店促销场景的交叉导流等方式进行营销推广，实现品牌强曝光、产品多转化。花橙旅游线下尝试不同场景跨品牌深度合作：一是基于 LBS 营销技术，花橙旅游联合美团门票、美团打车、首汽，通过游客互动传播+游玩出行场景的结合，在重庆落地“用美团叫首汽，免费畅玩欢乐谷”的活动，实现重庆当地用户全触达；二是立足美团生态，联合美团门票、美团外卖，以及线下美食商户、几千家餐饮门店共同推广欢乐谷万圣潮玩季，促成欢乐谷产品在年轻客群中的进一步转化。活动整体实现曝光 5500 万人次，斩获“2019 中国劲旅网年度最佳文旅营销奖”，开启欢乐能量场，释放营销新动能。

与百度合作建立华侨城品牌专区，以官方宣传形式对外展示花橙旅游，建立了良好的品牌形象；深圳特区建立 40 周年，联合百度开展 12 小时直播探索深圳主题公园，为深圳特区献礼。同时，与百度开展信息流和百度搜索投放合作，基于百度的用户访问数据，精准指向搜索过华侨城文旅产品的用户，实现精准营销转化；与滴滴打车联合城市级合作，在滴滴首页、滴滴打车页实现花橙卡产品的弹出曝光。

花橙旅游的落地，突破了以往文旅企业各自与不同渠道合作的模式，举华侨城集团之力，实现了与不同行业在战略层面的跨界合作，形成规模集群效应。合适场景的联动合作不仅加强了多方品牌的曝光，提高了市场声量，同时为华侨城集团旗下文旅产品的相互引流、销售转化起到了促进作用，达到了多赢的局面。

**创新亮点四：建立强关联，打造营销新闭环**

花橙旅游背靠强大的数据网络体系和会员管理系统，在消费者完成交易后，将其相关信息沉淀在平台上，组成不同标签的用户画像，形成华侨城集团私域流量。华侨城集团旗下不同业态可以根据需要对不同客户群进行消息推广、活动告知、交叉营销等工作，从而与游客建立强关联，增加与游客的互动点，实现精准的定向触达和零传播成本的私域流量运营，提升效果收益。花橙旅游提供的攻略推送和评价反馈等功能，使得华侨城集团的服务开始向游客消费体验和游玩历程的前后两端延伸，建立华侨城集团品牌与游客的对话界面，实现个性化关怀，促进服务升级和产品创新。

在华侨城文化旅游节期间，北京欢乐谷、深圳欢乐谷等通过花橙旅游的优惠券定向营销功能，向特定用户群推送限时优惠，实现线上活动向线下的导流，既扩大了活动的影响力，又为园区二次销售带动流量。华侨城集团创新开展文旅企业与地产企业的联动，通过一分钱拼团等活动，开展跨界营销。

**创新亮点五：进一步优化 IP 形象，培育全新花橙文创内容和产品**

花，绚丽多彩；橙，充满活力。花橙旅游以更加青春的姿态面向年轻消费群体，推出“欢乐橙子”主题形象 IP，全新推出微信系列表情包、卡通公仔、贴纸等衍生品，持续在全网进行形象宣传推广，同时植入企业营销推广活动，实现“欢乐橙子”形象的线上线下联动，进一步提升花橙 IP 的品牌传播度和辨识度，增强花橙品牌与消费者互动，进而拉动消费。同时，基于橙子欢乐可爱的基础形象，进一步持续进行衍生品开发，全新推出“花小橙”形象，并以华侨城集团东南西北中及云南分区地域和美食特点设计制作“花花满城”系列盲盒，在传播华侨城品牌特色的同时进一步丰富花橙 IP，满足年轻市场的需求。

**创新亮点六：深化会员运营，助力企业精细化管理私域流量**

花橙乐游小程序首次推出，通过积分互动蓄势引流，进一步拉近与用户的距离，花橙乐游小程序实现“粉丝”新增超 20 万个，花橙平台整体新增“粉丝”超过 300 万个。发布“美好如期欢乐同行”密令抽奖和微信步数“点亮深圳逛见惊喜”等活动，整合华侨城集团旗下各类产品，筹划万元锦鲤大礼包，通过任务分享、锦鲤抽奖、大奖公布等事件的社群分享强化营销传播，同时线上线下深度联合景区资源，植入趣味互动玩法，在提升用户体验的同时刺激用户自发传播推广，实现圈层内引爆，快速带动会员增长，使企业精细化管理私域流量成为可能。同时，花橙旅游 App 也正在建设当中，将为用户提供人脸识别入园、支付、虚拟排队、地图导览，以及攻略和最新信息推动等深度服务，探索深化会员运营的实现路径。

**【未来发展方向】**

花橙旅游秉持“创享美好生活”的理念，对游客增加营销触点，强化品牌认知，提高用户黏性；对渠道推动跨界合作，促进销售转化，实现相互引流；对企业加强游客互动，优化个性服务，形成营销闭环。花橙旅游的会员运营，构建了跨客户标签体系、流量共享能力和精准营销能力，通过账户体系、成长体系和积分体系，为旅游者提供高品质的专享服务，助力企业实现精细化私域流量运营。

未来，花橙旅游还将推动与更多企业的线上线下跨界深度合作，为更多文旅企业服务，借助区块链技术打造会员积分体系，创新营销思路。将花橙旅游打造成以景区为核心的目的地旅游深度服务平台，成长为独立的自有互联网品牌，为景区创造价值，为广大用户提供优质旅游服务，建立旅游产业生态圈，实现资源共享和产业整合。

# 中国华电集团有限公司

## 【信息化管理】

编制中国华电集团有限公司（以下简称中国华电）网信“十四五”规划和数字化转型 2025 行动方案。2020 年 7 月，中国华电启动网信规划和行动方案编制工作；2020 年 12 月，中国华电完成网信规划和行动方案送审稿。

修编中国华电信息化管理制度。2020 年 12 月，中国华电完成《信息化项目管理办法》的修订工作；制定《A 类、B 类信息化统建项目管理细则》，并提交制度委员会审查。

编印中国华电数字电厂建设相关技术规范。2020 年 6 月，中国华电组织召开数字电厂统一数据平台与数据编码规范评审会；2020 年 7 月，中国华电正式印发《数字电厂统一数据平台与数据编码规范（2020 版）》。

编制中国华电信息化项目招标文件标准化范本。2020 年 6 月，中国华电启动信息化项目招标文件标准化范本编制工作；2020 年 12 月，中国华电发布信息化项目招标文件标准化范本。

## 【安全技术管理】

参与公安部组织的网络安全攻防演习。2020 年 9 月，中国华电参与公安部组织的网络安全攻防演习，演习期间累计监测和防御网络安全攻击事件 1.26 亿余起、安全威胁事件 14 万余起，上报重大外部攻击分析报告 18 份，配合公安机关完成现场应急处置工作 1 次，成功完成靶标系统的防守任务，圆满完成了防守工作任务，成绩位于参演央企前列。

2020 年 10 月，在 2020 年国资委网信办举办的央企网络安全工作培训班上，中国华电以现场网络安全攻防的形式展示相关经验。

## 【应用系统建设】

### （一）推进数字华电建设，夯实产业转型发展基础

1．数字中心建设

2020 年 7 月，中国华电启动数字中心之数据资产管理规划项目。

2020 年 12 月，中国华电完成数据资产管理规划初稿。

2．综合能源服务“两个平台”建设

2020 年 4 月，中国华电审议通过《中国华电集团有限公司综合能源服务“两个平台”规划建设方案（2020—2035 年）》，正式启动综合能源服务“两个平台”建设工作。

3．数字电厂试点建设

2020 年 5 月，广东增城燃机数字电厂平台上线试运行。

2020 年 10 月，莱州煤机数字电厂信息平台实施方案编制完成。

2020 年 12 月，莱州煤机数字电厂信息平台实施方案通过中国华电组织的评审。

4．数字煤矿试点建设

2020 年 6 月，隆德煤矿首个智能化工作面“211 工作面”完成验收。

2020 年 11 月，不连沟煤矿、小纪汗煤矿、隆德煤矿、肖家洼煤矿万兆环网建设完成，并投入试运行。

2020 年 12 月，隆德煤矿“213 智能化工作面”完成建设，并投入试运行。

5．数字营销试点建设

2020 年 1 月，中国华电在广东、山西、甘肃等试点区域分别开展现货市场结算试运行。

2020 年 10 月，中国华电完成广东区域竞争报价子系统试点验收，完成山西区域和甘肃

区域试点上线。

2020 年 12 月，中国华电完成营销管理子系统上线评审。

（二）积极推进重点信息化项目建设

国资监管信息化建设“三年行动计划”现场验收评估。2020 年 12 月，中国华电顺利通过国资委组织的现场验收评估，全面完成国资监管信息化建设“三年行动计划”。

财务共享中心试点项目上线及推广。2020 年 1 月，湖北、乌江、福建、宁夏 4 个区域 17 家试点单位财务共享中心试点项目成功上线。2020 年 3 月，财务共享中心试点项目第一批次上线单位通过上线评审。2020 年 4 月，中国华电全面启动财务共享中心推广工作。2020 年 5 月，中国华电召开财务共享中心试点项目推广启动及宣贯培训视频会。2020 年 12 月，财务共享中心试点项目第二批次上线单位通过评审。

国际业务平台优化升级。2020 年 12 月，中国华电完成国际业务平台优化升级，实现海外电厂实时数据汇集和工业视频监视。

人资系统完成验收。2020 年 12 月，中国华电完成人资系统验收评审。

ERP 系统推广工作。2020 年 12 月，中国华电完成集团下属 150 家单位 ERP 项目模块升级、两票升级、物资库存管理、优化项目推广和实施工作。

【获奖情况】

中国华电《财务共享中心研究及应用成果》获得 2020 中国能源企业信息化卓越成就奖，并入选大会创新成果与优秀案例选编。

中国华电《发电企业数据资产管理体系构建与实践》获得 2020 中国能源企业信息化管理创新奖。

《中国华电综合能源服务“两个平台”》《古田溪流域水电站群智能安全防护管理系统应用案例》《基于工业智能技术的风电机组特性分析服务》《安全可控国产化新能源远程集控系统》《数字电厂建设探索与实践——华电福新广州能源有限公司》《电力数字化技术与实践——古田溪数字大坝应用案例》《隆德煤矿智能化工作面》7 个案例被电机工程协会组织编撰的“中国能源革命与先进技术丛书”《电力数字化技术与实践》收录为先进案例。

2020 年 12 月，中国华电被国家网络与信息安全信息通报中心评为“2020 年中央企业网络与信息安全信息通报工作先进单位”。

中国华电撰写的《夯实国有企业数字化转型的网络安全基础》专题解读在国资委官方网站公开发布。

# 国网大连供电公司

## ——以提升客户服务能力为导向的智能化供电服务保障体系建设

李希元　吴江宁　王　玮　张葆刚　赵　云　王跃东

国网大连供电公司（以下简称大连供电）是国家电网公司大型重点供电企业，供电区域达 1.33 万平方千米，用电客户为 404 万户。大连供电下设 13 个职能部室、17 个业务实施机构、9 个供电分公司。大连供电有在职全民职工 4120 人，固定资产原值为 273.51 亿元，净值为 84.2 亿元，资产总额为 117.21 亿元。大连供电管辖 66 千伏及以上（含 35 千伏）变电站 264 座，变电容量达 2649 万千伏安，输电线路长 6297 千米。2020 年，大连供电完成售电量 319.2 亿千瓦时，售电收入达 161.55 亿元，综合线损率为 3.75%，固定资产投资达 21.6 亿元。大连供电先后荣获中央企业先进集体、国家级两化深度融合示范单位、全国供电可靠性 A 级企业、国家电网公司先进集体、国家电网公司文明单位、国网辽宁电力标兵单位等荣誉称号。大连供电一直保持全国五一劳动奖状、全国文明单位、全国用户满意企业等称号。大连供电奉行“一切以客户为中心”的服务理念，全面优化电力营商环境，建设智能化的供电服务保障体系，整体工作得到辽宁省政府、大连市政府及广大用电客户的高度肯定。2019 年，大连供电两化融合管理体系再次通过中国电力企业联合会审定，打造的供电服务保障能力得到电力行业认可。

大连供电积极践行“人民电业为人民”的企业宗旨，以提升客户服务能力为导向，构建智能化供电服务保障体系，全面优化电力营商环境，服务重点项目落地，推行“三减四省”服务模式，助力小微企业经济发展；统筹优化电网结构，提升电网供电可靠性；依托智能物联技术，拓展设备感知能力，率先实现电网精准主动运维，提升供电服务保障能力，建立全方位的安全风险综合保障体系，从而不断提高客户获得电力水平，扶助中小企业发展，确保地方经济社会稳定、可持续发展。

## 【明确以客户为中心的总体工作思路】

“人民电业为人民”是国家电网公司的企业宗旨。大连供电作为责任央企，牢固树立“四个意识”，明确一切以客户为中心的总体工作思路，通过构建智能化供电服务保障体系，深入优化电力营商环境，精简客户业务办理流程，着力解决企业和群众“办事难”问题，助力大连市新一轮城市建设发展。建立供电服务指挥协同工作机制，提升供电能力和供电质量，压缩客户接电时间，降低客户办电成本，提升服务水平，建成电网坚强有力、供电稳定可靠、办电便捷高效、服务及时到位的供电服务新模式。认真履行央企责任，充分释放国家政策红利，通过实施配套电网建设和一般工商业电价降价，大幅降低客户办电成本和电费支出；在疫情防控及助推企业复工复产期间，主动减免非高能耗企业及定点收治医院电费和业务费，延期广大客户缴纳电费时限，充分体现“为美好生活充电，为美丽中国赋能”公司发展使命，有力保障地方社会稳定和经济发展，为广大客户提供优质、高效的电能服务。

## 【完善顶层设计　构建供电服务保障体系】

### （一）建立健全供电服务保障组织体系

大连供电成立由公司总经理、党委书记任组长的供电服务保障体系领导小组，统筹规划总体方案，协调解决重大问题。领导小组下设办公室，负责落实领导小组工作部署和要求，对外与大连市政府各相关部门协同推进优质客户服务；对内协调各相关部门推进整体工作进程，监督落实问题整改情况。领导小组成立 4 个工作组，其中，发展策划组负责大连供电的供电服务保障总体规划，制定优化营商环境计划，以及政企联手推进用户工程建设；专业管理组负责由供电服务指挥中心（以下简称供服中心）牵头，营销、配电、调度、信通等专业配合开展内部业务流程优化和数据融合；后勤保障组负责涉及供电服务保障体系的安全、物资、培训等保障工作；风险管控组负责人员队伍稳定、舆情监控及廉政建设。

### （二）打造以供服中心为枢纽的一体化工作体系

通过配网调控业务的整合，供服中心充分发挥其枢纽作用，从前台受理客户需求到配电现场抢修，建立一体化的供电服务保障工作新模式。供服中心管理职能涵盖业务协同指挥、配网运维管控、服务质量、客户服务指挥等一体化供电服务管控，同时对频繁停电管控、异常台区治理、可靠性预算式管理、业扩线下管控进行集中管理；依托配网末端融合和全息感知进行数据分析，打造“互联网型、主动贴心、高效精准”的供电服务保障新能力。

## 【以客户为中心　全面优化电力营商环境】

### （一）编制优化电力营商环境计划，服务重点项目落地

大连供电认真贯彻落实大连市营商环境建设

工作精神，编制并启动优化电力营商环境两年计划，在参与政策决策、争取上游资金、服务重点项目、转变业务模式等方面，全面提升客户服务能力，提高获得电力指标。针对行业类别，推行大中型企业“省力、省时、省钱”和小微企业“零上门、零审批、零投资”服务新模式，优化报装接电流程，压缩客户办电时间，将高压、低压业扩报装环节分别减少至 4 个、2 个，高压、低压小微企业办电时间分别压缩至50个工作日、15个工作日以内，减少客户办电成本6亿元。

（二）拓展网上国网 App 应用，提升客户获得电力水平

利用网络平台、新闻媒体等多种渠道推广网上国网 App 应用，为客户提供线上办电、在线咨询、网上预约、网上告知、实时查询等服务，使客户足不出户即可进行电力业务办理，实现新装用电等 5 项复杂业务“最多跑一次”，以及低压居民新装、更名、过户等 16 项简单业务“一次都不用跑”。积极拓展网上国网 App 与大连市政联网，对接大连市政务服务平台、工程建设联审平台，通过线上与住房和城乡建设局、自然资源局对配套的电力工程进行联合审批，加快工程建设单位获得电力速度，全力打造大连特色的电力“一网通办”。

（三）推行“三减四省”服务模式，助力小微企业经济发展

小微企业是现阶段社会经济发展的中坚力量，也是疫情期间承受经济下行压力最大的群体。大连供电充分履行央企社会责任，在政策导向、资金减免、服务优化等方面，全力助力小微企业，从而确保社会生活稳定和地方经济持续发展。通过小微企业办电“三减四省”服务模式进一步压减办电环节、压缩办电时长、降低办电成本，达到小微企业办电省力、省时、省钱、省心的目的。大连供电细化制定《国网大连供电公司小微企业低压业扩报装实施方案》，修订完善《业扩报装管理细则》和《小微企业业扩报装管理细则》；精简小微企业办电资料，将小微企业平均办电时长限定在 15 个工作日以内，远低于国家规定的25个工作日以内。

**【统筹优化电网架构　提高电网供电可靠性】**

（一）补齐短板，改造老城区及城乡结合部电网

大连供电对老城区开展压降配网故障专项行动，彻底摸清线路薄弱点，对线路附近施工区域进行重点监察，储备高能耗配变更换项目；开展配网供电质量问题整治提升专项行动，对现有影响线路安全的树木进行分级，按照轻重缓急，利用计划作业或事故抢修处理修剪树木 2223 棵，对线路裸露点进行绝缘包覆 1103 处；结合技改、大修、配农网改造、专项资金等工程，分批次、分阶段对大连供电所属的线路、设备进行改造；对瓦房店、普兰店、庄河、长海等地区共投入 6200 万元配农网改造资金用于配农网改造，进一步提升了上述地区的供电可靠性。

（二）政企联动，协同推进客户电力工程建设

大连供电积极推进营商局、城管局、交通局、公安局、自然资源局等 7 部门联合发文出台《大连市进一步优化电力营商环境实施意见》，就规划、占掘路、占绿地等审批事项进行了简化和优化，将审批时限压缩到 5 个工作日，针对小微企业试行承诺审批制，满足审批条件的当日予以审批。为进一步优化低压电力接入工程行政审批，联手营商局、城管局、交通局、公安局共同制定了优化方案，实施并联审批、容缺受理、告知承诺，将小微企业电力接入工程审批总体时限压缩至 2 个工作日。联手优化电网建设工程审批，快速推进工程实施，加强停送电、工程物资供应管理，压缩工程实施时间。联手优化占掘路工程审批，全面压缩审批时限，与自然资源局协调将大连供电纳入“三委会”联席会议成员单位，在建设项目前期策划生成阶段就参与选址论证工作，为后续电力快速审批打下基础。

为进一步打造大连特色的电力业务“一网通办”，大连供电与大连市大数据中心、住房和城乡建设局合作将一体化服务平台、数据共享平台（电子政务外网）、工程联审平台和网上国网 App 共 4 个系统进行贯通，将供电业务纳入大连市政务服务平台，实现了政务服务平台与国家电网“95598”智能互动网站的对接，实现低压小微企业多口径线上办电、电子证照在线获取、办电一

次不用跑，进一步提升用户获得电力的便利度和指标，助力地区经济快速发展。

（三）规范流程，提升配电网故障协同抢修能力

配电网作为大连供电电网的末端，覆盖面大，涉及客户数量众多，尤其是涵盖大部分中小企业。配电网故障是直接影响居民日常生活和中小企业经营发展的客观因素，也是提升获得电力指标的重要组成部分。传统的配电网因为业务复杂、涉及部门岗位较多，故障抢修工单经常多头管理，造成故障处置能力不强。为此，大连供电重新梳理抢修指挥流程，依据《国家电网公司 95598 业务管理办法》《国网大连供电公司配电网抢修指挥管理办法》，编制《生产停送电信息报送规范》，有效地优化故障停送电信息报送机制，使《生产停送电信息报送规范》具有较高的实操和指导意义。

**【采用智能物联技术　提升供电服务保障能力】**

（一）提升设备智能感知能力，率先实现精准主动抢修

深入开展设备智能感知升级工作，横向拓展设备感知种类，纵向拓展设备感知数据量，对重要负荷线路 42 条、重载线路 15 条、重要跨越线路 206 处、防外破隐患 110 处开展远程遥感、遥测、遥视改造。以感知层数据为基础，开发输变配智能检修系统，通过集成配网自动化、PMS2.0、GIS、用电采集系统、国网芯智能配变终端、采集监测模块等系统数据，自动获取客户的停电信息，并通过站、线、变、户纵向拓扑关系，对客户的停电类型进行智能研判，快速、准确定位存在问题的配电网区域、设备层级，掌握配电网运行薄弱环节和风险点，变被动报修为主动抢修，实现配电网全业务信息纵向穿透、集中管控和精准主动运维。

（二）依托云存储和计算技术，构建供电服务大数据中心

大连供电建设以云存储和计算技术为核心的供电服务大数据中心，在 IaaS 基础设施层，利用 PC 服务器集群和高速网络设备采用全融合架构建设基础资源池化、网络高可靠、资源可管理、平台可扩展、业务高可靠的企业私有云平台，形成 210 台虚拟主机处理能力，计算能力 CPU 达 840 个，内存容量为 1792GB，云平台存储容量三副本可用 25.6TB，SAN 存储容量三副本可用 38.4TB，充分满足供电服务海量数据部署需求。在 PaaS 平台层建设中，采用 GBase 数据库搭建数据支撑平台，按照业务应用涉及的数据范围将供电服务指挥系统、营销系统、用电信息采集、PMS 生产系统、PIS 配电管理系统等辽宁省国网公司二级部署的业务数据向数据支撑平台梳理迁移，满足了本地化应用的数据时效性要求。

（三）应用预算式管控技术，提升供电可靠性管理质效

大连供电在国家电网公司系统内率先应用基于数据自动采集的供电可靠性预算式管控技术，依托供电服务大数据中心，结合营销业务系统、作业管控平台、PMS2.0 等各类系统数据，利用计划停电线上报送、频繁停电管理等子功能，实现供电可靠性计算功能的部署应用。根据分配的剩余时户数与真实停电时户数和指标分配的总时户数综合分析核算，提升供电服务智能化应用水平。

**【智能化供电服务保障体系建设取得显著成效】**

（一）政策红利惠及企业客户，服务满意度大幅提升

大连供电积极落实非高能耗行业工商业及其他客户电费优惠 5%的政策，上门走访企业用户 1.6 万家，将电费减免及中小企业延缓缴纳电费的政策红利及时传达至用户，在辽宁省内率先实现农村居民办电“零投资”，2020 年累计受理用电申报 224 项，下达投资计划 85 项，累计降低用电成本 4.6 亿元，缓缴纳电费 1.16 亿元，明显降低了企业办电成本。全面助力小微企业经济发展，累计减免 226 家小微企业用户投资 1850 万元。通过线上渠道的大力推广，以及客户体验度的优化，低压居民新装（增容）、更名过户、改变用电类别、缴纳费用等 16 项简单业务全部实现线上渠道办理。低压非居民用电新装或增容、

低压非居民过户、高压客户用电新装或增容 5 项复杂业务已实现最多一次线下办理。

（二）电网抢修实现精准指挥，供电可靠性稳步增长

大连供电通过深化自动化和用电信息采集系统数据应用，加强营配调数据稽查，营配贯通数据准确率提升至 99%，配网异常设备数量同比降低 15%；通过强化大数据分析应用，充分发挥跟踪、预警、督办作用，故障平均处理时长同比缩短 20%，停电信息通知到户率达到 70%以上；通过不断强化高效指挥、实施精准主动抢修，供电服务保障能力和优质服务水平显著提升。通过持续开展可靠性指标变化趋势预测、供电可靠性智能分析、停电精益化管理、落实频繁停电管控预警机制等措施，规避不合规停电风险，全面提升电网稳定性，大连供电城市供电服务保障能力显著提高，客户满意度同比上升 9.33%，供电可靠率指标在辽宁省持续保持第 1 名，在全国范围内始终名列前茅。

# 哈尔滨电气集团有限公司

哈尔滨电气集团有限公司（以下简称哈电集团）由“一五”期间苏联援建的 156 项重点建设项目的 6 项沿革发展而来，是在原哈尔滨“三大动力厂”（锅炉厂、电机厂、汽轮机厂）基础上组建而成的我国最早的发电设备研制基地，也是中央管理的关系国家安全和国民经济命脉的国有重要骨干企业。

作为中华人民共和国装备制造业的“长子”，经过 60 多年的发展和积累，哈电集团已形成以核电、水电、煤电、气电、舰船动力装置、电气驱动装置、电站交钥匙工程等为主导产品的产业布局，引领和推动了中国发电设备行业从无到有、从小到大、从弱到强的发展历程，走出了一条独具特色的引进、消化、吸收、再创新的创新发展之路，实现了发电设备由中国制造向中国创造的新转变、新跨越，为我国国民经济发展和国防建设作出了突出贡献。

## 【2020 年信息化建设情况】

2020 年，哈电集团坚持国家网络安全和信息化新发展理念，围绕建设数字哈电、智能哈电的目标，依托哈电集团发展需求，紧盯“十四五”信息化发展方向，积极探索智能制造方向，统筹开展两化融合工作，持续加强信息化宏观管理，推进集团管控平台建设，高质量完成信息化建设任务，组织推动建设数字经济新模式，取得了一定的成绩。

（一）推进哈电集团管控平台建设

按照国资委要求，持续推进哈电集团管控平台建设，完成了哈电集团相关建设任务，统筹推进相关系统建设，完成了“三重一大”决策和运行监管系统、大额资金管理系统、数据共享交换平台、审计追责系统的建设工作，并顺利完成验收。组织完成了国资委国资监管信息化“三年行动计划”实施情况验收，获得了国资委专家组的肯定。

（二）推广 ERP 业务财务一体化核心系统

2020 年哈电集团 ERP 项目建设取得积极进展，二期项目于 2021 年 1 月 8 日在汽轮机公司和重装公司成功上线，实现业务财务一体化管理；哈电集团总部及事业部人力、财务、项目和质量业务实现纵向管控；一期试点企业锅炉公司、动装公司完成优化升级工作。经过不断建设，哈电集团业务财务一体化核心系统逐步与企业运营深度融合，实现从业务单项覆盖阶段向高度集成联动阶段跨越，有力地促进哈电集团管控和企业精益化管理。

### （三）主数据管理平台深化应用

2020 年，哈电集团持续深化主数据管理平台应用，优化哈电集团项目主数据编码标准，汽轮机公司、重装公司完成图号类物料编码标准和描述规则，进一步促进哈电集团内主数据统一标准、统一编码、统一平台管理。

### （四）电站服务平台持续优化

2020 年，哈电集团持续优化电站服务平台，提高平台用户操作易用性，加大数据开发利用深度，实现用户反馈问题对接企业内部处理流程，疫情期间开展线上技术交流专题月活动，为用户解决问题。

### （五）加快推动智能制造建设工作

电机公司攻克机器人窄间隙气保焊制造难题，首次实现大型混流座环固定导叶与环板机器人焊接，大幅提升生产效率，降本效果十分显著。佳电股份公司电机机座加工车间通过省级数字化（智能）示范车间认定，实现电机机座自动加工、自动清洗、自动存储等功能，大幅提升电机机座加工质量，较传统工艺路线生产制造效率提高 5 倍以上。锅炉公司成功研发行业内首个吊挂管智能生产线，实现上料、装配、焊接等工序全部机器人智能操作；自主研发参数化工艺，工艺路线、定额、工序自动生成，大幅提高工作效率和准确性。汽轮机公司完成两化融合贯标，建立设计工艺协同平台，实现预扭叶片、非预扭叶根叶片、横置静叶片的数字化设计。中央研究院开发出激光熔覆智能焊接机器人，成功应用在阀门内表面堆焊上。

### （六）工业互联网平台开发力度不断加大

2020 年，哈电集团重新规划工业互联网平台架构，形成边缘云、集团中心云、公有云并举的架构体系；搭建接口平台、数据中台、计算平台、发布平台四大平台；发布设备健康管理、智能优化控制、环保岛建设智能运维服务业务。接入哈三电厂实时数据，完成智能故障诊断系统示范应用。哈电集团工业互联网平台作为能源行业优秀案例成功入选《中国工业互联网产业经济发展白皮书 2020》，被工业和信息化部评为全国制造业与互联网融合发展试点示范，在全国范围内进行推广。

### （七）智能远程运维服务持续建设

哈电集团与下属企业密切合作，开展智能运维模块的平台化开发工作，为用户提供智能运维服务。2020 年，“水力发电设备智能远程运维新模式”项目通过国家验收。电机公司、汽轮机公司、佳电股份公司持续为用户提供远程运维服务，锅炉公司签订蒙能金山电厂服务合同，服务事业部、中央研究院签订华能大庆服务合同，实现了突破。

### （八）企业自动化办公系统纵向贯通

企业自动化办公系统纵向贯通、深化应用，在与企业实现互联互通的基础上，结合管理诉求完善内部审批流程，强化哈电集团与企业的整体协同，提高业务执行能力。开展与 ERP 系统、主数据管理平台、龙旅平台等系统的集成工作，为系统间有效配合、高效运转提供有力支撑。

### （九）网络与信息安全工作扎实推进

2020 年，哈电集团认真学习习近平总书记网络强国战略思想，完成中纪委涉密网络的接入、国资国企网络安全在线监管平台建设等工作；完成所属 6 家企业网站 IPv6 升级改造工作；持续开展信息系统 2.0 保护工作，截至 2020 年年底哈电集团公司、电机公司等 5 家单位获得国家等级保护备案证书；完成国家网络安全通报工作；哈电集团互联网出口带宽扩容 2 倍；2020 年哈电集团无重大网络安全事件。

## 【资源投入】

哈电集团高度重视信息化工作，将信息化转型作为集团发展战略的重要组成部分，积极推进集团信息化建设工作，持续加大信息化建设投入力度，不断加强信息化建设物质保障，2020 年共投入资金 0.89 亿元用于信息化建设。

为保障信息化转型工作顺利开展，哈电集团持续提升信息化人才队伍建设，为信息化工作提供有力的人才保障和智力支撑。目前，哈电集团有专职信息化工作人员 300 多人，根据建设项目从相关部门选取懂技术、重规范、思路清晰、责任心突出的复合型人才作为关键用户，加强人员培训，增强人员专业技能，作为专职信息化转型工作人员的有力补充。

# 先 进 人 物

## 陈根升

2006 年 10 月加入中国共产党，2012 年作为创始团队成员加入云南红岭云科技股份有限公司（以下简称红岭云），现任红岭云技术副总裁、云南省智慧党建项目组成员、云南省智慧党建专家组成员、云南省级“智慧党建”平台一体化建设专家、互联网企业党建信息化专家、党建行业大数据平台建设总负责人。

作为智慧党建探索先驱和一线实践者，陈根升同志坚定理想信念，始终不忘自己的初心和使命，用党性作为立身、立德、立业的基石，深耕党建信息化领域 10 余年，依托大数据、云计算、区块链、人工智能等新兴技术与传统党建工作深度融合，将党建要素与“云”“网”“端”紧密结合，重点研究智慧党建、智慧乡村、智慧城市（党建引领下的城市治理技术）、数字经济（“党务+政务+服务”融合模式）等领域，牵头主导了云南省“网络党建”“互联网+党建”“智慧党建”等平台总体架构及研发工作，在“互联网+党建”“智慧党建”等行业领域探索方面有丰富的实践经验。

陈根升同志牢记“实现党建工作数字化、网络化、智能化”的伟大使命，带领红岭云技术团队开启了党建信息化领域的技术创新与探索，朝着“让‘党建红云’在云岭大地冉冉升起”的宏伟目标，以产品核心价值为导向，将云计算、SaaS 服务、移动互联网、高并发计算及大数据分析等技术应用于创新党建工作载体、完善为民服务体系中，在智慧党建、农村信息化、远程教育培训等领域获得了多项知识产权和技术创新，助力云南边疆少数民族地区在省级层面的网络全覆盖、平台全覆盖、服务全覆盖，率先在全国实现了覆盖省、州、县、乡、村 5 级 16000 多个基层站点、19 万个党组织、250 万名党员的云南省“智慧党建”应用模式，助力红岭云成为“基础党务+智慧党建+红色文化”发展模式的践行者、全国“智慧党建”与农村信息化行业领军企业。在陈根升同志的牵头主导下，红岭云先后荣获“涉密信息系统集成乙级资质”“ITSS 信息技术服务运行维护三级资质”，以及 100 多项软件著作权等。

## 董坤磊

华润（集团）有限公司智能与信息化部常务副总经理，润联智慧科技有限公司董事长、总经理。负责华润（集团）有限公司数字化转型工作，全面负责润联智慧科技有限公司科技战略发展创新工作。历任华润微电子有限公司信息中心总监，华润创业有限公司首席信息官兼精益管理总经理，华润万家有限公司

首席信息官兼首席战略官、创新中心总经理，复星集团首席技术官兼 C2M 战略推进部总经理，等等。曾在国际知名咨询公司任职，负责多行业的咨询规划与实施。

具有丰富的多行业经历，以及多元化集团企业管理经验，精通信息化管理、数字化转型、智能化建设，擅长大型系统规划实施、云计算、大数据、人工智能、产业互联网、企业投资并购、业务整合、精益运营、战略管理、利用 IT 技术驱动业务发展和创新等，在跨界人才培养方面硕果累累。

主要成就：华润科学技术研究院华润-清华联合研究院“5G 及工业互联网边缘计算”课题总负责人；“智慧华润 2028”愿景实施体系的提出者和总规划师；“面向工业互联网的边缘智能平台”项目负责人；“工业工程系研究生社会实践基地”项目负责人；“AI 平台建设”项目负责人。

牵头打造华润（集团）有限公司数字化转型赋能平台，包括流程型工业互联网平台、大数据平台、人工智能平台、物联网平台、区块链管理平台。

牵头发布华润集团各行业白皮书，包括《华润集团金融行业智能化技术白皮书》《华润集团医药板块行业智能化技术白皮书》《华润集团智能制造发展白皮书》《华润集团智慧城市行业智能化技术白皮书》《华润集团医疗行业智能化技术白皮书》。

推动发表多篇数据共享及数字化发展行业视角文章，包括《智能化时代传统物业管理如何转型》《电力灵犀智慧能源平台》《化学材料工业互联网平台》《智慧金融平台数据中台一期项目》《银行智能 OCR 项目》《置地智慧能源管理平台》《三九中药全产业链溯源平台》《华润工业互联网平台规划选型及应用研究》《华润水泥 MoM 智能化生产运营》《人工智能在智慧城市的应用及发展》《如何规划智慧园区顶层设计》《华润化学材料工业互联网建设深入跟踪》；推动发表多篇数据共享及数字化发展技术视角文章，包括《华润集团前沿技术研究——区块链》《数据资产的研究与思考》《中国人民银行法定数字货币与技术特征介绍》《AR、VR、MR 赋能传统零售行业增强线上线下购物体验》《边缘计算在华润的应用研究》。

牵头打造华润（集团）有限公司数字化标杆案例，包括《华润水泥——华润田阳智能工厂》《华润三九智能化标杆》《华润燃气——无锡分公司智能化成果展示》《华润置地——华润城及深圳湾片区智慧化建设智能化标杆》《华润电力——湖北项目智能标杆电厂》《华润雪花武汉工厂智能化标杆》《华润万家——MART 梅龙店数智化标杆》。

## 李海赟

中共云南省委网络安全和信息化委员会办公室信息化协调处副处长。研究方向为信息化发展战略、综合管理。

2010—2017 年，云南省工业和信息化委员会，历任主任科员、副处长（2012—2015 年，云南大学软件学院在职研究生，获软件工程硕士学位）；2017 年至今，中共云南省委网络安全和信息化委员会办公室信息化协调处副处长（第一届、第二届国家信息技术标准化技术委员会信息技术服务分委员会委员）。

主要研究成果：完成《云南省人民政府办公厅云南省信息产业发展规划（2016—2020 年）》编制；参与《云南省“十二五”软件和信息技术服务业规划》编制；参与《云南省信息化和信息产业“十三五”发展规划》编制；参与《云南省人工智能产业发展规划》编制；参与《云南省数字经济发展规划》编制；参与国家信息技术标准化技术委员会信息技术服务分委员会第一届、第二届任期内国家标准的立项、编制工作。

## 王依群

哈尔滨电气集团有限公司、哈尔滨电气股份有限公司科技管理部信息化室经理。1988—1995 年，在哈尔滨电机厂从事 CAD/CAE 技术开发工作；1995—2002

年，在哈尔滨电气股份有限公司从事信息化技术、管理工作；2002 年至今，在哈尔滨电气集团有限公司从事信息技术开发、信息化和数字化总体规划及信息化管理工作。历任哈尔滨电气集团有限公司信息化办公室主任助理，哈尔滨电气集团有限公司、哈尔滨电气股份有限公司企业管理部部长助理，哈尔滨电气集团有限公司、哈尔滨电气股份有限公司科技管理部信息化处副处长；现任哈尔滨电气集团有限公司、哈尔滨电气股份有限公司科技管理部信息化室经理。

王依群同志长期从事企业信息化（数字化）技术开发、管理工作，主持制定了哈尔滨电气集团有限公司“十二五”“十三五”信息化发展规划，主持完成哈尔滨电气集团有限公司私有云平台、总体解决方案、ERP 项目、信息化基础工程、主数据标准化等项目建设，是国家认定的高级信息师。曾参加国家“863”项目，作为核心成员参与的“发电设备企业集团数字化协同设计项目”获得黑龙江省科技进步奖二等奖。

## 徐　涛

2014 年 10 月加入中国共产党，2012 年创办云南红岭云科技股份有限公司（以下简称红岭云），现任红岭云创始人、云南省智慧党建专家组成员。

作为智慧党建探索先驱和一线实践者，徐涛同志坚定理想信念，始终不忘自己的初心和使命，用党性作为立身、立德、立业的基石，深耕党建信息化领域 10 余年，依托大数据、云计算、区块链、人工智能等新兴技术与传统党建工作深度融合，将党建要素与“云”“网”“端”紧密结合，重点研究智慧党建、智慧乡村、智慧城市（党建引领下的城市治理技术）、数字经济（“党务+政务+服务”融合模式）等领域。参与《网络党建研究报告》《网络党建》《党建红云耀边疆》等的编撰，在“互联网+党建”探索实践方面有独到见解。2019 年 6 月 14 日，徐涛同志被中共云南省委组织部“智慧党建”专家组聘任为“智慧党建”专家组成员。2019 年 12 月，徐涛同志获得第八届“云南青年创业省长奖”提名奖。

徐涛同志肩负“实现党建工作数字化、网络化、智能化”的使命，带领红岭云人开启了党建信息化领域的创新与探索，朝着“让‘党建红云’在云岭大地冉冉升起”的宏伟目标，以产品核心价值为导向，将云计算、SaaS 服务、移动互联网、高并发计算及大数据分析等技术应用于创新党建工作载体、完善为民服务体系中，在智慧党建、农村信息化、远程教育培训等领域拥有了多项知识产权和众多专业技术，首次实现了云南边疆少数民族地区省级层面的网络全覆盖、平台全覆盖、服务全覆盖，率先在全国实现了云南省“互联网+党建”应用模式，带领红岭云成为国内唯一一家专注“互联网+党建”的新三板挂牌企业（股票代码：870543），以及“基础党务+智慧党建+红色文化”发展模式的践行者、全国“智慧党建”与农村信息化行业领军企业。红岭云先后荣获“2017 年中国领先智慧党建创新品牌提供商”“2017 年度经开区突出贡献奖”“2018 年创客中国创新创业大赛优胜奖”“第七届中国创新大赛暨第四届云南省创新创业大赛成长组优胜奖”“昆明创业荟创新创业大赛优胜奖”“经开区 2018 年度首届优秀民营企业”“2019 年云南省民营小巨人”“2019 年昆明市十大诚信单位”“昆明市企业技术中心”“企业行用等级 AAA 评价”“涉密信息系统集成乙级资质”等荣誉称号及诸多资质，同时实现了 2018 年、2019 年利润均超千万元，经营业绩以 39%以上的速度高速增长，年均缴纳税收超 358 万元。

徐涛同志积极驱动双创园区的创新发展，打造了一个党建信息化双创服务中心及红色信息产业集群，构建了以党建信息化产业为核心的智慧党建产业链。近年来，双创园区培养了云南潭美文化传媒有限公司、云南乡邻教育信息咨询有限公司、昆明景阔大数据信息技术有限公司、云南万视智能设备有限公司等 30 多家特色明显的信息技术类、文化类企业，实现了双创园区企业从初始创业至千万元级营业收入的华丽升级，带动就业人数超百人。设立了

300 万元创业投资扶持资金，为双创园区企业提供房租补贴、风投资金、科技信息咨询、创业辅导、研发外包等服务，助推了小微企业的发展。

## 余正涛

中共云南省委网络安全和信息化委员会办公室副主任。研究方向为自然语言处理、机器翻译、信息检索、网络安全。

主要研究成果：主持国家重点研发计划项目 1 项、国家自然科学基金重点项目 1 项，以及国家自然科学基金面上项目、地区基金项目 7 项，主持云南省科技重大专项、云南省自然科学基金重点项目及横向合作项目 90 余项；发表学术论文 350 余篇，被 SCI、EI 收录 250 余篇，以第一授权人授权国家发明专利 40 余项，授权软件著作权 70 余项；在东南亚语言信息处理、跨语言信息检索、内容安全、机器翻译等领域开展了深入研究，提出了资源稀缺语言机器翻译、信息检索等系列研究方法，研发了东南亚语言解析平台、东南亚南亚语言机器翻译引擎、跨语言互联网舆情监测监控等系列软件，并已经在公安、网信、旅游、文化等领域得到了广泛应用，取得很好的经济效益和社会效益。

获奖情况：入选首批中共中央组织部国家高层次特殊支持计划“万人计划”（科技创新领军人才 2013）、科技部首批创新人才推进计划“中青年科技创新领军人才 2012”、国家百千万人才工程（2015 年），被评为国家有突出贡献专家（2015 年）、国务院特殊津贴获得者（2016 年）、云南省科技领军人才（2016 年）、“云岭学者（2014 年）”、云南省中青年学术技术带头人（2012 年），荣获云南省兴滇人才奖（2020 年）、云南省科学技术奖突出贡献类二等奖（2014 年）。以第一获奖者获得云南省自然科学奖一等奖 1 项（受限域汉语问答系统普适性理论与方法研究，2015 年）、云南省科技进步奖一等奖 1 项（云南省招生考试信息化管理与服务平台，2011 年）、云南省自然科学奖二等奖 1 项（受限域汉语问答系统研究，2009 年）、云南省科技进步奖三等奖 1 项（云南省招生考试信息化工程，2008 年），获得云南省十大科技进展成果 1 项（2011 年）、云南省教学成果一等奖 1 项（2017 年）、云南省哲学社会科学二等奖 1 项（2019 年）。

## 章晓炜

华润（集团）有限公司智能与信息化部助理总经理。曾担任国际商业机器（中国）有限公司全球咨询服务部副合伙人，埃森哲（中国）有限公司咨询总监。负责过中国移动、中电投集团、国投集团、华电国际、新希望集团、百联集团、龙湖地产、陆家嘴股份有限公司等大型企业数字化转型及 IT 系统的规划和建设。

章晓炜有 20 年的规划、咨询和 IT 系统建设的行业经验，对大型企业的数字化转型、大数据应用、IT 系统战略规划、企业流程梳理和优化、系统实施和系统整合均有丰富的经验，涉及制造、零售、消费品、地产、能源行业等。获得渥太华大学制造和运营管理硕士学位，上海交通大学工商管理 MBA，中国农业大学管理信息系统硕士学位、机械工学学士学位，具备完善的知识结构。章晓炜是国资委信息化专家组成员、工业互联网联盟理事，也是国际项目管理协会（PMI）会员，并获项目管理（PMP）专业认证。

2017 年，章晓炜担任华润（集团）有限公司智能与信息化部助理总经理，负责华润（集团）有限公司数字化转型战略规划、数字化转型平台规划及建设、数据价值挖掘、数字化团队建设和管理、新技术研究等工作，具体如下。

在数字化战略规划方面，主导编制“智慧华润 2028”愿景，统筹规划华润（集团）有限公司“十四五”智能与信息化战略规划，设计涵盖医疗、医药、金融、智能制造、城市、金融等行业智能化发展白皮书，为华润（集团）有限公司内相关单位智能化发展提供指导。

在数字化基础设施建设方面，基于产业数字化和数字化产业发展目标，围绕华润（集团）有限公司数字化转型需求，统筹规划人工智能平台、工业互联网平台、物联网平台等数字化技术平台，支撑华润（集团）有限公司数字化转型工作。

在数字化推进方面，建立涵盖华润（集团）有限公司五大业务板块的数智化行业专家团队，通过专家团队协助集团内相关单位进行数智化标杆打造及重点项目建设，赋能集团内产业数字化转型、智能化发展。

在新技术研究方面，推动开展包括云、人工智能、工业互联网、大数据、物联网等新技术研究，并推动其在零售、医药、制造、能源、金融等行业的试点应用。

# 信息化大事记

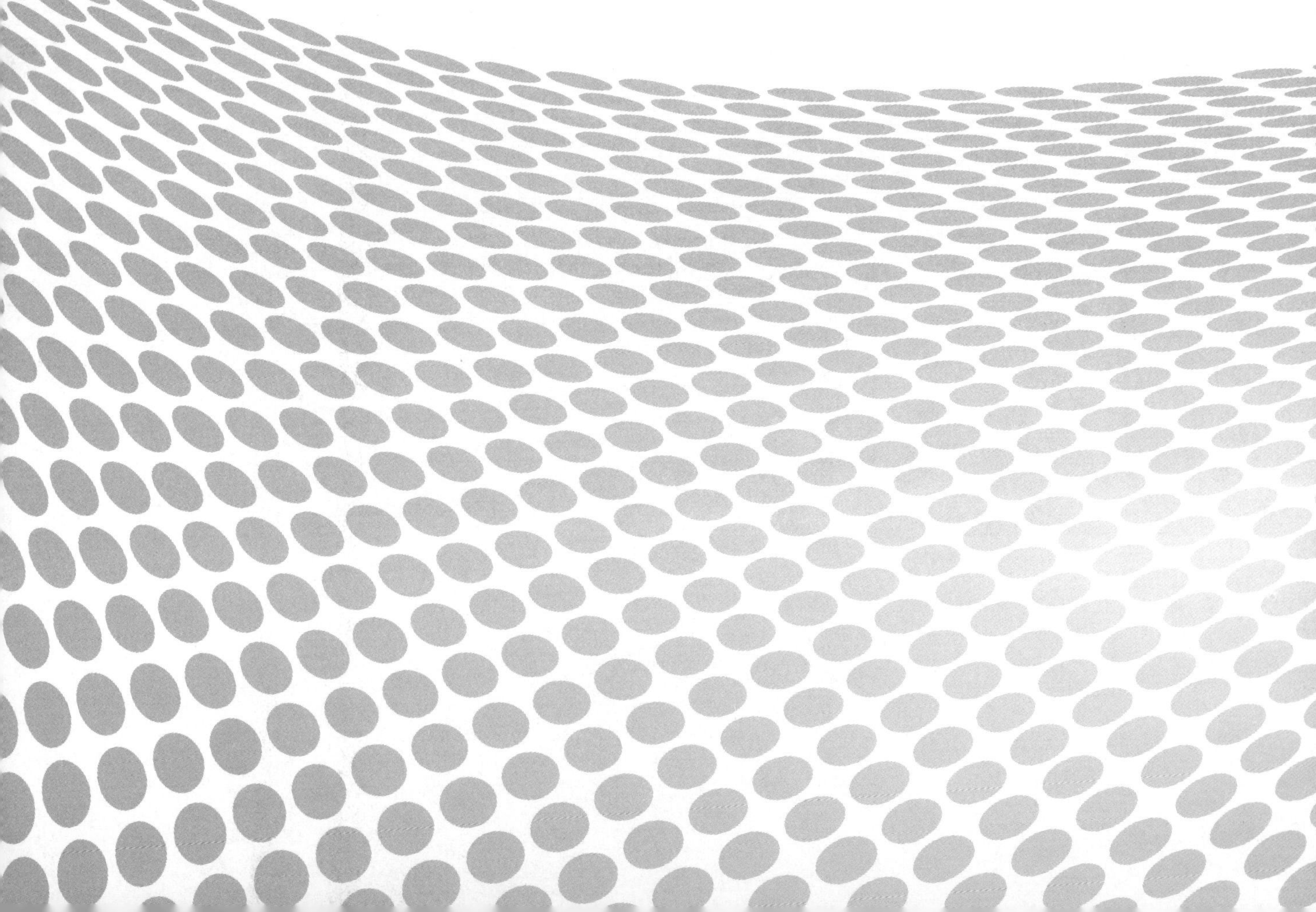

2020年1月1日，我国自主研发、覆盖137个签约国家（地区）的“一带一路”沿线重要城市气象服务网正式开通上线。

2020年1月7日，工业和信息化部批准《5G移动通信网 核心网总体技术要求》等447项行业标准。

2020年1月8日，国务院办公厅印发《关于全面推进基层政务公开标准化规范化工作的指导意见》。

2020年1月10日，中共中央、国务院举行国家科学技术奖励大会。

2020年1月19日，工业和信息化部发布的《2019年中国软件业务收入前百家企业发展报告》显示，本届软件业务收入前百家企业2018年共完成软件业务收入8212亿元，同比增长6.5%，收入增长超过20%的企业达3成多；共创造利润总额1963亿元，同比增长14.6%；共投入研发经费1746亿元，同比增长12.6%。

2020年1月20日，农业农村部、中央网络安全和信息化委员会办公室印发的《数字农业农村发展规划（2019—2025年）》正式对外发布。

2020年1月21日，国务院印发《国家政务信息化项目建设管理办法》。

2020年2月3日，国家卫生健康委办公厅发布《关于加强信息化支撑新型冠状病毒感染的肺炎疫情防控工作的通知》，要求充分发挥信息化在辅助疫情研判、创新诊疗模式、提升服务效率等方面的支撑作用，切实做好疫情发现、防控和应急处置工作。

2020年2月4日，“北京市新型冠状病毒感染的肺炎线上医生咨询平台”正式开通助力防疫。

2020年2月7日，支付宝宣布上线了基于区块链技术的防疫物资信息服务平台，网民通过搜索同行程查询功能即可看到。

2020年2月9日，工业和信息化部大力推进信息技术在“在线诊疗”“数字健康”方面的应用，加大5G等基础设施在医疗系统的布局，推动医院信息化、医疗设备智能化、在线平台便捷化。国内多家互联网医疗服务平台充分利用5G等信息通信技术，联动全国各地的医生、专家开展线上咨询、线上问诊、健康科普、心理援助辅导等，为百姓在家就医提供便利，让信息技术在疫情防控中“智慧相助”。

2020年2月10日，国家发展改革委、科技部、工业和信息化部、财政部等多部门联合印发《关于印发〈智能汽车创新发展战略〉的通知》。

2020年2月10日，阿里巴巴与蚂蚁金服发布《阿里巴巴告商家书》，推出六大方面20项特殊措施扶助中小企业发展，帮助商家应对暂时的困难。

2020年2月20日，全球首款5G工业互联网模组在长虹控股旗下子公司爱联科技顺利下线。

2020年2月27日，钟南山院士团队与腾讯宣布达成合作，共同成立大数据及人工智能联合实验室，开展大数据及人工智能（AI）技术攻关，辅助流行病、呼吸疾病和胸部疾病的筛查和防控预警。该实验室依托钟南山院士团队领导的国家呼吸系统疾病临床医学研究中心、呼吸疾病国家重点实验室、广州呼吸健康研究院，结合腾讯内部医疗健康事业部、天衍实验室等团队的互联网医疗服务能力，以及大数据与AI技术开展相关工作。

2020年3月1日，互联网信息无障碍领域新的国家标准《信息技术 互联网内容无障碍可访问性技术要求与测试方法》正式实施。

2020年3月1日，交通运输部印发《关于严格落实网约车、顺风车疫情防控管理有关要求的通知》。

2020年3月2日，国家医保局、国家卫生健康委联合印发《关于推进新冠肺炎疫情防控期间开展“互联网+”医保服务的指导意见》。

2020年3月3日，国务院办公厅电子政务办公室、人力资源和社会保障部印发《关于依托全国一体化在线政务服务平台做好社会保障卡应用推广工作的通知》。

2020年3月3日，教育部、国家发展改革委、财政部联合印发《关于“双一流”建设高校促进学科融合 加快人工智能领域研究生培养的若干意见》，明确要求扩大研究生培养规模，并将人工智能纳入“国家关键领域急需高层次人才培养专项招生计划”支持范围。

2020年3月9日，国家新一代人工智能创新发展试验区增至9个。科技部公布，支持重庆、成都、西安、济南建设国家新一代人工智能创新发展试验区，至此，在 2019 年天津、深圳、杭州、合肥、浙江省德清县基础上，获科技部支持建设的国家新一代人工智能创新发展试验区已增至 9 个。

2020 年 3 月 10 日，国家“互联网+监管”湖北疫情防控专区上线。

2020 年 3 月 12 日，国家发展改革委、中宣部、财政部、商务部等 23 个部门联合印发《关于促进消费扩容提质/加快形成强大国内市场的实施意见》。

2020 年 3 月 19 日，中央网信办、国家发展改革委、国务院扶贫办、工业和信息化部联合印发《2020 年网络扶贫工作要点》，明确了 2020 年网络扶贫工作目标，即在 2020 年年底前，《网络扶贫行动计划》目标任务全面完成并巩固提升；网络覆盖质量进一步提升，全国行政村通光纤、通 4G 比例达到 99%，贫困村通宽带比例达到 99%。电子商务服务通达所有乡镇，快递服务基本实现乡乡有网点，电子商务帮扶贫困户增收作用更加明显；信息服务体系更加完善，网络公益持续深化，构建起人人参与的网络扶贫大格局。

2020 年 3 月 19 日，工业和信息化部实施《中小企业数字化赋能专项行动方案》。

2020 年 3 月 21 日，科技部发布《关于科技创新支撑复工复产和经济平稳运行的若干措施》。

2020 年 3 月 24 日，工业和信息化部发布《关于推动 5G 加快发展的通知》，要求全力推进 5G 网络建设、应用推广、技术发展和安全保障，充分发挥 5G 新型基础设施的规模效应和带动作用，支撑经济高质量发展。

2020 年 3 月 26 日，北京首个政务服务区块链应用平台正式上线。

2020 年 4 月 7 日，国务院宣布新设 46 个跨境电子商务综合试验区。自 2015 年起，国务院已分 4 批设立 59 个跨境电子商务综合试验区，商务部会同各部门和各地方面向全国复制推广了 12 个方面、36 项成熟经验和创新做法，推动跨境电子商务规模持续快速增长。加上之前已经批准的 59 个跨境电子商务综合试验区，全国将有 105 个跨境电子商务综合试验区，覆盖了 30 个省（自治区、直辖市），形成了陆海内外联动、东西双向互济的发展格局。

2020 年 4 月 7 日，国家发展改革委、中央网信办联合印发《关于推进“上云用数赋智”行动　培育新经济发展实施方案》。

2020 年 4 月 8 日，中国移动、中国电信、中国联通联合发布《5G 消息白皮书》，根据 5G 技术新特点和新理念，提出了对 5G 消息生态建设的若干构想，将推动传统短消息服务加速升级。

2020 年 4 月 9 日，《中共中央　国务院关于构建更加完善的要素市场化配置体制机制的意见》首次将数据与土地、劳动力、资本、技术等传统要素并列。

2020 年 4 月 14 日，住房和城乡建设部印发《关于提升房屋网签备案服务效能的意见》，提出全面采集楼盘信息，提供自动核验服务，优化网签备案服务，推进全国一张网建设。

2020 年 4 月 16 日，商务部会同中央网信办、工业和信息化部联合认定了首批 12 家国家数字服务出口基地。经省级商务、网信、工业和信息化主管部门联合推荐、专家材料评审、答辩评审、有关部门综合评议、公示等程序，认定中关村软件园、天津经济技术开发区、大连高新技术产业园区、上海浦东软件园、中国（南京）软件谷、杭州高新技术产业开发区（滨江）物联网产业园、合肥高新技术产业开发区、厦门软件园、齐鲁软件园、广州市天河中央商务区、海南生态软件园、成都天府软件园 12 家数字服务出口基础良好、有较强竞争力和影响力的园区为首批国家数字服务出口基地。

2020 年 4 月 20 日，阿里云宣布未来 3 年再投入 2000 亿元，用于云操作系统、服务器、芯片、网络等重大核心技术研发攻坚和面向未来的数据中心建设。

2020 年 4 月 21 日，工业和信息化部中小企业局发布《中小企业数字化赋能服务产品及活动推荐目录（第一期）》，包括阿里巴巴、腾讯、京东等在内的 118 家服务商入围，涉及 8 个大类、137 项服务产品及活动。

2020 年 4 月 26 日，工业和信息化部、国家广播电视总局印发了《关于开展 2020 年推进互联网电视业务 IPv6 改造的通知》。

2020 年 4 月 27 日，阿里巴巴“数字粮仓”项目落户河北省张家口市。据介绍，阿里巴巴将携多年沉淀的数字化能力，在张家口市万全区建立中国首个数字化有机鲜食玉米基地，这是阿里巴巴在全国范围内落地的首批“数字粮仓”之一，也是河北省首个数字粮食基地项目。

2020 年 4 月 28 日，国务院常务会议部署加快推进信息网络等新型基础设施建设。

2020 年 5 月 9 日，中央网信办、农业农村部、国家发展改革委、工业和信息化部联合印发《关于印发〈2020 年数字乡村发展工作要点〉的通知》，明确了 2020 年数字乡村发展工作目标，包括农村信息基础设施建设加快推进，基本实现行政村光纤网络和 4G 普遍覆盖；农业农村数字化转型快速推进，遥感监测、物联网、大数据等信息技术在农业生产经营管理中广泛应用；乡村数字普惠金融覆盖面进一步拓展；网络扶贫行动目标任务全面完成。

2020 年 5 月 11 日，教育部和阿里巴巴联合启动“数字经济网络专场招聘会”。该专场招聘会从 5 月 11 日持续到 7 月 31 日，阿里巴巴旗下钉钉、支付宝和夸克等整合动员超过 16 万家企业，共上线超过 40 万个就业岗位，覆盖大数据、云计算、人工智能、加工制造、电子商务、跨境贸易、教育、市场营销等行业。

2020 年 5 月 12 日，国务院新闻办公室举行国务院政策例行吹风会，商务部副部长表示，到目前为止，农村网民数量突破了 2.5 亿人，网购已成为农民生活的常态，越来越多的服务和商品通过电子商务进入农村，改变了农民的生活和消费习惯。

2020 年 5 月 13 日，国家发展改革委联合有关部门、国家数字经济创新发展试验区，以及互联网平台、行业龙头企业、金融机构、科研院所、行业协会共 145 家单位，通过线上方式共同启动“数字化转型伙伴行动（2020）”。

2020 年 5 月 17 日，第 51 个世界电信和信息社会日相关活动在北京线上举办。国际电信联盟（ITU）确定 2020 年的主题为“连通目标 2030：利用 ICT（信息与通信技术）促进可持续发展目标（SDG）的实现”，呼吁各国利用 ICT 作为实现“2030 年可持续发展议程”和可持续发展目标的主要驱动力，推动经济、社会和环境协调、可持续发展。

2020 年 5 月 21 日，工业和信息化部、国家广播电视总局联合印发的《超高清视频标准体系建设指南（2020 版）》提出，到 2020 年，初步形成超高清视频标准体系，制定急需标准 20 项以上，重点研制基础通用、内容制播、终端呈现、行业应用等关键技术标准及测试标准；到 2022 年，进一步完善超高清视频标准体系，制定标准 50 项以上，重点推进广播电视、文教娱乐、安防监控、医疗健康、智能交通、工业制造等重点领域行业应用的标准化工作。

2020 年 5 月 27 日，人力资源和社会保障部、国务院扶贫办主办的“数字平台经济促就业助脱贫行动”正式启动实施。

2020 年 5 月 28 日，自然资源标准化信息服务平台正式上线运行。平台可为公众提供 1000 余项现行自然资源国家标准和行业标准的全文在线阅读。企事业单位和社会公众可通过访问网站或从自然资源部网站“标准规范”栏目入口进行免费查阅。

2020 年 5 月 29 日，国家发展改革委印发《关于加快开展县城城镇化补短板强弱项工作的通知》，明确将加快建设新型基础设施，加快 5G 网络向县城延伸覆盖，推进交通、电网、水务等市政公用设施智能化。

2020 年 6 月 11 日，教育部与工业和信息化部联合发布《特色化示范性软件学院建设指南（试行）》。

2020 年 6 月 15 日，我国首个工业互联网行业人才评价标准《工业互联网产业人才岗位能力要求》发布。该标准是国内工业互联网领域首个对岗位能力进行要求的标准研究成果，由工业和信息化部人才交流中心牵头，由航天云网公司和中国信息通信研究院负责，10 多家相关单位共同参与了编写。该标准根据工业互联网网络、平台、安全三大体系，以及工业互联网产业人才需求，聚焦工业互联网产业 8 个方向（网络、标识、平台、工业大数据、安全、边缘、应用、运营）设置 41 个岗位，从综合能力、专业知识、技术技能、工程实践能力 4 个维度提出了工业互联网产业人才岗位能力要素。

2020 年 6 月 24 日，第四届世界智能大会云上峰会在线上举办。峰会由国家发展改革委、科技部、工业和信息化部、国家广播电视总局、国家互联网信息办公室、中国科学院、中国工程院、中国科学技术协会联合天津市人民政府共同主办。

2020 年 6 月 30 日，工业和信息化部印发的《工业互联网专项工作组 2020 年工作计划》提出，在升级建设工业互联网外网方面，要推动基础电信企业建设覆盖全国所有地市的高质量外网，打造 20 个企业工业互联网外网优秀服务案例；在支持工业企业建设改造工业互联网内网方面，在 2020 年年底前打造 10 个标杆网络，推动 100 家重点行业龙头企业、1000 家地方骨干企业开展工业互联网内网改造升级；鼓励各地组织 1～3 家工业企业与基础电信企业深度对接合作，利用 5G 改造工业互联网内网。

2020 年 6 月 30 日，科技部、国家发展改革委、财政部推动科研设施开放共享。科技部、国家发展改革委、财政部发布《国家重大科研基础设施和大型科研仪器开放共享管理办法》称，将对 2020 年中央级高等学校、科研院所重大科研基础设施和大型科研仪器开放共享工作进行评价考核。其中，共享服务是指对法人单位以外的单位提供共享服务，不仅包括围绕重大科技创新提供共享，还包括响应中小微企业需求，支撑服务外单位科技创新。

2020 年 7 月 1 日，中国专利保护协会发布了《2020 年区块链领域全球授权专利报告》，报告显示支付宝区块链授权专利全球第一。

2020 年 7 月 2 日，我国首个网约车和顺风车安全团体标准发布。中国交通运输协会发布《网络预约出租汽车平台公司安全运营自律规范》团体标准和《私人小客车合乘信息服务平台公司安全运行技术规范》团体标准。

2020 年 7 月 3 日，住房和城乡建设部等 13 部门联合印发的《关于推动智能建造与建筑工业化协同发展的指导意见》指出，要以大力发展建筑工业化为载体，以数字化、智能化升级为动力，创新突破相关核心技术，加大智能建造在工程建设各环节中的应用，形成涵盖科研、设计、生产加工、施工装配、运营等全产业链融合一体的智能建造产业体系。

2020 年 7 月 7 日，国内首架高速卫星互联网飞机——青岛航空 QW9771 航班完成首航。本次首航的高通量卫星资源由中国航天科技集团有限公司所属中国卫通集团股份有限公司提供。本次航班还进行了国内民航首次空中直播，通过在飞机上与地面直播间进行视频连线，实时分享空中画面。高速卫星互联网飞机通过数字化解决方案，可进一步构建包括移动端空中内容娱乐、航旅出行服务、空中电子商务新零售等在内的空中互联网生态。

2020 年 7 月 10 日，《2020 联合国电子政务调查报告》正式发布，我国电子政务发展指数排名提升至全球第 45 位，其中，作为衡量国家电子政务发展水平核心指标的在线服务指数跃升至全球第 9 位。

2020 年 7 月 15 日，国家发展改革委等 13 个部门公布《关于支持新业态新模式健康发展　激活消费市场带动扩大就业的意见》。

2020 年 7 月 15 日，全国首个集中审理跨境数字贸易纠纷案件的人民法庭正式成立。

2020 年 7 月 20 日，中央网信办、农业农村部、国家发展改革委、工业和信息化部、科技部、市场监管总局、国务院扶贫办印发《关于开展国家数字乡村试点工作的通知》，部署开展国家数字乡村试点工作。

2020 年 7 月 22 日，我国地面数字电视覆盖网全面建成。

2020 年 7 月 31 日，北斗三号全球卫星导航系统正式开通。这是由我国建成的独立自主、开放兼容的卫星导航系统，核心器部件国产化率达 100%。

2020 年 8 月 3 日，交通运输部发布《交通运输部关于推动交通运输领域新型基础设施建设的指导意见》。

2020 年 8 月 17 日，深圳市成为全国首个 5G 独立组网全覆盖的城市。

2020 年 8 月 4 日，国务院正式印发《新时期促进集成电路产业和软件产业高质量发展的若干政策》。

2020 年 8 月 5 日，国内首个大件物流智能无人仓在日日顺物流（即墨）产业园正式启用。山东青岛市即墨通济新经济区的日日顺物流（即墨）产业园实现无人仓应用全景智能扫描站、关节机器人、吸盘龙门拣选机器人等多项定制智能设备，采用 5G 和视觉识别、智能控制算法等人工智能技术，可实现 24 小时不间断作业，每天自动进出库大件商品 2.4 万件。

2020 年 8 月 6 日，特朗普援引美国《国际紧急经济权力法》（IEEPA），要求受美国司法管辖的个人和实体，在 2020 年 9 月 20 日（行政令颁布 45 天）后不得与字节跳动及其子公司进行任何“交易”。

2020 年 8 月 10 日，国美、京东启动 300 亿元联合采购计划。本次联合采购涉及品类除了覆盖电视、冰箱、洗衣机、空调、厨卫电器等传统大家电，还包括小家电、3C 等新兴网红潮流商品，累计金额达 300 亿元。

2020 年 8 月 16 日，中国政府网上线试运行“国务院政策答问平台”。该平台已联通 47 个国务院有关部门，汇集了就业创业、社会保障、疫情防控和复工复产等多方面的政策答问资源。

2020 年 8 月 18 日，中国气象局预报与网络司印发《气象大数据云平台业务管理规定（试行）》。

2020 年 8 月 19 日，中国工业互联网研究院发布《中国工业互联网产业经济白皮书（2020 年）》。

2020 年 8 月 22 日，国家发展改革委会同工业和信息化部、公安部、财政部等 13 个部门和单位联合印发《推动物流业制造业深度融合创新发展实施方案》。

2020 年 8 月 24 日，教育部、国家新闻出版署、中央网信办、工业和信息化部、公安部、市场监管总局 6 部门联合下发《教育部等六部门关于联合开展未成年人网络环境专项治理行动的通知》，启动未成年人网络环境专项治理行动。

2020 年 8 月 26 日，《2020 中国大数据产业生态地图暨中国大数据产业发展白皮书》发布。

2020 年 9 月 1 日，人力资源和社会保障部上线“高校毕业生就业服务平台”，搭建高校毕业生与用人单位间的高效对接通道。

2020 年 9 月 2 日，世界知识产权组织等发布《2020 年全球创新指数报告》，对 131 个经济体的创新能力进行排名。其中，中国排名第 14 位，连续两年居世界前 15 位，在多个领域表现出领先优势，是跻身综合排名前 30 位的唯一中等收入经济体。

2020 年 9 月 7 日，北京市发布《北京市促进数字经济创新发展行动纲要（2020—2022 年）》《北京市关于打造数字贸易试验区的实施方案》《北京国际大数据交易所设立工作实施方案》等系列方案。

2020 年 9 月 8 日，中国发起“全球数据安全倡议”。该倡议是数字安全领域首个由国家发起的全球性倡议，聚焦全球数字安全治理领域核心问题，旨在通过明确政府行为规范、推动企业共担责任、合作应对安全风险等务实举措，为加强全球数字安全治理、促进数字经济可持续发展提出中国方案、贡献中国智慧。

2020 年 9 月 10 日，中共中央政治局委员、国务院副总理刘鹤应约与欧盟委员会执行副主席韦斯塔格共同以视频会议形式主持中欧数字领域高层对话。双方围绕加强数字领域合作、认真落实双方领导人达成的重要共识，就通信技术标准、人工智能、非食品产品安全等议题进行务实和建设性的讨论。双方认为，当前数字技术、数字经济蓬勃发展，正在对经济社会发展、生产生活方式、全球治理体系产生深刻影响，在全球抗击新冠肺炎疫情过程中发挥着极为重要的作用。

2020 年 9 月 11 日，工业和信息化部在政务服务热线“12381”基础上整合“12300”“12321”功能，实现“三线合一”，并开始试运行，打造“互联网+群众之声”服务平台。据了解，工业和信息化部现有“12300”“12321”和“12381”共 3 条政务服务热线。其中，“12300”是全国电信用户申诉专用电话；“12321”是网络不良与垃圾信息举报服务电话；“12381”主要提供对外政务信息服务，负责受理并办理公众对工业和信息化部相关工作提出的咨询、建议和投诉。

2020 年 9 月 12 日，合肥本源量子计算科技有限责任公司自主研发的超导量子计算云平台正式上线。

2020 年 9 月 14 日，“2020 年国家网络安全宣传周高峰论坛”在河南省郑州市举办。同日，2020 年国家网络安全宣传周正式拉开帷幕，将在全国范围内持续开展至 20 日，以线上宣传为重点，线上线下相结合，通过云展览、虚拟课堂、在线答题、网络直播间等多种方式，发动企业、社会组织、群众广泛参与。

2020 年 9 月 20 日，上海市工业互联网协会、深圳市工业互联网行业协会、青岛市工业互联网产业联盟在青岛市共同发布《上海·深圳·青岛生态共建联合宣言》（以下简称《宣言》），三地将通过资源共享、优势互补，共建工业互联网生态。《宣言》表示，上海市、深圳市、青岛市在工业互联网技术、场景方面有广阔的合作空间，三地将共同加快开放工业互联网应用场景合作。上海市作为长三角经济带的龙头和区域动力引擎，深圳市作为珠三角经济带核心和粤港澳大湾区枢纽城市，青岛市作为“一带一路”国际合作的新平台和长江以北地区国家纵深开放新的重要战略支点，三地愿共同推进工业互联网一体化合作迈向新台阶。

2020 年 9 月 22 日，国务院办公厅印发《关于以新业态新模式引领新型消费加快发展的意见》。

2020 年 9 月 26 日，国家“东数西算”产业联盟在甘肃省兰州市成立。国家“东数西算”产业联盟将搭建东西部算力供需对接平台，优化我国东中西部算力资源协同发展格局，有助于形成自由流通、按需配置、有效共享的数据要素市场。国家“东数西算”产业联盟由国家信息中心、甘肃省发展改革委、上海市闵行区政府、深圳市发展改革委，以及华为、腾讯等知名企业、相关高等院校和科研院所共同发起成立。

2020 年 9 月 26 日，中国首枚芯片邮票面世。中国邮政发行“第 40 届全国最佳邮票评选纪念”邮票纪念张，这是中国首枚 NFC 芯片邮票。该邮票在传统印刷工艺中植入 NFC 芯片，集邮者可通过中国邮政 App 读取芯片内容。

2020 年 9 月 27 日，中国信息通信研究院发布的《中国数字经济发展白皮书（2020 年）》显示，2019 年我国数字经济增加值规模达到 35.8 万亿元，占 GDP 比重达到 36.2%。

2020 年 9 月 28 日，银保监会发布的《互联网保险业务监管办法（征求意见稿）》强调，开展互联网保险业务需要“机构持牌、人员持证”；明确了互联网保险业务应由依法设立的保险机构开展，其他机构和个人不得开展互联网保险业务。

2020 年 9 月 29 日，国务院办公厅印发《关于加快推进政务服务“跨省通办”的指导意见》。

2020 年 10 月 29 日，中共中央第五次全体会议审议通过了《中共中央关于制定国民经济和社会发展第十四个五年规划和二〇三五年远景目标的建议》，提出系统布局新型基础设施，加快第五代移动通信、工业互联网、大数据中心等建设。

2020 年 11 月 2 日，中国人民银行和银保监会共同发布《网络小额贷款业务管理暂行办法（征求意见稿）》，引导网络小额贷款行业合规发展。

2020 年 11 月 10 日，国家市场监督管理总局发布《关于平台经济领域的反垄断指南（征求意见稿）》，从“垄断协议”“滥用市场支配地位行为”等多个方面对平台经济领域进行规范，防止资本无序扩张。基于此，企业将加强合规运营，树立底线思维，以实现新业态、新模式的良性发展为原则，推动互联网行业高质量发展。

2020 年 11 月 6 日，由工业和信息化部、人力资源和社会保障部、全国总工会、共青团中央联合主办的 2020 年全国行业职业技能竞赛——全国工业互联网安全技术技能大赛在江苏省南京市落幕。

2020 年 12 月 4 日，中国科学技术大学宣布，潘建伟团队与中国科学院上海微系统研究所、国家并行计算机工程技术研究中心合作，成功构建了 76 个光子的量子计算原型机“九章”，其求解数学算法“高斯玻色取样”只需要 200 秒，而目前世界上最快的超级计算机求解该数学算法需要 6 亿年。

2020 年 12 月 22 日，工业和信息化部公示 2020 年跨行业跨领域工业互联网平台名单，分别为卡奥斯 COSMOPlat 工业互联网平台、航天云网 INDICS 平台、东方国信 CLOUDIIP 平台、汉云工业互联网平台、根云 ROOTCLOUD 工业互联网平台、用友精智工业互联网平台、阿里云 supET 工业互联网平台、云洲工业互联网平台、华为 FusionPlant 工业互联网平台、富士康 Fii Cloud 工业互联网平台、腾讯 WeMake 工业互联网平台、忽米 H-IIP 工业互联网平台、宝信 xIn3Plat 工业互联网平台、supOS 工业操作系统、UNIPower 工业互联网平台。

# 基础数据篇

# 全国信息化发展基础数据

## 电子信息产业

### 2015—2019 年全国电子信息产业主要经济指标完成情况

| 指　　标 | 单　位 | 2015 年 | 2016 年 | 2017 年 | 2018 年 | 2019 年 |
|---|---|---|---|---|---|---|
| 销售收入 | 亿元 | 166355 | 184815 | 185350 | 169027 | 186000* |
| 固定资产投资额 | 亿元 | 9035 | 10464 | 12914 | 15057 | — |
| 出口金额 | 亿元 | 51733 | 51208 | 57390 | 62602 | — |
| 进口金额 | 亿元 | 33397 | 34108 | 38762 | 42719 | — |
| 市场规模 | 亿元 | 148019 | 167715 | 166722 | 149144 | — |

数据来源：工业和信息化部；带“*”数据来自中国电子信息行业联合会。

### 2015—2019 年全国电子信息制造业主要经济指标完成情况

| 指　　标 | 单　位 | 2015 年 | 2016 年 | 2017 年 | 2018 年 | 2019 年 |
|---|---|---|---|---|---|---|
| 销售收入 | 亿元 | 111318 | 121754 | 130313 | 105966 | 114000* |
| 工业增加值增长率 | % | 10.5 | 10.0 | 13.8 | 13.1 | 9.3* |
| 利润总额 | 亿元 | 5602 | 6464 | 7000 | 4781 | 5013* |
| 出口金额 | 亿元 | 48650 | 47891 | 53738 | 58931 | — |
| 进口金额 | 亿元 | 32867 | 33444 | 38006 | 41898 | — |
| 市场规模 | 亿元 | 95535 | 107307 | 114581 | 88933 | — |

注：表中为规模以上制造业数据。

数据来源：工业和信息化部；带“*”数据来自中国电子信息行业联合会。

# 2015—2019 年全国主要电子信息产品产量情况

| 指　　标 | 单　位 | 2015 年 | 2016 年 | 2017 年 | 2018 年 | 2019 年 |
|---|---|---|---|---|---|---|
| 集成电路 | 亿块 | 1087.20 | 1317.95 | 1564.58 | 1852.60 | 2018.22 |
| 程控交换机 | 万线 | 1880.30 | 1457.69 | 937.86 | 1036.65 | 790.46 |
| 微型计算机 | 万部 | 31418.70 | 29008.51 | 30678.37 | 31580.23 | 34163.22 |
| 笔记本电脑 | 万部 | 17436.03 | 16498.14 | 17243.52 | 17761.32 | 18533.22 |
| 移动通信手机 | 万部 | 181261.4 | 184845.66 | 188982.37 | 180050.62 | 169603.36 |
| 彩色电视机 | 万台 | 14475.73 | 15769.64 | 15932.62 | 19695.03 | 18999.06 |
| 数字激光视盘机* | 万台 | 7226 | 6600 | 5509 | 4503 | — |

数据来源：带“*”数据来自工业和信息化部；其他数据来自《中国统计年鉴》；2018 年数据根据全国第四次经济普查结果进行了修订。

# 2015—2019 年全国主要电子信息产品出口情况

| 指　　标 | 单　位 | 2015 年 | 2016 年 | 2017 年 | 2018 年 | 2019 年 |
|---|---|---|---|---|---|---|
| 移动通信手机 | 亿部 | 13.4 | 12.7 | 12.1 | 11.2 | — |
| 彩色电视机 | 万台 | 7183 | 8064 | 8151 | 9688 | 9474 |
| 数字激光视盘机 | 万台 | 6722 | 5395 | 4522 | 3695 | — |

数据来源：工业和信息化部。

# 2015—2019 年全国软件和信息技术服务业主要经济指标完成情况

| 指　　标 | 单　位 | 2015 年 | 2016 年 | 2017 年 | 2018 年 | 2019 年 |
|---|---|---|---|---|---|---|
| 软件业务收入 | 亿元 | 42847.9 | 48232.2 | 55103.1 | 61908.7 | 72071.87 |
| 软件产品收入 | 亿元 | 13656.1 | 15027.8 | 16983.6 | 17378.6 | 20857.20 |
| 信息技术服务收入 | 亿元 | 22211.0 | 26090.4 | 30603.7 | 37563.1 | 43580.34 |
| 信息安全收入 | 亿元 | — | — | — | 1162.92 | 1301.78 |
| 嵌入式系统软件收入 | 亿元 | 6980.8 | 7114.0 | 7515.8 | 5804.2 | 6332.55 |
| 软件业务出口 | 亿美元 | 494.9 | 499.5 | 541.2 | 510.7 | 569.39 |

注：统计口径为主营业务收入 500 万元以上的软件和信息技术服务业等企业。

数据来源：《中国统计年鉴》。

# 2019 年全国各省（自治区、直辖市）软件和信息技术服务业发展情况

| 地　　区 | 软件业务收入（万元） | 软件产品收入（万元） | 信息技术服务收入（万元） | 信息安全收入（万元） | 嵌入式系统软件收入（万元） | 软件业务出口额（万美元） |
|---|---|---|---|---|---|---|
| 北京 | 11983.07 | 3584.36 | 7948.28 | 415.01 | 35.42 | 54.78 |
| 天津 | 2026.12 | 347.59 | 1621.99 | 2.18 | 54.35 | 2.24 |
| 河北 | 326.67 | 47.20 | 270.05 | 0.76 | 8.65 | 0.49 |
| 山西 | 48.92 | 19.40 | 26.15 | 0.45 | 2.92 | 0.01 |
| 内蒙古 | 6.26 | 1.86 | 4.15 | 0.19 | 0.07 | 0.03 |
| 辽宁 | 1759.98 | 751.56 | 832.06 | 133.41 | 42.94 | 24.43 |
| 吉林 | 396.64 | 51.86 | 249.85 | 7.45 | 87.48 | 0.73 |
| 黑龙江 | 55.90 | 18.18 | 29.57 | 0.50 | 7.65 | 0.11 |
| 上海 | 5911.90 | 1697.10 | 4144.39 | 68.54 | 1.87 | 49.76 |
| 江苏 | 9779.31 | 2992.03 | 5360.55 | 135.29 | 1291.44 | 93.85 |
| 浙江 | 6109.89 | 1861.43 | 3733.67 | 21.41 | 493.37 | 56.23 |
| 安徽 | 669.77 | 287.11 | 285.76 | 3.17 | 93.73 | 1.45 |

续表

| 地　　区 | 软件业务收入（万元） | 软件产品收入（万元） | 信息技术服务收入（万元） | 信息安全收入（万元） | 嵌入式系统软件收入（万元） | 软件业务出口额（万美元） |
|---|---|---|---|---|---|---|
| 福建 | 2971.87 | 861.62 | 1588.62 | 57.02 | 464.61 | 9.29 |
| 江西 | 181.96 | 110.64 | 67.66 | 1.10 | 2.56 | 0.83 |
| 山东 | 5494.34 | 2091.48 | 2360.83 | 175.21 | 866.82 | 14.00 |
| 河南 | 352.13 | 95.33 | 229.53 | 4.15 | 23.12 | 0.02 |
| 湖北 | 2065.23 | 866.10 | 1098.72 | 74.64 | 25.78 | 3.69 |
| 湖南 | 610.65 | 225.43 | 309.67 | 3.97 | 71.58 | 1.05 |
| 广东 | 11874.56 | 2458.85 | 7396.99 | 53.10 | 1965.62 | 230.34 |
| 广西 | 407.38 | 37.74 | 364.18 | 1.71 | 3.75 | 0.19 |
| 海南 | 286.02 | 50.86 | 233.04 | 1.99 | 0.12 | 0.53 |
| 重庆 | 1714.57 | 416.58 | 1037.03 | 35.75 | 225.21 | 1.87 |
| 四川 | 3691.42 | 1204.36 | 2165.30 | 94.44 | 227.33 | 16.06 |
| 贵州 | 212.34 | 23.98 | 182.83 | 4.11 | 1.40 | 0.22 |
| 云南 | 102.38 | 25.92 | 74.53 | 1.25 | 0.69 | 0.00 |
| 西藏 | — | — | — | — | — | — |
| 陕西 | 2869.32 | 687.98 | 1847.86 | 2.66 | 330.81 | 7.19 |
| 甘肃 | 60.91 | 19.21 | 40.38 | 0.88 | 0.44 | — |
| 青海 | 2.15 | 0.03 | 2.08 | 0.01 | 0.04 | — |
| 宁夏 | 23.93 | 3.93 | 17.24 | 0.39 | 2.38 | 0.03 |
| 新疆 | 76.30 | 17.46 | 57.38 | 1.05 | 0.41 | — |

注：统计口径为主营业务收入 500 万元以上的软件和信息技术服务业等企业。

数据来源：《中国统计年鉴》。

# 通　信　业

## 2015—2019 年全国通信业务主要经济指标完成情况

| 指　　标 | 单　位 | 2015 年 | 2016 年 | 2017 年 | 2018 年 | 2019 年 |
|---|---|---|---|---|---|---|
| 通信业务总量* | 亿元 | 28425.0 | 23014.2 | 37360.4 | 77979.1 | 123040.3 |
| 电信业务总量* | 亿元 | 23346.3 | 15617.0 | 27596.7 | 65633.9 | 106810.7 |
| 邮政业务总量* | 亿元 | 5078.7 | 7397.2 | 9763.7 | 12345.2 | 16229.6 |
| 通信业务收入 | 亿元 | 15290.7 | 17272.2 | 19242.8 | 20914.7 | 22745.5 |
| 电信业务收入 | 亿元 | 11251.4 | 11893 | 12620.2 | 13010 | 13103 |
| 邮政业务收入** | 亿元 | 4039.3 | 5379.2 | 6622.6 | 7904.7 | 9642.5 |
| 电信固定资产投资额 | 亿元 | 4539.1 | 4350 | — | — | — |

注：邮政业务总量、2015 年电信业务总量按 2010 年不变价格计算，自 2016 年起电信业务总量按 2015 年不变价格计算，2016 年按可比口径比 2015 年增长 30.3%计算；邮政业务总量统计口径为规模以上（年业务收入 200 万元以上）邮政业法人企业。

数据来源：带“*”数据来自《中国统计年鉴》，带“**”数据来自国家邮政局，其他数据来自工业和信息化部。

# 2015—2019 年全国通信业务使用情况

| 指　　标 | 单　位 | 2015 年 | 2016 年 | 2017 年 | 2018 年 | 2019 年 |
|---|---|---|---|---|---|---|
| 移动电话通话时长 | 亿分钟 | 57648.9 | 56599.0 | 54004.7 | 51125.2 | 47826.2 |
| 固定本地电话通话时长 | 亿分钟 | 2251.1 | 1876.4 | 1527.9 | — | — |
| 固定长途电话通话时长 | 亿分钟 | 472.6 | 400.8 | 314.1 | — | — |
| 移动短信业务量 | 亿条 | 6991.8 | 6670.9 | 6641.4 | 11398.6 | 15066.4 |

数据来源：《中国统计年鉴》。

# 2015—2019 年全国通信网络基础设施发展情况

| 指　　标 | 单　位 | 2015 年 | 2016 年 | 2017 年 | 2018 年 | 2019 年 |
|---|---|---|---|---|---|---|
| 光缆线路长度 | 万千米 | 2486.33 | 3042.08 | 3780.1 | 4316.8 | 4741.2 |
| 长途光缆线路长度 | 万千米 | 96.5 | 99.41 | 104.5 | 99.4 | 108.5 |
| 固定长途电话交换机容量 | 万路端 | 811.1 | 681.1 | 603.5 | 392.4 | 119.4 |
| 局用交换机容量 | 万门 | 26446.5 | 22441.6 | 18398.7 | 11440.4 | 7189.7 |
| 移动电话交换机容量 | 万户 | 218150.0 | 218540.0 | 242185.8 | 259453.1 | 272523.7 |
| 移动电话基站 | 万个 | 465.6 | 559.4 | 618.7 | 667.2 | 841.0 |
| 互联网宽带接入端口 | 万个 | 57709.4 | 71276.9 | 77599.1 | 86752.3 | 91578.0 |

数据来源：《中国统计年鉴》。

# 2015—2019 年全国电话用户发展情况

| 指　　标 | 单　位 | 2015 年 | 2016 年 | 2017 年 | 2018 年 | 2019 年 |
|---|---|---|---|---|---|---|
| 固定电话用户 | 万户 | 23099.6 | 20662.4 | 19375.7 | 19208.5 | 19103.3 |
| 其中，城市电话用户 | 万户 | 17320.8 | 15619.2 | 14730.8 | — | — |
| 农村电话用户 | 万户 | 5778.9 | 5043.3 | 4644.9 | — | — |
| 移动电话用户 | 万户 | 127139.7 | 132193.4 | 141748.7 | 156609.8 | 160134.5 |
| 其中，3G 移动电话用户 | 万户 | 27573.0 | 17080.5 | 13463.2 | 14018.3 | 5876.3 |
| 4G 移动电话用户 | 万户 | 43038.1 | 76994.9 | 99688.9 | 116546.4 | 128197.5 |

注：2015 年移动电话用户及 3G 移动电话用户统计口径有调整，与往年不可比。

数据来源：《中国统计年鉴》。

# 2015—2019 年全国电话普及情况

| 指　　标 | 单　位 | 2015 年 | 2016 年 | 2017 年 | 2018 年 | 2019 年 |
|---|---|---|---|---|---|---|
| 电话普及率* | 部/百人 | 109.30 | 110.55 | 115.91 | 126.0 | 128.02 |
| 固定电话普及率 | 部/百人 | 16.80 | 14.94 | 13.94 | 13.77 | 13.64 |
| 移动电话普及率 | 部/百人 | 92.49 | 95.60 | 101.97 | 112.23 | 114.38 |

注：带“*”数据包括固定电话和移动电话；2015 年移动电话用户统计口径有调整，移动电话普及率与往年不可比。

数据来源：《中国统计年鉴》。

# 2015—2019 年全国居民家庭平均每百户移动电话、计算机拥有量

单位：台/百户

| 指　　标 | 2015 年 | 2016 年 | 2017 年 | 2018 年 | 2019 年 |
|---|---|---|---|---|---|
| 移动电话 | 224.8 | 235.4 | 240.0 | 249.1 | 253.2 |
| 其中，城镇居民 | 223.8 | 231.4 | 235.4 | 243.1 | 247.4 |
| 　　　农村居民 | 226.1 | 240.7 | 246.1 | 257.0 | 261 2 |
| 计算机 | 55.5 | 57.5 | 58.7 | 53.4 | 53.2 |
| 其中，城镇居民 | 78.5 | 80.0 | 80.8 | 73.1 | 72.2 |
| 　　　农村居民 | 25.7 | 27.9 | 29.2 | 26.9 | 27.5 |

数据来源：《中国统计年鉴》。

# 2019 年全国各省（自治区、直辖市）居民家庭平均每百户移动电话、计算机拥有量

单位：台/百户

| 地　　区 | 移动电话 | 城镇居民 | 农村居民 | 计算机 | 城镇居民 | 农村居民 |
|---|---|---|---|---|---|---|
| 全国 | 253.2 | 247.4 | 261.2 | 53.2 | 72.2 | 27.5 |
| 北京 | 232.7 | 230.4 | 249.2 | 9L8 | 95.6 | 65.4 |
| 天津 | 235.7 | 236.4 | 232.4 | 68.6 | 75.2 | 35.2 |
| 河北 | 240.5 | 235.4 | 246.4 | 52.5 | 64.3 | 39.1 |
| 山西 | 227.9 | 238.7 | 216.6 | 45.1 | 63.0 | 26.0 |
| 内蒙古 | 234.4 | 231.7 | 238.5 | 45.7 | 62.8 | 20.2 |
| 辽宁 | 211.6 | 207.2 | 220.9 | 46.9 | 57.3 | 25.5 |
| 吉林 | 236.7 | 229.1 | 247.4 | 19.5 | 65.2 | 27.4 |
| 黑龙江 | 228.1 | 222.7 | 236.1 | 40.3 | 53.6 | 20.3 |
| 上海 | 224.5 | 227.0 | 203.5 | 104.7 | 112.5 | 40.0 |
| 江苏 | 251.1 | 254.5 | 244.7 | 62.2 | 78.3 | 31.9 |
| 浙江 | 245.0 | 242.8 | 249.6 | 72.3 | 85.2 | 46.1 |

续表

| 地　　区 | 移动电话 | 城镇居民 | 农村居民 | 计算机 | 城镇居民 | 农村居民 |
| --- | --- | --- | --- | --- | --- | --- |
| 安徽 | 261.4 | 251.4 | 271.7 | 45.6 | 65.3 | 25.3 |
| 福建 | 259.7 | 258.7 | 261.5 | 61.2 | 77.4 | 33.8 |
| 江西 | 263.4 | 253.2 | 274.1 | 46.9 | 67.3 | 25.5 |
| 山东 | 234.0 | 236.0 | 231.4 | 63.0 | 78.7 | 41.7 |
| 河南 | 261.0 | 251.3 | 269.7 | 46.5 | 64.9 | 30.1 |
| 湖北 | 265.4 | 261.3 | 270.8 | 55.7 | 72.4 | 33.6 |
| 湖南 | 280.3 | 274.8 | 286.0 | 51.3 | 74.9 | 27.2 |
| 广东 | 270.6 | 264.0 | 286.3 | 72.6 | 86.8 | 38.4 |
| 广西 | 283.6 | 277.0 | 289.5 | 48.7 | 79.2 | 21.5 |
| 海南 | 286.2 | 282.7 | 290.7 | 43.3 | 67.2 | 12.8 |
| 重庆 | 265.1 | 262.2 | 269.3 | 46.2 | 64.1 | 20.1 |
| 四川 | 257.6 | 254.5 | 260.5 | 37.1 | 59.0 | 17.7 |
| 贵州 | 294.1 | 287.8 | 298.7 | 31.9 | 57.2 | 13.5 |
| 云南 | 278.2 | 263.8 | 289.8 | 33.5 | 64.2 | 8.8 |
| 西藏 | 240.5 | 213.7 | 258.0 | 21.5 | 47.3 | 4.6 |
| 陕西 | 248.5 | 238.2 | 260.6 | 37.3 | 56.0 | 15.2 |
| 甘肃 | 274.8 | 243.2 | 302.5 | 38.0 | 60.9 | 17.9 |
| 青海 | 261.5 | 240.4 | 288.9 | 36.1 | 51.8 | 15.6 |
| 宁夏 | 270.7 | 253.6 | 295.5 | 51.3 | 68.7 | 26.1 |
| 新疆 | 225.2 | 224.5 | 226.1 | 34.8 | 54.6 | 9.7 |

数据来源：《中国统计年鉴》。

# 2019年全国各省（自治区、直辖市）邮电业务

| 地　　区 | 电信业务总量（亿元） | 邮政业务总量（亿元） |
| --- | --- | --- |
| 北京 | 2681.99 | 460.11 |
| 天津 | 1194.60 | 148.80 |
| 河北 | 4741.94 | 557.38 |
| 山西 | 2375.20 | 116.35 |
| 内蒙古 | 2075.81 | 50.37 |
| 辽宁 | 2723.21 | 202.70 |
| 吉林 | 1769.31 | 94.55 |
| 黑龙江 | 1732.45 | 114.68 |
| 上海 | 2240.43 | 770.04 |
| 江苏 | 7545.40 | 1426.94 |

续表

| 地　　区 | 电信业务总量（亿元） | 邮政业务总量（亿元） |
|---|---|---|
| 浙江 | 6717.01 | 3177.67 |
| 安徽 | 4006.72 | 440.76 |
| 福建 | 3235.45 | 646.01 |
| 江西 | 2838.50 | 230.18 |
| 山东 | 5786.39 | 717.99 |
| 河南 | 5999.12 | 590.45 |
| 湖北 | 3370.84 | 458.51 |
| 湖南 | 4248.82 | 321.79 |
| 广东 | 12046.36 | 4403.44 |
| 广西 | 3587.75 | 159.44 |
| 海南 | 873.99 | 25.37 |
| 重庆 | 2603.00 | 166.31 |
| 四川 | 5164.95 | 447.76 |
| 贵州 | 3874.72 | 76.05 |
| 云南 | 4185.22 | 118.32 |
| 西藏 | 301.37 | 4.79 |
| 陕西 | 3366.91 | 193.12 |
| 甘肃 | 1958.88 | 38.63 |
| 青海 | 636.98 | 8.10 |
| 宁夏 | 743.92 | 19.98 |
| 新疆 | 2006.00 | 43.02 |

注：邮政业务总量按 2010 年不变价格计算，电信业务总量按 2015 年不变价格计算。

数据来源：《中国统计年鉴》。

# 2019 年全国各省（自治区、直辖市）电话用户数

| 地 区 | 固定电话年末用户（万户） | 移动电话年末用户（万户） | 3G 移动电话年末用户（万户） | 4G 移动电话年末用户（万户） |
|---|---|---|---|---|
| 北京 | 543.1 | 4019.8 | 241.1 | 3291.7 |
| 天津 | 349.1 | 1704.7 | 42.5 | 1409.1 |
| 河北 | 705.2 | 8315.6 | 511.6 | 6596.5 |
| 山西 | 266.2 | 3987.2 | 80.8 | 3202.4 |
| 内蒙古 | 214.4 | 3011.7 | 62.2 | 2386.5 |
| 辽宁 | 628.6 | 4883.6 | 104.9 | 3943.1 |
| 吉林 | 457.4 | 2897.6 | 74.8 | 2217.6 |
| 黑龙江 | 339.9 | 3929.0 | 77.2 | 2977.5 |
| 上海 | 643.4 | 4007.9 | 137.9 | 3599.7 |
| 江苏 | 1329.1 | 10165.9 | 164.8 | 8389.5 |
| 浙江 | 1309.8 | 8736.4 | 119.6 | 6912.7 |

续表

| 地 区 | 固定电话年末用户（万户） | 移动电话 年末用户（万户） | 3G 移动电话年末用户（万户） | 4G 移动电话年末用户（万户） |
|---|---|---|---|---|
| 安徽 | 570.9 | 5844.2 | 134.4 | 4506.3 |
| 福建 | 763.7 | 4720.3 | 234.9 | 3878.7 |
| 江西 | 457.5 | 4157.1 | 51.8 | 3268.0 |
| 山东 | 1185.2 | 10785.5 | 266.1 | 8112.7 |
| 河南 | 757.8 | 9841.1 | 621.5 | 8067.4 |
| 湖北 | 518.9 | 5688.0 | 304.0 | 4495.4 |
| 湖南 | 623.1 | 6648.1 | 318.1 | 5276.7 |
| 广东 | 2303.3 | 16533.0 | 425.4 | 14307.8 |
| 广西 | 330.7 | 5127.5 | 101.1 | 4271.9 |
| 海南 | 171.1 | 1135.6 | 17.6 | 924.4 |
| 重庆 | 604.2 | 3678.8 | 235.3 | 2897.5 |
| 四川 | 1871.8 | 9443.5 | 203.1 | 7288.6 |
| 贵州 | 229.7 | 4049.7 | 196.1 | 3280.3 |
| 云南 | 287.8 | 4863.0 | 72.0 | 3700.0 |
| 西藏 | 71.7 | 321.4 | 22.5 | 265.3 |
| 陕西 | 641.7 | 4640.5 | 97.4 | 3795.2 |
| 甘肃 | 331.8 | 2751.2 | 189.8 | 2205.4 |
| 青海 | 125.4 | 673.1 | 16.5 | 557.1 |
| 宁夏 | 53.9 | 828.3 | 13.1 | 682.2 |
| 新疆 | 416.9 | 2745.0 | 738.1 | 1490.6 |

数据来源：《中国统计年鉴》。

# 2019 年全国各省（自治区、直辖市）电信主要通信能力（年底数）

| 地 区 | 固定长途电话交换机容量（路端） | 局用交换机容量（万门） | 移动电话交换机容量（万户） | 移动电话基站（万个） | 光缆线路长度（千米） | 长途光缆线路长度（千米） |
|---|---|---|---|---|---|---|
| 北京 | 67020 | 1129.4 | 8295.0 | 21.8 | 391947 | 4329 |
| 天津 | — | 429.8 | 3036.0 | 10.1 | 362060 | 4323 |
| 河北 | 56400 | 855.4 | 14610.2 | 37.2 | 2184222 | 37071 |
| 山西 | 115920 | 254.3 | 7359.2 | 23.0 | 1278772 | 31079 |
| 内蒙古 | — | 176.0 | 6136.3 | 17.5 | 1309859 | 76429 |
| 辽宁 | — | 373.9 | 6499.2 | 28.3 | 1499786 | 23256 |
| 吉林 | 102570 | 244.9 | 5244.0 | 13.5 | 791002 | 26395 |
| 黑龙江 | — | 535.4 | 9079.4 | 17.7 | 1274098 | 50184 |
| 上海 | 357840 | 168.0 | 6548.0 | 16.5 | 672080 | 4205 |
| 江苏 | — | 65.9 | 22838.1 | 53.6 | 3679239 | 39107 |
| 浙江 | — | 243.4 | 15414.3 | 53.9 | 3265293 | 26585 |
| 安徽 | — | 55.3 | 8224.3 | 28.4 | 2252492 | 35330 |

续表

| 地　　区 | 固定长途电话交换机容量（路端） | 局用交换机容量（万门） | 移动电话交换机容量（万户） | 移动电话基站（万个） | 光缆线路长度（千米） | 长途光缆线路长度（千米） |
|---|---|---|---|---|---|---|
| 福建 | — | 89.8 | 8636.8 | 29.0 | 1556751 | 24733 |
| 江西 | 152580 | 41.9 | 7285.9 | 24.2 | 1879451 | 31537 |
| 山东 | — | 283.5 | 12977.4 | 55.8 | 2414178 | 38049 |
| 河南 | — | 610.1 | 14004.8 | 43.0 | 1761147 | 35017 |
| 湖北 | — | 46.7 | 8712.3 | 30.3 | 1780905 | 30805 |
| 湖南 | — | 83.1 | 10165.0 | 32.7 | 2030593 | 43219 |
| 广东 | 44994 | 413.5 | 23803.8 | 75.8 | 2919315 | 58261 |
| 广西 | 132000 | 22.6 | 11662.0 | 24.5 | 1758472 | 40335 |
| 海南 | — | 18.7 | 2119.0 | 7.6 | 285185 | 3215 |
| 重庆 | — | 111.8 | 4613.0 | 21.8 | 1201848 | 6078 |
| 四川 | 164370 | 191.9 | 16869.6 | 42.2 | 3328646 | 122353 |
| 贵州 | — | 28.7 | 6702.0 | 25.7 | 1150936 | 34150 |
| 云南 | — | 499.0 | 8610.3 | 29.1 | 2002875 | 49748 |
| 西藏 | — | — | 2820.0 | 5.0 | 201862 | 40623 |
| 陕西 | — | 91.0 | 5105.5 | 25.6 | 1532139 | 32564 |
| 甘肃 | — | — | 5724.6 | 17.2 | 887836 | 37436 |
| 青海 | — | 10.0 | 927.0 | 4.9 | 324874 | 41052 |
| 宁夏 | — | 2.2 | 1583.0 | 4.9 | 240152 | 9632 |
| 新疆 | — | 113.5 | 6918.0 | 20.1 | 1194424 | 47836 |

注：电话交换机容量中不包括用户交换机容量。

数据来源：《中国统计年鉴》。

# 广播电视

## 2015—2019 年全国广播电视发展情况

| 指　　标 | 单　位 | 2015 年 | 2016 年 | 2017 年 | 2018 年 | 2019 年 |
|---|---|---|---|---|---|---|
| 广播电视总收入 | 亿元 | 4634.56 | 5039.77 | 6070.21 | 6952.14 | — |
| 广播节目综合人口覆盖率 | % | 98.17 | 98.37 | 98.71 | 98.94 | 99.13 |
| 公共广播节目套数 | 套 | 2782 | 2741 | 2825 | 2900 | 2914 |
| 全年公共广播节目播出时间 | 万小时 | 1421.8 | 1456.5 | 1491.9 | 1526.7 | 1553.4 |
| 电视节目综合人口覆盖率 | % | 98.77 | 98.88 | 99.07 | 99.25 | 99.39 |
| 公共电视节目套数 | 套 | 3442 | 3360 | 3493 | 3559 | 3609 |
| 全年公共电视节目播出时间 | 万小时 | 1779.6 | 1792.4 | 1881.0 | 1925.0 | 1951.0 |
| 有线广播电视用户 | 万户 | 23567 | 22830 | 21446 | 21832 | 20661 |
| 数字电视用户 | 万户 | 19776 | 20157 | 19404 | 20144 | 19417 |
| 有线广播电视入户率 | % | 54.63 | 52.75 | 48.32 | 49.01 | 46.22 |
| 有线广播电视传输干线网络总长度 | 万千米 | 426.2 | 477.6 | 214.5 | 225.3 | 218.9 |

数据来源：《中国统计年鉴》。

# 2019 年全国各省（自治区、直辖市）广播电视发展情况

| 地　区 | 广播综合人口覆盖率（%） | 电视综合人口覆盖率（%） | 有线广播电视用户（万户） | 数字电视用户（万户） | 有线广播电视入户率（%） |
|---|---|---|---|---|---|
| 北京 | 100.00 | 100.00 | 598.9 | 593.5 | 109.13 |
| 天津 | 100.00 | 100.00 | 356.0 | 351.1 | 89.77 |
| 河北 | 99.58 | 99.68 | 695.8 | 570.8 | 26.47 |
| 山西 | 98.91 | 99.59 | 372.5 | 300.5 | 28.84 |
| 内蒙古 | 99.24 | 99.22 | 218.2 | 213.4 | 25.32 |
| 辽宁 | 99.24 | 99.27 | 663.5 | 615.9 | 43.38 |
| 吉林 | 99.36 | 99.41 | 435.6 | 426.0 | 42.48 |
| 黑龙江 | 99.21 | 99.12 | 666.2 | 652.3 | 42.90 |
| 上海 | 100.00 | 100.00 | 452.7 | 425.4 | 82.02 |
| 江苏 | 100.00 | 100.00 | 1545.7 | 1500.0 | 61.89 |
| 浙江 | 99.73 | 99.82 | 1346.7 | 1327.2 | 79.46 |
| 安徽 | 99.87 | 99.87 | 786.6 | 587.7 | 36.45 |
| 福建 | 99.62 | 99.71 | 727.4 | 727.4 | 67.30 |
| 江西 | 98.62 | 99.14 | 551.8 | 526.9 | 42.49 |
| 山东 | 99.13 | 99.10 | 1579.2 | 1448.6 | 49.19 |
| 河南 | 99.44 | 99.47 | 903.1 | 784.9 | 27.48 |
| 湖北 | 99.79 | 99.70 | 1071.5 | 1055.0 | 51.19 |
| 湖南 | 99.36 | 99.72 | 790.5 | 725.5 | 37.06 |
| 广东 | 99.98 | 99.98 | 1767.0 | 1705.3 | 65.51 |
| 广西 | 97.81 | 98.92 | 674.3 | 660.8 | 42.06 |
| 海南 | 99.06 | 99.08 | 155.8 | 145.1 | 58.16 |
| 重庆 | 99.17 | 99.40 | 624.1 | 552.1 | 49.24 |
| 四川 | 98.23 | 98.95 | 1023.4 | 949.0 | 31.78 |
| 贵州 | 94.63 | 97.00 | 813.0 | 813.0 | 59.89 |
| 云南 | 98.95 | 99.14 | 376.3 | 361.7 | 26.38 |
| 西藏 | 98.07 | 98.61 | 24.6 | 21.9 | 30.56 |
| 陕西 | 98.87 | 99.38 | 745.8 | 745.8 | 72.61 |
| 甘肃 | 98.57 | 98.90 | 174.8 | 122.1 | 20.63 |
| 青海 | 98.81 | 98.82 | 97.2 | 95.9 | 54.26 |
| 宁夏 | 99.61 | 99.88 | 108.0 | 106.9 | 48.32 |
| 新疆 | 98.30 | 98.52 | 315.3 | 305.7 | 42.11 |

数据来源：《中国统计年鉴》。

# 计算机与网络

## 2015—2019 年全国互联网用户发展情况

| 指　标 | 单　位 | 2015 年 | 2016 年 | 2017 年 | 2018 年 | 2019 年 |
|---|---|---|---|---|---|---|
| 互联网普及率 | % | 50.3 | 53.2 | 55.8 | 59.6 | 64.5* |
| 互联网上网人数 | 万人 | 68826 | 73125 | 77198 | 82851 | 90359* |
| 手机上网人数 | 万人 | 61981 | 69531 | 75265 | 81698 | 89690 |
| 互联网宽带接入用户** | 万人 | 25946.6 | 29720.7 | 34854.0 | 40738.2 | — |
| 互联网拨号接入用户** | 万人 | 331.6 | 306.3 | 301.7 | — | — |
| 移动互联网用户** | 万户 | 96447.2 | 109395.0 | 127153.7 | 127481.5 | 131852.6 |

注：带“*”数据统计截至 2020 年 3 月 30 日。

数据来源：中国互联网络信息中心；带“**”数据来自《中国统计年鉴》。

## 2015—2019 年全国互联网基础资源情况

| 指　标 | 单　位 | 2015 年 | 2016 年 | 2017 年 | 2018 年 | 2019 年 |
|---|---|---|---|---|---|---|
| IPv4 地址数 | 万个 | 33652 | 33810 | 33870 | 38584* | 38751* |
| IPv6 地址数 | 块/32 | 20594 | 21188 | 23430 | 43985* | 50877* |
| 域名数 | 万个 | 3102.1 | 4227.6 | 3848.0 | 3792.8 | 5094.2 |
| .CN 域名数 | 万个 | 1636.4 | 2060.8 | 2084.6 | 2124.3 | 2242.7 |
| 国际出口带宽 | Mbps | 5392116 | 6640291 | 7320180 | 8946570 | 8827751 |

注：带“*”数据均含中国港、澳、台地区。

数据来源：中国互联网络信息中心。

# 2015—2019 年全国互联网基础资源应用情况

| 指　标 | 单　位 | 2015 年 | 2016 年 | 2017 年 | 2018 年 | 2019 年 |
|---|---|---|---|---|---|---|
| 网站数[①] | 万个 | 422.9 | 482.4 | 533 | 523 | 497 |
| .CN 下网站数[②] | 万个 | 213.1 | 258.7 | 315 | 326 | 341 |
| 网页数 | 亿个 | 2123 | 2360 | 2604 | 2816 | 2978 |
| 移动互联网接入流量 | 亿 GB | 41.9 | 93.8 | 246.0 | 7H.1 | 1220.0 |
| 移动应用程序（App）在架数量 | 万款 | — | — | 403 | 452 | 367 |

注：①域名注册者在中国境内的网站；①②数据不包含.EDU.CN 下网站。

数据来源：移动互联网接入流量 2015—2018 年的数据来自《中国通信统计年度报告》，2019 年的数据来自工业和信息化部网站发布的《2019 年通信业统计公报》；其他数据来自中国互联网络信息中心。

# 2019 年全国各省（自治区、直辖市）互联网主要指标发展情况（表 1）

| 地　区 | 域名数（万个） | 网页数（万个） | IPv4 地址数（万个） |
|---|---|---|---|
| 北京 | 505.0 | 11249165.1 | 8643.5 |
| 天津 | 33.4 | 437772.6 | 356.0 |
| 河北 | 138.4 | 1116138.4 | 966.4 |
| 山西 | 82.1 | 383103.9 | 434.0 |
| 内蒙古 | 27.9 | 18453.5 | 261.1 |
| 辽宁 | 96.2 | 219863.3 | 1129.2 |
| 吉林 | 62.7 | 205284.6 | 410.3 |
| 黑龙江 | 56.0 | 184494.2 | 410.3 |
| 上海 | 138.9 | 2117050.1 | 1529.3 |
| 江苏 | 242.5 | 1438429.1 | 1614.1 |
| 浙江 | 184.0 | 3552363.3 | 2193.9 |
| 安徽 | 151.4 | 351206.5 | 559.5 |

续表

| 地　区 | 域名数（万个） | 网页数（万个） | IPv4 地址数（万个） |
|---|---|---|---|
| 福建 | 695.1 | 709222.3 | 657.8 |
| 山西 | 156.7 | 216170.0 | 586.6 |
| 山东 | 177.3 | 584439.9 | 1658.2 |
| 河南 | 313.5 | 1478915.2 | 891.8 |
| 湖北 | 206.3 | 199019.3 | 813.8 |
| 湖南 | 250.1 | 140563.2 | 800.3 |
| 广东 | 611.8 | 4058047.0 | 3234.9 |
| 广西 | 125.3 | 183265.3 | 467.9 |
| 海南 | 64.2 | 111425.8 | 159.4 |
| 重庆 | 81.2 | 56434.8 | 569.7 |
| 四川 | 217.0 | 426826.7 | 939.3 |
| 贵州 | 119.9 | 25034.4 | 149.2 |
| 云南 | 99.0 | 173380.5 | 332.3 |
| 西藏 | 2.0 | 382.8 | 44.1 |
| 陕西 | 107.4 | 123103.6 | 552.7 |
| 甘肃 | 34.3 | 12530.6 | 159.4 |
| 青海 | 3.9 | 2565.2 | 61.0 |
| 宁夏 | 8.2 | 1618.4 | 94.9 |
| 新疆 | 15.9 | 672L9 | 203.5 |

注：各地区 IPv4 地址数根据各地区占全国的比例推算得到。

数据来源：《中国统计年鉴》。

# 2019 年全国各省（自治区、直辖市）互联网主要指标发展情况（表 2）

| 地　区 | 互联网宽带接入端口数（万个） | 移动互联网用户（万户） | 移动互联网接入流量（万 GB） | 互联网宽带接入用户（万户） |
|---|---|---|---|---|
| 北京 | 2060.1 | 3289.2 | 295127.4 | 688.1 |
| 天津 | 1092.6 | 1450.7 | 136299.3 | 523.6 |
| 河北 | 4345.8 | 6915.2 | 547784.1 | 2359.7 |
| 山西 | 2148.2 | 3142.3 | 269032.1 | 1126.1 |
| 内蒙古 | 1372.7 | 2606.2 | 244419.3 | 682.5 |
| 辽宁 | 3270.7 | 4062.3 | 308539.8 | 1230.4 |
| 吉林 | 1686.6 | 2304.8 | 219168.0 | 618.3 |
| 黑龙江 | 2181.1 | 2901.8 | 196893.9 | 848.3 |
| 上海 | 2028.6 | 3197.4 | 231299.8 | 890.1 |

续表

| 地　区 | 互联网宽带接入端口数（万个） | 移动互联网用户（万户） | 移动互联网接入流量（万GB） | 互联网宽带接入用户（万户） |
|---|---|---|---|---|
| 江苏 | 7249.0 | 8452.6 | 852333.0 | 3585.7 |
| 浙江 | 6284.4 | 7047.0 | 762041.2 | 2778.9 |
| 安徽 | 3481.3 | 4790.8 | 462271.9 | 1864.7 |
| 福建 | 3232.1 | 3915.8 | 356052.4 | 1779.0 |
| 江西 | 2369.5 | 3506.4 | 326224.8 | 1448.8 |
| 山东 | 6915.2 | 8855.1 | 647314.6 | 3186.1 |
| 河南 | 4752.8 | 8245.7 | 685946.4 | 2769.2 |
| 湖北 | 3062.3 | 4635.6 | 382653.4 | 1708.3 |
| 湖南 | 2997.9 | 5489.7 | 491368.2 | 1873.8 |
| 广东 | 8538.0 | 14200.3 | 1379371.0 | 3801.6 |
| 广西 | 3023.0 | 4450.2 | 422040.4 | 1447.4 |
| 海南 | 794.1 | 931.5 | 100444.2 | 323.2 |
| 重庆 | 2318.2 | 3016.1 | 300096.6 | 1164.0 |
| 四川 | 5864.0 | 7277.7 | 584026.2 | 2811.7 |
| 贵州 | 1759.9 | 3520.1 | 461004.4 | 892.9 |
| 云南 | 2091.1 | 3829.3 | 493657.6 | 1156.1 |
| 西藏 | 209.1 | 267.3 | 34381.3 | 91.4 |
| 陕西 | 2322.7 | 3839.8 | 393245.7 | 1197.7 |
| 甘肃 | 1405.7 | 2323.1 | 227042.9 | 870.7 |
| 青海 | 382.3 | 564.7 | 76145.7 | 174.5 |
| 宁夏 | 520.0 | 685.7 | 87474.6 | 259.1 |
| 新疆 | 1819.0 | 2138.2 | 225500.8 | 775.9 |

数据来源：《中国统计年鉴》。

# 2015—2019 年各类网络应用用户规模和使用率

| 应　用 | 2015 年 | | 2016 年 | | 2017 年 | | 2018 年 | | 2019 年 | |
|---|---|---|---|---|---|---|---|---|---|---|
| | 用户规模（万户） | 使用率（%） | 用户规模（万户） | 使用率（%） | 用户规模（万户） | 使用率（%） | 用户规模（万户） | 使用率（%） | 用户规模（万户） | 使用率（%） |
| 即时通信 | 62408 | 90.7 | 66628 | 91.1 | 72023 | 93.3 | 79172 | 95.6 | 89613 | 99.2 |
| 搜索引擎 | 56623 | 82.3 | 60238 | 82.4 | 63956 | 82.8 | 68132 | 82.2 | 75015 | 83.0 |
| 网络新闻 | 56440 | 82.0 | 61390 | 84.0 | 64689 | 83.8 | 67473 | 81.4 | 73072 | 80.9 |
| 网络视频 | 50391 | 73.2 | 54455 | 74.5 | 57892 | 75.0 | 72486* | 87.5* | 85044* | 94.1* |
| 网络购物 | 41325 | 60.0 | 46670 | 63.8 | 53332 | 69.1 | 61011 | 73.6 | 71027 | 78.6 |
| 网上支付 | 41618 | 60.5 | 47450 | 64.9 | 53110 | 68.8 | 60040 | 72.5 | 76798 | 85.0 |

续表

| 应　用 | 2015 年 | | 2016 年 | | 2017 年 | | 2018 年 | | 2019 年 | |
|---|---|---|---|---|---|---|---|---|---|---|
| | 用户规模（万户） | 使用率（%） | 用户规模（万户） | 使用率（%） | 用户规模（万户） | 使用率（%） | 用户规模（万户） | 使用率（%） | 用户规模（万户） | 使用率（%） |
| 网络音乐 | 50137 | 72.8 | 50313 | 68.8 | 54809 | 71.0 | 57560 | 69.5 | 63513 | 70.3 |
| 网络游戏 | 39148 | 56.9 | 41704 | 57.0 | 44161 | 57.2 | 48384 | 58.4 | 53182 | 58.9 |
| 网络文学 | 29674 | 43.1 | 33319 | 45.6 | 37774 | 48.9 | 43201 | 52.1 | 45538 | 50.4 |
| 网上银行 | 33639 | 48.9 | 36552 | 50.0 | 39911 | 51.7 | 41980 | 50.7 | — | — |
| 旅行预订 | 25955 | 37.7 | 29922 | 40.9 | 37578 | 48.7 | 41001 | 49.5 | 37296 | 41.3 |
| 网上外卖 | 11356 | 16.5 | 20856 | 28.5 | 34338 | 44.5 | 40601 | 49.0 | 39780 | 44.0 |
| 网络直播 | — | — | 34431 | 47.1 | 42209 | 54.7 | 39676 | 47.9 | 55982 | 62.0 |
| 微叫 | 23045 | 33.5 | 27143 | 37.1 | 31601 | 40.9 | 35057 | 42.3 | — | — |
| 网约专车或快车 | — | — | 16799 | 23.0 | 23623 | 30.6 | 38947** | 47.0** | 36230** | 40.1** |
| 网约出租车 | — | — | 22463 | 30.7 | 28651 | 37.1 | 32988 | 39.8 | — | — |
| 在线教育 | 11014 | 16.0 | 13764 | 18.8 | 15518 | 20.1 | 20123 | 24.3 | 42296 | 46.8 |
| 互联网理财 | 9026 | 13.1 | 9890 | 13.5 | 12881 | 16.7 | 15138 | 18.3 | 16356 | 18.1 |
| 短视频 | — | — | — | — | — | — | 64798 | 78.2 | 77325 | 85.6 |

注：旅游预订定义为最近半年在网上预订过机票、酒店、火车票或旅行度假产品；网络直播服务包括体育直播、真人聊天秀直播、游戏直播和演唱会直播；2019 年数据截至 2020 年 3 月；带“*”数据包括短视频数据，带“**”数据为网约车数据。

数据来源：中国互联网络信息中心。

# 企业信息化及电子商务

## 2019 年全国按行业分企业信息化及电子商务情况（表 1）

| 行　业 | 企业数（家） | 期末使用计算机数（台） | 每天百人使用计算机数（台） | 企业拥有网站数（个） | 每百家企业拥有网站数（个） |
|---|---|---|---|---|---|
| 总计 | 1039765 | 54433299 | 32 | 534190 | 51 |
| 采矿业 | 9743 | 1147970 | 25 | 3252 | 33 |
| 制造业 | 346562 | 18915013 | 28 | 230533 | 67 |
| 电力、热力、燃气及水生产和供应业 | 13642 | 2338643 | 68 | 6601 | 48 |
| 建筑业 | 113944 | 4334166 | 10 | 43829 | 39 |
| 批发和零售业 | 234752 | 6433544 | 53 | 88827 | 38 |
| 交通运输、仓储和邮政业 | 38575 | 2974771 | 36 | 15966 | 41 |
| 住宿和餐饮业 | 50627 | 1006087 | 24 | 19466 | 38 |
| 信息传输、软件和信息技术服务业 | 22077 | 6881969 | 131 | 25870 | 117 |
| 房地产业 | 112782 | 2778593 | 40 | 41199 | 37 |

续表

| 行　业 | 企业数（家） | 期末使用计算机数（台） | 每百人使用计算机数（台） | 企业拥有网站数（个） | 每百家企业拥有网站数（个） |
|---|---|---|---|---|---|
| 租赁和商务服务业 | 38930 | 2316067 | 28 | 21704 | 56 |
| 科学研究和技术服务业 | 22544 | 2774733 | 86 | 16288 | 72 |
| 水利、环境和公共设施管理业 | 5471 | 218736 | 17 | 2938 | 54 |
| 居民服务、修理和其他服务业 | 7255 | 169049 | 14 | 2834 | 39 |
| 教育 | 5145 | 924931 | 108 | 3659 | 71 |
| 卫生和社会工作 | 6318 | 633366 | 57 | 4734 | 75 |
| 文化、体育和娱乐业 | 11398 | 585661 | 67 | 6490 | 57 |

数据来源：《中国统计年鉴》。

# 2019 年全国按行业分企业信息化及电子商务情况（表 2）

| 行　业 | 有电子商务交易活动 | | 电子商务销售额（亿元） | 电子商务采购额（亿元） |
|---|---|---|---|---|
| | 企业数（家） | 比重（%） | | |
| 总计 | 109410 | 10.5 | 169325.9 | 101275.1 |
| 采矿业 | 322 | 3.3 | 601.4 | 746.5 |
| 制造业 | 35303 | 10.2 | 56339.8 | 41302.3 |
| 电力、热力、燃气及水生产和供应业 | 834 | 6.1 | 1645.7 | 3693.4 |
| 建筑业 | 4217 | 3.7 | 186.1 | 7673.3 |
| 批发和零售业 | 31922 | 13.6 | 84183.4 | 42730.2 |
| 交通运输、仓储和邮政业 | 2366 | 6.1 | 7294.3 | 711.1 |
| 住宿和餐饮业 | 16260 | 32.1 | 1168.7 | 48.8 |
| 信息传输、软件和信息技术服务业 | 4716 | 21.4 | 11465.6 | 1756.6 |
| 房地产业 | 3515 | 3.1 | 394.5 | 39.4 |
| 租赁和商务服务业 | 3585 | 9.2 | 4860.6 | 1881.5 |
| 科学研究和技术服务业 | 1868 | 8.3 | 273.7 | 614.0 |
| 水利、环境和公共设施管理业 | 723 | 13.2 | 74.1 | 9.7 |
| 居民服务、修理和其他服务业 | 587 | 8.1 | 84.6 | 12.6 |
| 教育 | 387 | 7.5 | 330.5 | 7.7 |
| 卫生和社会工作 | 472 | 7.5 | 18.4 | 27.3 |
| 文化、体育和娱乐业 | 2333 | 20.5 | 404.5 | 20.8 |

注：有电子商务交易活动的企业是指通过互联网开展电子商务销售或购买的企业。

数据来源：《中国统计年鉴》。

# 2019年分地区企业信息化及电子商务情况（表1）

| 地　　区 | 企业数（家） | 期末使用计算机数（台） | 每百人使用计算机数（台） | 企业拥有网站数（个） | 每百家企业拥有网站数（个） |
|---|---|---|---|---|---|
| 北京 | 38309 | 4859824 | 72 | 22124 | 58 |
| 天津 | 19519 | 997752 | 39 | 8474 | 43 |
| 河北 | 28751 | 1318998 | 28 | 15856 | 55 |
| 山西 | 16109 | 777535 | 24 | 5472 | 34 |
| 内蒙古 | 9753 | 510975 | 33 | 3699 | 38 |
| 辽宁 | 26500 | 1351250 | 36 | 12604 | 48 |
| 吉林 | 10605 | 484692 | 32 | 4313 | 41 |
| 黑龙江 | 10612 | 667886 | 40 | 4088 | 39 |
| 上海 | 42344 | 4212421 | 61 | 26369 | 62 |
| 江苏 | 104951 | 5278056 | 27 | 63176 | 60 |
| 浙江 | 96974 | 4395882 | 28 | 46952 | 48 |
| 安徽 | 40439 | 1459552 | 25 | 24321 | 60 |
| 福建 | 51379 | 1815601 | 19 | 20455 | 40 |
| 江西 | 29196 | 992350 | 22 | 14204 | 49 |
| 山东 | 66593 | 2877131 | 27 | 34805 | 52 |
| 河南 | 54474 | 1721638 | 19 | 24457 | 45 |
| 湖北 | 40158 | 1774183 | 27 | 23693 | 59 |
| 湖南 | 41505 | 1381750 | 23 | 19466 | 47 |
| 广东 | 140878 | 9450134 | 40 | 83586 | 59 |
| 广西 | 18531 | 815880 | 27 | 4538 | 25 |
| 海南 | 3501 | 207609 | 42 | 1817 | 52 |
| 重庆 | 22076 | 1119132 | 25 | 10269 | 47 |
| 四川 | 42111 | 2121513 | 26 | 24328 | 58 |
| 贵州 | 15782 | 561177 | 28 | 6562 | 42 |
| 云南 | 16940 | 826983 | 34 | 6728 | 40 |
| 西藏 | 955 | 36240 | 33 | 615 | 64 |
| 陕西 | 24750 | 1250333 | 34 | 11945 | 48 |
| 甘肃 | 8501 | 353817 | 26 | 3671 | 43 |
| 青海 | 2278 | 140076 | 40 | 1010 | 44 |
| 宁夏 | 3447 | 155234 | 29 | 1532 | 44 |
| 新疆 | 11844 | 517695 | 29 | 3061 | 26 |

数据来源：《中国统计年鉴》。

# 2019 年分地区企业信息化及电子商务情况（表 2）

| 地　区 | 有电子商务交易活动 | | 电子商务销售额（亿元） | 电子商务采购额（亿元） |
|---|---|---|---|---|
| | 企业数（家） | 比重（%） | | |
| 北京 | 8516 | 22.2 | 23235.9 | 13420.5 |
| 天津 | 1420 | 7.3 | 3226.3 | 2346.4 |
| 河北 | 2044 | 7.1 | 2726.3 | 1926.0 |
| 山西 | 972 | 6.0 | 2136.7 | 1342.9 |
| 内蒙古 | 583 | 6.0 | 2568.1 | 1631.3 |
| 辽宁 | 1455 | 5.5 | 4112.0 | 2570.3 |
| 吉林 | 537 | 5.1 | 596.8 | 288.9 |
| 黑龙江 | 505 | 4.8 | 599.1 | 314.9 |
| 上海 | 4660 | 11.0 | 20462.4 | 11367.5 |
| 江苏 | 9844 | 9.4 | 9873.1 | 7418.0 |
| 浙江 | 11353 | 11.7 | 11482.0 | 4005.2 |
| 安徽 | 5830 | 14.4 | 5569.6 | 2231.3 |
| 福建 | 5749 | 11.2 | 4477.9 | 1725.1 |
| 江西 | 2658 | 9.1 | 2968.5 | 1369.1 |
| 山东 | 8351 | 12.5 | 12882.4 | 7959.8 |
| 河南 | 3831 | 7.0 | 4262.3 | 2460.1 |
| 湖北 | 3909 | 9.7 | 4734.4 | 3074.5 |
| 湖南 | 4158 | 10.0 | 3444.8 | 2308.3 |
| 广东 | 15175 | 10.8 | 30168.2 | 21902.5 |
| 广西 | 1762 | 9.5 | 1586.5 | 1355.3 |
| 海南 | 452 | 12.9 | 828.5 | 297.1 |
| 重庆 | 2737 | 12.4 | 4762.9 | 1719.8 |
| 四川 | 4968 | 11.8 | 5368.0 | 3688.8 |
| 贵州 | 1487 | 9.4 | 1415.4 | 612.2 |
| 云南 | 1783 | 10.5 | 1959.6 | 936.2 |
| 西藏 | 96 | 10.1 | 156.6 | 38.0 |
| 陕西 | 2713 | 11.0 | 1994.3 | 1021.2 |
| 甘肃 | 674 | 7.9 | 553.5 | 788.4 |
| 青海 | 211 | 9.3 | 210.8 | 219.0 |
| 宁夏 | 296 | 8.6 | 243.5 | 171.8 |
| 新疆 | 681 | 5.7 | 718.8 | 764.9 |

注：有电子商务交易活动的企业是指通过互联网开展电子商务销售或采购的企业。

数据来源：《中国统计年鉴》。

# 2019 年分地区网上零售额情况

| 地　　区 | 网上零售额（亿元） | 比 2018 年增长（%） | 其中，实物商品网上零售额（亿元） | 比 2018 年增长（%） |
|---|---|---|---|---|
| 全国 | 106324.2 | 16.5 | 85239.5 | 19.5 |
| 北京 | 8675.7 | 18.6 | 6503.8 | 24.5 |
| 天津 | 2239.4 | 72.2 | 1931.5 | 95.8 |
| 河北 | 2403.5 | 19.4 | 2108.4 | 25.5 |
| 山西 | 563.6 | 6.5 | 304.0 | 20.1 |
| 内蒙古 | 440.5 | 19.0 | 196.1 | 29.2 |
| 辽宁 | 1426.4 | 22.2 | 1094.4 | 24.7 |
| 吉林 | 524.9 | 15.0 | 286.7 | 31.6 |
| 黑龙江 | 669.0 | 19.5 | 370.1 | 31.8 |
| 上海 | 10118.5 | 16.8 | 8424.5 | 16.4 |
| 江苏 | 9896.] | 6.9 | 8361.4 | 8.7 |
| 浙江 | 16315.7 | 12.4 | 12815.5 | 14.8 |
| 安徽 | 2400.7 | 18.4 | 1973.1 | 20.7 |
| 福建 | 4894.5 | 19.1 | 4298.4 | 22.7 |
| 江西 | 1588.2 | 29.5 | 1374.1 | 38.6 |
| 山东 | 4109.0 | 15.8 | 3445.0 | 19.6 |
| 河南 | 2255.8 | 19.4 | 1750.0 | 27.6 |
| 湖北 | 2860.0 | 10.1 | 2384.4 | 17.7 |
| 湖南 | 1840.5 | 10.8 | 1351.8 | 26.8 |
| 广东 | 22828.2 | 19.1 | 19819.1 | 19.3 |
| 广西 | 820.0 | 10.4 | 444.3 | 16.9 |
| 海南 | 373.2 | 0.6 | 99.2 | -14.0 |
| 重庆 | 1082.1 | 5.0 | 683.0 | 22.1 |
| 四川 | 3318.1 | 22.5 | 2557.5 | 25.2 |
| 贵州 | 477.6 | 5.2 | 245.2 | 6.6 |
| 云南 | 821.8 | 30.5 | 442.0 | 30.4 |
| 西藏 | 52.5 | 26.6 | 26.3 | 45.1 |
| 陕西 | 1043.5 | 3.9 | 722.9 | 3.6 |
| 甘肃 | 330.6 | 14.3 | 114.0 | 32.3 |
| 青海 | 67.2 | 27.6 | 28.8 | 43.5 |
| 宁夏 | 105.2 | 22.5 | 43.0 | 11.5 |
| 新疆 | 202.0 | 26.5 | 157.7 | 33.4 |

数据来源：《中国统计年鉴》。

# 科研与人才

## 2015—2019 年全国科研与人才基本情况

| 指　　标 | 单　　位 | 2015 年 | 2016 年 | 2017 年 | 2018 年 | 2019 年 |
|---|---|---|---|---|---|---|
| 专利授权数 | 件 | 1718192 | 1753763 | 1836434 | 2447460 | 2591607 |
| 计算机软件著作权登记数 | 件 | 292360 | 407774 | 745387 | 1104839 | 1484448 |
| 计算机软件版权合同登记数 | 份 | 762 | 686 | 869 | — | — |
| 电子出版物版权合同登记数 | 份 | 190 | 238 | 424 | — | — |
| 研究与试验发展（R&D）经费支出 | 亿元人民币 | 14169.9 | 15676.7 | 17606.1 | 19677.9 | 22143.6 |
| R&D 经费支出占 GDP 比重 | % | 2.06 | 2.10 | 2.12 | 2.14 | 2.23 |
| 高技术产品进出口额 | 亿美元 | 12033 | 11272 | 12515 | 14185 | 13685 |
| 高技术产品出口额 | 亿美元 | 6552 | 6036 | 6674 | 7468 | 7307 |
| 高技术产品进口额 | 亿美元 | 5481 | 5236 | 5840 | 6717 | 6378 |
| 技术市场成交额 | 亿元人民币 | 9836 | 11407 | 13424 | 17697 | 22398 |
| 教育经费 | 亿元人民币 | 36129.2 | 38888.4 | 42562.0 | 46143.0 | — |
| 教育经费占 GDP 比重 | % | 5.68 | 5.23 | 5.19 | 5.02 | — |
| R&D 人员全时当量 | 万人年 | 375.9 | 387.8 | 403.4 | 438.1 | 480.1 |
| 普通高等学校在校学生数 | 万人 | 2625.3 | 2695.8 | 2753.6 | 2831.0 | 3031.5 |

注：“R&D 经费支出占 GDP 比重”根据第四次全国经济普查国内生产总值最新核实数据进行相应修正。

数据来源：“计算机软件著作权登记数”来自中国版权保护中心，“计算机软件版权合作登记数”和“电子出版物版权合同登记数”来自国家版权局，其他数据均来自《中国统计年鉴》。

# 2019 年全国各地区科研与人才基本情况

| 地　　区 | 国内专利授权数（件） | 技术市场成交额（万元） | 普通高等学校在校学生数（人） |
|---|---|---|---|
| 北京 | 131716 | 56952843 | 601545 |
| 天津 | 57799 | 9092549 | 539366 |
| 河北 | 57809 | 3811904 | 1473971 |
| 山西 | 16598 | 1095227 | 802005 |
| 内蒙古 | 11059 | 224793 | 472033 |
| 辽宁 | 40037 | 5575904 | 1041144 |
| 吉林 | 15579 | 4741327 | 700145 |
| 黑龙江 | 19989 | 2328823 | 778160 |
| 上海 | 100587 | 14223539 | 526585 |
| 江苏 | 314395 | 14715193 | 1874084 |
| 浙江 | 285342 | 8880078 | 1074688 |
| 安徽 | 82524 | 4496068 | 1241151 |
| 福建 | 98955 | 1395883 | 861231 |
| 江西 | 59140 | 1486137 | 1134950 |
| 山东 | 146481 | 11100178 | 2183944 |
| 河南 | 86247 | 2318885 | 2319653 |
| 湖北 | 73940 | 14298358 | 1500819 |
| 湖南 | 54685 | 4906932 | 1407108 |
| 广东 | 527390 | 22230844 | 2053977 |
| 广西 | 22687 | 775572 | 1076408 |
| 海南 | 4423 | 91077 | 207424 |
| 重庆 | 43872 | 566518 | 834864 |
| 四川 | 82066 | 12119539 | 1661737 |
| 贵州 | 24729 | 2271758 | 765745 |
| 云南 | 22324 | 827040 | 864035 |
| 西藏 | 1020 | 9577 | 36226 |
| 陕西 | 44101 | 14673473 | 1121990 |
| 甘肃 | 14894 | 1964171 | 524948 |
| 青海 | 3046 | 90969 | 73182 |
| 宁夏 | 5555 | 149033 | 135178 |
| 新疆 | 8652 | 78214 | 426966 |
| 中国港澳台地区 | 16765 | 6491475 | — |

数据来源：《中国统计年鉴》。

# 世界各国和地区信息化综合指标数据

## 2014—2018 年世界各国和地区每千人宽带用户数

单位：户

| 国家和地区 | 2014 年 | 2015 年 | 2016 年 | 2017 年 | 2018 年 |
|---|---|---|---|---|---|
| 世界 | 105.58 | 116.22 | 125.17 | 137.18 | 144.89 |
| 阿富汗 | 0.05 | 0.22 | 0.27 | 0.46 | 0.43 |
| 阿尔巴尼亚 | 65.74 | 75.97 | 82.27 | 105.27 | 125.56 |
| 阿尔及利亚 | 40.06 | 55.85 | 69.20 | 77.56 | 72.63 |
| 安道尔共和国 | 358.94 | 379.17 | 398.24 | 445.24 | 463.12 |
| 安哥拉 | 4.13 | 6.73 | 5.24 | 3.25 | 3.56 |
| 安提瓜和巴布达 | 118.30 | 108.91 | 99.86 | 94.31 | — |
| 阿根廷 | 155.73 | 162.63 | 169.39 | 178.50 | 191.02 |
| 亚美尼亚 | 91.45 | 95.78 | 101.26 | 107.08 | 117.71 |
| 澳大利亚 | 276.60 | 285.41 | 304.42 | 322.23 | 306.85 |
| 奥地利 | 276.67 | 286.93 | 293.78 | 284.72 | 283.54 |
| 阿塞拜疆 | 199.48 | 197.60 | 185.83 | 183.36 | 190.05 |
| 巴哈马 | 201.71 | 209.05 | 219.90 | 227.55 | 225.77 |
| 巴林 | 213.95 | 186.10 | 168.20 | 142.99 | 117.62 |
| 孟加拉国 | 19.51 | 30.50 | 37.67 | 45.72 | 63.44 |
| 巴巴多斯 | 271.72 | 272.26 | 300.76 | 312.12 | 311.68 |
| 白俄罗斯 | 288.40 | 313.56 | 332.95 | 334.73 | 338.69 |
| 比利时 | 359.93 | 368.50 | 380.06 | 383.46 | 392.17 |
| 伯利兹 | 29.14 | 50.00 | 61.90 | 50.58 | 64.37 |
| 贝宁 | 4.01 | 6.73 | 8.15 | 2.56 | 2.35 |
| 百慕大 | 530.56 | 457.47 | — | 361.75 | — |
| 不丹 | 32.63 | 35.90 | 39.41 | 22.41 | 14.32 |
| 玻利维亚 | 15.93 | 16.41 | 25.67 | 33.95 | 44.40 |
| 波黑 | 141.81 | 166.24 | 173.69 | 198.09 | 208.66 |
| 博茨瓦纳 | 16.33 | 17.92 | 28.47 | 14.71 | 17.77 |
| 巴西 | 116.76 | 122.48 | 129.74 | 139.09 | 149.11 |
| 文莱 | 71.50 | 80.33 | 83.26 | 97.08 | 115.28 |
| 保加利亚 | 206.60 | 227.00 | 232.53 | 252.97 | 270.00 |
| 布基纳法索 | 0.31 | 0.40 | 0.47 | 0.64 | 0.70 |
| 布隆迪 | 0.16 | 0.34 | 0.35 | 0.36 | 0.35 |
| 柬埔寨 | 4.29 | 5.33 | 6.07 | 8.35 | — |
| 喀麦隆 | 0.71 | 0.68 | 1.92 | 1.71 | 0.71 |

续表

| 国家和地区 | 2014 年 | 2015 年 | 2016 年 | 2017 年 | 2018 年 |
|---|---|---|---|---|---|
| 加拿大 | 353.78 | 363.24 | 372.70 | 379.06 | 389.64 |
| 佛得角 | 34.43 | 32.59 | 30.30 | 27.89 | — |
| 智利 | 140.84 | 151.72 | 159.74 | 165.91 | 173.56 |
| 中国（不含港澳台地区） | 143.84 | 197.67 | 228.97 | 277.40 | 285.35 |
| 哥伦比亚 | 102.73 | 111.57 | 117.98 | 129.44 | 134.48 |
| 科摩罗 | 2.10 | 2.60 | 3.60 | 2.02 | 1.84 |
| 刚果（金） | 0.11 | 0.01 | 0.01 | 0.01 | 0.05 |
| 哥斯达黎加 | 105.22 | 111.69 | 115.92 | 150.31 | 166.98 |
| 科特迪瓦 | 6.10 | 5.15 | 6.26 | 5.84 | 7.02 |
| 克罗地亚 | 230.45 | 231.76 | 246.18 | 261.99 | 271.29 |
| 古巴 | 0.69 | 0.73 | 1.28 | 2.96 | 8.72 |
| 塞浦路斯 | 211.27 | 309.14 | 330.31 | 347.95 | 362.72 |
| 捷克 | 278.83 | 273.42 | 276.51 | 295.66 | 302.17 |
| 丹麦 | 413.45 | 424.78 | 427.53 | 438.22 | 440.59 |
| 吉布提 | 22.68 | 26.86 | 29.58 | 25.83 | 26.60 |
| 多米尼克 | 157.59 | 208.57 | 212.10 | 215.83 | 160.75 |
| 多米尼加共和国 | 56.99 | 64.41 | 64.74 | 74.81 | 74.79 |
| 厄瓜多尔 | 82.57 | 97.40 | 97.39 | 100.31 | 114.35 |
| 阿拉伯埃及共和国 | 36.79 | 45.17 | 51.96 | 54.27 | 66.85 |
| 萨尔瓦多 | 49.96 | 54.93 | 60.08 | 70.64 | — |
| 赤道几内亚 | 4 99 | 4.75 | 4.87 | 1.50 | 1.24 |
| 爱沙尼亚 | 289.00 | 300.05 | 310.68 | 306.72 | 333.48 |
| 埃塞俄比亚 | 4.88 | 4.83 | 5.51 | 0.59 | — |
| 法罗群岛 | 349.82 | 360.98 | 362.45 | 373.28 | 374.89 |
| 斐济 | 14.01 | 14.26 | 13.73 | 13.83 | 14.75 |
| 芬兰 | 323.05 | 316.80 | 312.18 | 310.27 | 314.53 |
| 法国 | 401.74 | 413.45 | 423.54 | 438.14 | 447.76 |
| 法属波利尼西亚 | 177.75 | 183.57 | 193.59 | 208.92 | 215.32 |
| 加蓬 | 6.31 | 6.33 | 7.32 | 7.25 | 13.73 |
| 冈比亚 | 1.44 | 1.81 | 1.84 | 1.81 | 1.94 |
| 格鲁吉亚 | 121.53 | 147.42 | 158.11 | 192.31 | 210.00 |
| 德国 | 357.80 | 371.93 | 380.54 | 402.04 | 411.13 |
| 加纳 | 2.65 | 2.71 | 3.15 | 1.95 | 2.09 |
| 希腊 | 283.60 | 309.10 | 325.09 | 357.47 | 376.52 |
| 格陵兰 | 181.93 | 174.60 | — | 212.74 | 233.22 |
| 格林纳达 | 182.87 | 185.17 | 194.47 | 200.54 | — |
| 关岛 | 17.91 | — | — | — | — |
| 危地马拉 | 27.35 | 28.29 | 30.38 | 31.39 | — |
| 圭亚那 | 56.27 | 66.48 | 76.41 | 83.70 | — |
| 中国香港特别行政区 | 314.24 | 321.02 | 354.61 | 363.80 | 368.26 |
| 匈牙利 | 273.47 | 274.31 | 284.59 | 303.87 | 317.23 |
| 冰岛 | 359.15 | 369.54 | 376.19 | 399.45 | 405.56 |
| 印度 | 12.43 | 13.21 | 14.44 | 13.34 | 13.43 |
| 印度尼西亚 | 11.90 | 15.58 | 18.94 | 23.49 | 33.15 |

续表

| 国家和地区 | 2014 年 | 2015 年 | 2016 年 | 2017 年 | 2018 年 |
|---|---|---|---|---|---|
| 伊朗 | 94.63 | 108.63 | 115.82 | 121.30 | — |
| 爱尔兰 | 269.12 | 277.03 | 284.83 | 294.28 | 296.79 |
| 以色列 | 272.43 | 274.39 | 281.27 | 284.09 | 287.53 |
| 意大利 | 235.37 | 243.70 | 254.26 | 273.37 | 281.40 |
| 牙买加 | 54.15 | 81.36 | 101.19 | 81.87 | — |
| 日本 | 293.11 | 306.52 | 314.71 | 317.89 | 326.22 |
| 约旦 | 46.87 | 41.64 | 58.39 | 34.10 | 40.10 |
| 哈萨克斯坦 | 129.34 | 137.21 | 136.81 | 142.48 | 134.44 |
| 肯尼亚 | 1.86 | 2.89 | 3.29 | 5.74 | 7.23 |
| 韩国 | 387.76 | 402.50 | 411.31 | 414.82 | 415.97 |
| 科威特 | 13.80 | 15.35 | 27.55 | 40.19 | 25.09 |
| 吉尔吉斯斯坦 | 41.58 | 37.06 | 40.76 | 41.68 | — |
| 老挝 | 1.64 | 5.25 | 3.42 | 3.91 | — |
| 拉脱维亚 | 247.41 | 247.86 | 256.36 | 269.71 | 272.75 |
| 黎巴嫩 | 227.98 | 253.93 | 256.17 | — | — |
| 莱索托 | 0.72 | 0.97 | 1.04 | 2.31 | 2.73 |
| 利比亚 | 10.04 | 9.66 | 26.41 | 48.32 | — |
| 列支敦士登 | 419.69 | 419.00 | 424.09 | 429.97 | 440.83 |
| 立陶宛 | 266.55 | 277.86 | 287.05 | 280.72 | 281.57 |
| 卢森堡 | 348.01 | 359.50 | 367.32 | 362.56 | 371.21 |
| 中国澳门特别行政区 | 280.63 | 290.78 | 300.00 | 298.75 | 512.43 |
| 马其顿 | 167.94 | 171.82 | 178.77 | 190.34 | — |
| 马达加斯加 | 1.05 | 0.98 | 0.57 | 0.98 | 1.04 |
| 马拉维 | 0.51 | 0.34 | 0.49 | 0.61 | 0.63 |
| 马来西亚 | 101.40 | 99.96 | 87.41 | 86.41 | 216.39 |
| 马尔代夫 | 56.44 | 64.74 | 72.20 | 73.60 | 103.69 |
| 马里 | 0.19 | 0.22 | 0.35 | 2.19 | 6.34 |
| 马耳他 | 352.34 | 378.46 | 396.25 | 414.03 | 436.73 |
| 毛里塔尼亚 | 2.01 | 2.36 | 2.55 | 2.95 | — |
| 毛里求斯 | 145.70 | 157.47 | 169.05 | 194.54 | — |
| 墨西哥 | 104.79 | 117.84 | 126.74 | 137.45 | 145.49 |
| 密克罗尼西亚联邦 | 29.76 | — | — | — | — |
| 摩尔多瓦 | 147.11 | 155.49 | 163.30 | 143.93 | — |
| 蒙古国 | 68.45 | 71.17 | 76.31 | 91.56 | 96.57 |
| 摩洛哥 | 29.66 | 33.80 | 36.51 | 501.61 | 43.09 |
| 莫桑比克 | 0.76 | 1.57 | 1.45 | 2.15 | 2.38 |
| 缅甸 | 2.67 | 0.61 | 0.55 | 2.09 | 2.40 |
| 纳米比亚 | 17.55 | 19.31 | 21.91 | 27.38 | 25.31 |
| 尼泊尔 | 8.91 | 10.64 | 7.80 | 18.21 | 28.19 |
| 荷兰 | 407.74 | 417.30 | 421.63 | 423.63 | 434.17 |
| 新喀里多尼亚 | 224.38 | 210.42 | — | — | — |
| 新西兰 | 309.80 | 315.66 | 323.99 | 336.66 | 347.24 |
| 尼加拉瓜 | 24.77 | 18.59 | 27.91 | 32.91 | 29.76 |
| 尼日尔 | 0.50 | 0.57 | 0.68 | 0.40 | — |

续表

| 国家和地区 | 2014 年 | 2015 年 | 2016 年 | 2017 年 | 2018 年 |
|---|---|---|---|---|---|
| 尼日利亚 | 0.09 | 0.08 | 0.15 | 0.58 | 0.38 |
| 挪威 | 388.28 | 397.13 | 403.71 | 408.82 | 413.36 |
| 阿曼 | 45.09 | 56.10 | 61.91 | 74.78 | 87.39 |
| 巴拿马 | 78.98 | 79.28 | 95.49 | 107.42 | 129.34 |
| 巴布亚新几内亚 | 1.77 | 1.97 | 2.18 | 2.13 | — |
| 巴拉圭 | 24.34 | 31.40 | 33.50 | 40.51 | 46.1 |
| 秘鲁 | 57.43 | 64.17 | 67.22 | 73.47 | — |
| 菲律宾 | — | 47.84 | 54.58 | 32.32 | 36.75 |
| 波兰 | 189.27 | 190.09 | 192.21 | 201.06 | — |
| 葡萄牙 | 256.68 | 296.15 | 318.23 | 347.44 | 369.01 |
| 波多黎各 | 165.69 | 179.96 | 186.76 | 208.64 | 200.36 |
| 卡塔尔 | 99.05 | 101.16 | 107.66 | 94.16 | — |
| 罗马尼亚 | 185.21 | 197.51 | 206.78 | 243.06 | 260.58 |
| 俄罗斯 | 175.13 | 189.18 | 194.66 | 213.72 | 220.01 |
| 卢旺达 | 0.24 | 1.70 | 1.70 | 1.82 | 0.61 |
| 萨摩亚 | 10.54 | 10.79 | 12.29 | 8.66 | — |
| 圣马力诺 | 369.82 | 366.05 | 375.68 | 311.84 | — |
| 圣多美和普林西比 | 5.56 | 6.48 | 6.86 | 7.14 | 7.38 |
| 沙特阿拉伯 | 233.84 | 119.24 | 108.10 | — | 202.41 |
| 塞内加尔 | 7.10 | 6.72 | 6.39 | 7.25 | 8.19 |
| 塞尔维亚和黑山 | 155.67 | 173.79 | 189.47 | — | — |
| 塞舌尔 | 126.75 | 143.14 | 149.01 | 157.86 | 202.85 |
| 新加坡 | 267.17 | 264.50 | 254.47 | 258.53 | 279.72 |
| 斯洛伐克 | 218.41 | 233.39 | 244.72 | 257.85 | 276.54 |
| 斯洛文尼亚 | 265.51 | 273.69 | 282.50 | 289.84 | 294.89 |
| 所罗门群岛 | 2.33 | 2.43 | 2.13 | 1.83 | 2.28 |
| 南非 | 32.11 | 26.35 | 28.41 | 19.70 | 19.15 |
| 西班牙 | 272.68 | 286.93 | 294.53 | 314.45 | 325.04 |
| 斯里兰卡 | 26.47 | 28.96 | 40.98 | 57.77 | 72.75 |
| 圣基茨和尼维斯 | 255.53 | 295.72 | 293.10 | 166.45 | — |
| 圣卢西亚 | 153.97 | 153.71 | 159.27 | 175.63 | — |
| 圣文森特和格林纳丁斯 | 149.19 | 155.06 | 199.88 | 175.49 | — |
| 苏丹 | 0.54 | 0.70 | 0.64 | 0.76 | 0.75 |
| 苏里南 | 85.31 | 96.07 | 128.81 | 124.83 | 127.04 |
| 斯威士兰 | 4.02 | 4.67 | 5.37 | 463.06 | — |
| 瑞典 | 340.70 | 360.66 | 362.83 | 390.35 | 398.49 |
| 瑞士 | 424.73 | 451.08 | 462.75 | — | 464.21 |
| 阿拉伯叙利亚共和国 | 22.80 | 31.44 | 40.12 | 83.24 | — |
| 塔吉克斯坦 | 0.73 | 0.70 | 0.68 | 0.68 | — |
| 坦桑尼亚 | 1.67 | 2.03 | 2.54 | 13.97 | 15.29 |
| 泰国 | 84.69 | 92.42 | 106.88 | 118.60 | 132.35 |
| 多哥 | 1.80 | 8.80 | 6.07 | 6.57 | 3.32 |
| 汤加 | 17.02 | 23.11 | 28.00 | 29.41 | 24.41 |
| 特立尼达和多巴哥 | 175.66 | 199.72 | 189.41 | 236.10 | 245.38 |

续表

| 国家和地区 | 2014 年 | 2015 年 | 2016 年 | 2017 年 | 2018 年 |
|---|---|---|---|---|---|
| 突尼斯 | 44.84 | 51.09 | 56.48 | 70.13 | 87.71 |
| 土耳其 | 116.91 | 123.93 | 135.51 | 147.01 | 162.83 |
| 土库曼斯坦 | 0.43 | 0.56 | 0.74 | 0.87 | — |
| 乌干达 | 2.92 | 2.01 | 2.61 | 0.24 | 0.22 |
| 乌克兰 | 92.94 | 118.09 | 119.87 | 125.54 | 128.03 |
| 阿联酋 | 115.58 | 128.90 | 133.00 | 291.11 | — |
| 英国 | 373.76 | 386.13 | 391.80 | 390.53 | 395.97 |
| 美国 | 310.59 | 314.32 | 323.70 | 339.95 | 338.03 |
| 乌拉圭 | 245.78 | 262.66 | 267.90 | 277.39 | 283.36 |
| 乌兹别克斯坦 | 18.66 | 60.17 | 91.28 | 103.89 | 126.97 |
| 瓦努阿图 | 17.69 | 16.28 | 16.25 | 39.58 | 16.12 |
| 委内瑞拉玻利瓦尔共和国 | 77.80 | 82.45 | 82.33 | 88.69 | — |
| 越南 | 64.84 | 82.00 | 99.11 | 119.13 | 136.00 |
| 美属维京群岛 | 85.21 | 84.19 | — | — | — |
| 也门共和国 | 13.62 | 15.47 | 16.49 | 16.85 | 13.56 |
| 赞比亚 | 1.42 | 1.51 | 1.98 | 2.13 | 2.50 |
| 津巴布韦 | 10.43 | 10.90 | 11.03 | 13.16 | 14.06 |

数据来源：世界银行数据库。

# 2014—2018 年世界各国和地区每千人电话线路数量

单位：线

| 国家和地区 | 2014 年 | 2015 年 | 2016 年 | 2017 年 | 2018 年 |
|---|---|---|---|---|---|
| 世界 | 150.93 | 142.91 | 134.92 | 130.15 | 128.10 |
| 阿富汗 | 3.26 | 3.44 | 3.30 | 3.27 | 3.44 |
| 阿尔巴尼亚 | 74.00 | 70.92 | 84.97 | 85.54 | 86.25 |
| 阿尔及利亚 | 77.61 | 80.42 | 83.85 | 99.08 | 99.48 |
| 美属萨摩亚 | 178.96 | 180.06 | 49.60 | — | — |
| 安道尔共和国 | 477.05 | 479.93 | 500.69 | 498.84 | 511.32 |
| 安哥拉 | 12.71 | 12.49 | 10.57 | 5.40 | 5.58 |
| 安提瓜和巴布达 | 219.08 | 217.81 | 222.89 | 251.50 | — |
| 阿根廷 | 229.71 | 238.95 | 226.66 | 221.78 | 220.10 |
| 亚美尼亚 | 191.95 | 184.44 | 181.76 | 170.14 | 161.92 |
| 阿鲁巴 | 338.39 | 336.90 | — | — | — |
| 澳大利亚 | 388.91 | 355.31 | 339.06 | 344.12 | 324.92 |

续表

| 国家和地区 | 2014 年 | 2015 年 | 2016 年 | 2017 年 | 2018 年 |
|---|---|---|---|---|---|
| 奥地利 | 381.72 | 421.83 | 409.45 | 426.63 | 424.28 |
| 阿塞拜疆 | 188.70 | 186.84 | 174.82 | 171.49 | 168.99 |
| 巴哈马 | 328.46 | 312.03 | 309.50 | 298.23 | 294.20 |
| 巴林 | 211.80 | 206.01 | 196.37 | 200.67 | 175.05 |
| 孟加拉国 | 6.15 | 5.39 | 4.70 | 4.43 | 8.98 |
| 巴巴多斯 | 529.23 | 520.14 | 490.23 | 420.89 | 446.70 |
| 白俄罗斯 | 485.01 | 490.37 | 476.30 | 476.16 | 474.88 |
| 比利时 | 406.70 | 401.37 | 384.83 | 372.30 | 357.56 |
| 伯利兹 | 66.81 | 67.90 | 62.68 | 56.11 | 54.48 |
| 贝宁 | 18.46 | 17.89 | 11.49 | 5.08 | 4.22 |
| 百慕大 | 446.59 | — | — | 347.08 | — |
| 不丹 | 31.12 | 28.09 | 26.43 | 28.65 | 29.18 |
| 玻利维亚 | 80.76 | 79.93 | 79.66 | 76.04 | 62.71 |
| 波黑 | 221.63 | 202.29 | 211.84 | 226.57 | 238.43 |
| 博茨瓦纳 | 83.02 | 78.05 | 63.16 | 64.04 | 63.21 |
| 巴西 | 218.42 | 214.46 | 201.50 | 194.28 | 182.90 |
| 文莱 | 114.01 | 177.35 | 175.36 | 169.62 | 192.53 |
| 保加利亚 | 253.48 | 232.67 | 207.39 | 181.61 | 158.88 |
| 布基纳法索 | 7.15 | 4.19 | 4.06 | 3.96 | 3.89 |
| 布隆迪 | 2.07 | 2.01 | 1.86 | 2.16 | 2.22 |
| 柬埔寨 | 23.43 | 16.35 | 14.42 | 8.30 | — |
| 喀麦隆 | 46.07 | 45.10 | 44.84 | 36.06 | 35.78 |
| 加拿大 | 461.75 | 435.23 | 417.62 | 393.91 | 373.36 |
| 佛得角 | 116.22 | 115.00 | 119.96 | 120.87 | — |
| 开曼群岛 | 555.55 | 559.21 | 561.44 | 548.55 | — |
| 中非共和国 | 0.17 | 0.39 | 0.43 | 0.46 | 0.47 |
| 乍得 | 1.78 | 1.25 | 0.97 | 0.58 | 0.58 |
| 智利 | 191.73 | 192.25 | 188.45 | 173.26 | 160.03 |
| 中国（不含港澳台地区） | 178.96 | 164.81 | 147.22 | 136.35 | 134.55 |
| 哥伦比亚 | 146.76 | 143.54 | 146.26 | 142.87 | 140.42 |
| 科摩罗 | 31.23 | 18.96 | 16.40 | 21.15 | 12.40 |
| 刚果（布） | 3.58 | 3.64 | 3.32 | 3.33 | — |
| 哥斯达黎加 | 178.47 | 171.85 | 174.96 | 164.63 | 154.88 |
| 科特迪瓦 | 11.66 | 13.02 | 12.20 | 12.50 | 12.06 |
| 克罗地亚 | 367.27 | 346.97 | 340.82 | 335.02 | 326.16 |
| 古巴 | 112.34 | 115.20 | 115.20 | 118.98 | 127.40 |
| 塞浦路斯 | 284.35 | 383.95 | 377.23 | 373.31 | 360.52 |
| 捷克 | 186.39 | 176.91 | 165.73 | 154.13 | 141.76 |
| 丹麦 | 332.15 | 299.73 | 272.61 | 215.30 | 196.63 |
| 吉布提 | 24.72 | 25.46 | 26.45 | 38.75 | 38.43 |
| 多米尼克 | 243.29 | 283.23 | 181.23 | 181.38 | 37.14 |
| 多米尼加共和国 | 116.45 | 122.51 | 126.31 | 126.49 | 120.19 |
| 厄瓜多尔 | 152.77 | 154.86 | 149.63 | 143.89 | 138.17 |
| 阿拉伯埃及共和国 | 75.74 | 73.61 | 63.94 | 68.48 | 79.91 |

续表

| 国家和地区 | 2014 年 | 2015 年 | 2016 年 | 2017 年 | 2018 年 |
|---|---|---|---|---|---|
| 萨尔瓦多 | 149.41 | 146.94 | 147.11 | 143.28 | 143.76 |
| 赤道几内亚 | 19.42 | 14.18 | 9.00 | 8.86 | 8.29 |
| 厄立特里亚 | 9.79 | 9.80 | 13.34 | 19.39 | — |
| 爱沙尼亚 | 317.26 | 302.76 | 282.37 | 274.46 | 261.31 |
| 埃塞俄比亚 | 8.50 | 9.00 | 11.20 | 11.10 | — |
| 法罗群岛 | 349.94 | 401.06 | 411.12 | 372.87 | 354.41 |
| 斐济 | 85.40 | 81.28 | 82.54 | 86.56 | 86.61 |
| 芬兰 | 117.35 | 98.38 | 83.10 | 68.59 | 58.49 |
| 法国 | 600.31 | 599.07 | 602.68 | 597.26 | 594.24 |
| 法属波利尼西亚 | 217.79 | 212.19 | 216.02 | 217.76 | 325.12 |
| 加蓬 | 10.81 | 10.71 | 9.57 | 10.28 | 10.30 |
| 冈比亚 | 29.25 | 22.84 | 18.63 | 14.47 | — |
| 格鲁吉亚 | 253.85 | 220.74 | 212.44 | 178.07 | 150.98 |
| 德国 | 568.90 | 549.28 | 538.37 | 537.15 | 511.28 |
| 加纳 | 9.85 | 10.21 | 8.92 | 10.35 | 9.35 |
| 希腊 | 469.01 | 472.82 | 465.05 | 489.76 | 482.60 |
| 格陵兰 | 300.89 | 279.35 | — | 164.07 | 142.49 |
| 格林纳达 | 256.62 | 253.38 | 249.50 | 293.04 | — |
| 关岛 | 402.28 | 400.27 | — | — | — |
| 危地马拉 | 108.34 | 105.74 | 148.03 | 145.50 | 141.24 |
| 圭亚那 | 198.75 | 190.76 | 183.10 | 175.17 | — |
| 海地 | 3.92 | 0.54 | 0.52 | 0.54 | 0.53 |
| 洪都拉斯 | 63.84 | 59.01 | 48.60 | 52.08 | 55.49 |
| 中国香港特别行政区 | 608.56 | 592.29 | 591.32 | 581.60 | 569.21 |
| 匈牙利 | 303.15 | 312.19 | 319.87 | 321.86 | 310.78 |
| 冰岛 | 514.91 | 499.36 | 494.97 | 437.25 | 406.02 |
| 印度 | 21.30 | 19.90 | 18.43 | 17.36 | 16.17 |
| 印度尼西亚 | 103.73 | 40.20 | 41.18 | 41.77 | 31.02 |
| 伊朗 | 390.64 | 382.74 | 382.38 | 386.53 | — |
| 伊拉克 | 56.02 | 55.83 | 54.59 | 86.22 | 70.38 |
| 爱尔兰 | 432.41 | 408.74 | 401.43 | 393.90 | 379.60 |
| 以色列 | 370.74 | 430.83 | 407.75 | 393.02 | 381.79 |
| 意大利 | 337.01 | 330.53 | 341.03 | 341.18 | 336.43 |
| 牙买加 | 90.93 | 89.88 | 107.66 | 101.69 | 123.97 |
| 日本 | 500.87 | 502.34 | 501.76 | 501.59 | 499.41 |
| 约旦 | 50.03 | 47.98 | 42.74 | 33.52 | 37.04 |
| 哈萨克斯坦 | 262.14 | 247.33 | 218.54 | 203.90 | 182.91 |
| 肯尼亚 | 3.95 | 1.83 | 1.50 | 1.39 | 1.28 |
| 基里巴斯 | 88.51 | 13.99 | 5.74 | 6.70 | — |
| 朝鲜 | 47.15 | 46.91 | 46.51 | 46.40 | — |
| 韩国 | 595.44 | 580.56 | 551.97 | 525.37 | 506.27 |
| 科威特 | 111.98 | 133.95 | 99.50 | 133.65 | 124.61 |
| 吉尔吉斯斯坦 | 78.79 | 71.49 | 64.16 | 58.53 | — |
| 老挝 | 133.56 | 137.11 | 187.41 | 161.87 | — |

续表

| 国家和地区 | 2014 年 | 2015 年 | 2016 年 | 2017 年 | 2018 年 |
|---|---|---|---|---|---|
| 拉脱维亚 | 195.97 | 175.25 | 184.18 | 175.44 | 138.04 |
| 黎巴嫩 | 194.47 | 200.42 | 302.37 | 133.13 | 130.26 |
| 莱索托 | 19.58 | 19.14 | 18.68 | 5.09 | 3.95 |
| 利比里亚 | 2.28 | 2.00 | 1.73 | — | — |
| 利比亚 | 112.96 | 168.32 | 218.39 | 239.49 | — |
| 列支敦士登 | 485.11 | 462.77 | 435.01 | 405.87 | 402.08 |
| 立陶宛 | 194.63 | 187.37 | 182.54 | 171.12 | 152.45 |
| 卢森堡 | 505.07 | 509.70 | 480.07 | 465.10 | 452.68 |
| 中国澳门特别行政区 | 266.88 | 250.06 | 231.96 | 221.66 | 195.47 |
| 马其顿 | 181.93 | 175.89 | 177.00 | 176.05 | — |
| 马达加斯加 | 10.57 | 10.29 | 5.97 | 2.69 | 2.63 |
| 马拉维 | 3.82 | 0.84 | 0.62 | 0.98 | 0.83 |
| 马来西亚 | 146.09 | 146.47 | 155.10 | 211.49 | 204.05 |
| 马尔代夫 | 61.09 | 61.21 | 49.41 | 41.05 | 36.37 |
| 马里 | 9.79 | 10.39 | 11.16 | 11.61 | 11.96 |
| 马耳他 | 535.54 | 533.87 | 545.85 | 548.67 | 581.53 |
| 毛里塔尼亚 | 12.91 | 12.57 | 12.37 | 13.32 | 13.62 |
| 毛里求斯 | 297.96 | 303.13 | 308.60 | 326.69 | 342.73 |
| 墨西哥 | 177.73 | 154.39 | 160.38 | 166.32 | 171.53 |
| 密克罗尼西亚联邦 | 67.61 | — | 65.59 | 62.33 | — |
| 摩尔多瓦 | 351.96 | 349.88 | 288.52 | 281.76 | 273.50 |
| 蒙古国 | 79.24 | 87.45 | 74.42 | 93.97 | 116.66 |
| 黑山 | 264.94 | 248.49 | 235.46 | 242.45 | 275.37 |
| 摩洛哥 | 74.28 | 65.45 | 58.68 | 1224.55 | 61.04 |
| 莫桑比克 | 3.28 | 3.29 | 2.86 | 2.81 | 2.14 |
| 缅甸 | 9.81 | 9.51 | 9.73 | 10.42 | 9.70 |
| 纳米比亚 | 77.77 | 76.29 | 75.76 | 80.35 | 63.23 |
| 尼泊尔 | 29.77 | 29.78 | 29.61 | 31.17 | 28.45 |
| 荷兰 | 413.39 | 412.70 | 398.77 | 384.87 | 345.85 |
| 新喀里多尼亚 | 340.62 | 295.34 | — | — | — |
| 新西兰 | 406.47 | 402.49 | 377.61 | 380.69 | 371.06 |
| 尼加拉瓜 | 55.05 | 56.58 | 59.62 | 58.87 | 50.39 |
| 尼日尔 | 5.68 | 5.71 | 7.78 | 5.29 | — |
| 尼日利亚 | 1.03 | 1.02 | 0.83 | 0.73 | 0.72 |
| 北马里亚纳群岛 | 410.78 | 399.49 | — | — | — |
| 挪威 | 212.27 | 183.66 | 153.44 | 129.66 | 105.09 |
| 阿曼 | 95.56 | 104.61 | 95.49 | 109.25 | 116.02 |
| 巴基斯坦 | 26.46 | 18.80 | 16.07 | 14.14 | 13.19 |
| 帕劳 | 337.73 | 338.36 | — | —. | — |
| 巴拿马 | 149.87 | 155.58 | 159.07 | 161.34 | 174.38 |
| 巴布亚新几内亚 | 19.41 | 19.65 | 19.05 | 18.72 | — |
| 巴拉圭 | 53.76 | 54.62 | 52.11 | 42.85 | 43.52 |
| 秘鲁 | 98.56 | 93.43 | 96.76 | 98.02 | — |
| 菲律宾 | 30.90 | 31.67 | 37.13 | 39.59 | 38.75 |

续表

| 国家和地区 | 2014 年 | 2015 年 | 2016 年 | 2017 年 | 2018 年 |
|---|---|---|---|---|---|
| 波兰 | 126.17 | 236.87 | 213.04 | 195.30 | 173.39 |
| 葡萄牙 | 432.46 | 441.38 | 461.61 | 469.58 | 494.67 |
| 波多黎各 | 223.57 | 220.95 | 221.80 | 247.73 | 231.37 |
| 卡塔尔 | 184.13 | 175.88 | 181.78 | 169.40 | — |
| 罗马尼亚 | 210.72 | 197.88 | 207.81 | 197.92 | 187.63 |
| 俄罗斯 | 268.22 | 250.20 | 224.20 | 219.56 | 206.60 |
| 卢旺达 | 4.10 | 1.37 | 1.12 | 1.03 | 1.05 |
| 圣马力诺 | 587.92 | 520.41 | 481.88 | 534.58 | — |
| 圣多美和普林西比 | 34.36 | 31.76 | 28.68 | 26.89 | 25.11 |
| 沙特阿拉伯 | 123.33 | 125.32 | 112.70 | 140.78 | 159.85 |
| 塞内加尔 | 21.44 | 20.06 | 18.55 | 18.85 | 19.06 |
| 塞尔维亚 | 373.28 | 364.69 | 375.32 | 295.55 | 292.49 |
| 塞舌尔 | 227.30 | 227.63 | 221.12 | 203.82 | 208.97 |
| 塞拉利昂 | 2.66 | 2.69 | 2.30 | 2.27 | — |
| 新加坡 | 361.91 | 358.81 | 355.43 | 348.93 | 347.55 |
| 斯洛伐克 | 168.43 | 158.78 | 151.28 | 139.29 | 132.53 |
| 斯洛文尼亚 | 370.83 | 362.22 | 351.96 | 345.42 | 334.34 |
| 所罗门群岛 | 13.14 | 12.73 | 12.35 | 11.64 | 11.38 |
| 索马里 | 5.29 | 4.59 | 3.35 | — | 4.98 |
| 南非 | 68.65 | 77.23 | 80.74 | 84.37 | 57.89 |
| 西班牙 | 405.58 | 415.25 | 423.55 | 422.10 | 417.29 |
| 斯里兰卡 | 124.91 | 152.12 | 119.23 | 123.21 | 116.53 |
| 圣基茨和尼维斯 | 354.09 | 356.62 | 318.00 | 332.27 | — |
| 圣卢西亚 | 178.83 | 188.57 | 199.67 | 193.50 | — |
| 圣文森特和格林纳丁斯 | 218.55 | 227.34 | 187.43 | 182.94 | — |
| 苏丹 | 10.78 | 3.00 | 3.45 | 3.51 | 3.28 |
| 苏里南 | 156.09 | 167.59 | 159.45 | 156.06 | 152.95 |
| 斯威士兰 | 35.02 | 33.45 | 31.27 | 420.37 | — |
| 瑞典 | 392.32 | 366.69 | 315.56 | 264.73 | 239.92 |
| 瑞士 | 536.25 | 502.51 | 472.34 | — | 387.40 |
| 阿拉伯叙利亚共和国 | 165.06 | 158.98 | 188.00 | 159.47 | — |
| 塔吉克斯坦 | 52.41 | 53.08 | 53.58 | 53.94 | — |
| 坦桑尼亚 | 2.98 | 2.73 | 2.33 | 2.33 | 2.21 |
| 泰国 | 84.64 | 78.77 | 68.34 | 50.08 | 42.19 |
| 东帝汶 | 3.09 | 2.32 | 2.14 | 1.92 | — |
| 多哥 | 7.62 | 7.35 | 4.45 | 4.69 | 4.78 |
| 汤加 | 113.44 | 124.27 | 102.69 | 144.09 | 142.42 |
| 特立尼达和多巴哥 | 214.80 | 201.14 | 199.41 | 186.01 | 231.27 |
| 突尼斯 | 85.40 | 83.99 | 85.50 | 97.36 | 112.58 |
| 土耳其 | 165.21 | 149.86 | 139.32 | 139.41 | 141.29 |
| 土库曼斯坦 | 117.65 | 120.59 | 117.44 | 118.45 | — |
| 图瓦卢 | 151.61 | 201.69 | 180.23 | 175.90 | — |
| 乌干达 | 8.35 | 8.19 | 8.88 | 6.37 | 4.37 |
| 乌克兰 | 246.40 | 216.15 | 201.45 | 172.19 | 143.88 |

续表

| 国家和地区 | 2014 年 | 2015 年 | 2016 年 | 2017 年 | 2018 年 |
| --- | --- | --- | --- | --- | --- |
| 阿联酋 | 222.65 | 235.84 | 246.59 | 244.63 | — |
| 英国 | 523.52 | 520.20 | 509.41 | 482.60 | 475.41 |
| 美国 | 398.33 | 384.00 | 377.21 | 366.07 | 336.17 |
| 乌拉圭 | 316.76 | 322.57 | 323.33 | 330.84 | 334.43 |
| 乌兹别克斯坦 | 85.51 | 94.80 | 108.53 | 107.77 | 106.55 |
| 瓦努阿图 | 22.17 | 18.18 | 16.85 | 15.80 | 14.19 |
| 委内瑞拉玻利瓦尔共和国 | 253.10 | 248.62 | 242.66 | 201.64 | — |
| 越南 | 60.10 | 78.44 | 59.20 | 46.36 | 44.97 |
| 美属维京群岛 | 712.60 | 710.90 | — | — | — |
| 约旦河西岸和加沙 | 90.87 | — | — | — | — |
| 也门共和国 | 46.80 | 46.80 | 42.26 | 42.75 | — |
| 赞比亚 | 7.62 | 7.49 | 6.11 | 6.02 | 5.79 |
| 津巴布韦 | 22.57 | 22.18 | 18.93 | 18.55 | 18.62 |

数据来源：世界银行数据库。

# 2014—2018 年世界各国和地区每百万人安全互联网服务器数量

单位：台

| 国家和地区 | 2014 年 | 2015 年 | 2016 年 | 2017 年 | 2018 年 |
| --- | --- | --- | --- | --- | --- |
| 世界 | 190.37 | 208.45 | 215.06 | 3518.10 | 6174.68 |
| 阿富汗 | 1.02 | 1.36 | 1.41 | 43.45 | 52.86 |
| 阿尔巴尼亚 | 23.84 | 37.84 | 53.20 | 443.02 | 526.10 |
| 阿尔及利亚 | 1.93 | 2.53 | 3.60 | 63.33 | 67.61 |
| 安道尔共和国 | 798.47 | 1474.09 | 1759.81 | 3415.54 | 5194.40 |
| 安哥拉 | 4.97 | 4.92 | 4.55 | 10.80 | 11.20 |
| 安提瓜和巴布达 | 363.02 | 280.22 | 247.62 | 890.74 | 841.24 |
| 阿根廷 | 54.21 | 63.29 | 61.55 | 1628.59 | 1872.59 |
| 亚美尼亚 | 41.22 | 50.74 | 54.70 | 271.32 | 335.05 |
| 阿鲁巴 | 338.39 | 277.93 | 391.14 | 977.54 | 1152.63 |
| 澳大利亚 | 1348.57 | 1460.44 | 1435.77 | 21544.79 | 32903.59 |
| 奥地利 | 1267.68 | 1496.67 | 1517.03 | 7431.71 | 16705.01 |
| 阿塞拜疆 | 13.53 | 16.37 | 20.49 | 259.49 | 329.38 |
| 巴哈马 | 256.16 | 338.64 | 339.95 | 1508.80 | 2357.12 |
| 巴林 | 179.30 | 188.07 | 195.77 | 359.42 | 370.83 |
| 孟加拉国 | 0.86 | 1.32 | 1.68 | 65.22 | 115.97 |

续表

| 国家和地区 | 2014 年 | 2015 年 | 2016 年 | 2017 年 | 2018 年 |
|---|---|---|---|---|---|
| 巴巴多斯 | 402.01 | 457.40 | 487.73 | 768.60 | 868.68 |
| 白俄罗斯 | 44.56 | 63.02 | 101.71 | 2259.89 | 3420.68 |
| 比利时 | 854.24 | 977.90 | 1016.82 | 8300.54 | 13973.24 |
| 伯利兹 | 217.80 | 411.93 | 226.19 | 8002.26 | 11595.76 |
| 贝宁 | 2.17 | 3.97 | 3.31 | 4.21 | 7.31 |
| 百慕大 | 6489.62 | 7204.72 | 6428.80 | 7874.88 | 8150.81 |
| 不丹 | 14.37 | 16.51 | 23.82 | 118.03 | 177.63 |
| 玻利维亚 | 12.54 | 15.76 | 18.37 | 109.53 | 130.18 |
| 波黑 | 35.82 | 46.10 | 37.53 | 1499.02 | 1934.76 |
| 博茨瓦纳 | 12.26 | 17.65 | 25.33 | 68.48 | 133.53 |
| 巴西 | 70.01 | 77.76 | 79.17 | 1581.64 | 2036.38 |
| 文莱 | 148.86 | 205.97 | 233.93 | 1620.83 | 1988.52 |
| 保加利亚 | 176.72 | 181.53 | 172.84 | 32308.33 | 38223.86 |
| 布基纳法索 | 0.63 | 0.66 | 1.18 | 1.93 | 2.53 |
| 布隆迪 | 0.57 | 0.59 | 0.67 | 4.62 | 6.00 |
| 柬埔寨 | 2.99 | 5.16 | 6.85 | 55.16 | — |
| 喀麦隆 | 1.67 | 2.54 | 2.13 | 8.55 | 5.43 |
| 加拿大 | 1210.00 | 1308.89 | 1253.47 | 26568.88 | 30953.22 |
| 佛得角 | 51.62 | 50.66 | 59.31 | 260.47 | — |
| 开曼群岛 | 2363.83 | 2284.74 | 2106.48 | 6058.50 | 11531.15 |
| 智利 | 127.55 | 146.66 | 151.98 | 7258.19 | 8073.29 |
| 中国（不含港澳台地区） | 7.04 | 10.12 | 20.50 | 209.12 | 446.71 |
| 哥伦比亚 | 46.05 | 57.29 | 60.16 | 462.98 | 651.34 |
| 科摩罗 | — | — | — | 4.91 | 7.21 |
| 刚果（金） | 0.43 | 0.35 | 0.38 | 2.56 | 2.82 |
| 刚果（布） | 1.54 | 1.60 | 2.15 | 4.70 | 6.10 |
| 哥斯达黎加 | 95.79 | 103.58 | 104.59 | 1161.42 | 1205.93 |
| 科特迪瓦 | 2.74 | 4.02 | 5.36 | 8.68 | 11.65 |
| 克罗地亚 | 219.53 | 265.72 | 323.93 | 14607.96 | 19554.81 |
| 塞浦路斯 | 607.08 | 679.60 | 760.60 | 17364.03 | 6372.00 |
| 捷克 | 691.59 | 867.24 | 1346.29 | 25419.94 | 42344.60 |
| 丹麦 | 2080.83 | 1973.26 | 1670.53 | 43757.83 | 123154.44 |
| 吉布提 | 10.15 | 8.63 | 7.43 | 22.24 | 37.54 |
| 多米尼克 | 428.53 | 451.05 | 190.36 | 6969.13 | 6631.76 |
| 多米尼加共和国 | 27.92 | 30.68 | 33.81 | 98.16 | 121.67 |
| 厄瓜多尔 | 34.29 | 41.87 | 43.09 | 209.94 | 265.62 |
| 阿拉伯埃及共和国 | 5.14 | 5.31 | 5.20 | 36.19 | 35.11 |
| 萨尔瓦多 | 21.15 | 25.03 | 26.64 | 61.52 | 90.64 |
| 赤道几内亚 | 3.86 | 2.55 | 3.27 | — | — |
| 爱沙尼亚 | 927.19 | 1142.61 | 1109.02 | 29131.22 | 48893.44 |
| 埃塞俄比亚 | 0.23 | 0.24 | 0.27 | 0.71 | 1.46 |
| 斐济 | 41.71 | 51.56 | 50.07 | 149.29 | 173.18 |
| 芬兰 | 1791.31 | 1782.45 | 1790.87 | 22324.11 | 33999.12 |
| 法国 | 683.51 | 811.55 | 849.39 | 14831.20 | 20421.45 |

续表

| 国家和地区 | 2014 年 | 2015 年 | 2016 年 | 2017 年 | 2018 年 |
|---|---|---|---|---|---|
| 法属波利尼西亚 | 160.81 | 183.66 | 157.03 | 597.60 | — |
| 加蓬 | 10.52 | 8.81 | 18.18 | 28.09 | 26.42 |
| 冈比亚 | 5.76 | 5.56 | 5.40 | 47.88 | 24.56 |
| 格鲁吉亚 | 37.08 | 62.68 | 62.92 | 2360.24 | — |
| 德国 | 1420.02 | 1756.84 | 1644.03 | 34181.28 | 56406.62 |
| 加纳 | 3.74 | 4.97 | 6.28 | 94.23 | — |
| 希腊 | 147.38 | 192.04 | 235.05 | 3695.69 | 5035.37 |
| 格陵兰 | 1385.56 | 1318.74 | 1192.47 | 2527.99 | 3070.17 |
| 格林纳达 | 37.63 | 46.81 | 27.95 | 234.50 | 323.00 |
| 关岛 | 196.96 | 216.32 | 196.44 | 730.46 | 856.62 |
| 危地马拉 | 17.72 | 20.86 | 21.59 | 68.28 | 78.67 |
| 几内亚 | 0.33 | 0.50 | 0.16 | 1.57 | 3.30 |
| 圭亚那 | 9.95 | 16.92 | 21.98 | 32.25 | 47.50 |
| 海地 | 1.72 | 2.05 | 2.95 | 4.55 | 5.30 |
| 洪都拉斯 | 11.02 | 11.83 | 11.96 | 79.54 | — |
| 中国香港特别行政区 | 790.56 | 904.50 | 961.38 | 10484.87 | 19403.57 |
| 匈牙利 | 300.76 | 366.35 | 403.85 | 13627.14 | — |
| 冰岛 | 3214.39 | 3406.74 | 3162.28 | 57638.32 | 64762.23 |
| 印度 | 5.66 | 6.83 | 7.82 | 123.10 | 187.81 |
| 印度尼西亚 | 6.27 | 7.94 | 10.11 | — | 1283.00 |
| 伊朗 | 2.13 | 5.51 | 14.19 | 225.70 | — |
| 伊拉克 | 0.73 | 1.33 | 1.53 | 10.41 | 11.32 |
| 爱尔兰 | 775.03 | 844.16 | 861.50 | 38597.47 | 69593.59 |
| 马恩岛 | 2578.78 | 3378.74 | 4824.63 | — | — |
| 以色列 | 254.28 | 288.78 | 293.20 | 6967.62 | 9611.95 |
| 意大利 | 249.20 | 288.88 | 333.38 | 7744.06 | 12257.97 |
| 牙买加 | 56.96 | 62.33 | 63.51 | 137.29 | — |
| 日本 | 911.68 | 969.62 | 1070.68 | 5980.24 | 11670.80 |
| 约旦 | 30.42 | 22.93 | 24.01 | 108.09 | 102.95 |
| 哈萨克斯坦 | 14.46 | 17.61 | 30.96 | 1232.25 | 1374.17 |
| 肯尼亚 | 7.68 | 8.91 | 10.77 | 36.58 | 217.23 |
| 韩国 | 2178.35 | 2301.46 | 2200.79 | 1196.51 | 2065.12 |
| 科威特 | 214.41 | 220.79 | 235.41 | 484.21 | 412.10 |
| 吉尔吉斯斯坦 | 9.08 | 11.42 | 12.66 | 103.09 | — |
| 老挝 | 2.03 | 2.55 | 3.40 | 16.40 | — |
| 拉脱维亚 | 360.74 | 456.63 | 433.58 | 11948.01 | 14504.14 |
| 黎巴嫩 | 54.99 | 48.19 | 49.45 | 119.35 | 174.48 |
| 利比亚 | 3.04 | 3.85 | 3.97 | 938.19 | 1099.79 |
| 列支敦士登 | 9786.52 | 10266.56 | 11017.89 | 23915.34 | 35162.23 |
| 立陶宛 | 206.87 | 244.07 | 277.13 | 13058.25 | 18267.08 |
| 卢森堡 | 2645.33 | 2914.31 | 2634.77 | 43014.34 | 43151.57 |
| 中国澳门特别行政区 | 340.58 | 455.95 | 473.73 | 1779.68 | 2650.26 |
| 马其顿 | 75.41 | 91.38 | 93.22 | 498.08 | — |
| 马达加斯加 | 0.93 | 1.65 | 1.53 | 4.93 | 5.45 |

续表

| 国家和地区 | 2014年 | 2015年 | 2016年 | 2017年 | 2018年 |
|---|---|---|---|---|---|
| 马拉维 | 1.13 | 1.31 | 1.88 | 10.41 | 15.38 |
| 马来西亚 | 87.68 | 102.46 | 106.45 | 4917.73 | 5713.04 |
| 马尔代夫 | 88.18 | 102.65 | 105.39 | 421.03 | 523.56 |
| 马里 | 1.40 | 1.26 | 1.72 | 7.67 | 10.54 |
| 马耳他 | 1691.61 | 1863.97 | 1906.41 | 14102.59 | 14415.12 |
| 马绍尔群岛 | 18.95 | 113.22 | 113.07 | 103.34 | 136.96 |
| 毛里塔尼亚 | 2.51 | 2.63 | 2.56 | 4.20 | 5.45 |
| 毛里求斯 | 154.65 | 175.83 | 186.79 | 379.56 | 7844.76 |
| 墨西哥 | 34.55 | 39.51 | 40.90 | 185.48 | 225.75 |
| 摩尔多瓦 | 48.36 | 61.62 | 78.83 | 2837.54 | 3920.85 |
| 摩纳哥 | 3178.69 | 3915.73 | 4233.88 | 9715.57 | 10650.95 |
| 蒙古国 | 28.81 | 29.90 | 31.05 | 1527.08 | 1689.79 |
| 摩洛哥 | 4.99 | 6.09 | 7.14 | 284.28 | 295.73 |
| 莫桑比克 | 1.81 | 2.18 | 2.19 | 7.75 | 11.83 |
| 缅甸 | 0.48 | 0.73 | 1.68 | 9.91 | 9.20 |
| 纳米比亚 | 23.00 | 28.86 | 26.21 | 119.45 | 149.49 |
| 尼泊尔 | 2.99 | 3.77 | 4.28 | 158.25 | 182.50 |
| 荷兰 | 2635.07 | 2827.58 | 2905.68 | 70412.13 | 100581.52 |
| 新喀里多尼亚 | 349.62 | 476.19 | 589.93 | 2857.14 | 3326.76 |
| 新西兰 | 1211.17 | 1298.61 | 1186.95 | 14980.50 | 17834.95 |
| 尼加拉瓜 | 11.02 | 14.30 | 13.50 | 122.32 | 69.29 |
| 尼日尔 | 0.16 | 0.25 | 0.19 | 0.46 | 0.49 |
| 尼日利亚 | 2.31 | 2.62 | 2.80 | 222.81 | 184.21 |
| 北马里亚纳群岛 | 73.35 | 54.73 | 54.52 | 247.52 | — |
| 挪威 | 1941.99 | 2033.30 | 2076.66 | 14572.57 | 20886.25 |
| 阿曼 | 85.57 | 93.81 | 96.28 | 141.88 | 156.75 |
| 巴基斯坦 | 1.85 | 2.37 | 2.79 | 115.07 | 109.14 |
| 帕劳 | 142.20 | 140.92 | 186.02 | 224.62 | 837.66 |
| 巴拿马 | 114.87 | 120.68 | 122.21 | 2151.33 | 2141.55 |
| 巴布亚新几内亚 | 10.70 | 10.61 | 12.12 | 31.05 | 49.85 |
| 巴拉圭 | 22.84 | 27.87 | 30.93 | 186.83 | 248.42 |
| 秘鲁 | 28.24 | 32.41 | 35.72 | 218.58 | 257.34 |
| 菲律宾 | 10.83 | 13.55 | 14.77 | 87.85 | 92.85 |
| 波兰 | 429.71 | 547.33 | 763.73 | 6534.93 | 16227.07 |
| 葡萄牙 | 262.85 | 315.60 | 381.03 | 12464.78 | 15977.33 |
| 波多黎各 | 127.95 | 139.07 | 155.66 | 283.01 | 384.86 |
| 卡塔尔 | 221.79 | 267.17 | 268.89 | 401.14 | — |
| 罗马尼亚 | 125.11 | 229.47 | 158.59 | 12255.17 | 15939.26 |
| 俄罗斯 | 84.42 | 126.39 | 214.52 | 3541.10 | 5190.62 |
| 卢旺达 | 3.64 | 4.13 | 5.54 | 18.28 | 36.50 |
| 萨摩亚 | 31.28 | 41.29 | 46.12 | 296.90 | 535.36 |
| 圣马力诺 | 1864.91 | 1577.67 | 1746.83 | 18858.96 | 59257.07 |
| 圣多美和普林西比 | 10.11 | — | — | 38.63 | — |
| 沙特阿拉伯 | 48.25 | 53.71 | 57.63 | 166.80 | 161.57 |

续表

| 国家和地区 | 2014 年 | 2015 年 | 2016 年 | 2017 年 | 2018 年 |
|---|---|---|---|---|---|
| 塞内加尔 | 3.57 | 5.27 | 5.19 | 8.82 | 17.16 |
| 塞尔维亚 | 43.76 | 63.56 | 63.20 | — | 6899.72 |
| 塞舌尔 | 469.81 | 481.70 | 464.74 | — | 264256.63 |
| 塞拉利昂 | 0.97 | 0.83 | 0.68 | 1.87 | — |
| 新加坡 | 822.35 | 932.07 | 890.27 | 58690.33 | 84713.86 |
| 斯洛伐克 | 321.31 | 392.53 | 360.68 | 6963.67 | 12993.39 |
| 斯洛文尼亚 | 648.33 | 806.87 | 768.58 | 19594.09 | 33018.08 |
| 所罗门群岛 | 3.49 | 10.21 | 15.01 | 61.32 | 42.89 |
| 索马里 | 0.09 | 0.07 | 0.21 | 25.91 | 4.33 |
| 南非 | 115.55 | 129.84 | 124.52 | 9430.70 | 12034.28 |
| 西班牙 | 316.76 | 362.24 | 419.62 | 7247.04 | 11302.76 |
| 斯里兰卡 | 11.43 | 13.83 | 16.88 | 305.21 | 412.41 |
| 圣基茨和尼维斯 | 1277.63 | — | — | 3112.69 | — |
| 圣卢西亚 | 92.59 | 90.29 | 106.73 | 193.42 | — |
| 圣文森特和格林纳丁斯 | 192.01 | 210.13 | 191.53 | 163.89 | — |
| 苏丹 | 0.03 | 0.07 | 0.24 | 1.87 | 4.47 |
| 苏里南 | 55.15 | 79.54 | 100.29 | 201.58 | 291.67 |
| 斯威士兰 | 10.25 | 15.16 | 15.64 | 32952.00 | — |
| 瑞典 | 1602.24 | 1755.35 | 1784.08 | 13619.12 | 18608.45 |
| 瑞士 | 2820.43 | 3101.76 | 3063.15 | — | 68154.75 |
| 阿拉伯叙利亚共和国 | 0.47 | 0.91 | 0.60 | 5802.57 | — |
| 坦桑尼亚 | 1.54 | 2.02 | 2.14 | 22.70 | 27.29 |
| 泰国 | 23.52 | 30.11 | 33.37 | 578.28 | 953.86 |
| 多哥 | 4.29 | 6.20 | 7.49 | 4.55 | 7,73 |
| 汤加 | 28.36 | 9.40 | 37.34 | 205.89 | 174.42 |
| 特立尼达和多巴哥 | 112.33 | 127.20 | 123.08 | 290.45 | — |
| 突尼斯 | 17.91 | 13.04 | 13.42 | 214.28 | 316.21 |
| 土耳其 | 57.41 | 67.43 | 80.08 | 3351.87 | 4335.13 |
| 乌干达 | 1.57 | 1.87 | 2.34 | 20.41 | 20.22 |
| 乌克兰 | 45.48 | 65.53 | 90.57 | 3948.26 | — |
| 阿联酋 | 283.20 | 354.81 | 390.85 | 1285.10 | — |
| 英国 | 1291.23 | 1382.77 | 1407.63 | 21195.89 | 27261.82 |
| 美国 | 1548.20 | 1652.59 | 1623.35 | 30335.70 | 65864.18 |
| 乌拉圭 | 95.36 | 106.66 | 111.21 | 1103.69 | 1574.81 |
| 乌兹别克斯坦 | 1.66 | 2.68 | 5.93 | 202.17 | 278.95 |
| 瓦努阿图 | 27.10 | 71.81 | 62.87 | 178.63 | 198.17 |
| 委内瑞拉玻利瓦尔共和国 | 12.12 | 12.68 | 12.67 | 293.50 | — |
| 越南 | 11.86 | 14.75 | 18.94 | 1348.72 | 1769.47 |
| 美属维京群岛 | 422.39 | 453.78 | 514.81 | 1053.44 | 860.00 |
| 约旦河西岸和加沙 | 5.12 | — | — | — | — |
| 也门共和国 | 0.76 | 0.63 | 0.62 | 3.38 | 3.75 |
| 赞比亚 | 3.59 | 4.35 | 5.06 | 42.36 | 41.21 |
| 津巴布韦 | 4.73 | 6.53 | 7.74 | 30.55 | 46.61 |

数据来源：世界银行数据库。

# 2014—2018 年世界各国和地区高新技术产品出口占工业制成品出口的比重

单位：%

| 国家和地区 | 2014 年 | 2015 年 | 2016 年 | 2017 年 | 2018 年 |
|---|---|---|---|---|---|
| 世界 | 17.08 | 18.47 | 17.88 | 21.52 | 20.80 |
| 阿尔巴尼亚 | 0.12 | 1.49 | 0.65 | 0.10 | 0.05 |
| 阿尔及利亚 | 0.15 | 0.15 | 0.34 | 0.60 | — |
| 阿根廷 | 6.68 | 9.01 | 8.79 | 9.24 | 5.33 |
| 亚美尼亚 | 2.70 | 5.27 | 5.94 | 7.57 | 7.05 |
| 阿鲁巴 | 5.45 | 4.69 | 3.76 | 6.54 | 8.34 |
| 澳大利亚 | 13.60 | 13.51 | 14.78 | 14.62 | 16.71 |
| 奥地利 | 13.88 | 13.35 | 17.57 | 12.87 | 11.64 |
| 阿塞拜疆 | 7.00 | 2.53 | 2.08 | 3.05 | 4.01 |
| 巴林 | 1.49 | 0.96 | 1.05 | — | 0.45 |
| 巴巴多斯 | 16.44 | 18.35 | 24.35 | — | — |
| 白俄罗斯 | 3.93 | 4.31 | 4.69 | 4.36 | 3.98 |
| 比利时 | 12.81 | 13.02 | 12.54 | 10.68 | 10.37 |
| 玻利维亚 | 8.07 | 6.46 | 4.46 | 5.68 | — |
| 博茨瓦纳 | 0.23 | 0.63 | 0.40 | 0.94 | 0.67 |
| 巴西 | 10.61 | 12.31 | 13.45 | 13.31 | 12.95 |
| 保加利亚 | 6.88 | 7.65 | 7.96 | 9.53 | 4.86 |
| 布基纳法索 | 10.65 | 4.98 | 4.39 | 5.96 | 5.95 |
| 布隆迪 | 1.28 | 3.49 | — | 1.66 | 17.04 |
| 柬埔寨 | 0.31 | 0.76 | 0.43 | — | — |
| 喀麦隆 | 4.92 | 3.71 | — | 4.91 | 0.17 |
| 加拿大 | 14.85 | 13.83 | 12.93 | 14.64 | 15.75 |
| 中非 | — | — | 0.09 | 27.93 | — |
| 智利 | 6.17 | 5.90 | 6.95 | 6.44 | 6.38 |
| 中国（不含港澳台地区） | 25.37 | 25.75 | 25.24 | 30.89 | 31.44 |
| 哥伦比亚 | 7.71 | 9.49 | 9.83 | 8.99 | 7.27 |
| 哥斯达黎加 | — | 16.83 | 18.26 | 18.52 | 18.47 |
| 科特迪瓦 | 3.72 | 4.79 | — | 7.19 | 6.81 |
| 克罗地亚 | 8.43 | 8.98 | 11.62 | 8.80 | 8.89 |
| 塞浦路斯 | 6.23 | 6.15 | 7.28 | 14.05 | 19.86 |
| 捷克 | 14.92 | 14.90 | 13.88 | 17.90 | 19.63 |

续表

| 国家和地区 | 2014 年 | 2015 年 | 2016 年 | 2017 年 | 2018 年 |
|---|---|---|---|---|---|
| 丹麦 | 14.35 | 15.96 | 15.67 | 13.88 | 13.89 |
| 多米尼加共和国 | 3.73 | 3.83 | 4.38 | 8.57 | — |
| 厄瓜多尔 | 4.76 | 7.17 | 8.37 | 8.01 | 5.28 |
| 阿拉伯埃及共和国 | 1.31 | 0.78 | 0.49 | 0.57 | 0.87 |
| 萨尔瓦多 | 4.76 | 4.39 | 4.62 | 5.00 | — |
| 爱沙尼亚 | 11.44 | 11.40 | 10.34 | 17.61 | 16.84 |
| 斐济 | 2.08 | 2.29 | 2.25 | 3.37 | 2.86 |
| 芬兰 | 7.86 | 8.73 | 8.44 | 9.56 | 8.93 |
| 法国 | 26.09 | 26.85 | 26.67 | 26.09 | 25.92 |
| 法属波利尼西亚 | 14.82 | 11.20 | — | — | — |
| 冈比亚 | — | — | 1.25 | 0.08 | 0.15 |
| 格鲁吉亚 | 3.02 | 5.57 | 3.90 | 3.50 | 3.34 |
| 德国 | 16.00 | 16.66 | 16.91 | 15.86 | 15.78 |
| 加纳 | — | — | 1.51 | 4.44 | 8.26 |
| 希腊 | 10.32 | 10.99 | 11.44 | 11.99 | 12.81 |
| 格陵兰 | 4.36 | 12.00 | 2.24 | 4.34 | 1.71 |
| 危地马拉 | 4.96 | 5.02 | 5.45 | 5.34 | — |
| 几内亚 | 4.86 | 0.96 | — | — | — |
| 圭亚那 | 0.22 | 0.06 | 0.18 | 0.09 | 0.07 |
| 洪都拉斯 | 2.42 | — | 2.48 | 3.13 | — |
| 中国香港特别行政区 | 9.84 | 10.71 | 12.12 | — | 64.65 |
| 匈牙利 | 13.71 | — | 14.04 | 17.30 | 16.94 |
| 冰岛 | 16.94 | 19.90 | 23.25 | 26.37 | 23.47 |
| 印度 | 8.59 | 7.52 | 7.13 | 7.35 | 9.01 |
| 印度尼西亚 | 6.97 | 6.63 | 5.79 | 8.20 | 8.02 |
| 以色列 | 16.01 | 19.66 | 18.38 | 21.36 | 22.83 |
| 意大利 | 7.24 | — | 7.49 | 7.91 | 7.51 |
| 牙买加 | 0.56 | 0.09 | 0.43 | 2.11 | — |
| 日本 | 16.69 | 16.78 | 16.22 | 17.56 | 17.27 |
| 约旦 | 1.55 | 1.82 | 1.92 | 1.81 | 2.89 |
| 哈萨克斯坦 | 37.17 | 41.19 | 30.39 | 22.90 | 22.02 |
| 肯尼亚 | — | — | — | 3.35 | 3.62 |
| 韩国 | 26.88 | 26.84 | 26.58 | 32.52 | 36.35 |
| 科威特 | 0.13 | 2.72 | 1.91 | 4.64 | 4.12 |
| 吉尔吉斯斯坦 | — | 11.86 | 18.49 | 17.62 | 8.05 |
| 拉脱维亚 | 15.05 | — | 12.51 | 17.50 | 20.28 |
| 黎巴嫩 | 2.07 | — | 2.37 | 7.90 | 2.35 |
| 立陶宛 | 10.14 | 11.85 | 11.75 | 12.57 | 12.11 |
| 卢森堡 | 5.66 | 6.82 | 7.60 | 7.14 | 6.97 |
| 中国澳门特别行政区 | 0.16 | — | — | — | — |
| 马其顿 | 3.12 | 2.99 | 1.96 | 3.99 | — |
| 马达加斯加 | 0.57 | 0.19 | 0.65 | 0.56 | 0.30 |
| 马拉维 | 2.52 | 2.16 | — | 11.51 | — |
| 马来西亚 | 43.87 | 42.80 | 42.97 | 50.48 | 52.77 |

续表

| 国家和地区 | 2014 年 | 2015 年 | 2016 年 | 2017 年 | 2018 年 |
|---|---|---|---|---|---|
| 马里 | — | — | 4.71 | 1.24 | — |
| 马耳他 | 34.41 | 31.90 | 21.47 | — | 32.21 |
| 毛里求斯 | 0.02 | 0.06 | 0.07 | 2.39 | 2.60 |
| 墨西哥 | 15.99 | 14.69 | 15.29 | 21.33 | 21.08 |
| 摩尔多瓦 | 4.81 | 3.99 | — | 5.40 | 2.53 |
| 蒙古国 | 19.51 | 4.03 | — | 3.47 | 4.96 |
| 摩洛哥 | 5.31 | 3.54 | 3.67 | 3.84 | 4.00 |
| 莫桑比克 | 5.63 | 11.61 | — | 11.75 | 5.64 |
| 纳米比亚 | 2.68 | — | 2.19 | 1.33 | 0.22 |
| 尼泊尔 | 0.17 | 0.62 | — | 1.18 | — |
| 荷兰 | 19.90 | 19.32 | 17.78 | 22.95 | 22.68 |
| 新西兰 | 9.11 | 9.62 | 10.14 | 9.13 | 9.73 |
| 尼加拉瓜 | 0.39 | 0.49 | — | 0.60 | 0.68 |
| 尼日尔 | 57.15 | 14.24 | 1.94 | — | — |
| 尼日利亚 | 2.10 | — | 1.97 | 1.91 | 1.85 |
| 挪威 | 20.68 | 20.52 | 19.28 | 21.94 | 21.23 |
| 阿曼 | 4.33 | 4.13 | 2.83 | 1.12 | 1.26 |
| 巴基斯坦 | 1.41 | 1.56 | 1.91 | 2.18 | 2.20 |
| 巴拿马 | 0.20 | — | — | — | — |
| 巴拉圭 | 6.13 | 5.68 | 7.25 | 6.39 | — |
| 秘鲁 | 3.85 | 4.74 | 4.22 | 5.02 | 4.57 |
| 菲律宾 | 49.00 | 53.06 | 55.10 | 60.17 | 61.11 |
| 波兰 | 8.70 | 8.78 | 8.46 | 10.89 | 10.60 |
| 葡萄牙 | 4.38 | — | 5.29 | 5.96 | 5.27 |
| 卡塔尔 | 0.05 | 3.41 | 2.20 | — | — |
| 罗马尼亚 | 6.45 | 7.50 | 8.50 | 9.82 | 10.08 |
| 俄罗斯 | 11.45 | 13.76 | 10.72 | 12.47 | 10.96 |
| 卢旺达 | 11.90 | 12.98 | 12.28 | — | — |
| 萨摩亚 | 1.67 | 0.37 | 0.85 | 1.38 | 3.09 |
| 沙特阿拉伯 | 0.58 | 0.77 | 2.97 | 0.73 | 0.61 |
| 塞内加尔 | 3.55 | 3.62 | 2.08 | 2.18 | 2.81 |
| 新加坡 | 47.18 | 49.28 | 48.85 | 53.15 | 51.72 |
| 斯洛伐克 | 10.22 | 10.29 | 9.83 | 11.80 | 10.63 |
| 斯洛文尼亚 | 5.84 | 6.42 | 7.42 | 6.50 | 6.81 |
| 南非 | 5.85 | 5.88 | 5.29 | 5.21 | 8.67 |
| 西班牙 | 7.00 | 7.15 | 6.98 | 7.74 | 7.19 |
| 斯里兰卡 | 0.91 | 0.84 | 0.84 | 1.02 | — |
| 圣基茨和尼维斯 | — | — | — | 34.60 | — |
| 圣卢西亚 | 5.18 | — | 5.92 | 4.57 | — |
| 圣文森特和格林纳丁斯 | — | — | — | 1.03 | — |
| 苏里南 | 20.75 | — | 15.57 | 11.62 | 7.94 |
| 瑞典 | 13.90 | 14.26 | 14.29 | 15.38 | 14.36 |
| 瑞士 | 26.40 | 26.84 | 27.08 | 14.08 | 13.37 |
| 坦桑尼亚 | 2.74 | 0.76 | 2.02 | 2.57 | 6.89 |

续表

| 国家和地区 | 2014 年 | 2015 年 | 2016 年 | 2017 年 | 2018 年 |
|---|---|---|---|---|---|
| 泰国 | 20.43 | 21.44 | 21.51 | — | 23.34 |
| 多哥 | 0.15 | 0.41 | 0.03 | 0.17 | — |
| 突尼斯 | 5.49 | 6.33 | 6.07 | 7.39 | — |
| 土耳其 | 1.94 | 2.16 | 2.03 | 2.90 | 2.33 |
| 乌干达 | 2.44 | 1.83 | 1.83 | 2.05 | 3.54 |
| 乌克兰 | 6.51 | 7.27 | — | 6.25 | 5.41 |
| 阿联酋 | 8.46 | — | 2.32 | 119.94 | — |
| 英国 | 20.65 | 20.81 | 21.83 | 23.03 | 22.64 |
| 美国 | 18.23 | 18.99 | 19.96 | 19.69 | — |
| 乌拉圭 | 7.93 | 13.85 | 9.71 | 8.15 | 7.20 |
| 越南 | 26.93 | — | — | 41.41 | 40.16 |
| 也门共和国 | 1.21 | 4.70 | — | — | — |
| 赞比亚 | 1.70 | 5.27 | — | 4.49 | 2.00 |
| 津巴布韦 | 1.71 | 2.89 | 5.21 | 2.59 | 2.05 |

数据来源：世界银行数据库。

# 2014—2018 年世界各国和地区信息和通信技术产品出口占产品出口总量的比重

单位：%

| 国家和地区 | 2014 年 | 2015 年 | 2016 年 | 2017 年 | 2018 年 |
|---|---|---|---|---|---|
| 世界 | 10.38 | 10.99 | 11.05 | 11.20 | 11.44 |
| 阿鲁巴 | 0.93 | 0.54 | 1.04 | 1.19 | 1.33 |
| 安哥拉 | — | 0.02 | 0.03 | 0.02 | 0.01 |
| 阿尔巴尼亚 | 0.07 | 0.79 | 0.27 | 0.03 | 0.02 |
| 安道尔共和国 | 21.65 | 21.60 | 24.20 | 22.54 | 26.38 |
| 阿联酋 | 2.25 | 2.51 | 2.09 | 7.46 | 7.06 |
| 阿根廷 | 0.23 | 0.12 | 0.09 | 0.11 | 0.06 |
| 亚美尼亚 | 0.26 | 0.15 | 0.18 | 0.19 | 0.32 |
| 安提瓜和巴布达 | 2.23 | 11.78 | 0.81 | 0.96 | 1.24 |
| 澳大利亚 | 1.08 | 1.40 | 1.31 | 1.06 | 1.00 |
| 奥地利 | 4.28 | 4.12 | 3.79 | 3.48 | 3.41 |
| 阿塞拜疆 | 0.01 | 0.02 | 0.02 | — | 0.02 |
| 布隆迪 | 0.57 | 0.50 | 0.59 | 0.10 | 0.15 |
| 比利时 | 1.75 | 2.08 | 2.00 | 1.92 | 1.71 |
| 贝宁 | 0.17 | 0.04 | 0.07 | 0.23 | 0.12 |

续表

| 国家和地区 | 2014 年 | 2015 年 | 2016 年 | 2017 年 | 2018 年 |
| --- | --- | --- | --- | --- | --- |
| 布基纳法索 | 0.03 | 0.02 | 0.04 | 0.03 | 0.04 |
| 孟加拉国 | — | 0.05 | — | — | — |
| 保加利亚 | 2.52 | 2.90 | 2.85 | 2.75 | 3.25 |
| 巴林 | 1.30 | 4.03 | 2.17 | 0.56 | 0.39 |
| 巴哈马 | 0.62 | 1.40 | — | — | — |
| 波黑 | 0.17 | 0.26 | 0.17 | 0.15 | 0.17 |
| 白俄罗斯 | 0.56 | 0.52 | 0.62 | 0.70 | 0.75 |
| 伯利兹 | 0.08 | 0.04 | 0.18 | 0.08 | 0.13 |
| 百慕大 | 12.59 | 5.20 | 1.95 | 3.95 | 5.36 |
| 玻利维亚 | 0.02 | 0.05 | 0.07 | 0.11 | 0.08 |
| 巴西 | 0.39 | 0.45 | 0.39 | 0.36 | 0.35 |
| 巴巴多斯 | 0.77 | 1.56 | 1.55 | 0.66 | 0.64 |
| 文莱 | 0.18 | 0.19 | 0.80 | 0.18 | 0.17 |
| 博茨瓦纳 | 0.11 | 0.15 | 0.11 | 0.18 | 0.23 |
| 中非共和国 | — | 0.00 | 0.05 | 0.01 | — |
| 加拿大 | 1.93 | 2.14 | 2.12 | 1.95 | 1.83 |
| 瑞士 | 1.02 | 1.06 | 1.06 | 1.10 | — |
| 智利 | 0.54 | 0.48 | 0.57 | 0.36 | 0.28 |
| 中国（不含港澳台地区） | 25.94 | 26.56 | 26.50 | 27.07 | 27.31 |
| 科特迪瓦 | 0.17 | 0.11 | 0.04 | 0.08 | 0.05 |
| 喀麦隆 | 0.03 | 0.03 | 0.03 | 0.05 | — |
| 哥伦比亚 | 0.18 | 0.24 | 0.28 | 0.25 | 0.21 |
| 哥斯达黎加 | 16.43 | 1.70 | 0.65 | 0.79 | 0.89 |
| 塞浦路斯 | 2.93 | 3.56 | 4.80 | 4.91 | 4.47 |
| 捷克 | 13.42 | 13.54 | 12.72 | 13.33 | 15.10 |
| 德国 | 4.52 | 4.65 | 4.71 | 4.96 | 4.96 |
| 丹麦 | 3.59 | 3.66 | 3.67 | 3.87 | 3.72 |
| 多米尼加共和国 | 1.01 | 1.00 | 1.25 | 2.16 | — |
| 阿尔及利亚 | 0.00 | 0.00 | 0.02 | 0.03 | — |
| 厄瓜多尔 | 0.05 | 0.08 | 0.10 | 0.11 | 0.08 |
| 阿拉伯埃及共和国 | 2.84 | 3.70 | 2.70 | 2.88 | 2.41 |
| 西班牙 | 1.13 | 1.26 | 1.38 | 1.49 | 1.53 |
| 爱沙尼亚 | 12.80 | 11.91 | 12.53 | 9.28 | 8.51 |
| 埃塞俄比亚 | 0.18 | 0.24 | 1.69 | — | — |
| 芬兰 | 2.62 | 2.46 | 2.69 | 2.69 | 2.60 |
| 斐济 | 4.33 | 0.76 | 3.30 | 5.24 | 3.93 |
| 法国 | 3.86 | 4.02 | 3.98 | 3.93 | 3.96 |
| 英国 | 4.16 | 4.10 | 4.50 | 4.25 | 3.87 |
| 格鲁吉亚 | 0.64 | 1.05 | 0.46 | 0.56 | 0.45 |
| 加纳 | — | — | 0.09 | 0.02 | 0.26 |
| 几内亚 | 0.04 | 0.04 | — | — | — |
| 冈比亚 | 0.14 | 0.01 | 0.18 | 0.01 | 0.07 |
| 希腊 | 2.41 | 3.07 | 3.49 | 2.78 | 3.11 |
| 格陵兰 | 0.01 | 0.08 | 0.01 | 0.03 | 0.02 |

续表

| 国家和地区 | 2014 年 | 2015 年 | 2016 年 | 2017 年 | 2018 年 |
|---|---|---|---|---|---|
| 危地马拉 | 0.24 | 0.27 | 0.23 | 0.21 | — |
| 圭亚那 | 0.09 | 0.06 | 0.17 | 0.05 | 0.03 |
| 中国香港特别行政区 | 45.50 | 48.65 | 49.99 | 51.67 | 55.48 |
| 洪都拉斯 | 0.17 | 0.17 | 0.52 | 0.45 | — |
| 克罗地亚 | 2.01 | 2.45 | 2.70 | 2.51 | 2.33 |
| 匈牙利 | 11.92 | 11.62 | 11.38 | 11.18 | 11.34 |
| 印度尼西亚 | 3.47 | 3.52 | 3.37 | 2.99 | 2.88 |
| 印度 | 0.97 | 0.89 | 0.95 | 0.86 | 1.18 |
| 爱尔兰 | 5.56 | 6.00 | 8.92 | 7.87 | 6.76 |
| 伊朗 | 0.04 | — | 0.01 | 0.01 | — |
| 冰岛 | 0.15 | 0.18 | 0.15 | 0.17 | 0.18 |
| 以色列 | 11.19 | 14.33 | 11.73 | 10.77 | 11.60 |
| 意大利 | 1.67 | 1.90 | 1.86 | 1.89 | 1.99 |
| 牙买加 | 0.29 | 0.27 | 0.54 | 1.05 | — |
| 约旦 | 1.89 | 1.78 | 3.18 | 3.39 | 1.99 |
| 日本 | 8.37 | 8.52 | 8.31 | 8.35 | 8.11 |
| 哈萨克斯坦 | 0.84 | 0.19 | 0.16 | 0.13 | 0.11 |
| 肯尼亚 | — | — | — | 0.38 | 0.34 |
| 吉尔吉斯斯坦 | 0.06 | 0.07 | 0.37 | 0.15 | 0.14 |
| 柬埔寨 | 0.43 | 2.18 | 1.90 | — | — |
| 基里巴斯 | 0.10 | 0.03 | 0.10 | — | — |
| 圣基茨和尼维斯 | 30.82 | 24.33 | 31.06 | 26.47 | — |
| 韩国 | 19.79 | 21.72 | 22.27 | 24.74 | 27.84 |
| 科威特 | 0.06 | 0.15 | 0.14 | 0.26 | 0.20 |
| 老挝 | 6.91 | 9.64 | 9.97 | — | — |
| 黎巴嫩 | 1.04 | 0.82 | 0.83 | 0.91 | 0.68 |
| 圣卢西亚 | 11.65 | 10.19 | 10.93 | 8.67 | — |
| 斯里兰卡 | 0.62 | 0.35 | 0.39 | 0.56 | — |
| 莱索托 | 0.67 | 1.14 | — | 2.80 | — |
| 立陶宛 | 2.94 | 3.95 | 3.86 | 4.08 | 3.48 |
| 卢森堡 | 2.00 | 2.29 | 2.49 | 2.36 | 2.40 |
| 拉脱维亚 | 9.67 | 11.36 | 10.47 | 9.23 | 8.44 |
| 中国澳门特别行政区 | 12.17 | 6.42 | 2.85 | — | — |
| 摩洛哥 | 2.71 | 2.21 | 2.25 | 2.14 | 2.10 |
| 摩尔多瓦 | 0.20 | 0.26 | 0.28 | 0.28 | 0.23 |
| 马达加斯加 | 0.06 | 0.09 | 0.14 | 0.06 | 0.05 |
| 墨西哥 | 15.75 | 16.02 | 16.00 | 15.94 | 15.05 |
| 马其顿 | 0.41 | 0.62 | 0.53 | 0.87 | 0.58 |
| 马里 | — | — | 0.07 | 0.05 | — |
| 马耳他 | 15.17 | 14.90 | 13.22 | 13.30 | 15.69 |
| 缅甸 | 0.01 | 0.04 | 1.64 | 0.19 | 0.55 |
| 黑山 | 0.59 | 0.55 | 0.75 | 0.45 | 0.50 |
| 蒙古国 | 0.07 | 0.08 | 0.09 | 0.02 | 0.02 |
| 莫桑比克 | 0.03 | — | 0.12 | 0.04 | 0.46 |

续表

| 国家和地区 | 2014 年 | 2015 年 | 2016 年 | 2017 年 | 2018 年 |
|---|---|---|---|---|---|
| 毛里求斯 | 11.76 | 12.80 | 5.43 | 1.80 | 2.40 |
| 马拉维 | 0.63 | 0.13 | 2.70 | 0.08 | — |
| 马来西亚 | 28.73 | 30.05 | 30.53 | 31.02 | 33.14 |
| 纳米比亚 | 0.87 | 0.59 | 0.17 | 0.31 | 0.24 |
| 新喀里多尼亚 | 0.23 | 0.51 | — | — | — |
| 尼日尔 | 0.40 | 0.25 | 0.13 | — | — |
| 尼加拉瓜 | 0.08 | 0.07 | 0.07 | 0.08 | 0.07 |
| 荷兰 | 10.82 | 11.31 | 10.74 | 10.49 | 10.77 |
| 挪威 | 0.88 | 1.08 | 1.11 | 1.08 | 0.92 |
| 尼泊尔 | 0.01 | 0.00 | 0.04 | 0.63 | |
| 新西兰 | 0.88 | 1.08 | 1.03 | 1.02 | 1.04 |
| 阿曼 | 0.14 | 0.14 | 0.03 | 0.50 | 0.44 |
| 巴基斯坦 | 0.19 | 0.24 | 0.30 | 0.20 | 0.16 |
| 巴拿马 | 7.48 | 7.22 | 8.71 | — | — |
| 秘鲁 | 0.10 | 0.15 | 0.10 | 0.09 | 0.08 |
| 菲律宾 | 34.62 | 42.91 | 43.21 | 35.87 | 38.32 |
| 帕劳 | 4.37 | 1.58 | 3.02 | 0.84 | 0.03 |
| 波兰 | 7.74 | 8.12 | 7.14 | 6.92 | 6.91 |
| 葡萄牙 | 2.29 | 2.45 | 3.32 | 3.22 | 3.03 |
| 巴拉圭 | 0.14 | 0.23 | 0.07 | 0.07 | 0.07 |
| 约旦河西岸和加沙 | 0.42 | 0.35 | 0.39 | 0.31 | 0.41 |
| 罗马尼亚 | 3.83 | 3.66 | 3.38 | 2.99 | 2.92 |
| 俄罗斯 | 0.80 | 0.81 | 0.60 | 0.63 | 0.47 |
| 卢旺达 | 1.12 | 0.81 | 1.00 | — | — |
| 沙特阿拉伯 | 0.12 | 0.16 | 0.22 | 0.15 | 0.09 |
| 苏丹 | — | 0.01 | — | — | — |
| 塞内加尔 | 0.37 | 1.05 | 0.52 | 0.22 | 0.26 |
| 新加坡 | 29.54 | 32.40 | 32.80 | 32.02 | 29.57 |
| 所罗门群岛 | 0.00 | 0.00 | 0.02 | 0.02 | 0.01 |
| 塞拉利昂 | 0.01 | 0.17 | 0.08 | 0.28 | — |
| 萨尔瓦多 | 0.47 | 0.28 | 0.30 | 0.23 | 0.24 |
| 塞尔维亚 | 1.39 | 1.21 | 1.28 | 1.14 | 1.03 |
| 圣多美和普林西比 | 0.11 | 2.45 | 7.09 | 1.24 | 0.40 |
| 苏里南 | 0.05 | 0.04 | 0.08 | 0.03 | 0.00 |
| 斯洛伐克 | 17.67 | 16.67 | 16.55 | 16.55 | 14.32 |
| 斯洛文尼亚 | 1.88 | 2.02 | 1.81 | 1.83 | 1.63 |
| 瑞典 | 6.91 | 6.95 | 6.78 | 6.09 | 5.79 |
| 斯威士兰 | 0.03 | 0.06 | 0.07 | 0.12 | — |
| 塞舌尔 | 0.05 | 0.21 | 0.09 | 0.27 | 0.12 |
| 多哥 | 0.37 | 0.13 | 0.41 | 0.13 | — |
| 泰国 | 16.03 | 16.61 | 15.76 | 16.11 | 15.59 |
| 特立尼达和多巴哥 | 0.04 | 0.09 | — | — | — |
| 突尼斯 | 5.76 | 5.41 | 6.34 | 6.01 | — |
| 土耳其 | 1.52 | 1.47 | 1.35 | 1.25 | 1.18 |

续表

| 国家和地区 | 2014 年 | 2015 年 | 2016 年 | 2017 年 | 2018 年 |
|---|---|---|---|---|---|
| 坦桑尼亚 | 0.40 | 6.07 | 0.21 | 0.07 | 4.18 |
| 乌干达 | 0.67 | 1.42 | 1.02 | 0.36 | 0.38 |
| 乌克兰 | 0.96 | 0.82 | 0.95 | 0.93 | 0.98 |
| 乌拉圭 | 0.10 | 0.15 | 0.11 | 0.13 | 0.11 |
| 美国 | 8.97 | 9.44 | 9.65 | 9.48 | 8.90 |
| 乌兹别克斯坦 | — | — | — | 0.11 | 0.11 |
| 圣文森特和格林纳丁斯 | 2.32 | 1.36 | 1.78 | 0.48 | 0.34 |
| 越南 | 23.97 | 29.37 | 31.24 | 33.45 | — |
| 萨摩亚 | 0.37 | 0.20 | 0.13 | 0.14 | 0.32 |
| 也门共和国 | 0.08 | 0.08 | — | — | — |
| 南非 | 1.54 | 1.42 | 1.40 | 1.10 | 0.97 |
| 赞比亚 | 0.10 | 0.50 | — | 0.40 | 0.12 |
| 津巴布韦 | 0.06 | 0.09 | 0.08 | 0.04 | 0.02 |

数据来源：世界银行数据库。

# 2014—2018 年世界各国和地区信息和通信技术产品进口占产品进口总量的比重

单位：%

| 国家和地区 | 2014 年年 | 2015 年年 | 2016 年 | 2017 年 | 2018 年 |
|---|---|---|---|---|---|
| 世界 | 11.36 | 12.66 | 12.84 | 12.95 | 12.85 |
| 阿鲁巴 | 5.24 | 5.73 | 4.92 | 4.83 | 5.20 |
| 阿富汗 | 0.09 | 0.16 | 0.26 | — | 0.19 |
| 安哥拉 | 2.84 | 2.87 | 2.30 | 2.45 | 2.52 |
| 阿尔巴尼亚 | 1.02 | 3.58 | 2.94 | 1.17 | 1.86 |
| 安道尔共和国 | 6.72 | 6.73 | 6.49 | 6.86 | 6.28 |
| 阿联酋 | 4.38 | 4.90 | 5.54 | 17.19 | 13.30 |
| 阿根廷 | 7.41 | 9.51 | 8.44 | 8.69 | 7.57 |
| 亚美尼亚 | 3.51 | 3.19 | 4.90 | 4.13 | 5.40 |
| 安提瓜和巴布达 | 3.83 | 3.63 | 3.14 | 3.08 | 3.75 |
| 澳大利亚 | 9.18 | 9.99 | 10.00 | 9.54 | 10.36 |
| 奥地利 | 5.25 | 5.41 | 5.40 | 5.23 | 5.26 |
| 阿塞拜疆 | 2.97 | 2.84 | 2.74 | — | 4.57 |
| 布隆迪 | 4.48 | 7.52 | 5.95 | 2.72 | 4.80 |
| 比利时 | 2.88 | 2.96 | 2.99 | 2.90 | 2.69 |
| 贝宁 | 1.35 | 1.67 | 1.24 | 1.53 | 1.89 |

续表

| 国家和地区 | 2014 年 | 2015 年 | 2016 年 | 2017 年 | 2018 年 |
|---|---|---|---|---|---|
| 布基纳法索 | 2.35 | 3.25 | 2.50 | 3.18 | 3.39 |
| 孟加拉国 | — | 3.06 | — | — | — |
| 保加利亚 | 4.93 | 5.15 | 5.37 | 4.94 | 5.05 |
| 巴林 | 3.77 | 4.62 | 4.81 | 3.94 | 4.19 |
| 巴哈马 | 3.00 | 3.55 | — | — | — |
| 波黑 | 2.93 | 3.02 | 2.96 | 2.62 | 2.64 |
| 白俄罗斯 | 3.17 | 2.88 | 3.25 | 3.27 | 3.61 |
| 伯利兹 | 3.06 | 3.45 | 4.96 | 3.12 | 3.57 |
| 百慕大 | 3.35 | 3.21 | 3.21 | 3.60 | 3.00 |
| 玻利维亚 | 3.75 | 4.34 | 4.29 | 4.11 | 4.26 |
| 巴西 | 8.79 | 8.41 | 8.44 | 10.11 | 8.81 |
| 巴巴多斯 | 5.37 | 5.45 | 5.33 | 4.52 | 3.70 |
| 文莱 | 4.92 | 4.48 | 4.42 | 3.29 | 2.99 |
| 博茨瓦纳 | 2.57 | 2.37 | 2.65 | 2.98 | 3.03 |
| 中非共和国 | 6.62 | 6.60 | 8.24 | 4.07 | — |
| 加拿大 | 6.88 | 7.12 | 7.08 | 7.23 | 7.23 |
| 瑞士 | 4.08 | 4.14 | 3.69 | 3.91 | — |
| 智利 | 7.07 | 8.66 | 9.23 | 8.55 | 8.10 |
| 中国（不含港澳台地区） | 19.71 | 23.35 | 23.76 | 22.72 | 22.67 |
| 科特迪瓦 | 2.53 | 2.33 | 4.16 | 3.12 | 3.19 |
| 喀麦隆 | 4.21 | 3.40 | 7.60 | 3.39 | — |
| 哥伦比亚 | 10.17 | 9.33 | 9.21 | 9.62 | 9.90 |
| 佛得角 | 4.41 | 4.53 | 5.07 | 5.02 | 3.50 |
| 哥斯达黎加 | 13.55 | 9.16 | 7.20 | 7.48 | 7.64 |
| 塞浦路斯 | 3.61 | 3.88 | 3.55 | 3.44 | 3.50 |
| 捷克 | 14.11 | 15.63 | 14.24 | 15.33 | 16.33 |
| 德国 | 7.74 | 8.44 | 8.50 | 8.78 | 8.55 |
| 丹麦 | 7.22 | 7.68 | 7.72 | 7.56 | 7.04 |
| 多米尼加共和国 | 3.67 | 3.87 | 4.33 | 4.75 | — |
| 阿尔及利亚 | 5.08 | 5.38 | 5.18 | 4.87 | — |
| 厄瓜多尔 | 6.58 | 5.65 | 5.62 | 5.53 | 5.89 |
| 阿拉伯埃及共和国 | 4.22 | 4.47 | 4.11 | 3.99 | 5.04 |
| 西班牙 | 4.60 | 4.98 | 5.07 | 4.86 | 5.15 |
| 爱沙尼亚 | 11.50 | 11.21 | 11.53 | 9.40 | 8.48 |
| 埃塞俄比亚 | 4.56 | 6.30 | 6.15 | — | — |
| 芬兰 | 6.24 | 6.89 | 7.29 | 7.07 | 7.33 |
| 斐济 | 5.72 | 4.37 | 4.86 | 5.19 | 4.94 |
| 法国 | 6.21 | 6.67 | 6.67 | 6.51 | 6.14 |
| 英国 | 7.82 | 8.29 | 7.63 | 7.77 | 8.08 |
| 格鲁吉亚 | 5.50 | 4.77 | 4.75 | 5.77 | 5.18 |
| 加纳 | — | — | 2.50 | 2.51 | 2.39 |
| 几内亚 | 3.20 | 0.96 | — | — | — |
| 冈比亚 | 2.20 | 1.17 | 0.78 | 0.45 | 0.43 |
| 希腊 | 4.17 | 4.89 | 4.67 | 4.34 | 4.44 |

续表

| 国家和地区 | 2014 年 | 2015 年 | 2016 年 | 2017 年 | 2018 年 |
|---|---|---|---|---|---|
| 格陵兰 | 4.00 | 3.82 | 3.19 | 4.26 | 3.67 |
| 危地马拉 | 5.87 | 6.16 | 6.24 | 6.41 | — |
| 圭亚那 | 2.34 | 3.56 | 2.87 | 2.78 | 1.34 |
| 中国香港特别行政区 | 43.52 | 47.66 | 50.31 | 51.86 | 53.52 |
| 洪都拉斯 | 5.20 | 8.36 | 5.49 | 5.16 | — |
| 克罗地亚 | 4.86 | 5.23 | 5.05 | 5.02 | 4.81 |
| 匈牙利 | 12.38 | 12.58 | 12.52 | 12.56 | 12.48 |
| 印度尼西亚 | 7.00 | 7.63 | 7.97 | 7.98 | 7.70 |
| 印度 | 6.31 | 8.56 | 9.33 | 9.72 | 9.18 |
| 爱尔兰 | 8.21 | 8.99 | 8.11 | 7.50 | 8.10 |
| 伊朗 | 7.03 | — | 6.26 | 6.37 | — |
| 伊拉克 | 0.46 | — | — | — | — |
| 冰岛 | 5.12 | 5.37 | 5.47 | 5.51 | 5.78 |
| 以色列 | 9.00 | 11.46 | 10.88 | 8.94 | 8.89 |
| 意大利 | 4.81 | 5.19 | 5.18 | 5.09 | 4.93 |
| 牙买加 | 3.65 | 4.73 | 4.48 | 3.62 | — |
| 约旦 | 3.17 | 4.40 | 4.79 | 4.45 | 4.74 |
| 日本 | 11.26 | 12.79 | 13.01 | 13.01 | 11.94 |
| 哈萨克斯坦 | 5.99 | 4.89 | 5.20 | 5.85 | 5.99 |
| 肯尼亚 | — | — | — | 4.79 | 3.82 |
| 吉尔吉斯斯坦 | 2.04 | 2.80 | 3.13 | 3.66 | 3.85 |
| 柬埔寨 | 2.77 | 2.51 | 2.24 | — | — |
| 基里巴斯 | 5.32 | 8.40 | 5.62 | — | — |
| 圣基茨和尼维斯 | 6.58 | 7.32 | 6.04 | 5.51 | — |
| 韩国 | 11.42 | 14.67 | 15.70 | 15.02 | 13.97 |
| 科威特 | 7.21 | 8.23 | 6.53 | 8.11 | 7.17 |
| 老挝 | 8.11 | 10.62 | 7.36 | — | — |
| 黎巴嫩 | 2.52 | 2.25 | 2.30 | 2.34 | 3.07 |
| 圣卢西亚 | 4.50 | 5.05 | 4.29 | 4.84 | — |
| 斯里兰卡 | 3.39 | 4.22 | 4.95 | 4.73 | — |
| 莱索托 | 1.99 | 2.46 | — | 2.67 | — |
| 立陶宛 | 4.07 | 5.10 | 5.50 | 5.76 | 4.89 |
| 卢森堡 | 3.97 | 4.25 | 4.41 | 4.37 | 4.35 |
| 拉脱维亚 | 8.77 | 10.00 | 9.97 | 9.25 | 8.24 |
| 中国澳门特别行政区 | 12.35 | 13.73 | 10.83 | — | — |
| 摩洛哥 | 3.80 | 4.02 | 3.94 | 3.95 | 3.94 |
| 摩尔多瓦 | 3.10 | 3.23 | 3.50 | 3.87 | 4.03 |
| 马达加斯加 | 2.47 | 3.29 | 2.75 | 2.73 | 2.71 |
| 马尔代夫 | 4.37 | 5.28 | 4.62 | 4.53 | 4.54 |
| 墨西哥 | 16.27 | 16.35 | 16.43 | 15.05 | 15.16 |
| 马其顿 | 3.90 | 3.72 | 3.55 | 3.62 | 3.60 |
| 马里 | — | — | 4.29 | 4.09 | — |
| 马耳他 | 6.86 | 7.45 | 5.84 | 6.12 | 6.55 |
| 缅甸 | 1.82 | 3.46 | 3.08 | 3.75 | 2.89 |

续表

| 国家和地区 | 2014 年 | 2015 年 | 2016 年 | 2017 年 | 2018 年 |
|---|---|---|---|---|---|
| 黑山 | 4.07 | 4.72 | 4.48 | 4.18 | 3.89 |
| 蒙古国 | 3.88 | 5.01 | 6.45 | 4.58 | 4.34 |
| 莫桑比克 | 3.97 | — | 2.83 | 2.97 | 2.74 |
| 毛里塔尼亚 | 0.79 | — | 1.58 | 1.57 | — |
| 毛里求斯 | 9.70 | 10.83 | 7.47 | 5.42 | 6.08 |
| 马拉维 | 3.37 | 3.33 | 2.51 | 4.01 | — |
| 马来西亚 | 23.08 | 24.01 | 24.70 | 25.22 | 25.05 |
| 纳米比亚 | 3.02 | 2.98 | 3.08 | 3.08 | 2.79 |
| 新喀里多尼亚 | 3.37 | 2.68 | — | — | — |
| 尼日尔 | 2.86 | 3.70 | 4.20 | — | — |
| 尼日利亚 | 3.92 | — | 3.93 | 3.27 | 3.08 |
| 尼加拉瓜 | 5.25 | 5.53 | 4.68 | 3.86 | 2.69 |
| 荷兰 | 12.90 | 13.71 | 13.27 | 13.55 | 13.73 |
| 挪威 | 6.86 | 6.62 | 6.88 | 6.50 | 6.67 |
| 尼泊尔 | 4.74 | 4.96 | 5.29 | 5.29 | — |
| 新西兰 | 6.90 | 7.84 | 7.52 | 7.57 | 7.29 |
| 阿曼 | 3.01 | 3.13 | 3.66 | 3.36 | 4.85 |
| 巴基斯坦 | 4.59 | 4.90 | 4.95 | 4.69 | 3.93 |
| 巴拿马 | 8.68 | 8.09 | 9.25 | — | — |
| 秘鲁 | 9.00 | 9.58 | 9.69 | 8.86 | 8.31 |
| 菲律宾 | 20.89 | 27.47 | 23.98 | 19.76 | 22.06 |
| 帕劳 | 4.38 | 5.07 | 2.93 | 3.13 | 3.12 |
| 波兰 | 8.88 | 9.79 | 9.24 | 9.06 | 8.52 |
| 葡萄牙 | 4.68 | 4.94 | 5.51 | 5.64 | 5.59 |
| 巴拉圭 | 14.55 | 11.53 | 15.39 | 17.77 | 15.56 |
| 约旦河西岸和加沙 | 2.62 | 3.47 | 3.10 | 4.36 | 3.86 |
| 法属波利尼西亚 | 4.95 | 4.63 | — | — | — |
| 卡塔尔 | 5.57 | 5.77 | 5.44 | 5.41 | 5.08 |
| 罗马尼亚 | 7.08 | 7.28 | 7.35 | 7.10 | 7.14 |
| 俄罗斯 | 7.88 | 9.14 | 8.40 | 8.67 | 9.91 |
| 卢旺达 | 9.17 | 9.82 | 9.82 | — | — |
| 沙特阿拉伯 | 7.45 | 7.48 | 6.48 | 7.70 | 7.52 |
| 苏丹 | — | 2.22 | — | 1.65 | — |
| 塞内加尔 | 2.77 | 3.81 | 4.40 | 4.00 | 3.12 |
| 新加坡 | 23.73 | 26.98 | 28.10 | 27.88 | 26.61 |
| 所罗门群岛 | 2.14 | 2.32 | 3.83 | 3.47 | 2.60 |
| 塞拉利昂 | 1.83 | 4.10 | 1.61 | 1.82 | — |
| 萨尔瓦多 | 5.11 | 5.39 | 5.23 | 5.08 | 5.13 |
| 塞尔维亚 | 3.17 | 3.96 | 3.42 | 3.53 | 3.63 |
| 圣多美和普林西比 | 4.34 | 4.23 | 4.06 | 4.21 | 4.04 |
| 苏里南 | 4.24 | 2.41 | 2.35 | 1.78 | 1.27 |
| 斯洛伐克 | 14.57 | 14.95 | 14.27 | 15.14 | 13.74 |
| 斯洛文尼亚 | 3.75 | 4.05 | 3.91 | 3.86 | 3.67 |
| 瑞典 | 9.89 | 10.17 | 9.83 | 9.24 | 9.17 |

续表

| 国家和地区 | 2014 年 | 2015 年 | 2016 年 | 2017 年 | 2018 年 |
|---|---|---|---|---|---|
| 斯威士兰 | 2.13 | 2.96 | 2.89 | 2.99 | — |
| 塞舌尔 | 1.90 | 3.31 | 1.91 | 2.34 | 2.82 |
| 多哥 | 1.69 | 3.06 | 3.05 | 2.66 | — |
| 泰国 | 12.62 | 13.88 | 14.03 | 14.04 | 13.38 |
| 东帝汶 | — | — | — | 3.88 | — |
| 汤加 | 10.22 | — | — | — | — |
| 特立尼达和多巴哥 | 2.38 | 4.33 | — | — | — |
| 突尼斯 | 4.73 | 5.60 | 6.21 | 5.34 | — |
| 土耳其 | 5.09 | 5.67 | 6.74 | 6.17 | 4.18 |
| 坦桑尼亚 | 3.08 | 3.88 | 4.23 | 3.87 | 3.12 |
| 乌干达 | 4.26 | 5.24 | 4.21 | 4.07 | 4.01 |
| 乌克兰 | 3.56 | 4.01 | 4.88 | 5.13 | 5.80 |
| 乌拉圭 | 6.95 | 6.48 | 7.12 | 8.00 | 6.79 |
| 美国 | 12.86 | 13.78 | 14.06 | 14.28 | 13.60 |
| 乌兹别克斯坦 | — | — | — | 2.60 | 2.05 |
| 圣文森特和格林纳丁斯 | 5.76 | 4.43 | 4.00 | 3.60 | 4.44 |
| 越南 | 19.14 | 21.13 | 22.59 | 25.01 | - |
| 萨摩亚 | 3.76 | 3.68 | 4.62 | 3.38 | 3.61 |
| 也门共和国 | 1.33 | 1.13 | — | — | — |
| 南非 | 7.83 | 8.93 | 8.62 | 8.11 | 7.91 |
| 赞比亚 | 2.41 | 2.80 | — | 3.40 | 4.36 |
| 津巴布韦 | 3.87 | 4.84 | 3.65 | 4.64 | 2.83 |

数据来源：世界银行数据库。

# 2013—2017 年世界各国和地区信息和通信技术服务出口占服务出口总量的比重

单位：%

| 国家和地区 | 2013 年 | 2014 年 | 2015 年 | 2016 年 | 2017 年 |
|---|---|---|---|---|---|
| 世界 | 9.18 | 9.50 | 8.78 | 9.12 | 10.36 |
| 阿鲁巴 | 1.49 | 1.23 | 1.19 | 1.07 | — |
| 阿富汗 | 15.65 | 8.61 | 9.79 | 14.93 | 16.20 |
| 安哥拉 | 1.59 | 2.21 | 2.40 | 3.05 | 2.49 |
| 阿尔巴尼亚 | 8.02 | 6.60 | 4.98 | 4.75 | 3.04 |
| 阿根廷 | 12.65 | 10.78 | 11.15 | 11.14 | 12.58 |

续表

| 国家和地区 | 2013 年 | 2014 年 | 2015 年 | 2016 年 | 2017 年 |
|---|---|---|---|---|---|
| 亚美尼亚 | 7.27 | 8.01 | 8.63 | 10.35 | 10.46 |
| 安提瓜和巴布达 | 1.83 | 0.87 | 0.88 | 0.86 | 0.87 |
| 澳大利亚 | 3.96 | 4.14 | 4.17 | 4.23 | 4.33 |
| 奥地利 | 8.99 | 9.52 | 9.40 | 9.93 | 9.77 |
| 阿塞拜疆 | 2.76 | 2.96 | 1.95 | 1.67 | 1.41 |
| 布隆迪 | 11.29 | 23.38 | 13.49 | 4.95 | 3.23 |
| 比利时 | 9.39 | 9.43 | 9.98 | 10.12 | 10.73 |
| 贝宁 | 14.88 | 13.74 | 8.70 | 8.04 | — |
| 布基纳法索 | 14.80 | 10.93 | 10.96 | 10.76 | — |
| 孟加拉国 | 12.73 | 13.77 | 14.90 | 17.61 | 13.59 |
| 保加利亚 | 9.88 | 9.99 | 10.75 | 12.17 | 12.31 |
| 巴林 | 7.61 | 7.61 | 6.42 | 5.50 | 6.69 |
| 波黑 | 7.78 | 7.72 | 8.02 | 8.50 | 7.99 |
| 白俄罗斯 | 9.91 | 11.36 | 15.02 | 16.85 | 18.41 |
| 伯利兹 | 2.32 | 2.11 | 1.73 | 4.98 | 3.78 |
| 百慕大 | 5.85 | 4.86 | 5.72 | 5.32 | 4.85 |
| 玻利维亚 | 8.27 | 7.45 | 6.45 | 5.53 | 4.61 |
| 巴西 | 1.86 | 3.62 | 4.65 | 5.42 | 6.34 |
| 巴巴多斯 | 1.05 | — | — | — | — |
| 文莱 | — | — | 0.01 | 0.00 | 0.01 |
| 不丹 | 0.47 | 0.35 | 0.32 | 0.63 | 0.25 |
| 博茨瓦纳 | 2.13 | 2.68 | 1.26 | 1.40 | 2.17 |
| 加拿大 | 9.56 | 8.98 | 8.60 | 8.45 | 8.32 |
| 瑞士 | 9.62 | 11.63 | 12.16 | 11.86 | 10.98 |
| 智利 | 2.91 | 3.21 | 3.32 | 3.71 | 3.59 |
| 中国（不含港澳台地区） | 8.26 | 9.21 | 11.29 | 12.20 | 12.66 |
| 科特迪瓦 | 9.81 | 10.28 | 10.40 | 10.72 | — |
| 喀麦隆 | 5.40 | 5.27 | 6.32 | 7.22 | 6.79 |
| 刚果（金） | 5.87 | 3.46 | 4.65 | 4.53 | 6.07 |
| 刚果（布） | 3.94 | 1.37 | 0.77 | 6.39 | — |
| 哥伦比亚 | 4.59 | 3.84 | 4.65 | 4.18 | 4.07 |
| 佛得角 | 4.27 | 8.33 | 4.76 | 5.12 | 4.98 |
| 哥斯达黎加 | 10.41 | 11.95 | 13.02 | 12.82 | 14.79 |
| 库拉索 | 1.73 | 2.01 | 1.70 | 1.78 | 2.05 |
| 塞浦路斯 | 12.58 | — | 12.37 | 14.82 | 15.82 |
| 捷克 | 11.10 | 11.66 | 11.79 | 13.33 | 14.00 |
| 德国 | 9.86 | 9.58 | 10.48 | 11.60 | 11.70 |
| 吉布提 | 1.56 | 1.70 | 2.06 | 1.87 | 2.14 |
| 多米尼克 | 12.12 | 4.83 | 5.18 | 5.15 | 6.10 |
| 丹麦 | 5.33 | 5.56 | 6.03 | 6.48 | 6.48 |
| 多米尼加共和国 | 3.31 | 2.73 | 2.23 | 1.77 | 1.62 |
| 阿尔及利亚 | 5.62 | 5.39 | 4.98 | 5.62 | 5.24 |
| 厄瓜多尔 | 6.14 | 4.70 | 3.69 | 2.47 | 1.42 |
| 阿拉伯埃及共和国 | 5.20 | 4.62 | 4.37 | 6.54 | 3.49 |

续表

| 国家和地区 | 2013 年 | 2014 年 | 2015 年 | 2016 年 | 2017 年 |
|---|---|---|---|---|---|
| 西班牙 | 8.73 | 9.16 | 8.92 | 8.97 | 8.72 |
| 爱沙尼亚 | 8.65 | 9.00 | 8.64 | 9.40 | 10.47 |
| 埃塞俄比亚 | 4.75 | 4.23 | 3.13 | 2.40 | 2.17 |
| 芬兰 | 26.02 | 32.30 | 31.71 | 28.50 | 27.21 |
| 斐济 | 1.59 | 1.41 | 1.39 | 1.63 | 1.66 |
| 法国 | 6.68 | 6.93 | 6.74 | 6.69 | 6.68 |
| 密克罗尼西亚联邦 | 4.77 | 4.03 | — | — | — |
| 英国 | 6.54 | 7.00 | 7.03 | 7.24 | 7.05 |
| 格鲁吉亚 | 1.83 | 1.85 | 1.46 | 1.70 | 2.25 |
| 几内亚 | 61.45 | 37.14 | 5.79 | 0.78 | 1.09 |
| 冈比亚 | 5.52 | 1.99 | 1.58 | 2.04 | 2.98 |
| 几内亚比绍共和国 | 38.39 | 39.68 | 28.07 | 26.13 | — |
| 希腊 | 2.70 | 2.79 | 2.54 | 3.05 | 2.96 |
| 格林纳达 | 6.44 | 2.23 | 1.97 | 1.92 | 1.69 |
| 危地马拉 | 10.68 | 12.32 | 16.31 | 9.53 | 7.01 |
| 圭亚那 | 8.25 | 5.01 | 4.87 | 3.37 | — |
| 中国香港特别行政区 | 2.52 | 2.64 | 2.72 | 2.89 | — |
| 洪都拉斯 | 9.73 | 9.00 | 8.31 | 9.21 | 9.95 |
| 克罗地亚 | 3.20 | 4.11 | 4.60 | 5.07 | 5.20 |
| 海地 | 3.99 | 3.85 | 3.73 | 4.18 | 4.98 |
| 匈牙利 | 8.23 | 8.13 | 8.08 | 7.97 | 8.20 |
| 印度尼西亚 | 4.54 | 4.84 | 4.37 | 4.16 | 4.00 |
| 印度 | 48.44 | 47.58 | 48.87 | 47.30 | 42.38 |
| 爱尔兰 | 45.08 | 48.52 | — | — | 43.17 |
| 伊拉克 | 3.38 | 4.31 | 3.07 | 2.28 | — |
| 冰岛 | 4.97 | 5.17 | 5.56 | 5.17 | 4.79 |
| 以色列 | 35.86 | 40.99 | 42.17 | 42.95 | 45.61 |
| 意大利 | 7.63 | 8.67 | 8.44 | 8.55 | 8.10 |
| 牙买加 | 3.53 | 4.16 | 4.00 | 3.97 | 3.63 |
| 约旦 | . | 0.41 | 0.70 | 0.68 | 0.36 |
| 日本 | 2.00 | 1.95 | 2.00 | 2.20 | 2.70 |
| 哈萨克斯坦 | 2.36 | 2.09 | 2.30 | 2.04 | 1.79 |
| 肯尼亚 | 10.04 | 15.04 | 11.86 | 10.84 | 10.18 |
| 吉尔吉斯斯坦 | 2.07 | 2.31 | 4.98 | 7.82 | 4.83 |
| 柬埔寨 | 1.66 | 1.94 | 2.19 | 1.83 | 1.44 |
| 基里巴斯 | 5.56 | 2.96 | — | — | — |
| 圣基茨和尼维斯 | 2.66 | 1.21 | 1.04 | 0.93 | 0.89 |
| 韩国 | 2.09 | 2.68 | 3.59 | 3.92 | 4.79 |
| 科威特 | 54.23 | 48.88 | 44.71 | 46.19 | 43.28 |
| 老挝 | 5.12 | 5.05 | 4.06 | 3.57 | 3.25 |
| 黎巴嫩 | 3.85 | 4.64 | 4.04 | 4.32 | 4.22 |
| 利比亚 | 7.00 | 17.17 | 3.52 | 19.88 | — |
| 圣卢西亚 | 1.21 | 1.96 | 1.35 | 1.42 | 1.28 |
| 斯里兰卡 | 15.34 | 13.34 | 12.58 | 12.02 | 11.98 |

续表

| 国家和地区 | 2013 年 | 2014 年 | 2015 年 | 2016 年 | 2017 年 |
|---|---|---|---|---|---|
| 莱索托 | 9.76 | 7.18 | 3.77 | 4.94 | 5.52 |
| 立陶宛 | 2.89 | 3.64 | 3.99 | 4.35 | 5.81 |
| 卢森堡 | 6.81 | 5.67 | 4.30 | 4.21 | 3.79 |
| 拉脱维亚 | 7.30 | 7.05 | 8.26 | 11.52 | 12.46 |
| 中国澳门特别行政区 | 0.13 | 0.12 | 0.16 | 0.14 | 0.11 |
| 摩洛哥 | 7.96 | 9.78 | 9.79 | 9.40 | 8.61 |
| 摩尔多瓦 | 16.02 | 16.28 | 16.51 | 14.47 | 13.92 |
| 马达加斯加 | 4.36 | 5.14 | 7.40 | 6.28 | 7.52 |
| 马尔代夫 | 2.38 | 2.71 | 3.00 | 3.18 | 3.29 |
| 墨西哥 | 1.09 | 0.87 | 0.70 | 0.44 | 0.29 |
| 马绍尔群岛 | 3.72 | 2.79 | 3.52 | 2.63 | — |
| 马其顿 | 10.35 | 9.36 | 9.43 | 10.79 | 10.72 |
| 马里 | 40.51 | 39.28 | — | — | — |
| 马耳他 | 0.73 | 0.76 | 0.60 | 0.67 | 0.63 |
| 缅甸 | 2.92 | 6.05 | 9.27 | 5.77 | 2.92 |
| 黑山 | 3.62 | 3.49 | 4.90 | 4.35 | 3.87 |
| 蒙古国 | 1.88 | 2.23 | 1.75 | 2.33 | 2.65 |
| 莫桑比克 | 4.45 | 3.59 | 2.27 | 5.45 | 3.18 |
| 毛里塔尼亚 | 10.53 | 6.09 | 6.62 | 5.31 | 8.74 |
| 毛里求斯 | 5.33 | 6.55 | 5.00 | 5.29 | 4.17 |
| 马拉维 | 28.02 | 19.49 | 19.38 | 28.64 | 26.99 |
| 马来西亚 | 6.79 | 6.56 | 7.60 | 7.24 | 7.21 |
| 纳米比亚 | 2.24 | 2.57 | 2.54 | 3.23 | 5.06 |
| 新喀里多尼亚 | 1.62 | 2.20 | 2.71 | 3.30 | — |
| 尼日尔 | 43.29 | 52.30 | 51.51 | 42.13 | — |
| 尼日利亚 | 2.16 | 2.67 | 2.49 | 3.14 | 5.76 |
| 尼加拉瓜 | 13.83 | 12.97 | 12.48 | 12.94 | 11.17 |
| 荷兰 | 8.83 | 8.38 | 8.68 | 9.87 | 9.42 |
| 挪威 | 4.99 | 4.75 | 5.27 | 5.67 | 5.68 |
| 尼泊尔 | 30.07 | 25.85 | 24.04 | 23.97 | 18.04 |
| 新西兰 | 4.18 | 4.16 | 4.00 | 3.93 | 3.50 |
| 阿曼 | 3.44 | 3.04 | 2.62 | 3.08 | 3.00 |
| 巴基斯坦 | 17.47 | 13.94 | 13.38 | 17.29 | 15.86 |
| 巴拿马 | 2.87 | 2.76 | 2.41 | 2.45 | 2.21 |
| 秘鲁 | 3.13 | 3.21 | 2.41 | 2.18 | 2.11 |
| 菲律宾 | 14.30 | 13.62 | 11.91 | 17.60 | 16.54 |
| 帕劳 | 2.42 | 2.35 | 2.21 | — | — |
| 巴布亚新几内亚 | 3.89 | 4.86 | 3.14 | 1.28 | 1.93 |
| 波兰 | 7.65 | 8.67 | 9.74 | 10.71 | 10.88 |
| 葡萄牙 | 4.44 | 5.08 | 4.85 | 5.03 | 4.62 |
| 巴拉圭 | 1.34 | 1.45 | 1.62 | 1.53 | 1.38 |
| 约旦河西岸和加沙 | 9.92 | 10.34 | 10.32 | 12.81 | 14.12 |
| 法属波利尼西亚 | 1.52 | 2.04 | 1.70 | 1.52 | — |
| 卡塔尔 | 2.14 | 2.80 | 3.62 | 4.18 | 3.49 |

续表

| 国家和地区 | 2013 年 | 2014 年 | 2015 年 | 2016 年 | 2017 年 |
|---|---|---|---|---|---|
| 罗马尼亚 | 13.95 | 14.52 | 15.67 | 17.36 | 18.13 |
| 俄罗斯 | 5.94 | 6.85 | 7.62 | 7.71 | 8.09 |
| 卢旺达 | 3.13 | 3.19 | 2.82 | 2.30 | 2.00 |
| 沙特阿拉伯 | 2.51 | 2.86 | 1.74 | 1.58 | 1.87 |
| 苏丹 | 0.65 | 0.68 | 0.13 | 0.73 | 0.04 |
| 塞内加尔 | 22.27 | 22.40 | — | — | — |
| 新加坡 | 5.41 | 5.24 | 6.04 | 7.67 | 6.66 |
| 所罗门群岛 | 2.88 | 3.27 | 4.24 | 3.58 | 1.81 |
| 塞拉利昂 | 42.87 | 58.82 | 53.52 | 68.20 | — |
| 萨尔瓦多 | 6.84 | 7.34 | 7.43 | 7.23 | 8.00 |
| 塞尔维亚 | 12.77 | 12.78 | 14.29 | 16.17 | 17.12 |
| 南苏丹 | — | 5.37 | 2.70 | 1.86 | — |
| 圣多美和普林西比 | 1.95 | 0.78 | 2.34 | 2.42 | 0.29 |
| 苏里南 | 5.63 | 5.01 | 5.68 | 4.36 | 7.91 |
| 斯洛伐克 | 11.02 | 10.49 | 10.49 | 13.01 | 14.64 |
| 斯洛文尼亚 | 8.42 | 8.01 | 8.71 | 8.46 | 7.32 |
| 瑞典 | 20.11 | 21.58 | 21.68 | 19.27 | 19.13 |
| 斯威士兰 | 23.59 | 6.53 | 8.53 | 6.17 | 5.29 |
| 圣马丁（荷属） | 1.42 | 1.52 | 1.00 | 0.98 | 0.78 |
| 塞舌尔 | 1.32 | 1.45 | 1.46 | 1.35 | 1.27 |
| 多哥 | 4.36 | 5.91 | 3.75 | 6.62 | — |
| 泰国 | 0.98 | 1.02 | 0.85 | 0.82 | 0.63 |
| 塔吉克斯坦 | 4.12 | 4.92 | 5.07 | 4.39 | 2.13 |
| 东帝汶 | 25.99 | 32.93 | 6.12 | 3.02 | 2.01 |
| 汤加 | 3.01 | 2.40 | 9.48 | 5.14 | 9.67 |
| 特立尼达和多巴哥 | 0.07 | 0.80 | 1.42 | 1.26 | 1.46 |
| 突尼斯 | 8.48 | 7.95 | 9.42 | 9.93 | 9.18 |
| 土耳其 | 0.56 | 0.47 | 0.38 | 0.34 | 0.60 |
| 图瓦卢 | 3.10 | — | — | — | — |
| 坦桑尼亚 | 1.57 | 1.39 | 1.49 | 0.81 | 0.42 |
| 乌干达 | 4.86 | 2.61 | 3.17 | 2.09 | 2.37 |
| 乌克兰 | 7.88 | 13.72 | 16.92 | 18.56 | 19.38 |
| 乌拉圭 | 5.37 | 6.62 | 6.90 | 8.50 | 7.54 |
| 美国 | 4.78 | 4.58 | 4.76 | 4.94 | 5.08 |
| 圣文森特和格林纳丁斯 | 7.06 | 3.83 | 3.19 | 3.21 | 3.33 |
| 委内瑞拉玻利瓦尔共和国 | 3.75 | 3.99 | 5.75 | 4.98 | — |
| 瓦努阿图 | 0.51 | 1.56 | 2.58 | — | — |
| 萨摩亚 | 2.74 | 2.86 | 6.20 | 7.86 | 8.03 |
| 科索沃 | 6.84 | 8.30 | 5.76 | 4.26 | 4.74 |
| 也门共和国 | 21.74 | 12.83 | 17.06 | 25.36 | — |
| 南非 | 3.58 | 3.59 | 3.80 | 4.01 | 4.21 |
| 赞比亚 | 3.87 | 3.65 | 3.82 | 3.95 | 4.28 |
| 津巴布韦 | 0.68 | 0.69 | 0.68 | 0.70 | 3.31 |

数据来源：世界银行数据库。

# 2014—2018 年世界各国和地区研发支出占国内生产总值的比重

单位：%

| 国家和地区 | 2014 年 | 2015 年 | 2016 年 | 2017 年 | 2018 年 |
|---|---|---|---|---|---|
| 世界 | 2.15 | 2.23 | 2.23 | 2.14 | 2.27 |
| 阿根廷 | 0.59 | — | 0.53 | 0.54 | — |
| 亚美尼亚 | 0.24 | 0.25 | 0.23 | 0.23 | 0.19 |
| 澳大利亚 | — | — | — | 1.87 | — |
| 奥地利 | 3.06 | 3.07 | 3.09 | 3.05 | 3.17 |
| 阿塞拜疆 | 0.21 | 0.22 | 0.21 | 0.18 | 0.18 |
| 白俄罗斯 | 0.52 | 0.52 | 0.50 | 0.58 | 0.61 |
| 比利时 | 2.46 | 2.46 | 2.49 | 2.70 | 2.82 |
| 波黑 | 0.26 | 0.22 | 0.22 | 0.20 | 0.20 |
| 巴西 | 1.17 | — | 1.27 | 1.26 | — |
| 保加利亚 | 0.79 | 0.96 | 0.78 | 0.75 | 0.77 |
| 布基纳法索 | — | — | — | 0.70 | — |
| 加拿大 | 1.62 | — | 1.60 | 1.67 | 1.57 |
| 智利 | 0.38 | 0.38 | 0.36 | 0.36 | — |
| 中国（不含港澳台地区） | 2.02 | 2.07 | 2.11 | 2.15 | 2.19 |
| 哥伦比亚 | 0.25 | 0.24 | 0.27 | 0.24 | 0.24 |
| 哥斯达黎加 | 0.58 | — | 0.46 | 0.42 | — |
| 克罗地亚 | 0.79 | 0.85 | 0.85 | 0.43 | 0.97 |
| 古巴 | 0.42 | 0.43 | 0.35 | — | — |
| 塞浦路斯 | 0.48 | 0.46 | 0.50 | 0.56 | 0.56 |
| 捷克 | 1.97 | 1.95 | 1.68 | 1.79 | 1.93 |
| 丹麦 | 2.98 | 3.01 | 2.87 | 3.05 | 3.06 |
| 厄瓜多尔 | 0.44 | — | — | — | — |
| 阿拉伯埃及共和国 | 0.65 | 0.72 | 0.71 | 0.68 | 0.72 |
| 萨尔瓦多 | 0.08 | — | 0.15 | — | — |
| 爱沙尼亚 | 1.45 | 1.50 | 1.28 | 1.29 | 1.43 |
| 埃塞俄比亚 | — | — | — | 0.27 | — |
| 芬兰 | 3.18 | 2.90 | 2.75 | 2.76 | 2.77 |
| 法国 | 2.24 | 2.23 | 2.25 | 2.21 | 2.20 |
| 冈比亚 | — | — | — | — | 0.07 |
| 德国 | 2.89 | 2.88 | 2.94 | 3.04 | 3.09 |
| 希腊 | 0.84 | 0.96 | 1.01 | 1.13 | 1.18 |

续表

| 国家和地区 | 2014 年 | 2015 年 | 2016 年 | 2017 年 | 2018 年 |
|---|---|---|---|---|---|
| 危地马拉 | — | — | — | 0.03 | — |
| 中国香港特别行政区 | 0.74 | 0.76 | 0.79 | 0.80 | 0.86 |
| 匈牙利 | 1.36 | 1.38 | 1.21 | 1.35 | 1.55 |
| 冰岛 | 2.03 | 2.21 | 2.08 | 2.10 | 2.03 |
| 印度 | — | 0.63 | — | 0.67 | 0.65 |
| 印度尼西亚 | — | — | — | 0.24 | 0.23 |
| 爱尔兰 | 1.51 | — | 1.18 | — | 1.15 |
| 以色列 | 4.29 | 4.27 | 4.25 | 4.82 | 4.95 |
| 意大利 | 1.38 | 1.33 | 1.29 | 1.38 | 1.40 |
| 日本 | 3.40 | 3.28 | 3.14 | 3.21 | 3.26 |
| 约旦 | — | — | 0.33 | — | — |
| 哈萨克斯坦 | 0.17 | 0.17 | 0.14 | 0.13 | 0.12 |
| 韩国 | 4.28 | 4.23 | 4.23 | 4.55 | 4.81 |
| 科威特 | — | — | 0.08 | 0.08 | 0.06 |
| 吉尔吉斯斯坦 | 0.13 | 0.12 | 0.11 | — | — |
| 拉脱维亚 | 0.69 | 1.04 | 0.44 | 0.51 | 0.63 |
| 立陶宛 | 1.03 | 0.05 | 0.85 | 0.90 | 0.94 |
| 卢森堡 | 1.29 | 1.73 | 1.24 | 1.30 | 1.24 |
| 中国澳门特别行政区 | 0.09 | 1.29 | 0.23 | 0.17 | 0.20 |
| 马其顿 | — | — | 0.43 | — | — |
| 马达加斯加 | 0.02 | — | 0.01 | — | — |
| 马来西亚 | 1.26 | — | — | — | — |
| 马耳他 | 0.75 | 0.44 | 0.60 | — | 0.57 |
| 毛里求斯 | 0.34 | — | — | 0.37 | 0.35 |
| 墨西哥 | — | — | 0.49 | 0.33 | 0.31 |
| 摩尔多瓦 | — | — | 0.33 | — | 0.25 |
| 蒙古国 | 0.22 | — | 0.18 | 0.13 | 0.10 |
| 黑山 | — | — | — | 0.35 | 0.37 |
| 摩洛哥 | — | 0.13 | — | — | — |
| 莫桑比克 | — | 0.16 | — | — | — |
| 荷兰 | 2.00 | — | 2.03 | 1.98 | 2.16 |
| 新西兰 | — | — | — | 1.37 | — |
| 挪威 | 1.72 | — | 2.03 | 2.09 | 2.07 |
| 巴基斯坦 | — | 0.25 | — | 0.24 | — |
| 巴拿马 | — | — | — | 0.15 | — |
| 巴拉圭 | 0.10 | — | 0.15 | 0.15 | — |
| 波兰 | 0.94 | — | 0.97 | 1.03 | 1.21 |
| 葡萄牙 | 1.29 | 0.43 | 1.27 | 1.33 | 1.37 |
| 罗马尼亚 | 0.38 | — | 0.48 | 0.50 | 0.51 |
| 俄罗斯 | 1.09 | — | 1.10 | 1.11 | 0.99 |
| 塞尔维亚 | 0.77 | — | 0.89 | 0.87 | 0.92 |
| 塞舌尔 | — | — | 0.22 | — | — |
| 新加坡 | 2.20 | — | — | 1.94 | — |
| 斯洛伐克 | 0.88 | — | 0.79 | 0.88 | 0.83 |

续表

| 国家和地区 | 2014 年 | 2015 年 | 2016 年 | 2017 年 | 2018 年 |
|---|---|---|---|---|---|
| 斯洛文尼亚 | 2.38 | — | 2.00 | 1.87 | 1.94 |
| 南非 | — | — | — | 0.83 | — |
| 西班牙 | 1.23 | 1.22 | 1.19 | 1.21 | 1.24 |
| 瑞典 | 3.14 | 1.18 | 3.25 | 3.40 | 3.34 |
| 瑞士 | — | — | — | 3.37 | — |
| 塔吉克斯坦 | 0.11 | — | 0.11 | 0.12 | 0.10 |
| 泰国 | 0.48 | 0.89 | 0.78 | 1.00 | — |
| 特立尼达和多巴哥 | 0.09 | 0.58 | 0.09 | — | — |
| 突尼斯 | 0.65 | — | 0.60 | — | 0.60 |
| 土耳其 | 1.01 | — | — | 0.96 | — |
| 乌克兰 | 0.65 | — | 0.48 | — | 0.47 |
| 英国 | 1.68 | 1.70 | 1.69 | 1.70 | 1.72 |
| 美国 | 2.75 | 1.66 | 2.74 | — | 2.84 |
| 乌拉圭 | 0.34 | 0.62 | 0.41 | 0.48 | — |

数据来源：世界银行数据库。

# 附　　录

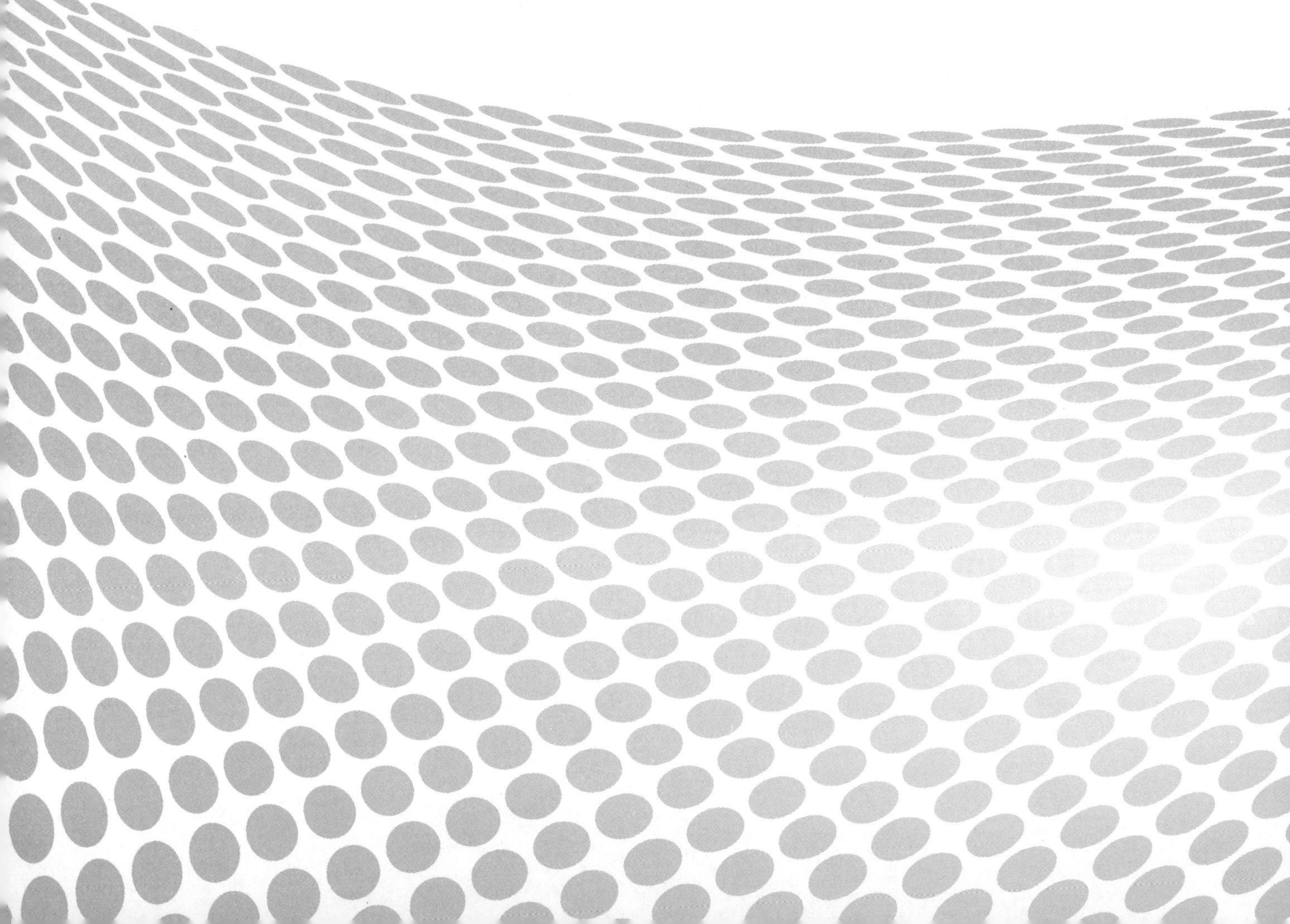

# 2020 年全球电子政务发展指数

| 排　名 | 国　　家 | EGDI 指数 | 在线服务指数 | 电信基础设施指数 | 人力资本指数 |
|---|---|---|---|---|---|
| 1 | 丹麦 | 0.9758 | 0.9706 | 0.9979 | 0.9588 |
| 2 | 韩国 | 0.9560 | 1.0000 | 0.9684 | 0.8997 |
| 3 | 爱沙尼亚 | 0.9473 | 0.9941 | 0.9212 | 0.9266 |
| 4 | 芬兰 | 0.9452 | 0.9706 | 0.9101 | 0.9549 |
| 5 | 澳大利亚 | 0.9432 | 0.9471 | 0.8825 | 1.0000 |
| 6 | 瑞典 | 0.9365 | 0.9000 | 0.9625 | 0.9471 |
| 7 | 英国 | 0.9358 | 0.9588 | 0.9195 | 0.9292 |
| 8 | 新西兰 | 0.9339 | 0.9294 | 0.9207 | 0.9516 |
| 9 | 美国 | 0.9297 | 0.9471 | 0.9182 | 0.9239 |
| 10 | 荷兰 | 0.9228 | 0.9059 | 0.9276 | 0.9349 |
| 11 | 新加坡 | 0.9150 | 0.9647 | 0.8899 | 0.8904 |
| 12 | 冰岛 | 0.9101 | 0.7941 | 0.9838 | 0.9525 |
| 13 | 挪威 | 0.9064 | 0.8765 | 0.9034 | 0.9392 |
| 14 | 日本 | 0.8989 | 0.9059 | 0.9223 | 0.8684 |
| 15 | 奥地利 | 0.8914 | 0.9471 | 0.8240 | 0.9032 |
| 16 | 瑞士 | 0.8907 | 0.8294 | 0.9482 | 0.8946 |
| 17 | 西班牙 | 0.8801 | 0.8882 | 0.8531 | 0.8989 |
| 18 | 塞浦路斯 | 0.8731 | 0.8706 | 0.9057 | 0.8429 |
| 19 | 法国 | 0.8718 | 0.8824 | 0.8719 | 0.8612 |
| 20 | 立陶宛 | 0.8665 | 0.8529 | 0.8249 | 0.9218 |
| 21 | 阿联酋 | 0.8555 | 0.9000 | 0.9344 | 0.7320 |
| 22 | 马耳他 | 0.8547 | 0.8118 | 0.9232 | 0.8290 |
| 23 | 斯洛文尼亚 | 0.8546 | 0.8529 | 0.7853 | 0.9256 |
| 24 | 波兰 | 0.8531 | 0.8588 | 0.8005 | 0.9001 |
| 25 | 德国 | 0.8524 | 0.7353 | 0.8856 | 0.9362 |
| 26 | 乌拉圭 | 0.8500 | 0.8412 | 0.8574 | 0.8514 |
| 27 | 爱尔兰 | 0.8433 | 0.7706 | 0.8100 | 0.9494 |
| 28 | 加拿大 | 0.8420 | 0.8412 | 0.7818 | 0.9029 |
| 29 | 哈萨克斯坦 | 0.8375 | 0.9235 | 0.7024 | 0.8866 |
| 30 | 以色列 | 0.8361 | 0.7471 | 0.8689 | 0.8924 |
| 31 | 列支敦士登 | 0.8359 | 0.6588 | 1.0000 | 0.8489 |
| 32 | 阿根廷 | 0.8279 | 0.8471 | 0.7265 | 0.9100 |

续表

| 排 名 | 国 家 | EGDI 指数 | 在线服务指数 | 电信基础设施指数 | 人力资本指数 |
|---|---|---|---|---|---|
| 33 | 卢森堡 | 0.8272 | 0.7647 | 0.9072 | 0.8097 |
| 34 | 智利 | 0.8259 | 0.8529 | 0.7606 | 0.8643 |
| 35 | 葡萄牙 | 0.8255 | 0.8353 | 0.7948 | 0.8463 |
| 36 | 俄罗斯 | 0.8244 | 0.8176 | 0.7723 | 0.8833 |
| 37 | 意大利 | 0.8231 | 0.8294 | 0.7932 | 0.8466 |
| 38 | 巴林 | 0.8213 | 0.7882 | 0.8319 | 0.8439 |
| 39 | 捷克 | 0.8135 | 0.7235 | 0.8140 | 0.9030 |
| 40 | 白俄罗斯 | 0.8084 | 0.6588 | 0.8033 | 0.9521 |
| 41 | 比利时 | 0.8047 | 0.6588 | 0.8033 | 0.9521 |
| 42 | 希腊 | 0.8021 | 0.7059 | 0.8100 | 0.8905 |
| 43 | 沙特阿拉伯 | 0.7991 | 0.6882 | 0.8442 | 0.8648 |
| 44 | 保加利亚 | 0.7980 | 0.7706 | 0.7826 | 0.8408 |
| 45 | 中国 | 0.7948 | 0.9059 | 0.7388 | 0.7396 |
| 46 | 科威特 | 0.7913 | 0.8412 | 0.7858 | 0.7470 |
| 47 | 马来西亚 | 0.7892 | 0.8529 | 0.7634 | 0.7513 |
| 48 | 斯洛伐克 | 0.7817 | 0.7176 | 0.7988 | 0.8286 |
| 49 | 拉脱维亚 | 0.7798 | 0.5824 | 0.8399 | 0.9172 |
| 50 | 阿曼 | 0.7749 | 0.8529 | 0.6967 | 0.7751 |
| 51 | 克罗地亚 | 0.7745 | 0.7529 | 0.7293 | 0.8414 |
| 52 | 匈牙利 | 0.7745 | 0.7471 | 0.7255 | 0.8509 |
| 53 | 土耳其 | 0.7718 | 0.8588 | 0.6280 | 0.8287 |
| 54 | 巴西 | 0.7677 | 0.8706 | 0.6522 | 0.7803 |
| 55 | 罗马尼亚 | 0.7605 | 0.7235 | 0.7586 | 0.7995 |
| 56 | 哥斯达黎加 | 0.7576 | 0.6824 | 0.7475 | 0.8428 |
| 57 | 泰国 | 0.7565 | 0.7941 | 0.7004 | 0.7751 |
| 58 | 塞尔维亚 | 0.7474 | 0.7941 | 0.6200 | 0.8280 |
| 59 | 阿尔巴尼亚 | 0.7399 | 0.8412 | 0.5785 | 0.8001 |
| 60 | 文莱 | 0.7389 | 0.6353 | 0.8209 | 0.7605 |
| 61 | 墨西哥 | 0.7291 | 0.8235 | 0.5910 | 0.7727 |
| 62 | 巴巴多斯 | 0.7279 | 0.5765 | 0.7523 | 0.8549 |
| 63 | 毛里求斯 | 0.7196 | 0.7000 | 0.6677 | 0.7911 |
| 64 | 摩纳哥 | 0.7177 | 0.4706 | 0.8639 | 0.8187 |
| 65 | 格鲁吉亚 | 0.7174 | 0.5882 | 0.6923 | 0.8717 |
| 66 | 卡塔尔 | 0.7173 | 0.6588 | 0.8233 | 0.6698 |
| 67 | 哥伦比亚 | 0.7164 | 0.7647 | 0.6122 | 0.7723 |
| 68 | 亚美尼亚 | 0.7136 | 0.7000 | 0.6536 | 0.7872 |
| 69 | 乌克兰 | 0.7119 | 0.6824 | 0.5942 | 0.8591 |
| 70 | 阿塞拜疆 | 0.7100 | 0.7059 | 0.6528 | 0.7713 |
| 71 | 秘鲁 | 0.7083 | 0.7529 | 0.5780 | 0.7940 |
| 72 | 马其顿 | 0.7083 | 0.7412 | 0.6442 | 0.7395 |
| 73 | 巴哈马 | 0.7017 | 0.6765 | 0.6739 | 0.7546 |
| 74 | 厄瓜多尔 | 0.7015 | 0.8818 | 0.5133 | 0.7793 |
| 75 | 黑山 | 0.7006 | 0.5412 | 0.7366 | 0.8239 |
| 76 | 塞舌尔 | 0.6920 | 0.6176 | 0.6925 | 0.7660 |
| 77 | 菲律宾 | 0.6892 | 0.7294 | 0.5838 | 0.7544 |

续表

| 排 名 | 国 家 | EGDI 指数 | 在线服务指数 | 电信基础设施指数 | 人力资本指数 |
|---|---|---|---|---|---|
| 78 | 南非洲 | 0.6891 | 0.7471 | 0.5832 | 0.7371 |
| 79 | 摩尔多瓦 | 0.6881 | 0.7529 | 0.5683 | 0.7432 |
| 80 | 安道尔 | 0.6881 | 0.4824 | 0.8372 | 0.7448 |
| 81 | 特立尼达和多巴哥 | 0.6785 | 0.6118 | 0.6803 | 0.7434 |
| 82 | 多米尼加 | 0.6782 | 0.7647 | 0.5279 | 0.7419 |
| 83 | 吉尔吉斯斯坦 | 0.6749 | 0.6471 | 0.5902 | 0.7873 |
| 84 | 巴拿马 | 0.6715 | 0.6235 | 0.6488 | 0.7421 |
| 85 | 斯里兰卡 | 0.6708 | 0.7176 | 0.5289 | 0.7660 |
| 86 | 越南 | 0.6667 | 0.6529 | 0.6694 | 0.6779 |
| 87 | 乌兹别克斯坦 | 0.6665 | 0.7824 | 0.4736 | 0.7434 |
| 88 | 印度尼西亚 | 0.6612 | 0.6824 | 0.5669 | 0.7342 |
| 89 | 伊朗 | 0.6593 | 0.5882 | 0.6210 | 0.7686 |
| 90 | 斐济 | 0.6585 | 0.5059 | 0.6468 | 0.8227 |
| 91 | 突尼斯 | 0.6526 | 0.6235 | 0.6369 | 0.6974 |
| 92 | 蒙古国 | 0.6497 | 0.5294 | 0.6135 | 0.8063 |
| 93 | 巴拉圭 | 0.6487 | 0.7059 | 0.5435 | 0.6968 |
| 94 | 波黑 | 0.6372 | 0.5353 | 0.6259 | 0.7468 |
| 95 | 圣基茨和尼维斯 | 0.6352 | 0.3941 | 0.7080 | 0.8035 |
| 96 | 圣马力诺 | 0.6175 | 0.2824 | 0.8153 | 0.7549 |
| 97 | 玻利维亚 | 0.6129 | 0.5824 | 0.5184 | 0.7379 |
| 98 | 安提瓜和巴布达 | 0.6055 | 0.4471 | 0.6176 | 0.7518 |
| 99 | 多米尼加 | 0.6013 | 0.4471 | 0.6871 | 0.6698 |
| 100 | 印度 | 0.5964 | 0.8529 | 0.3515 | 0.5848 |
| 101 | 加纳 | 0.5960 | 0.6353 | 0.5596 | 0.5930 |
| 102 | 格林纳达 | 0.5812 | 0.3412 | 0.5449 | 0.8576 |
| 103 | 不丹 | 0.5777 | 0.6824 | 0.5367 | 0.5139 |
| 104 | 纳米比亚 | 0.5747 | 0.5235 | 0.5447 | 0.6558 |
| 105 | 马尔代夫 | 0.5740 | 0.4353 | 0.5981 | 0.6886 |
| 106 | 摩洛哥 | 0.5729 | 0.5235 | 0.5800 | 0.6152 |
| 107 | 萨尔瓦多 | 0.5697 | 0.5765 | 0.5085 | 0.6242 |
| 108 | 汤加 | 0.5616 | 0.3765 | 0.4800 | 0.8283 |
| 109 | 圣文森特和格林纳丁斯 | 0.5605 | 0.4706 | 0.4894 | 0.7214 |
| 110 | 佛得角 | 0.5604 | 0.5000 | 0.5476 | 0.6337 |
| 111 | 埃及 | 0.5527 | 0.5706 | 0.4683 | 0.6192 |
| 112 | 圣卢西亚 | 0.5444 | 0.3824 | 0.5302 | 0.7205 |
| 113 | 加蓬 | 0.5401 | 0.3235 | 0.6250 | 0.6719 |
| 114 | 牙买加 | 0.5392 | 0.3882 | 0.5151 | 0.7142 |
| 115 | 博兹瓦纳 | 0.5383 | 0.3647 | 0.5591 | 0.6911 |
| 116 | 肯尼亚 | 0.5326 | 0.6765 | 0.3402 | 0.5812 |
| 117 | 约旦 | 0.5309 | 0.3588 | 0.5540 | 0.6800 |
| 118 | 委内瑞拉 | 0.5268 | 0.3176 | 0.4820 | 0.7807 |
| 119 | 孟加拉国 | 0.5189 | 0.6118 | 0.3717 | 0.5731 |
| 120 | 阿尔及利亚 | 0.5173 | 0.2765 | 0.5787 | 0.6966 |
| 121 | 危地马拉 | 0.5155 | 0.5118 | 0.4828 | 0.5520 |
| 122 | 苏里南 | 0.5154 | 0.2882 | 0.5482 | 0.7098 |

续表

| 排 名 | 国 家 | EGDI 指数 | 在线服务指数 | 电信基础设施指数 | 人力资本指数 |
|---|---|---|---|---|---|
| 123 | 尼加拉瓜 | 0.5139 | 0.5471 | 0.3812 | 0.6133 |
| 124 | 柬埔寨 | 0.5113 | 0.4529 | 0.5466 | 0.5344 |
| 125 | 帕劳 | 0.5109 | 0.2765 | 0.3745 | 0.8816 |
| 126 | 津巴布韦 | 0.5019 | 0.5235 | 0.3688 | 0.6135 |
| 127 | 黎巴嫩 | 0.4955 | 0.4176 | 0.4123 | 0.6567 |
| 128 | 斯威士兰 | 0.4938 | 0.4882 | 0.3539 | 0.6392 |
| 129 | 圭亚那 | 0.4909 | 0.4647 | 0.3619 | 0.6462 |
| 130 | 卢旺达 | 0.4789 | 0.6176 | 0.2931 | 0.5261 |
| 131 | 叙利亚 | 0.4763 | 0.5412 | 0.3804 | 0.5073 |
| 132 | 尼泊尔 | 0.4699 | 0.4000 | 0.4691 | 0.5405 |
| 133 | 塔吉克斯坦 | 0.4649 | 0.3176 | 0.3496 | 0.7274 |
| 134 | 东帝汶 | 0.4649 | 0.4412 | 0.3935 | 0.5599 |
| 135 | 莱索托 | 0.4593 | 0.3529 | 0.4497 | 0.5753 |
| 136 | 伯利兹 | 0.4548 | 0.2647 | 0.4079 | 0.6919 |
| 137 | 乌干达 | 0.4499 | 0.5824 | 0.2278 | 0.5395 |
| 138 | 洪都拉斯 | 0.4486 | 0.4647 | 0.3244 | 0.5568 |
| 139 | 科特迪瓦 | 0.4457 | 0.4529 | 0.5034 | 0.3808 |
| 140 | 古巴 | 0.4439 | 0.2588 | 0.2514 | 0.8215 |
| 141 | 尼日利亚 | 0.4406 | 0.5176 | 0.3534 | 0.4507 |
| 142 | 瓦努阿图 | 0.4403 | 0.3353 | 0.3845 | 0.6012 |
| 143 | 伊拉克 | 0.4360 | 0.3353 | 0.5370 | 0.4358 |
| 144 | 喀麦隆 | 0.4325 | 0.4706 | 0.2299 | 0.5971 |
| 145 | 基里巴斯 | 0.4320 | 0.4941 | 0.1241 | 0.6778 |
| 146 | 缅甸 | 0.4316 | 0.2588 | 0.5234 | 0.5125 |
| 147 | 多哥 | 0.4302 | 0.5000 | 0.2532 | 0.5373 |
| 148 | 赞比亚 | 0.4242 | 0.2588 | 0.3394 | 0.6745 |
| 149 | 萨摩亚 | 0.4219 | 0.2647 | 0.2596 | 0.7414 |
| 150 | 塞内加尔 | 0.4210 | 0.4941 | 0.4358 | 0.3332 |
| 151 | 图瓦卢 | 0.4209 | 0.3000 | 0.2807 | 0.6821 |
| 152 | 坦桑尼亚 | 0.4206 | 0.5529 | 0.2430 | 0.4659 |
| 153 | 巴基斯坦 | 0.4183 | 0.6294 | 0.2437 | 0.3818 |
| 154 | 秘鲁 | 0.4150 | 0.1706 | 0.4738 | 0.6006 |
| 155 | 圣多美和普林西比 | 0.4074 | 0.2471 | 0.3015 | 0.6736 |
| 156 | 马绍尔群岛 | 0.4055 | 0.3412 | 0.1247 | 0.7506 |
| 157 | 贝宁 | 0.4039 | 0.5118 | 0.2595 | 0.4404 |
| 158 | 土库曼斯坦 | 0.4034 | 0.1765 | 0.3555 | 0.6783 |
| 159 | 安哥拉 | 0.3847 | 0.4882 | 0.1364 | 0.5295 |
| 160 | 刚果（布） | 0.3786 | 0.3176 | 0.2361 | 0.5822 |
| 161 | 密克罗尼西亚 | 0.3779 | 0.3529 | 0.1061 | 0.6747 |
| 162 | 利比亚 | 0.3743 | 0.0412 | 0.3459 | 0.7357 |
| 163 | 赞比亚 | 0.3564 | 0.5176 | 0.1293 | 0.4222 |
| 164 | 布基纳法索 | 0.3558 | 0.4647 | 0.3117 | 0.2911 |
| 165 | 马拉维 | 0.3480 | 0.4235 | 0.1394 | 0.4812 |
| 166 | 所罗门群岛 | 0.3442 | 0.3235 | 0.2106 | 0.4985 |
| 167 | 老挝 | 0.3288 | 0.1941 | 0.2383 | 0.5539 |

续表

| 排　名 | 国　　家 | EGDI 指数 | 在线服务指数 | 电信基础设施指数 | 人力资本指数 |
|---|---|---|---|---|---|
| 168 | 布隆迪 | 0.3227 | 0.3529 | 0.1260 | 0.4891 |
| 169 | 阿富汗 | 0.3203 | 0.4118 | 0.1762 | 0.3728 |
| 170 | 苏丹 | 0.3154 | 0.3059 | 0.2844 | 0.3559 |
| 171 | 马里 | 0.3097 | 0.3471 | 0.3546 | 0.2274 |
| 172 | 马达加斯加 | 0.3095 | 0.2882 | 0.1096 | 0.5307 |
| 173 | 也门共和国 | 0.3045 | 0.3235 | 0.1757 | 0.4142 |
| 174 | 塞拉利昂 | 0.2931 | 0.3059 | 0.2590 | 0.3144 |
| 175 | 巴布亚新几内亚 | 0.2827 | 0.2235 | 0.1233 | 0.5013 |
| 176 | 毛里塔尼亚 | 0.2820 | 0.1000 | 0.3886 | 0.3575 |
| 177 | 科摩罗 | 0.2799 | 0.1235 | 0.2511 | 0.4652 |
| 178 | 埃塞俄比亚 | 0.2740 | 0.3647 | 0.1194 | 0.3378 |
| 179 | 吉布提 | 0.2728 | 0.2235 | 0.2531 | 0.3418 |
| 180 | 海地 | 0.2723 | 0.1882 | 0.2449 | 0.3839 |
| 181 | 冈比亚 | 0.2630 | 0.0294 | 0.3967 | 0.3630 |
| 182 | 利比里亚 | 0.2605 | 0.2471 | 0.1411 | 0.3933 |
| 183 | 几内亚 | 0.2592 | 0.2176 | 0.3008 | 0.2591 |
| 184 | 刚果（金） | 0.2580 | 0.1294 | 0.1144 | 0.5303 |
| 185 | 赤道几内亚 | 0.2507 | 0.0647 | 0.1327 | 0.5547 |
| 186 | 几内亚比绍 | 0.2316 | 0.0647 | 0.2037 | 0.4265 |
| 187 | 朝鲜 | 0.2235 | 0.0176 | 0.0127 | 0.6402 |
| 188 | 尼日尔 | 0.1661 | 0.2941 | 0.0737 | 0.1304 |
| 189 | 乍得 | 0.1557 | 0.2000 | 0.089 | 0.1782 |
| 190 | 中非共和国 | 0.1404 | 0.1294 | 0.038 | 0.2539 |
| 191 | 索马里 | 0.1293 | 0.2941 | 0.0939 | 0 |
| 192 | 厄立特里亚 | 0.1292 | 0.0118 | 0 | 0.3759 |
| 193 | 南苏丹 | 0.0875 | 0 | 0.0652 | 0.1973 |

资料来源：《2020 联合国电子政务调查报告》。

# 2020 年中国电子信息百强企业名单

| 排　名 | 企 业 名 称 | 排　名 | 企 业 名 称 |
|---|---|---|---|
| 1 | 华为技术有限公司 | 7 | 比亚迪股份有限公司 |
| 2 | 联想集团 | 8 | 海信集团有限公司 |
| 3 | 海尔集团公司 | 9 | 京东方科技集团股份有限公司 |
| 4 | 小米集团 | 10 | 天能控股集团有限公司 |
| 5 | TCL 集团股份有限公司 | 11 | 中国普天信息产业集团有限公司 |
| 6 | 四川长虹电子控股集团有限公司 | 12 | 浪潮集团有限公司 |

续表

| 排　名 | 企业名称 | 排　名 | 企业名称 |
|---|---|---|---|
| 13 | 中兴通讯股份有限公司 | 57 | 广州视源电子科技股份有限公司 |
| 14 | 超威集团 | 58 | 广州无线电集团有限公司 |
| 15 | 亨通集团 | 59 | 天津中环半导体股份有限公司 |
| 16 | 紫光集团有限公司 | 60 | 陕西电子信息集团有限公司 |
| 17 | 中天科技集团有限公司 | 61 | 湖北凯乐科技股份有限公司 |
| 18 | 宁波均胜电子股份有限公司 | 62 | 上海星地通通信科技有限公司 |
| 19 | 中天科技集团有限公司 | 63 | 立讯电子科技（昆山）有限公司 |
| 20 | 中国信息通信科技集团有限公司 | 64 | 上海华虹（集团）有限公司 |
| 21 | 欧菲光集团股份有限公司 | 65 | 浙江晶科能源有限公司 |
| 22 | 康佳集团股份有限公司 | 66 | 广东生益科技股份有限公司 |
| 23 | 河南森源集团有限公司 | 67 | 深圳市兆驰股份有限公司 |
| 24 | 通鼎集团有限公司 | 68 | 阳光电源股份有限公司 |
| 25 | 中芯国际集成电路制造有限公司 | 69 | 深圳长城开发科技股份有限公司 |
| 26 | 舜宇集团有限公司 | 70 | 昆山联滔电子有限公司 |
| 27 | 南瑞集团有限公司 | 71 | 惠科股份有限公司 |
| 28 | 福建省电子信息（集团）有限责任公司 | 72 | 深圳市泰衡诺科技有限公司 |
| 29 | 富通集团有限公司 | 73 | 铜陵精达特种电磁线股份有限公司 |
| 30 | 歌尔股份有限公司 | 74 | 东方日升新能源股份有限公司 |
| 31 | 航天信息股份有限公司 | 75 | 普联技术有限公司 |
| 32 | 浙江大华技术股份有限公司 | 76 | 宁波方太厨具有限公司 |
| 33 | 上海仪电（集团）有限公司 | 77 | 通光集团有限公司 |
| 34 | 华勤通讯技术有限公司 | 78 | 公牛集团股份有限公司 |
| 35 | 创维集团有限公司 | 79 | 深南电路股份有限公司 |
| 36 | 晶科能源有限公司 | 80 | 北京智芯微电子科技有限公司 |
| 37 | 天马微电子股份有限公司 | 81 | 华域视觉科技（上海）有限公司 |
| 38 | 永鼎集团有限公司 | 82 | 安徽天康（集团）股份有限公司 |
| 39 | 联合汽车电子股份有限公司 | 83 | 深圳传音制造有限公司 |
| 40 | 欣旺达电子股份有限公司 | 84 | 深圳市三诺投资控股有限公司 |
| 41 | 深圳华强集团有限公司 | 85 | 上海龙旗科技股份有限公司 |
| 42 | 四川九洲电器集团有限责任公司 | 86 | 风帆有限责任公司 |
| 43 | 广东德赛集团有限公司 | 87 | 中航光电科技股份有限公司 |
| 44 | 同方股份有限公司 | 88 | 天水华天电子集团股份有限公司 |
| 45 | 新华三信息技术有限公司 | 89 | 曙光信息产业股份有限公司 |
| 46 | 浙江富春江通信集团有限公司 | 90 | 深圳市思贝克集团有限公司 |
| 47 | 闻泰通讯股份有限公司 | 91 | 中国四联仪器仪表集团有限公司 |
| 48 | 苏州东山精密制造股份有限公司 | 92 | 利亚德光电股份有限公司 |
| 49 | 江苏长电科技股份有限公司 | 93 | 中电太极（集团）有限公司 |
| 50 | 晶澳太阳能科技股份有限公司 | 94 | 骆驼集团股份有限公司 |
| 51 | 万马联合控股集团有限公司 | 95 | 浙江南都电源动力股份有限公司 |
| 52 | 合力泰科技股份有限公司 | 96 | 深圳市长盈精密技术股份有限公司 |
| 53 | 上海诺基亚贝尔股份有限公司 | 97 | 深圳市共进电子股份有限公司 |
| 54 | 许继集团有限公司 | 98 | 中国华录集团有限公司 |
| 55 | 深圳市大茹创新科技有限公司 | 99 | 中国乐凯集团有限公司 |
| 56 | 株洲中车时代电气股份有限公司 | 100 | 长飞光纤光缆股份有限公司 |

资料来源：中国电子信息行业联合会。

# 2020年软件和信息技术服务综合竞争力百强企业名单

| 排 名 | 企业名称 | 排 名 | 企业名称 |
|---|---|---|---|
| 1 | 华为技术有限公司 | 33 | 平安科技（深圳）有限公司 |
| 2 | 深圳市腾讯计算机系统有限公司 | 34 | 文思海辉技术有限公司 |
| 3 | 阿里巴巴（中国）有限公司 | 35 | 深圳市思贝克集团有限公司 |
| 4 | 北京百度网讯科技有限公司 | 36 | 成都积微物联集团股份有限公司 |
| 5 | 中国通信服务股份有限公司 | 37 | 中国软件与技术服务股份有限公司 |
| 6 | 海尔集团 | 38 | 福建网龙计算机网络信息技术有限公司 |
| 7 | 京东集团 | 39 | 新大陆科技集团有限公司 |
| 8 | 中兴通讯股份有限公司 | 40 | 太极计算机股份有限公司 |
| 9 | 浪潮集团有限公司 | 41 | 中科软科技股份有限公司 |
| 10 | 海信集团有限公司 | 42 | 神州数码信息服务股份有限公司 |
| 11 | 杭州海康威视数字技术股份有限公司 | 43 | 马上消费金融股份有限公司 |
| 12 | 网易（杭州）网络有限公司 | 44 | 北京车之家信息技术有限公司 |
| 13 | 中软国际有限公司 | 45 | 佳都集团有限公司 |
| 14 | 北京小米移动软件有限公司 | 46 | 北京全路通信信号研究设计院集团有限公司 |
| 15 | 国网信息通信产业集团有限公司 | 47 | 和利时科技集团有限公司 |
| 16 | 航天信息股份有限公司 | 48 | 深信服科技股份有限公司 |
| 17 | 南瑞集团有限公司 | 49 | 广州广电运通金融电子股份有限公司 |
| 18 | 中国信息通信科技集团有限公司 | 50 | 深圳天源迪科信息技术股份有限公司 |
| 19 | 软通动力信息技术（集团）有限公司 | 51 | 中控科技集团有限公司 |
| 20 | 东软集团股份有限公司 | 52 | 四川九洲电器集团有限责任公司 |
| 21 | 联通系统集成有限公司 | 53 | 北明软件有限公司 |
| 22 | 宁波均胜电子股份有限公司 | 54 | 北京华宇软件股份有限公司 |
| 23 | 东华软件股份公司 | 55 | 湖南快乐阳光互动娱乐传媒有限公司 |
| 24 | 同方股份有限公司 | 56 | 完美世界股份有限公司 |
| 25 | 亚信科技（中国）有限公司 | 57 | 恒生电子股份有限公司 |
| 26 | 烽火通信科技股份有限公司 | 58 | 国电南京自动化股份有限公司 |
| 27 | 中国民航信息网络股份有限公司 | 59 | 北京金山云网络技术有限公司 |
| 28 | 新华三技术有限公司 | 60 | 北京易华录信息技术股份有限公司 |
| 29 | 浙江大华技术股份有限公司 | 61 | 北京搜狗科技发展有限公司 |
| 30 | 广州酷狗计算机科技有限公司 | 62 | 北京昆仑万维科技股份有限公司 |
| 31 | 深圳市大调创新科技有限公司 | 63 | 博彦科技股份有限公司 |
| 32 | 用友网络科技股份有限公司 | 64 | 卡斯柯信号有限公司 |

续表

| 排　名 | 企业名称 | 排　名 | 企业名称 |
|---|---|---|---|
| 65 | 广联达科技股份有限公司 | 83 | 北京四维图新科技股份有限公司 |
| 66 | 北京猎豹移动科技有限公司 | 84 | 华云数据控股集团有限公司 |
| 67 | 金蝶软件（中国）有限公司 | 85 | 朗新科技集团股份有限公司 |
| 68 | 云南南天电子信息产业股份有限公司 | 86 | 中创软件工程股份有限公司 |
| 69 | 石化盈科信息技术有限责任公司 | 87 | 中移系统集成有限公司 |
| 70 | 瓜子汽车服务（天津）有限公司 | 88 | 厦门信息集团有限公司 |
| 71 | 启明星辰信息技术集团股份有限公司 | 89 | 厦门吉比特网络技术股份有限公司 |
| 72 | 北京久其软件股份有限公司 | 90 | 福州达华智能科技股份有限公司 |
| 73 | 广州海格通信集团股份有限公司 | 91 | 北京智明星通科技股份有限公司 |
| 74 | 江苏润和科技投资集团有限公司 | 92 | 银江股份有限公司 |
| 75 | 讯飞智元信息科技有限公司 | 93 | 浙江宇视科技有限公司 |
| 76 | 浙大网新科技股份有限公司 | 94 | 北京四方继保自动化股份有限公司 |
| 77 | 中车青岛四方车辆研究所有限公司 | 95 | 深圳中琛源科技股份有限公司 |
| 78 | 安克创新科技股份有限公司 | 96 | 领航动力信息系统有限公司 |
| 79 | 信雅达系统工程股份有限公司 | 97 | 厦门亿联网络技术股份有限公司 |
| 80 | 大连华信计算机技术股份有限公司 | 98 | 武汉天喻信息产业股份有限公司 |
| 81 | 北京天融信科技有限公司 | 99 | 京北方信息技术股份有限公司 |
| 82 | 北京旋极信息技术股份有限公司 | 100 | 武汉佰钧成技术有限责任公司 |

资料来源：中国电子信息行业联合会。

# 2020 年中国电子元件百强企业名单

| 总排名 | 企业名称 | 2019 年主营业务收入（千元） | 主营电子元件产品 |
|---|---|---|---|
| 1 | 亨通集团有限公司 | 110140862 | 光电线缆 |
| 2 | 立讯精密工业股份有限公司 | 62516315 | 连接器、电声器件 |
| 3 | 歌尔股份有限公司 | 35147806 | 电声器件 |
| 4 | 富通集团有限公司 | 40034354 | 光电线缆 |
| 5 | 中天科技集团有限公司 | 62034957 | 光电线缆 |
| 6 | 瑞声科技控股有限公司 | 17883757 | 电声器件、微特电机 |
| 7 | 广东生益科技股份有限公司 | 13043936 | 覆铜板 |
| 8 | 厦门宏发电声股份有限公司 | 6853830 | 继电器 |
| 9 | 永鼎集团有限公司 | 30215805 | 光电线缆、汽车线束 |
| 10 | 深圳市信维通信股份有限公司 | 5134042 | 微型天线、电子结构件等 |
| 11 | 中航光电科技股份有限公司 | 9158827 | 连接器 |

续表

| 总排名 | 企业名称 | 2019年主营业务收入（千元） | 主营电子元件产品 |
|---|---|---|---|
| 12 | 广东东阳光科技控股股份有限公司 | 14544698 | 电容器用电极箔 |
| 13 | 浙江富春江通信集团有限公司 | 24853126 | 光电线缆 |
| 14 | 横店集团东磁有限公司 | 7697511 | 磁性元件、电感器件 |
| 15 | 长飞光纤光缆股份有限公司 | 7490584 | 光电线缆 |
| 16 | 武汉光迅科技股份有限公司 | 5337915 | 光通信器件 |
| 17 | 国光电器股份有限公司 | 4380037 | 电声器件 |
| 18 | 深圳市长盈精密技术股份有限公司 | 8620890 | 连接器、电子结构件 |
| 19 | 浙江长城电子科技集团有限公司 | 5915400 | 光电线缆 |
| 20 | 中山大洋电机股份有限公司 | 4848249 | 微特电机 |
| 21 | 江苏灿勤科技股份有限公司 | 1376202 | 微波介质频率器件 |
| 22 | 贵州航天电器股份有限公司 | 3533710 | 连接器、继电器、微特电机 |
| 23 | 潮州三环（集团）股份有限公司 | 2726451 | 陶瓷插芯、陶瓷基座、阻容元件、陶瓷材料 |
| 24 | 广东风华高新科技股份有限公司 | 3234248 | 阻容感元件、电子材料等 |
| 25 | 深圳顺络电子股份有限公司 | 2658560 | 电感器、LTCC射频器件 |
| 26 | 深圳市特发信息股份有限公司 | 4540495 | 光电线缆 |
| 27 | 湖南艾华集团股份有限公司 | 2254390 | 铝电解电容器 |
| 28 | 双门法拉电子股份有限公司 | 1645193 | 薄膜电容器 |
| 29 | 株洲宏达电子股份有限公司 | 829364 | 电解电容器 |
| 30 | 福建火炬电子科技股份有限公司 | 2531878 | 片式多层陶瓷电容器 |
| 31 | 山东国瓷功能材料股份有限公司 | 2153079 | 电子陶瓷材料 |
| 32 | 深圳市得润电子股份有限公司 | 7080801 | 连接器 |
| 33 | 江苏俊知技术有限公司 | 2887969 | 光电线缆 |
| 34 | 杭州富生电器有限公司 | 2514520 | 微特电机 |
| 35 | 汕头超声印制板公司 | 2316789 | 印制电路板 |
| 36 | 通州互联信息股份有限公司 | 2524490 | 光电线缆 |
| 37 | 南通江海电容器股份有限公司 | 2123033 | 铝电解电容器 |
| 38 | 电连技术股份有限公司 | 1794958 | 连接器 |
| 39 | 成都宏明电子股份有限公司 | 1752693 | 陶瓷电容器、电阻器 |
| 40 | 深圳市麦捷微电子科技股份有限公司 | 1820332 | 电感器、LTCC射频器件、LCM模组 |
| 41 | 天通控股股份有限公司 | 2779942 | 软磁元件等 |
| 42 | 江苏雷利电机股份有限公司 | 2196888 | 微特电机 |
| 43 | 珠海格力新元电子有限公司 | 1666235 | 电容器 |
| 44 | 新姬众和股份有限公司 | 4312682 | 电容器用电极箔 |
| 45 | 江苏上骐集团有限公司 | 1476997 | 微特电机 |
| 46 | 江西联创宏声电子股份有限公司 | 1502018 | 电声器件 |
| 47 | 深圳市乾德电子股份有限公司 | 1207654 | 连接器 |
| 48 | 江苏通光电子线缆股份有限公司 | 1456014 | 光电线缆 |
| 49 | 三友联众集团股份有限公司 | 1050820 | 继电器 |
| 50 | 南通海星电子股份有限公司 | 1097491 | 电极箔 |
| 51 | 温州意华接插件股份有限公司 | 1627754 | 连接器 |
| 52 | 杭州日月电器股份有限公司 | 1426914 | 连接器 |
| 53 | 合兴汽车电子股份有限公司 | 1177490 | 连接器 |
| 54 | 瀛通通讯股份有限公司 | 1095299 | 电子线材、线缆组件、电声器件 |
| 55 | 深圳市豪恩声学股份有限公司 | 1263628 | 电声器件 |
| 56 | 绵阳开元磁性材料有限公司 | 1098702 | 软磁元件 |

续表

| 总排名 | 企业名称 | 2019年主营业务收入（千元） | 主营电子元件产品 |
|---|---|---|---|
| 57 | 新亚电子股份有限公司 | 928662 | 电子线材 |
| 58 | 共达电声股份有限公司 | 987455 | 电声器件 |
| 59 | 安费诺商用电子产品（成都）有限公司 | 565074 | 连接器 |
| 60 | 北京元六鸿远电子科技股份有限公司 | 1050571 | 片式多层瓷介电容器 |
| 61 | 北京七星华创精密电子科技有限责任公司 | 856821 | 阻容元件、石英晶体元器件等 |
| 62 | 浙江永贵电器股份有限公司 | 1057050 | 连接器 |
| 63 | 深圳市京泉华科技股份有限公司 | 1300234 | 电子变压器 |
| 64 | 珠海蓉胜超微线材有限公司 | 922862 | 电磁线 |
| 65 | 安徽铜峰电子集团有限公司 | 1583686 | 薄膜电容器 |
| 66 | 中国振华（集团）新云电子元器件有限责任公司 | 741065 | 铝电解电容器 |
| 67 | 杭州微光电子股份有限公司 | 704709 | 微特电机 |
| 68 | 江苏华威世纪电子集团有限公司 | 766478 | 铝电解电容器 |
| 69 | 深圳市海光电子有限公司 | 919117 | 电子变压器 |
| 70 | 陕西华达科技股份有限公司 | 797084 | 连接器 |
| 71 | 胜蓝科技股份有限公司 | 714504 | 连接器 |
| 72 | 天津六〇九有限公司 | 531902 | 光电线缆 |
| 73 | 中电科技德清华莹电子有限公司 | 706851 | 声表面波器件 |
| 74 | 中国振华集团云科电子有限公司 | 456008 | 电阻器、电子防护元器件 |
| 75 | 伊戈尔电气股份有限公司 | 1285747 | 电子变压器 |
| 76 | 四川华丰企业集团有限公司 | 711723 | 连接器 |
| 77 | 四川安和精密电子电器股份有限责任公司 | 562188 | 微特电机 |
| 78 | 深圳振华富电子有限公司 | 349646 | 片式电感器 |
| 79 | 宁波碧彩实业有限公司 | 744130 | 薄膜电容器 |
| 80 | 苏州华之杰电讯股份有限公司 | 581898 | 连接器、开关按钮 |
| 81 | 深圳可立克科技股份有限公司 | 1080968 | 电子变压器 |
| 82 | 宁波中大力德智能传动股份有限公司 | 723218 | 微特电机 |
| 83 | 浙江凯恩特种材料股份有限公司 | 1123219 | 铝电解电容器纸 |
| 84 | 宁波天波港联电子有限公司 | 439354 | 控制继电器 |
| 85 | 深圳市金洋电子股份有限公司 | 603264 | 连接器 |
| 86 | 深圳市通茂电子有限公司 | 454181 | 连接器 |
| 87 | 深圳江浩电子有限公司 | 642735 | 电容器 |
| 88 | 四川九洲线缆有限责任公司 | 4097060 | 光电线缆 |
| 89 | 上海埃斯凯变压器有限公司 | 549850 | 电子变压器 |
| 90 | 东莞市大忠电子有限公司 | 641192 | 电子变压器 |
| 91 | 深圳市创益通技术股份有限公司 | 440635 | 连接器 |
| 92 | 湖南航天磁电有限责任公司 | 539484 | 软磁元件 |
| 93 | 汕头保税区松川电子科技有限公司 | 351298 | 电容器 |
| 94 | 宁波科宁达工业有限公司 | 687252 | 稀土永磁元件 |
| 95 | 常州祥明智能动力股份有限公司 | 518668 | 微特电机 |
| 96 | 扬州宏远电子股份有限公司 | 516067 | 电极箔 |
| 97 | 四川经纬达科技集团有限公司 | 522220 | 电子变压器 |
| 98 | 湖北科普达高分子材料股份有限公司 | 532228 | 光电缆材料 |
| 99 | 汇港控股集团有限公司 | 566255 | 控制继电器 |
| 100 | 泰晶科技股份有限公司 | 502911 | 石英晶体器件 |

资料来源：中国电子元件行业协会。

# 2020 年中国创新软件企业百强名单

| 排 名 | 企 业 名 称 | 主要平台、方案 |
|---|---|---|
| 1 | 华为技术有限公司 | 华为云 WeLink；区块链健康档案和电子病历解决方案 |
| 2 | 阿里巴巴（中国）有限公司 | China Gateway——全域数据中心；零售电子商务解决方案 |
| 3 | 中国通信服务有限公司 | 智慧南京：特大型智慧城市运营管理平台；2019 北京世园会：智慧园区 |
| 4 | 海尔集团公司 | “5+7+$N$”全场景智慧生活解决方案 |
| 5 | 用友网络科技股份有限公司 | 用友协同云；用友财务云；用友人力云 |
| 6 | 深圳市腾讯计算机系统有限公司 | 腾讯会议；多媒体实验室 |
| 7 | 金山软件有限公司 | 猎豹移动：语音全链条技术、全感知视觉识别 |
| 8 | 东华软件股份公司 | SOA 智慧房管整体解决方案；法律事务管理信息化解决方案 |
| 9 | 南瑞集团有限公司 | 智能电网调度技术支持系统；频率紧急协调控制系统 |
| 10 | 平安科技（深圳）有限公司 | 公共安防领域声纹解决方案；金融行业身份校验解决方案 |
| 11 | 金蝶软件（中国）有限公司 | 金蝶财务云；智能制造解决方案 |
| 12 | 杭州海康威视数字技术股份有限公司 | 综合安防管理平台；智能应用平台 |
| 13 | 浙江大华技术股份有限公司 | 加油站智能监控解决方案 V2.0；超高精度人体热成像测温系统 |
| 14 | 北京四维图新科技股份有限公司 | 智能汽车大脑；新能源商用车解决方案 |
| 15 | 广州广电运通金融电子股份有限公司 | 智能金融、智能交通、智能安全、智能便民解决方案 |
| 16 | 北京神州泰岳软件股份有限公司 | 智慧墙入侵探测系统；疫情防控信息采集平台 |
| 17 | 浪潮集团有限公司 | 分布式存储；浪潮 AI 服务器 |
| 18 | 高新兴科技集团股份有限公司 | 城市商用级车联网解决方案；智慧执法体系 |
| 19 | 中兴通讯股份有限公司 | UniSeer 智能运维解决方案；AIVO 数字化运营解决方案 |
| 20 | 神州数码信息服务股份有限公司 | “健康（防疫）卡”系统平台；企业级微服务平台 Sm@rtEMSP |
| 21 | 航天信息股份有限公司 | 财政电子票据；食品安全追溯监管平台 |
| 22 | 恒生电子股份有限公司 | 财富管理解决方案；公募投顾解决方案 |
| 23 | 新大陆科技集团有限公司 | 支付整体解决方案；数字智慧家庭整体解决方案 |
| 24 | 太极计算机股份有限公司 | 异构云服务管理平台；智慧协同办公软件；金仓分布式视频数据库系统 KVDB |
| 25 | 深信服科技股份有限公司 | 深信服智安全业务；络安全等级保护（等保 2.0）解决方案 |
| 26 | 大族激光科技产业集团股份有限公司 | 智能指纹焊接系统；消费电子自动化系统集成方案 |
| 27 | 新华三技术有限公司 | 紫光云；园区网络解决方案 |
| 28 | 中移全通系统集成有限公司 | 智慧党建云平台；和教育云平台 |
| 29 | 厦门市美亚柏科信息股份有限公司 | 网络空间安全、大数据智能化、网络开源情报解决方案 |
| 30 | 北京旋极信息技术股份有限公司 | 软件工程化解决方案；税控解决方案 |
| 31 | 北京全路通信信号研究设计院集团有限公司 | 车站计算机联锁系统；铁路列车运行控制系统 ATP 车载设备 |
| 32 | 中国软件与技术服务股份有限公司 | 中标麒麟安全操作系统；安全即时通信工具 |

续表

| 排 名 | 企 业 名 称 | 主要平台、方案 |
|---|---|---|
| 33 | 宁波均胜电子股份有限公司 | 智能驾驶控制系统；新能源车 BMS 解决方案 |
| 34 | 北京久其软件股份有限公司 | 久其企业云平台；久其基于区块链的电子函证云平台 |
| 35 | 东方网力科技股份有限公司 | 智慧社区安防系统 2.0；雪亮工程解决方案 |
| 36 | 上海宝信软件股份有限公司 | 冶金行业信息系统架构；面向制造全流程的高度自动化控制与系统 |
| 37 | 北京华胜天成科技股份有限公司 | 开放 Insight 大数据平台；智能照明系统 |
| 38 | 北京东方国信科技股份有限公司 | CirroData 分布式云化数据库；大数据治理平台 |
| 39 | 浙大网新科技股份有限公司 | IN-Edge 分布式 AI 系统；社保省集中系统 |
| 40 | 朗新科技集团股份有限公司 | 智能电网和公用事业解决方案 |
| 41 | 天地伟业技术有限公司 | 智慧城市高清卡口方案；智慧城市电子警察方案 |
| 42 | 厦门信息集团有限公司 | 智慧党建信息管理与服务平台；廉政风险防控信息管理平台 |
| 43 | 北京安控科技股份有限公司 | 数字化油气田；随钻测量解决方案 |
| 44 | 远光软件股份有限公司 | “智慧财务+”管理体系；远光 RPA+AI 云平台 |
| 45 | 北京华宇软件股份有限公司 | 法律人工智能平台；庭审智能巡查系统 |
| 46 | 海信集团有限公司 | Hi-Smart 3.0 智能家居系统；智慧住宅方案 |
| 47 | 四川九洲电器集团有限责任公司 | 智慧照明；警务大数据及应用系统 |
| 48 | 江苏润和软件股份有限公司 | 新一代银行核心平台；车险承保核心解决方案 |
| 49 | 中科软科技股份有限公司 | 全套保险解决方案；承保管理子系统、审核管理子系统 |
| 50 | 中科创达软件股份有限公司 | 基于人工智能技术的视觉缺陷检测“一站式”产品及解决方案 |
| 51 | 中软国际有限公司 | 城市云集——“互联网+软件交易服务平台”；产业运行监测和预警分析系统 |
| 52 | 北明软件有限公司 | ODR（Online Dispute Resolution）在线矛盾纠纷解决机制 |
| 53 | 北京宇信科技集团股份有限公司 | 在线贷款业务系统；消费金融系统 |
| 54 | 银江股份有限公司 | 城市交通智能化整体解决方案；医疗信息化整体解决方案 |
| 55 | 深圳天源迪科信息技术股份有限公司 | 知识图谱平台解决方案；政企客户智慧建树解决方案 |
| 56 | 福建榕基软件股份有限公司 | 政务信息化解决方案；司法信息化解决方案 |
| 57 | 南威软件股份有限公司 | 城市通；天河大数据；小电云城市电动车综合治理平台 |
| 58 | 任子行网络技术股份有限公司 | 网络应用审计和网络信息安全整体解决方案 |
| 59 | 北京易华录信息技术股份有限公司 | 数据湖生态；交通态势感知 |
| 60 | 和利时科技集团有限公司 | 城际铁路列车自动控制系统；中药颗粒调剂系统 |
| 61 | 北京超图软件股份有限公司 | 自然资源确权登记信息管理平台；智慧城市数字底盘 |
| 62 | 武汉天喻信息产业股份有限公司 | AiFace 智能测温门禁系统；智能电子证 |
| 63 | 讯飞智元信息科技有限公司 | “城市超脑”解决方案 |
| 64 | 苏州工业园区凌志软件股份有限公司 | 智能运营管理平台；用户行为数据采集系统 |
| 65 | 易点天下网络科技股份有限公司 | “一站式”跨境电商解决方案；泛娱乐整合营销方案 |
| 66 | 南天电子信息产业股份有限公司 | 商业银行云核心业务系统；商业银行智慧网点解决方案 |
| 67 | 软通动力信息技术（集团）有限公司 | 大视频增值研发解决方案；企业人员绩效评价解决方案 |
| 68 | 佳都集团有限公司 | AFC 自动售检票系统；PSD 站台门系统 |
| 69 | 文思海辉技术有限公司 | 新一代 CRM 系统；BS 架构下的自动化和敏捷测试平台 |
| 70 | 万兴科技集团股份有限公司 | 万兴喵影、万兴优转、亿图图示等数字创意软件 |
| 71 | 北京科蓝软件系统股份有限公司 | 全方位一体化银行 IT 产品和整体解决方案 |
| 72 | 福建网龙计算机网络信息技术有限公司 | 101 教育 PPT；VR 创想+——玩具型 VR 颗粒创作工具 |
| 73 | 石化盈科信息技术有限责任公司 | 成熟度评估解决方案；客户关系管理系统 |
| 74 | 北京搜狗科技发展有限公司 | 搜狗翻译；搜狗 AI 录音笔；搜狗分身 |
| 75 | 鼎捷软件股份有限公司 | 一体化餐饮行业解决方案 |
| 76 | 北京先进数通信息技术股份有限公司 | 元数据管理平台软件；数据集成开发管理平台软件 |

续表

| 排 名 | 企业名称 | 主要平台、方案 |
|---|---|---|
| 77 | 上海网达软件股份有限公司 | 大屏视频解决方案 |
| 78 | 福建博思软件股份有限公司 | 医疗收费电子票据解决方案 |
| 79 | 北京猎豹移动科技有限公司 | 智能服务机器人：豹小秘（DP）版、红外测温机器人、豹小秘 |
| 80 | 大连华信计算机技术股份有限公司 | 基于3I产品输出全渠道运营及供应链管理全链路解决方案 |
| 81 | 亚信科技（中国）有限公司 | AISWare AntDB关系型数据库；AISWare AIRPA流程自动化机器人 |
| 82 | 福建顶点软件股份有限公司 | 新交易体系；内存快速交易解决方案 |
| 83 | 成都积微物联集团股份有限公司 | 非计划资源配送服务；钢铁交易“一站式”/全产业链服务平台 |
| 84 | 高德信息技术有限公司 | 导航电子地图数据库 |
| 85 | 上海华讯网络系统有限公司 | 远程办公服务；视频会议管理平台 |
| 86 | 南京联创科技集团股份有限公司 | 中联车盟全国汽车服务与物联网；食惟天有机生活电子商务平台 |
| 87 | 领航动力信息系统有限公司 | MDIS数据采集系统；设备监控管理看板 |
| 88 | 北京天融信科技有限公司 | “天融信太行”企业云解决方案；等级保护建设方案 |
| 89 | 上海艾融软件股份有限公司 | 电子银行产品及解决方案 |
| 90 | 广州酷狗计算机科技有限公司 | DIY个人数字专集；歌曲识别技术 |
| 91 | 山东中创软件工程股份有限公司 | 全面风险管理门户解决方案；快速交通系统解决方案 |
| 92 | 上海百胜软件股份有限公司 | 全渠道零售解决方案；智慧门店解决方案 |
| 93 | 上海北塔软件股份有限公司 | 北塔BTDO业务保障系统；视频监控一体化解决方案 |
| 94 | 中控科技集团有限公司 | 园区安全应急联动系统；重大危险源检测系统 |
| 95 | 宝利信通（北京）软件股份有限公司 | 两地三中心解决方案；数据库容灾解决方案 |
| 96 | 福建福昕软件开发股份有限公司 | 福昕阅读器（Foxit Reader）；福昕高级PDF编辑器 |
| 97 | 深圳市大疆创新科技有限公司 | 粮食作物解决方案；经济作物解决方案 |
| 98 | 北京道隆华尔软件股份有限公司 | 智慧业管；咨询服务解决方案 |
| 99 | 武汉北大高科软件股份有限公司 | 多生物特征识别引擎 |
| 100 | 宁波畅想软件股份有限公司 | 自营出口解决方案；智能报表解决方案 |

资料来源：德本咨询、eNet研究院、《互联网周刊》。

# 2020年中国互联网综合实力百强企业名单

| 排 名 | 企业名称 | 主要品牌 | 所属地 |
|---|---|---|---|
| 1 | 阿里巴巴（中国）有限公司 | 淘宝、天猫、阿里云、钉钉 | 浙江省 |
| 2 | 深圳市腾讯计算机系统有限责任公司 | 微信、腾讯云、腾讯视频、腾讯会议 | 广东省 |
| 3 | 美团公司 | 美团、大众点评、美团外卖 | 北京市 |
| 4 | 百度公司 | 百度 | 北京市 |
| 5 | 京东集团 | 京东商城、京东物流 | 北京市 |

续表

| 排 名 | 企 业 名 称 | 主 要 品 牌 | 所 属 地 |
|---|---|---|---|
| 6 | 网易集团 | 网易游戏、网易邮箱、网易有道、网易新闻 | 广东省 |
| 7 | 上海寻梦信息技术有限公司 | 拼多多 | 上海市 |
| 8 | 北京小桔科技有限公司 | 滴滴快车、青桔单车、礼橙专车、滴滴企业版 | 北京市 |
| 9 | 北京字节跳动科技有限公司 | 抖音、今日头条、西瓜视频 | 北京市 |
| 10 | 腾讯音乐娱乐集团 | QQ 音乐、酷狗音乐、酷我音乐、全民 K 歌 | 北京市 |
| 11 | 三六零安全科技股份有限公司 | 360 安全卫士、360 浏览器、360 手机卫士、360 手机助手 | 北京市 |
| 12 | 新浪公司 | 新浪网、微博 | 北京市 |
| 1 13 | 北京五八信息技术有限公司 | 58 同城、安居客、驾校一点通、58 同镇 | 北京市 |
| 14 | 苏宁控股集团有限公司 | 苏宁易购、苏宁金融、PP 体育、PP 视频 | 江苏省 |
| 15 | 小米集团 | 小米、MIUI 米柚、米家、Redmi | 北京市 |
| 16 | 用友网络科技股份有限公司 | YonBIP 用友商业创新平台 | 北京市 |
| 17 | 北京爱奇艺科技有限公司 | 爱奇艺、随刻、奇巴布、叭嗒 | 北京市 |
| 18 | 搜狐公司 | 搜狐媒体、搜狐视频、搜狗搜索、畅游游戏 | 北京市 |
| 19 | 携程集团 | 携程旅行网、去哪儿、Trip.com、天巡 | 上海市 |
| 20 | 湖南快乐阳光互动娱乐传媒有限公司 | 芒果 TV | 湖南省 |
| 21 | 武汉斗鱼鱼乐网络科技有限公司 | 斗鱼直播 | 湖北省 |
| 22 | 北京车之家信息技术有限公司 | 汽车之家、二手车之家 | 北京市 |
| 23 | 上海基分文化传播有限公司 | 趣头条 | 上海市 |
| 24 | 唯品会（中国）有限公司 | 唯品会 | 广东省 |
| 25 | 央视国际网络有限公司 | 央视网、央视影音、中国互联网电视、CCTV 手机电视 | 北京市 |
| 26 | 北京猎豹移动科技有限公司 | 猎豹清理大师、钢琴块 2、我爱品模型、AI 智能服务机器人 | 北京市 |
| 27 | 网宿科技股份有限公司 | 网宿科技 | 上海市 |
| 28 | 芜湖三七互娱网络科技集团股份有限公司 | 三七游戏、37 网游、37 手游 | 安徽省 |
| 29 | 同程旅游集团 | 同程旅行、同程航旅、同程生活 | 江苏省 |
| 30 | 广州华多网络科技有限公司 | YY 直播 | 广东省 |
| 31 | 浙江世纪华通集团股份有限公司 | 盛趣游戏、点点互动、天游、七酷 | 浙江省 |
| 32 | 四三九九网络股份有限公司 | 4399 小游戏、4399 休闲娱乐平台 | 福建省 |
| 33 | 人民网股份有限公司 | 中国共产党新闻网、人民网评、领导留言板、人民视频 | 北京市 |
| 34 | 咪咕文化科技有限公司 | 咪咕音乐、咪咕视频、咪咕阅读、咪咕快游 | 北京市 |
| 35 | 行吟信息科技（上海）有限公司 | 小红书 | 上海市 |
| 36 | 浪潮集团有限公司 | 浪潮云、爱城市网、云洲工业互联网平台 | 山东省 |
| 37 | 科大讯飞股份有限公司 | 讯飞学习机、讯飞输入法、讯飞听见、讯飞翻译机 | 安徽省 |
| 38 | 龙采科技集团有限责任公司 | 龙采、龙采体育、资海云、海健身 | 黑龙江省 |
| 39 | 上海连尚网络科技有限公司 | WiFi 万能钥匙 | 上海市 |
| 40 | 东方财富信息股份有限公司 | 东方财富、东方财富证券、天天基金、Choice 数据 | 上海市 |
| 41 | 拉卡拉支付股份有限公司 | 拉卡拉支付、积分购 | 北京市 |
| 42 | 新华网股份有限公司 | 溯源中国、新华睿思数据云图分析平台、媒体创意工场、思客 | 北京市 |
| 43 | 巨人网络集团股份有限公司 | 征途系列游戏、征途 2 系列游戏、球球大作战、帕斯卡契约 | 重庆市 |
| 44 | 广州多益网络股份有限公司 | 多益网络、神武、梦想世界、传送门骑士 | 广东省 |
| 45 | 北京六间房科技有限公司 | 花椒直播、六间房直播 | 北京市 |
| 46 | 美图公司 | 美图秀秀、美颜相机、美拍、美图魔镜 | 福建省 |
| 47 | 贝壳找房（北京）科技有限公司 | 贝壳找房、被窝家装 | 北京市 |
| 48 | 鹏博士电信传媒集团股份有限公司 | 鹏博士云网、鹏博士数据中心、鹏云视讯、小朋管家 | 四川省 |
| 49 | 上海东方网股份有限公司 | 东方新闻、东方头条、翱翔、纵相 | 上海市 |

续表

| 排　名 | 企 业 名 称 | 主 要 品 牌 | 所　属　地 |
|---|---|---|---|
| 50 | 上海钢银电子商务股份有限公司 | 钢银电商、钢银云贸易 | 上海市 |
| 51 | 深圳市梦网科技发展有限公司 | 5G 消息、富信、梦网云会议 | 广东省 |
| 52 | 北京网聘咨询有限公司 | 智联招聘 | 北京市 |
| 53 | 上海米哈游网络科技股份有限公司 | 米哈游 | 上海市 |
| 54 | 好未来教育科技集团 | 学而思网校、学而思培优、励步英语、小猴 AI 课 | 北京市 |
| 55 | 汇通达网络股份有限公司 | 超级老板、汇通达汇享购+微商城、超级经理人、超级供应商 | 江苏省 |
| 56 | 深圳乐信控股有限公司 | 乐信、乐卡、乐花、分期乐 | 广东省 |
| 57 | 北京昆仑万维科技股份有限公司 | GameArk、闲徕互娱、Opera | 北京市 |
| 58 | 满帮集团 | 货车帮、运满满 | 贵州省 |
| 59 | 华云数据控股集团有限公司 | 国产通用型云操作系统安超 OS、安超云一体机、安超云套件 Archer Cloudsuite、安超桌面云 ArcherDT | 江苏省 |
| 60 | 北京趣拿信息技术有限公司 | 去哪儿网、去哪儿旅行 | 北京市 |
| 61 | 前锦网络信息技术（上海）有限公司 | 前程无忧 51Job、应届生求职网、无忧精英网、51 米多多 | 上海市 |
| 62 | 竞技世界（北京）网络技术有限公司 | JJ 比赛 | 北京市 |
| 63 | 无锡市不锈钢电子交易中心有限公司 | 无锡不锈钢 | 江苏省 |
| 64 | 北京蜜莱坞网络科技有限公司 | 映客直播、积目、对缘、不就 | 北京市 |
| 65 | 上海二三四五网络控股集团股份有限公司 | 2345 网址导航、2345 加速浏览器、2345 安全卫士 | 上海市 |
| 66 | 波克科技股份有限公司 | 波克城市、捕鱼达人、猫咪公寓 | 上海市 |
| 67 | 杭州边锋网络技术有限公司 | 边锋游戏、Dragon War、权倾三国、侠客风云传 Online | 浙江省 |
| 68 | 福建网龙计算机网络信息技术有限公司 | 魔域、征服、英魂之刃、网教通 | 福建省 |
| 69 | 二六三网络通信股份有限公司 | 263 云通信、263 云视频、263 云直播、263 邮箱 | 北京市 |
| 70 | 北京光环新网科技股份有限公司 | 光环新网、光环云 | 北京市 |
| 71 | 深圳市迅雷网络技术有限公司 | 迅雷 X、迅雷直播、手机迅雷、迅雷快鸟 | 广东省 |
| 72 | 北京世纪互联宽带数据中心有限公司 | 世纪互联、蓝云 | 北京市 |
| 73 | 厦门点触科技股份有限公司 | 点触科技 | 福建省 |
| 74 | 新中冠智能科技股份有限公司 | 新中冠、喜购宝、渠易宝 | 福建省 |
| 75 | 北京农信互联科技集团有限公司 | 猪联网、企联网、农信商城、农信金服 | 北京市 |
| 76 | 成都积微物联集团股份有限公司 | 积微物联、达海 | 四川省 |
| 77 | 联动优势科技有限公司 | 联动数科、联动支付、联动信息、联动营销 | 北京市 |
| 78 | 汇付天下有限公司 | 聚合支付、智汇管家、企账通、海外购 | 上海市 |
| 79 | 深圳市房多多网络科技有限公司 | 房多多 | 广东省 |
| 80 | 上海创蓝文化传播有限公司 | 创蓝 253、创蓝万数、闪验 | 上海市 |
| 81 | 深圳市创梦天地科技有限公司 | 乐逗游戏 | 广东省 |
| 82 | 探探科技（北京）有限公司 | 探探 | 北京市 |
| 83 | 多点生活（中国）网络科技有限公司 | 多点 | 北京市 |
| 84 | 广州荔支网络技术有限公司 | 荔枝 | 广东省 |
| 85 | 汇量科技集团 | Mintegral、GameAnalytics、Nativex | 广东省 |
| 86 | 武汉物易云通网络科技有限公司 | 司机宝、煤链社、筑链社、绿资源 | 湖北省 |
| 87 | 江苏零浩网络科技有限公司 | 智通三千 | 江苏省 |
| 88 | 东方明珠新媒体股份有限公司 | 东方明珠、百视通、东方购物、东方有线 | 上海市 |
| 89 | 瓜子汽车服务（天津）有限公司 | 瓜子二手车、毛豆新车、瓜子养车 | 天津市 |
| 90 | 北京搜房科技发展有限公司 | 房天下网、开发云、家居云、经纪云 | 北京市 |
| 91 | 上海识装信息科技有限公司 | 得物 | 上海市 |
| 92 | 北京五八到家信息技术集团有限公司 | 天鹅到家、快狗打车 | 北京市 |

续表

| 排　名 | 企业名称 | 主要品牌 | 所属地 |
|---|---|---|---|
| 93 | 贵州白山云科技股份有限公司 | ATD、YUNDUN、数聚蜂巢 | 贵州省 |
| 94 | 广州趣丸网络科技有限公司 | TT 语音、TT 电竞 | 广东省 |
| 95 | 驴妈妈旅游网 | 驴妈妈、驴悦亲子、先游后付、驴客严选 | 上海市 |
| 96 | 厦门吉比特网络技术股份有限公司 | 问道、问道手游、不思议迷宫、地下城堡 2：黑暗觉醒 | 福建省 |
| 97 | 海看网络科技（山东）股份有限公司 | 海看 IPTV、海看智慧广电、海看精品 | 山东省 |
| 98 | 山东世纪开元电子商务集团有限公司 | 世纪开元、益好、东讯、时间轴 | 山东省 |
| 99 | 浙江华坤道威数据科技有限公司 | 政法融媒云、数聚房、数懒 | 浙江省 |
| 100 | 易车公司 | 易车、汽车报价大全、易车伙伴、汽车产经网 | 北京市 |

资料来源：中国互联网协会。

# 2020 年度国家绿色数据中心公示名单

| 序　号 | 数据中心名称 |
|---|---|
| **通信领域** | |
| 1 | 武清数据中心 |
| 2 | 中国联通四川天府信息数据中心 |
| 3 | 中国移动（新疆克拉玛依）数据中心 |
| 4 | 中国移动（重庆）数据中心 |
| 5 | 中国移动呼和浩特数据中心 |
| 6 | 中国移动（辽宁沈阳）数据中心 |
| 7 | 中国移动长三角（无锡）数据中心 |
| 8 | 中国（西部）云计算中心 |
| 9 | 中国移动长三角（苏州）数据中心 |
| 10 | 中国移动（河南郑州航空港区）数据中心 |
| 11 | 中国联通华北（廊坊）基地 |
| 12 | 中国联通贵安云数据中心 |
| 13 | 中国联通哈尔滨云数据中心 |
| 14 | 中国联通深汕云数据中心（腾讯鹅埠数据中心 1 号楼） |
| 15 | 中国联通德清云数据中心 |
| 16 | 中国联通呼和浩特云数据中心 |
| 17 | 北京联通黄村 IDC 机房 |
| 18 | 中原数据基地 DC1 数据中心 |
| 19 | 中国电信云计算内蒙古信息园 A6 数据中心 |
| 20 | 中国电信上海公司漕盈数据中心 1 号楼 |
| 21 | 中国电信云计算重庆基地水土数据中心 |

续表

| 序　号 | 数据中心名称 |
|---|---|
| **互联网领域** | |
| 22 | 中经云亦庄数据中心 |
| 23 | 顺义昌金智能大数据分析技术应用平台云计算数据中心 |
| 24 | 房山绿色云计算数据中心 |
| 25 | 腾讯天津滨海数据中心 |
| 26 | 阿里巴巴张北云计算庙滩数据中心 |
| 27 | 怀来云交换数据中心产业园项目 1#数据机房、2#数据机房 |
| 28 | 环首都•太行山能源信息技术产业基地 |
| 29 | 乌兰察布华为云服务数据中心 |
| 30 | 鄂尔多斯国际绿色互联网数据中心 |
| 31 | 绿色海量云存储基地 |
| 32 | 数讯 IDXIII 蓝光数据中心 |
| 33 | 京东云华东数据中心 |
| 34 | 中金花桥数据系统有限公司昆山数据中心暨腾讯云 IDC1 |
| 35 | 世纪互联杭州经济技术开发区数据中心 |
| 36 | 世纪互联安徽宿州高新区数据中心 |
| 37 | 数字福建云计算中心（商务云） |
| 38 | 东江湖数据中心 |
| 39 | 长沙云谷数据中心 |
| 40 | 广州睿为化龙 IDC 项目 |
| 41 | 重庆腾讯云计算数据中心 |
| 42 | 雅安大数据产业园 |
| 43 | 贵州翔明数据中心 |
| 44 | 宁算科技集团一体化产业项目——数据中心（一期） |
| 45 | 观澜锦绣 IDC 机房 3#楼项目 |
| 46 | 百旺信云数据中心一期 |
| **公共机构领域** | |
| 47 | 中国科学院计算机网络信息中心信息化大厦 |
| 48 | 丽水市公安局数据中心 |
| 49 | 宁波市行政中心信息化集中机房 |
| **能源领域** | |
| 50 | 中国石油数据中心（吉林） |
| **金融领域** | |
| 51 | 平安深圳观澜数据中心 |
| 52 | 中国邮政储蓄银行总行合肥数据中心 |
| 53 | 广发银行股份有限公司南海生产机房 |
| 54 | 中国人寿保险股份有限公司上海数据中心 |
| 55 | 中国工商银行股份有限公司上海嘉定园区数据中心 |
| 56 | 汉口银行光谷数据中心 |
| 57 | 重庆农村商业银行鱼嘴数据中心 |
| 58 | 中国人民保险集团股份有限公司南方信息中心 |
| 59 | 安徽省联社滨湖数据中心 |
| 60 | 北京银行西安灾备数据中心 |

资料来源：工业和信息化部网站。

# 2020 年新型信息消费示范项目名单

| 序 号 | 项 目 名 称 | 申 报 单 位 | 推荐单位 | 领 域 |
|---|---|---|---|---|
| 1 | 京东物流智能末端共配项目 | 北京京邦达贸易有限公司 | 北京 | 生活类 |
| 2 | 酒仙网智能新零售 | 酒仙网络科技股份有限公司 | 北京 | 生活类 |
| 3 | 建设信息消费体验中心，通过信息技术体验，促进消费增长项目 | 北京苏宁易购销售有限公司 | 北京 | 平台类 |
| 4 | 基于多点“Dmall OS”的线上线下一体化零售平台建设 | 多点生活（中国）网络科技有限公司 | 北京 | 生活类 |
| 5 | 旷视“明骥”人工智能防疫防控项目 | 北京旷视科技有限公司 | 北京 | 新型产品类 |
| 6 | 人工智能非黑体红外体温筛查相机及其安检应用 | 同方威视技术股份有限公司 | 北京 | 新型产品类 |
| 7 | 基于视联网技术的远程医疗平台 | 视联动力信息技术股份有限公司 | 北京 | 公共服务类 |
| 8 | 天启卫星物联网数据服务 | 北京国电高科科技有限公司 | 北京 | 行业类 |
| 9 | 国家治理体系现代化、治理能力现代化实践——基于 AIoT 的智慧社区应用和消费模式创新与探索 | 北京特斯联科技集团有限公司 | 北京 | 新型产品类 |
| 10 | 一中心互联网医院应用服务平台 | 天津市第一中心医院 | 天津 | 公共服务类 |
| 11 | 智慧教育信息化提升项目 | 科大讯飞河北科技有限公司 | 河北 | 公共服务类 |
| 12 | 移动端数字影像个性定制产品项目 | 廊坊市美印信息科技有限公司 | 河北 | 生活类 |
| 13 | 激光放映机联合开发项目 | 山西汉威激光科技股份有限公司 | 山西 | 生活类 |
| 14 | 大宗商品数字物流产业新生态 | 山西快成物流科技有限公司 | 山西 | 行业类 |
| 15 | 映目智慧会议云平台 | 山西共致科技有限公司 | 山西 | 行业类 |
| 16 | 智慧供热综合管理平台 | 山西英泰立达科技有限公司 | 山西 | 行业类 |
| 17 | 基于全民健康信息平台的“1+12”区域互联网医疗服务系统 | 内蒙古健康医疗大数据有限公司 | 内蒙古 | 公共服务类 |
| 18 | 东软熙康远程医疗服务平台 | 沈阳东软熙康医疗系统有限公司 | 辽宁 | 公共服务类 |
| 19 | 整车运输 RFID 智慧溯源系统 | 一汽物流有限公司 | 吉林 | 行业类 |
| 20 | 基于 5G 传输的远程交互式教研平台 | 黑龙江威速科技有限公司 | 黑龙江 | 公共服务类 |
| 21 | 小红书——在线新经济种草社区 | 行吟信息科技（上海）有限公司 | 上海 | 生活类 |
| 22 | 面向新型信息消费的智汇管家服务平台 | 上海汇付数据服务有限公司 | 上海 | 生活类 |
| 23 | 智慧服务驱动的互联网医疗服务云平台 | 卫宁健康科技集团股份有限公司 | 上海 | 公共服务类 |
| 24 | 传染病防控综合管理和服务平台 | 万达信息股份有限公司 | 上海 | 新型产品类 |
| 25 | 商米之家体验中心建设运营项目 | 上海商米科技集团股份有限公司 | 上海 | 平台类 |
| 26 | 网宿云课堂整体解决方案 | 网宿科技股份有限公司 | 上海 | 公共服务类 |
| 27 | 苏宁全场景智慧零售下的新型信息消费示范项目 | 苏宁易购集团股份有限公司 | 江苏 | 生活类 |
| 28 | 基于远程服务及中央监护技术的智能呼吸设备 | 江苏鱼跃医疗设备股份有限公司 | 江苏 | 新型产品类 |

续表

| 序　号 | 项 目 名 称 | 申 报 单 位 | 推荐单位 | 领　域 |
|---|---|---|---|---|
| 29 | 基于5G+的数字文化融合创新应用项目 | 咪咕数字传媒有限公司 | 浙江 | 生活类 |
| 30 | 基于在线直播的数字音乐社交平台 | 杭州网易云音乐科技有限公司 | 浙江 | 生活类 |
| 31 | Workspace远程工作解决方案 | 新华三技术有限公司 | 浙江 | 平台类 |
| 32 | 基于网易严选“严选模式”新型信息消费的品质电商平台 | 杭州网易严选贸易有限公司 | 浙江 | 行业类 |
| 33 | 基于多维信息融合的智能人员管控系统 | 杭州宇视科技有限公司 | 浙江 | 新型产品类 |
| 34 | 基于数字轨技术的5G自动微公交 | 新奇点智能科技集团有限公司 | 浙江 | 新型产品类 |
| 35 | 5G导盲镜——基于5G和人工智能的视觉障碍辅助系统 | 中国移动通信集团浙江有限公司 | 浙江 | 新型产品类 |
| 36 | 基于AI+大数据构建的个性化在线教育平台 | 科大讯飞股份有限公司 | 安徽 | 公共服务类 |
| 37 | 基于人工智能语音技术的智能家居生态系统 | 合肥荣事达电子电器集团有限公司 | 安徽 | 新型产品类 |
| 38 | 智能检测分选装备大数据服务平台 | 合肥泰禾光电科技股份有限公司 | 安徽 | 行业类 |
| 39 | Alpha系列空气消毒灭菌净化器 | 合肥杜威智能科技股份有限公司 | 安徽 | 新型产品类 |
| 40 | 中电福富协同办公平台 | 中电福富信息科技有限公司 | 福建 | 平台类 |
| 41 | 基于NB-LoT的远程智慧水务服务平台 | 三川智慧科技股份有限公司 | 江西 | 行业类 |
| 42 | 泰豪VR体验馆 | 泰豪创意科技集团有限公司 | 江西 | 平台类 |
| 43 | 互联网+乡村旅游振兴示范项目 | 科瑞特软件集团股份有限公司 | 江西 | 生活类 |
| 44 | 基于健康医疗大数据的互联网+医疗健康服务平台 | 山东健康医疗大数据有限公司 | 山东 | 公共服务类 |
| 45 | 九阳健康产品消费体验中心示范项目 | 九阳股份有限公司 | 山东 | 平台类 |
| 46 | 房车旅行服务平台 | 郑州宇通客车股份有限公司 | 河南 | 生活类 |
| 47 | 农产品电子商务平台 | 驻马店市豫资投资发展有限公司 | 河南 | 生活类 |
| 48 | “互联网+电梯”智慧监管平台 | 河南拓普计算机网络工程有限公司 | 河南 | 行业类 |
| 49 | 基于北斗AI的体温检测系统 | 武汉依讯电子信息技术有限公司 | 湖北 | 新型产品类 |
| 50 | 电鹰EDC系列智能无人喷洒车项目 | 湖北电鹰科技有限公司 | 湖北 | 新型产品类 |
| 51 | 明厨亮灶区块链物联网平台 | 武汉菲旺软件技术有限责任公司 | 湖北 | 生活类 |
| 52 | 基于5G的人体智能空调医疗健康云平台 | 武汉国灸科技开发有限公司 | 湖北 | 公共服务类 |
| 53 | 实时协作云端Office——石墨文档 | 武汉初心科技有限公司 | 湖北 | 平台类 |
| 54 | 马应龙“互联网+医+药”线上线下智能融合服务项目 | 马应龙药业集团股份有限公司 | 湖北 | 生活类 |
| 55 | 基于3 I的服装全渠道营销平台 | 武汉爱帝针纺实业有限公司 | 湖北 | 行业类 |
| 56 | 云上多联智慧供应链综合服务平台 | 长江新丝路国际投资发展有限公司 | 湖北 | 行业类 |
| 57 | 创星远程医疗平台“星安问诊” | 湖南创星科技股份有限公司 | 湖南 | 公共服务类 |
| 58 | 城市充电桩运营管理平台项目 | 湖南智慧畅行交通科技有限公司 | 湖南 | 新型产品类 |
| 59 | 线上线下融合的家电消费数字化服务平台建设与示范 | TCL实业控股股份有限公司 | 广东 | 生活类 |
| 60 | 基于智能无人机的物流配送监控信息平台 | 亿航智能设备（广州）有限公司 | 广东 | 生活类 |
| 61 | 工业互联安全锁云平台 | 广东纬德信息科技股份有限公司 | 广东 | 行业类 |
| 62 | 面向粤西城乡一体的新型消费商务平台与运营 | 广东长盈科技股份有限公司 | 广东 | 生活类 |
| 63 | 基于红外热成像的智能温感设备及疫情三维时空大数据分析平台研发及应用 | 广州新科佳都科技有限公司 | 广东 | 新型产品类 |
| 64 | 基于智能驾驶关键技术的智能防疫产品 | 上汽通用五菱汽车股份有限公司 | 广西 | 新型产品类 |
| 65 | 基于5G的智慧教育公共服务平台 | 海南师范大学 | 海南 | 公共服务类 |
| 66 | 新道DTC数字化教学云平台 | 新道科技股份有限公司 | 海南 | 公共服务类 |
| 67 | S2B2C全渠道分销商城孵化平台 | 重庆渝欧跨境电子商务股份有限公司 | 重庆 | 生活类 |

续表

| 序　号 | 项 目 名 称 | 申 报 单 位 | 推荐单位 | 领　域 |
|---|---|---|---|---|
| 68 | 龙智造智慧园区公共服务平台——助力中小企业复工复产 | 重庆龙易购科技有限公司 | 重庆 | 行业类 |
| 69 | 眉州东坡：舌尖上的东坡味道　打造“田间直达餐桌”的互联网美食消费新体验 | 四川眉州东坡餐饮管理有限公司 | 四川 | 生活类 |
| 70 | 三星堆文物数字化保护应用与传播推广 | 四川日报报业集团 | 四川 | 生活类 |
| 71 | 数字白酒·云酒柜 | 国久大数据有限公司 | 四川 | 生活类 |
| 72 | 积微循环闲废资源专业处置平台 | 成都积微物联集团股份有限公司 | 四川 | 行业类 |
| 73 | 新一代远程实时协同云演播制作平台 | 成都索贝数码科技股份有限公司 | 四川 | 行业类 |
| 74 | 轨道交通移动支付平台示范项目 | 成都智元汇信息技术股份有限公司 | 四川 | 行业类 |
| 75 | 乡村旅馆大智慧信息服务平台 | 贵州黔北文旅投资开发有限公司 | 贵州 | 生活类 |
| 76 | 阳光校园·智慧教育民生实事“5G+智慧教育”项目 | 贵州省广播电视信息网络股份有限公司 | 贵州 | 公共服务类 |
| 77 | 学生营养餐智慧云校园+校农云大数据平台 | 贵州山九长青智慧云科技有限公司 | 贵州 | 行业类 |
| 78 | 昊邦互联网+医药健康产业链服务平台 | 云南昊邦医药集团有限公司 | 云南 | 公共服务类 |
| 79 | 圣爱两仪中医在线医疗系统 | 昆明圣爱中医馆有限公司 | 云南 | 公共服务类 |
| 80 | 基于区块链等技术应用的产业智慧供应链生态运营协同平台体系研究与建设 | 云南昆钢电子信息科技有限公司 | 云南 | 行业类 |
| 81 | 昆明市新型车服务信息消费示范平台项目 | 昆明市智慧停车建设运营有限公司 | 云南 | 行业类 |
| 82 | “第四产权”产权行业数字化服务平台 | 西藏电子商务有限公司 | 西藏 | 行业类 |
| 83 | 基于文博行业IP定制的VR影院解决方案 | 西安可视可觉网络科技有限公司 | 陕西 | 生活类 |
| 84 | 益农精准生产服务平台 | 西安微媒软件有限公司 | 陕西 | 行业类 |
| 85 | 数字甘肃文化产业平台数据库 | 兰州南特数码科技股份有限公司 | 甘肃 | 生活类 |
| 86 | 智慧旅游公共服务平台——“一部手机游+VR” | 中电万维信息技术有限公司 | 甘肃 | 生活类 |
| 87 | 北京四中网校数字化教学平台及资源全覆盖（中学阶段）项目 | 西宁市中小学教育信息化培训中心 | 青海 | 公共服务类 |
| 88 | 巴州互联网+智慧医疗项目 | 中国电信股份有限公司巴音郭楞蒙古自治州分公司 | 新疆 | 公共服务类 |
| 89 | 百事联城乡一体化电子商务及信息服务平台 | 新疆百事联商务信息咨询有限公司 | 新疆 | 生活类 |
| 90 | 新疆家庭教育云平台优化与推广 | 新疆金泰隆教育研究院股份有限公司 | 新疆 | 公共服务类 |
| 91 | “四表合一”城市能源数据采集管理服务平台 | 新疆天富信息科技有限公司 | 新疆生产建设兵团 | 行业类 |
| 92 | 支持深度定制与即时体验的全品类服装个性定制化项目 | 大杨集团有限公司 | 大连 | 生活类 |
| 93 | 青岛市综合支付云平台（便捷青岛App） | 青岛国信城市信息科技有限公司 | 青岛 | 生活类 |
| 94 | 海尔衣联网一号店智慧体验中心 | 青岛云裳羽衣物联科技有限公司 | 青岛 | 平台类 |
| 95 | 区块链赋能的智慧渔业平台 | 宁波海上鲜信息技术有限公司 | 宁波市 | 行业类 |
| 96 | 5G 8K超高清大屏终端研制及应用示范 | 深圳创维—RGB电子有限公司 | 深圳 | 新型产品类 |
| 97 | 基于中电工业电子商务平台的线上线下融合服务示范 | 中电工业互联网有限公司 | 中国电子信息产业集团有限公司 | 生活类 |
| 98 | 基于数据湖的轻量级城市数据惠民智能服务示范项目（葫芦） | 北京易华录信息技术股份有限公司 | 中国华录集团有限公司 | 生活类 |
| 99 | 医疗卫生用纺织品防疫物资工业互联网应用服务平台 | 北京航天智造科技发展有限公司 | 中国航天科工集团有限公司 | 行业类 |
| 100 | 能源区块链公共服务平台 | 国网电子商务有限公司 | 国家电网有限公司 | 行业类 |

# 2020年大数据产业发展试点示范项目公示名单

| 序号 | 企业名称 | 项目名称 | 区域 |
|---|---|---|---|
| 领域一：工业大数据融合应用（90项） | | | |
| 方向1：工业现场方向（14项） | | | |
| 1 | 中色非洲矿业有限公司 | 基于大数据的金属矿山智能管控新模式 | 北京 |
| 2 | 广州明珞汽车装备有限公司 | 基于大数据的自动化生产线运维服务平台示范应用 | 广东 |
| 3 | 常州天正工业发展股份有限公司 | 天正激光装备工业大数据管理平台 | 江苏 |
| 4 | 新疆喀什齐鲁纺织服装有限公司 | 18万锭现代纺织大数据智能化设备应用与示范 | 新疆 |
| 5 | 柳州五菱汽车工业有限公司 | 物联网大数据融合的车间装备与能源管理平台 | 广西 |
| 6 | 江苏永鼎股份有限公司 | 永鼎股份基于MES系统的工业现场大数据融合应用项目 | 江苏 |
| 7 | 东风楚凯（武汉）汽车零部件有限公司 | 关键零部件自动化运行质量大数据示范 | 武汉 |
| 8 | 中铁高新工业股份有限公司 | 中铁工业智能制造信息化“一中心、三示范”项目 | 北京 |
| 9 | 艾普工华科技（武汉）有限公司 | 面向智能制造的工业大数据服务平台 | 湖北 |
| 10 | 山西科达自控股份有限公司 | 智慧矿山安全生产数据融合应用试点示范项目 | 山西 |
| 11 | 青海盐湖工业股份有限公司 | 盐湖股份工业互联网大数据管理平台 | 青海 |
| 12 | 中国三峡建设管理有限公司 | 白鹤滩大坝混凝土智能通水技术升级研究 | 成都 |
| 13 | 中国铁建重工集团股份有限公司 | 基于物联网的高端地下工程装备制造大数据平台建设 | 湖南 |
| 14 | 光力科技股份有限公司 | 安全生产监测监控监察管理系统 | 河南 |
| 方向2：企业应用方向（43项） | | | |
| 1 | 卫华集团有限公司 | 面向物流装备行业的大数据管理系统研发与产业化 | 河南 |
| 2 | 中联重科股份有限公司 | 面向制造企业的工业大数据融合应用试点示范项目 | 湖南 |
| 3 | 哈药集团股份有限公司 | 哈药互联网+协同制造服务平台 | 黑龙江 |
| 4 | 新凤鸣集团股份有限公司 | “互联网+化纤”工业大数据融合创新应用示范 | 浙江 |
| 5 | 南京莱斯信息技术股份有限公司 | 企业智慧运营大数据服务平台 | 南京 |
| 6 | 晶科能源有限公司 | 太阳能电池组件智能工厂大数据驱动全流程融合应用新模式项目 | 江西 |
| 7 | 研祥智能科技股份有限公司 | 工控设备大数据分析及远程管理与应用示范 | 深圳 |
| 8 | 徐工集团工程机械股份有限公司 | 基于全价值链运营增值的企业大数据创新与应用 | 江苏 |
| 9 | 赛轮集团股份有限公司 | 基于智能制造的轮胎企业工业大数据应用 | 青岛 |
| 10 | 中铝智能科技发展有限公司 | 中铝智云大数据平台项目 | 杭州 |
| 11 | 特变电工新疆新能源股份有限公司 | 特变电工新能源电站智慧运维云平台 | 新疆 |
| 12 | 安徽省司尔特肥业股份有限公司 | 五库联动——大数据融合创新驱动肥料定制生产和精准服务农业项目 | 安徽 |
| 13 | 万华化学集团股份有限公司 | 万华化工新材料大数据产业化应用项目 | 山东 |
| 14 | 中铁第四勘察设计院集团有限公司 | 基于大数据的轨道交通智慧桥梁技术研发 | 武汉 |
| 15 | 南阳市一通防爆电气有限公司 | 基于大数据的防爆行业协同共享生产示范工程 | 河南 |

续表

| 序号 | 企业名称 | 项目名称 | 区域 |
|---|---|---|---|
| 方向 2：企业应用方向（43 项） | | | |
| 16 | 内蒙古蒙牛乳业（集团）股份有限公司 | 蒙牛全产业链多领域数据融合协同发展项目 | 内蒙古 |
| 17 | 五凌电力有限公司 | 基于工业互联网大数据的水电生产数据标准建设及主设备绝缘健康评估 | 湖南 |
| 18 | 白银有色集团股份有限公司 | 基于工业互联网的铜冶炼生产消耗智能优化管控平台 | 甘肃 |
| 19 | 山西汾西重工有限责任公司 | 船舶与海洋工程装备工业大数据融合应用试点示范 | 山西 |
| 20 | 万华化学（宁波）有限公司 | 万华化学宁波智能工厂建设项目 | 宁波 |
| 21 | 临沂矿业集团有限责任公司 | 大数据赋能企业数字化转型项目 | 山东 |
| 22 | 集瑞联合重工有限公司 | 基于“限时服务”的重卡远程在线售后服务能力的大数据平台 | 安徽 |
| 23 | 北京神舟航天软件技术有限公司 | 航天产品试验大数据管理系统建设及示范应用 | 北京 |
| 24 | 中国重型机械研究院股份公司 | 数据驱动的复杂重型装备设计/制造/服务一体化协同创新平台 | 西安 |
| 25 | 安徽云轨信息科技有限公司 | 轨道交通客流大数据分析项目 | 安徽 |
| 26 | 上海宇航系统工程研究所 | 基于产品全生命周期的大数据中心项目 | 上海 |
| 27 | 重庆山外山血液净化技术股份有限公司 | 血液净化大数据平台应用创新 | 重庆 |
| 28 | 美欣达集团有限公司 | 美欣达环保大数据综合平台 | 浙江 |
| 29 | 长春合成兴业能源技术有限公司 | 大数据背景下的火电机组能效管控系统 | 长春 |
| 30 | 易派客电子商务有限公司 | 易派客工业品电子商务平台 | 北京 |
| 31 | 龙江广瀚燃气轮机有限公司 | 中船龙江广瀚燃气轮机数字化工厂 | 哈尔滨 |
| 32 | 贵州天义技术有限公司 | 离散行业大批量定制机电组件智能制造应用示范 | 贵州 |
| 33 | 浙江东尼电子股份有限公司 | 东尼电子智能工厂项目 | 浙江 |
| 34 | 福耀玻璃工业集团股份有限公司 | 基于大数据的资源共享和协同运营平台建设 | 福建 |
| 35 | 合肥荣电实业股份有限公司 | 荣电大数据精准营销服务系统 | 安徽 |
| 36 | 新疆福克油品股份有限公司 | 润滑油互联网智能制造集成创新及融合应用 | 新疆 |
| 37 | 台州市工业互联网产业有限公司 | 台州工业互联网服务平台 | 浙江 |
| 38 | 河南心连心化学工业集团股份有限公司 | 心连心大数据项目 | 河南 |
| 39 | 双驰实业股份有限公司 | 鞋业工业互联网示范项目 | 福建 |
| 40 | 中化商务有限公司 | 全球化工采购寻源大数据平台 | 北京 |
| 41 | 南京华盾电力信息安全测评有限公司 | 睿思工业互联网平台 | 南京 |
| 42 | 宁夏思睿能源管理科技有限公司 | 基于工业大数据的电能服务平台项目 | 宁夏 |
| 43 | 宣威市炫辉太阳能设备有限公司 | 太阳能系列产品物联网大数据管理系统建设 | 云南 |
| 方向 3：重点行业方向（33 项） | | | |
| 1 | 中汽研汽车检验中心（天津）有限公司 | 汽车工业研发检测大数据应用平台 | 天津 |
| 2 | 京东方科技集团股份有限公司 | 基于大数据技术的显示器件制造行业产能提升解决方案 | 北京 |
| 3 | 苏州热工研究院有限公司 | 基于数据驱动的核电重大设备全寿期可靠性管理平台研发及示范应用 | 江苏 |
| 4 | 中汽数据（天津）有限公司 | 汽车工业大数据融合创新与智能应用 | 天津 |
| 5 | 中车青岛四方车辆研究所有限公司 | 轨道交通车辆智能运维大数据融合应用建设 | 青岛 |
| 6 | 成都飞机工业（集团）有限责任公司 | 支撑航空复杂装备制造数字化转型的大数据融合应用 | 成都 |
| 7 | 中国科学院软件研究所 | 能源大数据支撑平台研发及应用示范 | 北京 |
| 8 | 中科曙光南京研究院有限公司 | 面向智慧电力的大数据智能分析平台 | 南京 |
| 9 | 内蒙古能源发电投资集团有限公司 | 内蒙古能源大数据平台 | 内蒙古 |
| 10 | 奇瑞汽车股份有限公司 | 企业大数据平台建设与应用 | 安徽 |
| 11 | 上海宝信软件股份有限公司 | 钢铁行业工业互联网大数据分析平台 | 上海 |
| 12 | 美林数据技术股份有限公司 | 基于知识图谱技术的能源企业数据资产管理应用 | 西安 |
| 13 | 一重集团大连工程技术有限公司 | 重大冶金装备全生命周期大数据平台示范工程 | 大连 |

续表

| 序号 | 企业名称 | 项目名称 | 区域 |
|---|---|---|---|
| **方向 3：重点行业方向（33 项）** | | | |
| 14 | 国电大渡河流域水电开发有限公司 | 基于大数据的水电流域智慧化运行研究 | 成都 |
| 15 | 国网山东省电力公司 | 基于“智能电网+泛在电力物联网”的供电企业大数据融合应用平台 | 济南 |
| 16 | 北京中油瑞飞信息技术有限责任公司 | 中国石油数据仓库及治理项目 | 北京 |
| 17 | 北京矿冶科技集团有限公司 | 有色行业矿冶大数据中心及应用平台建设 | 北京 |
| 18 | 中海油能源发展股份有限公司工程技术分公司 | 海上智能油田大数据建设及示范应用 | 天津 |
| 19 | 山东博远重工有限公司 | 基建物资大数据租赁共享平台项目 | 山东 |
| 20 | 钢铁研究总院 | 钢铁材料产业链应用大数据平台 | 北京 |
| 21 | 中国移动通信集团重庆有限公司 | 基于 5G 网络环境的工业大数据平台建设及应用示范 | 重庆 |
| 22 | 成都积微物联集团股份有限公司 | 积微物联大数据应用分析平台 | 成都 |
| 23 | 中国铁道科学研究院集团有限公司 | 中国铁路运输安全大数据应用 | 北京 |
| 24 | 浙江云科智造科技有限公司 | Brain Matrix 工业大数据分析平台 | 宁波 |
| 25 | 广州机械科学研究院有限公司 | 基于大数据的能源电力装备润滑安全监控与智能运维云平台 | 广州 |
| 26 | 东方电气股份有限公司 | 高可靠复杂发电装备焊接缺陷大数据智能分析中心建设项目 | 成都 |
| 27 | 中国能源建设集团广东省电力设计研究院有限公司 | 广东省海上风电大数据中心 | 广州 |
| 28 | 上海找钢网信息科技股份有限公司 | 钢铁行业工业大数据融合应用平台 | 上海 |
| 29 | 智能云科信息科技有限公司 | 面向机加工设备互联互通的工业大数据融合应用试点示范 | 上海 |
| 30 | 沈阳飞机工业（集团）有限公司 | 工业大数据应用平台 | 沈阳 |
| 31 | 江西飞尚科技有限公司 | 智慧基础设施安全监测和预警大数据服务平台 | 江西 |
| 32 | 北京中核华辉科技发展有限公司 | 核电施工大数据平台分析与应用 | 北京 |
| 33 | 烟台东方威思顿电气有限公司 | 智能计量大数据云平台 | 山东 |
| **领域二：民生大数据创新应用（70 项）** | | | |
| **方向 4：民生大数据创新应用（70 项）** | | | |
| 1 | 浪潮软件集团有限公司 | 基于健康医疗大数据的医养健康创新应用 | 济南 |
| 2 | 平安科技（深圳）有限公司 | 平安天枢智慧经济运行辅助决策平台 | 深圳 |
| 3 | 东软集团股份有限公司 | 大数据赋能医保基金管理与医疗保障服务平台 | 沈阳 |
| 4 | 北京华宇信息技术有限公司 | 司法大数据管理与服务平台 | 北京 |
| 5 | 国新健康保障服务集团股份有限公司 | 全国医保支付结算（DRG）大数据监管服务系统 | 海南 |
| 6 | 三六零科技集团有限公司 | 电信网络诈骗大数据安全分析监测预警抵制平台 | 天津 |
| 7 | 太极计算机股份有限公司 | 智能媒体大数据平台及应用开发 | 北京 |
| 8 | 万达信息股份有限公司 | 面向智慧城市的数据湖云平台系统研发和示范 | 上海 |
| 9 | 国网四川省电力公司 | 电力大数据的社会透视与商业洞见 | 四川 |
| 10 | 国网信通亿力科技有限责任公司 | 电力大数据商业化服务示范应用建设项目 | 厦门 |
| 11 | 曙光信息产业股份有限公司 | 面向智慧城市的大数据融合分析平台 | 天津 |
| 12 | 青岛海尔生物医疗股份有限公司 | 面向智慧医疗的疫苗与血液大数据管理平台建设与应用示范 | 青岛 |
| 13 | 中科曙光国际信息产业有限公司 | 三建联动网格化创新治理系统 | 青岛 |
| 14 | 北京嘀嘀无限科技发展有限公司 | 基于智能网联的大数据平台建设项目 | 北京 |
| 15 | 中国联合网络通信有限公司网络技术研究院 | 融合异构数据及深度学习的民生大数据创新应用试点示范 | 北京 |
| 16 | 神州数码医疗科技股份有限公司 | 心血管信息化研究平台建设及临床决策辅助诊疗系统优化 | 北京 |
| 17 | 山西百得科技开发股份有限公司 | 数字乡村平台 | 山西 |
| 18 | 贵阳货车帮科技有限公司 | 基于大规模实时物流数据的运力智能调度平台 | 贵州 |
| 19 | 创意信息技术股份有限公司 | 四川省交通运行监测与应急指挥系统 | 四川 |
| 20 | 北京国信云服科技有限公司南宁分公司 | 国信云服脱贫攻坚大数据解决方案 | 广西 |

续表

| 序　号 | 企业名称 | 项目名称 | 区　域 |
|---|---|---|---|
| 方向 4：民生大数据创新应用（70 项） | | | |
| 21 | 紫光云技术有限公司 | 紫光云一体化社会治理信息化平台 | 天津 |
| 22 | 武大吉奥信息技术有限公司 | 块数据驱动下的深圳市域社会治理共建共治共享 | 湖北 |
| 23 | 国研软件股份有限公司 | 食品安全追溯联动大数据平台 | 宁波 |
| 24 | 天地伟业技术有限公司 | 基于视频数据分析挖掘的智慧城市监控管理系统的设计开发及产业化 | 天津 |
| 25 | 南京医科大学第一附属医院 | 慢病大数据创新应用与智慧服务平台建设示范 | 南京 |
| 26 | 中国新闻出版传媒集团项目规划与管理部 | 全民阅读与融媒体中台 | 北京 |
| 27 | 税友软件集团股份有限公司 | 税务大数据管理与分析服务平台 | 杭州 |
| 28 | 航天信息股份有限公司 | 基层社会治理智慧监管大数据平台项目 | 北京 |
| 29 | 章贡区智慧章贡建设办公室 | 章贡区信息惠民——智慧章贡 | 江西 |
| 30 | 中国移动通信集团广东有限公司 | 面向智慧交通的大数据综合管理应用研究与实践 | 广东 |
| 31 | 江苏东大集成电路系统工程技术有限公司 | 东集兽药追溯大数据服务分析平台 | 南京 |
| 32 | 山西智杰软件工程有限公司 | 紧密型县域医疗卫生共同体大数据平台 | 山西 |
| 33 | 佳都新太科技股份有限公司 | 面向智慧城市的视频云+大数据应用平台研发及产业化 | 广州 |
| 34 | 中国交通信息中心有限公司 | 成都锦江流域综合治理与绿道建设工程智慧管理平台 | 北京 |
| 35 | 医渡云（北京）技术有限公司 | 多源异构医疗大数据处理分析及智能化产业赋能应用平台 | 北京 |
| 36 | 杭州中软安人网络通信股份有限公司 | 面向消费维权社会共治政务大数据服务平台 | 杭州 |
| 37 | 吉视传媒股份有限公司 | 梅河口市“智慧食安”工程 | 吉林 |
| 38 | 中邮信息科技（北京）有限公司 | 中国邮政地理资源信息平台 | 北京 |
| 39 | 北京航空航天大学青岛研究院 | 空天地海大数据应用平台 | 青岛 |
| 40 | 思创数码科技股份有限公司 | AI“数据天眼”资金使用之前的体检仪 | 江西 |
| 41 | 浙江网新恩普软件有限公司 | 基于社保大数据的稽核风控平台 | 杭州 |
| 42 | 零氪科技（天津）有限公司 | 人工智能辅助肺癌诊疗一体化解决方案 | 天津 |
| 43 | 九次方大数据信息集团有限公司 | 生猪大数据资源管理与应用平台 | 北京 |
| 44 | 河南省视博电子股份有限公司 | 基于全国 ETC 联网运营数据的机动车出行服务平台 | 河南 |
| 45 | 心医国际数字医疗系统（大连）有限公司 | 基于云计算的医疗大数据分析服务平台及应用示范 | 大连 |
| 46 | 同道精英（天津）信息技术有限公司 | 猎聘通——基于大数据匹配运算的智能化招聘服务系统及呼叫中心 | 天津 |
| 47 | 广州华银健康科技有限公司 | 临床病理大数据产业化应用 | 广州 |
| 48 | 中国移动通信集团浙江有限公司 | 基于通信大数据的惠民城市经济地图 | 杭州 |
| 49 | 中南大学 | 基于大数据+人工智能的全流程专科互联网医院 | 湖南 |
| 50 | 北京市政交通一卡通有限公司 | 一卡通大数据在城市治理中的应用实践 | 北京 |
| 51 | 山西清众科技股份有限公司 | 中等城市数字化治理“驾驶舱”示范项目 | 山西 |
| 52 | 武汉颂大教育科技股份有限公司 | 教育大数据挖掘分析与资源共享平台研发及应用 | 湖北 |
| 53 | 大唐软件技术股份有限公司 | 职业教育校园大数据应用试点示范 | 北京 |
| 54 | 清华大学 | 互联网感知大数据驱动的民生民情智能应用服务 | 北京 |
| 55 | 山东顺能网络科技有限公司 | 医联山东健康服务平台系统 | 济南 |
| 56 | 世纪恒通科技股份有限公司 | 大数据技术汽车消费领域和智能应用平台 | 贵州 |
| 57 | 长城计算机软件与系统有限公司 | IT 企业风险监测与发展大数据平台 | 北京 |
| 58 | 中国移动通信集团海南有限公司 | 海南省居民生活服务大数据项目 | 海南 |
| 59 | 福建联迪商用设备有限公司 | 支付大数据综合行业应用平台 | 福建 |
| 60 | 国网电子商务有限公司 | 电力大数据信用融资综合服务平台 | |
| 61 | 河北工大科雅能源科技股份有限公司 | 城市智慧供热大数据管理平台 | 河北 |
| 62 | 广东万丈金数信息技术股份有限公司 | 场景金融智能服务中台应用项目 | 广州 |
| 63 | 山东阿帕网络技术有限公司 | 物流大数据分析与应用平台 | 山东 |

续表

| 序　号 | 企业名称 | 项目名称 | 区　域 |
|---|---|---|---|
| 方向 4：民生大数据创新应用（70 项） | | | |
| 64 | 河南拓普计算机网络工程有限公司 | 基于大数据的政务服务智慧审批平台 | 河南 |
| 65 | 厦门美亚商鼎信息科技有限公司 | 食品安全风险预警大数据平台 | 厦门 |
| 66 | 联通（广东）产业互联网有限公司 | 韶关市健康医疗大数据应用中心建设项目 | 广东 |
| 67 | 厦门路桥信息股份有限公司 | 一路云智慧停车大数据平台 | 厦门 |
| 68 | 广州供电局有限公司 | 特大城市“散乱污”大数据智能监管与治理示范性项目 | 广州 |
| 69 | 山大地纬软件股份有限公司 | 支持海量多源数据集成与资源自适应优化的民生服务大数据应用支撑平台研发及应用示范 | 济南 |
| 70 | 贵州北斗空间信息技术有限公司 | 智慧城市三维指挥调度系统 | 贵州 |
| 领域三：大数据关键技术先导应用（20 项） | | | |
| 方向 5：大数据关键技术先导应用（20 项） | | | |
| 1 | 浙江大华技术股份有限公司 | 视频物联感知大数据存储与计算的关键技术研发及产业化 | 杭州 |
| 2 | 中国联合网络通信有限公司 | 面向超大规模异构数据的多场景能力构建和开放平台试点示范 | 北京 |
| 3 | 北京奇虎科技有限公司 | 360 应龙综合反诈骗平台 | 北京 |
| 4 | 优刻得科技股份有限公司 | 数据安全流通平台产品（UCloud 安全屋） | 上海 |
| 5 | 亚信科技（中国）有限公司 | 面向超大规模数据集群的亚信数据中台应用示范项目 | 北京 |
| 6 | 中科星图股份有限公司 | 多源遥感数据高精度智能处理与服务平台 | 北京 |
| 7 | 中移动信息技术有限公司 | 中国移动大数据开放服务平台“梧桐” | 北京 |
| 8 | 合肥中科类脑智能技术有限公司 | 类脑智能开放平台 | 安徽 |
| 9 | 杭州数梦工场科技有限公司 | DTSphere River 智能数据治理平台 | 杭州 |
| 10 | 平安资产管理有限责任公司 | 平安金融债券风险防范大数据智能中台 | 上海 |
| 11 | 中国电信股份有限公司云计算分公司 | 天翼云 AI 能力开放平台 | 北京 |
| 12 | 中国工业互联网研究院 | 国家工业互联网大数据中心建设 | 北京 |
| 13 | 中国农业银行研发中心 | 中国农业银行数据中台 | 北京 |
| 14 | 深圳市迪博企业风险管理技术有限公司 | 上市公司智能监管系统 | 深圳 |
| 15 | 南京壹进制信息科技有限公司 | 高可用多维度大数据安全保障平台 | 南京 |
| 16 | 江苏苏宁银行股份有限公司 | 基于大数据分析的金融风控应用 | 南京 |
| 17 | 厦门亿联网络技术股份有限公司 | 企业通信大数据管理及分析平台 | 厦门 |
| 18 | 武汉达梦数据库有限公司 | 基于分布式大数据的异构异源数据融合平台 | 湖北 |
| 19 | 赛特斯信息科技股份有限公司 | 基于全业务数据的“一站式”智能云平台研发及产业化 | 南京 |
| 20 | 正元地理信息集团股份有限公司 | 城市时空大数据云 GIS 关键技术研究 | 北京 |
| 领域四：大数据管理能力提升（20 项） | | | |
| 方向 6：数据管理能力方向（7 项） | | | |
| 1 | 湖州市大数据运营有限公司 | 公共数据服务管理平台 | 浙江 |
| 2 | 东软集团（上海）有限公司 | 基于大数据技术的智慧金融风控及监管服务平台研发及试点示范 | 上海 |
| 3 | 潍柴动力股份有限公司 | 基于 DCMM 的数据管理能力提升与应用示范项目 | 山东 |
| 4 | 西藏国路安科技股份有限公司 | 基于统一基础云平台的“政府数据整合共享与指挥调度”项目 | 西藏 |
| 5 | 武汉烽火信息集成技术有限公司 | 轨道交通大数据智能运维专家系统 | 武汉 |
| 6 | 上海航空工业（集团）有限公司 | 基于 DCMM 标准的民机研制数据管理能力成熟度提升应用示范项目 | 上海 |
| 7 | 厦门南讯股份有限公司 | ECRP 零售企业客户资源管理公共服务平台 | 厦门 |
| 方向 7：公共服务平台方向（13 项） | | | |
| 1 | 天津五八到家货运服务有限公司 | 快狗打车订单匹配系统 | 天津 |
| 2 | 百融云创科技股份有限公司 | 产业互联网平台模式下的塑化场景小微企业普惠金融创新项目 | 北京 |
| 3 | 江苏擎天助贸科技有限公司 | 面向出口企业普惠金融服务的擎天助贸圈大数据公共服务平台 | 南京 |
| 4 | 江西融合科技有限责任公司 | 江西省工业园区智慧云平台 | 江西 |

续表

| 序　号 | 企业名称 | 项目名称 | 区　域 |
|---|---|---|---|
| 方向 7：公共服务平台方向（13 项） | | | |
| 5 | 赛迪顾问股份有限公司 | 产业大脑大数据服务平台 | 北京 |
| 6 | 南京江北新区科技投资集团有限公司 | 南京江北科投医疗健康大数据服务平台 | 南京 |
| 7 | 猪八戒股份有限公司 | 猪八戒网中小企业公共服务平台 | 重庆 |
| 8 | 海南省大数据管理局 | 海南省进出岛人流、物流、资金流可信交换体系及数据归集整合分析服务项目 | 海南 |
| 9 | 吉林省吉林祥云信息技术有限公司 | 大数据政务全息共享平台 | 长春 |
| 10 | 中铁一局集团有限公司 | 城市地下空间工程大数据智能分析与公共服务平台试点示范应用项目 | 西安 |
| 11 | 安徽航天信息有限公司 | 基于税务大数据的普惠金融服务平台 | 安徽 |
| 12 | 上海昂泰兰捷尔信息科技股份有限公司 | 供应链金融大数据区块链服务平台 | 上海 |
| 13 | 数字广西集团有限公司 | “广西数字政务一体化平台”项目 | 广西 |

资料来源：工业和信息化部网站。

# 2020 年国家数字乡村试点地区公示名单

| 省 份 | 县（市、区） |
|---|---|
| 北京市 | 房山区、平谷区 |
| 天津市 | 西青区、津南区 |
| 河北省 | 廊坊市永清县、沧州市肃宁县、邢台市南和区、辛集市 |
| 山西省 | 临汾市隰县、临汾市洪洞县、大同市云州区、晋城市高平市 |
| 内蒙古自治区 | 呼和浩特市托克托县、鄂尔多斯市鄂托克前旗、兴安盟扎赉特旗 |
| 辽宁省 | 沈阳市辽中区、朝阳市凌源市、本溪市桓仁满族自治区、营口市老边区 |
| 吉林省 | 四平市梨树县、吉林市龙潭区、延边州和龙市、辽源市东辽县 |
| 黑龙江省 | 佳木斯市桦南县、绥化市望奎县、齐齐哈尔市依安县、牡丹江市西安区 |
| 上海市 | 浦东新区、奉贤区 |
| 江苏省 | 徐州市丰县、苏州市张家港市、南京市浦口区、连云港市东海县 |
| 浙江省 | 湖州市德清县、嘉兴市平湖市、宁波市慈溪市、杭州市临安区 |
| 安徽省 | 合肥市长丰县、宿州市砀山县、黄山市歙县、六安市金寨县 |
| 福建省 | 宁德市寿宁县、南平市武夷山市、三明市大田县、龙岩市上杭县 |
| 江西省 | 赣州市安远县、南昌市进贤县、吉安市井冈山市、上饶市玉山县 |
| 山东省 | 淄博市高青县、泰安市肥城市、滨州市惠民县、烟台市海阳市 |
| 河南省 | 三门峡市灵宝市、鹤壁市淇滨区、南阳市西峡县、漯河市临颍县 |
| 湖北省 | 宜昌市秭归县、武汉市江夏区、鄂州市华容区、襄阳市宜城市 |
| 湖南省 | 湘西自治州花垣县、邵阳市大祥区、永州市双牌县、湘潭市韶山市 |
| 广东省 | 韶关市南雄市、阳江市阳西县、茂名市高州市 |
| 广西壮族自治区 | 南宁市横县、桂林市恭城瑶族自治县、贺州市富川瑶族自治县、百色市平果市 |
| 海南省 | 琼海市、澄迈县、昌江黎族自治县、三亚市海棠区 |
| 重庆市 | 垫江县、大足区、渝北区、荣昌区、巴南区 |
| 四川省 | 内江市隆昌市、成都市大邑县、宜宾市兴文县、泸州市纳溪区 |
| 贵州省 | 贵阳市息烽县、毕节市黔西县、毕节市金沙县、遵义市余庆县 |
| 云南省 | 昆明市石林彝族自治县、楚雄彝族自治州楚雄市、红河哈尼族彝族自治州开远市 |
| 西藏自治区 | 林芝市米林县、拉萨市曲水县、山南市乃东区、日喀则市白朗县 |
| 陕西省 | 渭南市大荔县、杨凌示范区杨陵区、商洛市柞水县、汉中市佛坪县 |
| 甘肃省 | 酒泉市玉门市、张掖市高台县、兰州市皋兰县 |
| 青海省 | 海南藏族自治州贵南县、海东市互助土族自治县、果洛藏族自治州玛多县、西宁市湟源县 |
| 宁夏回族自治区 | 吴忠市盐池县、石嘴山市平罗县、吴忠市利通区、银川市西夏区 |
| 新疆维吾尔自治区 | 巴音郭楞蒙古自治州库尔勒市、阿勒泰地区吉木乃县 |
| 新疆生产建设兵团 | 第一师阿拉尔市十一团、第八师石河子市一五〇团、第十师北屯市一八八团、第三师图木舒克市四十一团 |

资料来源：中央网信办网站。